纪连海评点汉书

（修订版）（上）

纪连海　著

中国出版集团　　现代出版社

图书在版编目（CIP）数据

纪连海评点《汉书》：全2册 / 纪连海著. —北京：现代出版社，2018.4
ISBN 978-7-5143-6617-4

Ⅰ.①纪…　Ⅱ.纪…　Ⅲ.①中国历史－西汉时代－纪传体 ②《汉书》－研究　Ⅳ.①K234.104.2

中国版本图书馆CIP数据核字（2017）第317481号

纪连海评点《汉书》：全2册

作　　者	纪连海
策划编辑	庞俭克
责任编辑	申　晶
出版发行	现代出版社
地　　址	北京市安定门外安华里504号
邮政编码	100011
电　　话	010-64267325　010-64245264（兼传真）
网　　址	www.1980xd.com
电子邮箱	xiandai@cnpitc.com.cn
印　　刷	三河市宏盛印务有限公司
开　　本	787mm×1092 mm　1/16
印　　张	36.5
字　　数	670千字
版　　次	2018年4月第1版　2018年4月第1次印刷
书　　号	ISBN 978-7-5143-6617-4
定　　价	85.00元

目　录

（上）

（下）

第一章 《汉书》卷一 高帝纪 第一

第一节 志向远大，得遇良缘

【原文】

高祖常繇咸阳，纵观秦皇帝，喟然大息，曰："嗟乎，大丈夫当如此矣！"

单父人吕公善沛令，辟仇，从之客，因家焉。沛中豪杰吏闻令有重客，皆往贺。萧何为主吏，主进，令诸大夫曰："进不满千钱，坐之堂下。"高祖为亭长，素易诸吏，乃绐为谒曰"贺钱万"，实不持一钱。谒入，吕公大惊，起，迎之门。吕公者，好相人，见高祖状貌，因重敬之，引入坐上坐。萧何曰："刘季固多大言，少成事。"高祖因狎侮诸客，遂坐上坐，无所诎。酒阑，吕公因目固留高祖。竟酒，后。吕公曰："臣少好相人，相人多矣，无如季相，愿季自爱。臣有息女，愿为箕帚妾。"酒罢，吕媪怒吕公曰："公始常欲奇此女，与贵人。沛令善公，求之不与，何自妄许与刘季？"吕公曰："此非儿女子所知。"卒与高祖。吕公女即吕后也，生孝惠帝、鲁元公主。

高祖尝告归之田。吕后与两子居田中，有一老父过请饮，吕后因𫗧之。老父相后曰："夫人天下贵人也。"令相两子，见孝惠帝，曰："夫人所以贵者，乃此男也。"相鲁元公主，亦皆贵。老父已去，高祖适从旁舍来，吕后具言客有过，相我子母皆大贵。高祖问，曰："未远。"乃追及，问老父。老父曰："乡者夫人儿子皆以君，君相贵不可言。"高祖乃谢曰："诚如父言，不敢忘德。"及高祖贵，遂不知老父处。

【译文】

高祖曾到秦都咸阳服徭役，亲眼看到秦始皇的威仪，他大声地长叹："大丈夫就是应该像这样啊！"

单父县的吕公和沛县县令是好友，因为躲避仇家，寄居在县令家里，后来全家搬到沛县。沛县中的一些头面人物听说县令有位好朋友搬到沛县来了，都去祝贺。萧何当时是县令的僚佐，负责收礼。萧何对诸位头面人物说："凑份子不满一千钱的，都不能入上座。"汉高祖当时当亭长，平时本来就看不起这些人，就恶作剧地在红包上自己写上姓名，并写上"贺钱一万"，实际上是一个空包。红包送进去了，吕公看见这么厚重的礼大吃一惊，亲自到大门前迎接。吕公善于看相，他看到高祖仪表非凡，特别敬重，引到客厅坐在上位。萧何说："刘季平日只爱说大话，很少办成好事。"高祖早就看不起这些郡府中的头面人物，就毫不谦逊地坐了上位，神色自若。喝酒到了半醉的时候，吕公用眼睛示意请高祖留下，散席时，挽留高祖，让他先不要走。吕公对高祖说："我年轻时就研究相术，看了许多人，都不如您的相高贵，希望您多多保重。我有一个亲生女儿，愿意嫁给您做妻子。"客人走后，吕公的老婆吵嚷着对吕公说："你往日总说我们的女儿生相有福，要嫁给贵人。沛县县令和你那么好，想娶我们的女儿你都不肯，今天为什么轻易地许配给刘季？"吕公笑道："这不是你们妇人女子所应该知道的。"结果还是坚持把女儿嫁给高祖了。吕公的女儿就是后来的吕后，生了汉孝惠帝及鲁元公主。

汉高祖曾经辞去亭长回家务农。吕后和两个孩子住在田间小棚里，有一位过路的老人向她讨要水喝，吕后还留他吃了饭。老人看了吕后的相称赞道："夫人是天下贵人。"吕后请他给两个孩子看相，他看了孝惠帝，说："您之所以能成为贵人，是因为有这个儿子。"他又看了鲁元公主，也说将来是位贵人。老人走后，高祖从另一间田舍回来，吕后向他说起刚才的事，说那位老人相我母子三人都是大贵之相。高祖问老人在什么地方，吕后说："他走得不太远。"高祖追上老人求问自己的生相。老人说："刚才说您的夫人和您的孩子等生相大贵，都是由于您的洪福。您的生相是贵不可言。"高祖连忙称谢道："果真如老先生所说，我永远会记住您的指点之恩。"到高祖登基后，这位老人的去向却不得而知了。

【评点】

作为汉王朝的开创者刘邦，身上总是透露出许多神秘，令人们感到头疼与无奈。一个延续三百多年王朝的开创者，一位当今世界上第一大民族的命名者，居然在当皇帝前是个连名字都没有的流氓；一个和项羽较量四年没有打过胜仗的汉王，却最终迫使一代霸王乌江自刎。

除了这些，在他发迹之前，还有一段奇闻，被后人广为传诵：那就是一个被看作市井流氓的小亭长，居然娶了一位富家千金小姐，而正是这位小姐最终改变了刘邦一生的命运，甚至险些改变了汉朝乃至中国的发展方向。这个小姐就是吕雉，也就是后来的吕后。那么这位千金小姐为什么会"下嫁"给一个流氓，甘愿"鲜花插在牛粪上"呢？其中的原因，究竟是什么呢？

关于吕雉嫁给刘邦的过程，《史记》上是这么记载的：吕公因为避难来到沛县。吕公的好友沛县县令听说他有个漂亮的女儿，就向他求婚，吕公一口回绝了这桩婚事。沛县上的名人听说了吕公的到来，都争先来向吕公献礼。吕公请萧何主持献礼活动，并规定："赠礼没超过一千钱的人，只能坐在堂下。"而就在这时，一身流氓习气的刘邦冲了进来，大声喊道："我出一万钱。"语惊四座。吕公善于相面，见刘邦气度不凡，赶紧请刘邦坐了首位，并在席上提议要将女儿嫁给刘邦。这一席话让吕夫人很不快活，责备吕公说，你怎么要把咱宝贝女儿嫁给一个流氓呢？吕公冷笑说，这不是你们女人家能知道的。

这就是正史上的关于吕雉嫁给刘邦的过程。再看《汉书》中我们的选文，内容也基本相同，可以确定这种说法应该属实。在野史上，关于吕公为什么要将女儿嫁给刘邦，还有段吕公的话（有的又说是吕雉直接相刘邦后说的）。大概意思是，我看刘邦的相貌，是真龙天子之相，将来一定能成就一番大事业。正如选文上记载的故事，刘邦和吕雉曾遇到一神秘老头给他们算命，说吕雉和一双儿女将因刘邦而富不可言。当刘邦跑到芒砀山的时候，吕雉带着儿女居然找到了躲在山里的刘邦，理由是无论走到哪里，刘邦头顶都有团五彩之气。

这句话似乎还有旁证：秦始皇说东南有王气，范增也说刘邦头上云气成五彩。但是这种种鬼话，后人能信吗？刘邦所谓有龙相，那是好听的说法，难听的说法就是这人长得确实很一般，甚至可以说很丑。再想想，刘邦左脚有七十二颗痣，简直就是黑乎乎的一团；再加上他一团江湖酒肉习气，这样的人，一个富贵人家，一个如花一般的女孩儿，怎么可能看上他？又怎么会甘愿"鲜花插在牛粪"上呢？

那么，抛去这些后人神怪的附会，真实地看待历史，吕后究竟为什么会嫁给刘邦呢？

首先是客观的时代背景。当时秦二世广修秦宫（原说阿房宫，今证明此宫不存在，因此改称秦宫），征召天下未婚女子。不少女子为了免被征进后宫忍受寂寞之苦，通常会选择草草地嫁人。因为有个固定的丈夫总比进宫受寂寞之苦要好得多。

其次是吕公的原因。吕公为什么会跑到沛县？他可不是来旅游的。《史记》上记载，他是因为躲避仇人，跑到沛县，投奔好友沛县县令。因此，吕公到沛县的最大目的，是要保全自己一家老小的性命。所谓强龙不压地头蛇，吕公虽然很有名望，但在沛县他依旧需要找一个好的靠山，才能真正保障自己的安全。这个人理论上应该是沛县县令。但是请看看沛县县令的人际关系格局。县令之下一文一武两位帮手，萧何和曹参，他们都听小亭长刘邦的，却不听县令的；再如樊哙等一些沛县的"地头蛇"，都是刘邦的"铁哥们儿"；而沛县的父老则都对刘邦敬而远之；再加上刘邦"仁而好施"，所以沛县中最有名望和最有实力的不是县令，而是刘邦。吕公想要在沛县立足，就必须巴结讨好刘邦。

所以当刘邦来到会场的时候，吕公赶忙把他迎到上座，接着说了些"龙相"之类的鬼话，甚至将女儿嫁给刘邦，以换取自己一家的安全。为了更加保险起见，又将二女儿嫁给了樊哙。显而易见，当时吕雉嫁给刘邦，主要目的就是确保家族在沛县的安全。

其三是刘邦的个人条件。刘邦这人胸有大志。刘邦在咸阳面对秦始皇的车驾，曾感慨道："大丈夫当如此也。"而敢于发出同样感慨的，全天下也就只有项羽了。在当时秦朝的法律罗网之下，敢有这样的志向，足可见刘邦胸中的大志。而吕雉似乎也从没忘记丈夫这个志向，经常会巧妙地提醒刘邦，这才有了算命和云气两个谎言。

并且，当时社会的婚嫁，并不完全看重门第，更多的是看重彼此的志向。张耳、陈馀、陈平等都是破落之徒，却和刘邦一样，都娶到了富家千金。这绝不是巧合，应该属于整个时代的大风气。

综上所述，吕雉嫁给刘邦的原因中，既包括了对自身安全的考虑，也受了当时社会风气的影响；但是，绝对不会是因为刘邦有做皇帝的潜质，而进行的长期"投资"。

第二节　以人为本，知人善任

【原文】

帝置酒雒阳南宫。上曰："通侯诸将毋敢隐朕，皆言其情。吾所以有天下者何？项氏之所以失天下者何？"高起、王陵对曰："陛下嫚而侮人，项羽仁而敬人。然陛下使人攻城略地，所降下者，因以与之，与天下同利也。项羽妒贤嫉能，有功者害之，贤者疑之，战胜而不与人功，得地而不与人利，此其所以失天下也。"上曰："公知其一，未知其二。夫运筹帷幄之中，决胜千里之外，吾不如子房；填国家，抚百姓，给饷馈，不绝粮道，吾不如萧何；连百万之众，战必胜，攻必取，吾不如韩信。三者皆人杰，吾能用之，此吾所以取天下者也。项羽有一范增而不能用，此所以为我禽也。"群臣说服。

【译文】

高祖皇帝在洛阳南宫举行宴会。他致祝酒词说："通侯诸将，不用对我有什么隐瞒的事情，都请畅所欲言。我为什么能取得天下？项羽为什么失掉天下？"高起、王陵答道："陛下平日似乎并不大尊重他人，项羽似乎能关心与尊重他人。但是陛下派人攻城略地，所取得的战果，都给予有功的人，这是与大家同甘共苦的表现。而项羽嫉贤妒能，对有功的人进行打击，对贤才之士不愿重用，打了胜仗将功劳归为自己所有，得了土地不愿意分赏功臣，这就是他众叛亲离进而失败的症结。"高祖说："你只知其一，未知其二。如运筹帷幄之中，决胜千里之外，我不如张良；镇守国家，安抚百姓，供应粮饷，保证粮道畅通，我不如萧何；指挥百万之众，战无不胜，攻无不取，我不如韩信。这三位都是旷世俊杰，而我能充分发挥他们的作用，这就是我能夺取天下的原因。项羽本有一贤才范增，但不能重用，所以他才败在我的手下。"群臣都心悦诚服。

【评点】

刘邦作为统帅，知道把手下的人才放在合适的位置，最大限度地利用人才的长处，比如会带兵的韩信，他敢放手给兵；善于谋略的张良，在他手下能运筹帷幄；会管账的萧何，他敢放手给钱。刘邦用人不问出身，不管什么身份的人，只要有才，他都敢用。为了最大限度地使用人才，从敌对阵营中投降过来的人，刘邦敢用；对得罪过他，和他有矛盾的人，他不会怀恨在心，找到机会就一定报复。用人是最重要的，这就是刘邦的成功之道，也就是他的领导艺术。我们可以用几个关键词来看刘邦的用人之道。

知人善任

知人善任也是我们讲到领导艺术的时候，经常要说的一个词，但是我们要分析一下，什么叫知人善任？我认为知人善任，首先在于知人，其次是善任。知人当中首先在于知己，其次在于知彼。人贵有自知之明，自知之明是最大的聪明。能做到这个确实很难。而刘邦恰恰是一个有自知之明的人，而且他是非常清楚地知道。一个领导最重要的才能是什么呢？是调动部下的积极性，是知道自己的下属都有什么才能，他的才能是哪些方面的，有什么性格，有什么特征，有什么长处，有什么短处，放在什么位置上最合适。这是一个领导最大的才能。领导不是说要自己亲自去做什么事。事必躬亲的领导绝非好领导。作为一个领导，你只要掌握了一批人才，把他们放在适当的位置上，让他们最大限度地、充分地发挥自己的积极性和作用，你的事业就成功了。这个根本道理刘邦懂，所以刘邦就成为他这个集团的核心。

孔子讲治理国家过程中如何施政时，有这样一句话：为政以德，譬如北辰。什么叫北辰呢，就是北极星，众星拱之。北极星是永远不动的，北极星外面是北斗七星，围绕着北极星旋转。北斗七星是动的，北极星是不动的，领导核心就是个不动的，让别人动起来。刘邦就是他们这个军事集团的北极星。萧何、张良、韩信、陈平、樊哙、周勃、曹参这些人就是他的北斗七星，所以刘邦能够取得成功。

不拘一格

一个有着自知之明的人，往往也会有知人之明；一个连自己都不了解的人，往往也很难了解别人。刘邦是一个有自知之明的人，所以他也很了解别人。而且他还有一个最大的优点，就是他不拘一格地使用人才，所以刘邦的队伍里面什么人都有。我们来看刘邦的队伍是一个什么样的队伍。

在刘邦这个队伍里，张良是贵族，陈平是游士，萧何是县吏，樊哙是屠狗的，灌婴是布贩，娄敬是车夫，彭越是强盗，周勃是吹鼓手，韩信是待业青年。可以说是什么人都有。然后刘邦把他们组合起来，各就其位，毫不在乎人家说他是一个杂牌军，是一个草头王。他要求的是，所有的人才都能够最大限度地发挥作用。这叫什么呢？这就叫不拘一格，这是刘邦用人的第二个特点。

招降纳叛

刘邦的队伍里面，有很多人曾经在项羽手下当差，因为在项羽的部队里面待不下去了，跑过来投奔刘邦。刘邦敞开大门，一视同仁地表示欢迎：你愿意，我欢迎，欢迎。比方说韩信，比方说陈平。韩信原来是项羽手下的人，因为在项羽手下不能发挥作用，来投奔刘邦；陈平走的路更多，陈平原来是魏王手下的人，不能发挥作用投奔项王，不能发挥作用再投奔汉王。当时陈平来投奔刘邦的时候，是从项羽的军中逃出来的，于是刘邦"大悦之"，非常高兴，然后问他，陈先生在项羽那里担任什么职务呢？陈平说，都尉。刘邦说，好，你在我这儿还当都尉。马上任命他做都尉。任命以后，舆论哗然，很多刘邦军队里面老资格的将领不服，就开始嘀嘀咕咕了。说我们大王也真有意思啊，项羽那边一个逃兵，逃到我们这儿来，说了三句话，就马上给他这么大一个官，和他坐在一个车子上面。众人议论纷纷，但是刘邦不予理睬，你们议论你们的，我任命我的，而且更加信任陈平。这就叫作招降纳叛。

不计前嫌

汉六年的时候，刘邦已经得了天下，已经封了一批功臣，但是还有很多功臣没有封，因为这个功怎么计算，封一个什么样的爵位比较合适，这个事还很费脑筋。他就把封功臣的事，一直这样拖下来。有一天刘邦在宫殿里面走，远远地看到一群人，坐在地上，在那儿嘀嘀咕咕，交头接耳，窃窃私语。刘邦就问旁边的张良，说子房，那些人在说什么呢？张良说，陛下不知道啊，他们在商量谋反啊！刘邦说，子房不要乱讲，天下刚刚安顿，谋什么反啊。张良说陛下不知道啊，陛下得了天下以后，封了一批功臣，大多数都是你的亲信，像萧何这些人。还有一些以前得罪过你，受过处分的人，现在这些功臣都在想一个问题，说这个天下还有多少可以封赏的，是不是可以拿出来封赏的东西已经不多啦，像我们这种和陛下关系不密切的，甚至以前得罪过陛下的，就得不到封赏了？或者甚至于会被陛下找一个碴儿，给咔嚓了呢？他们想来想去想不明白，所以在那儿商量谋反。刘邦马上醒悟过来了，知道这是一个严重的问题。那"为之奈何"，子房你说怎么办呢？张良说陛下请想一想，在这些功臣当中，有没有这样的人：他的功劳非常大，而他和陛下的关系又非常恶劣？刘邦说，有，有一个人叫雍齿，这个人非常可恶，他一而再再而三地侮辱朕，朕早就想杀他了；可是他功劳太大，朕又于心不忍。张良说好了，请"急封雍齿，以示群臣"。请你赶快把雍齿封了。刘邦马上接受这个建议，立即封雍齿为什邡侯。雍齿一封，所有的功臣都安心了。大家都知道这个雍齿是皇上最讨厌的人，他都封侯了，我们这些人，都放心了。这叫什么？这就叫不计前嫌。

坦诚相待

我们知道人才，他最需要的是什么？一个人才，他最希望、最渴望、最需要得到的是什么？尊重。当然如果可能的话，多发点薪水也不错。但是最重要的是尊重、信任他。你要尊重这些人才，唯一的办法就是以诚相待，实话实说。刘邦就有这个优点。张良、韩信、陈平这些人，如果有什么问题要跟刘邦谈，提出问题后，刘邦全部都如实回答，不说假话，哪怕这样回答很没面子，他也不说假话。张良在鸿门宴之前得到消息，说项羽第二天要派兵来剿灭刘邦，张良曾问过刘邦，说大王请想一想，你打得过项羽吗？刘邦的回答是"固不如也"，打不过他。后来韩信到刘邦军中来，也问了这样的问题，说大王自己掂量掂量你的能力、魅力、实力比得过项羽吗？刘邦虽然沉默了很久，但最后还是坦诚相告，"固不如也"，我是不如他。这些人能够帮助刘邦提出自己的计策来，是由于刘邦有一个前提，就是每件事情都如实相告，决不隐瞒。这样信任对方，尊重对方，得到了对方同样的回报，同样的信任和尊重，人们尽心尽力地帮他出谋划策。这确实是我们一些做领导的，值得借鉴的经验。这是坦诚相待。

用人不疑

我们有一句老话，叫作"疑人不用，用人不疑"。你要用一个人，你就要相信他，不要怀疑他。做领导最忌讳的，就是一天到晚看见所有的人都很可疑，今天猜忌这个，明天猜忌那个。刘邦就有这个魄力。他一旦决定用某某人，他决不怀疑，放手使用。最典型的例子就是陈平。陈平从项羽的军中投靠刘邦以后，得到刘邦的信任，这是让很多刘邦的老伙计不满意的：我们跟着刘邦那么长时间，建功立业，出生入死，也不过就混到现在这个位置；陈平这个小子一来，就给他那么高的职务。所以，就有人去到刘邦那里说陈平的坏话。这些去举报的人给了陈平这样一个罪状，可以总结为八个字："盗嫂受金，反复无常。"

什么叫盗嫂呢？就是和自己的嫂子私通。这个事情大概是真有的。就是陈平原来在家乡的时候和他嫂子的关系至少是暧昧的，这当然是不道德的。所谓受金是什么意思呢？就是接受红包。陈平来到了刘邦的军队里，就开始收红包。这叫受金，这当然也是不道德的。再一个就是反复无常，反复无常的证据就是他原来在魏王那里，然后又跑到项羽那里，现在又跑到刘邦那里。这一状告上去以后，刘邦是不能不当回事的。所以，刘邦就把推荐陈平的那个叫魏无知的人找来，责备他。说你这怎么回事呢？我让你向我推荐人才，结果你给我推荐一个盗嫂受金、反复无常的人，那不是小人吗？你怎么推荐给我呢？魏无知的回答是这样的，"臣所言者能也，陛下所问者行也"，就是我向你推荐的时候，讲的是他的才能；而陛下现在责备我，讲的是他的德行。这个才和德那可是两个概念，有才的不一定有德，有德的也不一定有才，而我们现在是一个什么样的状态？我们现在是非常艰难困苦，需要突出重围，走向胜利的这样一个阶段，我们更应该看重的是才。

8

但是，刘邦还是把陈平叫来了，又问他，先生原来事魏王，后来离开魏王事项王，现在离开项王又来跟着我走，先生的心是不是太多了一点？陈平是这样回答的：是的，我原来是追随魏王，但是我的计谋，我的主意魏王都不接受，我只好去投奔项王；项王同样是这样，言不听、计不从；而我又听说大王你广纳人才，求贤若渴，是一个会用人、敢用人的人，我才来投奔大王。我陈平是光棍一个，一无所有，一文不名地来到大王军中，我如果不接受人家的赠送，不收一点礼金，我连吃饭的钱都没有。我现在向大王提出了很多的建议，如果大王觉得我这些建议是可以用的，请大王采纳；如果大王觉得我的这些建议，我的这些计策，我的这些谋划，是没有用的，那么他们送给我的礼金还在，我原封退还，从此告辞，行不行？刘邦说，对不起，我错了，寡人错了，寡人慢待先生了，请先生不要介意，请先生继续留在寡人军中。

用人不疑。正是由于刘邦这样的信任，陈平才愿意为刘邦效力。刘邦和陈平有个谈话——刘邦说，你看我们现在和项羽处于这样一个胶着的状态，谁也吃不掉谁，这样天下何日能够安定呢？请先生想一想有什么办法能够出奇制胜，尽快地结束这场战争呢？陈平说，我陈平原来在项王手下当差，我很了解项王，请让我来给大王分析一下。项王这个人是很高贵的，是很讲道德的，也是很讲礼数的，因为项羽是一个贵族出身的人，他待人接物是按照贵族的那一套，恭恭敬敬、彬彬有礼、客客气气，所以那些有道德的，那些高风亮节的，那些看重自己身份名誉、爱惜羽毛的人，都集结在项羽的麾下。这些人虽然对项王忠心耿耿，但是项王这个人多疑，他跟你刚好是相反的，你是用人不疑，他是疑心重重。我们可以使反间计，让项王不再信任这些人，砍掉他的左膀右臂，不就行了吗？刘邦说这个主意好，那就请陈先生来操作吧。这个费用就没有问题了，马上拨款，黄金四万斤。大家注意不是金子，是铜啊，四万斤金子那还得了？实际上那个时候讲的黄金就是铜，黄铜。黄铜四万斤，交给陈平。这些钱就交给你了，随便你怎么用，不问出入。什么叫不问出入呢？就是不报销，不审计，你爱怎么花怎么花，你只要把项羽搞定了就行了。这是当时这种特殊情况下的一种特殊措施，表示刘邦对陈平的信任。

论功行赏

你要使用人才，首先是要信任他、尊重他，同时也应该奖励他，因为奖励是对一个人才贡献实实在在的肯定。不能老拿好话甜和人，说你这个人不错啊，你可是人才难得，你是我们的骨干，一分钱不给，属铁公鸡的，一毛不拔，这个不行。有贡献你就得奖励。奖励要合适。确实是工作做得好，贡献大的，你要多奖；做得一般的，一般地奖;做得差的，不奖，甚至罚。你要赏罚分明。刘邦夺取天下以后，面临的一个问题，就是如何奖赏这些功臣们。先是大家开会讨论，那还有个谱？所有人发言都是我功劳最大，没有一个人说自己功劳最小的，而且说的是头头是道，如数家珍，也都是事实。最后刘邦裁定，萧何第一。

这个萧何第一的裁定出来以后，所有的人都不服气。于是大家都跑到刘邦那儿去提意见，说陛下这样好像不合适吧，我们这些人可都是浴血奋战出生入死，我们是提着脑袋给你打江山的。我们在前方厮杀的时候，那个萧何在干什么？萧何是待在家里面，管管账本子，管管粮草，管管后勤，做两件衣服。怎么他的功劳第一呢？刘邦说，诸位知道什么叫打猎吗？知道啊，这都是将军，将军谁不会打猎，知道知道。刘邦又问，那诸位知道猎狗吗？知道啊。那好了，请大家想一想，我们打猎的时候，追兔子的是谁？猎狗啊。对，谁让猎狗去追兔子的？猎人啊。对，你们就是追兔子的，萧何呢？是让你们追兔子的。所以萧何是"功人"，你们只能算"功狗"。原文如此，原文就是"功狗"两个字，"功狗"这个词也是从这儿来的。实际上我们现在都知道功臣，不知道有"功人"，还有"功狗"。

刘邦这么说，大家其实还是不服气。大家心里想，就算我们是"功狗"，那"功人"也不是萧何，也是皇上啊，对不对？那么刘邦为什么要定萧何为第一功臣呢？这里面当然有一个亲疏的问题。萧何原来是沛县的人，跟刘邦一起起义的，有这个原因;但是我觉得把萧何列为第一功臣，至少列为第一等功臣，还是有道理的。萧何最大的功劳在什么地方呢？在抢救了文书档案，就是当时刘邦打进关中，进军咸阳的时候，军队冲到咸阳城里边以后，这些将军们在干什么呢？抢东西，抢金银财宝，强奸女人，只有萧何冲进秦王朝的国家档案馆，把秦朝的地图、账本等各种文件资料全部保存下来，使刘邦最后夺取天下的时候，对整个天下的形势，比方哪个地方穷，哪个地方富，哪个地方有多少人，哪个地方人多，哪个地方人少，哪个地方产什么，哪个地方有些什么东西，有些什么情况，了如指掌。靠谁？萧何，因为萧何掌握了这个资料。从这一点看，萧何确实是一个治国的良才，就是做总理的人才，他知道这个资料，就是我们现在说资讯，或者说信息的重要性，所以论功行赏萧何是第一。

暗中控制

萧何被列为刘邦的第一功臣，而且刘邦建国以后，萧何就担任他的第一任丞相，就是现在的国务总理，后来又拜为相国，在政府当中他的地位仅次于刘邦。打个比方说这个时候的刘邦集团，如果是一家公司的话，刘邦就是董事长，萧何就是总经理，有非常重要的地位，可以说被给予极大的信任。但是即便对这样的人，刘邦其实是暗中控制的。只不过他控制得不动声色，不像项羽，一怀疑，那个怀疑就写到脸上去了，人家一眼就看出来。刘邦这种猜忌和怀疑是不动声色的。

汉十二年秋，淮南王黥布造反，刘邦御驾亲征，带着队伍去平叛；萧何留守宫中，留守京城，他是相国嘛。在这个战争的过程中，刘邦不断派使者回来，回来一次就一定要去见萧何，一定要说皇上问萧相国好，皇上问萧相国最近在干什么，非常关心体贴的样子，所以萧何很为感动，尽心尽力地为刘邦的作战做好后勤保障。这个时候萧何手下有一个门客，就来跟萧何说，说丞相觉得陛下对你怎么样？萧何说，哎呀，皇上对我很信任，你看频频派使者过来，关怀我，问我最近好不好，问我最近在干什么。萧何的门客就冷笑了一声，哼！我看丞相死期不远了！萧何说这是什么意思？什么意思？你以为皇上是关心你吗？那是不放心。不断地派人回来看看你在干什么？你是不是想谋反？你想想看，你是大汉第一功臣，你已经没有可以加封的余地了，他怎么能够放心你啊？萧何说，哎呀，好像是的，那怎么办？门客说，那只有一个办法。什么办法？自污，就是把你的形象搞坏。怎么自污？贪污腐败。

刘邦平定了黥布以后，回到了京城，收到了很多平民百姓的状子。告状，告萧何，利用职权，低价强行购买我们的土地。现在我们流离失所，没有土地可耕种，请皇上为我等做主。收到一大堆状子，然后刘邦就嘻嘻哈哈地拿着状子给萧何看，说萧丞相你干的好事，你就这样治国的？现在老百姓可是没地种了，你看着办啊，用开玩笑的口气。萧何说什么呢？萧何说，老百姓没地种，这个事好办，陛下不是有一个大花园，叫上林苑吗？那个地方大得很，陛下可以让那些没有土地的老百姓到那里面去种地。刘邦说什么？你搞到我头上来了，你这叫作"卖主媚民"，关起来，下大狱，戴上脚镣、手铐，给我铐起来。就把萧何关监狱去了。关进去以后，过了一段时间，刘邦把萧何放了出来。萧何放出来以后，马上就披头散发，光着脚，跑过来见刘邦，说罪臣萧何叩见皇上。刘邦说算了算了，起来吧起来吧！哎呀，丞相也没有什么错，朕也不是个好皇帝，朕之所以把丞相关起来呢，是为了让天下人都知道丞相是好丞相，朕是坏皇帝，好了吧。这萧何才免于灭族之灾。

所以刘邦的用人之术是典型的帝王之术：一方面，你看他好像用人不疑，四万斤黄金交给你，不要报销；另外一方面，肚子里极度地猜忌，只不过他猜忌得不动声色，手腕高明，这是一切所谓有为君主的通例，也非刘邦一人而已。总而言之，刘邦应该说是懂得领导艺术的，是具备一个作为领导人的素质的，正是由于他能够信任人才、使用人才，充分地调动他们的积极性，又暗中加以防范和控制，从而把当时天下的人才，都集结在自己的周围，形成了一个优化组合，从而战胜项羽，走向胜利。刘邦认为，这是他成功之道的根本所在，应该说是有一定道理的。

第三节　德主刑辅，无为而治

【原文】

（一）

帝乃西都洛阳。夏五月，兵皆罢归家。诏曰："诸侯子在关中者，复之十二岁，其归者半之。民前或相聚保山泽，不书名数，今天下已定，令各归其县，复故爵田宅，吏以文法教训辨告，勿笞辱。民以饥饿自卖为人奴婢者，皆免为庶人。军吏卒会赦，甚亡罪而亡爵及不满大夫者，皆赐爵为大夫。故大夫以上赐爵各一级。其七大夫以上，皆令食邑，非七大夫以下，皆复其身及户，勿事。"又曰："七大夫、公乘以上，皆高爵也。诸侯子及从军归者，甚多高爵，吾数诏吏先与田宅，及所当求于吏者，亟与。爵或人君，上所尊礼，久立吏前，会不为决，其亡谓也。异日秦民爵公大夫以上，令丞与亢礼。今吾于爵非轻也，吏独安取此！且法以有功劳行田宅，今小吏未尝从军者多满，而有功者顾不得，背公立私，守尉长吏教训甚不善。其令诸吏善遇高爵，称吾意。且廉问，有不如吾诏者，以重论之。"

（二）

二月，诏曰："欲省赋甚。今献未有程，吏或多赋以为献，而诸侯王尤多，民疾之。令诸侯王、通侯常以十月朝献，及郡各以其口数率，人岁六十三钱，以给献费。"又曰："盖闻王者莫高于周文，伯者莫高于齐桓，皆待贤人而成名。今天下贤者智能岂特古之人乎？患在人主不交故也，士奚由进！今吾以天之灵、贤士大夫定有天下，以为一家，欲其长久，世世奉宗庙亡绝也。贤人已与我共平之矣，而不与吾共安利之，可乎？贤士大夫有肯从我游者，吾能尊显之。布告天下，使明知朕意。御史大夫昌下相国，相国酂侯下诸侯王，御史中执法下郡守，其有意称明德者，必身劝，为之驾，遣诣相国府，署行、义、年。有而弗言，觉，免。年老癃病，勿遣。"

（三）

初，高祖不脩文学，而性明达，好谋，能听，自监门戍卒，见之如旧。初顺民心作三章之约。天下既定，命萧何次律令，韩信申军法，张苍定章程，叔孙通制礼仪，陆贾造《新语》。又与功臣剖符作誓，丹书铁契，金匮石室，藏之宗庙。虽日不暇给，规摹弘远矣。

【译文】

（一）

汉高祖于是向西迁都到洛阳。夏天五月，士兵都复员回家。皇帝下诏说："诸侯的子弟在关中的，免除十二年赋役；已归还原籍的，免除六年赋役。以前有的百姓聚逃在山泽之中来避秦乱，没有列入户籍，现在天下已定，可以各归本里，恢复原有的爵级与土地房屋，各地官吏要按照法令来知晓义理，不得强迫侮辱。百姓中因饥饿自卖为他人奴隶婢女的，都免去他的奴婢身份而成为平民。前秦的军吏士兵一律免罪，其中没有助秦之罪而无爵级或原爵级不满大夫的，都赐爵为大夫，原有大夫爵级的各加一级。其中七大夫以上的都赐给收取赋税的食邑。爵级在七大夫以下的，都免除本人及家庭的赋税，不服徭役。"诏书又说："七大夫、公乘，都是高的爵级。诸侯子弟及从军复员的，有很多高爵，我已经多次指示主管的官吏先分给他们田宅，他们对主管官吏所提出的正当要求，要迅速解决。有爵级的与有食邑的主人，都是皇帝所尊重的，有的人多次请求办事官吏解决问题，却仍然得不到妥善处理，这是不正常的。已往秦朝的人爵级在七大夫以上的，与县令平起平坐。现在我对于爵级也看得不轻，有些官吏怎能对爵级如此不尊重！何况明文规定按功劳付予田宅，今日有些小小官吏毫无军功却先满足自己，而有功的反而不能得到，违背公法而谋取私利，这是郡守、郡尉、县令教育管理不善所致。要指示办事官吏尊重有高爵级的人，不要有负我的厚望。还应进行检查，对不按照我的旨意办事的人定要予以严重惩罚。"

（二）

二月，皇上下诏说："我非常想减少赋税的收取，现在上交国库没有统一的章程，有些地方官常常多收取赋税来上交，而各地侯王收取的赋税却更多，百姓都很困苦。现在通知各侯王、通侯每逢十月作为上交赋税的日子，至于各地计算的方式是以人口数为准，每人每年上缴六十三钱，用来交国库。"诏书又说："常常听说称为王的人没有超过周文王的，称为霸主的没有超过齐桓公的，都是依靠贤人辅佐才成名的。现在天下的贤能人才，有智能的人难道不及古代的多吗？只怕人主不尊重人才，人才就无从发现与发挥作用！今日我仰仗上天的威灵，依靠贤士大夫的支持而取得天下，成为刘汉一统，想长久传业，代代奉宗庙而不要灭亡、灭绝。各位贤能人才曾帮助我共定天下，却不能和我共享荣华，行吗？所有贤士大夫只要能和我同心治国的，我一定给以高官厚禄。特布告天下，使大家都明知我的心意。御史大夫周昌收此诏转给相国，相国酂侯萧何收诏书下发诸地侯王，御史中丞收诏另下发各地郡守，凡各地公认的明德贤能的人，要亲自劝勉，派车送往京都，先到相国府报到，填写行状与年龄。隐瞒人才不报的，察觉之后，撤职。年老疲病的，就不必派送了。"

（三）

原先，高祖不大注意书本知识，而秉性开朗聪明，善于思考，能博采众议，从人民及官吏到普通士兵，都能平易相亲。入关之初顺民心做约法三章，天下平定之后，命萧何整理法律与条令，命韩信建立与健全军队法纪，命张苍统一历法与度量衡等法式，令叔孙通制定各种礼节与仪式，令陆贾做总结历史兴亡之鉴的《新语》。又与各功臣剖符作誓，丹书铁契，贮藏在金柜石室之中，保藏在宗庙里面。高祖虽然日理万机，但订立的规划与矩度是意义深远的。

【评点】

刘邦巩固王权，采用的是黄老之术的无为。但黄老之术的无为，并不是老子绝对的无为，是在有为基础上的无为，是无不为而无为。主要表现便是以民为本，清静守法，轻徭薄赋，与民休养生息的治国策略，具体到律法和政策上就是依法治国，皇权和相权分开，财赋政策灵活自由，税赋低，官府干预少，士农工商，放任自由。黄老的无为，摒弃了老子的消极遁世的主张，而将"遁理而举世"的合理行为发展成"无为"，从而发展成为积极入世的治道，要求统治者节欲、惠民、行仁义，不强行干涉百姓正常的生产生活。在政治思想上，黄老之学以道家为本，将"法治"和"德治"结合，这种无为是在老子绝对无为上的发展，是一种新的无为。

刘邦建立西汉王朝后，分封了大量的诸侯王、侯。这些王侯的统治地域加起来，要比皇帝直接统治的地域还要大很多。汉初，皇帝直接下辖的郡为十五郡，而且大多分布于京都左右。大部分的国土都封给了功勋大臣，功勋大臣希望自己的利益不受损，皇帝是皇帝，是我们的皇帝，但在我们自己的领地内，我们自己可以享有相对自主的权力，不再受皇帝直接控制。而西汉刚刚建立，刘邦也没法处理这些功勋大臣，只能让他们在自己统治范围内有相对自主的权力，自己管理自己的领地。这样皇帝做自己的皇帝去，而功勋阶层在自己的领地内，做自己领地内的小皇帝。诸侯只要不犯法，便可在自己领地内，行使自己的王侯权力。在诸侯领地内，诸侯可以指定官员治理地方，也可行使对官员百姓的生杀大权。若诸侯、王不愿意，皇帝甚至无法直接任命诸侯、王领地的官员。由此可见，西汉初，诸侯的权力有多大了。

秦以法治国，咸事皆断于法。秦乱后，人口剧减，民生凋敝，经历过秦法统治的人们，迫切希望能够休养生息，能够发展生产。而刘邦和一群杀人犯、屠猪、宰狗、卖布的社会底层人，打下天下后，他们也非常希望人们能够休养生息，发展生产，过上好生活。秦末的战乱已久，此时人们厌战至极，刚猛的治国之术，不适合此时的社会需要。而黄老之术，清静无为而治，官府干预少，士农工商放任自由的政策，正是此时社会所需要的。无为而治，是在有为基础上的无为，无为和无不为。无为，是法律即明上的无为。是君主的无为，大臣的有为。无为，是士农工商，放任自由，让生产力最大限度地发展，民生最快地恢复。

黄老无为而治，具体到律法和政策上，便是依法治国。西汉初年的律法不是秦时的律法，而是萧何精简秦律法后的律法，具体的便是萧何制定的汉律九章，删除了秦法的苛繁、严酷，使法令更为明简，此时已与秦时的严刑峻法有了很大的区别，更适合人们的休养生息。

在律法的基础上，只要不触犯律法，官府不干预民间生产生活。法律则为天子与庶民共同遵守的法律。在此有必要提及一下，西汉初年的"犯跸"案与"盗取玉环"案，只要大家稍微用心查一下，在很多史料上可以查到。此两案中，文帝想要重罚案犯，而廷尉张释之要按法来处理，后来文帝也同意张释之公正持平的判决。律法此时为最高的神圣准则，即贵为天子，也不可能以己之私，而置律法于不顾。

黄老无为而治是以法律既明前提下的君无为，而臣子有为。具体到西汉初年

15

的政策上，便是皇权和相权分开，皇室和朝廷分开。皇帝是国家唯一最高统治者，是国家的象征。朝廷主掌国家的实际政权，负责一切实际责任。朝廷的最高首领为丞相，其次便是主掌军权的太尉。太尉为国家的最高武职，有带兵权，没有调兵权。再就是主掌监察权的御史大夫。此三者即为汉初的三公，而皇权和相权也以此分开。

皇帝作为国家最高统治者，权力有限。汉初皇帝有六尚，分别为尚衣、尚食、尚冠、尚浴、尚席和尚书。尚为掌管的意思，相当于秘书，而尚书台相当于秘书处。六尚中，只有尚书管理文书，是真正的秘书，此时皇帝只有六尚组成的秘书处，皇权相对比较小。

再就是皇权和相权分开，皇室和朝廷分开，是以"有为"前提下的无为。君无为，而臣有为，是一种君主驭臣下的统治之术，也可以说是无不为。君主的无为像道一样，是制定法令后的无为。君主的职能便是"虚静谨听"，审察大臣处理政事的情况，看其是否合格，据此定官员的生杀大权。

君主可以无为，但臣子必须有为，臣子须左执规，右执矩，使法令得以实施。大臣们还要做到勤于政事，谦虚谨慎，并要以身作则，摒除私欲，宠辱皆忘，知足常乐。黄老之术，认为这样，则可以实现以无统有，以寡治众，继而国泰民安。

西汉初年，采用黄老清静治国，无为而治，是道家黄老之术第一次被纳为治国之典，也是有明确历史记载的黄老无为而治第一次在中国施行，同时也是黄老之术无为而治最后一次被纳为治国之典。

第二章 《汉书》卷二 惠帝纪 第二

第一节 安抚和亲，巩固边防

【原文】

以宗室女为公主，嫁匈奴单于。

【译文】

用刘氏宗室的女儿作为公主，嫁给匈奴单于王作为夫人以结友好。

【评点】

刘邦死后，汉惠帝刘盈继位，年仅十七岁，母亲吕雉垂帘听政。这时，北方的匈奴部落已经非常强大。匈奴本来是我国北方的一个少数民族，它存在的时间很长，在先秦时代就有了。在秦朝最鼎盛的时期，大家知道，秦始皇修了万里长城，主要是为了抵御匈奴南下。

汉朝政局未稳，匈奴冒顿单于不顾与汉朝订立的盟约，变着法挑衅。他给吕后写了一封信，说："孤偾之君，生于沮泽之中，长于平野牛马之域，数至边境，愿游中国。陛下独立，孤偾独居。两主不乐，无以自虞，愿以所有，易其所无。"意思是说：陛下你现在孤身一人，和我一样都是独居。两主失去了配偶，都不快乐，也没有什么可以用来娱乐的，我愿意拿我所有的，换取您没有的。是谁这么大胆，敢向一个泱泱大国的皇太后发出如此无耻的书信，这便是匈奴的冒顿单于。

这个冒顿单于是一个颇具传奇色彩的人物，他是头曼单于的儿子。头曼单于立他为太子以后，发生了跟刘邦换太子很类似的情况，就是头曼单于后来又喜欢上了一个年轻的阏氏，这个阏氏给他生了一个儿子，他就想立这个心爱的阏氏的小儿子作为太子，取代原来的太子。

在匈奴的西边，有一个他固有的敌国叫月氏，也是少数民族。匈奴跟月氏两家是世仇。头曼单于就把冒顿送到月氏国去做人质。送去以后，头曼单于就带兵攻打月氏国。这一打，月氏国肯定就恼火了，要杀这个人质。头曼单于正想借月氏人之手杀掉他的太子。结果冒顿非常机灵，就在月氏国要杀他的时候，他竟然偷了一匹马千里迢迢地逃了出来，回到了头曼单于的身边。这在当时简直是一个神话。头曼单于一看是这个样子，他不再说废太子的事情了，觉得他这个儿子还是很了不得的，就给了冒顿一万骑兵，让他带领着训练。

冒顿趁着一次打猎的机会，射杀了他的亲生父亲头曼单于，自封为大单于，这在匈奴的发展史上是第一次。

汉高祖六年的时候，冒顿单于就带领他的军队，开始和进驻马邑的韩王信的军队交手了。据史书记载，冒顿单于带领的骑兵有三十万到四十万之多，力量是很强的。所以，韩王信打不过他，就向他求和。这个事被刘邦知道了，刘邦严厉地责备了韩王信。韩王信害怕了，干脆投降了匈奴。韩王信投降匈奴以后，他帮着匈奴的冒顿单于向南打，占了马邑，占了晋阳，继续向南打。刘邦就在高祖七年带了三十二万大军出兵去攻匈奴。结果，他的部队到达白登的时候，冒顿单于突然把四十万骑兵放出来，把刘邦团团围住。刘邦被围，和后面的大部队完全联系不上，粮草、饮水，什么供应都断了。就这样，刘邦被困在白登七天，这就是历史上非常有名的白登之围。

白登之围可以说是刘邦心中永远的痛。自己一生征战无数，没想到在白登会有如此惨败的下场。它让刘邦意识到匈奴是不太好对付的。这个与自己毗邻的匈奴会直接影响自己江山的稳定。

刘邦在这种情况下，就向他手下的一个人问计，说我到底怎么办？这个人就给他出主意了。他说匈奴这个民族，我们不要和他硬打，原因是我们的士兵已经相当疲劳了，反秦打了三年，楚汉战争打了四年，然后是接二连三的平叛，我们现在已无力和匈奴硬拼。我想了一个办法，就看陛下同意不同意？刘邦当时已经是万般无奈了，听说还有办法，那你就说出来吧。这个手下的人就对刘邦说，你要真想解决这个问题，只有一个办法，就是把你的嫡长公主，就是你和吕后亲生的女儿献出来，献给匈奴的冒顿单于去做妻子，然后再送给他大批的礼物。这样一来，大单于贪汉朝的财物，又听说是陛下的嫡长公主，一定会把咱们送去的公主立为阏氏，这就好办了。立为阏氏以后，你想想你和大单于是什么关系啊，大单于就成你的女婿了，哪有女婿和岳父大人打起来的？更何况万一这个大单于死了以后，那不是你的女儿生的儿子要继位了吗？继位的单于岂不就是你的外孙了吗？要是你的外孙当了单于，他跟汉朝的关系就更亲近了。这个中国历史上最早的和亲政策，就是在这个背景之下提出来的。刘邦在这个时候还有什么话说，他觉得只要能解决匈奴对边境的骚扰就行，管他谁的女儿。他就决定可以。但是回去跟吕后一商量，吕后不干，吕后说，要把咱的女儿嫁给那个杀其父、欺其母的禽兽不如的冒顿单于，门儿都没有，她是哭着闹着死活不干。吕后这一闹，刘邦就当不了吕后的家，他也没有办法了。结果就找了一个宗室的公主（应当叫翁主），打扮了一下，说成是汉天子的公主送给大单于，并且陪送了很多礼物。这一下，冒顿当然是很高兴了，他虽然没有掠夺走更多的东西，但是得到了汉朝天子的女儿，还有那么多的礼品，他也满足了。应当说，这一次是历史上汉匈第一次和亲成功，这对日后两个民族的融合也有好处。虽然是个权宜之计，是个无奈之举，但是从两个民族的发展上来说，还是有意义的。

　　吕后收到信后，鉴于白登之围的教训，最终采纳了季布的意见，没有对匈奴作战。吕后在这一点上表现得非常英明果断，政治家的胸怀和气度表现出来了。她就让手下的人写了一封信回给冒顿单于。在这个信上，她说自己年龄大了，气力也不行了，头发牙齿都脱落了。言外之意是，我走起路来都摇摇晃晃，怎么能再当新嫁娘呢？我不能再出嫁了。写好信后派人送了两辆车马，还送去一位美女给了冒顿单于。冒顿单于看了信以后倒是良心有所发现，他感到很惭愧，又给吕后回了一封信，说我历来知道汉朝是礼仪之邦，我写了那么无礼的信，竟然得到陛下的宽恕，非常抱歉。这以后汉匈两家又保持了和好，吕后就此维持了从刘邦和亲以来所保持的汉匈之间没有大的战争的平静局面。

第二节　母后擅权，抑郁而终

【原文】

　　赞曰：孝惠内修亲亲，外礼宰相，优宠齐悼、赵隐，恩敬笃矣。闻叔孙通之谏则惧然，纳曹相国之对而心说，可谓宽仁之主。遭吕太后亏损至德，悲夫！

【译文】

班固评论：汉惠帝内亲宗室，外礼宰相，对齐悼王、赵隐王都予以优宠，可谓恩敬笃厚。听到叔孙通注意礼仪的谏言就自感惭愧，接纳曹相国的健全法度的建议就深为喜悦，可以说仁德宽厚。可惜由于母后吕太后的残忍而增加了他的精神痛苦，抑郁而终，可悲啊！

【评点】

将门非虎子，却是好皇帝。都说是"将门虎子"，刘邦以一布衣提三尺剑取天下，儿子应该也是英豪之列，但继承他皇位的汉惠帝刘盈，却是一个生活在母亲擅权阴影下的皇帝。他在位七年，所做的业绩寥寥无几，不过对于资质浅薄的汉惠帝而言，他只要保证坚决执行父亲创立的一套政策，上承父制，善尽职守，就可国泰民安了。的确，汉惠帝也在汉王朝的历史发展过程中起到了承上启下的作用，就凭这一点，汉惠帝也算得上是个好皇帝了。

惠帝本来应该和后来的文帝和景帝一样有更大的作为，但因为母亲吕后，他还是过早地去世了。固然，他的早逝有很多方面的原因，但是下面我们谈论的四个方面却是关键性的。

一是皇后的选定。惠帝在做太子时因为年纪太小，所以没有娶太子妃。等他做了皇帝，母亲吕后为了巩固自己的权势，笼络权臣，就敲定了张氏为皇后。张氏者谁？鲁元公主之女也！鲁元公主又是谁呢？惠帝一母同胞的亲姐姐，也就是说张氏是惠帝的亲外甥女。虽然典籍记载鲁元公主是张氏的继母，但按照现在的观念和法律，是典型的近亲结婚。据说，当时还是流行这种亲上加亲式的婚姻的。两天前还在自己身边撒娇叫"舅舅"的小女孩儿，现在居然成了自己的女人，还是正宫，这叫作为皇帝的惠帝如何以待？而这却是自己母后的最高指示，惠帝心里那个别扭就甭说了。后来，因为张氏长时间没有生育，吕后便又自作主张，叫张氏对外说自己已经怀孕，然后将一个宫中美人生的儿子据为己有，并立为太子，其生身母亲却被吕后杀死了。夺子杀母，吕后何其毒也！

二是母亲吕后的残忍。在刘邦活着的时候，戚夫人多次撺掇刘邦企图废去刘盈的太子之位，改立戚夫人之子刘如意为太子，手段极为恶劣，无所不用其极。这使得吕后十分怨恨戚夫人及刘如意。刘邦死后，对于原来曾威胁惠帝太子地位的戚夫人，吕后开始报复：先是让她舂米，并无杀心；但由于戚夫人的歌声（子为王，母为虏，终日舂薄暮，常与死为伍！相离三千里，当谁使告女？）中流露出充满怨念的谋逆之心，使吕后闻之大怒，便将戚夫人的儿子赵王如意骗到长安用毒酒杀死，残忍地将戚夫人的四肢砍断，挖去眼睛，熏聋双耳，灌药使她变成了哑巴，最后扔到了茅房，叫作"人彘"，除掉后患。生性仁慈、心地善良的惠帝，在看到那个"人彘"，并知道是戚夫人后，对母亲的巨大变化难以承受，受到极大刺激，痛哭不止，此后便生病了，长达一年之久。惠帝也不再上朝处理政务，每天就是饮酒作乐，迷恋后宫。其实，他是在用这种方式来驱散心中那种无法言说的恐怖。

三是"东朝"专权。刘盈登基后，每隔三天两日要去吕太后居住的长乐宫朝见，如果有大事，则必须立即去汇报请示。相对于未央宫"大朝"而言，长乐宫有"东朝"之称。因为国家大权掌握在吕后手中，所以实为"东朝"主政。作为儿子，惠帝无法反抗，也不敢反抗，服从"东朝"的所有指示，只能以纵情沉湎于美酒来打发时光。从此以后，西汉历代皇后除了汉昭帝的生母钩弋夫人被其父汉武帝赐死外，如文帝母薄皇后、景帝母窦皇后、武帝母王皇后、成帝母王政君等，均以太后身份居长乐宫"垂帘听政"。"东朝"主政的恶性发展，最终导致外戚专权、王莽篡汉事件的发生，追根溯源，惠帝的仁弱，难辞其咎。

四是相国曹参的影响。原来，曹参继萧何为相国后，日夜饮酒，不理国政。惠帝十分焦急，便令曹参之子、中大夫曹窋回家劝说。结果曹参大怒，将曹窋打了两百板子，还骂了一通。事后，惠帝责备曹参，曹参说："陛下不如先帝，臣也不如萧何，所以陛下与臣只要守住他们的既定方略就行了，还用干什么？"懦弱的惠帝终于懂得了无为而治的奥妙，也便放心地去饮酒作乐了。

公元前 188 年，即汉惠帝七年，年仅二十三岁的惠帝去世，谥号"孝惠"。惠帝做了七年有名无实的皇帝，在二十三岁的时候就过早地死去。惠帝死后，吕后又执政八年。这前后十五年，是大汉王朝从建国到文景之治的过渡时期、奠基时期，在历史上占有重要地位。

第三章 《汉书》卷三 高后纪 第三

第一节 代行王权，称制监国

【原文】

（一）

高皇后吕氏，生惠帝。佐高祖定天下，父兄及高祖而侯者三人。惠帝即位，尊吕后为太后。太后立帝姊鲁元公主女为皇后，无子，取后宫美人子名之以为太子。惠帝崩，太子立为皇帝，年幼，太后临朝称制，大赦天下。乃立兄子吕台、产、禄、台子通四人为王，封诸吕六人为列侯。

（二）

四年夏，少帝自知非皇后子，出怨言，皇太后幽之永巷。诏曰："凡有天下治万民者，盖之如天，容之如地；上有欢心以使百姓，百姓欣然以事其上，欢欣交通而天下治。今皇帝疾久不已，乃失惑昏乱，不能继嗣奉宗庙，守祭祀，不可属天下。其议代之。"群臣皆曰："皇太后为天下计，所以安宗庙社稷甚深。顿首奉诏。"五月丙辰，立恒山王弘为皇帝。

（三）

七年冬十二月，匈奴寇狄道，略二千余人。春正月丁丑，赵王友幽死于邸。己丑晦，日有蚀之，既。以梁王吕产为相国，赵王禄为上将军。立营陵侯刘泽为琅邪王。夏五月辛未，诏曰："昭灵夫人，太上皇妃也；武哀侯、宣夫人，高皇帝兄姊也。号谥不称，其议尊号。"丞相臣平等请尊昭灵夫人曰昭灵后，武哀侯曰武哀王，宣夫人曰昭哀后。六月，赵王恢自杀。秋九月，燕王建薨。南越侵盗长沙，遣隆虑侯灶将兵击之。

【译文】

（一）

高皇后吕氏，生惠帝，辅助汉高祖平定天下，她的父兄在高祖时封侯的有三人。惠帝继位之后，尊奉吕后为太后。太后立惠帝的姐姐鲁元公主的女儿为皇后，没有生下子女，就取后宫美人所生的儿子立为太子。惠帝驾崩，太子立为皇帝。少皇帝年幼，吕太后临朝行天子事，大赦天下。就封他哥哥的儿子吕台、吕产、吕禄及吕台的儿子吕通四人为王，封诸吕家六人作为列侯。

（二）

吕后临朝称制第四年的夏天，少皇帝知道自己不是皇后所生，口出怨言。皇太后将他软禁在长巷之中。下诏说："凡是统驭天下治理万民的人，应像上天那样包罗，像大地那样容纳；皇上从爱护百姓出发来治理百姓，百姓心悦诚服地感戴皇恩，政通人和而国泰民安。当今少皇帝因疾病长期不好，甚至神经错乱，不能继承大统与奉祀宗庙及镇守社稷，不能够担当天下的重任。请提议可以替代他的人。"群臣都说："皇太后是从国家根本利益考虑的，这对于宗庙社稷的稳定至关重要。我们都俯首听从您的诏令。"五月十七日，立恒山王刘弘为皇帝。

（三）

第七年冬天的十二月，匈奴入侵狄道，掠走居民二千多人。春天正月十八日，赵王友在寓所中被幽禁死去。三十日，太阳先是半食，后来全食。吕后任命梁王吕产作为丞相，赵王吕禄作为上将军。立营陵侯刘泽作为琅邪王。夏天五月十九日，下诏说："昭灵夫人，是太上皇妃；武哀侯、宣夫人，是高皇帝的哥哥和姐姐。谥号与身份不相称，请另外商议谥号。"丞相陈平等请尊昭灵夫人作为昭灵后，武哀侯作为武安王，宣夫人作为昭哀后。六月，赵王恢自杀。秋天九月，燕王建去世。南越兵士侵犯骚扰长沙，于是派遣隆虑侯灶带领军队驱逐。

【评点】

惠帝七年（前188），二十三岁的刘盈病死。刘盈即位以来，仁弱宽厚有余，果敢有为不足，尤其是"人彘"之事后自暴自弃，对母亲皇太后敬畏有加。刘盈在位期间，虽称所谓"宽仁之主"，终因病不听朝理政。据记载，刘盈曾经因为审食其的事发过火。因为有一天，有人向刘盈揭发审食其的劣迹，他怒不可遏，立即下令将审食其打入大牢，准备处死。在交由大臣审讯时，人人尽知审食其是吕后的幸臣，皇帝要治他的罪，心里都觉得过瘾，虽然没有人敢有半句话涉及吕后，但都对审食其口诛笔伐。事情当然瞒不过吕后，她知道审食其受苦，心里焦急，因碍于情面，不好直接插手，一时竟不知所措。这时候，曾受过审食其恩惠的朱建，找到刘盈的幸臣闳孺，劝道："你是皇帝的宠臣，审食其是太后的宠臣，如果皇帝杀了他，太后一定会怨你坐视不救，来日必定会借故报复，使你命难保。你若出面恳求皇帝开恩赦免审食其，必合太后之意，你不仅可免杀身之祸，还可得幸于两主，富贵可保，何乐不为？"果然，刘盈经闳孺一劝，就不再追究了。

刘盈在位期间是个傀儡，就连自己的婚姻大事也得听从皇太后的安排，而刘盈成婚时已是一个近二十岁的成年天子。

吕后对他婚事的安排，用今天的眼光看，简直是荒唐至极。原来，吕后为刘盈选择的皇后不是别人，竟是他同胞姐姐鲁元公主的女儿张嫣。论辈分，张嫣是刘盈的外甥女。吕后如此安排，说来目的很简单，就是要亲上加亲，不能让外人占据皇后的地位，也就是不能在吕氏之外形成另一个外戚势力。张嫣是鲁元公主与张敖所生，惠帝四年（前191）大婚之时刚满12岁。这桩舅甥之间的婚姻内容如何，我们不得而知，但有一个事实，张嫣婚后从无生育，而惠帝刘盈在后宫中生子数人，仅在《汉书·外戚恩泽侯表》中立为侯王的就有襄城侯义、轵侯朝、壶关侯武、昌平侯大等数人。另外，还有淮阳王强、恒山王不疑等人。所以，吕后安排的张嫣与刘盈的婚姻，并没能从血脉相连这一点上达到要求。为防意外，吕后曾让人想了很多办法，但张嫣仍没有怀孕。后来，吕后只得移花接木，假称张嫣有了身孕，然后取其他宫妃所生男婴，谎称为张嫣所生，并将婴儿生母杀死。这一安排，仍然是为了亲上加亲，巩固权力地位。

惠帝刘盈死后，吕后便立了张嫣领养的皇子为少帝，张嫣小小年纪也做了太后。吕后遂以太皇太后身份临朝称制。"王言曰制"，称制，本来是皇帝应有的权力，但从秦国宣太后芈八子开始，"临朝称制"就成为后世后妃把持朝政时纷纷仿效的法宝。吕后便是继宣太后以后的首位继承者。吕后也是大一统王朝中第一位临朝称制的皇太后。吕后临朝代行天子之权，直接决断国家大政，成为西汉真正的掌权者。以后的七八年里，史书中直接以"高后某年"记事。对吕太后临朝，《史记》《汉书》等正史也为她专门立了帝王资格的"本纪"。

不几年，开始懂事的少帝不知怎么知道了自己的身世，知道了生母已惨死于吕后之手。他曾咬牙切齿地发誓说："我怎能坐视生母被人害死还来自顾帝位？现在我还小，等我长大了，非给她点颜色看看。"这话传到吕后耳中，自然很不舒服。她不能容忍少帝，便立即采取行动，先以少帝病重为名将其关押，幽禁在永巷，然后召集群臣商议另立新君。为正视听，吕后特降诏废黜少帝："凡有天下治万民者，盖之如天，容之如地……今皇帝疾久不已，乃失惑昏乱，不能继嗣奉宗庙，守祭祀，不可属天下，其议代之。"群臣慑于吕后权威，唯唯诺诺，无有异词，都表示说："皇太后为天下着想，所为皆系安定宗庙社稷，臣等顿首奉诏。"过后不久，吕后就杀了少帝，改立恒山王刘弘为帝，她依旧临朝称制。

自惠帝刘盈死后，两个皇帝均在冲龄，吕后更担心社稷不牢，宗祀不永，开始倚重吕氏外戚。据说，刘盈死后，吕后哭吊时干号无泪。张良年仅十五岁的儿子、侍中张辟疆看透了吕后的用心，对丞相陈平等人说："惠帝是太后的独子，现在死去，她竟哭而不悲，您知道为什么？""为什么？"陈平问。张辟疆道："惠帝没有成年的儿子，太后对你们这些元老大臣心怀猜忌呀！要是请太后封其侄子吕台、吕产、吕禄为将，使其统率南北禁军，使诸吕入宫用事，太后有了靠山，才能心安，你们也可以幸免于祸。"陈平依计而行，吕后心里踏实了许多，果然就哭得哀痛了。从这时开始，吕氏外戚势力开始正式崛起了。正如《史记·吕太后本纪》所说："吕氏权由此起。"

不久，吕后又想大封诸吕。她在一次朝会上问右丞相王陵，王陵道："当年高皇帝与臣等刑白马而盟：非刘氏而王，非功而侯者，天下共诛之。今封诸吕为王，有违盟约。"吕后听了很不高兴，又问左丞相陈平和绛侯周勃。陈平等奏："高皇帝定天下，以子孙为王；现在太后称制，亦同于皇帝，欲封诸吕，无有不可。"吕后顿时喜形于色。退朝后，憨直的王陵责备陈、周等人失信先帝，阿顺吕氏，是属不义。陈平却说："对太后面折廷争，我等不如君；保社稷、全刘氏，君也不如我等。"事后，王陵被明升为太傅，实夺了他的丞相之权。

于是，吕后先后将吕台、吕产、吕禄、吕嘉、吕通和外孙张偃（鲁元公主之子）封为王爵，吕种、吕平、吕庄和妹妹吕媭等十几人以及亲信封为侯。同时，让吕、刘通婚，以使两姓共结同好，以期荣辱与共。为此，她也很注意笼络刘氏宗亲。尤其对那些和吕氏关系密切的刘氏子弟，也同样加以封赏。如齐王刘肥的儿子刘章娶了吕禄的女儿为妻，被封为朱虚侯，吕后对他另眼相看，命其入宫宿卫。有一次，宫中盛宴，吕后令其监酒，刘章请以"军法行酒"。喝到兴起，刘章说："请为太后唱耕田歌助兴。"吕后道："你老子还知道耕稼之事，你生下来就是王子，安知耕田？"刘章说："我知道一些！"吕后道："好，就听你如何唱吧！"刘章击打着监酒用的宝剑，和着节拍唱道："深耕溉种，立苗欲疏；非其种者，锄而去之。"吕后听出他话里有话，有讥讽诸吕的意思，也只是默不作声。不一会儿，诸吕中有一人因醉擅自离席而去，被刘章追上一剑斩了。因许其军法监酒，吕后也无可奈何。

另外，像刘泽因为娶了吕媭的女儿，吕后也很痛快地封他做了琅邪王。

吕后在笼络刘氏宗族的同时，对那些敢不予合作者也毫不留情。刘邦的儿子刘友，后被封为赵王，对吕后强迫他娶吕氏之女为妻不以为然，对妻子不理不睬，反而宠幸其他女人。妻子妒火中烧，在吕后面前告恶状，说他总想讨灭吕氏。于是，刘友被吕后召入长安幽禁，活活饿死。他在饥饿难忍时，百感交集地唱道：

> 诸吕用事兮刘氏危，迫胁王侯兮强授我妃。我妃既妒兮诬我以恶，谗女乱国兮上曾不寤。我无忠臣兮何故弃国？自决中野兮苍天举直！于嗟不可悔兮宁早自财。为王而饿死兮谁者怜之！吕氏绝理兮托天报仇。

刘友死后，梁王刘恢被改封为赵王，吕后又把吕产之女许配给他为妻，随嫁者都是吕家的人。妻子吕氏在家里擅权无状，连他本人也受到监视。刘恢闷闷不乐，后来他的爱妾被妻子鸩杀，他悲愤不已，也自杀而死。

刘邦的八个儿子中，有三个儿子遭到吕后的毒手。尽管如此，吕后当政期间，并没有篡夺汉室的打算。元老大臣与刘氏、吕氏势力之间尚能处于相对平安均衡的状态，汉初政局基本保持着稳定，由此足以看出吕后用心之良苦及其政治手段之高明。

在相对稳定的政治局面下，吕后继承高祖以来有利于社会经济恢复和发展的政策措施，清静无为，与民休息，使西汉社会经济稳步前进，国力有所增强。司马迁曾经这样说过："孝惠皇帝、高后之时，黎民得离战国之苦，君臣俱欲休息乎无为，故惠帝垂拱，高后女主称制，政不出房户，天下晏然。刑罚罕用，罪人是希。民务稼穑，衣食滋殖。"这一评价，正说明吕后作为实际的当权者，在她执政的日子里，获得了巨大成功。吕后时期，西汉社会政治经济的进步，正为号称封建时代盛世的"文景之治"打下了基础。我们说她是一位对中国历史做出过贡献的女性，也正是着眼于这一点。

第二节　身死未央，诸吕覆灭

【原文】

秋七月辛巳，皇太后崩于未央宫。遗诏赐诸侯王各千金，将相列侯下至郎吏各有差。大赦天下。

上将军禄、相国产颛兵秉政，自知背高皇帝约，恐为大臣诸侯王所诛，因谋作乱。时齐悼惠王子朱虚侯章在京师，以禄女为妇，知其谋，乃使人告兄齐王，令发兵西。章欲与太尉勃、丞相平为内应，以诛诸吕。齐王遂发兵，又诈琅邪王泽发其国兵，并将而西。产、禄等遣大将军灌婴将兵击之。婴至荥阳，使人谕齐王与连和，待吕氏变而共诛之。

太尉勃与丞相平谋，以曲周侯郦商子寄与禄善，使人劫商令寄给说禄曰："高帝与吕后共定天下，刘氏所立九王，吕氏所立三王，皆大臣之议。事已布告诸侯王，诸侯王以为宜。今太后崩，帝少，足下不急之国守藩，乃为上将将兵留此，为大臣诸侯所疑。何不速归将军印，以兵属太尉，请梁王亦归相国印，与大臣盟而之国？齐兵必罢，大臣得安，足下高枕而王千里，此万世之利也。"禄然其计，使人报产及诸吕老人。或以为不便，计犹豫未有所决。禄信寄，与俱出游，过其姑吕媭。媭怒曰："汝为将而弃军，吕氏今无处矣！"乃悉出珠玉宝器散堂下，曰："无为它人守也！"

八月庚申，平阳侯窋行御史大夫事，见相国产计事。郎中令贾寿使从齐来，因数产曰："王不早之国，今虽欲行，尚可得邪？"具以灌婴与齐楚合从状告产。平阳侯窋闻其语，驰告丞相平、太尉勃。勃欲入北军，不得入。襄平侯纪通尚符节，乃令持节矫内勃北军。勃复令郦寄、典客刘揭说禄，曰："帝使太尉守北军，欲令足下之国，急归将军印辞去。不然，祸且起。"禄遂解印属典客，而以兵授太尉勃。勃入军门，行令军中曰："为吕氏右袒，为刘氏左袒。"军皆左袒。勃遂将北军。然尚有南军，丞相平召朱虚侯章佐勃。勃令章监军门，令平阳侯告卫尉，毋内相国产殿门。产不知禄已去北军，入未央宫欲为乱。殿门弗内，徘徊往来。平阳侯驰语太尉勃，勃尚恐不胜，未敢诵言诛之，乃谓朱虚侯章曰："急入宫卫帝。"章从勃请卒千人，入未央宫掖门，见产廷中。日铺时，遂击产，产走。天大风，从官乱，莫敢斗者。逐产，杀之郎中府吏舍厕中。

章已杀产，帝令谒者持节劳章。章欲夺节，谒者不肯，章乃从与载，因节信驰斩长乐卫尉吕更始。还入北军，复报太尉勃。勃起拜贺章，曰："所患独产，今已诛，天下定矣。"辛酉，斩吕禄，笞杀吕嬃。分部悉捕诸吕男女，无少长皆斩之。

大臣相与阴谋，以为少帝及三弟为王者皆非孝惠子，复共诛之，尊立文帝。

【译文】

秋天七月三十日，皇太后——吕后驾崩在未央宫，遗诏赐给各侯王各千金，将相列侯下至郎吏按级分赐，大赦天下。

上将军吕禄、丞相吕产专擅军政大权。自己明知违背高皇帝的"非有功而侯"的规定，恐怕被大臣及各侯王所害，因此阴谋叛乱。当时齐悼惠王的儿子朱虚侯刘章在京都，他是吕禄的女婿，知道了他的阴谋，就立即派人告诉他的哥哥齐王，要他发兵向西进攻。刘章准备以太尉周勃、丞相陈平作为内应，来杀除诸吕。齐王于是起兵，又策动琅邪王刘泽调动他们国家的兵马，会师向西进攻。吕产、吕禄等派大将军灌婴领兵阻击。灌婴到荥阳，派人告诉齐王并与他联合，等待吕氏发动政变时再进行诛讨。太尉周勃与丞相陈平相互谋略，认为曲周侯郦商的儿子郦寄与吕禄关系很密切，就派人强迫郦商命令他儿子郦寄去骗吕禄道："高帝与吕后共定天下，刘氏所立九王，吕氏所立三王，这都是通过大臣们讨论的。讨论及决定都已经通报各侯王，各侯王都表示赞同。现在太后崩驾，皇帝年少，您不急于到自己的封国自守，却以上将军身份带兵留在京都，以致引起大臣与侯王们的猜疑。为什么不立即交还将军印，将兵权传给太尉，请梁王吕产也归还相印，和大臣们交代清楚后回到封国去？这样齐兵就可以后撤，大臣们就得以放心，而您高枕无忧地在千里之外的封国称王，这才是万世之利啊！"吕禄同意他的计谋，派人转告吕产及吕氏父老。有的认为这件事不可靠，众说纷纭没有做出决断。吕禄相信郦寄，与他一道去劝说诸吕，到了吕后的妹妹吕嬃家。吕嬃怒道："你当大将军而放弃军权，吕氏将死无葬身之地了。"就尽数取出珠玉宝器弃在堂下，她说："我不必为别人保管这些东西了！"

八月，平阳侯曹窋担任御史大夫，会见相国吕产商量国事。郎中令贾寿派使者从齐国回来，因而指责吕产说："您不早日到自己的封国去，现在虽然想走，还走得成吗？"具体地将灌婴与齐、楚联合的情况告诉了吕产。平阳侯曹窋听到后，急忙告诉丞相陈平与太尉周勃。周勃想进入北军，不能进入，襄平侯纪通主管符节，就用皇帝的名誉诈传军令让周勃到营中主持北军。周勃又派郦寄、典客刘揭劝说吕禄，他们说："皇上派太尉接管北军，想叫您回到封国去，应该很快就还将军印，辞职离开，不这样的话，大祸就要临头。"吕禄就解下大将军印交给刘揭，而将兵权移交给太尉周勃。周勃进入中军帐中，传令军中说："支持吕氏的右袒，支持刘氏的左袒。"将士都左袒，周勃于是掌握了北军。但是尚有南军，丞相陈平召朱虚侯刘章协助周勃，周勃派刘章监守军门，派平阳侯通知卫尉，不要让相国吕产进入殿门。吕产不知吕禄已失去对北军的控制权，想进入未央宫发动政变。殿门守军不让他进去，他在殿外来回徘徊。平阳侯立即转报太尉周勃，周勃尚且害怕难以取胜，没有敢公开宣布诛杀吕氏，就对朱虚侯刘章说："迅速进入宫中保护皇帝。"刘章请周勃拨兵千人，进入未央宫侧门，见吕产在廷中走动。中午时，就对吕产发起攻击。吕产逃走。当时突然起了狂风，吕产的随从大乱，没有人敢进行抵抗。刘章领兵追逐吕产，赶到郎中府吏厕所中将他杀掉了。

刘章已杀吕产，汉帝派近侍持皇上符节慰劳刘章。刘章想夺取符节，近侍不肯。刘章就与近侍一同乘车，持着皇上符节驰入长乐宫斩杀长乐宫卫尉吕更始。刘章回到北军，将情况向周勃进行了回报。周勃起立拜谢并祝贺刘章，他说："我们最害怕的是吕产，现在吕产已经被杀，天下就可以安定了。"于是斩杀吕禄，笞杀吕媭，分遣人马捕捉诸吕男女，不分老少一律斩杀。

大臣们相互进行私谋，认为少帝及他的三个为王的弟弟都非惠帝之子，就一起杀掉，尊立文帝。

【评点】

高后七年（前181）正月三十日己丑，日食。初春的艳阳似被掩遮住，明亮的白昼变得晦暗朦胧。在那个充满阴阳五行观念的时代，这一天象似乎给以女主临朝称制的吕后某种预示。吕后心里觉得极难顺遂，很不痛快地对手下人讲："这天象是因为我！"

第二年三月，吕后为了消灾祈福去城外举行拜祭，归经轵道（今西安市东北）时，据说见到一个似黑狗的东西，突然跳到吕后腋下。吕后大惊。不一会儿，这东西就已不见影踪。事后，吕后请人占了一卦，说是赵王如意的阴魂不散，在作祟。不久，吕后腋下出现病变，而且日益严重。到了七月，吕后竟一病不起。她顾虑到自己死后的政局，便任命赵王吕禄为上将军，统领北军；吕王吕产居于南军，控制形势。她对二人谆谆嘱咐："当年高皇帝与大臣有白马之盟，现在你们为王，大臣们实有议论。我死之后，皇上年幼，恐怕大臣发动变乱。你们一定要手握将印，控制兵权，把守宫门，也就不要再送殡了，免得被人乘机钻了空子，受制于人！谨记，谨记。"不久，吕后便与世长辞，终年61岁。

吕后遗诏大赐诸侯王和将相百官，大赦天下。她以吕产为相国，并令吕禄女为少帝的皇后，仍然寄希望通过刘、吕联姻达到政治上的均衡。然而，吕后一死，凭借她自己的声望、地位与政治手腕维系着的政治上的均衡关系破裂了。很快，宗室齐王刘襄起兵西攻，声称要杀掉不当为王的诸吕。刘章在京城呼应，灌婴在荥阳的大军也与刘襄定约联合。京师之内，陈平设计，周勃单车入北军，骗取吕禄上将军之印，宣布"为吕氏右袒，为刘氏左袒"，北军将士一律左袒，于是控制了北军。随后分兵千余人，令刘章率领，到未央宫中，将吕产追杀在郎中令官衙的厕所中。这样，又控制了南军。京城之内，吕氏已成瓮中之鳖，只得束手待毙。吕禄、吕媭、吕通等先后被杀。周勃又令禁军大肆搜捕诸吕男女，"无少长皆斩之"。就连吕后所立的小皇帝，也恐其年长后反戈，被一并解送出宫，偷偷地杀掉了。继而，刘邦的儿子代王刘恒被拥立为皇帝，即汉文帝。

吕后死去仅仅一个月的时间，就天地翻覆，乾坤倒转，这是吕后生前的确未曾料及的。从此，西汉历史进入了"文景之治"的盛世。应该说，"文景之治"乃是承袭了吕后的余荫，如果没有她十几年间精心治理天下，打下坚实的基础，西汉王朝恐怕很难如此迅速地喷射出盛世的光彩。吕后死后近两百年，赤眉军竟掘开她的陵墓，将随葬宝物洗劫一空，连尸身也备受污辱。不知这是史书上的诬陷不实之词，还是历史的误会。吕后并没有因长眠地下而获得丝毫安宁，这不能不引起读史者的沉思。

第四章 《汉书》卷四 文帝纪 第四

第一节 占卜问计，入主长安

【原文】

　　孝文皇帝，高祖中子也，母曰薄姬。高祖十一年，诛陈豨，定代地，立为代王，都中都。十七年秋，高后崩，诸吕谋为乱，欲危刘氏。丞相陈平、太尉周勃、朱虚侯刘章等共诛之，谋立代王。语在《高后纪》《高五王传》。

　　大臣遂使人迎代王。郎中令张武等议，皆曰："汉大臣皆故高帝时将，习兵事，多谋诈，其属意非止此也，特畏高帝、吕太后威耳。今已诛诸吕，新喋血京师，以迎大王为名，实不可信。愿称疾无往，以观其变。"中尉宋昌进曰："群臣之议皆非也。夫秦失其政，豪杰并起，人人自以为得之者以万数，然卒践天子位者，刘氏也，天下绝望，一矣。高帝王子弟，地犬牙相制，所谓盘石之宗也，天下服其强，二矣。汉兴，除秦烦苛，约法令，施德惠，人人自安，难动摇，三矣。夫以吕太后之严，立诸吕为三王，擅权专制，然而太尉以一节入北军，一呼士皆袒左，为刘氏，畔诸吕，卒以灭之。此乃天授，非人力也。今大臣虽欲为变，百姓弗为使，其党宁能专一邪？内有朱虚、东牟之亲，外畏吴、楚、淮南、琅邪、齐、代之强。方今高帝子独淮南王与大王，大王又长，贤圣仁孝，闻于天下，故大臣因天下之心而欲迎立大王，大王勿疑也。"代王报太后，计犹豫未定。卜之，兆得大横。占曰："大横庚庚，余为天王，夏启以光。"代王曰："寡人固已为王，又何王乎？"卜人曰："所谓天王者，乃天子也。"于是代王乃遣太后弟薄昭见太尉勃，勃等具言所以迎立王者。昭还报曰："信矣，无可疑者。"代王笑谓宋昌曰："果如公言。"乃令宋昌骖乘，张武等六人乘六乘传诣长安，至高陵止，而使宋昌先之长安观变。

　　昌至渭桥，丞相已下皆迎。昌还报，代王乃进至渭桥。群臣拜谒称臣，代王下拜。太尉勃进曰："愿请间。"宋昌曰："所言公，公言之；所言私，王者无私。"太尉勃乃跪上天子玺。代王谢曰："至邸而议之。"

【译文】

孝文皇帝，是汉高祖的次子，母亲是薄姬。高祖十一年，诛杀陈豨，平定代地，就立他为代王，定都在中都。十七年秋，吕后去世，诸吕图谋政变，想夺取刘汉政权。丞相陈平、太尉周勃、朱虚侯刘章等共同诛杀吕氏，共商迎立代王刘恒作为皇帝。史事记入《汉书·高后纪》《高五王传》中。

大臣们派人迎接代王。代王的郎中令张武等商议，他们说："汉朝大臣都是高帝时的一些老将，熟习军事，深谙权诈，他们的内心并不满足于现在的地位，只是害怕高帝与吕后的威严罢了。现在诸吕已被杀，血溅京都，此时以迎大王入京称帝为名，实在难以令人置信。希望大王以有病不能前往相辞，以观察情况的变化。"中尉宋昌进言道："他们这些议论是错误的。秦朝朝纲紊乱，豪杰并起，想取代秦朝而得面南称帝的不下万人，但最后能君临天下的，仅刘氏一家。天下怀有非分之想的人已感绝望，这是其一。高皇帝封子弟为王，封地犬牙交错，这就成了磐石般的核心，天下服于刘汉的强大，这是其二。汉朝建立，废除了秦朝的苛敛，省刑罚，施德惠，人人自安，深得人心，这是其三。而以吕太后那样的威严，立诸吕为三王，擅权专制，然而太尉周勃持一个符节进入北军，一声呼唤士卒都露出左臂，支持刘氏，反对诸吕，结果把吕氏消灭了。由此可见刘汉政权出于天授，不是靠少数人的力量可改变的。现在虽然有的大臣想趁机一搏，而百姓却不愿听他们的驱使。靠他们的少数党羽就能够达到目的吗？京都内有朱虚、东牟的团结，外有吴、楚、淮南、琅邪、齐、代的强大。现在高帝的儿子只有淮南王与大王。大王居长，圣贤仁孝，名播天下，所以朝中大臣顺应万民的希望而想迎立大王，大王就不必有所顾虑了。"代王禀报太后，一时尚难决策。于是占卜问这件事。征兆上显示大横，卜官查核卜词，说："大横庚庚，我为天王，夏启光宗耀祖。"代王说："我本来就是王，又何必加一个王号呢？"卜人说："卦中所谓天王，是天子啊！"于是代王派遣太后的弟弟薄昭去见太尉周勃。周勃等详细报告了迎立代王的真意。薄昭回报代王说："是可信的，没必要怀疑了。"代王笑着对宋昌说："果然如先生所说的。"就派宋昌主管车驾，派张武等六人乘六辆快车去长安。车驾行驶到高帝陵前时停止前进，而派宋昌先到长安观察动静。

宋昌到达渭桥，丞相以下的官员都来迎接。宋昌到高陵回报代王，于是代王行进到达渭桥。群臣以臣礼拜见代王，代王也谦逊回拜。太尉周勃上前来对代王说："请您赐给我片刻时间来秘密禀报一些事情。"宋昌说："要是太尉所禀报的是公事，就请当着众臣的面上奏；要是所禀报的是私事，成为王的人是无私的。"太尉周勃就跪着送上天子的玉玺。代王推辞说："请到了京都馆舍的时候再商议吧。"

【评点】

据史籍记载，汉文帝和汉武帝都用卜筮决策过大事。汉文帝的故事，是占卜入长安。

公元前 202 年，刘邦先后灭掉秦王嬴政和楚王项羽，开创了汉家基业。刘邦驾崩后，接替他做皇帝的是汉惠帝刘盈。刘盈做了七年皇帝驾崩了，年仅二十三岁。刘盈少年登基，且生性仁弱，所以这七年的政权，实际掌握在他的母亲吕后手里。刘盈死后，吕后干脆立个小孩儿做傀儡，自己临朝称制，直接管理汉家天下了。她把吕姓亲属封侯封王，作为自己的藩屏。这些人权势熏天，被称作诸吕。

吕后这个人很不简单，她很有手段，曾协助刘邦安定汉室，树立了很高的个人威信。在她主政期间，大臣们都不反对他，君臣可以相安无事。她面对汉初百废待兴的时局，实行休养生息的政策。在其主政期间，天下晏然，刑罚罕用，民务稼穑，衣食滋殖，可谓四海升平。

刘恒在刘邦的众多儿子中是很幸运的。刘邦共有八个儿子，吕后仅生了一个，即惠帝刘盈。在惠帝去世后，吕后为了使自己长期掌握政权，对刘邦其他的儿子大开杀戒，吕后共害死了四个。刘邦的大儿子刘肥最后未被陷害，得以善终。吕后最后死时，刘邦的八个儿子只剩下了刘恒和刘长。

在刘邦的众子中，刘恒是最不引人注目的一个，这和他的母亲有关。他母亲薄姬原是项羽所封魏国王宫的宫女。刘邦在打败魏国后，将许多宫女选进自己的后宫，后来便和薄姬生了文帝刘恒。但刘恒出生后，薄姬却遭到刘邦的冷落，地位一直是"姬"，没有升到"夫人"，所以，文帝刘恒从小就做事小心，从不惹是生非，给大家留下了很好的印象。在刘恒八岁时，三十多位大臣共同保举他做了代王。虽然地位没其他王子那样显赫，但这恰好帮文帝躲过了吕后的迫害，使他幸运地活了下来。

吕后平平安安地主持了八年朝政，驾崩了。吕后刚死，那些平时很听话的老臣陈平、周勃等人就立即行动起来，调动军队，尽诛诸吕。这些老臣都是追随刘邦打天下的有功之臣，刘邦曾经和他们共盟誓约："非刘氏王者，天下共击之。"这些老臣一方面怀念刘氏旧恩，另一方面无法容忍诸吕无功封王，就把吕氏家族斩杀得干干净净。连吕后立的傀儡皇帝，也一刀给杀了。一时间，朝廷没有了皇帝。

大臣们商量从刘氏皇族中选一人来做皇帝，他们选中了刘邦之子、惠帝之弟、代王刘恒，便派人去代国的国都，也就是今天山西平遥，迎请刘恒。

代王刘恒的臣僚绝大多数都对陈平、周勃等人心存疑惧，说："现在朝廷的大臣都是高帝（刘邦）时的将官，熟习军事，多有计谋，很可能有篡位的野心。过去他们畏惧高帝、吕后的威严，不敢有所举动，现在高帝和吕后都不在了，他们立刻喋血京师，杀了一大批人，真不知下一步又要干什么。他们派人来迎接代王即位，实在不可轻信。请称病勿往，以观其变。"只有一个中尉官叫宋昌的，建议刘恒速往，他说："众人之言差矣！所说的危险根本不存在，理由有三。秦末失政，豪杰并起，想当皇帝的何止万数，最终还是刘氏扫灭群雄，就天子位。现在名分已定，摩拳擦掌觊觎皇位的人其实已经没有了。此其一。刘氏子弟分封天下，封地犬牙交错，掎角支援，如磐石般坚固，天下畏惧刘氏宗族之强盛，谁都不敢轻举妄动。此其二。汉兴，除秦暴政，休养生息，百姓日益富足，生活得自由自在，人人自安，难以纠集起来造反。此其三。就拿眼前的事来说，吕后扶植诸吕，封王封侯，权倾朝野，但是，一旦周勃持节入北军，高呼：'为吕氏右祖，为刘氏左祖！'士卒就全部左祖，心向刘氏，诛杀诸吕。这足以说明上天授命刘氏，不是人力能够轻易转移的。在这种情况下，即使大臣们想作乱，也不具备条件。天既授命刘氏继续执掌天下，现在高帝的儿子，只剩下淮南王和代王您，您又比淮南王年长，德行闻于天下。周勃、陈平等人迎立您为天子，乃是顺从天意人心，不得不为的选择。请您不必怀疑，立即启程。"

二十三岁的代王刘恒听了双方意见，觉得都有道理。他把情况报告给自己的母亲，母子仍然拿不定主意。于是把卜官请来，卜了一课。龟甲上出现的裂纹是大横之兆。卜官查核卜词，曰："大横庚庚，余为天王，夏启以光。"意思是说："粗犷有力的横纹啊，预示着我将做天王，像夏禹之子夏启那样光大先君之业。"刘恒问卜官："我现在已经是诸侯王了，怎么卜词还说我要做王呢？"卜官答："所谓天王者，乃天子也。"刘恒听到这话，便坦然启程，往长安而去，即了皇帝位，即汉文帝。

第二节　宽政仁民，改进兵制

【原文】

春正月丁亥，诏曰："夫农，天下之本也，其开藉田，朕亲率耕，以给宗庙粢盛。民讁作县官及贷种食未入、入未备者，皆赦之。"

三月，有司请立皇子为诸侯王。诏曰："前赵幽王幽死，朕甚怜之，已立其太子遂为赵王。遂弟辟彊及齐悼惠王子朱虚侯章、东牟侯兴居有功，可王。"乃立辟彊为河间王，章为城阳王，兴居为济北王。因立皇子武为代王，参为太原王，揖为梁王。

五月，诏曰："古之治天下，朝有进善之旌，诽谤之木，所以通治道而来谏者也，今法有诽谤妖言之罪，是使众臣不敢尽情，而上无由闻过失也。将何以来远方之贤良？其除之。民或祝诅上，以相约结而后相谩，吏以为大逆，其有他言，吏又以为诽谤。此细民之愚无知抵死，朕甚不取。自今以来，有犯此者勿听治。"

九月，初与郡守为铜虎符、竹使符。

诏曰："农，天下之大本也，民所恃以生也，而民或不务本而事末，故生不遂。朕忧其然，故今兹亲率群臣农以劝之。其赐天下民今年田租之半。"

【译文】

春天正月十五日，下诏说："农业，是天下的根本，应该建立帝王亲自耕田种地的制度，我亲自领人耕种，以供应宗庙祭祀所需的膳食。对于百姓中犯有拖欠偿还、缴纳县署的种子与粮食的罪，或交纳不齐的罪，都予以赦免。"

三月，有关官吏请立皇子为诸侯王。诏令说："以前赵幽王遭软禁而死，朕甚为同情，已立其太子遂为赵王。遂弟辟彊及齐悼惠王子朱虚侯章、东牟侯兴居有功，可立为王。"于是立辟彊作为河间王、刘章作为城阳王、兴居作为济北王。同时立皇子武作为代王，参作为太原王，揖作为梁王。

五月，下诏令说："古代治理天下，朝廷门前设有进善言的旌旗，立有批评的柱板，是为了使上下通达而广开言路。而当今的法律有'诽谤妖言'之罪，这就使得众臣不敢做到知无不言与言无不尽，而皇上也就无法听到过失了。这怎么能让远方的贤良来批评朝政？应该废除。百姓有时咒诅皇上，说皇上开始互相邀请相约而后来又互相欺骗，官吏认为这样是大逆不道，如果有其他言论，官吏又加以诽谤的罪名，这是小民的愚昧表现，由于不懂法律而触犯死罪，我认为很不恰当。从今以后，对这种犯罪的人不必接受处理。"

九月，开始发给郡守铜虎符、竹使符。

文帝下诏说："农业，是天下的根本，人民所赖以生存的。如果人民不认真从事根本而去流动经商，那么衣食就会缺乏。我对此十分担忧，所以今天我亲领群臣进行农耕，以进行劝勉。今年免除百姓应纳田租的一半作为奖励。"

【评点】

汉文帝刘恒在位期间，以其内圣外王的道德素养和高超的领导艺术，恩泽天下及子孙后代，成为儒道各家交口赞誉的一代明君。于此，我们在推崇魅力型领导的今天，不能不回顾汉文帝之治国一生，寻求其永恒领导魅力之所在，进一步为当前领导者提升领导魅力提供一些现实可行的路径。

一、重农罢兵

汉文帝十分重视农业生产，认为农业是天下的根本，即位后多次下诏劝课农桑。为了劝农耕种，文帝还亲自耕作，以作表率，并按户口比例设置三老、孝悌、力田等地方吏员，经常给予他们赏赐，以鼓励农民发展生产。后来，他还采纳了晁错的建议，允许以粮食换爵位，或者用粮食来赎罪。他注意减轻人民负担，常颁布减省租赋诏令。前178年和前168年，两次"除田租税之半"，即租率从十五税一减至三十税一；前167年，又下令尽免民田租税。自后，三十税一遂成为汉代田税定制。同时，每年的算赋，也由过去每年每人一百二十钱减至四十钱，徭役则减至每三年服役一次。此外，文帝还下诏"弛山泽之禁"，向人民开放土地和山林资源，任民垦耕；并除盗铸钱令，开放金融，实行金融自由政策，结果富商大贾周流天下，交易之物无不流通，商品经济迅速发展。农工商业的发展，使文帝时期蓄积财增，户口渐多，国家的粮仓钱库溢满，海内殷富，天下家给人足，社会经济繁荣。

为了给重农创造一个相对安定的环境，使国家集中精力进行生产，文帝采取措施解决了南粤赵陀的独立问题，消除了战争。

赵陀原是秦始皇时的南海郡的郡尉，即郡的军事属官。秦始皇平定南方的领土后，曾设置了三个郡，即南海郡（官府所在地是现在的广州市）、桂林郡（官府所在地是现在的广西桂平）和象郡（官府所在地是现在的广西崇左），在秦朝末年，赵陀趁农民战争混乱之机兼并了其他两个郡，还自立为南粤武王。西汉初期，刘邦还没有力量征讨，就采取了缓兵之计，封赵陀为南粤王，让他治理当地粤族各部。在吕后当政时，觉得南粤是蛮夷之地，就限制对南粤的贸易，如不向南粤输出铁器，卖给他们的马、牛、羊都是公的，没有母的，就是不让他们得到牲畜后自己繁殖。赵陀见吕后如此对待自己，就干脆独立，自称为南武帝，还攻打长沙郡。吕后派兵镇压，却被赵陀打败。赵陀的老家在真定（即现在河北石家庄市东北部，现存有赵陀墓），在听说祖先的坟墓被毁，家族兄弟被杀后，发誓要替祖先和兄弟报仇。文帝命令修好赵陀的祖先墓，又派人抚慰其家族的人，最后派使者带着诏书和礼品出使南粤，告诉赵陀只要他取消帝号，就恢复他南粤王的称号，照旧管理南粤地区。赵陀最后又归顺了汉朝。

对于北面的匈奴，文帝用和亲与积极防御相结合的措施，同时将内地的人迁到边疆，充实当地的经济力量，这也为边疆的兵力补充提供了保证。文帝上述的重农和罢兵措施使汉朝的经济有了长足的发展。

二、清静无为的管理方式

文帝的领导魅力还在于其选择了有利于人民休养生息的清静无为的管理方式。借用老子之语解释，文帝的清静无为并非是凝滞不动、无所作为，而是要尊重客观现实，因顺万物的自然之性，减少人为的过多干预，使万物的生长、发展自然而然，即"辅万物之自然而不敢为"。基于经济凋敝、府库空虚的客观社会现实，文帝即位后，因循了惠帝、吕后时期的无为管理方式。

文帝的无为管理，直接表现为其不扰民的各种管理行为。《资治通鉴》中，曾记载了一例文帝却献千里马之事。当时，有人讨好文帝进献千里马，文帝为了避免其他人效仿而扰乱百姓，态度坚决地退还了千里马，并专事下诏说："朕不受献也，其令四方毋求来献。"

从历史事实看，在文帝政治管理生涯的二十余年中，虚静无为可谓达到极致。既没有大兴土木的建设措施，也没有惊天动地的兴革举措，还没有兴师动众的壮烈行为，一切都显得那么平静、自然，以至于《史记》与《汉书》载其事迹时也十分简略，有的年份，甚至无事可记，给史书留下了空白年代。

谈论领导魅力的产生，离不开一定组织的客观环境，以及领导在此情境下管理方式的选择。于此，文帝能够针对当时百废待兴的社会现实，毅然选择不扰民的无为管理，使其领导魅力增色许多。就像老子所讲："我无为而民自化，我好静而民自正。"领导者采取致虚守静、无私寡欲的方式进行管理，自然可以使追随者得到教化而自求端正。当前来看，伴随知识经济时代的到来，管理工作的情境多有变化，专业化分工愈益突出导致的领导专业能力不及下属、外行领导内行等现象，越来越普遍。在此情境下，领导者变管制理念为服务理念，一切以简单便捷为价值取向，选择清静无为的管理方式，不虚耗下属时间精力，更有利于取得工作成效，也更有利于提升领导魅力。

三、刑德相养的控制手段

在控制手段上，文帝主张刑德相养。"刑"意味着文帝采用了能够使百姓整齐划一的法治手段，"德"则意味着文帝追求宽政爱民的德治手段。刑德相养意味着文帝并没有割裂法治和德治，而是将二者有机融合。

从法治的角度看，为了实现对国家全局的控制，文帝依据萧规曹随之思路，继续将萧何所定的律令贯彻执行。同时，他自己还能以身作则，带头维护法的尊严。历史上，曾有一则汉文帝赞誉周亚夫的典故。在文帝六年匈奴大举侵入边境时，周亚夫被任命将军，驻军细柳。按照当时军法规定，军队中必须听将军命令，且军营中不能驱马快跑。于是，在文帝慰劳军队之时，文帝不得不派使臣拿着符节下诏令给周亚夫，由周亚夫传话打开营门才得以进入军营，入营后，还不得不依法控制马缰绳慢行。对此，其他大臣觉得不可思议，但文帝出了军营之后，竟然盛赞周亚夫乃是真正的将军。由此可见，文帝的法治意识非常强。

文帝在持守法治的同时，也非常仁义宽厚。政治上，他即位之初，就认为"宰天下者应居心仁慈，务在宽厚，吏安其位，民乐其业，不移过于下，不归福于己"，从而废除了"一人犯罪，宗族连坐"的刑法。文帝十三年，齐太仓令淳于意有罪当受肉刑，他的五女儿缇萦随父进京，上书文帝，愿意以身赎父刑罪，感动了文帝，文帝即发布《除肉刑诏》，废此酷刑。经济上，文帝不仅发布《振贷诏》《养老诏》，以振困养老；而且将田租由十五税一减为三十税一，算钱（人头税）由每人每年一百二十钱减为四十钱，以悯恤众民。

由于法是公平公正的象征，遵法意味着至公无私，所以文帝对法的尊重，体现了其公而无私的品质，彰显了其对天下黎民百姓的尊重。同时，文帝的仁义宽厚，又表现出其对黎民百姓的爱护。这样，刑德相养的控制手段就为文帝的领导魅力增添了不少筹码，使之为群臣万民所景仰跟从。从现实中看，一些领导之所以没有领导魅力，或丧失领导威望，很大程度上在于其走了或法治、或德治的极端。因此，借鉴文帝刑德相养的控制手段，是提升领导魅力的可行途径。

四、改进兵制，巩固王权

汉文帝发给郡守铜虎符、竹使符，这是他改进军制的重大举措，把发兵的权力牢牢地抓在手中。汉代虎符是铜制，分成两半，右半部分留京师，左半部分发给有关地方长官，上面用篆书刻写了"一、二、三、四、五"等字样。王国维《屯戍丛残考释·杂事类》说："汉晋兵符，每字中分，以为合符时之验。"当中央王朝或地方需要调动军队时，就派使者去合符。两半符的文字能够完全合起来时，就可发兵。汉代对于虎符的使用有很严格的规定，虎符一般要与玺书或诏书同时使用。《汉书》卷三十五《吴王刘濞》："七国败，弓高侯告胶西王卬曰：'未有诏、虎符，擅发兵去义国……王其自图。'卬遂自杀。"诏书与虎符同时使用，虎符是发兵信物，诏书则是为了明确统兵长官的职权和任务，以免造成统兵者滥用权力，危害治安的后果。《续汉书·百官志三》："尚符玺郎中四人。本注曰：旧二人在中，主玺及虎符，竹符之半者。"李贤注："《周礼》：掌节有虎节、龙节，皆金也。干宝注曰：'汉之铜虎符，则其制也。'《周礼》又曰：以英荡辅之。干宝曰：'英，刻书也。荡，竹箭也。刻而书其所使之事，以助三节之信，则汉之竹使符者，亦取则于故事也。'"可见，汉代竹使符上必刻要求地方官办理的事情，铜虎符上是不能补刻文字的，所以必须用诏书加以说明，就像我们现在发通知时，还要打个电话强调一下一样。

汉代中央设有符节台保管玺和符节。《汉书》卷六十八《霍光传》孟康注："汉初有三玺，天子之玺自佩，行玺、信玺在符节台。"我们已证，皇帝信玺是发兵玺。符节台有符节令、尚符节郎等官。《北堂书钞》卷六十八《设官部》："符节令，领尚符玺郎四人。"《职官分记》卷二十二引环济《要略》："符节令掌天子符玺及节麾幢，有铜虎、竹使符，中分之，留其半，付受为信。"类似记载又见《文献通考》卷一一五及《续汉书·百官志三》。尚符节郎最主要的素质是明晓法律。清代孙星衍辑录的《汉官》曰："符节，当得明法律郎。"这大概是因为符节玺印的出入事关重大，掌之者非有充分的法律知识不可。地方官赴任之前，由符节郎秉承皇帝的意旨，授给相应的符节。《太平御览》卷二七四："挚虞《新礼》：'汉魏故事，遣将出征，符节郎授节钺于朝堂。'《新礼》：'遣将，御临轩，尚书授节钺，古兵书跪而推毂之义也。'"按：《御览》此处引文有不恰当的删节。《晋书》卷二十一《礼志下》："汉魏故事，遣将出征，符节郎授节钺于朝堂。其后荀颇等所定新礼，遣将，御临轩，尚书授节钺，古兵书跪而推毂之义也。"可见，尚书郎授节钺是西晋荀颇等人改定礼仪之后的事，汉魏时期是由符节郎授节钺，不由尚书郎。汉代中央与地方之间有使者，迅速地往来于两地之间，以传达信息。清代纪昀辑录汉卫宏的《汉宫旧仪》记载："奉玺书使者乘驰传。其驿骑也，三骑行，昼夜千里为程。"

有了虎符、玺书后，还得有当地主要的长官在场，发兵才算合法。具体说，郡须有太守、都尉，县须有令长、丞尉，国须有王、相、内史、中尉，这些官同时在场，才能合法地完成发兵之举。如淳说："太守、都尉，令长、丞尉会都试，课殿最。"

相形之下，以节发兵就没有这么严格的规定。虽然我们也看到这样的材料，如《汉书》卷六十六《刘屈氂传》："（戾）太子召监北军使者任安发北军兵，安受节已，闭军门，不肯应太子……（任）安坐受太子节，怀二心，腰斩。"

这说明汉朝对于以节发兵也有比较严格的规定，相关的人不得不慎。但比起虎符来说，以节发兵是比较随便的。首先，虎符是要与玺书或诏令相伴而行的，节却很可能不需。《汉书》卷六十四《严助传》：武帝建元三年（前138），严助被派遣持节发会稽兵救东瓯，"会稽守欲距法不为发，助乃斩一司马，谕意旨，遂发兵浮海救东瓯。"如果严助持有武帝的诏书，他以节发兵是不会遇到这么大的阻力的；征和二年（前91）闰四月，戾太子派人持节发长水及宣曲胡骑，如果节与诏书要同时使用才能发兵，他的骗局不待侍郎莽通告胡人"节有诈"就将被识破，因为戾太子有节却并无诏书。其次，虎符是一地一符，甲地的符不能用来调乙地的兵，反之亦然；而节却并无地区限制，例如，戾太子持一根节，先发了长乐宫卫士，接着又发长水与宣曲胡骑，"皆以装会"，只是因为侍郎莽通告胡人说"节有诈"才最终未果。又如，更始二年（公元24），萧王刘秀准备讨铜马、大肜等地贼，以吴汉为大将军，"持节北发（幽州）十郡突骑。"可见，一节能发动十郡甚至更多郡的军队。明确了这一点，我们就不难理解为什么东汉后期边境和地方动荡加剧之后，节会不断流行开来；也不难理解为什么兵戈扰攘的魏晋南北朝，地方官大都带将军号，持节出镇。

第三节　知人善任，虚心纳谏

【原文】

九月，诏诸侯王公卿郡守举贤良能直言极谏者，上亲策之，傅纳以言。

【译文】

九月，下诏令各位侯王公卿郡守推举贤良能直言极谏的人，皇上亲自问策，采纳他们的真知灼见。

【评点】

文帝知人善任，虚心纳谏，提拔重用了贾谊、晁错、张释之、周亚夫等人才，开创了文景盛世的繁荣局面。

通过纳谏，他纠正了自己错判的将军魏尚一案。魏尚原是云中郡的太守，他爱护将士，多次击败匈奴，使匈奴一直不敢轻易南下。但后来因为在上缴敌人首级时比原来报告的少了六个，文帝一气之下就罢免了他的官职，还判了刑。文帝在一次和郎署长官冯唐聊天时，得知冯唐祖先是赵国人，父亲住在代郡，文帝曾经做过代王，于是二人便很投机地谈起来。自然谈到了赵国有名的将军廉颇。文帝便很高兴地说，如果他能得到像廉颇那样的将军，就不怕匈奴入侵骚扰了。冯唐听了很不以为然，很不客气地说，如果陛下能得到廉颇那样的将军，恐怕也不能很好地重用。文帝听了很生气，就问为什么。冯唐说，廉颇之所以能经常打胜仗，是因为赵王信任他。但现在将军魏尚仅仅因为上缴的首级比报告的少了六个，就落得个罢官入狱的结局，所以由此知道你就是得到了廉颇那样的将军也不能很好地使用。

文帝听了，转怒为喜，同一天就派使者释放了魏尚，恢复了他原来的官职。对于敢直言的冯唐也给予了奖赏：提升他做了车骑都尉。

另外一个例子就是和铁面无私的法官张释之之间的事。张释之以正直、敢于和文帝争辩出名。文帝让他做了廷尉，即最高司法官。一次，文帝出巡路过中渭桥，结果拉车的马被一个行人惊吓，这在当时叫作"犯跸"，即触犯了皇帝的行动。张释之经过审理得知，犯法的行人原来听到了行车的声音，因为来不及躲闪，就躲到了桥下边。一会儿后，他觉得车马应该走远了，就从桥下出来，结果却恰好撞上了文帝的车驾，惊慌得拔腿就跑，就这样使马受惊。张释之依照法律规定，罚金四两。文帝听说了很不高兴，嫌他判轻了，张释之据理力争："国法应该是天子和天下百姓一起遵守，如果违背律条，轻易重判或者轻判，就会使法律失去信用。既然陛下让臣来处理，就要按照国法办事。如果我带头任意行事，那岂不是给天下的法官们起了坏作用吗？"文帝听他说得有理，就承认了自己的错误，不再追究了。

还有一次，祠庙中高祖刘邦塑像前的玉环被人偷走了。盗贼被抓住后文帝让张释之重重处罚。张释之则按照法律规定判处弃市，即砍头再陈尸示众，以表示被众人唾弃。文帝听了恼怒不已，说自己让他负责处罚，是想让他处以族刑，即诛杀全族的人，而张释之却只杀他一人。张释之摘下帽子跪下说："国法没有规定盗哪个庙的东西重处，盗哪个庙的东西轻处。如果现在判此人族刑，那将来万一有小民在高祖的陵墓上抓了一捧土，陛下又要用什么国法来治罪呢？"文帝觉得张释之说得有道理，又问了一下太后的意思，便承认张释之处罚得当不再追究了。

第四节　拒奢尚俭，稳定局势

【原文】

赞曰：孝文皇帝即位二十三年，宫室苑囿车骑服御无所增益。有不便，辄弛以利民。尝欲作露台，召匠计之，直百金。上曰："百金，中人十家之产也。吾奉先帝宫室，常恐羞之，何以台为！"身衣弋绨，所幸慎夫人衣不曳地，帷帐无文绣，以示敦朴，为天下先。治霸陵，皆瓦器，不得以金银铜锡为饰，因其山，不起坟。

【译文】

班固评论：孝文皇帝在位二十三年，宫殿御苑车骑服御没有增加。当百姓感到不便时，常放开禁令以利百姓。他曾想造一座报时辰的露台，召工匠预算，造价需要百金。文帝说："百金是中等人家十户的产业。我继守先帝的宫室常常害怕有所玷污，何必要筑露台！"他所宠爱的慎夫人身穿黑色绨衣，衣长不拖地，帷帐不绣花，以表示自己的敦朴，作为天下的表率。修造霸陵陵墓，都用瓦器，不准用金银铜锡装饰，因山起陵，不另选坟。

【评点】

汉文帝刘恒是中国历史上为数不多的几个真正提倡节俭的皇帝之一。史书上记载他老人家在位时，生活十分朴素，经常身着粗袍；修建陵墓全用泥瓦，甚至连墓室装饰也明令不准使用金、银、铜、锡等贵重金属；所宠幸的慎夫人，随文帝过着简朴的生活，平时不着一般贵妇穿的拖地长裙，而是像劳动妇女那样"衣不曳地"，所居住的室内帷帐全无绣龙描凤的纹饰。一次，汉文帝想在宫内修一座露台，就向工匠打听所需花费。当工匠告诉他修成需要百金时，汉文帝马上感叹："百金，中人十家之产也。"于是放弃了原先的打算。

汉文帝拒奢尚俭，非无欲，乃不敢放任也。其时，国家刚刚摆脱兵祸，神州满目疮痍，犹如废墟，库徒四壁，财力贫弱，皇帝出巡时竟连一辆有气派的马车都找不到。平民百姓更是生计艰难，一遇灾年，赤地千里，饿殍遍野，鬻妻卖子，颠沛流离。

　　经济状况的恶化，迫使汉文帝采取了一系列稳定局势的措施，诸如减轻赋税、抑商养农、募民还乡等，很快使濒临崩溃的国家经济有了些许生机。与此同时，另有一股不健康风气在悄然增长，那就是宗室列侯的骄奢淫逸。他们为了满足自己私欲，不惜以增加封国内百姓的负担为代价，使稍得喘息的民生，又坠入了水深火热之中。为解决此弊，汉文帝决然推行节俭之风，以抵制奢靡的侵害，并且身体力行以影响官风乃至民风。据史载："孝文皇帝即位二十三年，宫室苑囿车骑服御无所增益。有不便，辄弛以利民。"他的做法起到了一定的作用，所谓"汉兴，扫除烦苛，与民休息。至于孝文，加以恭俭。孝景遵业，五十六载之间，至于移风易俗，黎民醇厚"，终于造就了中国历史上为数不多的节俭社会。

第五章 《汉书》卷五 景帝纪 第五

第一节 成功平叛，稳固皇权

【原文】

吴王濞、胶西王卬、楚王戊、赵王遂、济南王辟光、菑川王贤、胶东王雄渠皆举兵反。大赦天下。遣太尉亚夫、大将军窦婴将兵击之。斩御史大夫晁错以谢七国。

二月壬子晦，日有食之。

诸将破七国，斩首十余万级。追斩吴王濞于丹徒。胶西王卬、楚王戊、赵王遂、济南王辟光、菑川王贤、胶东王雄渠皆自杀。

夏六月，诏曰："乃者吴王濞等为逆，起兵相胁，诖误吏民，吏民不得已。今濞等已灭，吏民当坐濞等及逋逃亡军者，皆赦之。楚元王子蓺等与濞等为逆，朕不忍加法，除其籍，毋令污宗室。"立平陆侯刘礼为楚王，续元王后。立皇子端为胶西王，胜为中山王。赐民爵一级。

【译文】

吴王刘濞、胶西王刘卬、楚王刘戊、赵王刘遂、济南王刘辟光、菑川王刘贤、胶东王刘雄渠联合举兵造反。景帝下令大赦天下。派遣太尉周亚夫、大将军窦婴领兵征讨。斩御史大夫晁错以安抚发动叛乱的七国。

二月初一日，日偏食。

周亚夫、窦婴所指挥的各路将士打败七国叛军，斩首十余万人。追斩吴王刘濞在丹徒。胶西王刘卬、楚王刘戊、赵王刘遂、济南王刘辟光、菑川王刘贤、胶东王刘雄渠都自杀。

夏天六月，景帝下诏说："以往吴王刘濞等造反作乱，兴兵威胁朝廷，欺蒙吏民，吏民不得已而相从。现在刘濞等已被消灭，对受蒙蔽的吏民及逃亡的士兵不追究连坐的法律，一律赦免。楚元王的儿子刘蓺参与刘濞等的叛乱，我不忍绳之以法，在王室家谱中除名，以免玷污宗室。"封平陆侯刘礼作为楚王，来继承元王之后。立皇子刘端作为胶西王，刘胜作为中山王，赏赐百姓长一级爵位。

【评点】

景帝前元三年（前154），爆发了以吴王刘濞为首的七个诸侯王国的叛乱，史称吴楚之乱，或"七国之乱"。

吴楚七国之乱的发生，既有远因，也有近因。高祖十二年（前195），刘邦立兄刘仲之子刘濞为吴王。吴王刘濞开铜矿，铸"半两"钱，煮海盐，设官市，免赋税，于是吴国经济迅速发展，刘濞的政治野心也开始滋生。文帝时，吴太子入朝，与皇太子刘启（即景帝）博弈，因争棋路发生争执，皇太子抓起棋盘将吴太子砸死。汉文帝派人将尸体运回吴国，吴王刘濞愤怒地说："天下一宗，死长安即葬长安，何必来葬？"又将灵柩运回长安埋葬。从此，刘濞称疾不朝。汉文帝干脆赐他几杖（茶几、手杖，对老年人尊敬和优待的象征），准许他不用朝请。但吴王刘濞不但没有悔改，反而更加骄横。

汉景帝即位后，吴王刘濞日益骄横，反迹也越发明显。御史大夫晁错建议削夺诸侯王的封地，收归汉廷直接统治。他给景帝上《削藩策》，力主"削藩"，指出："今削之亦反，不削亦反。削之，其反亟（迅速），祸小。不削，其反迟，祸大。"景帝采纳了晁错的"削藩"建议，于景帝前元三年（前154），以各种罪名先后削去楚王戊的东海郡，赵王遂的常山郡和胶西王的六个县。

景帝前元三年正月，汉朝廷削地的诏书送至吴国。吴王濞立即诛杀了由朝廷派来的二千石（郡级）以下的官员。以"清君侧，诛晁错"为名，遍告各诸侯国。消息传来，胶西王刘卬、胶东王刘雄渠、菑川王刘贤、济南王刘辟光、楚王刘戊、赵王刘遂等，也都起兵配合。以吴、楚为首的"七国之乱"，终于爆发了。

刘濞发难后，即率二十万大军西渡淮水，并与楚军会合后，组成吴楚联军。随即挥戈西向，杀汉军数万人，颇见军威。梁王刘武派兵迎击，结果梁军大败。

叛乱的消息传到长安后，景帝立即派中尉周亚夫（绛侯周勃的次子）为太尉，率三十六位将军迎击吴楚叛军；派曲周侯郦寄击赵，派将军栾布率兵解齐之围，并命窦婴（窦太后堂兄之子）为大将军，驻荥阳督战。

景帝派周亚夫等迎击叛军的同时，内心却摇摆不定，这给了爰盎以可乘之机。爰盎原为吴相，与刘濞关系甚密。爰盎对景帝说："方今之计，独有斩错，发使赦吴、楚七国，复其故地，则兵可毋刃血可俱罢。"景帝为换取七国罢兵，果然相信爰盎的话，表示"不爱一人以谢天下"，于是腰斩晁错于东市，并残酷地族诛。可惜晁错一片忠心，就这样为小人谗言所害。

景帝诛晁错，去掉了七国起兵的借口，然而七国仍不罢兵，这就进一步暴露出其反叛的面目。景帝后悔莫及，于是决定以武力平息叛乱。周亚夫带领汉军很快平定了七国之乱，吴王濞逃到东越，被杀。

七国之乱是西汉中央与诸侯王国间的一次关键性的战争，仅仅三个月就胜负分明。汉廷为何速胜？叛军为何速败？其答案至少可以归纳出以下三点：

一、臣心、军心、民心的向背。汉朝建立以来，偃武修文，与民休息，使社会经济得以恢复和发展，百姓生活日渐好转，所以臣民拥戴汉室。如平民赵涉向周亚夫建议：汉军经蓝田出武关，既可迅速控制洛阳军械库，又可避开吴楚伏兵，取得出奇制胜的效果。相反，吴、楚等七国为了各自的私利，驱使百姓，挑起战火，犯上作乱，破坏安定，再加上勾结匈奴，更为广大人民所厌恶，所以遭到国内从上到下的反对。

二、策略、战略得当。七国叛乱事起，太尉周亚夫就向景帝献计说："楚兵勇悍，正面交锋恐难取胜，希望弃梁国之地，然后断绝吴、楚粮道，就可以平定他们了。"此计是以暂时放弃某些空间来换取时间，达到牵制叛军、挫其锐气的目的。后来战争的发展完全证实了周亚夫的判断。

三、人才运用得当。景帝深谙用人之道，如以太尉周亚夫为汉军主帅，可谓选帅得人。而吴王濞虽能广泛招纳天下亡命之徒，但却不能真正任用他们。

七国失败后，国内形势发生了很大变化。景帝抓住这一有利时机，着手解决王国问题，以加强中央集权，调整诸侯王国的设置。参加叛乱的七国，除保存楚国另立楚王外，其余六国皆被废掉，继续大力推行削藩。此后，绝大多数诸侯王国仅领有一郡之地，其实际地位已经降为郡级，国与郡基本上趋于一致。诸侯王国领郡由高祖时的四十二郡减为二十六郡，而中央直辖郡由高祖时的十五郡增加至四十四郡，使汉郡总数大大超过诸侯王国郡数。这一变化，对于国家统一，加强中央集权，意义十分重大。

抑贬诸侯王的地位。"令诸侯王不得复治国"，剥夺和削弱诸侯国的权力，收回王国的官吏任免权，取消"诸侯皆赋"，仅保留其"食租税"之权，并且收夺盐铁铜等利源及有关租税。此后，诸侯王已经不再具有同中央对抗的物质条件。

经过景帝的改革，汉初推行的诸侯王国制，至此发生了明显的变化，诸侯王在名义上是封君，实际上"唯得衣食租税"而已；但是诸侯王势力并未彻底解决，以致后来汉武帝不得不继续采取相应的措施。

第二节　和多战少，蓄势待发

【原文】

（一）

夏四月，赦天下。赐民爵一级。

遣御史大夫青翟至代下与匈奴和亲。

五月，令田半租。

秋七月，诏曰："吏受所监临，以饮食免，重；受财物，贱买贵卖，论轻。廷尉与丞相更议著令。"廷尉信谨与丞相议曰："吏及诸有秩受其官属所监、所治、所行、所将，其与饮食计偿费，勿论。它物，若买故贱，卖故贵，皆坐臧为盗，没入臧县官。吏迁徙免罢，受其故官属所将监治送财物，夺爵为士伍，免之。无爵，罚金二斤，令没入所受。有能捕告，畀其所受臧。"

二年冬十二月，有星孛于西南。

令天下男子年二十始傅。

春三月，立皇子德为河间王，阏为临江王，馀为淮阳王，非为汝南王，彭祖为广川王，发为长沙王。

夏四月壬午，太皇太后崩。

六月，丞相嘉薨。

封故相国萧何孙系为列侯。

秋，与匈奴和亲。

（二）

六月，匈奴入雁门，至武泉，入上郡，取苑马。吏卒战死者两千人。

（三）

春，匈奴入雁门，太守冯敬与战死。发车骑材官屯。

【译文】

（一）

夏天四月，大赦天下，赏赐百姓长一级爵位。

派遣御史大夫青翟到代下与匈奴和亲。

五月，下诏农田减租一半。

秋天七月，下诏说："当今律条对于主管官吏因接受食物贿赂给予削职的处分过重，而对于接受财物、贱买贵卖来牟取暴利的惩治则过轻。希望廷尉与丞相重新制定律条。"廷尉信和丞相申屠嘉商议制定新律如下："官吏及有爵级的文官武将，凡收受他们的下属机构与个人贿赂食物的，要按价偿还，免予处分。凡饮食以外的物品，如果利用职权压价买进，抬价卖出，按盗窃赃物查处，没收入官。官吏在调动与罢免时，接受原来的下级赠送财物的，削去官职，并给予除名。无职可削的，罚金二斤，并勒令交出所受贿的财物。有能举报的人，用所没收的赃物进行奖赏。"

景帝二年冬十二月，有彗星出现在西南。

下令天下男子年满二十的就可任官员助理。

春天三月，封皇子刘德作为河间王、皇子刘阏作为临江王、皇子刘馀作为淮阳王、皇子刘非作为汝南王、皇子刘彭祖作为广川王、皇子刘发作为长沙王。

夏天四月二十五日，太皇太后驾崩。

六月，丞相申屠嘉死了。

封前相国萧何的孙子萧系作为列侯。

秋天，与匈奴和亲。

（二）

六月，匈奴入侵雁门，到武泉，入上郡，掠取牧马场的马匹，汉军将士战死的达两千人。

（三）

春天，匈奴入侵雁门，雁门太守冯敬战死。朝廷派车骑材官屯守雁门。

【评点】

景帝时期是匈奴"最强大"的时期，强大的匈奴骑兵南下进击汉地，烧杀抢掠，严重威胁着西汉王朝的统治。而此时汉朝社会经济有了恢复和发展，但要战胜匈奴，条件仍不成熟。在这种情况下，景帝怎样处理汉匈关系呢？总的来说，是有战有和，但和多战少，以和为主。

景帝坚持和亲，在一定程度上缓和了军事冲突，为经济发展赢得了时间，为以后汉武帝反击匈奴做了准备。当然，景帝并不是一味妥协，也进行了必要的抵御。在不多的反击匈奴的战斗中，涌现了李广、程不识和郅都等一批卓越的将领，其中尤以"飞将军"李广最为突出。

李广，陇西成纪（今甘肃庄浪西）人。他的先祖李信是秦国名将，所以李广堪称将门之后。李广有一套不正规的治军方法，非常适合塞外的地理条件和敌情条件。他的部队简单、机动、长于应变。所以司马迁称赞他说："勇于当敌，仁爱士卒。号令不烦，师徒向之。"匈奴人一听李广的名字，就感到害怕，以至他们称李广为"飞将军"。

景帝除了支持李广、程不识等边将抵抗匈奴，维持和和战战之外，还采取了一些措施，为以后武帝时期匈奴问题的彻底解决做了很多准备工作，其中主要有两项。

马政："造苑马以广用。"中原内地自古以来就缺马，这样既不利于骑兵的壮大，又无法适应生产发展的需要，更限制了交通、运输等事业的发展。景帝即位之后，继续进行马政建设。他下令扩大设在西边（如北地郡）、北边（如上郡）的马苑，而且鼓励各郡国及民间饲养马匹。由于景帝时期养马业的大发展，军马生产颇具规模，属于官府的马匹发展到了40万匹，民间的尚且未计。

实行"卖爵令"及"黩罪之法"。这两项措施都是在文帝时由太子家令晁错提出，并由文帝批准实行的。景帝即位后，继续执行了这些被证实有效的措施，并使它更为完善。大批徙民充实于边地，成为一支兵农混一的垦戍队伍，不但减轻了内地百姓的徭役，而且争取到了一个安定的社会环境。

第三节　清静恭俭，无为政治

（一）

　　元年冬十月，诏曰："盖闻古者祖有功而宗有德，制礼乐各有由。歌者，所以发德也；舞者，所以明功也。高庙酎，奏《武德》《文始》《五行》之舞。孝惠庙酎，奏《文始》《五行》之舞。孝文皇帝临天下，通关梁，不异远方；除诽谤，去肉刑，赏赐长老，收恤孤独，以遂群生；减耆欲，不受献，罪人不帑，不诛亡罪，不私其利也；除宫刑，出美人，重绝人之世也。朕既不敏，弗能胜识。此皆上世之所不及，而孝文皇帝亲行之。德厚侔天地，利泽施四海，靡不获福。明象乎日月，而庙乐不称，朕甚惧焉。其为孝文皇帝庙为《昭德》之舞，以明休德。然后祖宗之功德，施于万世，永永无穷，朕甚嘉之。其与丞相、列侯、中二千石、礼官具礼仪奏。"丞相臣嘉等奏曰："陛下永思孝道，立《昭德》之舞以明孝文皇帝之盛德，皆臣嘉等愚所不及。臣谨议：世功莫大于高皇帝，德莫盛于孝文皇帝。高皇帝庙宜为帝者太祖之庙，孝文皇帝庙宜为帝者太宗之庙。天子宜世世献祖宗之庙。郡国诸侯宜各为孝文皇帝立太宗之庙。诸侯王列侯使者侍祠天子所献祖宗之庙。请宣布天下。"制曰"可"。

　　春正月，诏曰："间者岁比不登，民多乏食，夭绝天年，朕甚痛之。郡国或硗陜，无所农桑礜畜；或地饶广，荐草莽，水泉利，而不得徙。其议民欲徙宽大地者，听之。"

（二）

　　九月，诏曰："法令度量，所以禁暴止邪也。狱，人之大命，死者不可复生。吏或不奉法令，以货赂为市，朋党比周，以苛为察，以刻为明，令亡罪者失职，朕甚怜之。有罪者不伏罪，奸法为暴，甚亡谓也。诸狱疑，若虽文致于法而于人心不厌者，辄谳之。"

（三）

　　夏四月，诏曰："雕文刻镂，伤农事者也；锦绣纂组，害女红者也。农事伤则饥之本也，女红害则寒之原也。夫饥寒并至，而能亡为非者寡矣。朕亲耕，后亲桑，以奉宗庙粢盛祭服，为天下先；不受献，减太官，省繇赋，欲天下务农蚕，素有畜积，以备灾害。强毋攘弱，众毋暴寡；老者以寿终，幼孤得遂长。今岁或不登，民食颇寡，其咎安在？或诈伪为吏，吏以货赂为市，渔夺百姓，侵牟万民。县丞，长吏也，奸法与盗盗，甚无谓也。其令二千石各修其职；不事官职耗乱者，丞相以闻，请其罪。布告天下，使明知朕意。"

（四）

　　三年春正月，诏曰："农，天下之本也。黄金珠玉，饥不可食，寒不可衣，以为币用，不识其终始。间岁或不登，意为末者众，农民寡也。其令郡国务劝农桑，益种树，可得衣食物。吏发民若取庸采黄金珠玉者，坐臧为盗。二千石听者，与同罪。"

【译文】

（一）

　　景帝元年冬十月，下诏书说："我常听说夺取天下的祖先有功而治理天下的祖宗有德，制礼作乐也就各有由来。歌唱，是用来赞颂盛德；舞蹈，是用来表达丰功的。高祖祭奠祖庙，奏《武德》《文始》《五行》等舞。惠帝祭奠祖庙，奏《文始》《五行》等舞。文帝君临天下，政通人和，远近如一；除去了诽谤皇上的罪，停止肉刑，赏赐年高德劭的人，抚恤孤独无依靠的人，尽量达到臣民的愿望；节制嗜欲，不接受奉献物品，不株连罪人的妻子，不让无罪的人蒙受冤屈，严于律己而执法无私；废除宫刑，遣返宫中美女，以免其后继无人。朕生性愚钝，对父皇的功德还不能全部列举。仅上所述，也是古代的圣帝贤王未能尽行，而文皇帝都全部付诸实施。可以说盛德配在天地，恩泽普及四海，人人都蒙受关怀与爱护。他的圣明如日月经天，而祭祀的乐舞却不相称，我深感不安。为此，应该为文皇帝庙做昭德的舞蹈，来彰明他的美德。这样，祖宗的功德，才能传于万世，永远无穷，我也就感到无限欣慰了。希望丞相、列侯、中二千石、礼官提出具体的礼仪方案上奏。"丞相申屠嘉等奏道："陛下永思孝道，立《昭德》之舞以彰明孝文皇帝的盛德，这是臣等的认识所不及的。臣谨议：开国之功莫大于高皇帝，仁德之盛莫大于文皇帝。因此高皇帝庙应为帝家的太祖庙，文皇帝庙应为帝家的太宗庙。汉家天子应世代祭奠祖宗之庙。郡国诸侯应各为文帝立太宗之庙。各侯王、列侯派出使的人到京都临祭宗庙。请向天下宣布。"景帝表示"同意"。

春，正月。下诏说："近年来年景不好，人民多数缺乏粮食，有的饥饿致死，我深感怜悯和痛惜。有些郡国土地瘠薄不毛，无法发展农桑；而有些郡国则土地广阔，牧草深茂，水利条件优越，却不能移民开发。为此，可以鼓励地力瘠薄之区的人民自由地移居到土地广阔而肥沃的地方去。"

（二）

九月，景帝下诏说："法令与度量，是用来禁暴止邪的。刑狱，是决定人的生死的，死的人不可能再生还。有的官吏不执行法令，贪赃枉法，狼狈为奸。用威逼迫他们供认，用严厉的酷刑决断案情，以至于使无辜的人蒙受不白之冤，我深为同情。有罪的人不服罪，藐视王法，负隅顽抗，那另当别论。而对于疑狱，即使可以引用律条进行判处而人心却不服的，就应进行复审与合议。"

（三）

夏天四月，下诏说："雕文刻镂，消耗人力会伤害农事；锦绣纂组，劳力费时会有害女红。农事伤就会导致粮荒而饥饿，女红害就会影响纺织生产而寒冷。饥寒交迫，而不起做盗贼是不大可能的。朕亲自耕种，皇后亲自蚕桑，来奉宗庙祭祀的所需，为天下做出榜样；朕不收奉献，减少冗员，降低徭赋，是希望天下重视农桑，积贮粮帛，以备灾荒。不准以强取弱，以众暴寡，让老者能享寿考，让幼者顺利成长。今年粮食歉收，民食不足，问题出在哪里？有些诈伪官吏，公开贪污受贿，鱼肉百姓，侵吞民脂民膏。县丞，本是地方主要官员，有的知法犯法，为盗张目，这是不能容许的。现命令二千石各履行其职责，凡疏于职守与渎职害民的人，丞相都应进行追究，并予以惩处。特布告天下，使他们明知朕意。"

（四）

三年春正月，下诏说："农业，是天下的根本。黄金珠玉，饥不可食，寒不可衣，用它和货币以通有无，又无法识别与使用。有时粮食收成不好，朕认为是从事商业的人过多，而从事农业的人过少的缘故。现特令郡国要劝励农民从事农桑，多植树，可以丰衣足食。如有官吏用他们的资财雇用民力开采黄金珠玉，以盗赃的罪行论处。对二千石不进行查究的人，与他们同罪。"

【评点】

人们对景帝在政治上的传统评价是"清静恭俭"："清"，是为政少事；"静"，是安定百姓；"恭"，是善待臣民；"俭"，是节省费用。景帝继续执行黄老无为政治，采取了一系列行之有效的措施。

重农抑商，发展经济。景帝即位后，继续执行重农抑商这一既定国策。景帝说："农，天下之本也。黄金珠玉，饥不可食，寒不可衣，以为币用，不识其终始。"因此，他多次下令郡国官员以劝勉农桑为首要政务。

景帝允许居住在土壤贫瘠地方的农民迁徙到土地肥沃、水源丰富的地方从事垦殖，并"租长陵田"给无地少地的农民。同时，还多次颁诏，以法律手段，打击那些擅用民力的官吏，从而保证了正常的农业生产。景帝曾两次下令禁止用谷物酿酒，还禁止内郡以粟喂马。

文景时期的社会渐趋稳定，物价日益低廉。据学者统计，在整个西汉时期，文景统治的近四十年内，直接关系到国计民生的米价下跌幅度最大，这就为其他各项社会事业的发展奠定了良好的基础。

轻徭薄赋，约法省禁。景帝时期，对农民的剥削（赋役）、压迫（法律），较以前有所减轻。所谓约法省禁，就是法令要简约，刑网要宽疏。前元元年（前156），景帝即位伊始就颁布了诏令："令田半租"，即收取文帝时十五税一之半，即三十税一。从此，这一新的田租税率成为西汉定制。在降低田租的第二年（前155），景帝又下令推迟男子开始服徭役的年龄三年，缩短服役的时间。这一规定一直沿用至西汉昭帝时代。

景帝在法律上实行轻刑慎罚的政策：其一，继续减轻刑罚，如前所述，对文帝废肉刑改革中一些不当之处进行修正。其二，强调用法谨慎，增强司法过程中的公平性。其三，对特殊罪犯给予某些照顾。

发展教育，打击豪强。景帝时期，由于社会经济的恢复及发展已达到相当的程度，所以统治阶级上自景帝，下至郡县官都逐渐重视文教事业的发展。当时在教育领域中最突出的就是文翁办学。

文翁，庐江郡舒（今安徽庐江县西南）人，年轻时就好学，通晓《春秋》，以郡县吏被察举（即郡国守相经过考察后向朝廷推荐），景帝末年任命他为蜀郡太守。文翁首创了郡国官学，对文化的传播起了重要作用。他的成就得到后人的肯定。武帝很赞赏文翁的办学模式，在全国予以推广。

景帝一面弘扬文教礼仪，一面又打击豪强。为了保证上令下达，景帝果断地采取了多项措施，重要的有两项：一是在修建阳陵时，效法汉高祖迁徙豪强以实关中的做法，把部分豪强迁至阳陵邑，使他们宗族亲党相互分离，削弱他们的势力，以达到强干弱枝的目的；二是任用酷吏，如郅都、宁成、周阳等，严厉镇压那些横行郡国、作奸犯科者，收到了杀一儆百的功效，使那些不法豪强、官僚、外戚等人人股栗，个个惴恐，其不法行为大大收敛，这便局部地调整了阶级关系，有利于社会的发展。

由于推行了上述措施，进一步促进了社会经济的稳定和发展，人口翻番，国内殷富，府库充实。据说，景帝统治后期，国库里的钱堆积如山，穿钱的绳子都烂断了；粮仓满了，粮食堆在露天，有的霉烂了。但是，文景时期社会经济的发展，又带来了贫富悬殊的分化。这种状况，既为后来汉武帝实施"雄才大略"提供了雄厚的物质基础，也给西汉中期带来了新的社会问题。

第四节　明争暗斗，力保储位

【原文】

（一）

夏四月己巳，立皇子荣为皇太子，彻为胶东王。

六月，赦天下，赐民爵一级。

秋七月，临江王阏薨。

十月戊戌晦，日有蚀之。

五年春正月，作阳陵邑。夏，募民徙阳陵，赐钱二十万。

遣公主嫁匈奴单于。

六年冬十二月，雷，霖雨。

秋九月，皇后薄氏废。

七年冬十一月庚寅晦，日有蚀之。

春正月，废皇太子荣为临江王。

二月，罢太尉官。

夏四月乙巳，立皇后王氏。

丁巳，立胶东王彻为皇太子。赐民为父后者爵一级。

（二）

三月，临江王荣坐侵太宗庙地，征诣中尉，自杀。

（三）

夏四月，梁王薨，分梁为五国，立孝王子五人皆为王。

【译文】

（一）

夏天四月二十一日，立皇子刘荣为皇太子，刘彻作为胶东王。

六月，大赦天下，赏赐人民爵位一级。

秋天七月，临江王刘阏去世。

十月三十日，日偏食。

景帝五年春，兴建阳陵邑。夏天，招募百姓移居阳陵，并赐给他们钱二十万。

选派公主嫁匈奴单于。

六年冬十二月，雷鸣、暴雨。

秋天九月，皇后薄氏被废。

七年冬十一月三十日，日偏食。

春天正月，废皇太子刘荣作为临江王。

二月，罢除设置太尉官。

夏天四月十七日，立皇后王氏。

四月二十九日，立胶东王刘彻为皇太子。赐百姓中为父亲的继承人的爵位一级。

（二）

三月，临江王刘荣犯有侵犯太宗庙地之罪，中尉予以拘捕。刘荣自杀。

（三）

夏天四月，梁王去世，分梁为五国。封梁孝王五个儿子都为王。

【评点】

太子的废立将导致统治集团权力的重新分配，各种矛盾可能在此时突然爆发，所以是君主政体最薄弱、最危险的环节。景帝从登基那天起就无时无刻不在考虑身后的储位问题，他一共生了16个儿子，却没有一个嫡出。原来，景帝的正妻薄皇后，是祖母薄太后的娘家孙女，在他做太子时由祖母指定包办的。薄皇后始终未生一男半女，于是便引起了对储位激烈的明争暗斗。

明争储位的是他的胞弟、母亲窦太后最疼爱的儿子梁王刘武。皇后薄氏无子，加上刘武有贤王之名、广袤的封土和在平定七国之乱中立下的赫赫战功。窦太后意欲在景帝驾崩之后，由梁王入继大统。

汉景帝自己也有过失。前元三年（前154）初，即七国之乱爆发前夕，梁王入朝，当时景帝尚未立太子。一日，景帝朝宴梁王，酒醉后说："朕千秋之后当传位于梁王。"梁王自是心中窃喜。参事窦婴说："汉法之约，传子嫡孙。今帝何以得传弟，擅乱高祖约乎？"景帝酒醒后惊悟失言，此议搁置起来。

七国之乱平定后，立嗣矛盾更加突出。窦太后再度暗示景帝传位于梁王。景帝命爰盎等去劝诫太后。爰盎对窦太后说："从前宋宣公不立子而立弟，引发了五世之乱。小不忍，害大义，必生事端。所以《春秋》认为传子才是正确的。"窦太后自知理亏，从此不再提及此事，遣梁王归国。

争储位的暗斗主角是汉武帝的母亲王夫人。王夫人全名王娡，槐里（今陕西兴平县境）人，父王仲，生母为臧儿。兄弟王信、田蚡、田胜，妹王儿姁曾嫁金王孙生女金俗。其母将她与其妹王儿姁送进刘启的太子宫。

王夫人入宫后给刘启生下四个孩子，一龙三凤，前三个均是女孩儿，分别被封为平阳公主、南宫公主和隆虑公主，而龙胎，就是后来威名远播的汉武帝刘彻，生于景帝即位不久的前元元年（前156）七月初七。

刘彻，初名彘，天生聪颖过人，慧悟洞彻，进退自如。据《汉孝武故事》载："至三岁，景帝抱于膝上，抚念之……试问儿：'乐为天子否？'对曰：'由天不由儿。愿每日居宫垣，在陛下前戏弄。'"小刘彘信口而应的回答，使刘启不得不对这个儿子另眼看待。刘彘有惊人的记忆力，求知欲特别强，尤爱读书中古代圣贤帝王伟人事迹，过目不忘。景帝深感诧异。刘彘"讼伏羲以来群圣，所录阴阳诊候龙图龟册数万言，无一字遗落。至七岁，圣彻过人"，景帝遂改刘彘名"彻"。"彻"字表示充满智慧，达到圣德的要求。于是刘启就萌生了易太子的念头。

景帝四年（前153），立宠妃栗姬子刘荣为太子，史称"栗太子"；封刘彘为胶东王。不久刘彘取栗太子而代之的契机出现了，原因是馆陶长公主刘嫖插进来了。

刘嫖是汉景帝的姐姐，窦太后的爱女长公主想把其女陈阿娇嫁给太子刘荣，没想到竟遭到了栗妃的一口拒绝，刘嫖因此与她结下怨恨，心存报复之念。与栗姬不同，王夫人机敏圆滑，当馆陶长公主刘嫖想将比刘彘大四岁的女儿许配给他时，王夫人见长公主地位崇高，在窦太后跟前说一不二，当下满心欢喜地答应下来。

于是6岁的刘彘与10岁的陈阿娇订了婚，时在景帝前元六年（前151）。同年九月，皇后薄氏因无嗣被废，从此，馆陶长公主屡屡向景帝称赞刘彻如何聪明，如何达理，使景帝更加喜爱这个孩子。同时，长公主经常向景帝进谗，诬陷栗姬。景帝便在前元七年（前150）十一月，案诛大行，废栗太子刘荣为临江王。半年后，王夫人被立为皇后，7岁的刘彻被立为太子。

争储的余波后，中元二年（前148），临江王刘荣不慎犯法，被从江陵（今属湖北）征诣京城。中尉郅都令人严加看管、审讯。刘荣极其愤懑、悲伤，写完向父亲的谢罪词后，自杀身亡。

刘彻被立为太子，梁王刘武不肯就此罢手。他广延四方豪杰之士，多做兵器弩弓等，储存金银"且百巨万"，又派人刺杀爰盎等十余名大臣。阴谋败露后，梁王大为恐慌，买通韩安国走长公主的后门，疏通窦太后，稍得宽释，但景帝对他已疏远多了。梁王刘武连沮丧带惊恐，不久就身染恶疾而亡。景帝将梁地一分为五，在不知不觉中就削弱了刘武诸子的势力。

景帝另立太子后，对权倾朝野的条侯周亚夫最不放心，又寻机处置了他。景帝后元元年（前143），竟然以莫须有的罪名将周亚夫削职下狱。一代名将，五天不吃东西，最终呕血冤死。逼死周亚夫与冤杀晁错一样，都说明景帝"寡恩忍杀"，惯于过河拆桥。

汉景帝后元三年（前141）正月，景帝刘启患病，病势越来越重，他自知不行了，临终前对太子刘彻说："人不患其不知，患其为诈也；不患其不勇，患其为暴也。"不但要知人、知己，还要知机、知止。景帝似乎已经感觉到儿子有许多异于自己的品质，把天下交给他是放心的，路还是让他自己走吧，多嘱咐也无益。不久，景帝病死于长安未央宫，葬于阳陵（在今陕西省咸阳市渭城区正阳乡张家湾村北）。太子刘彻即皇帝位，这就是汉武帝。

第五节　见微知著，察人有术

【原文】

秋七月乙巳晦，日有蚀之。

条侯周亚夫下狱死。

二年冬十月，省彻侯之国。

【译文】

秋天七月三十日，日偏食。

条侯周亚夫下狱，死在狱中。

二年冬十月，下命令撤销列侯一定要到封国去的规定。

【评点】

考察是识别和衡量人才是否堪当重任的非常重要的手段和方法。我国早在汉代就确定了刺史六条，用以监督和考察百官的政绩与行为，并把它立为百代不易的良法。可见，对人才的考察由来已久。

周亚夫可是汉景帝的股肱重臣，他在平定七国之乱的时候立下了赫赫战功，以后又官至丞相，为汉景帝献言献策，也算是忠心耿耿了。可是汉景帝在选择辅佐少主的辅政大臣的时候，还是把他抛弃了，原因何在呢？

在古代的时候，每个皇帝年老之后，皇位的继承问题就空前复杂起来。每个皇帝都会费一番心血，汉景帝就碰到了这个问题。当时太子才刚刚成年需要辅政大臣的辅佐,汉景帝为此试探了一次周亚夫。

　　一天,汉景帝宴请周亚夫,给他准备了一大块肉,但是没有切开,也没给他准备筷子。周亚夫看了,很不高兴,就回头向主管筵席的官员要筷子。汉景帝笑着说,丞相,我给你这么大一块肉你还不满足吗?还要筷子,真是讲究啊。周亚夫一听,赶紧摘下帽子,向皇帝跪下谢罪。汉景帝说,起来吧,既然丞相不习惯这样吃,那就算了,今天的宴席就到此了。周亚夫听了,就向皇帝告退,快步出了宫门。汉景帝目送他离开,并说,看他闷闷不乐的样子,实在不是辅佐少主的大臣啊!

　　汉景帝试探周亚夫的方法可以说是很巧妙。辅佐少主的大臣,一定要稳重平和,任劳任怨,不能有什么骄气。因为少主年轻气盛,万一有什么做得过分的地方,只有具有长者风范的人,才能包容这些过失,一心一意地忠贞尽责。从周亚夫的表现来看,连老皇帝对他不礼貌的举动,他都不能忍受,一副很不高兴的样子,以后又怎么能包容少主的过失呢?赏赐他的肉,虽然不方便食用,但在汉景帝看来,他也应该二话不说,把它吃下去,这表现了一个臣子安守本分的品德,他要筷子的举动,在汉景帝看来就是非分的做法,到辅佐少主的时候,会不会有更多非分的要求呢?这是汉景帝不能不防的。所以汉景帝果断地放弃了周亚夫。

第六章 《汉书》卷六 武帝纪 第六

第一节 抗击匈奴，开拓疆土

【原文】

（一）

闽越围东瓯，东瓯告急。遣中大夫严助持节发会稽兵，浮海救之。未至，闽越走，兵还。

（二）

闽越王郢攻南越。遣大行王恢将兵出豫章，大司农韩安国出会稽，击之。未至，越人杀郢降，兵还。

（三）

匈奴入上谷，杀略吏民。遣车骑将军卫青出上谷，骑将军公孙敖出代，轻车将军公孙贺出云中，骁骑将军李广出雁门。青至龙城，获首虏七百级。广、敖失师而还。诏曰："夷狄无义，所从来久。间者匈奴数寇边境，故遣将抚师。古者治兵振旅，因遭虏之入，将吏新会，上下未辑，代郡将军敖、雁门将军广所任不肖，校尉又背义妄行，弃军而北，少吏犯禁。用兵之法：不勤不教，将率之过也；教令宣明，不能尽力，士卒之罪也。将军已下廷尉，使理正之，而又加法于士卒，二者并行，非仁圣之心。朕闵众庶陷害，欲刷耻改行，复奉正义，厥路亡繇。其赦雁门、代郡军士不循法者。"

（四）

秋，匈奴入辽西，杀太守；入渔阳、雁门，败都尉，杀略三千余人。遣将军卫青出雁门，将军李息出代，获首虏数千级。

（五）

匈奴入上谷、渔阳、杀略吏民千余人。遣将军卫青、李息出云中，至高阙，遂西至符离，获首虏数千级。收河南地，置朔方、五原郡。

（六）

夏，匈奴入代、定襄、上郡，杀略数千人。

五年春，大旱。大将军卫青将六将军兵十余万人出朔方、高阙，获首虏万五千级。

（七）

六年春二月，大将军卫青将六将军兵十余万骑出定襄，斩首三千余级。还，休士马于定襄、云中、雁门。赦天下。

夏四月，卫青复将六将军绝幕，大克获。前将军赵信军败，降匈奴。右将军苏建亡军，独自脱还，赎为庶人。

（八）

遣骠骑将军霍去病出陇西，至皋兰，斩首八千余级。

（九）

大将军卫青将四将军出定襄，将军去病出代，各将五万骑。步兵踵军后数十万人。青至幕北围单于，斩首万九千级，至阗颜山乃还。去病与左贤王战，斩获首虏七万余级，封狼居胥山乃还。两军士死者数万人。前将军广、后将军食其皆后期。广自杀，食其赎死。

（一）

闽越的军队围困东瓯，东瓯向汉廷告急，皇上派中大夫严助拿着令牌征调驻守在会稽、浮海的军队，来救东瓯。救兵还没有到，闽越的军队就退走了。

（二）

闽越王郢进攻南越，朝廷派大行王恢带领部队从豫章出兵、大司农韩安国带领部队从会稽出兵，准备还击。救兵还没有到，越人就杀死郢投降了，王、韩等收兵回朝。

（三）

元光六年（前129），匈奴侵入上谷掠杀官吏、居民，朝廷派车骑将军卫青从上谷出兵，骑将军公孙敖从代出兵，轻车将军公孙贺从云中出兵，骁骑将军李广从雁门出兵。卫青至龙城，斩首级获俘虏七百级。公孙敖与李广因指挥失误受到挫败回来。皇上下诏说："夷狄背信弃义，由来已久，往日匈奴多次侵犯边境，所以派遣将领指挥前线将士迎敌，古代兵法是出则治兵，入则振旅。这次出兵，因为匈奴突然入侵，我军将士刚刚集合，上下还不协调，而从代郡出兵的将军公孙敖、从雁门出兵的将军李广的部属素质低劣，校尉又违抗命令盲目行动，以至于弃军逃跑，小吏触犯禁律。指挥的策略，不重视加强战备与提高士气，是主将的过失；在已经三令五申后，而不能尽力作战，是士兵的罪过。将军已交付廷尉，按法论罪，如果对一般士兵也要绳以军法，使将军与士兵并罚，那就不是仁圣的心。我同情普通士兵受到牵连，要是他们想立功赎罪、重新杀敌卫国，也就没有条件和机会了。因此赦免雁门、代郡两军中的犯有一般违纪错误的士兵。"

（四）

元朔元年（前128）秋，匈奴侵入辽西，杀辽西太守；又侵入渔阳、雁门，打败都尉，杀掳三千多人。遣将军卫青从雁门出兵，将军李息从代出兵，斩获敌人首级和俘虏敌人数千。

（五）

匈奴侵入上谷、渔阳，杀掳官吏、居民一千多人。朝廷派将军卫青、李息从云中出兵，到高阙，接着部队开到符离，斩获敌人首级和俘虏敌人数千，收复河南这个地方，设立了朔方、五原郡。

（六）

夏天，匈奴侵入代、定襄、上郡等地，杀掳数千个人。

五年的春天，发生大旱灾。大将军卫青率领六名将军及士兵十余万人在朔方、高阙出塞，斩获敌人首级和俘虏敌人一万五千多。

（七）

六年春天二月，大将军卫青率领六名将军及士兵十余万骑出定襄，斩获敌人首级和俘虏敌人三千多。回师后，部队在定襄、云中、雁门等地休整。大赦天下。

夏天六月，卫青再次率六名将军及士兵到达匈奴南界沙漠，大获全胜。前将军赵信军败，投降匈奴。右将军苏建部队溃散，一个人逃回来，赎罪成为平民。

（八）

派骠骑将军霍去病带兵出陇西，到皋兰山，斩获敌人首级和俘虏敌人八千多。

（九）

元狩四年（前 119）夏天，大将军卫青率领四将军从定襄出兵，将军霍去病从代地出兵，各领五万骑兵。步兵随骑兵之后数十万人。卫青到漠北围困单于王，斩获敌人首级和俘虏敌人一万九千多。到阗颜山回师。霍去病与匈奴左贤王开战，斩获敌人首级和俘虏敌人七万多。在狼居胥山刻石记功后回来。两军战死者数万人。前将军李广、后将军食其都没能按期到达阵地，李广自杀，食其赎回死罪。

【评点】

汉武帝对外采取软硬兼施的手段，一方面自公元前133年马邑之战起结束高祖以来对匈奴的和亲政策，开始对匈奴正式宣战，先后派卫青、霍去病征伐，解除了匈奴威胁，夺回河套和河西走廊地区，扩张了西域版图，将匈奴置于被动称臣的局面，保障了北方经济文化的发展；另一方面为了联合乌孙抗击匈奴，派使出使西域，促进了中西文化交流；同时，对东北方和南方用兵，确定了大汉版图。

发动对匈奴战争

汉武帝抗击匈奴是发生在西汉年间的一件影响重大的事件。汉武帝刘彻是中国历史上一位杰出的政治家。他成功地抗击了匈奴奴隶主贵族的侵扰，进一步巩固了汉初新兴的封建政权。

匈奴是中国北方一个古老的游牧民族。汉朝初年，已建立了奴隶制国家，国势强盛。东面打败了东胡；西面赶走了居住在今甘肃境内的大月氏，北面臣服了丁零族；而南面，则经常侵犯汉朝边境，有时竟深入到离汉朝都城仅三百五十公里的地方，严重地威胁着汉朝封建政权。

汉高祖刘邦在公元前200年曾亲率三十二万大军打匈奴，却被匈奴四十万军队围困在白登山（今山西大同市东南）七天七夜。此后，刘邦为了全力对付内部封建割据势力，对匈奴暂时采取了"和亲"政策。把宗室女子嫁给匈奴首领，每年送去一定数量的黄金、绢、絮、米、酒，允许人民往来买卖。以后几代皇帝，虽然一度注意改革边防制度，实行屯田垦荒，但都没能彻底解决这个问题。

公元前141年，十六岁的汉武帝即位。这时汉朝已建立六十多年，封建政权巩固，经济上也有了实力。因而，他有条件和匈奴进行斗争，从根本上解除匈奴对内地的威胁。

公元前133年，汉武帝召集群臣商议对匈奴的政策。主战派大行（官名，主管对外联络）王恢说道："听说战国时的代国，是个小国，还能抗击匈奴。现在陛下神威，国家一统，匈奴却侵盗不止，就是因为不怕我们。我认为对匈奴应该抗击。"御史大夫韩安国连连反对。他说："高帝当年打匈奴即遭到围困，七天没吃东西，只好'和亲'，至今已五世平安了，还是不打为好。"王恢严厉驳斥了韩安国的论调，建议采取诱敌深入，以"伏兵袭击"的作战方法。汉武帝支持王恢的抗战主张。匈汉战争至此开始。

元光六年（前129），匈奴又一次兴兵南下，前锋直指上谷（今河北省怀来县）。汉武帝果断地任命卫青为车骑将军，迎击匈奴。这次用兵，汉武帝分派四路出击。车骑将军卫青直出上谷，骑将军公孙敖从代郡（治代县，今山西大同、河北蔚县一带）出兵，轻车将军公孙贺从云中（今内蒙古托克托东北）出兵，骁骑将军李广从雁门出兵。四路将领各率一万骑兵。卫青首次出征，但他英勇善战，直捣龙城（匈奴祭扫天地祖先的地方），斩首七百人，取得胜利。另外三路，两路失败，一路无功而还。汉武帝看到只有卫青胜利凯旋，非常赏识，加封他为关内侯。

元朔元年（前128）的秋天，匈奴骑兵大举南下，先攻破辽西，杀死辽西太守，又打败渔阳守将韩安国，劫掳百姓三千多人。汉武帝派李广镇守右北平（今辽宁省凌源西南），匈奴兵则避开李广，而从雁门关入塞，进攻汉朝北部边郡。汉武帝又派卫青出征，并派李息从代郡出兵，从背后袭击匈奴。卫青率三万骑兵，长驱而进，赶往前线。卫青本人身先士卒，将士们更是奋勇争先。斩杀、俘获敌人数千名，匈奴大败而逃。

元朔二年（前127），匈奴集结大量兵力，进攻上谷、渔阳。武帝派卫青率大军进攻久为匈奴盘踞的河南地（黄河河套地区）。这是西汉对匈奴的第一次大战役。卫青率领四万大军从云中出发，采用"迂回侧击"的战术，西绕到匈奴军的后方，迅速攻占高阙（今内蒙古杭锦后旗），切断了驻守河南地的匈奴白羊王、楼烦王同单于王庭的联系。然后，卫青又率精骑，飞兵南下，进到陇县西，形成了对白羊王、楼烦王的包围。匈奴白羊王、楼烦王见势不妙，仓皇率兵逃走。汉军活捉敌兵数千人，夺取牲畜一百多万头，完全控制了河套地区。因为这一带水草肥美，形势险要，汉武帝在此修筑朔方城（今内蒙古杭锦旗西北），设置朔方郡、五原郡，从内地迁徙十万人到那里定居，还修复了秦时蒙恬所筑的边塞和沿河的防御工事。这样，不但解除了匈奴骑兵对长安的直接威胁，也建立起了进一步反击匈奴的前方基地。《史记》《汉书》盛赞此仗汉军"全甲兵而还"。卫青立有大功，被封为长平侯，食邑三千八百户。

匈奴不甘心在河南地的失败，一心想把朔方重新夺回去，所以在几年内多次出兵，但都被汉军挡了回去。元朔五年（前124）春，汉武帝命卫青率三万骑兵从高阙出发；苏建、李沮、公孙贺、李蔡都受卫青的节制，率兵从朔方出发；李息、张次公率兵由右北平出发。这次总兵力有十余万人。匈奴右贤王认为汉军离得很远，一时不可能来到，就放松了警惕。卫青率大军急行军六七百里，趁着黑夜包围了右贤王的营帐。这时，右贤王正在帐中拥着美姜，畅饮美酒，已有八九分醉意了。忽听帐外杀声震天，火光遍野，右贤王惊慌失措，忙把美妾抱上马，带了几百壮骑，突出重围，向北逃去。汉军轻骑校尉郭成等领兵追赶数百里没有追上，却俘虏了右贤王的小王十余人，男女一万五千余人，牲畜有几百万头。汉军大获全胜，高奏凯歌，收兵回朝。

汉武帝接到战报，喜出望外，派特使捧着印信，到军中拜卫青为大将军，加封食邑八千七百户，所有将领归他指挥。卫青的三个儿子都还在襁褓之中，也被汉武帝封为列侯。卫青非常谦虚，坚决推辞说："微臣有幸待罪军中，仰仗陛下的神灵，使得我军获得胜利，这全是将士们拼死奋战的功劳。陛下已加封了我的食邑，我的儿子年纪尚幼，毫无功劳，陛下却分割土地，封他们为侯。这样是不能鼓励将士奋力作战的。他们三人怎敢接受封赏？"汉武帝表示："我没有忘记诸校尉的功劳，同样也会嘉赏。"

于是卫青三子在襁褓中被封为列侯，长子卫伉为宜春侯，次子卫不疑为阴安侯，幼子卫登为发干侯，均食邑一千三百户。

汉武帝随后又封赏了随从卫青作战的公孙敖、韩说、公孙贺、李蔡、李朔、赵不虞、公孙戎奴、李沮、李息、豆如意等。

经过几次打击，匈奴依然猖獗。入代地，攻雁门，劫掠定襄（今山西省定襄）、上郡（今陕西省绥德县东南）。元朔六年（前123）二月，汉武帝又命卫青攻打匈奴。公孙敖为中将军，公孙贺为左将军，赵信为前将军，苏建为右将军，李广为后将军，李沮为强弩将军，分领六路大军，统归大将军卫青指挥，浩浩荡荡，从定襄出发，北进数百里，歼灭匈奴军数千名。这次战役中，卫青的外甥霍去病率八百精骑首次参战，取得了歼敌两千余人的辉煌战果。战后全军返回定襄休整，一个月后再次出塞，斩获匈奴军一万多名，取得了辉煌战果。

派遣出使西域与和亲乌孙

汉武帝在发动对匈奴战争的同时，他派张骞两次出使西域，获得了大量前所未有的西域资料，打通了著名的丝绸之路，进一步加强了与西域的联系，促进了西域社会的进步，丰富了中原的物质生活，并发展了中西经济文化的交流。

元封六年（前105），为了联合乌孙抗击匈奴，封刘细君为公主和亲乌孙。

对东北方和南方用兵

在东北方，他派楼船将军杨仆、左将军荀彘兵灭卫氏朝鲜（今朝鲜北部），置乐浪、玄菟、临屯、真番四郡，汉帝国的版图至此基本成形。

在南方，派中郎将唐蒙攻夜郎，伏波将军路博德、楼船将军杨仆灭南越，使得夜郎、南越政权归附汉朝，在西南先后设立了七个郡，其中在今海南岛置儋耳郡、珠崖郡，也就是今天的海南岛与南海诸岛的地区。疆土最南端超过今天越南胡志明市，这也使得今天的两广地区自秦朝后重归中国版图。

第二节　削弱地方，集权中央

【原文】

春正月，诏曰："梁王、城阳王亲慈同生，愿以邑分弟，其许之。诸侯王请与子弟邑者，朕将亲览，使有列位焉。"于是藩国始分，而子弟毕侯矣。

【译文】

春天正月，下诏说："梁王、城阳王是我的同胞兄弟，愿用食邑册封二弟，请二弟接受。各侯王要为自己的子弟请封食邑的我将亲自审阅名单，使他有列侯的位子。"于是原来的藩国又划分为一些食邑，侯王子弟全部封侯了。

【评点】

在加强中央集权方面，汉武帝做了很多工作。

当时的丞相负责管理文武百官，实权很大，所以皇帝有时就不如丞相的权力大，这是皇帝们所不能忍受的。所以，在武帝即位后，在加强中央集权方面主要是削弱相权。

武帝削弱丞相的权力还有一个很有利的条件，这就是原来做丞相的都是开国的功臣，而现在他们基本上都已经年老，或者去世。武帝便利用这个有利的时机来让众多的儒生代替元老们，掌握国家政权；同时通过打击丞相来加强自己的权力。公元前124年，武帝便让平民出身的儒生公孙弘来做丞相，这样就改变了以前总是由贵族来做丞相的惯例。

还有一个比较有名的措施就是颁布了《推恩令》。在高祖刘邦时期，曾经封了很多刘姓的王，叫作同姓王，但后来这些同姓王的后裔却横行乡里，对抗中央，不肯听从中央的命令。为了彻底削弱诸侯王的势力，武帝就颁布了这项命令，内容主要是：诸侯王的王位除了由嫡长子继承以外，还可以用"推恩"（也就是广布恩惠，让更多的人来享受特权）的形式把其他的儿子在本侯国内分封。新的侯国就脱离原来王国的限制，地域独立，而且政治权力也基本被剥夺，受当地郡县官吏的管辖。这样，就使原来独立的地方王国自动地将权力上交给了国家。此后，地方的王与侯仅仅享受物质上的特权，即享用自己封地的租税，但是没有了以前的政治特权。

为了进一步加强君主权力，武帝用派御史的方式对地方的豪强、官吏进行监督。公元前 106 年，武帝将全国分成了十三个监察区，每个区叫作部，每部派出一名刺史，中央的刺史叫作司隶校尉，其他十二个州都叫刺史。刺史在六个方面对地方进行监督，即"以六条问事"：一是豪强占田超过了限制数量，而且恃强凌弱；二是郡守不遵守诏书、法令，欺压百姓，横行地方，贪污腐败；三是郡守审判案件不体恤百姓，草菅人命，随意赏罚，被百姓所嫉恨；四是选拔任命官吏不公平，排斥贤能之人，任用小人做官；五是郡守的子弟们仗势欺人，郡守也为子弟向下属求情，使下属枉法办事；六是郡守不忠于皇帝，而是和地方豪强们勾结，搞权钱交易，损害国家利益。

刺史的作用主要是为了防止郡守和地方豪强们相互勾结、对抗中央，重蹈原来同姓王犯上作乱的局面出现；同时，刺史也要负责向中央推荐认为较好的官吏，对于政绩不好的还可以罢免。

刺史的地位在当时是相当高的，相当于钦差大臣，而且是常年的，在地方还有自己的办公地点。就"刺史"名字本身来说，其实它已经具备了这种特点。"刺"即是刺举，也就是侦视不法；"史"是指皇帝派出的使者。

第三节　改革制度，选拔人才

【原文】

（一）

元朔元年冬十一月，诏曰："公卿大夫，所使总方略，壹统类，广教化，美风俗也。夫本仁祖义，褒德禄贤，劝善刑暴，五帝三王所繇昌也。朕夙兴夜寐，嘉与宇内之士臻于斯路。故旅耆老，复孝敬，选豪俊，讲文学，稽参政事，祈进民心，深诏执事，兴廉举孝，庶几成风，绍休圣绪。夫十室之邑，必有忠信；三人并行，厥有我师。今或至阖郡而不荐一人，是化不下究，而积行之君子雍于上闻也。二千石官长纪纲人伦，将何以佐朕烛幽隐，劝元元，厉蒸庶，崇乡党之训哉？且进贤受上赏，蔽贤蒙显戮，古之道也。其与中二千石、礼官、博士议不举者罪。"有司奏议曰："古者，诸侯贡士，壹適谓之好德，再適谓之贤贤，三適谓之有功，乃加九锡；不贡士，壹则黜爵，再则黜地，三而黜爵地毕矣。夫附下罔上者死，附上罔下者刑，与闻国政而无益于民者斥，在上位而不能进贤者退，此所以劝善黜恶也。今诏书昭先帝圣绪，令二千石举孝廉，所以化元元，移风易俗也。不举孝，不奉诏，当以不敬论。不察廉，不胜任也，当免。"奏可。

（二）

六月，诏曰："日者有司以币轻多奸，农伤而末众，又禁兼并之涂，故改币以约之。稽诸往古，制宜于今。废期有月，而山泽之民未谕。夫仁行而从善，义立则俗易，意奉宪者所以导之未明与？将百姓所安殊路，而抟虑吏因乘势以侵蒸庶邪？何纷然其扰也！今遣博士大等六人分循行天下，存问鳏寡废疾，无以自振业者贷与之。谕三老孝弟以为民师，举独行之君子，征诣行在所。朕嘉贤者，乐知其人。广宣厥道，士有特招，使者之任也。详问隐处亡位，及冤失职，奸猾为害、野荒治苛者，举奏。郡国有所以为便者，上丞相、御史以闻。"

【译文】

（一）

元朔元年（前128）冬十一月，下诏说："公卿大夫，他们的任务是制定方针战略，统一行动措施，宣传朝廷德政，转变社会风气。而以仁义作为基准，来褒扬有道德的人，起用贤良之才，激励发扬从善的风气，惩治不法之徒，这是五帝三王之所以昌盛的经验。我朝思暮想希望和天下有志之士共同走上这条康庄大道。所以加惠耆老，优待孝弟，选拔豪俊，讲习文学，共商建国大计，祈求能符合人民愿望。多次诏令主事官员，提倡并推举孝廉，以至蔚为风气，来继承先圣们伟大的业绩。在十室之邑，必定有忠良可信的人；三人一起行走，其中必定有我的老师。而现在全郡之中竟没有一个贤良的人向朝廷上荐，这是朝廷的教化没有进行深入的贯彻，而具有孝廉之贤的君子行为就被埋没了。二千石官是主管诏令推行与人才推举的，如果这样将以什么辅佐我来了解天下民情，关心百姓，激励众民，树立尊老重贤的社会风气呢？何况进贤的人受上赏，蔽贤的人受惩罚，这是古代的原则。我请中二千石、礼官、博士讨论对不举贤良的郡县官吏应治以什么罪。"专司官吏奏议说："在古代，诸侯向朝廷进贡人才，首次举得其人称为好德，二次举得其人称为贤明，三次举得其人称为有功，朝廷对他进行崇高的奖赏；诸侯不向朝廷进贡人才，第一次贬爵，第二次削地，第三次爵地都削了。迎合部下而欺罔君上的处死，迎合上司而欺骗部下的加刑，参与国政而不能造福于民的弃逐，身居要位而不能进荐贤才的退位，这就是劝善而贬恶的措施。今日诏书要求发扬先代帝王的举贤选能的传统，令郡守县令推举孝廉贤才，是为了教化人民，移风易俗。对于那些对举贤诏令置若罔闻的官吏，应当用不遵守朝廷命令论处。不能培养与发现贤才，就是不能胜任他的职位，应该罢免。"这些奏折被采纳。

（二）

六月，下诏说："前时专管官员认为钱币贱而物价贵，给奸邪以可乘之机，弃农而从商的人多，又为了抑制贫富悬殊，所以改革币制来制约奸邪与兼并。这是汲取历史的经验所制定的适合于当前的货币政策。而废半两钱的禁期一年多，偏远地区百姓却仍不明告示的意思。上行良政下就应该从善，上应民望下就可以风从，而当前币制受阻，是地方官吏的宣传引导不够明确呢，还是百姓的理解不同，让那些妄托上命的奸邪之辈得以乘机侵犯百姓利益呢？为何如此地纷纷扰扰！现派遣博士大等六人分别巡行天下，访问鳏寡废疾，对无法自谋职业的给予赈贷。诏谕三老、孝悌为民之师，推举品行高洁的君子，应征到皇上所在。我尊重贤能的人，乐于知道他们的情况。要广宣一条原则，即对于有殊才异行的人士可以特招，这是巡行出使的人的责任。要详细查问被埋没而不被任用、蒙冤屈而丢掉他的正常职业的人，对于奸滑为害，田野荒芜与苛政害民的人与事，要向朝廷举奏。郡国认为可以方便于民的一些意见，要报告丞相、御史斟酌。"

【评点】

汉武帝选拔人才主要是通过官吏的选拔制度改革来实现的。当时还没有隋唐以后的科举制度，主要是推荐制，即察举制。但情况并不理想，推荐的人中亲属占了绝大部分，贤才却不多。这对于急需人才治理国家的武帝来说起不到应有的作用。所以，武帝在继续推行汉初的察举制的同时，扩大了察举的范围。在汉朝初期只有贤良和孝廉两科，武帝增加了儒学、明法（即明习、通晓法令）以及德行、学术等科。

武帝命令郡守向中央推荐贤才，否则就以不举孝廉罪处罚。同时允许官吏和百姓上书评议政事。武帝通过这种方式最大限度地选拔出了有德有才的人。

武帝又听从了董仲舒的建议，在京城设立了"太学"，成为封建官吏的培养学校。这也是中国历史上第一所国家设立的大学，以儒家的经典为主要讲课内容，学生是国家选拔的杰出青年和各地郡国推荐的青年。在太学学习一年之后，再通过考试的，依照成绩分等级来任命做官。从此，儒士们开始大量地进入政权体系。中国封建时代的统治思想和民间的封建思想意识逐步建立和巩固。到宋代，特别是在明朝和清朝时，专制中央集权发展到了顶峰，封建枷锁对人民特别是对妇女的压迫也到了顶峰。

第四节　巫蛊之祸，痛失爱子

【原文】

冬十一月，发三辅骑士大搜上林，闭长安城门索，十一日乃解。巫蛊起。

二年春正月，丞相贺下狱死。

夏四月，大风发屋折木。

闰月，诸邑公主、阳石公主皆坐巫蛊死。

夏，行幸甘泉。

秋七月，按道侯韩说、使者江充等掘蛊太子宫。壬午，太子与皇后谋斩充，以节发兵与丞相刘屈氂大战长安，死者数万人。庚寅，太子亡，皇后自杀。初置城门屯兵。更节加黄旄。御史大夫暴胜之、司直田仁坐失纵，胜之自杀，仁要斩。

八月辛亥，太子自杀于湖。

【译文】

冬天十一月，调动三辅骑兵大搜上林苑，关闭长安城门进行索查奸人，十一日才解除禁令。用邪术加害于人的事开始了。

二年春天正月，丞相贺下狱死。

夏天四月，狂风刮倒了屋吹断了树。

二年闰五月，卫皇后的女儿诸邑公主、阳石公主都因牵涉到犯巫蛊的罪行而被赐死。

夏天，驾临甘泉。

秋天七月，按道侯韩说、使者江充等在太子宫中发掘埋在地下的木偶（蛊），七月九日，太子与皇后见江充挟隙栽赃就想杀掉他，太子下令调兵与丞相刘屈氂在长安大战，双方死的人数上万。七月十七日，太子逃亡，皇后自杀。开始在首都城门驻扎士兵，在符节上加黄旄来区别于太子的兵符。御史大夫暴胜之、司直田仁犯有纵过失察的罪刑，胜之自杀，田仁腰斩。

八月初八日，太子在湖县自杀。

【评点】

征和二年的巫蛊之祸是汉武帝末年封建统治集团内部发生的重大政治事件。武帝用法严厉，任用的多是严苛残酷的官吏；而太子待人宽厚，经常将一些他认为处罚过重的事从轻发落。太子这样做虽然得百姓之心，但那些执法大臣都不高兴。卫皇后害怕长此下去太子会获罪，她经常告诫太子，应注意顺从皇上的意思，不应擅自有所纵容宽赦。汉武帝听说后，认为太子是对的，而皇后不对。"群臣宽厚长者皆附太子，而深酷用法者皆毁之；邪臣多党与，故太子誉少而毁多。卫青薨，臣下无复外家为据，竟欲构太子。"巫蛊之祸前，太子已数次被苏文等人陷害。

当时人对神怪诅咒之说深信不疑，汉武帝也不例外。有一天中午，他正躺在床上睡觉，忽然梦见几千个手持棍棒的木头人朝他打来，被吓醒了。他以为有人在诅咒他，立即派江充去追查。

江充率领胡人巫师到各处掘地寻找木头人，并逮捕了那些用巫术害人，夜间守祷祝及自称能见到鬼魂的人，又命人事先在一些地方洒上血污，然后对被捕之人进行审讯，将那些染上血污的地方指为他们以邪术害人之处，并施以铁钳烧灼之刑，强迫他们认罪。于是百姓们相互诬指对方用巫蛊害人；官吏则每每参劾别人为大逆不道。从京师长安、三辅地区到各郡、国，因此而死的先后共有数万人。丞相公孙贺之子公孙敬声，时任太仆，为人骄奢不奉法，擅自动用军费一千九百万钱，事败后被捕下狱。时值武帝下诏通缉阳陵大侠朱世安，公孙贺为赎儿子之罪，请求皇帝让他追捕，武帝允诺。公孙贺历经艰辛，将朱世安捕获移送朝廷，其子之罪将以赦免。孰料朱世安怀恨在心，笑曰："丞相祸及宗矣。南山之竹不足受我辞，斜谷之木不足为我械。"于是他在狱中上书朝廷，声称公孙敬声与武帝女儿阳石公主私通，且在皇帝专用驰道上埋藏木人以诅咒皇帝等事件。武帝大怒，公孙贺父子死狱中，满门抄斩。阳石公主、诸邑公主，卫青之子长平侯卫伉相继被牵连入内、被杀。江充见汉武帝居然可以对自己的亲生女儿下毒手，就更加放心大胆地干起来。他让巫师对汉武帝说："皇宫里有人诅咒皇上，蛊气很重，若不把那些木头人挖出来，皇上的病就好不了。"

于是，汉武帝就委派江充带着一大批人到皇宫里来发掘木头人。他们先从跟汉武帝疏远的后宫开始，一直搜查到卫皇后和太子刘据的住室，各处的地面都被纵横翻起，以致太子和皇后连放床的地方都没有了。为了陷害太子刘据，江充趁别人不注意，把事先准备好的木头人拿出来，大肆宣扬说："在太子宫里挖掘出来的木头人最多，还发现了太子书写的帛书，上面写着诅咒皇上的话。我们应该马上奏明皇上，办他的死罪。"此时汉武帝在甘泉宫养病，不在长安。

太子刘据召问少傅石德，身为太子师傅的石德惧怕自己受株连，说："丞相公孙贺一家、两位公主、长平侯卫伉都因为巫蛊死了，现在在太子的宫里挖出桐木人，不知巫置之邪，将实有也，无以自明，且上疾在甘泉，皇后及家吏请问皆不报，上存亡未可知，而奸臣如此，太子将不念秦扶苏事耶？"建议太子越权行事，拘捕江充等人及追查他们的阴谋，太子在情急下同意石德所言。

征和二年（前91）七月十七日，太子派人假冒使者收捕江充等人。江充助手韩说怀疑使者身份，不肯受诏，被来人杀了。太子派人禀告皇后，又分发武器给侍卫。太子向百官宣布江充谋反，把江充杀了。当时江充另一助手苏文逃到武帝处，向武帝控诉太子。武帝开始并不相信此说，派使者召太子，但使者不敢到太子那里，回报武帝说："太子反已成，欲斩臣，臣逃归。"武帝大怒，下令丞相刘屈氂率兵平乱。太子来到北军军营南门之外，站在车上，将护北军使者任安召出，颁与符节，命令任安发兵。但任安拜受符节后，却返回营中，闭门不出。太子带人离去，将长安四市的市民约数万人强行武装起来，到长乐宫西门外，正遇到丞相刘屈氂率领的军队，与丞相军激战五日，死者数万人。长安城有流言说太子谋反，所以人们不敢依附太子；而丞相一边的兵力却不断加强。最终，太子势孤力弱而兵败，唯有逃离长安。

守门官田仁放太子逃出长安，丞相刘屈氂要杀田仁，御史大夫暴胜之对丞相说："司直为朝廷二千石大员，理应先行奏请，怎能擅自斩杀呢！"于是丞相将田仁释放。汉武帝听说后大发雷霆，将暴胜之逮捕治罪，责问他道："司直放走谋反的人，丞相杀他，是执行国家的法律，你为什么要擅加阻止？"暴胜之惶恐不安，自杀而死。武帝诏遣宗正刘长乐、执金吾刘敢奉策收皇后玺绶，卫子夫选择了自杀。武帝将任安与田仁一同腰斩，太子的众门客一律处死；凡是跟随太子发兵的，一律按谋反罪灭族；各级官吏和兵卒凡非出于本心，而被太子挟迫的，一律放逐到敦煌郡。同时武帝因数人追捕太子等有功而封其为侯。

汉武帝愤怒异常，群臣感到忧虑和恐惧，不知如何是好。壶关三老令狐茂上书汉武帝为太子申冤。他声称："太子进则不得见上，退则困于乱臣，独冤结而无告，不忍忿忿之心，起而杀充，恐惧逋逃，子盗父兵，以救难自免耳；臣窃以为无邪心。"

太子向东逃到湖县（今河南灵宝西），隐藏在泉鸠里。主人家境贫寒，经常织卖草鞋来奉养太子。太子有一位以前相识的人住在湖县，听说很富有，太子派人去叫他，于是消息泄露。八月辛亥（初八），地方官围捕太子。太子知道自己难以逃脱，便回到屋中自缢而死。主人与搜捕太子的人格斗而死，二位皇孙也一同遇害。

太子有三子一女，史书留名的是史皇孙刘进（即刘询之父），全部因巫蛊之乱而遇害，只留下一位孙子刘病已，后改名刘询，为汉宣帝。

久之，巫蛊事多不信。官吏和百姓以巫蛊害人罪相互告发的，经过调查发现多为不实。上颇知太子惶恐无他意，会高寝郎田千秋上急变，讼太子冤曰："子弄父兵，罪当笞；天子之子过误杀人，当何罪哉！臣尝梦见一白头翁教臣言。"于是汉武帝霍然醒悟，立即就任命田千秋为大鸿胪，并下令将江充满门抄斩，将苏文烧死在横桥之上。曾对太子兵刃相加的人也陆续被杀。上怜太子无辜，就派人在湖县修建了一座宫殿，叫作"思子宫"；又造了一座高台，叫作"归来望思之台"，借以寄托他对太子刘据和那两个孙子的思念，天下闻而悲之。

第五节　晚年悔悟，轮台罪己

【原文】

二月，诏曰："朕郊见上帝，巡于北边，见群鹤留止，以不罗罔，靡所获献。荐于泰畤，光景并见。其赦天下。"

【译文】

二月，武帝下诏说："朕祭祀天神时见上帝灵光，在北边巡游时，见群鹤栖息，当时不是网罗捕杀之期，就没进行狩猎，没有献上猎物。祭祀泰山祠时，灵光及神影同时出现。因此应该赦免天下罪人。"

【评点】

晚年丧子和军事上的失利，使武帝在精神和思想上受到了严重的打击。征和四年（前89），他对大臣们说：我即位以来，办了很多错事，使天下百姓愁苦，现在后悔也来不及了。今后凡是伤害百姓，浪费财物的事情，一律停办。丞相田千秋建议：很多文士都谈论神仙，但都没有成效，应当罢斥。武帝听后说：我从前太愚蠢，受了方士的欺骗。其实天下哪有什么仙人，全是方士们妖言惑众。注意饮食和服药，就可以减少疾病了。于是，便将方士全部遣散。

正当武帝为自己从前的所作所为深感后悔之时，搜粟校尉桑弘羊等人上书，请求派遣兵卒在轮台（今新疆轮台县东南）屯田，并严敕边郡太守、都尉，加强对边防烽火的管理，选拔战士，积蓄粮草。这个建议虽然有益于巩固边防，武帝却没有同意。他针对桑弘羊等人的上书，颁布了一道诏书，这就是著名的《轮台罪己诏》。武帝在诏书中说：曩者，朕之不明……兴师遣贰师将军（即李广利）……贰师败，军士死略离散，悲痛常在朕心。而击车师时……发兵，凡数万人。……汉军破城，食至多，然士自载不足以竟师，强者尽食畜产，羸者道死数千人。诏书接着说：前有司奏，欲益民赋三十助边，是重困老弱孤独也。而今又请遣卒田轮台，轮台西于车师千余里……今请远田轮台，欲起亭隧，是扰劳天下，非所以扰民也。今朕不忍闻。武帝还特别强调指出，当今之务在禁苛暴，止擅赋，力本农至于修马复令，只是用以补缺，勿乏武备而已。

颁布《轮台罪己诏》，是汉武帝统治政策的重大变化。它表明汉武帝已决心不再主动对匈奴用兵，而要注重发展农业，提倡农耕以恢复生产。为实现这一政策，汉武帝不但下令不复出军，而且还在征和四年封丞相田千秋为富民侯，以明休息，思富养民也。同时，还任命赵过为搜粟校尉，推广代田法，并下诏重申：当今之务，在于力农。

汉武帝一生致力于加强中央集权，建立了巩固统一的西汉帝国，奠定了中华民族辽阔疆域的基础。但与此同时，在他统治期间，穷奢极欲，繁刑重敛，内侈宫室，外事四夷，信惑神怪，巡游无度，使百姓疲敝，起为盗贼，按司马光的评价，其所以异于秦始皇者无几矣。而西汉王朝所以有亡秦之失而免亡秦之祸，同汉武帝晚而改过，有十分密切的关系。

汉武帝还没有来得及全面推行其与民休息的政策，便于后元二年（前87）去世了。其后继者昭帝和宣帝坚持执行武帝晚年制定的与民休息的政策，出现了被后世称颂的昭宣中兴局面。

第六节　一贤国后，两上将军

【原文】

春三月甲子，立皇后卫氏。诏曰："朕闻天地不变，不成施化；阴阳不变，物不畅茂。《易》曰：'通其变，使民不倦。'《诗》云：'九变复贯，知言之选。'朕嘉唐虞而乐殷周，据旧以鉴新。其赦天下，与民更始。诸逋贷及辞讼在孝景后三年以前，皆勿听治。"

【译文】

春天三月十三日，立卫氏作为皇后。下诏说："朕听说天地不变，施化不成；阴阳不变，物不畅茂。《易》说：'因势变通，人民的精神才会振作。'《诗》说：'通天地之变而不失道，择善而从。'朕欣赏唐虞而乐观殷周，愿吸取历史的经验教训来作为借鉴。现在大赦天下，与民更始。有的犯了罪畏罪逃亡及久欠官物而被起诉，事出在孝景帝三年以前的，都免予处理。"

【评点】

卫皇后，字子夫，西汉武帝之后。生年不详，卒于汉武帝征和三年（前90）。平阳（今山西临汾）人。

子夫本是袭封平阳侯曹时府中的歌伎，服侍曹时的夫人平阳公主。汉武帝即位后，他的第一位皇后也就是武帝幼年时戏言要藏于金屋的阿娇无子，所以平阳公主就把邻近大户女子收买来，养在家中，准备让汉武帝选取为妃。适逢汉武帝在霸上祭扫后来到平阳侯家中，平阳公主就将这些美女装饰打扮起来，供汉武帝选择。但汉武帝看后，觉得都不满意。在武帝与平阳公主一起饮酒的时候，又让歌女起舞助兴，汉武帝便看中了卫子夫。随后，汉武帝起坐更衣，子夫便来服侍，一见倾心。就这样，汉武帝把她召进了宫。但入宫不久，子夫很快遭到了冷落。一年多以后，一次汉武帝释放一批宫女，子夫才又见到他，并哭泣着请求放她出宫。哭得梨花带雨的卫子夫使汉武帝又动了怜香惜玉之心，并再次受到宠幸。同时，又把她的兄长卫长君、弟弟卫青召入宫中为侍中。汉武帝元朔元年（前128）子夫生了一男，母以子贵，遂被立为皇后。

元狩元年（前122），卫后所生之子刘据被立为太子。由于他是汉武帝长子，汉武帝极为宠爱他。除了专门派人辅导他学习《穀梁春秋》《公羊春秋》外，还为他建了一座苑囿，称为博望苑，让他学习接待宾客。皇太子的确立，自然更加巩固了卫皇后的地位。至此，卫皇后的荣宠也达到了极点。除此之外，卫氏一门也得到封爵封侯。然而，宫廷当中充满了尔虞我诈，争权夺势，对于一个女人来说，特别是帝王所宠幸的女人，随着时间的流逝，容颜的衰老，其宠幸的地位也日渐低下。慢慢地，她被李夫人和钩弋夫人所取代。在她被立为皇后的第三十八年，也就是汉武帝征和三年（前90），因遭巫蛊事变，不能自明而自杀。

所谓巫蛊事变，即汉武帝末年，年老多疑，适有周围一些心怀奸恶之人，乘机制造事端，挑拨他与太子、大臣之间的关系。当时，一些胡人的巫婆作俑，诅咒他死亡。此事被汉武帝发觉，在朝廷内外大加搜索，因此很多人受到牵连。而专门主持处理此事的是素与太子不和的江充。他得到汉武帝的命令，便有意在卫皇后和太子刘据居住的地方掘地搜索，挖出一具桐木人，即把巫蛊之事加在了太子头上。当时，汉武帝深居简出，居住在甘泉宫，外间人怀疑他是否还在人世。太子刘据唯恐不得自明，就请教他的师傅。他师傅让他先杀掉江充。同时，刘据也征得母后同意，遂矫诏起兵，与江充等人在长安城中展开激战，终于杀死了江充。然而，他起兵后，因长安城中盛传太子与卫皇后起兵造反而失去人心，护北军使者任安接受了太子的符节却没有出兵。汉武帝派去了解情况的使臣不敢入京，谎报太子造反。武帝派丞相刘屈氂去镇压，太子兵败后逃到湖县，随后自缢而死，卫皇后因不能自明也自尽身亡。后代史学界对太子刘据都持同情态度，都认为他和卫皇后与巫蛊之祸无关。武帝晚年也深有悔意。

卫子夫由歌女、妃子以及到女人之极位的一国之后，除了她的容颜美色，温柔贤淑之外，还因为她有太子刘据作为她的支柱。太子自缢，亦使她的政治生命走向了终结。事实证明，她尽管希望太子早日登基，但并没有存心诅咒汉武帝早死。在她为皇后的三十八年中，是比较安分守己的，更难能可贵的是她没有政治野心以及参与汉朝的政治斗争。所以汉武帝死后，她的名誉还是得到了恢复。另外，应该指出的是，子夫的入宫，使她的弟弟卫青、外甥霍去病得到了施展才能的机会，也使汉武王朝多了两名能征善战的将军，在以后西汉反击匈奴的战争中赢得了主动地位。从客观上讲，子夫对汉朝是有功劳的。固然，汉武帝对卫氏一门的宠幸有过分之处，但总的来说，卫氏一门对汉朝的巩固是做出过贡献的，因此，子夫的影响也是不能抹杀的。

第七章 《汉书》卷七 昭帝纪 第七

第一节 幸立太子，继位大统

【原文】

孝昭皇帝，武帝少子也。母曰赵婕仔，本以有奇异得幸，及生帝，亦奇异。语在《外戚传》。

武帝末，戾太子败，燕王旦、广陵王胥行骄嫚，后元二年二月上疾病，遂立昭帝为太子，年八岁。以侍中奉车都尉霍光为大司马大将军，受遗诏辅少主。

明日，武帝崩。戊辰，太子即皇帝位，谒高庙。帝姊鄂邑公主益汤沐邑，为长公主，共养省中。

大将军光秉政，领尚书事，车骑将军金日磾、左将军上官桀副焉。

【译文】

汉昭帝，是汉武帝的小儿子。母亲是赵婕好，本来因为有奇女子气得宠，到生昭帝，也有奇异——怀孕十四个月。具体事记载在《外戚传》。

武帝末年，戾太子兵败，燕王旦、广陵王胥都行为骄慢，后元二年二月武帝病重，于是立昭帝作为太子，时年八岁。任侍中奉车都尉霍光为大司马大将军，受武帝遗诏辅佐少主。

次日武帝病逝，二月十五日，太子继承皇帝位。祭奠高祖祠庙。昭帝姐姐鄂邑公主增封汤沐邑，为长公主，供养在皇宫中。

大将军霍光主持国政，担任尚书的职务，车骑将军金日磾、左将军上官桀担任副职。

【评点】

武帝的长子太子刘据死于征和二年的巫蛊之祸，之后的四年里武帝一直没有立太子。

武帝一生有 6 个儿子，次子齐怀王刘闳早逝，巫蛊之祸后，可以继承皇位的共有四人。

燕王刘旦在刘据死后上书自请入京，希望立为太子，武帝大怒，削其三县。广陵王刘胥为人骄奢，好倡乐逸游。

昌邑王刘髆是李夫人之子，李广利的外甥。李广利和刘屈氂曾策划谋立刘髆为太子；事发后一个投降匈奴，一个被腰斩。公元前 88 年正月，即汉武帝去世的前一年，刘髆去世。

刘弗陵作为最为年幼的少子，"壮大多知"，极像武帝少年之时，值得期待。

于是在失去长子四年后，后元二年（前 87）春，武帝在弥留之际立刘弗陵为太子。之前武帝为了防止自己死后主少母壮，吕后之事重演，早已将刘弗陵的生母赵钩弋赐死。赵氏也没有任何亲人可为外戚。武帝病死后，霍光等人于同月奉刘弗陵继位，第二年改年号为"始元"。

昭帝继位时年仅八岁（古代按虚岁算）。遵照武帝遗诏，霍光正式接受汉武帝遗诏，成为汉昭帝刘弗陵的辅命大臣，与车骑将军金日磾、左将军上官桀、御史大夫桑弘羊等人共同辅佐朝政。从此，霍光掌握了汉朝政府的最高权力。"帝年八岁，政事一决于光。"

帝位的确定，不等于争夺帝位斗争的结束。相反，引起了更激烈的政治斗争。霍光辅政以来，首先遇到的就是这场激烈的政治斗争。而促使这场斗争趋向白热化的，是与霍光同时辅政的上官桀以及燕王刘旦。

左将军上官桀与受命进宫抚养昭帝的武帝女儿盖长公主勾结，送自己年幼的孙女（即上官皇后）入宫，又为盖长公主的亲信谋求官爵。燕王刘旦，则因长于昭帝而不得嗣立，心怀不满；另一位辅政大臣、御史大夫桑弘羊与霍光政见不合，对霍光也相当不满。

一场外戚之间争权夺势的斗争拉开了序幕。

第二节　人君之德，识人之明

【原文】

九月，鄂邑长公主、燕王旦与左将军上官桀、桀子票骑将军安、御史大夫桑弘羊皆谋反，伏诛。初，桀、安父子与大将军光争权，欲害之，诈使人为燕王旦上书言光罪。时上年十四，觉其诈。后有谮光者，上辄怒曰："大将军国家忠臣，先帝所属，敢有谮毁者，坐之。"光由是得尽忠。语在《燕王传》《霍光传》。

冬十月，诏曰："左将军安阳侯桀、票骑将军桑乐侯安、御史大夫弘羊皆数以邪枉干辅政，大将军不听，而怀怨望，与燕王通谋，置驿往来相约结。燕王遣寿西长、孙纵之等赂遗长公主、丁外人、谒者杜延年、大将军长史公孙遗等，交通私书，共谋令长公主置酒，伏兵杀大将军光，征立燕王为天子，大逆毋道。故稻田使者燕仓先发觉，以告大司农敞，敞告谏大夫延年，延年以闻。丞相征事任官手捕斩桀，丞相少史王寿诱将安入府门，皆已伏诛，吏民得以安。封延年、仓、官、寿皆为列侯。"又曰："燕王迷惑失道，前与齐王子刘泽等为逆，抑而不扬，望王反道自新，今乃与长公主及左将军桀等谋危宗庙。王及公主皆自伏辜。其赦王太子建、公主子文信及宗室子与燕王、上官桀等谋反父母同产当坐者，皆免为庶人。其吏为桀等所诖误，未发觉在吏者，除其罪。"

【译文】

九月，鄂邑长公主、燕王刘旦与左将军上官桀、桀子骠骑将军上官安、御史大夫桑弘羊等谋反，都被诛杀。原先，桀、安父子与大将军霍光争权，想加害于霍光，就诈使人以燕王旦的名义上书朝廷"揭发"霍光的罪名。当时昭帝年十四岁，发觉有诈。后来又有人诬告霍光，昭帝大怒道："大将军国家忠臣，受先帝重托，敢有诬告的人，定要问罪。"霍光由此得以竭尽忠诚。其事记在《燕王传》《霍光传》中。

冬十月，昭帝下诏说："左将军安阳侯桀、骠骑将军桑乐侯安、御史大夫弘羊都屡以邪曲干预朝政，大将军不听从他们说法，他们就心怀不满，阴与燕王勾结，设专使往来结成叛党。燕王派寿西长、孙纵之等贿赂长公主、丁外人、谒者杜延年、大将军长史公孙遗等，传递密书，共同策划让长公主设酒宴请大将军霍光，乘机用伏兵将他杀死。随后征立燕王作为天子，实为大逆不道。经稻田使者燕仓首先发觉，迅速报告大司农杨敞，杨敞急告谏大夫杜延年，延年急奏明皇帝。丞相征事任宫亲手捕斩上官桀，丞相少史王寿诱上官安入府门，一起诛杀，吏民才得以转危为安。为此封杜延年、任宫、王寿为列侯。"诏书又说："燕王利令智昏，前与齐王子刘泽等为逆，当时对他的罪行抑而不扬，是希望他能改过自新，现在乃与长公主及左将军桀等阴谋危害宗庙，燕王及长公主都已伏法，现赦免燕王太子，长公主子文信及宗室子参与燕王、上官桀等谋反的直系当连坐的，免予刑戮，都废为平民。他的部属受上官桀等欺骗蒙蔽而被裹胁参加叛逆，但没有具体事实在案的，都免予刑事处分。"

【评点】

始元六年（前81），上官桀、燕王旦等人加紧了政变的准备工作。燕王刘旦将夺取帝位的赌注压在上官桀身上，前后派遣十多人，带了大批金银珠宝，贿赂长公主、上官桀、桑弘羊等人，以求支持他夺取帝位。他们袭用"清君侧"的故技，令人以燕王旦的名义上书昭帝，捏造说：霍光正在检阅京都兵备，京都附近道路已经戒严；霍光将被匈奴扣留十九年的苏武召还京都，任为典属国，意欲借取匈奴兵力；霍光擅自调动所属兵力。所有这些，是为推翻昭帝，自立为帝。并声称燕王刘旦为了防止奸臣变乱，要入朝宿卫。上官桀企图等到霍光外出休假时，将这封奏章送到昭帝手中，而后再由他按照奏章内容来宣布霍光的"罪状"，由桑弘羊组织朝臣共同胁迫霍光退位，从而废掉汉昭帝。他们没有想到，当燕王刘旦的书信到达汉昭帝的手中后，就被汉昭帝扣压在那里，不予理睬。次日早朝，霍光上朝，也已得知上官桀的举动，就站在张贴着汉武帝时所绘《周公负成王图》的画室之中，不去朝见昭帝，以此要求昭帝表明态度。汉昭帝见朝廷中没有霍光，就向朝臣打听，上官桀乘机回答说："因为燕王告发他的罪状，他不敢来上朝了。"昭帝十分平静，随即召霍光入朝，果断地说："我知道那封书信是在造谣诽谤，你是没有罪的。""如果你要调动所属兵力，用不了十天时间，燕王刘旦远在外地，怎么能够知道呢！""况且，你如果真的要推翻我，那也无须如此大动干戈！"上官桀等人的阴谋被十四岁的昭帝一语揭穿，所有在朝大臣对昭帝如此聪明善断无不表示惊叹，霍光的辅政地位得到了稳固。

上官桀等人的阴谋被揭穿之后，干脆发动武装政变。他们计划，由长公主设宴请霍光，命埋伏的兵士将霍光杀掉，废除汉昭帝。就在这危急关头，长公主门下一名管理稻田租税的官员将上官桀等人的阴谋向大司农杨敞（司马迁之婿）告发，杨敞转告了谏大夫杜延年，于是昭帝、霍光掌握了上官桀等人的武装政变计划，遂在这一政变未发动之前，就先发制人，将上官桀、桑弘羊等主谋政变的大臣统统逮捕，诛灭了他们的家族。盖长公主、燕王刘旦自知不得赦免，遂先后自杀身亡。这场由上官桀发动的政变最后被霍光粉碎了。九岁的上官皇后因为年纪幼小，又是霍光的外孙女，所以未被废黜。此后，不但霍光权倾朝野，其儿子、女婿、弟弟也纷纷担任要职，霍氏势力达到高峰。

洪迈的《容斋随笔·汉昭顺二帝》称："汉昭帝年十四，能察霍光之忠，知燕王上书之诈，诛桑弘羊、上官桀，后世称其明。然和帝时，窦宪兄弟专权，太后临朝，共图杀害。帝阴知其谋，而与内外臣僚莫由亲接，独知中常侍郑众不事豪党，遂与定议诛宪，时亦年十四，其刚决不下昭帝，但范史发明不出，故后世无称焉。顺帝时，梁商为大将军辅政，商以小黄门曹节用事于中，遣子冀与交友，而宦官忌其宠，反欲害之。中常侍张逵、蘧政、杨定等与左右连谋，共谮商及中常侍曹腾、孟贲，云欲议废立，请收商等案罪。帝曰：'大将军父子我所亲，腾、贲我所爱，必无是，但汝曹共妒之耳。'逵等知言不用，遂出矫诏收缚腾、贲，帝震怒，收逵等杀之，此事尤与昭帝相类。霍光忠于国，而为子禹覆其宗，梁商忠于国，而为子冀覆其宗，又相似。但顺帝复以政付冀，其明非昭帝比，故不为人所称。"

李德裕赞："人君之德，莫大于至明，明以照奸，则百邪不能蔽矣，汉昭帝是也。周成王有惭德矣；高祖、文、景俱不如也。成王闻管、蔡流言，遂使周公狼跋而东。汉高闻陈平去魏背楚，欲舍腹心臣。汉文惑季布使酒难近，罢归股肱郡；疑贾生擅权纷乱，复疏贤士。景帝信诛晁错兵解，遂戮三公。所谓'执狐疑之心，来谗贼之口'。使昭帝得伊、吕之佐，则成、康不足侔矣。"

第三节　与民休息，盐铁之议

【原文】

六年春正月，上耕于上林。

二月，诏有司问郡国所举贤良文学民所疾苦。议罢盐铁榷酤。

栘中监苏武前使匈奴，留单于庭十九岁乃还，奉使全节，以武为典属国，赐钱百万。

夏，旱，大雩，不得举火。

秋七月，罢榷酤官，令民得以律占租，卖酒升四钱。以边塞阔远，取天水、陇西、张掖郡各二县置金城郡。

【译文】

六年春正月，昭帝在上林一带自己耕种田地。

二月，诏有司问郡国所荐举的贤良文学，向他们调查了解民间疾苦，决定终止盐、铁、酒的专卖权和专利权。

杼中监苏武，武帝时曾出使匈奴，被匈奴拘禁十九年才回去，不辱使命，坚持汉节，任命苏武为典属国，赐钱一百万。

夏天，干旱，雩祭来求雨，下令民间暂不举火来抑阳助阴。

秋天七月，免去酒类专卖官吏，令民按规定交租。卖酒一升交税四钱。鉴于边塞阔远，取天水、陇西、张掖郡各二县设置金城郡。

【评点】

汉武帝的盐铁官营、酒榷、均输等经济政策，是在反击匈奴、财政空虚的情况下实行的。它的实行，使汉朝政府广开了财源，增加了赋税的收入，得以有了比较雄厚的物力基础来支持长期的战争，从而不断拓宽了疆土，安定了边疆。在当时的情况下，这一经济政策的实施无疑是正确的。但是，盐铁官营、酒榷、均输等政策的实行，逐步使一部分财富集中于大官僚、大地主及大商人手中，而剥夺了中小地主的利益，出现了官吏"行奸卖平"，而"农民重苦，女红再税"的状况，以及"豪吏富商积货储物以待其急，轻贾奸吏收贱以取贵"的局面，使得中小地主和一般百姓日趋贫困。因此，昭帝即位之初，霍光就围绕是否改变盐铁官营、酒榷、均输等经济政策，与桑弘羊等人展开了斗争。

概括起来，主要包括以下三方面的内容：关于盐铁专营的问题。贤良文学认为，盐铁官营等政策是民间疾苦的根源所在。在这些政策的实施过程中，不法官商攘公法，申私利，跨山泽，擅官市，大发横财。由于铁器质量低劣，割草不利，价钱又贵，农民不愿使用，以致出现了木耕手耨的现象；而官府经营的食盐也有苦味，人民只好淡食。贤良文学认为，这实际上是政府、官吏在与民争利，因而主张罢盐铁、酒榷、均输等官营事业。桑弘羊也承认在盐铁官营政策的实施过程中存在着一些流弊，致使民烦苦之，却认为这些流弊只是由于吏或不良，禁令不止造成的，是执行的问题，而并非政策本身的问题。

桑弘羊指出，武帝时由于实行了盐铁官营等经济政策，不但做到了离朋党，禁淫侈，绝兼并之路，也保障了大规模抗击匈奴战争的后勤供应，平时赈灾、修水利等项开支也是依靠这些财政收入。因此，桑弘羊坚持主张不能废弃这些政策。

从长远看，桑弘羊坚持盐铁官营、以武力打击匈奴的贵族势力、实行法治的主张，有利于打击地方割据势力、加强中央集权，巩固汉王朝的统一，是积极的和可取的。不过，在武帝末年社会矛盾日趋尖锐的情况下，一味地坚持这些政策，而不采取任何缓和矛盾的措施，势必会进一步激化矛盾，甚至会导致政权的倾覆。贤良文学大多出身下层，比较了解普通百姓的疾苦，因而提出的政策较为现实，对于暂时缓解武帝末年的社会矛盾，不失为一剂良药。

但如果将贤良文学的对策作为政府长期的统治政策，不但是迂腐的，甚至还会危及封建政权的巩固和国家的统一。

盐铁会议并没有做出明确的结论，但争论双方的观点对昭宣时期西汉王朝的统治政策还是产生了积极的影响。从主流上看，大权在握的霍光基本上仍然坚持了汉武帝《轮台罪己诏》中所制定的政策，推行"与民休息"的措施，将公田与贫民耕种，贷给农民种子、口粮，部分地免除赋税、徭役，降低盐价，与匈奴保持友好关系。这些措施符合贤良文学提出的行仁政、以德治国的意见。贤良文学也受到统治者的重视，成为政治舞台上一股活跃的力量。霍光曾专门召集他们问以得失，宣帝也用吏多选贤良。与此同时，霍光也并没有绝对排斥桑弘羊的意见，在盐铁官营等经济政策上，除了去酒榷、在部分地区停止铁器专卖外，汉武帝实行的其他经济政策仍延续未变。

第八章 《汉书》卷八 宣帝纪 第八

第一节 潜龙异象，传奇人生

【原文】

孝宣皇帝，武帝曾孙，戾太子孙也。太子纳史良娣，生史皇孙。皇孙纳王夫人，生宣帝，号曰皇曾孙。生数月，遭巫蛊事，太子、良娣、皇孙、王夫人皆遇害。语在《太子传》。曾孙虽在襁褓，犹坐收系郡邸狱。而丙吉为廷尉监，治巫蛊于郡邸，怜曾孙之亡辜，使女徒复作淮阳赵徵卿、渭城胡组更乳养，私给衣食，视遇甚有恩。

巫蛊事连岁不决。至后元二年，武帝疾，往来长杨、五柞宫，望气者言长安狱中有天子气，上遣使者分条中都官狱系者，轻重皆杀之。内谒者令郭穰夜至郡邸狱，吉拒闭，使者不得入，曾孙赖吉得全。因遭大赦，吉乃载曾孙送祖母史良娣家。语在《吉》及《外戚传》。

后有诏掖庭养视，上属籍宗正。时掖庭令张贺尝事戾太子，思顾旧恩，哀曾孙，奉养甚谨，以私钱供给教书。既壮，为取暴室啬夫许广汉女。曾孙因依倚广汉兄弟及祖母家史氏。受《诗》于东海澓中翁，高材好学，然亦喜游侠，斗鸡走马，具知闾里奸邪，吏治得失。数上下诸陵，周遍三辅，常困于莲勺卤中。尤乐杜、鄠之间，率常在下杜。时会朝请，舍长安尚冠里，身足下有毛，卧居数有光耀。每买饼，所从买家辄大雠，亦以是自怪。

元平元年四月，昭帝崩，毋嗣。大将军霍光请皇后征昌邑王。六月丙寅，王受皇帝玺绶，尊皇后曰皇太后。癸巳，光奏王贺淫乱，请废。语在《贺传》及《光传》。

秋七月，光奏议曰："礼，人道亲亲故尊祖，尊祖故敬宗。大宗毋嗣，择支子孙贤者为嗣。孝武皇帝曾孙病已，有诏掖庭养视，至今年十八，师受《诗》《论语》《孝经》，操行节俭，慈仁爱人，可以嗣孝昭皇帝后，奉承祖宗，子万姓。"奏可。遣宗正德至曾孙尚冠里舍，洗沐，赐御府衣。太仆以绸猎车奉迎曾孙，就齐宗正府。庚申，入未央宫，见皇太后，封为阳武侯。已而群臣奉上玺绶，即皇帝位，谒高庙。

【译文】

汉宣帝，武帝曾孙，戾太子的孙子。戾太子纳史良娣，生史皇孙，史皇孙纳王夫人，生宣帝，号为曾皇孙。生下数月，就遭遇巫蛊事件，太子、良娣、皇孙、王夫人都被杀害。事实都记在《太子传》中。曾孙虽在襁褓之中，也被收监入狱。当时邴吉为廷尉属官，负责处理巫蛊事件。对曾孙的无辜遭受不幸极为同情，就令女犯淮阳赵徵卿、渭城胡组交换喂乳，并私下给衣服食物，看待很有恩德。

巫蛊事件几年不能结案。到后元二年，武帝有病，来回于长杨、五柞宫，观望云气的星相客说长安狱中有天子气。武帝派使者分别通知京师诸官府对因巫蛊事件入狱的罪犯，不论轻重均处死。内谒者令郭穰夜到郡邸狱检查，邴吉将狱门关闭，使者不能入内，曾孙赖邴吉得以保全。后逢大赦，邴吉就车载曾孙送到祖母史良娣家。此事记在《邴吉传》及《外戚传》中。

后有诏书，派掖庭官去史家看望曾孙，并令宗正著其属籍（录入皇家宗谱）。此时掖庭令张贺是戾太子往日的侍者，怀念戾太子的旧恩，同情曾孙，就对曾孙体贴入微，用私人的钱供给曾孙读书。年长，为曾孙娶宫廷染工许广汉的女儿作为妻子，曾孙因而依靠广汉兄弟及祖母家史氏。他从东海澓中翁学《诗》，禀赋过人又学而不厌；而且具有路见不平、拔刀相助的性格；他斗鸡走马，广为交结，熟知闾巷里奸邪与吏治得失。他多次到祖宗陵墓之地去登临凭吊，到京都三辅之地去了解民情；在莲勺县盐池中，曾被人困辱；特别爱在杜县、鄠县之间流连，大多时在下杜。到朝廷参加朝请，住在长安尚冠里，全身及脚下长毛，睡觉时常放出光彩；每到一家饼店买饼，这家饼店就会生意兴隆，人们对此都感到奇怪。

元平元年（前74）四月，昭帝去世，没有儿子。大将军霍光请皇后召昌邑王为帝。六月一日，昌邑王受皇帝的玉玺及皇服，尊皇后为皇太后。六月二十八日，霍光奏皇后说昌邑王行为淫乱，请予废除。此事记在《昌邑王贺传》及《霍光传》。

秋天七月，霍光奏议说："礼制，人重视血统关系所以就尊重自己的祖先，尊重祖先就会敬奉祖宗的事业。昭帝没有子嗣，应选择支子孙贤德的人为继承人。武帝曾孙名病已，有诏令由掖庭进行照管。至今已十八岁。从师学习《诗》《论语》《孝经》，操行节俭、慈仁而爱人，可以做昭帝的继承人。奉承祖宗大业，统驭天下臣民。"皇太后表示同意。派宗正刘德到曾孙尚冠里住处，浣洗、赐御府衣冠，太仆用䡼猎车奉迎曾孙，先到宗正府斋戒行礼，七月二十五日，进入未央宫，朝见皇太后，先封为阳武侯。随后群臣奉上传国宝玺，即皇帝位。晋见拜谒高祖的庙宇。

【评点】

刘病已出生数月，即逢巫蛊之祸。武帝征和二年，丞相公孙贺之子公孙敬声被人告发为巫蛊咒武帝，与阳石公主奸。贺父子下狱死。诸邑公主与阳石公主、卫青之子长平侯卫伉皆坐诛。武帝命宠臣江充为使者治巫蛊。江充与太子刘据有隙，遂陷害太子，并与案道侯韩说、宦官苏文等四人诬陷太子。刘据起兵失败。皇后卫子夫和太子刘据相继自杀。刘据的妻妾和三子一女皆死，唯独襁褓中的刘病已逃过一劫，被收系郡邸狱。

巫蛊之祸案发后，邴吉被调到京城任廷尉监，负责处理废太子刘据案。邴吉知道太子是被诬陷的，怜悯刘询这个无辜的婴儿，便让忠厚谨慎的女囚胡组、赵徵卿住在宽敞干净的房间哺育皇曾孙。

后元二年，武帝病，望气者说长安监狱有天子气。武帝便派遣使者，命令将监狱中人一律处死。使者夜晚到来，邴吉紧闭大门，说道："皇曾孙在此。普通人都不能无辜被杀，何况皇上的亲曾孙呢？"邴吉大义凛然，以大无畏的气概拒不执行皇帝的旨意。到了天亮，使者无奈回去回复。武帝此时也清醒了，说："天使之也。"于是大赦天下，皇曾孙刘病已得救了。邴吉于是将刘病已送到祖母史良娣家里。

武帝后来下诏，将刘病已收养于掖庭，上报宗正并列入宗室属籍中。此时皇曾孙刘病已的宗室地位才得到法律上的承认。少年刘病已向东海人澓中翁学习《诗经》，他高才好学，但也喜欢游侠，斗鸡走马，游山玩水，了解了风土人情，也知道了百姓疾苦，吏治得失。

皇曾孙虽然被武帝下令召回宫中抚养，但他却更喜欢跑到宫外去远游。他屡次在长安诸陵、三辅之间游历，常流连于莲勺县的盐池一带，尤其喜欢跑到长安郊外的杜县、鄠县一带地方，去光顾杜、鄠两县之间的下杜城（后来他死后也埋在这一带地方，陵号叫作"杜陵"）。他从这些市井的游嬉当中深切体会了民间的疾苦，也获得了不少社会经验，诸如辨别百姓当中的奸邪之辈、察查吏治之道的得失。

他身有"异相"，遍身上下甚至脚底都长着长毛（大概像欧美白种人一样毛发比较发达，从科学角度来说这是雄性激素比较发达的一种表现），住在长安城南的尚冠里（长安城中里社的名称，"里"和"社"是秦汉时代的居民社会单位，相当于后世的"坊"）的时候，卧过的地方不时有光芝散发出来。他每次到卖饼的店铺里去买饼，被他光顾过的店子立刻变得生意火爆，连他自己也不知道为什么。这可能是他登基以后才出现的说法，民间有人把他描绘成一位能给生意人带来好运的财神爷。

掖庭令张贺（张汤的儿子）原是刘据的部下，他对刘病已极好，自己出钱供刘病已读书，"辅导朕躬，修文学经术，恩惠卓异"。在刘病已长大后，张贺"称誉皇曾孙，欲妻以女，安世（张贺弟弟）怒曰：'曾孙乃卫太子后也，幸得以庶人衣食县官，足矣，勿复言予女事。于是贺止。"张贺于是为他迎娶掖庭暴室属官许广汉女儿许平君为妻。

昭帝元凤三年正月，汉王朝发生了两件灵异事件：一、"泰山有大石自起立。"泰山上一些不"听话"的石头，居然不消停，在山上像动物一样，走来走去。这事儿许多人不得其解，又惶恐不安。二、"上林有柳树，枯僵复起，虫食叶成文：公孙病已当立。"上林苑是汉皇家林园，一般人进不去。但元凤三年正月里的一天，管理园林的官员却发现，一株枯了许多年的柳树"复起"。枯树复起，奇特，不奇怪。但奇就奇在，这树上的虫儿，居然能把树叶吞食出文字形状，且读之成句："公孙病已当立。"

当时有许多人都在猜测，为什么泰山上的石头会自起立？为什么上林里发现虫食文？有一个人不但猜测了，而且把他猜测的结果向当时的汉昭帝上了书。他说："陛下，现泰山大石自起立，是上天在向我大汉昭示，当有匹夫为天子；枯柳复生，意指故废之家公孙氏当复兴。我大汉承尧之后，有传国之运，现天降昭示，当求天下贤人以禅之。我皇退封百里之地，以顺天命！"

此人为鲁地一小官史眭弘。按异姓受命的理论提出时间来说，他是第一个提出异姓可以受命的理论家。而且这个眭弘，倒也是一个敢说敢做之人。他立即把自己的"理论"，结合出现的异象，向皇帝进言。可汉家天子怎么可能就凭泰山、上林两件小小灵异事件，就把大汉天下拱手让与他人？汉昭帝下令，"弘妖言惑众，诛之"。但五年之后，虫食文却应验了。

孝昭帝元平元年（前74），昭帝崩，无嗣，没有儿子。权臣霍光等议立昌邑王刘贺。但刘贺"荒淫无行，失帝王礼宜，乱汉制度"，所以只做了二十七天皇帝，就被以霍光为首的大臣废黜了。之后，光禄大夫、给事中（内朝官）邴吉，建议把流落民间的汉武帝曾孙刘病已迎入宫中，入继昭帝大统。这时，在汉武帝的后代中，已没有更多的选择余地，邴吉又极力赞扬这位十八岁的皇孙"通经术，有美才，行安节和"。大臣会议同意了邴吉的提议，将这位新君奉迎入未央宫。七月，大司马大将军霍光奏议让刘病已即位。随后派宗正刘德驾车到长安尚冠里，洗沐，赐御府衣。太仆以軨猎车奉迎曾孙，就齐宗正府。庚申，入未央宫，见皇太后，封为阳武侯。已而群臣奉上玺、绶，即皇帝位，谒高庙。

元康二年夏五月，为让百姓避讳更容易，改名刘询，之前因触讳而犯罪的人全部赦免。

第二节　故剑情深，废恶显恩

【原文】

（一）

十一月壬子，立皇后许氏。赐诸侯王以下金钱，至吏民鳏寡孤独各有差。皇太后归长乐宫。初置屯卫。

（二）

秋七月，大司马霍禹谋反。诏曰："乃者，东织室令史张赦使魏郡豪李竟报冠阳侯霍云谋为大逆，朕以大将军故，抑而不扬，冀其自新。今大司马博陆侯禹与母宣成侯夫人显及从昆弟冠阳侯云、乐平侯山、诸姊妹婿度辽将军范明友、长信少府邓广汉、中郎将任胜、骑都尉赵平、长安男子冯殷等谋为大逆。显前又使女侍医淳于衍进药杀共哀后，谋毒太子，欲危宗庙。逆乱不道，咸伏其辜。诸为霍氏所诖误未发觉在吏者，皆赦除之。"

八月己酉，皇后霍氏废。

【译文】

（一）

十一月十九日，立许氏为皇后。赏赐各侯王以下的金钱，从吏民至鳏寡孤独都有一定的赏赐。皇太后进入长乐宫，开始设置屯卫。

（二）

秋天七月，大司马霍禹谋反。下诏说："前者，东织室令张赦派魏郡豪家李竟举报冠阳侯霍云谋为大逆，朕念在霍光大将军的功绩，想把大事化小，促令霍云洗心革面。现在大司马博陆侯霍禹与他的母亲宣成侯夫人显及从昆弟子冠阳侯霍云、乐平侯霍山、诸姊妹婿度辽将军范明友、长信少府邓广汉、中郎将任胜、骑都尉赵平、长安男子冯殷等共谋为大逆不道之事。霍禹的母亲又指使女侍医淳于衍进药毒杀共哀后，还准备毒杀太子，想篡夺汉家政权。像这样逆乱不道的，都已经按律伏法。凡为霍氏所蒙蔽裹胁而没有具体犯罪事实的一般参与者，一律赦免。"

八月初一日，皇后霍氏被废。

【评点】

终霍光一生，刘询对他都是言听计从，百依百顺的。就只有一件事例外，这就是立皇后。当时众公卿都认为霍光之女是最佳的皇后人选，甚至集体上书。这时候，皇帝却下了一道莫名其妙的诏书：我在贫微之时曾经有一把旧剑，现在我十分地想念它啊，众位爱卿能否为我将其找回来？（"上乃召求微时故剑"——《汉书》）。群臣揣摩上意，开始一个个请立许平君为皇后。许平君与刘询于公元前75年成婚，前74年生下后来成为汉元帝的刘奭。至此，宣帝如愿以偿。依例，皇后的父亲一定要封侯，但霍光却始终不允，后来才封了个"昌成君"。

故剑情深的浪漫典故从此开始流传，这是中国历史上一道最浪漫的诏书，一道王子对贫女的许诺。

而霍光的妻子霍显一心想让女儿成君做皇后。本始三年，许平君再度怀孕，生下一个女儿，霍显命御用女医淳于衍（掖廷护卫淳于赏的妻子）在滋补汤药中加入附子，让许平君在坐月子时服用。许平君服用后不久毒发逝世。汉宣帝非常悲痛，追封她为"共哀皇后"，葬于杜陵南园（也称少陵）。

许平君死后不久，霍成君如愿以偿当上皇后，她飞扬跋扈，挥金如土，与许后提倡的节俭、贤德完全违背。刘询装作对她千依百顺，而霍成君也没有为刘询生下子嗣。地节二年（前68），霍光去世，刘询为他举行了声势浩大的葬礼。地节三年（前67），汉宣帝封许平君的父亲许广汉为平恩侯，立与许平君在民间所生的刘奭为太子。霍显非常恼怒，甚至"恚怒不食，呕血"，并授意霍成君伺机毒杀刘奭，但因为太子的老师常先试菜验毒，所以几次下手均未成功。地节四年（前66）七月，霍家发动政变未遂，招致族灭。霍光之子霍禹、霍云，侄子霍山，妻子霍显都被杀或者自杀。八月，汉宣帝以阴谋毒害太子为由，废掉霍成君，令其迁往上林苑的昭台宫；十二年后的五凤四年（前54），再度令其迁往云林馆。霍成君自杀。葬于蓝田县昆吾亭东。废后诏书原文："皇后荧惑失道，怀不德，挟毒与母博陆宣城侯显谋，欲危太子，无人母之恩，不宜奉宗庙衣服，不可以承天命。鸣呼伤哉，其退避宫，上玺绶有司。"至此，刘询终于为发妻许平君报仇。

在刘询落难时，许平君对刘询不离不弃；当上皇后之后，细心打理后宫。而刘询能够力排众议立平君为皇后，还能为其报仇，对于许平君来说，相比班婕妤、卫子夫等人，她已是十分幸运。

第三节　长袖善舞，巩固皇位

【原文】

（一）

大将军光稽首归政，上谦让委任焉。论定策功，益封大将军光万七千户，车骑将军光禄勋富平侯安世万户。诏曰："故丞相安平侯敞等居位守职，与大将军光、车骑将军安世建议定策，以安宗庙，功赏未加而薨。其益封敞嗣子忠及丞相阳平侯义、度辽将军平陵侯明友、前将军龙雒侯增、太仆建平侯延年、太常蒲侯昌、谏大夫宜春侯谭、当涂侯平、杜侯屠耆堂、长信少府关内侯胜邑户各有差。封御史大夫广明为昌水侯，后将军充国为营平侯，大司农延年为阳城侯，少府乐成为爰氏侯，光禄大夫迁为平丘侯。赐右扶风德、典属国武、廷尉光、宗正德、大鸿胪贤、詹事畸、光禄大夫吉、京辅都尉广汉爵皆关内侯。德、武食邑。"

（二）

夏五月，诏曰："朕以眇身奉承祖宗，夙夜惟念孝武皇帝躬履仁义，选明将，讨不服，匈奴远遁，平氏、羌、昆明、南越，百蛮乡风，款塞来享；建太学，修郊祀，定正朔，协音律；封泰山，塞宣房，符瑞应，宝鼎出，白麟获。功德茂盛，不能尽宣，而庙乐未称，其议奏。"有司奏请宜加尊号。

六月庚午，尊孝武庙为世宗庙，奏《盛德》《文始》《五行》之舞，天子世世献。武帝巡狩所幸之郡国，皆立庙。赐民爵一级，女子百户牛酒。

（三）

上始亲政事，又思报大将军功德，乃复使乐平侯山领尚书事，而令群臣得奏封事，以知下情。五日一听事，自丞相以下各奉职奏事，以傅奏其言，考试功能。侍中尚书功劳当迁及有异善，厚加赏赐，至于子孙，终不改易。枢机周密，品式备具，上下相安，莫有苟且之意也。

【译文】

（一）

大将军霍光向宣帝叩请还政于君，宣帝谦让再三，仍委霍光以大任。论功行赏，增封大将军霍光一万七千户、车骑将军光禄勋富平侯安世万户。下诏书说："已故丞相安平侯杨敞等忠于职守，与大将军霍光、车骑将军安世建议定策，以安定宗庙，功赏未等到而去世。现增封他的儿子杨忠及丞相阳平侯蔡义、度辽将军平陵侯范明友、前将军龙洛侯韩增、太仆建平侯杜延年、太常蒲侯苏昌、谏大夫宜春侯王谭、当涂侯平、杜侯屠耆堂、长信少府关内侯夏侯胜等增封邑户各有等差。封御史大夫田广明为昌水侯，后将军赵充国为营平侯，大司农田延年为阳城侯，少府史乐成为爰氏侯，光禄大夫王迁为平丘侯。赏赐右扶风周德，典属国苏武、廷尉李光、宗正刘德、大鸿胪章贤、詹事宋畸、光禄大夫邴吉、京辅都尉赵广汉的爵级为关内侯，周德、苏武赐以食邑。"

（二）

夏天五月，下诏说："朕德行浅薄而继承祖宗大业，早晚都怀念武帝履仁行义，挑选名将，征讨不服，因而匈奴远逃，平定氐、羌、昆明、南越，边远地区望风归顺，叩塞臣服；兴建太学，按礼郊祀，确定正朔，协调音律，泰山封禅，宣房筑堤。符瑞迭应，宝鼎生辉，白麟呈祥，丰功盛德，不能尽宣，而庙乐与他的功德不相适应，请有司议奏。"有关机构奏请应加尊号。

六月，尊武帝庙为世祖庙，奏《盛德》《文始》《五行》之舞，天子代代献礼。凡武帝巡狩所到的郡国，都建庙祭祀。赏赐民爵位一级，赏女子百户牛酒若干。

（三）

皇上开始亲政，又思念大将军霍光的功德，就委任霍光侄孙乐平侯霍山领尚书事，总揽朝政，而令群臣还要常向皇帝报告工作，以便皇帝掌握下情，五天听取一次工作汇报，从丞相以下各署奉职奏事。以详尽地陈述他们的情况与措施，考察其政绩与能力。侍中尚书应当迁升及有特殊贡献的人，要厚加赏赐，他的职事可以传至子孙，不改变他的职位。由此就形成朝廷机构设施效能完备，人员配置得当，上下同心同德，没有苟且偷安的想法。

【评点】

从昭帝年间，到昌邑王刘贺短暂的二十七天，再到汉宣帝刘询即位之初，朝政差不多全部掌握在霍光手里。当时，霍家权力极大，霍光除了权倾朝野之外，他的儿子霍禹、侄孙霍云还是统率宫卫郎官的中郎将；霍云的弟弟霍山官任奉车都尉侍中，统率禁卫部队胡越骑兵；两个女婿分别担任东宫和西宫的卫尉，掌管整个皇宫的警卫；堂兄弟、亲戚也都担任了朝廷的重要职位，形成了一个盘根错节、遍布西汉朝廷的庞大势力网。至此，霍光已经成为当时实际上的最高统治者，他的权势和声望在废除了昌邑王刘贺的帝位、拥立汉宣帝之后，达到了无以复加、登峰造极的地步。

早在民间时，汉宣帝对霍光的权势和威望就有风闻。尤其在他一夜之间由一个平民变成了至高无上的皇帝之后，更领教了霍光的权威。他一即位，就明显地感觉到了朝廷内部来自霍光集团咄咄逼人的政治压力，所以在他登基之日谒见高庙时，霍光陪同他乘车前往，他觉得浑身上下都不自在，如"芒刺在背"。有着丰富生活阅历的汉宣帝心里明白，自己初即位，势单力薄，仅凭着一个皇帝的称号是不能和羽翼丰满的霍光相抗衡的，只有保持最大的克制，逐渐发展自己的势力，寻求有利时机，才能夺回属于自己的最高统治权。所以在即位伊始，当霍光表示要还政于他时，汉宣帝非常"诚恳"地回绝了（"大将军光稽首归政，上谦让委任焉。论定策功，益封大将军光万七千户"），他明确表示非常信任霍光，欣赏霍光的才能，请霍光继续主持朝政，并当众宣布，事无大小，先报请霍光，然后再奏知他本人。事后他还专门下诏褒奖霍光的援立之功，增封万七千户。每次上朝，汉宣帝都给予霍光以极高的礼遇。汉宣帝的这一系列行为对于消除霍光对他的猜忌和提防，缓和朝廷内部潜伏的政治危机，为他的统治创造一个良好政治气氛起到了极其明显的积极作用，最直接的结果就是免于变成"昌邑王第二"。

本始二年（前72）五月，即位不足两年的汉宣帝下了一道全面颂扬他的曾祖父汉武帝的诏书，要求丞相、御史与列侯（世袭的侯袭，一般为功臣或外戚及嫡系后裔）、二千石（年俸二千石的官员）、博士讨论武帝的"尊号"和"庙乐"。群臣莫不赞成，唯独长信少府（皇太后师傅）夏侯胜发表了惊人的反对意见："武帝虽有攘四夷广土斥境之功，然不宜为立庙乐。"

丞相蔡义和御史大夫田广明带头声讨夏侯胜"非议诏书，毁先帝"的罪行，定性为"大逆不道"；又揭发丞相长史（丞相府秘书长）黄霸事先知道夏侯胜的观点而没有举报，犯有包庇怂恿之罪；两人都被捕入狱，判处死刑。不过汉宣帝并没有按惯例将夏侯胜和黄霸按"大逆不道"罪处死并"夷三族"，而是长期关押，后逢大赦，出狱继续当官。

此后大臣们很快拟订方案：尊武帝的庙号为世宗庙，在庙中演奏《盛德》《文始》《五行》舞曲，武帝生前巡行过的四十九个郡国（约占全国郡国的一半）都建立世宗庙，像高祖（刘邦）庙和太宗（文帝刘恒）庙一样。宣帝立即批准，下令在全国实行。为庆祝这一重大决定，特地给全国成年男子普遍增加一级爵位，并赏赐酒肉，以示普天同庆。

从这起事件中，深究一番可以知道，为武帝立庙一事确实是宣帝初即位时的一着好棋，也是其与霍光暗战中的一环。宣帝即位时虽然曾祖父已去世多年，他不可能为先帝主丧；但由于昭帝未为武帝立庙，因此宣帝以为武帝立庙的方式来宣示自己才是武帝的嫡系遗脉（戾太子是武帝的嫡长子），用来与以庶子身份即位的昭帝区别开来，显示自己才是继承武帝事业和遗志的正统，自己的继位是天经地义并且完全合法的，具有不容置疑的正当性，并借以提高自己的个人威信，而且也是标榜孝道，以示为武帝尽孝。因为是打着武帝的旗号，霍光也无法表示反对。当出现夏侯胜反对的局面后，宣帝顺势将其下狱，来一个下马威，进一步树立了自己的个人权威，让大臣们都不敢小瞧自己这个没有外戚撑腰，全无根基的布衣皇帝。如此既表达了对先帝的孝心，又标榜了自己的正统嫡孙的身份，初步确立了在朝廷上的威信，真是一举三得。由此可见西汉晚期刘向说宣帝"聪明远见，制持万机"在文帝之上，绝非虚言。

汉宣帝即位后的第六年，也就是地节二年（前68），霍光去世。宣帝亲临葬礼，按皇帝葬制的规格埋葬了霍光，并加封霍光的侄孙霍山为乐平侯，以奉车都尉的官职领尚书事。与此同时，汉宣帝认为时机已到，开始亲理朝政。他重用御史大夫魏相，让魏相以给事中的身份参与朝中的机密决策，后来又提拔魏相做了丞相。继而任命邴吉为御史大夫，又委以他的岳父平恩侯许广汉以重任，逐渐把权力收归己手。

汉宣帝深知，霍光虽然死了，但霍家的势力还很大，霍家的亲属和亲信还控制着中央政府的各个机要部门，兵权也掌握在他们手中。为此，汉宣帝首先采取行动，削夺霍家把持的权力。他先解除了霍光两个女婿东宫、西宫卫尉的职务，剥夺了他们掌管的禁卫军权。又把霍光的两个侄女婿调离了中郎将和骑都尉的位置，让自己的亲信担任南北军和羽林郎的统帅，最终把兵权掌握在自己手中。之后，他提拔霍光的儿子霍禹为大司马，明升暗降，剥夺了他掌握右将军屯兵的实权。他还对上书制度进行了改革，下令吏民上书，直接呈皇帝审阅，不必经过尚书，把霍山、霍云领尚书事的职务架空起来。通过这一系列步骤，霍家掌握的权力被剥夺殆尽，权力逐渐集中在汉宣帝的手中。

面对汉宣帝全面夺权的行动，霍家集团内部惶恐不安，决定铤而走险，举行叛乱，推翻汉宣帝，保住他们的既得利益。但叛乱在严阵以待的汉宣帝面前很快瓦解了。汉宣帝大规模地镇压了霍氏集团的叛乱，将参加叛乱的人都处以极刑，并废除了霍皇后。在西汉朝廷中盘踞了十几年的霍家势力一朝覆灭，汉宣帝最终确立了他的绝对统治。

第四节　整饬吏治，恢复经济

【原文】

（一）

二年春正月，诏曰："《书》云：'文王作罚，刑兹无赦。'今吏修身奉法，未有能称朕意，朕甚愍焉。其赦天下，与士大夫厉精更始。"

二月乙丑，立皇后王氏。赐丞相以下至郎从官钱帛各有差。

三月，以凤皇甘露降集，赐天下吏爵二级，民一级，女子百户牛酒，鳏寡孤独高年帛。

夏五月，诏曰："狱者万民之命，所以禁暴止邪，养育群生也。能使生者不怨，死者不恨，则可谓文吏矣。今则不然，用法或持巧心，析律贰端，深浅不平，增辞饰非，以成其罪。奏不如实，上亦亡繇知。此朕之不明，吏之不称，四方黎民将何仰哉！二千石各察官属，勿用此人。吏务平法。或擅兴繇役，饰厨传，称过使客，越职逾法，以取名誉，譬犹践薄冰以待白日，岂不殆哉！今天下颇被疾疫之灾，朕甚愍之。其令郡国被灾甚者，毋出今年租赋。"

又曰："闻古天子之名，难知而易讳也。今百姓多上书触讳以犯罪者，朕甚怜之。其更讳询。诸触讳在令前者，赦之。"

（二）

秋八月，诏曰："吏不廉平则治道衰。今小吏皆勤事，而奉禄薄，欲其毋侵渔百姓，难矣。其益吏百石以下奉十五。"

【译文】

（一）

二年春天正月，下诏说："《书》说：'文王做刑法，对于乱常违教的人不得赦免。'当今有些法吏虽然修身奉法，仍不称他们的责任，还不能使我感到满意，我也为这些法吏感到难过。现决定不追究他们的责任，望他们与各级官员聚精会神，重新开始。"

二月二十六日，立王氏为皇后，赏赐丞相以下至郎从官钱帛各有差等。

三月，因为凤凰、甘露屡呈祥瑞，特赐天下吏爵级二级，庶民爵一级，女子每百户赐牛肉及酒若干，鳏寡孤独高年赐帛若干。

夏天五月，下诏说："刑狱关系到千万人的命运，是用以禁暴止邪，养育群生的。要能使生者不怨、死者不恨，这才可以担任文吏。现在却不然。有的执法量刑持机巧之心，分析律条，妄生端绪，与律法的原意深浅不一，出入很大，无限上纲或有意开脱，来定罪名。将案情不如实上报，朝廷也无法了解真情，我不能明察，吏不能称职，这样下去，四方黎民就无所仰仗了！二千石各自检察他们的下属，不得用这种徇私枉法的人主管刑狱。官吏的首要任务是依法办事，而有的为了让来往客使称心如意，就任意派遣听差役夫，提高客使食饮标准，僭越职权和无视法规，来博取客使对他的好评，这好比踏着薄冰而等待烈日，难道还不危险吗？当今天下部分地区疾疫流行，我深为同情。现令郡国受灾疫严重的地方，免除今年租税。"

诏书上又说："听说古代的天子之名，难知而易讳。现在百姓中有不少因上书触讳而犯罪的，我十分同情。朕将原名'病已'改为'询'。凡是在此诏之前触讳（病已）而蒙罪的，一律赦免。"

<h1 style="text-align:center">（二）</h1>

秋天八月，下诏说："官吏贪赃枉法则治道衰。现在小吏都勤在民事，而俸禄很少，想叫他们不侵渔百姓，那是难以做到的。现在增加百石以下俸禄十五。"

【评点】

刘询早年生活在民间，深知吏治好坏将直接关系到百姓的生存发展与社会的和谐稳定。他说："吏不廉平则治道衰。"所以，他即位后，除亲自过问政事，省去尚书这一中间环节，恢复了汉初丞相既有职位又有实权的体制外，还特别重视地方长吏的选拔和考核，并下大力气整饬吏治。为此，刘询建立了一套对官吏的考核与奖惩制度。他多次下诏对二千石（郡守级官吏），实行五日一听事制度；并不定期派使者巡行郡国，对二千石官员的工作进行考察。根据考核结果，信赏必罚。他颁布诏令说："有功不赏，有罪不课，虽唐虞犹不能化天下。"在他当政时，一大批政绩突出的官员受到了奖励，或以玺书勉励，增秩赐金，或爵关内侯，升任九卿或三公。对那些不称职或有罪的官吏，则严惩不贷。随着这些措施的推行，一大批"良吏"便逐渐造就而成。其中，还有许多官吏是由低级郡吏察廉晋升而来，或因明经而被提拔。

宣帝时期，是官吏"久任"制发展到较为完备的时期。这主要表现在两个方面：其一，把官员"久任"的实施范围由中央大臣扩大到高级地方官员。不仅侍中、尚书等参掌朝政的亲信近臣得蒙荣宠，郡太守一级的高级地方官也多有"久任"者。汉代的郡国介于中央与县之间，在中央与地方的关系中，郡国守相起承上启下的作用。郡国守相的好坏，不仅关系到一方的安宁与否，也关系到国家的治乱兴衰。所以，刘询对郡国守相的选任，十分慎重和严格，规定先由朝中大臣举荐，然后择日亲自召见考核，询问治国安邦之术。著名循吏龚遂被任命为渤海太守，就是其中一例。

其二，上述官员即便积有功劳，或有优异表现应该升迁，也不轻易提升调动，而是另外寻求对策，给良吏以物质、精神两方面的奖励和褒奖。对于亲信近臣，"至于子孙，终不改易"。结果是"枢机周密，品式备具，上下相安，莫有苟且之意也"。对于郡太守，汉宣帝坦言他们是辅助天子治国理民的关键所在，是"吏民之本"，如果时常调动变易就不会被其属下尊重，上下难以相安；如果实行"久任"制，百姓知其将长时期在职，就不敢欺罔上司，自然就会"服从其教化"。对治理地方确有优异政绩的郡太守，汉宣帝常用的奖励办法是：颁布玺书嘉奖勉励；在原有的薪俸基础上增加俸禄；赏赐金钱若干；甚至拜爵至关内侯，使之得以享受政治名誉与经济利益。如胶东相王成在"考绩"中被认为安抚了大量流民，"治有异等"，就得到了明诏褒奖，并提升其俸禄为"中二千石"，赐爵关内侯。另外一位名臣黄霸，曾经因为有过失而被贬，以八百石的官秩再度出任颍川太守，任职八年，郡中大治。宣帝下诏称扬，并给予"赐爵关内侯，黄金百斤，秩中二千石"的额外奖赏。按照常规，郡太守的俸禄高者为"二千石"（低者可至"八百石"），而王成、黄霸实际享受的"中二千石"俸禄与朝廷诸卿持平。他们的职务尽管没有升迁，但是政绩得到肯定，待遇得以改善，利益得到保障。这不仅对当事人有安抚或激励作用，而且可以给后来人树立榜样，结果是刺激了政风吏治的改善，这些循吏（地主阶级中有远见、懂政策的官吏）或良吏执法公平，恩威并施，其统治显得"合人心"，"所居民富，所去见（被）恩"，故而得到时人好评。史称"是故汉世良吏，于是为盛，称中兴焉"。

刘询来自民间，知道百姓对官员贪腐切齿痛恨，所以他一当政，就主张要严明执法，惩治不法官吏和豪强。一些地位很高的、腐朽贪污的官员都相继被诛杀。大司农田延年在尊立汉宣帝时，作用非凡，"以决疑定策"被刘询封为阳城侯，但因修建昭帝墓圹，趁雇用牛车运沙之际，贪污账款三千万而被告发。有大臣为他说情，认为"春秋之义，以功覆过"，但刘询没有同意，派使者"召田延年诣廷尉"受审，拟以重罚，致使田延年畏罪自杀。

刘询不仅以执法严明著称，还以为政宽简闻名。他在任用地方官时，除起用了一些精明能干的能吏去严厉镇压不法豪强外，还同时任用了一批循吏去治理地方，从而改变了吏治苛严和破坏的现象，大大缓和了社会矛盾，安定了政治局面。由于他有过牢狱之灾的经历，所以，对冤狱他深恶痛绝，提出要坚决废除苛法，平理冤狱。他亲政后不久，就亲自参加了一些案件的审理。为从制度上保证执法的严肃性和公正性，公元前67年，还在朝廷增加了四名廷尉平一官，专掌刑狱的评审和复核，并设置了治御史以审核廷尉量刑轻重。公元前66年，又下诏废除了"首匿连坐法"，并下令赦免因上书触犯他名讳的人。公元前54年，他派二十四人到全国各地巡查，平理冤狱，检举滥用刑罚的官员。他还先后十次下令，大赦天下。

昭宣时期，以《轮台罪己诏》为基本依据，昭帝、霍光和宣帝认真总结了武帝时期推行经济政策的经验教训，大刀阔斧地进行调整政策，采取"与民休息"的政策，收到了显著的效果。

武帝时期工商业官营政策暴露出诸多弊端，昭帝时期就引起了较大非议。在始元六年（前81）召开的盐铁会议上，众臣对这些政策进行了激烈的批评，导致了"罢郡国榷沽"的结果，但其他各项仍未罢除。宣帝亲政后，继续整顿这些政策，曾于地节四年（前66）九月下诏："吏或营私烦扰，不顾厥咎，朕甚闵（悯）之。盐，民之食，而贾咸贵，众庶重困，其减天下盐贾。"由此可见，工商官营政策在昭宣时期虽然仍在执行，但经过整顿，这些政策的一些弊端，如官吏徇私枉法、贪污腐败等问题，在一定时期内得到了有效抑制，这有利于百姓的"休养生息"。

针对"富者田连阡陌，贫者亡（无）立锥之地"的现象，为制止土地兼并，刘询即位后，先后三次诏令把"资百万者"的豪强徙往平陵、杜陵等地，而后将其土地或充为公田，或配给无地、少地的贫民；还把国家苑囿或郡国的公田，借给少地或无地的贫民耕种，使他们尽可能地摆脱地主的控制，重新变为国家的编户。刘询继续奉行了昭帝时期的轻徭薄赋方针。公元前73年，他即位不久，就免除了当年租税，后又对遭受旱灾、地震、病疾的地区，免除三年的租赋。公元前67年，他下令降低一直很高的盐价，减轻老百姓过重的负担。公元前55年，他下令减少天下口钱。公元前52年，又下令减收全国百姓算赋钱，一算减三十钱。公元前51年，又再次诏令免除当年田租。在徭役方面，也尽量减省。当时，漕运所消耗的人力很多，仅从关东向京师运谷四百万斛，每年就需用六万人的劳力。他采纳大司农中丞耿寿昌的建议后，在三辅、弘农、河东、上党、太原等郡买粮，供给京师所用，一下就减省关东多半的漕卒。在刘询的大力倡导下，各级官吏都将劝课农桑、发展生产作为首要政务。刘询还派农业专家蔡葵为"劝农使"，巡视全国，指导农业生产。在刘询统治后期，国内经济繁荣，农业连年丰收，谷价创出了汉代的最低价。

第五节　征服匈奴，巩固边防

【原文】

（一）

匈奴数侵边，又西伐乌孙。乌孙昆弥及公主因国使者上书，言昆弥愿发国精兵击匈奴，唯天子哀怜，出兵以救公主。

秋，大发兴调关东轻车锐卒，选郡国吏三百石伉健习骑射者，皆从军。御史大夫田广明为祁连将军，后将军赵充国为蒲类将军，云中太守田顺为虎牙将军，及度辽将军范明友、前将军韩增，凡五将军，兵十五万骑，校尉常惠持节护乌孙兵，咸击匈奴。

三年春正月癸亥，皇后许氏崩。戊辰，五将军师发长安。

夏五月，军罢。祁连将军广明、虎牙将军顺有罪，下有司，皆自杀。校尉常惠将乌孙兵入匈奴右地，大克获，封列侯。

（二）

西羌反，发三辅、中都官徒弛刑，及应募佽飞射士、羽林孤儿，胡、越骑，三河、颍川、沛郡、淮阳、汝南材官，金城、陇西、天水、安定、北地、上郡骑士、羌骑，诣金城。

夏四月，遣后将军赵充国、强弩将军许延寿击西羌。

六月，有星孛于东方。

即拜酒泉太守辛武贤为破羌将军，与两将军并进。诏曰："军旅暴露，转输烦劳，其令诸侯王、列侯、蛮夷王侯君长当朝二年者，皆毋朝。"

（三）

夏五月，羌虏降服，斩其首恶大豪杨玉、酋非首。置金城属国以处降羌。

秋，匈奴日逐王先贤掸将人众万余来降。使都护西域骑都尉郑吉迎日逐，破车师，皆封列侯。

九月，司隶校尉盖宽饶有罪，下有司，自杀。

匈奴单于遣名王奉献，贺正月，始和亲。

（四）

二月，单于罢归。遣长乐卫尉高昌侯忠、车骑都尉昌、骑都尉虎将万六千骑送单于。单于居幕南，保光禄城。诏北边振谷食。郅支单于远遁，匈奴遂定。

【译文】

（一）

匈奴多次侵犯边界，又西侵乌孙，乌孙王以及嫁给乌孙王的汉公主通过出使乌孙的汉朝使者向朝廷上书，说乌孙王希望朝廷派遣精兵反击匈奴，祈求天子哀怜乌孙饱受侵略的处境，出兵来救公主。

秋天，朝廷动员与选派关东轻车锐兵，还挑选各郡国位在三百石的强健而谙于骑射的吏员，都从军西征。御史大夫田广明为祁连将军，后将军赵充国为蒲类将军，云中太守田顺为虎牙将军，与度辽将军范明友、前将军韩增共为五将军，兵十五万骑，校尉常惠持符节指挥乌孙兵，共击匈奴。

三年春天正月十三日，皇后许氏去世。十八日，五将军从长安发兵。

夏天五月，收兵。祁连将军田广明因逗留不前进、虎牙将军田顺因虚报战果有罪，交军法机构处置，都自杀。校尉常惠率领乌孙兵攻入匈奴右地，大获全胜，封为列侯。

（二）

西羌造反，征集三辅、中都官狱的轻刑犯人以及敏捷迅速的射士、羽林孤儿，胡、越马匹，三河、颍川、沛郡、淮阳、汝南的材官，金城、陇西、天水、安定、北地、上郡的骑士，羌地的马匹，都到金城集中。

夏天四月，派遣后将军赵充国、强弩将军许延寿出击西羌。

六月，有彗星在东方出现。

就地封酒泉太守辛武贤为破羌将军，与后将军、强弩将军一起进攻。下诏说："军旅征途辛苦，军需转运烦劳，现在下令各侯王、列侯、蛮夷王侯君应在第二年正月来朝的，一律免朝。"

（三）

夏天五月，西羌降服，砍掉了首要人物大富豪杨玉和西羌首领的脑袋。设置金城属国来安置降羌。

秋天，匈奴日逐王先贤掸领人众万余来投降。派都护西域骑都尉郑吉迎日逐王，攻破车师，都封为列侯。

九月，司隶校尉盖宽饶有罪，打入监狱，自杀。

匈奴单于派遣名王来汉朝进献，祝贺正月，开始和亲。

（四）

二月，单于完成朝贺任务西返。朝廷派长乐卫尉高昌侯董忠、车骑都尉韩昌、骑都尉虎带领一万六千人的卫队护送单于。单于居住在幕南，驻光禄城。诏北边支援他们的粮食谷物。郅支单于孤立而远遁，匈奴从此安定。

【评点】

宣帝是继武帝之后的又一位实力派皇帝。在对外关系上，刘询于本始二年（前72）曾联合乌孙大击匈奴；后趁匈奴内部分裂之际，与呼韩邪单于建立友好关系，使边境逐步宁息。神爵元年（前61）击败西羌，后任将军赵充国实行屯田，加强边防，使羌人归顺。神爵二年（前60），在乌垒城（今新疆轮台东北），设立西域都护府，监护西域诸城郭国，使天山南北这一广袤地区正式归属西汉中央政权，具有划时代的重大意义。

降服匈奴

自马邑之谋(前133)吹响反击匈奴的第一声号角，大汉历经袭破龙城、河南、高阙、定襄、河西等系列会战，终至漠北之战（前119），一洗大汉八十一年心灵创伤，从此奠定汉强匈弱的大格局。

但匈奴并未臣服，相反，经过十几年的恢复后，声势复振，与汉争斗竟败少胜多。汉武后期有赵破奴两万骑受降城之没、李广利三万骑天山被围牺牲六七、李陵五千步兵浚稽山败没，甚至最后李广利七万铁骑燕然山全军覆没，损失何等惨重！不过匈奴惨胜犹败，内部又有不和，双方实力对比也未转换。

汉宣帝即位第二年（前72），大汉发铁骑十六万余兵马，分五路攻打匈奴，这不仅是武帝更是两汉四百年最大规模的一次对外骑兵出征，足见当时大汉军威何其鼎盛。同时，派遣校尉常惠前往乌孙，节制乌孙骑兵五万余，与汉军东西并进，形成一个巨大的钳形攻势，夹击匈奴。

匈奴畏惧汉军，惊慌西逃恰遇乌孙兵，一场激战大败而归，常惠因此封为长罗侯。第二年冬（前71），匈奴羞愤，再袭乌孙，遇大雪，生还者不及十分之一；再加乌孙、乌桓与丁令的乘势攻击，国人亡十分之三，畜亡十分之五，国力大为削弱。不久，汉军三千骑击匈，都能捕得几千匈人而还；匈奴亦不敢报复，而且更向往与汉和而不是战了。这次胜利是武帝以来，坚决执行联乌击匈政策结出的硕果。

汉宣帝神爵二年（前60），统治西域的日逐王先贤掸与新任单于握衍朐鞮素有矛盾，关系不睦，带着数万人投降大汉。宣帝特派郑吉，发渠犁、龟兹诸国兵五万，前往迎降，一直护送至京师长安，路上有逃亡者，即斩杀。日逐王后被封为归德侯。这掀开了汉匈史新的一页。

汉宣帝甘露三年（前51），呼韩邪单于亲往帝都长安，俯首称臣做北藩。纵横万里的游牧风暴——匈奴帝国，全盛时控弦之士三十余万，与汉缠斗一百四十余年，终于低下高昂之头。

囊括西域

自张骞凿空，七十余载汉匈相争，直至匈日逐王归降郑吉。汉宣帝神爵二年（前60），西域都护设立，西域广袤地域正式归我大汉管辖，属于我华夏疆土，大汉天威自此远达葱岭万里以外。

上面提到的常惠，本始二年大捷后被派再返乌孙，赏赐其有功人员。因龟兹（西域一大国）曾杀汉屯田校尉赖丹，回国途中，常惠征调西域诸国五万人马，往攻龟兹，迫其国王谢罪并交出凶手姑翼，即斩杀之。大汉赫赫天威与在西域的尊严得以维护。

西域，历来是汉匈的第二战场。西域本是匈奴势力范围，匈奴置僮仆都尉驻扎在焉耆一带，管辖西域诸国。汉武帝通西域、败匈奴、伐大宛后，声威亦远震此地，汉使往来不绝，并屯田渠犁。汉匈遂在西域形成了拉锯战，你来我往，此消彼长，情形至为复杂。武帝后期，因击匈失利和诏罢轮台之戍，汉势有所减弱。昭帝时，霍光遣傅介子计斩楼兰王，大汉对西域的影响又有所加强。到了宣帝初年，汉匈仍以天山为界，南为大汉势力范围，北则为匈奴统辖。

前已提及的车师，就属于北道，为匈奴控制，对大汉不敬。宣帝亲政的第一年（前68），即遣屯田渠犁的郑吉，发附近西域诸国兵一万余及屯田一千五百汉兵，往讨车师，击破降服之。匈奴派兵来战，郑吉领兵迎击，两军遭遇，匈奴竟害怕退去。后来，郑吉派遣三百汉兵屯驻车师。

不久，南道的莎车王弟呼屠徵，杀了亲汉国王万年与汉使奚充国，自立为王，并煽动南道诸国，叛离大汉，南道因此阻断不通。当时郑吉还在北道，恰奉宣帝派遣冯奉世正出使大宛途中。冯奉世果断行动，征发西域诸国兵一万五千余，进攻莎车，打下了都城，平定了南道，并把惊惧自杀的呼屠徵首级一路传送到长安。此乃宣帝元康元年（前65）的事。

大汉天威，震慑西域。冯奉世之后到了大宛国，国王对他尤其礼敬，因此还得到该国名马"象龙"，带回了长安。

汉宣帝神爵二年（前60），匈奴日逐王先贤掸带着数万人投降大汉，宣帝特派郑吉，发渠犁、龟兹诸国兵五万，前往迎降，一直护送至京师长安，路上有逃亡者，即斩杀。郑吉破车师，降日逐王，声威大震西域，宣帝乃拜之为西域都护，封安远侯，兼护车师以西北道诸国。郑吉遂在西域中心，设置幕府，修筑乌垒城，距阳关两千七百余里，统领天山南北，大汉号令得以正式颁行于辽阔西域。

西域都护的设置，不仅是大汉王朝，更是华夏史上一个划时代的大事件。从此之后，汉匈相斗七十余年，东自车师、鄯善，西抵乌孙、大宛，西域诸国尽归我大汉之列，张骞之始，郑吉之终，汉武之愿，汉宣实现。

从此以后，天山南北广袤之土、雄阔之地，终属我华夏之疆、中华之域。匈奴也更加衰弱，不敢再与汉争锋西域，以前设置的僮仆都尉，也灰溜溜地罢废了。

大破西羌

西陲之羌，盘踞青、陇，民风剽悍，勇猛好战，策应匈奴，扰我边疆。宣帝遣赵充国讨伐，两年完全平定，因置金城属国安置降羌，也就是西域都护设立的那一年。

武帝后期，聚居在现今青海省境内的羌族，经常向内地侵扰，攻城略地。匈奴也想联合羌人共同侵扰汉朝。面对这种形势，武帝曾提出要斩断匈奴右臂，指的正是这种联合，但派去的士兵也为羌人所败。这时，羌人又逐渐向湟水以北移动，找寻农民弃耕的地方去放牧。同时羌人各部落也有联合一致的趋向，郡县官吏也禁止不了。这时匈奴又想勾结羌人，以扩大对汉西部的侵扰。汉朝派往浩窖（今青海省大通河东岸）的军队，被羌人打败，损失甚众。

宣帝期间，光禄大夫义渠安国出使到了羌部落，羌先零部落酋长向他表示要北渡湟水，到汉民不种田的地方畜牧。义渠安国向朝廷报告这个情况。赵充国弹劾义渠安国奉使失职。从此以后，羌人依照以前的话，擅自渡过湟水，当地汉朝的郡县长官不能禁止。元康三年（前63），先零部落与各个羌民族部落酋长二百多人"解仇交质"，订立盟约，打算共同侵扰汉朝地区。宣帝知道了此事，问赵充国如何对策。赵充国指出，羌人为患，一是羌族原来各部落互相攻击，易于控制，但近几年来他们"解仇交质"，共同反汉；二是羌族与匈奴早就打算联合；三是羌族还可能"结联他种"，即与其他种族联合。所以他提出"宜及未然为之备"的建议。过了一个多月，小月氏部落的羌侯狼何果派人到匈奴借兵，打算攻击鄯善、敦煌，以切断汉朝与西域的通道。赵充国估计事情不会那么简单，需要深谋远虑。他向朝廷提出建议：一是加强军事上的边防；二是离间羌族各部落而侦探其预谋。

神爵元年（前61）春，大汉中央两府（丞相、御史）又推荐义渠安国出使诸羌，了解其动向。义渠安国不懂策略，一到羌部，就召集先零部落的头领三十多人，以他们都有逆而不顺之罪，全部斩首。调兵镇压先零之民，杀了一千多人。于是羌族各部及归义羌侯杨玉等都很震恐，离开其地，劫掠其他小族部落，犯汉边塞，攻城邑，杀长吏。义渠安国以骑都尉身份带领三千骑兵守备羌人，被羌人所击，损失惨重。他领兵退到令居，向皇帝报告。

宣帝意欲起用赵充国平叛，但这时赵充国已七十多岁，宣帝就派遣御史大夫邴吉去问谁可以为将。赵充国很自信地回答："无逾于老臣者矣。"宣帝又派人去问："将军度羌虏何如，当用几人？"赵充国答："百闻不如一见。兵难隃度，臣愿驰至金城，图上方略。"意思是说，用兵不能远离战场空想，而要亲临前线观察，然后做出对策。他要求宣帝交给他任务，不必担忧。宣帝笑着答应了。

于是，赵充国虽年逾七十，仍督兵西陲，挫败羌人进犯。回来以后，三向朝廷上书，详细分析了形势，建议防事变于未然，提出了"以兵屯田"的主张，得到宣帝的赞赏。宣帝因他年老，问他："派谁去带兵最合适呢？"他回答得很痛快："再没有比老臣更合适的人选了。"又问："需要多少人马？"答："百闻不如一见。臣愿立刻去金城（今兰州附近）测看地形，写出方案来。陛下把此事交给我办好了。"他就领骑兵不满万人，迅速出师，巧渡黄河，立稳阵脚，做好战斗准备。到达湟水岸边，羌人多次挑战，他坚守不出，只以威信招降，解散羌人各部落联合的计划。这时，他建议朝廷，屯田湟中（今青海省湟水两岸）作为持久之计，提出亦兵亦农，就地筹粮的办法，可以"因田致谷"、"居民得并作田，不失农业"、"将士坐得必胜之道"、"大费既省，徭役预息"等"十二便"。这对当时支援频繁的战争，减轻人民负担起到了很重要的作用，一直影响到后世。

第六节　布衣天子，常平粮仓

大司农中丞耿寿昌奏设常平仓，以给北边，省转漕。赐爵关内侯。

【译文】

大司农中丞耿寿昌奏请设常平仓，以供应北方边塞军需，减少漕转。赐爵为关内侯。

【评点】

五凤四年的正月，大司农中丞耿寿昌便向宣帝奏请在边郡设立常平仓，以供给北部边防之需，减省转输漕运之费。

"常平"源于战国时李悝在魏所行的平籴，即政府于丰年购进粮食储存，以免谷贱伤农，歉年卖出所储粮食以稳定粮价。范蠡和《管子》也有类似的思想。汉武帝时，桑弘羊发展了上述思想，创立平准法，倚仗政府掌握的大量钱帛物资，在京师贱收贵卖以平抑物价。

宣帝即位之前，往年漕运时，输谷四百万斛到京师需要动用关东漕卒六万人，耗费相当惊人。因此耿寿昌建议就近购买三辅及弘农、河东、上党、太原诸郡之谷，认为足以满足京师所需，且可将漕卒的员额减省一半；同时又奏请将海租（水产税）增加三倍。尽管早在神爵元年时，赵充国就已有趁低价在金城郡多籴谷蓄的建议，但时隔七年之后耿寿昌才将之奏请实施，并将试行的范围由金城一郡扩大到整个北边，这就足以说明，汉朝这些年来积蓄的谷物已经丰富到了足够支撑这个庞大计划的地步；而谷价的长期低迷，则说明实施这一计划的内外部条件到这时已经完全成熟。这两项条件的完备使得常平仓的设立具有了瓜熟蒂落、水到渠成的意义，一旦正式施行，成功的希望便有了相当的把握。虽然御史大夫萧望之以"阴阳之感，物类相应，万事尽然"为由，又认定耿寿昌之举实乃"费钱二万万余，有动众之功，恐生旱气，民被其灾"，因而极力反对，宣帝仍然一一照准。

耿寿昌的改革方案很快收到成效，漕事因而畅达，他便又下令在边郡各地筑造谷仓，于谷价低时加价籴入、价高时则降价粜出，以平抑谷价，调剂各边郡的谷物供给，名曰"常平仓"。常平仓的设立，是以国家的财力为后盾、以改变市场供应量的手段来达到稳定谷价，调节市场的目的。这样既能减轻过低的谷价对中小农户的伤害，保障他们的切身利益，又使国家常年掌握着一定数量的粮食储备，能够维持边防的稳定。百姓得其便利，国家也得以安定，一举而两得。

　　汉宣帝时期设立的常平仓作为调节粮价、储粮备荒以供应官需民食而设置的粮仓，主要是运用价值规律来调剂粮食供应，充分发挥稳定粮食的市场价值的作用。在市场粮价低的时候，适当提高粮价进行大量收购，不仅使朝廷储藏粮食的大谷仓—太仓和甘泉仓都充满了粮食，而且边郡地方也仓廪充盈。在市场粮价高的时候，适当降低价格进行出售。这一措施，既避免了"谷贱伤农"，又防止了"谷贵伤民"，对平抑粮食市场和巩固封建政权起到了积极作用，还对边疆的粮食储备产生有利影响，在一定程度上反映了人民群众的利益和愿望。

第九章 《汉书》卷九 元帝纪 第九

第一节 幸运天子，多才多艺

【原文】

（一）

孝元皇帝，宣帝太子也。母曰共哀许皇后，宣帝微时生民间。年二岁，宣帝即位。八岁，立为太子。壮大，柔仁好儒。见宣帝所用多文法吏，以刑名绳下，大臣杨恽、盖宽饶等坐刺讥辞语为罪而诛，尝侍燕从容言："陛下持刑太深，宜用儒生。"宣帝作色曰："汉家自有制度，本以霸王道杂之，奈何纯任德教，用周政乎！且俗儒不达时宜，好是古非今，使人眩于名实，不知所守，何足委任？"乃叹曰："乱我家者，太子也！"繇是疏太子而爱淮阳王，曰："淮阳王明察好法，宜为吾子。"而王母张婕仔尤幸。上有意欲用淮阳王代太子，然以少依许氏，俱从微起，故终不背焉。

（二）

赞曰：臣外祖兄弟为元帝侍中，语臣曰元帝多材艺，善史书。鼓琴瑟，吹洞箫，自度曲，被歌声，分刌节度，穷极幼眇。少而好儒，及即位，征用儒生，委之以政，贡、薛、韦、匡迭为宰相。而上牵制文义，优游不断，孝宣之业衰焉。然宽弘尽下，出于恭俭，号令温雅，有古之风烈。

【译文】

（一）

　　汉元帝，是汉宣帝的太子。母亲是共哀许皇后，宣帝微贱时生在民间。年二岁时，宣帝继承帝位。元帝年八岁时，被立为太子。成年后，宽厚而尊重儒术。见宣帝所起用的多是法吏，他们以名责实，尊君卑臣以治天下，大臣杨恽、盖宽饶等都因犯讥刺君上的罪而被诛戮，常常在平时侍奉时从容进言："陛下持刑太深，应用儒生。"宣帝动怒说："汉家自有制度，原本就以王霸二道交替使用，为什么要专行仁政，效法周朝呢？况且一般儒生不能用所学结合实际，喜欢厚古薄今，使人惑乱于名实，不知所从，那怎么能委以重任！"于是叹道："乱我刘家朝纲的，将是太子啊！"于是就疏远太子而爱淮阳。宣帝说："淮阳王明于察断而爱学法律，应继承我的事业。"淮阳王的母亲张婕好更得宠。宣帝有意用淮阳王取代太子，但由于少年微贱时依靠许氏，夫妇义结糟糠，所以最终还是不肯背弃许皇后而另立太子。

（二）

　　班固评论：臣外祖兄弟曾为元帝侍中，告诉过臣说元帝兴趣广泛，精于书法，会弹琴、吹箫，能按曲谱，为配新词，节拍分明，穷极要妙。少年即尊崇儒术，等到继承帝位，征用儒生，委以政事，贡禹、薛广德、韦贤、匡衡等儒生相继作为宰相。而元帝被文义所牵制，优柔寡断，宣帝中兴之业于是衰败。然而宽弘尽下，出在恭俭，号令温雅，有古代贤王的遗风。

【评点】

　　史书上说汉元帝刘奭"柔仁好儒"，那是什么意思？温柔仁慈，喜好儒术是也。当他还是皇太子时，眼看着父皇重用法家人物，动不动就用刑罚惩治下属，大臣杨恽、盖宽饶等仅仅因为"刺讥辞语"就被杀害，很不以为然。一天趁着陪父亲用餐时，委婉地说："陛下使用刑罚略有点过分了，应该多多重用儒生。"汉宣帝刘询顿时变了脸色，厉声说："我们汉朝自有汉朝的制度，本来就是'王道''霸道'兼而用之，怎能像周代那样单纯地使用所谓的'德政'呢？更何况那班俗儒不能洞察世事变化，最喜好厚古薄今，连'名'与'实'之间的区别都分不清，怎能交给他们以治理国家的重任！"这儿的"王道"与"霸道"，大概也勉强可以解释为"以德治国"与"依法治国"吧！说完了这番话，汉宣帝又长叹一声道："乱我家者，太子也！"这儿的"家"，就是指大汉王朝的基业。然而，如前所述，鉴于对已故许皇后的感恩与报答，他最终没有更换太子，没有更换"革命接班人"。这是刘奭的一大幸运。

刘奭的"柔仁"，与他的先世伯祖汉惠帝刘盈的"仁弱"非常相似。然而，刘盈有个曾陪着父亲出生入死，共同打天下、创基业的母亲吕雉。父亲死后，这个母亲就掌握了大权，而且心狠手辣，残酷无比。刘奭呢，幼年丧母，虽然也是人生的一大不幸，即位后却不会受到皇太后的干涉与压制。他的养母王皇后一则在汉宣帝在世时就受到冷落，二则"素谨慎"，在汉宣帝死后也不会太张扬，因此，也就不会对当今皇上、她的养子刘奭造成多大的压力。"柔仁"与"仁弱"不但非常相似，而且还都包含着一个"仁"字，即仁慈。我们曾经说过，柔弱仁慈的刘盈是不适宜做皇帝的，而温柔仁慈的刘奭同样不适宜。不过，由于刘奭的上面没有像吕雉那样的一个"母后"，他的结局可比刘盈好得多了：公元前49年二十七岁时即位，做了十六年皇帝，于公元前33年四十三岁时病逝。同为不适宜做皇帝的人，他不是比刘盈幸运得多吗？

刘奭多才多艺，能写一手漂亮的篆书，至于弹琴鼓瑟、吹箫度曲、辨音协律等，无不穷极其妙，令人叹为观止。然而他太过拘谨，优柔寡断，信用宦官弘恭、石显等，统治期间，自然灾害不断，社会危机日深，土地兼并之风盛行，于是昭宣二帝的中兴之业就开始衰败了。仅举一例：刘奭六十多岁的师傅"当世名儒"萧望之，因石显进谗言而被逼自杀。其时刘奭正在用午膳，听到这个噩耗后泪流满面，饭也吃不下去了，立即召来石显严厉责问。石显吓得摘掉帽子，磕头不止。那时候刘奭即位才两年，从那以后直到自己病死的十三四年间，刘奭每年都要派使者到萧望之的坟上去祭奠。然而，对害死师傅的石显呢？刘奭却没有任何处罚，没有任何惩治。司马光说他"容易受欺骗而难以醒悟"，一点不错，这是个典型的昏君。这个昏君坚定地认为"中人无外党，精专可信任"，即作为一个宦官，你既没有骨肉之亲，又没有姻族之累，不就可以集中精力、专门为我这个皇帝服务吗？这样的人难道还不值得我信任吗？因此事无大小，都交给石公公去处置。可笑，"柔仁好儒"的汉元帝早已忘记了秦朝赵高的教训。然而，这位多才多艺的皇帝，却没有像后世两个同样多才多艺的皇帝李后主与宋徽宗一样，成为敌国的俘虏而死于非命。为什么？有昭宣中兴的底子，大汉王朝毕竟还有比较雄厚的实力，与李后主、宋徽宗时期的南唐北宋不可同日而语。而且正是在汉元帝时期，大汉王朝曾经的强敌匈奴分崩离析，其北方的一支——郅支单于一部被汉朝歼灭；南方的一支——呼韩邪单于表示臣服。同属昏君，你能说刘奭不幸运吗？

不过话说回来，所谓"幸运"，也只是与那几个非常凄惨的帝王相比而已，其实，他也有"不幸"的一面。平心而论，汉元帝刘奭之所以成为一个昏君，也有客观因素，那就是身体一直不好，没有精力处理国家大事。石显之所以能够长期弄权，《石显传》上说："是时，元帝被疾，不亲政事。"那个"是时"究竟是什么时候呢？紧接着又说，初元年间，萧望之等人弹劾石显"专权邪辟"。"初元"是汉元帝即位后的第一个年号，这个年号用了五年。也就是说，他刚即位的第一个五年时，二三十岁，身体就不行了。刘奭三十多岁时，有个叫张博的外戚写信给刘奭的弟弟淮阳王刘钦，说"陛下春秋未满四十，发齿堕落"，显然一点也不夸张。想想看，不满四十岁的盛年，头发脱落倒也罢了，连牙齿也掉了，怎不令人心生怜悯之情？难怪他四十岁后没几年就驾崩了。

第二节　柔仁好儒，纯任德教

【原文】

（一）

冬，诏曰："国之将兴，尊师而重傅。故前将军望之傅朕八年，道以经书，厥功茂焉。其赐爵关内侯，食邑八百户，朝朔望。"

（二）

二月，诏丞相、御史举质朴敦厚逊让有行者，光禄岁以此科第郎、从官。

三月，诏曰："五帝三王任贤使能，以登至平，而今不治者，岂斯民异哉？咎在朕之不明，亡以知贤也。是故壬人在位，而吉士雍蔽。重以周秦之弊，民渐薄俗，去礼义，触刑法，岂不哀哉！繇此观之，元元何辜？其赦天下，令厉精自新，各务农亩。无田者皆假之，贷种、食如贫民。赐吏六百石以上爵五大夫，勤事吏二级，为父后者民一级，女子百户牛酒，鳏寡孤独高年帛。"是月雨雪，陨霜伤麦稼，秋罢。

112

（三）

　　戊寅晦，日有蚀之。诏曰："盖闻明王在上，忠贤布职，则群生和乐，方外蒙泽。今朕晻于王道，夙夜忧劳，不通其理，靡瞻不眩，靡听不惑，是以政令多还，民心未得，邪说空进，事亡成功。此天下所著闻也。公卿大夫好恶不同，或缘奸作邪，侵削细民，元元安所归命哉！乃六月晦，日有蚀之。《诗》不云虖？'今此下民，亦孔之哀！'自今以来，公卿大夫其勉思天戒，慎身修永，以辅朕之不逮。直言尽意，无有所讳。"

（四）

　　五年春三月，诏曰："盖闻明王之治国也，明好恶而定去就，崇敬让而民兴行，故法设而民不犯，令施而民从。今朕获保宗庙，兢兢业业，匪敢解怠，德薄明晻，教化浅微。传不云虖？'百姓有过，在予一人。'其赦天下，赐民爵一级，女子百户牛酒，三老、孝弟、力田帛。"又曰："方春农桑兴，百姓勠力自尽之时也，故是月劳农劝民，无使后时。今不良之吏，覆案小罪，征召证案，兴不急之事，以妨百姓，使失一时之作，亡终岁之功，公卿其明察申敕之。"

【译文】

（一）

　　冬天，下诏说："国家将走向兴盛，就尊重师傅。原前将军望之为朕师傅八年，教导经书，他的功德很美，现赐爵为关内侯，食邑八百户，每月只在初一与十五入朝。"

（二）

　　二月，诏令丞相、御史举荐质朴、敦厚、谦逊有高尚品行的人，光禄每年按此内容考校郎、从官而定他的等级。

　　三月，下诏说："五帝三王任贤使能，才贤君在位，公道大行，而今日国家混乱，难道是人民不同了吗？问题就出在朕的不明，不能识别贤才。是因为佞人在位，贤人就受到堵塞与排挤。特别是周秦以来的积弊，使社会风气日下，以致有的人抛弃礼义，触犯刑法，真是可悲啊！由此看来，百姓有什么罪？现在赦天下，令犯罪的人努力改过自新，各务农业生产。无田地的都借以公田，和一般贫民一样贷给种子与粮食。赏赐吏六百石以上爵级为五大夫，勤于政事的官吏赐爵二级，继承父后的百姓赐爵一级。女子百户赐牛酒若干，鳏寡孤独及高年赐帛若干。"本月雨雪交加，严霜伤冻麦稼，秋无所收。

（三）

三十日，日偏食。下诏说："曾闻明王在上，忠贤各司其职，就能让百姓安居乐业，周边地区蒙受恩泽。今日朕暗于王道（对国家治理不利的委婉说法），日夜忧虑，还不能求得治道的真谛。每看到一事就定不了标准，每听到一言就拿不定主张，是因为政令不能贯彻始终，得不到臣民的真正拥戴，空谈阔论，未能办成几件实事，这是天下所共闻的。公卿大夫的爱憎各异，有的缘奸作邪，贪赃枉法，百姓将去依靠谁啊！六月三十日，出现日食。《诗》不是说过吗：'今天的百姓饱受灾祸，处境十分可哀！'从今以后，公卿大夫应该严肃思考上天所示的警戒，慎于修身，明确施政的长远目标，以辅佐朕的不足之处。直言进谏，无所隐讳。"

（四）

五年春三月，下诏说："常听说明王治国，明确是非标准而供臣民遵循，提倡严谨谦虚并形成社会风气，所以法设而民不犯，令施而民乐从。今日朕继承宗庙，兢兢业业，不敢懈怠，而德薄目暗，教化浅微。《论语》不是说过吗：'百姓的过失，都应由君临天下的人负责。'现赦免天下，赏赐民众爵位一级。女子每百户赏赐牛酒若干，三老和孝顺父母、尊敬兄长、努力务农的人赏赐帛若干。"诏书又说："正值春耕与蚕桑时期，是百姓全力以赴的时刻，所以在本月要慰勉农户，不违农时。现有不良的官吏，为查证小罪，征召证人到署做证。兴生一些不急的事，来妨害百姓，使他们贻误农时失去节令，而导致秋后没有什么收获。对此，公卿要认真了解并三令五申，保证不妨害农事。"

【评点】

史家对元帝的定评是"柔仁好儒"，这个评语应是褒多于贬，至少是褒贬参半。现在看来，"柔"字用得恰切。元帝确实是一个性格柔弱、优柔寡断的人。至于"仁"字则要大打折扣。所谓"好儒"是真的，也是起了一定作用的，但最终只因偏好的是"俗儒"而功亏一篑。

在元帝做太子时，就向宣帝建言："陛下持刑太深，宜用儒生。"宣帝则训斥他说："汉家自有制度，本以霸王道杂之，奈何纯任德教，用周政乎！"所谓"霸道"就是先秦法家治国之道，所习之经十分广泛，包括《春秋》《诗》《尚书》《礼》《论语》等。元帝的经学功底，不仅远过乃父，就是在西汉一代所有帝王中，也可谓首屈一指。

纯任德教。在汉宣帝以前，基本上实行的是"霸王道杂之"的统治方略。到元帝时期，开始一反前代帝王之制，单崇儒家，纯任德教，治国完全以经学为指导，选官用人完全用儒家标准。为什么元帝摒弃主张严刑峻法的"霸术"，而改用"以柔治国"、强调"教化"的儒术呢？

元帝"纯任德教"，除了他自身具有深厚的经学修养外，更重要的是有其深刻的社会原因，即土地兼并日趋加剧，农民纷纷破产，有的投入田庄沦为佃客和奴隶，有的接受政府假田，成为假田农民（国家佃农），有的成为流民，而这些人原来所承担的租税赋役，又都转嫁给编户齐民，即自耕农身上；再加上政治腐败，官吏贪残，天灾频繁，各地不断爆发反抗西汉统治的斗争。所以，在这种严峻的形势下统治者只好放弃"霸术"，纯任德教，以期缓和社会矛盾。这种方略的改变，是由元帝提出并加以实施的。

在实行"教化"的儒术方面，元帝采取了如下的措施：

尊崇儒学。元帝即位当年，即采取尊奉孔子的措施。孔子第十三世孙孔霸"上书求奉孔子祭祀"。元帝即下诏曰："其令师褒成君关内侯霸以所食邑八百户祀孔子焉。"这是以皇帝名义奉祀孔子的重大举措。孔霸被封为关内侯，赐食邑八百户，号褒成君，给事中，加赐黄斤二百斤，府第一所。孔霸去世，元帝两次穿素服去吊祭，赐给东园秘器钱帛，赠予列侯礼安葬，谥号"烈君"。初元二年，起用师傅萧望之，赐爵关内侯，食邑八百户。夏侯胜卒后，"赐冢茔，葬平陵。太后赐钱二万万，为胜素服五日，以报师傅之恩。儒者以为荣"。尊崇帝师的社会效应，必然导致人心向儒，这自然大大提高了儒家的社会地位。

以儒家标准选官用人。元帝即位不久，即大幅度增加太学博士弟子数量，由宣帝时的二百人，激增至千人。对这些博士弟子，每年按甲、乙、丙三科考试，考试合格者，即可授以相应的官职。因此，当时社会上流传着这样的话："遗子黄金满籝，不如一经。"儒学宗师夏侯胜也常常教导他的弟子说："士病不明经术，经术苟明，其取青紫（指高官）如俯拾地芥耳。"可见读儒经做官，已成为当时士人入仕的主要途径。

在元帝用儒方针的指引下，朝廷大臣以经学相矜尚，儒生布满朝廷上下，或位至公卿，或为地方长官。郭沫若说："元、成以后……明经逐渐成为举足轻重的政治势力，出现了'州牧郡守，家世传业'的经术世家。"而大批儒生进入政界后，又必然会把儒家理念施之于政事。

以经义为本，治国施政。元帝即位后，摒弃了宣帝霸王之道相杂的政治，发布的各项政令以及诏书，多引经为据；质问大臣，则穷究"经义何以处之"；大臣执法，则要求其"顺经术意"；如果大臣奏议上的语言不符合经义，则必然遭到严厉的批评。元帝的好儒，并不是要官吏做表面文章，而是要付诸实施。

由于利禄的诱惑，传授、研习儒家经学成为社会的普遍现象。自武帝"罢黜百家，表彰'六经'"以来，到了元帝时期，经学才真正昌盛起来。正是由于以儒家仁义之道为治国指导思想，才使得已经动荡的社会又暂时平静下来，西汉王朝才没有即刻崩溃，而又苟延残喘了几十年。

不过，汉元帝以儒治国也留下了负面影响。明末思想家王夫之评价元帝广用儒生之事说："自是以后，汉无刚正之士，遂举社稷以奉人。"同时，以经取士固然为汉王朝选送了大批人才，但由此也决定了许多人读经即为做官，因而在入仕以后，往往不是尽忠守职而只图保持禄位，尸位素餐而已。能治者不能为官，为官者不能为治，士与吏截然两途，这不能不影响到西汉后期各级政权的效能，给当时的社会带来了严重的消极影响。尤其是，元帝强调以经取士，使一些只知书本、而不省吏事的"书呆子"也被选进了各级政府机构。

第三节　依赖宦官，威权旁落

【原文】

十二月，中书令弘恭、石显等谮望之，令自杀。

【译文】

十二月，中书令弘恭、石显等人诬告萧望之，最终迫使萧望之自杀。

【评点】

本来汉宣帝临终前，已给元帝安排好了辅政大臣，第一位是外戚侍中、乐陵侯史高，另两位是太子太傅萧望之和太子少傅周堪，并提升史高为大司马车骑将军，萧望之为前将军、光禄勋，周堪为光禄大夫，三人并领尚书事。信用外戚是西汉政治长期形成的传统，宣帝也不例外。史高是宣帝祖母史良娣的侄孙，宣帝幼年时养在史家，与史高有亲密关系，因此宣帝命他握有朝中决策大权，地位最为重要。萧望之、周堪都是元帝的师傅，是当代名儒，深谙政事。萧望之又引进宗室明经达学之士刘更生（楚王刘交的后代，成帝时改名刘向）、侍中金敞共参朝政，史称"四人同心，谋议劝道，正义古制多所欲匡正"。"匡正"什么呢？就是匡正君主。在中国古代，儒家主张实行人治。孟子说过："君仁莫不仁，君义莫不义，君正莫不正，一正君而国定矣。"他们相信，只要统治者以身作则，言传身教，为臣民垂范道德人格，就可以实现天下大治。但是，君主握有生杀予夺绝对权力，而且再没有可以对其约束的机制，那么，"天子圣明"靠什么来保证呢？儒家无法解决这个矛盾，只能奢谈"正君心是大根本"，把政治问题径直变成了一个君主的道德修养问题。所以萧望之等人就寄希望于对皇帝的教育，引导元帝努力实现儒家的"王道政治"的理想，以期改造一个国家或社会，扭转一个时期的社会风气。诚然，教育的功能不可低估，但绝不是万能的，萧望之等人太过天真了！元帝即位不到一年，三人一体的辅政班子，就出现了裂痕。

史高以外戚之亲"领尚书事"，萧望之和周堪是他的副手。但开始时，汉元帝对自己的两位名儒师傅特别信任，萧望之等人的影响力越来越大。于是史高的心理失去平衡，与萧望之的嫌隙日深，这便为宦官石显弄权提供了条件。

在外戚、儒臣、宦官三种势力中，汉元帝始终依赖宦官，因为他认为宦官没有家室，不能形成盘根错节的庞大集团。这就是元帝朝宦官石显之流得势的根本原因。加之，宦官石显善于顺风承旨，阿谀奉承，元帝可以称心如意，为所欲为。其实石显之流早有"外党"，和外戚史丹、许嘉勾结在一起，还拉拢了一批见风使舵的儒臣匡衡、贡禹、五鹿充宗等人，结成朋党。还与长安豪侠万章交往甚密。本来身体多病的元帝原想自己不理政事，而要通过宦官石显来控制大权，结果大权旁落，授柄于人，迫使萧望之自杀，周堪、刘更生被贬为庶民。

元帝之所以大权旁落，不仅在于近幸的狡猾佞巧，更在于他自身政治水平的低能。司马光评述道："甚矣，孝元之为君，易欺而难悟也。"宦官石显的专权，实际上正是汉元帝纵容的结果。

第四节　昭君出塞，汉匈不争

【原文】

竟宁元年春正月，匈奴虖韩邪单于来朝。诏曰："匈奴郅支单于背叛礼义，既伏其辜，虖韩邪单于不忘恩德，乡慕礼义，复修朝贺之礼，愿保塞传之无穷，边垂长无兵革之事。其改元为竟宁，赐单于待诏掖庭王檣为阏氏。"

【译文】

竟宁元年（前33）春天正月，匈奴呼韩邪单于前来朝拜。元帝下诏说："匈奴郅支单于背叛礼义，已经伏罪被诛杀，呼韩邪单于不忘恩德，仰慕大汉礼义，再次来行朝贺的礼节，愿意保持中原与塞外的长期和睦友好，使边陲长久没有战乱的灾祸，可以改年号为竟宁。赐给单于待诏掖庭王嫱作为他的皇后。"

【评点】

宣帝时期，随着汉朝国力的增强，匈奴力量一再被削弱，汉匈关系发生了历史性的变化。宣帝神爵二年（前60）以后，匈奴统治集团内部出现权力之争，初有"五单于争立"，互相不容，屠戮兼并，西汉"单于天降"，最后形成呼韩邪单于与郅支单于的对立。在汉元帝期间，在汉匈关系上出现了两件大事，一件是陈汤平灭郅支，一件是昭君出塞。

平灭郅支

汉元帝刚即位的时候，匈奴郅支单于自以为与汉朝距离遥远，加之怨恨汉朝支持他的仇敌呼韩邪单于，就有与汉绝交之意，并且与康居王勾结起来，在都赖水（今恒逻斯河）畔兴建了一座郅支城（今江布尔），作为自己进一步扩张势力的基地。郅支将势力向汉西域发展，直接威胁汉朝在西域的统治。建昭三年（前36），新一任西域太守对匈奴发动攻击，获得大胜。至此，汉朝最后消灭了虎视西域的敌对势力。以后近四十年，西域维持着和平状态，中西交通也畅通无阻。陈汤为官虽有不少劣迹，但他矫诏兴兵、平灭郅支的功绩还是应当肯定的。

昭君出塞

郅支被杀之后，呼韩邪单于既为消灭政敌而高兴，又畏惧汉朝的威力。竟宁元年（前33）正月，呼韩邪单于第三次入长安朝汉，并表示愿娶汉女为阏氏。元帝也愿意用婚姻的形式巩固汉、匈之间的友好关系，就以宫女王嫱配他为妻。

王嫱，字昭君，西晋时因避司马昭讳，改称明君，南郡秭归（今属湖北）人。昭君虽然仪容雅丽，举止端庄，但因未受皇帝封诰，所以在后宫的地位极其卑微，不受重视。如同当时绝大多数宫女一样，昭君"入宫数岁，不得见御，积悲怨"。但当历史提供机会时，她主动请行，自愿远嫁匈奴。在临行前举行的欢送仪式上，元帝见昭君丰容靓妆，光彩照人，顾影徘徊，竦动左右，不禁大为悔恨，很想把她留下，但又不便失信，只得让她随呼韩邪出塞而去。

昭君这位胆识不凡的汉家宫女，为促进汉匈民族团结，自愿出塞履行政治联姻，成为名垂青史的杰出女性。汉元帝认为这次政治联姻可使"边陲长无兵革之事"，特意把年号改为"竟宁"，意即边境安宁之意。呼韩邪单于封王昭君为"宁胡阏氏"，"宁胡"意即"匈奴得到昭君，国家就安宁了"。从此，汉匈长期战争状态宣告结束，双方一直保持着友好的关系。长达一百五十年的汉匈冲突，犹如一曲雄壮的交响乐，而昭君出塞则好似一个完美的"休止符"。

昭君的事迹在正史记载中仅有几十个字，但在稗官野史中的记载却非常多，而且更富于传奇色彩。《西京杂记》中有这样一段传说："元帝后宫既多，不得常见，乃使画工图形，按图召幸之。诸宫人赂画工，多者十万，少者亦不减五万，独王嫱不肯，遂不得见。"由于画工毛延寿的卑劣行径，误了昭君的青春，害得她背井离乡，远嫁异域。

另据东汉文学家蔡邕《琴操》记载，昭君嫁到匈奴后，心思不乐，作下了一首诗歌，后人称为《昭君怨》，其中有这样的诗句："翩翩之燕，远集西羌。高山峨峨，河水泱泱。父兮母兮，道里悠长。呜呼哀哉，忧心恻伤。"这首诗很可能是伪托之作。又传，昭君还写了一封信给元帝。信的内容如下："臣妾幸得备身禁脔，谓身依日月，死有余芳，而失意丹青，远窜异域。诚得捐躯报之，何敢自怜？独惜国家黜陟，移于贱工，南望汉阙，徒增怆结耳！有父有弟，惟陛下少怜之。"据说元帝得书，大为动情，转而恼恨画工从中作梗，穷究其欺君之罪。画工毛延寿等五人"同日弃市"，一时京城画工几乎绝迹。王安石在他的《明妃曲》中写道："归来却怪丹青手，入眼平生几曾有？意态由来画不成，当时枉杀毛延寿。"他一反以往归咎毛延寿欺君的正统观念，而把批判的锋芒指向了汉元帝。

汉代出塞和亲的女子比比皆是，而且大多是金枝玉叶的宗室公主。但她们的为人行事，很快都随着历史的长河流逝了，唯独"良家子"出身的昭君却流芳千古，人们怀念不已。1963 年，董必武同志作了一首咏昭君的诗，镌刻在昭君墓前的石碑上："昭君自有千秋在，胡汉和亲识见高。词客各抒胸臆溻，舞文弄墨总徒劳。"不仅肯定了昭君出塞的历史意义，也肯定了汉元帝的历史眼光。

第五节　多情王子，不幸婚姻

【原文】

三月，封皇太后兄侍中中郎将王舜为安平侯。丙午，立皇后王氏。以三辅、太常、郡国公田及苑可省者振业贫民，赀不满千钱者赋贷种、食。封外祖父平恩戴侯同产弟子中常侍许嘉为平恩侯，奉戴侯后。

【译文】

三月，封皇太后兄侍中中郎将王舜为安平侯。初十日，立皇后王氏。以三辅、太常、郡国公田及皇家御苑可以借用的就借给贫民耕种，家产不满千钱的借给种子与粮食。封外祖父平恩戴侯的同母弟的儿子中常侍许嘉为平恩侯，以做戴侯之后。

【评点】

说汉元帝不幸，也指他的婚姻。当他还是皇太子时，按照规定，姬妾就有十来个，而他最宠爱的是司马良娣。不幸的是，汉宣帝甘露三年（前 51），司马良娣就一病而逝，临终前她悲伤地对刘奭说："我的死并非寿数已尽，而是其他那些良娣、良人们嫉妒我，轮番诅咒的结果啊！"那一年刘奭才 25 岁，对这话深信不疑。司马良娣死后，刘奭悲恸欲绝，大病一场，病好以后也一直闷闷不乐，而且痛恨那些姬妾，一个也不肯见面。时间一长，连汉宣帝也知道儿子仇视自己的姬妾，为了帮助儿子从痛苦中解脱，就命令王皇后挑选几个出身良家、年轻貌美的宫女去服侍皇太子，以求博得太子的欢心。王皇后挑选了王政君等5人，并乘太子来拜见父皇时，叫人悄悄地问太子："这几个宫女怎么样？"太子由于思念司马良娣，对她们一个也不感兴趣，然而既是皇后派人询问，只得勉强答道："其中一个还可以吧。"当时王政君坐得离太子最近，又独独穿了一件与众不同的、镶着绛色边缘的披衣，那人以为是指她，就禀告了王皇后。王皇后立即令人将王政君送进太子府中，当上了太子妃，不久生下儿子刘骜，这就是后来的汉成帝。堂堂大汉王国的皇太子，能够如此钟情于一个良娣，令人顿生怜悯之情；而他最心爱的这个"良娣"却又不幸早逝，使"曾经沧海难为水"的刘奭几乎对所有美女都丧失了兴趣，不也是一种不幸吗？

　　时间是医治心理创伤的良药。刘奭做了皇帝后，嫔妃自然远远多于做太子时的姬妾。于是又有两个嫔妃获得了刘奭的宠幸——一个姓傅，一个姓冯。傅氏原来是昭帝太皇太后上官氏身边的一个才人，刘奭当了皇太子后，她又去服侍刘奭。她"为人有材略，善事人"，也就是说，很有心机，很能处人，上自地位比她高的姬妾，下至普通宫女，都处得很融洽。每当宫中有什么祭祀活动，她都以酒酹地，祝每一个人都平平安安。大概后来刘奭也认为，这么善良的女人，肯定不会诅咒公孙良娣吧，对她也渐渐地产生了好感，后来傅氏又生了儿子刘康，于是被封为婕妤。冯妃则是刘奭即位后入宫的，在生下皇子刘兴后，也被封为婕妤。后来，汉元帝又特意在婕妤之上、皇后之下设一女职"昭仪"，授给这两位替他生了皇子的爱妃。所谓"昭仪"，昭显其仪也，是后宫妃子们的辉煌榜样也。除了皇太子刘骜外，刘奭就只有这两个儿子：刘康被封为定陶王，刘兴被封为中山王。王政君虽然贵为皇后，却"无宠"——汉元帝并不爱她。她的儿子作为嫡长子，虽然被立为皇太子，却"颇有酒色之失"，酗酒而又好色，怎堪承担接班人的重任？而定陶王刘康呢，却与父皇一样多才多艺，尤其是精通音律，堪称父皇的"知音"，与母亲傅婕妤都受到汉元帝的宠爱。当刘奭生病时，傅婕妤又很得体地带着儿子一直侍候在身边。接下来，自然而然地，刘奭开始考虑更换皇太子了。只是由于汉宣帝生前很喜爱这个他唯一见到的孙子——皇长孙，孝顺的汉元帝不愿违背父皇的遗愿，也由于大臣史丹等人的坚决反对，刘骜才算保住了太子之位。刘康于永光三年（前41）封王，汉成帝阳朔二年（前23）病逝，估计只活了二十岁出头；刘兴于建昭二年（前37）封王，成帝绥和元年（前8）病逝，大约活了三十来岁。皇子的优越条件与优厚待遇，却没能使汉元帝的这两个儿子长寿。不过，这两位王爷的儿子却都"幸运"地做了皇帝：刘康的儿子刘欣继汉成帝之后成为汉哀帝；刘兴的儿子刘衎继汉哀帝之后成了汉平帝，这是后话了。

　　再来说说汉元帝的这两个宠妃。公元前38年，汉元帝刘奭到虎园欣赏野兽搏斗，后宫的那些嫔妃们都陪坐于侧。正看得热闹的时候，突然一只黑熊逸出圈外，攀上栅栏，直扑人们坐着观看的殿阶之上。傅昭仪与众嫔妃尖叫一声，惊慌逃避，唯独冯昭仪挺身而上，毫不畏惧地挡在黑熊面前——当然，有惊无险，负责保护皇帝安全的武士们迅速地赶过来，三下五除二，很快就杀了黑熊。惊魂稍定后，刘奭问她："大家都惊慌而逃，你为什么敢于上前阻挡？"冯昭仪答道："猛兽抓住一个人后，就会停止攻击其他人，我担心黑熊直扑陛下的御座，情愿以身承当。"刘奭赞叹不已，对冯昭仪也倍加敬重。而同为昭仪，傅昭仪羞愧之余，也暗暗地恨上了冯昭仪。

　　汉元帝死后，傅、冯二昭仪都去了儿子的封国，傅昭仪成了定陶王太后，冯昭仪成了中山王太后。汉成帝死后，傅昭仪的孙子刘欣成了汉哀帝，傅昭仪更一跃而成为大汉王朝的太皇太后了。而中山冯太后呢，她的儿子刘兴死后被谥为中山孝王；刘兴有一个儿子，当时还不满周岁，嗣位为王，当时称为"中山小王"。可惜这个小王爷患有"眚病"，大概相当于"先天性心脏窄狭症"吧，古时候又叫"肝厥"，发作时嘴唇、手足、十指皆青。冯太后亲自抚育这个幼孙，除了求医用药外，还不断地求神问卜、祭祀祷告。汉哀帝即位后，倒也很关心这个堂弟，特派一个中郎谒者——宫廷的礼宾官张由，陪同御医前往中山国，替中山小王看病。不料这个张由患有癫狂病，到了中山国后突然发作，一霎时怒不可遏，任谁也劝阻不住，自个儿返回了长安。朝廷质问他擅自离开中山国的原因，张由恐惧异常，诬告说："中山太后诅咒皇上与傅太后，我这才急急赶回来奏报。"这一诬陷正合傅太后之意：多年前的积怨，这下子可有了报复的机会了！立即派御史丁玄前往中山国调查。丁玄将中山国的官吏以及冯家的兄弟们一百多人分别关进洛阳、魏郡、钜鹿等地的监狱中，一直查了数十天，也没有查到任何真凭实据。傅太后见丁玄不管用，又派亲信宦官、中谒者令史立取代丁玄，会同丞相府的一个长史，共同继续调查。史立受傅太后指使，希望因此案而立大功、封侯爵，因此特别卖力。冯太后的妹妹冯习、守寡的弟媳君之等都受到严刑审讯，因牵连此案而死于酷刑之下的及被迫自杀的数十人。终于有个叫徐遂成的医生受刑不过，诬陷道："冯习与君之曾经对我说：当年医生修氏治好了汉武帝的病，不过只得到些钱财赏赐；你治好了当今皇上的病，自然也不能封侯。倒不如杀掉皇上，一旦中山小王做了皇帝，你还愁不能封侯吗？"这就是十恶不赦的谋反、谋大逆之罪了！史立大喜，又拿着徐遂成的供词去责问冯太后。冯太后自然不承认。史立讥讽道："当年黑熊上殿时你是多么的英勇，而今天为什么又如此怯懦？连证据确凿的罪行也不敢承认呢？"审判既在中山国中，贵为中山太后的冯氏估计尚有一定的自由，她回到自己的住处后对身边的人说："黑熊上殿的事情已经隔了元帝、成帝两世，宫廷秘闻，史立这么一个小吏怎么能够知

122

道？这不是明摆着皇宫中有人陷害我、欲置我于死地而后快吗？我不死，她怎么肯罢休？"说完，就服毒自杀了。她的妹妹冯习与丈夫、儿子，弟媳妇君之，还有小弟弟宜乡侯冯参等亲属，有的自杀了，有的被砍头，一共死了17人。冯参的女儿冯弁是中山孝王刘兴的王后，也被废为庶人。"揭发"有功的张由则赐爵关内侯，办案有功的史立也被提升为中太仆。这是汉哀帝建平元年（前6）的事，距"黑熊事件"已经三十二年了。

冯太后等人的冤死，深受人们同情，司隶孙宝请求皇上重新调查此案。傅太后勃然大怒道："皇帝设置了司隶一职，就是为了监察我吗？姓冯的贱人谋反一案已是铁证如山，你孙宝却吹毛求疵，故意宣扬我的所谓恶行！好吧，既然姓冯的是冤枉的，那就是我诬陷了好人，你赶快来治我的反坐罪吧！"汉哀帝怎么敢治嫡亲奶奶的罪？为了安慰奶奶，又将孙宝打入天牢。尚书仆射唐林不服，上书抗争，又被哀帝以"朋党比周"的罪名远远地发配到敦煌。直到大臣傅喜、龚胜一起上书"固争"，汉哀帝才请示了傅太后，释放了孙宝，并让他官复原职。傅太后病死于元寿元年（前2），第二年汉哀帝也病死了。直到这时，冯太后的案子才被翻了过来。因为此案而受封赏的张由与史立，由于是在新皇帝即位大赦天下之后，才算没有受到严厉处置，只被免为庶人，远远地发配到广东合浦去充军。

汉元帝大概没有想到，他没做皇帝的两个儿子，竟然都只活了二三十岁；也没想到，受他宠爱而又"善良"的傅昭仪竟然心狠手毒，包藏祸心，害死了冯昭仪；更没有想到，受他宠爱而又敬重的冯昭仪，结局竟然如此之惨。

第十章 《汉书》卷十 成帝纪 第十

第一节 王氏发迹，贵幸倾朝

【原文】

（一）

孝成皇帝，元帝太子也。母曰王皇后。元帝在太子宫生甲观画堂，为世嫡皇孙。宣帝爱之，字曰太孙，常置左右。年三岁而宣帝崩，元帝即位，帝为太子。壮好经书，宽博谨慎。初居桂官，上尝急召，太子出龙楼门，不敢绝驰道，西至直城门，得绝乃度，还入作室门。上迟之，问其故，以状对。上大说，乃著令，令太子得绝驰道云。其后幸酒，乐燕乐，上不以为能。而定陶恭王有材艺，母傅昭仪又爱幸，上以故常有意欲以恭王为嗣。赖侍中史丹护太子家，辅助有力，上亦以先帝尤爱太子，故得无废。

竟宁元年五月，元帝崩。六月己未，太子即皇帝位，谒高庙。尊皇太后曰太皇太后，皇后曰皇太后。以元舅侍中卫尉阳平侯王凤为大司马大将军，领尚书事。

（二）

封舅诸吏光禄大夫关内侯王崇为安成侯。赐舅王谭、商、立、根、逢时爵关内侯。

（三）

五月，封舅曼子侍中骑都尉光禄大夫王莽为新都侯。

（一）

　　汉成帝，是元帝的太子。母亲是王皇后，元帝为太子时，生成帝在宫中的彩画之堂，为嫡皇孙。宣帝十分喜爱，替他取字为太孙，经常置于膝下。年三岁而祖父宣帝去世，元帝继位，成帝立为太子。成年后好读经书，宽博谨慎。原先居在桂宫，元帝有时紧急召见，太子出龙楼门，不敢横穿天子所行的驰道，西至直城门，到城门前才横穿以过，又回头到作室门。元帝见迟到，询问原因，成帝将不敢穿越天子驰道而绕道的情况告知，元帝十分高兴，于是下令，说太子可以横越驰道。后来好酒贪杯寻欢作乐，元帝认为他无能，而恭王多才多艺，其母傅昭仪又受宠，元帝有意立恭王作为太子。赖侍中史丹护太子家，辅助有力，而元帝又因宣帝特别喜欢太子，所以才免于废。

　　竟宁元年五月，元帝驾崩。六月二十二日，太子登皇帝位，参拜高祖庙。尊皇太后为太皇太后，皇后为皇太后。以大舅侍中卫尉阳平侯王凤为大司马、大将军，领尚书事。

（二）

　　赐舅诸吏光禄大夫、关内侯王崇为安成侯。赐舅王谭、王商、王立、王根、王逢时爵为关内侯。

（三）

　　五月，封舅父王曼的儿子侍中骑都尉、光禄大夫王莽作为新都侯。

【评点】

　　西汉的皇权，从建国伊始就由三种力量构成，即皇帝、功臣和外戚。这三种力量几经消长，到元、成以后，外戚王氏由于偶然机遇登上政治舞台，逐渐把持了大汉帝国的权柄，把西汉晚期的历史，演变成了王氏一家的兴衰史。

王氏发迹

王氏的兴衰离不开这个家族的王政君。王政君是战国田齐旧贵族的后代。秦始皇统一天下后，齐国灭亡，王族式微。秦亡，其先祖田安，被项羽封为济北王。田安失国之后，齐地的人就称这个曾经辉煌一时的家族为"王家"，从此，他家的姓氏就由"田"改为"王"。武帝时期，王政君的祖父王贺曾任直衣绣使，后被免职，由原籍东平陵（今山东章丘西）迁往魏郡元城（今河北大名东）的委粟里。王贺的儿子王禁是个酒色之徒，妻妾众多，繁衍了一个大家庭。他共生了四女八男：长女王君侠、次女王政君、三女王君力、四女王君弟；长子王凤、次子王曼、三子王谭、四子王崇、五子王商、六子王立、七子王根、八子王逢时。其中只有王凤、王崇和王政君是一母同胞，他们的母亲是王禁的嫡妻李氏。

王政君生于本始三年（前71）。她的生母李氏生下三个孩子后，因为嫉妒丈夫娶妾太多，一气之下改嫁给河东的苟宾。王政君小时候跟随爷爷王贺住在山东时，曾许配过人家，但没等结婚，未婚夫就死了。后来东平王刘宇见她清秀聪慧，又聘她为姬妾，仍是没等过门，东平王又死了。王禁很迷信，就找个卜者为女儿看相算命。卜者说："当大贵，不可言。"王禁听了这极富暗示性的话，便不惜重资，延师教她读书学经，还教习琴棋书画，熏陶贵族礼仪。汉宣帝五凤四年（前54），王政君年满十八岁。王禁想起卜者"当大贵"的话，就想方设法把王政君送到宫中，做了一名宫女。没想到太子不经意的一指，王政君不但到了太子宫，而且不久就怀有身孕，第二年就为刘奭生下了第一个儿子刘骜。

黄龙元年（前49），汉宣帝去世，皇太子刘奭即位，史称汉元帝。封王政君之父王禁为阳平侯。仅过三天，又立王政君为皇后。第二年，又立才五岁的长子刘骜为皇太子，王禁的弟弟王弘也被委为长乐卫尉的重任。汉元帝永光二年（前42），王禁去世。其长子王凤继承侯位，并被任命为卫尉、侍中之职。真是"一人得道，鸡犬升天"。

在汉元帝的时候，王氏家族虽然纷纷窃据要津，骤然显贵，但还没有进入中枢。不仅如此，他们的权力还出现了每况愈下的趋势。主要原因是元帝钟情于另外两个女人——傅昭仪和冯昭仪。

傅昭仪生了一男一女，儿子刘康被封为定陶王。此子聪明伶俐，多才多艺，甚得汉元帝的欢心，父子二人"坐则侧席（紧挨着御座），行则同辇"，简直形影不离。从此王政君母子便被冷落一边。

冯昭仪生子刘兴，立为信都王，后改中山王。在汉元帝观赏斗兽遭到黑熊袭击时，冯昭仪挺身而出而让元帝赞叹不已，倍加敬重。

皇太子刘骜虽然长得一表人才，但却是个酒色之徒，元帝不喜欢他，几次要把他废掉，而想立"多才艺"的次子刘康。正当王氏家族岌岌可危之际，外戚史丹与太子关系紧密，起而为太子保驾护航。

建昭四年（前35）汉宣帝的幼子、元帝五弟中山王刘竟病故，太子刘骜赶来吊唁，但脸上毫无哀戚之容。元帝很生气。史丹立刻免冠谢罪，说是自己让太子故意节制悲伤之情的，以免感染元帝而过度伤心。元帝这才稍稍消解了对太子的怨怒之气。

竟宁元年（前33），汉元帝病卧后宫，傅昭仪及其儿子定陶王刘康，常在榻前侍奉，而皇后王政君和太子刘骜却难得见上皇帝一面。王政君和刘骜忧心忡忡，一筹莫展。就在这关键时刻，史丹借着贴身宠臣的身份可以直入寝殿探病，趁寝殿中只有元帝一人时，他独自闯入室内，伏在元帝床前声泪俱下地为太子求情。元帝心肠软，"优游不断"，见史丹泣不成声，竟大为感动，长长叹了一口气，表示不会废黜太子。史丹听后心里有底，连连叩头请罪。汉元帝接着说："我的病恐怕不会有好转的可能，希望你好好辅佐皇太子，不要辜负我的重托！"皇太子的地位这才稳定下来。

五月，元帝去世，六月，二十岁的太子刘骜继位。尊称皇太后为太皇太后，皇后王政君为皇太后，王氏家族真正时来运转了。

王氏擅权

在元帝晚年，王政君、成帝和王氏家族经历了一次惊心动魄的政治危机之后，深刻地认识到失去权力的可怕，所以他们首先考虑的是如何紧紧抓住权力并坚守勿失。王政君最信得过的是娘家人，于是王凤乘此时机，集军政大权于一身，总理朝政，开王氏擅权的先河。但王氏擅权所以得以实现，又与汉成帝和王莽有关。

首先，汉成帝打击宦官势力。汉成帝下诏，用明升暗降的办法任命石显为长信中太仆，这是太后宫中管车马的官，秩中二千石。石显原来为中书令，官秩虽仅千石，但位于决策核心，石显原先的走卒，时任丞相的匡衡和御史大夫的张谭等便联名上疏揭露石显及其党羽过去的罪恶。于是石显被免官逐回家乡。石显死于中途，他的走卒也纷纷被免官。

其次，汉成帝利用外戚和朝臣抑制另一派外戚。成帝继位，王凤首先排挤了能力强、名声大的冯昭仪的弟弟冯野王。又迫使皇后之父许嘉引退。"将军家重身重，不宜以吏职自累。赐黄金二百金，以特进侯就朝位。"

再次，王凤排挤丞相王商。这个王商与王凤的弟弟同名，涿郡蠡吾（今河北博野）人。他的父亲王武是汉宣帝的舅舅，堂兄王接曾任大司马车骑将军。这也是一支活跃于元、成政坛上的外戚家族。当时，唯一能与王凤相抗衡的，就是王商。王商在政坛上稳步高升，不但有外戚家族的背景，而且政治识见和能力，都不在王凤之下。两人在许多问题上议论不同，关系渐渐紧张。王凤与外戚史丹合谋，派人秘密调查王商的隐私，又教唆频阳（今陕西富平）人耿定上疏诬陷王商。汉成帝觉得难以查证，可是王凤坚持要查办，成帝无奈，只得免去王商的丞相职务。王商被免相仅三日，就大口吐血，悲愤而死。其子弟亲戚有在宫中任职的，一律被赶出长安城。至此，王凤专制朝政，已没有了强大的反对派。

最后，王莽崛起。王氏家族飞黄腾达、炙手可热的时候，却有个被遗忘的角落，那就是王凤的二弟王曼，因为早死没有封侯。王曼的第二个儿子叫王莽，字巨君，生于元帝初元四年（前45）。王莽的相貌其丑无比，大嘴巴，短下巴，金鱼眼，红眼珠，大嗓门，声音嘶哑。

王莽的哥哥与父亲一样早早就死了，所以王莽年纪轻轻就成了家庭的顶梁柱。王政君当上皇太后那年，王莽仅有十四岁，还是个未成年的孩子。

被王氏家族冷落的王莽母子，只好相依为命，过着十分清寒的生活。年轻的王莽与他那些飞扬跋扈的堂兄弟截然不同：对内孝敬寡居的母亲，照顾兄长的遗孀，耐心教育顽皮的侄子；对外结交一些英俊的朋友，又拜当时著名的学者陈参为师，攻读经书孜孜不倦，待人接物恭敬有礼，尤其是侍奉执掌大权的伯父、叔父们，更是小心翼翼。在儒家思想的熏陶下，王莽从不跟堂兄弟们去寻欢作乐，而是洁身自好，表现得谦恭勤俭、温文尔雅，处处表现出一个年轻儒者的风范，由此得到了人们的广泛赞誉，为他日后的政治生涯打下了良好的基础。

汉成帝阳朔三年（前22），执掌朝廷大权的伯父王凤病倒了，王莽在床前尽心竭力地侍奉伯父，几个月如一日，衣不解带，最后累得蓬头垢面，疲惫不堪。王凤大受感动，临死时拜托皇太后王政君和外甥汉成帝，让他们关照一下王莽。随后，王莽有了第一个职务——黄门郎。在二十四岁的时候，王莽开始了他的政治生涯。

大司马王商，也感到这个侄子不同凡响，向成帝上书愿将自己的封地分一部分给王莽，其实就是要求皇帝给王莽封侯。另外一些朝廷大臣也都看好这颗冉冉升起的新星，纷纷向皇帝称赞王莽。王莽立刻声名鹊起，引起了成帝的极大关注。永始元年（前16）五月，汉成帝下诏封王莽为新都侯，封地在南阳郡新野的都乡（今河南新野县境内），食邑一千五百户。提升为骑都尉、光禄大夫、侍中。他身兼数职，进入了朝廷政权的核心。年仅三十岁的王莽，这时已跃居几个叔叔之上，成了很有权力地位的重臣了。

中国古代专制制度是一种以皇权为中心，以官僚群体为统治工具，以小农的自然经济为社会基础的专制统治。皇权在这里幻化为国家意志，它不仅成了保证整个社会正常运转的支配力量，而且成了平衡统治阶级内部各派势力的杠杆。所以，皇权的稳定就是社会的稳定，皇权的强弱必将影响到统治阶级内部各派力量的消长。但是皇权的致命弱点是"家天下"，它的传承必须按血缘关系在一家一姓的狭小范围内选定，也就是说无论贤愚，他只要具有与皇族直系或最近的血统，就有可能被推上皇帝的宝座。如果臣民遇上志向远大、雄才大略、英明果决的君主，社会就稳定，国家就强大。然而，在中国古代帝王中，这样的明君简直是凤毛麟角，少得可怜。中国历史上更多的是那些养尊处优，纵情淫乐，性格乖戾，昏庸愚蠢，不知国计民生为何物的政治废物。在这些废物的眼中，最可靠的只有两种人：一种是匍匐在自己脚下的宦官，是信得过的奴仆；另一种是外戚，是信得过的亲戚。汉成帝就是这样的政治废物，自己昏庸无能，又"湛于酒色"，便靠母舅来支撑家业，外戚的势力岂能不借机恶性膨胀起来？所以，在西汉晚期的政治舞台上，王氏家族能够粉墨登场，也就不足为怪了。

第二节　昭阳新主，飞燕争宠

【原文】

（一）

冬十一月甲寅，皇后许氏废。

（二）

六月丙寅，立皇后赵氏。大赦天下。

（一）

冬天十一月十七日，皇后许氏被废。

（二）

六月七日，立赵氏为皇后。大赦天下。

【评点】

在巍峨宏伟、鳞次栉比的西汉宫殿中，昭阳殿以其合于天干而显得别具一格。当未央宫、甘泉宫、长杨宫等宫殿早已随着汉高祖和汉武帝的名字蜚声著誉的时候，古老而充满祥瑞的昭阳殿却一直默默无闻。汉成帝时，这里住进了才色殊绝、宠渥恩隆的两个女子，从此，昭阳殿便成为宠幸、荣耀与尊贵的象征，在戏曲、小说里成了"正宫"的别名。给昭阳殿带来如此声名的，正是汉成帝"微行"出游所遇到的一个绝色美女，她就是赵飞燕。

赵飞燕是阳阿公主家的舞女，面目娇好，体态轻盈。历史上有"燕瘦环肥"的说法，燕，就是赵飞燕；环，就是唐玄宗的贵妃杨玉环。一次，汉成帝"微行"经过阳阿公主家，公主盛宴款待，唤出几名美女歌舞助兴。成帝见其中有位光艳照人的女郎，歌声清脆，舞姿袅娜，不禁意荡神摇，便乞请公主将飞燕送给自己，带回宫去，让她成为昭阳殿的新主人。赵飞燕的父亲叫冯万金，做江都王府里的舍人，与江都王的孙女姑苏郡主私通，生下了赵飞燕和赵合德两个孪生姐妹。因为姑苏郡主嫁给江苏中尉赵曼为妻，所以飞燕姐妹从赵姓。长大后被卖到阳阿公主的家令赵临的府中学习歌舞，由于体态轻盈，姐姐获得了"飞燕"的称号。由于飞燕的获宠，赵临和兄弟赵钦先后被封为成阳侯与新成侯，赵氏一门大得荣光。然而，在外戚势力逐渐膨胀的西汉中后期，勋戚霍氏、许氏、王氏等先后秉掌朝政，人少族微的赵氏根本无法与之相比。因而，飞燕的后宫专宠并没有对朝政产生多大影响，同时，微贱的出身还为她能否固宠罩上了一层阴影。入宫不久，她就把妹妹赵合德推荐给成帝做婕妤，通过姐妹并宠做保障，弥补家族势力的不足。

自从赵合德进宫后，成帝便渐渐把心思移到她身上。这是因为，合德不仅姿容出色，肌肤雪白、光滑，而且性情温柔，比起飞燕来，更有一番魅力。成帝称合德的怀抱是"温柔乡"，并感叹说："吾老是乡矣，不能效武皇帝求白云乡也（喻汉武帝好神仙）。"成帝让合德住进了昭阳殿，并满足她的挥霍欲望。成帝日益宠信合德，同时，对飞燕的恩宠逐渐衰落下来。自然，由于飞燕与合德是一对亲姐妹，成帝便不好过分地冷落飞燕。赵飞燕姐妹入宫后，即以新宠的骄姿，挟赫赫威势向许皇后、班婕妤二人发动进攻，一场新旧之争遂在后宫展开。

自许皇后被冷落以后，一连三年日食，朝臣们将这"阴盛"之象，归咎于王氏专权，而王氏的党羽谷永却将矛头移向许皇后，说是由于她"失德"造成的。于是，许皇后的"椒房掖廷用度"被减省了，甚至连皇帝的面也见不上了。许皇后一肚子怨气无从发泄，她的姐姐、平安侯夫人许谒想出了一个拙劣而愚蠢的办法，就是在背地里装神弄鬼，恶毒地诅咒车骑将军王音和后宫中一个有身孕的王美人。此事很快被王氏家族掌握，但他们觉得最好由别人揭发，而揭发的最佳人选是赵飞燕。结果，在赵飞燕入宫的当年十一月，赵飞燕替王氏家族跑到前台做了揭发，许谒等人被处死，许皇后被废黜，许氏家族的所有成员被流放。赵飞燕在控告许皇后的同时，把班婕妤也一并捎上了，但由皇太后出面保了下来。

皇后的位置空缺，赵飞燕就闹着让成帝立她为皇后。可是成帝册立赵飞燕为后的想法，遭到了皇太后王政君的阻拦。后由淳于长从中斡旋，赵飞燕才如愿以偿地登上了皇后的宝座。

淳于长是皇太后王政君的姐姐王君侠的儿子，与王莽是亲表兄弟。淳于长跑到王政君面前以立赵氏为后，不会构成对王氏家族专权的威胁这个理由打动了王政君的心，终于获得点头首肯。永始元年（前16），立赵飞燕为皇后，同时晋赵合德为昭仪，又把昭阳殿赐给她一人居住。为了感谢淳于长斡旋之功，成帝赐淳于长为关内侯，不久又封为定陵侯。

第三节　燕啄皇孙，成帝绝嗣

【原文】

是岁，昭仪赵氏害后宫皇子。

这一年，昭仪赵氏害死后宫皇子。

　　成帝为了取悦新皇后，令工匠在皇宫太液池建造了一艘华丽的御船，叫"合宫舟"。一天，成帝带着飞燕一同泛舟赏景。飞燕穿着南越所贡云英紫裙、碧琼轻绡，一面轻歌《归凤送远》之曲，一面翩翩起舞，成帝令侍郎冯无方吹笙以配飞燕歌舞。舟至中流，狂风骤起，险些将身轻如燕的赵飞燕吹倒，冯无方奉成帝之命救护，扔掉乐器，拽住皇后的两只脚不肯松手，飞燕则继续歌舞。此后，宫中便流传"飞燕能作掌上舞"的佳话。

　　正当赵飞燕沉浸在母仪天下的荣华与威势之中时，双脚却已踏上班婕妤的老路，她无论如何也没想到做皇后竟是宠极爱歇，忌深情疏，而夺她所爱的，正是自己的妹妹赵昭仪。赵合德与赵飞燕从小一起长大，对姐姐十分尊敬，在成帝面前为她百般维护，因而飞燕的地位并未因皇帝移宠而动摇。开始时，心高气傲的赵飞燕，不愿与残漏寒蜇做伴，不甘心遭遇冷遇与漠视。她听说皇帝爱窥视赵合德汤浴，自己也如法炮制地来请皇帝观瞧。为了复宠，她甚至谎言过自己怀孕，然而这一切并不能改变她的命运。汉成帝始终没有儿子，在"家天下"的专制时代，皇帝无嗣是一个严重的社会问题，让朝堂上下无不忧心。赵氏姐妹专宠十余年，久无子嗣，也深深地为自己将来的命运担忧，但姐妹二人始终没有生育的征兆。

　　飞燕知道，要想永保皇后的桂冠，必须生下一个儿子，继承帝业。因此她焦灼地盼望着有个孩子。为了增加生育的机会，也为了打发寂寞难挨的时光，她常趁成帝夜宿合德处，秽乱宫廷，招引一些多子的少年侍郎、宫奴与她奸宿，希望怀孕，但并未成功。

　　赵氏姐妹自己不能生育，也不许别的妃嫔生育。宫中有个叫曹伟能的女官，怀上了成帝的孩子，临到生产的时候，赵合德命中黄门田客拿着皇帝的诏书，毒死了曹姬，取走了婴儿。那婴儿被乳母张弃抚养了十一天，即被宫长李南持诏书取走，不知下落。后来，后宫的许美人也怀孕了，成帝暗中派御医去探视，又送给许美人三粒名贵的养身丸药，做保胎之用。许美人生了儿子以后，赵合德知道了，大哭大闹了一场，最后胁迫成帝亲手掐死了自己的儿子。赵氏姐妹的残忍令人发指，而汉成帝的昏蒙也无以复加。当时有讥刺赵飞燕童谣道："燕燕，尾涎涎，张公子，时相见。木门仓琅根，燕飞来，啄皇孙。皇孙死，燕啄矢。"

从某种意义上讲，赵飞燕姐妹不自觉地担当了外戚王氏夺刘汉政权的工具。就她两人而言，入宫见妒，不得不采取自保的措施，属于人之常情，终其一生，并未干预朝政，也未谗害忠良。只有毒杀有孕宫妃，断绝皇嗣，才是她们不可饶恕的罪过。成帝死后，只好由侄子继位，外戚王莽在公元 8 年夺刘汉政权，改国号为新。

第十一章 《汉书》卷三十一 陈胜项籍传 第一

承前启后，彪炳史册

【原文】

（一）

陈胜字涉，阳城人。吴广，字叔，阳夏人也。胜少时，尝与人佣耕。辍耕之垄上，怅然甚久，曰："苟富贵，无相忘！"佣者笑而应曰："若为佣耕，何富贵也？"胜太息曰："嗟乎，燕雀安知鸿鹄之志哉！"

（二）

胜、广素爱人，士卒多为用。将尉醉，广故数言欲亡，忿尉，令辱之，以激怒其众。尉果笞广。尉剑挺，广起夺而杀尉。胜佐之，并杀两尉。召令徒属曰："公等遇雨，皆已失期，当斩。藉弟令毋斩，而戍死者固什六七。且壮士不死则已，死则举大名耳。侯王将相，宁有种乎！"徒属皆曰："敬受令。"乃诈称公子扶苏、项燕，从民望也。袒右，称大楚。为坛而盟，祭以尉首。胜自立为将军，广为都尉。攻大泽乡，拔之。收兵而攻蕲，蕲下。乃令符离人葛婴将兵徇蕲以东，攻铚、酂、苦、柘、谯，皆下之。行收兵，比至陈，兵车六七百乘，骑千余，卒数万人。攻陈，陈守令皆不在，独守丞与战谯门中。不胜，守丞死。乃入据陈。数日，号召三老豪桀会计事。皆曰："将军身被坚执锐，伐无道，诛暴秦，复立楚之社稷，功宜为王。"胜乃立为王，号张楚。于是诸郡县苦秦吏暴，皆杀其长吏，将以应胜。乃以广为假王，监诸将以西击荥阳。令陈人武臣、张耳、陈馀徇赵，汝阴人邓宗徇九江郡。当此时，楚兵数千人为聚者不可胜数。

（三）

胜虽已死，其所置遣侯王将相竟亡秦。高祖时为胜置守冢于砀，至今血食。王莽败，乃绝。

【译文】

（一）

陈胜，字涉，阳城人。吴广，字叔，阳夏人。陈涉年轻时，曾和别人一起雇给人家种田。一次在田埂上休息，失意很久，说："要是富贵了，谁都不要忘了谁。"受雇的伙伴们笑着应声问道："你被雇佣来耕田，有什么富贵呢？"陈胜叹息说："唉，燕雀哪能知道天鹅的志向啊！"

（二）

陈胜、吴广一向体贴人，戍卒中很多人乐意听他们使唤。押送戍卒的将尉喝醉了，吴广故意多次扬言要逃跑，来激怒将尉，让他当众侮辱自己，以此激怒众人。将尉果然鞭打了吴广。当将尉拔剑之际，吴广奋起夺剑杀死将尉。陈胜也前来协助，合力杀死两个将尉。召集并号召下属说："各位，我们遇上大雨，都误了期限，误期应当杀头。假使不被杀，戍边而死的人本来就有十之六七。况且壮士不死则已，要死就要举世留下大名声。王侯将相哪有天生的种啊！"下属都说："恭敬地接受命令。"于是便冒称公子扶苏、项燕举行起义，顺从民意。戍卒们都裸露右臂，号称大楚。他们修筑高坛盟誓，祭品用将尉的头。陈胜自立为将军，吴广为都尉。攻大泽乡，攻了下来。招兵进攻蕲县，又攻下。就派符离人葛婴带兵攻略蕲县以东地区，进攻铚、酂、苦、柘、谯等县，全都攻下。行进中不断招兵扩军，等到达陈县时，已有战车六七百辆，骑兵千余人，步兵数万人。攻打陈县城时，郡守、县令都不在，只留下守丞在谯门中抵抗。不胜，守丞战死，于是就入城占领陈县。过了几天，陈胜下令召乡官三老、地方豪绅都来集会议事。三老、乡绅们都说："将军您身披铠甲、手执锐利武器，讨伐无道，铲除暴秦，重建楚国，论功应该称王。"于是陈胜就被拥立为王，号称张楚。于是各郡县都苦于秦朝暴政，纷纷杀死自己郡县的长官，响应陈胜。拥立吴广为假王，率诸将西击荥阳。令陈人武臣、张耳、陈馀徇赵，汝阴人邓宗徇九江郡。此时，张楚各地兵力达数千人的不可胜数。

<h1 style="text-align:center">（三）</h1>

陈胜虽然死了，但他所封立、派遣的王侯将相终于灭亡了秦朝。高祖当时为陈涉在芒砀山安置了守坟的人家，至今仍按时宰牲畜祭祀他。王莽失败后，便断了祭祀。

【评点】

一部秦汉史，陈胜承前启后。

陈胜之前，是中国历史上第一位皇帝——秦始皇。这位伟大的帝王，"奋六世之余烈，振长策而御宇内"，开创了一个前所未有的庞大帝国。

陈胜之后，是同样彪炳史册的汉武帝，这位将大汉"声威文教讫于四海"的千古一帝，在中华民族发展史上创造了数个第一。

处在秦皇汉武之间，陈胜同样青史留名，这不是一般人能做到的。

陈胜确实是个英雄。

在强大的秦帝国里，陈胜不过一介匹夫，没有任何背景，也没有任何根基，发端于大泽乡，振臂一呼，"斩木为兵，揭竿为旗，天下云集响应，赢粮而景从，山东豪俊遂并起而亡秦族矣"（《过秦论》）。

建立了大汉帝国的汉高祖刘邦，其时只是陈胜的响应者之一。刘邦称帝后，不忘陈胜之功，"为胜置守冢于砀，至今血食"。

在刘邦看来，如果没有陈胜的首义之功，也许就不会有后来四百余年的大汉江山，这也是刘邦以王侯之礼祭祀陈胜的缘由所在。

陈胜是一个开创历史的人，也是一个扭转历史走向的人。

司马迁同样看到了这一点，在《史记》中，陈胜不仅被单独列传，且归于"世家"，可见陈胜王者的地位是合法的，也是后世公认的。

当时正值秦朝的残暴统治时期，阶级压迫极深。他不甘心受人奴役，同情和自己同命运的人。有一天，他对一起耕田的伙伴们说："苟富贵，无相忘！"就是说，以后如果有谁富贵了，可别忘了一块吃苦受累的穷兄弟。大伙听了都觉得好笑："咱们卖力气给人家种田，哪儿来的富贵？"陈胜不免有所感慨，叹息道："燕雀安知鸿鹄之志哉！"(《史记·陈涉世家》)被统治阶级"富贵在天"说教欺蒙的贫苦农民，一时还不能理解实际上代表了他们自己阶级摆脱贫困、压迫的先进思想。而陈胜的杰出之处，就在于他率先看到了这种贫贱、富贵的不平，并提出了改变这种不平的朴素而勇敢的要求。反抗命运的决心犹如一团烈火在陈胜胸中燃烧。不久，他便以实际行动向人们证明了自己的豪言壮语。

秦二世元年（前209）七月，朝廷大举征兵去戍守渔阳（今北京市密云西南），陈胜也在征发之列，并被任命为带队的屯长。他和其他九百名穷苦农民在两名秦吏的押送下，日夜兼程赶往渔阳。当行至蕲县人泽乡（今安徽宿州西寺坡乡）时，遇到连天大雨，道路被洪水阻断，无法通行。大伙眼看抵达渔阳的期限将近，急得像热锅上的蚂蚁，不知如何是好。因按照秦的酷律规定，凡所征戍边兵丁，不按时到达指定地点者，是要一律处斩的（然而据出土的《睡虎地秦墓竹简》来看，秦律规定"迟到三天到五天，斥责；六天到十天，罚一盾；超过十天，罚一甲……"原文"失期三日到五日，谇；六日到旬，赀一盾；过旬，赀一甲"。而且如果降雨不能动工，可免除本次征发。原文"水雨，除兴"。并没有"失期法当斩"这样的规定，显然《史记》的记载不符合真实情况）。

在生死存亡的危急关头，陈胜毅然决定谋划起义。是夜，陈胜悄悄找到另一位屯长吴广商议。吴广，阳夏（今河南太康）人，也是穷苦出身，他们虽然结识不久，但已是无话不谈的朋友。陈胜对吴广说："这儿离渔阳还有上千里路程，怎么也不能按期抵达渔阳了，我们现在的处境，去也是送死，逃亡被抓回来也是死，与其都是死，还不如选择为国家而死，干一番大事业！"陈胜接着又对时局进行了分析："天下人已经苦于秦朝统治很久了，老百姓对秦王朝的苛捐赋税、募役刑罚已经到了难以忍受的程度。我听说二世皇帝胡亥是秦始皇的小儿子，本不应继位，该继位的是长子扶苏。扶苏贤能，却被二世无故杀害了。还有一位名人叫项燕，曾是楚国名将，战功卓著，又爱护士兵，很受人爱戴。现在老百姓并不知这两个人是生是死，我们何不以他们的名义号召天下人起来反抗秦朝的暴政呢？"吴广很佩服陈胜的胆略，觉得他的主意符合当时的人心，完全支持陈胜"死国""举大计"的决定。

古时候盛行预测吉凶的宗教迷信活动。陈胜和吴广经过一番谋划后，又专门找了一个算卦的卜问吉凶。聪明的卜者知道了他们的用意，便说："你们的事业能成功，且能为百姓立大功。你们可以把事情向鬼神卜问一下吧！"陈胜、吴广听后非常高兴，并从卜者的话中悟出了借鬼神"威众"的启示。于是，他们用朱砂在一块绸帕上写了"陈胜王"三个大字，塞到渔民捕来的鱼肚子里。戍卒们买鱼回来吃，发现了鱼腹中的"丹书",都觉得惊奇。与此同时,陈胜又让吴广潜伏到营地附近一座荒庙里,半夜里在寺庙旁点燃篝火装作鬼火,模仿狐狸声音,大声呼喊"大楚兴,陈胜王"！正在睡梦中的戍卒们被惊醒,十分惊恐害怕。第二天戍卒们交头接耳,都指指点点地看着陈胜。加之陈胜平时就待下属热情和气,现在又把陈胜的形象跟楚国复兴联系在一起,陈胜在戍卒们心中的威望就更高了。

吴广见时机基本成熟,于是趁两个押送士卒的军官喝醉,故意扬言逃跑,以激怒押送他们赴边的将尉。喝得醉醺醺的两个将尉果然大怒,责骂和鞭打吴广,引起士兵们不满,群起而哄之。吴广奋起夺下一名将尉佩剑将其杀死,陈胜也乘势杀了另一名将尉。

随后,陈胜把九百名戍卒召集在一起,大声说道:"公等遇雨,皆已失期,失期当斩。藉弟令毋斩,而戍死者固十六七。且壮士不死即已,死即举大名耳,王侯将相宁有种乎！"（《史记·陈涉世家》）意思是:各位,我们在这里遇上了大雨,已不能按期抵达渔阳了,而误了期限大家都要被斩杀,即便侥幸不被砍头,戍守边塞十分之六七的人也要送命。再说好汉不死便罢,要死就要取得大名声啊！王侯将相难道是天生的贵种吗？陈胜铿锵有力的一番话,说出了大伙儿的心声,戍卒们对秦王朝的满腔怨恨和愤怒如同冲溃了堤坝的洪水奔泻而出,齐声高呼:"我们愿听从您的号令！"于是大伙在陈胜、吴广的带领下,袒露右臂作为标志,筑坛盟誓,按事先谋划,诈以公子扶苏、楚将项燕之名,宣布起义。陈胜自立为将军,以吴广为都尉,一举攻下大泽乡,接着又迅速攻下蕲县县城。中国历史上第一次大规模的农民起义战争就这样爆发了。

陈胜、吴广"举大计"的壮举,得到了附近饱受秦苦的老百姓的积极响应,纷纷"斩木为兵,揭竿为旗",加入起义队伍。在陈胜、吴广的率领下,继攻取蕲县后,不到一个月又连克铚（今安徽宿县西）、酂（今河南永城西）、苦（今河南鹿邑县东）、柘（今河南柘城县北）、谯（指谯县,在今安徽省亳州市）等五县,很快把起义的火种带到了自己的家乡中原大地。

陈胜是颇有战略意识的农民领袖。在控制了安徽、河南交界的大片地区后,即决定进攻战略要地陈县（今河南淮阳）。陈县在两周和春秋时期,曾是陈国的都县。战国后期,又曾经是楚国的国都。秦灭六国后,又把陈县定为郡治,足见其地位之重要,如能拿下陈县,对秦无疑是个重大打击。于是,陈胜率领起义军直逼陈城。这时起义军已拥有战车六七百乘,骑兵一千多人,步卒数万之众。陈地郡守和县令闻风丧胆,早逃之夭夭,只留下郡丞（郡守副职）龟缩城内,负隅顽抗。已是惊弓之鸟的守城秦军,在起义军的强大攻势下,很快土崩瓦解。起义军杀了郡丞,浩浩荡荡开进陈县县城。

陈胜打下陈县后，即召集当地三老（掌管当地教化的官）和豪杰（有声望的人）共商大计。这些人虽不是来自农民阶级，但他们也都目睹、亲历了秦朝暴政，特别是看到陈胜率领起义军短短一个月就连克数县，对陈胜也十分敬重，纷纷建议陈胜称王。他们说："将军身披坚执锐，伐无道，诛暴秦，复立楚国之社稷，功宜为王。"（《史记·陈涉世家》）但也有少数不同议论：认为陈胜自立为王，会让天下人觉得陈胜有私心，而不愿相从。陈胜思虑再三，最后还是果断地做出了称王立国的决定，就以陈县为都城，"号为张楚"，国号为"张楚"（即张大楚国之意，一说以张大楚国为口号），建立了中国历史上第一个农民革命政权。陈胜打的旗号虽是"张楚"，但并不以恢复楚国故土为目的，而是要推翻秦王朝，解救天下的穷苦百姓。这是他"鸿鹄之志""王侯将相宁有种乎"思想的身体力行，也是他对统一号令起义军的战略考虑。后来农民革命的实践，有力地证明了陈胜决定称王立国的必要性。

张楚政权的建立，推动了全国范围反秦斗争的高潮，高高飘扬的"张楚"大旗，成了农民起义中心的标志，显示了巨大的号召力。各地以"张楚"军名义"数千人为聚者，不可胜数"（《史记·陈涉世家》）。农民起义的烈火已成燎原之势。在农民革命洪流的推动下，一些贵族残余势力也纷纷收罗旧部，起兵反秦。当时各地反秦力量的著名首领有刘邦、项梁、项羽、黥布、彭越等多人。

面对日益高涨的反秦斗争形势，陈胜在吴广及其他农民政权成员的协助下，进一步确定了"主力西征，偏师略地"，最后推翻秦朝统治的总体战略。他任命吴广为假王（副王），率领起义军主力西击荥阳，取道函谷关，直捣秦都咸阳。同时"令铚人宋留将兵定南阳，入武关"，进而迂回攻关中。随后又任命武臣、邓宗、周市、召平等为将军，分别北渡黄河，进攻原赵国地区（今山西北部、河北西南部），向南攻取九江郡，深入淮南地区；进攻广陵（今江苏扬州市北）、魏国旧地（今河南东北部接连山西西南部），攻取长江下游、黄河以南大梁（今河南开封）等地区。一时间，反秦斗争的烈火燃遍了大江南北，各路起义军勇猛作战，所向披靡，农民革命达到了高潮。

但让陈胜没料到的是，吴广久攻荥阳不下，大军西进受阻。

荥阳是通向关中的重要通道，自古以来就是兵家必争之地。附近还有秦囤积大量粮食的敖仓。拿下荥阳，就打开了通向关中的门户。再取敖仓，既可切断秦军粮草供应，同时也解决了起义军的军需问题。陈胜派重兵攻取荥阳的战略意图非常明确。当吴广攻取荥阳受挫的消息传回陈县，陈胜十分着急，为确保战略意图的实现，即决定另派周文为将军率兵西击秦，利用吴广大军牵制秦军主力的条件，绕过荥阳，直取函谷关。

周文大军斩关夺隘，势如破竹，一直打到离秦都咸阳仅百余里的戏地（今陕西临潼境内）。进军途中，百姓奋起响应，队伍不断扩大，当时已拥有战车千乘，士兵数十万人。

骄奢淫逸的秦二世闻听起义军逼近咸阳，如晴天霹雳，大惊失色。在都城空虚、调兵不及的情况下，只好依少府章邯之谋，赦免在骊山陵服役的几十万刑徒，封章邯为将军，临时组编军队阻击起义军。正在休整的农民起义军被突如其来的几十万秦军打了个措手不及，被迫退出关中。在曹阳亭（今河南灵宝东北）固守、抗击秦军数十天后，又败退渑池。坚强不屈的周文在几经挫折、无粮无援的情况下，又率部与敌激战十余日，终因寡不敌众，拔剑自刎。

周文大军失败后，气焰嚣张的章邯带兵继续东进，围攻荥阳的农民军面临腹背受敌的危险，起义军将领田臧与假王吴广意见不合，认为"假王骄，不知兵权，不可与计，非诛之"（《史记·陈涉世家》），竟假借陈胜之名杀害了吴广，结果导致这支起义军部队全军覆没。

形势就此开始逆转。起义军内部的弱点和矛盾逐渐暴露出来。一方面，陈胜称王后，其思想逐渐发生转变，与群众的关系日益疏远。比如早先和陈胜一起给地主种田的一个同乡听说他做了王，特意从登封阳城老家来陈县找他，敲了半天门也没人搭理。直到陈胜外出，拦路呼喊其小名，才被召见，一起乘车回宫。因是陈胜的故友，所以进进出出比较随便，有时也不免讲讲陈胜在家乡的一些旧事。不久有人对陈胜说："客愚无知，颛妄言，轻威。"（《史记·陈涉世家》）陈胜便十分羞恼，竟然把"妄言"的伙伴杀了。当年所说的"苟富贵，无相忘"的话早抛到了九霄云外。自此以后，"诸陈王故人皆自引去，由是无亲王者"（《史记·陈涉世家》）。另一方面，随着反秦斗争的开展，革命队伍内部的离心倾向也在滋生蔓延。陈胜派往各地的将领各存异心，争相称王，起义军内部公开分裂。如北征的武臣自立为赵王，蜕变为割据头目。其部将韩广在攻略燕地后也自立为燕王。攻取魏国旧地的周市虽未自立为王，却立了魏国后裔宁陵君魏咎为王，而自任魏相，割地自保。与此同时，群起响应的各地英豪也不再听陈胜节制，直接孤立了作为反秦主力的陈胜张楚政权，给了秦军反扑的机会。

秦将章邯解除了起义军对荥阳的包围后，即倾全力进攻陈县。秦二世二年（前209年，汉初承秦制，十月为岁首）十二月，陈胜亲率农民军将士与秦军展开激战，虽奋力拼搏，终究未能挽回败局，被迫退至下城父（今安徽蒙城西北），准备重新聚集力量，再做反秦的努力。但没想到，竟被跟随自己数月的车夫庄贾杀害，成为千古遗恨。

陈胜被害，激起其旧时侍从、将军吕臣的极大悲愤。他在新阳（今安徽界首北）重举义旗，组建"苍头军"，从秦军手中夺回陈县，处死了投降秦军的叛徒庄贾，重新树起"张楚"大旗。原奉命东下发展的部将召平，也假借陈胜名义，拜原楚国名将项燕的儿子项梁为上柱国，使之渡过乌江，西上击秦。反秦斗争再次恢复生机。

陈胜从谋划起义，到称王立国，再到兵败被害，前后不过半年时间，但他点燃的反秦烈火烧红了大半个中国。"陈胜虽死，其所置遗侯王将相竟亡秦，由涉首事也。"（《史记·陈涉世家》）三年后，刘邦领导的农民起义军杀入咸阳，推翻了暴秦统治，中国历史上第一次大规模农民战争最终取得了胜利。

陈胜死后，被辗转埋葬在芒砀山主峰西南。刘邦称帝后，追封陈胜为"隐王"，派三十户丁役守护陈胜墓，并按王侯待遇对陈胜年年杀牲祭祀。

千年而过，白云苍狗，浮云烟海，正如毛泽东在《贺新郎·读史》中所言："更陈王奋起挥黄钺。歌未竟，东方白。"

第十二章 《汉书》卷三十二
张耳陈馀传 第二

势利之交，卒相灭亡

【原文】

（一）

张耳，大梁人也，少时及魏公子毋忌为客。尝亡命游外黄，外黄富人女甚美，庸奴其夫，亡邸父客。父客谓曰："必欲求贤夫，从张耳。"女听，为请决，嫁之。女家厚奉给耳，耳以故致千里客，宦为外黄令。

陈馀，亦大梁人，好儒术。游赵苦陉，富人公乘氏以其女妻之。馀年少，父事耳，相与为刎颈交。

（二）

当是时，燕、齐、楚闻赵急，皆来救。张敖亦北收代，得万余人来，皆壁馀旁。项羽兵数绝章邯甬道，王离军乏食。项羽悉引兵渡河，破章邯军。诸侯军乃敢击秦军，遂虏王离。于是赵王歇、张耳得出钜鹿，与馀相见，责让馀，问张黡、陈释所在。馀曰："黡、释以必死责臣，臣使将五千人先尝秦军，皆没。"耳不信，以为杀之，数问馀。馀怒曰："不意君之望臣深也！岂以臣重去将哉！"乃脱解印绶与耳，耳不敢受。馀起如厕，客有说耳曰："天予不取，反受其咎。今陈将军与君印绶，不受，反天不祥。急取之。"耳乃佩其印，收其麾下。馀还，亦望耳不让，

142

趋出。耳遂收其兵。馀独与麾下数百人之河上泽中渔猎。由此有隙。

赵王歇复居信都。耳从项羽入关。项羽立诸侯，耳雅游，多为人所称。项羽素亦闻耳贤，乃分赵立耳为常山王，治信都。信都更名襄国。

馀客多说项羽："陈馀、张耳一体有功于赵。"羽以馀不从入关，闻其在南皮，即以南皮旁三县封之。而徙赵王歇王代。耳之国，馀愈怒曰："耳与馀功等也，今耳王，馀独侯。"及齐王田荣叛楚，馀乃使夏说说田荣曰："项羽为天下宰不平，尽王诸将善地，徙故王王恶地，今赵王乃居代！愿王假臣兵，请以南皮为扞蔽。"田荣欲树党，乃遣兵从馀。馀悉三县兵，袭常山王耳。耳败走，曰："汉王与我有故，而项王强，立我，我欲之楚。"甘公曰："汉王之入关，五星聚东井。东井者，秦分地。先至必王。楚虽强，后必属汉。"耳走汉。汉亦还定三秦，方围章邯废丘。耳谒汉王，汉王厚遇之。

馀已败耳，皆收赵地，迎赵王于代，复为赵王，赵王德馀，立以为代王。馀为赵王弱，国初定，留傅赵王，而使夏说以相国守代。

汉二年，东击楚，使告赵，欲与俱。馀曰："汉杀张耳乃从。"于是汉求人类耳者，斩其头遗馀，馀乃遣兵助汉。汉败于彭城西，馀亦闻耳诈死，即背汉。汉遣耳与韩信击破赵井陉，斩馀泜水上，追杀赵王歇襄国。

（三）

赞曰：张耳、陈馀，世所称贤，其宾客厮役皆天下俊桀，所居国无不取卿相者。然耳、馀始居约时，相然信死，岂顾问哉！及据国争权，卒相灭亡，何乡者慕用之诚，后相背之盭也！势利之交，古人羞之，盖谓是矣。

【译文】

（一）

张耳，大梁人。他年轻时曾是魏公子毋忌的食客。后来曾因丢掉户籍隐姓埋名流浪到外黄。外黄有一有钱人家的女儿长得非常美丽，看不起她的丈夫，因此偷偷逃到她父亲过去的一位宾客家中。她父亲的宾客说："你一定要嫁个好丈夫，就嫁给张耳吧。"于是，她听从了这个建议，断绝了与前夫的联系，嫁给了张耳。这个女子家里奉送了很多钱财给张耳，使他能广交宾客，并当了外黄县令。

陈馀也是大梁人，爱好儒学。他曾几次到过赵国的苦陉，那儿的富户公乘氏把女儿嫁给了他。陈馀年纪小，他把张耳当作父辈看待，二人结下了生死之交。

（二）

那时候，燕、齐、楚听到赵王告急的消息，都来援助。张敖也在北边收复了代地，收编了一万多人，在陈馀军的附近安营扎寨。项羽的军队多次阻断了章邯的通道，致使王离军队缺乏粮草。项羽全军渡河，打败了章邯的军队。各路诸侯军这才敢出击秦军，抓住了王离。张耳、赵王歇才被从钜鹿救出，张耳与陈馀一见面就责备陈馀，询问张黡、陈释在什么地方。陈馀说："张黡、陈释要求我与秦军拼死，我让他们带领五千人去攻击秦军试试，结果全军覆灭。"张耳不相信，认为是陈馀把这二人杀了，多次责问陈馀。陈馀生气地说："没想到你对我的怨恨这么深！你以为我舍不得这个将军头衔吗？"于是解下印绶要还给张耳，张耳不肯接受。陈馀去厕所时，有位宾客劝张耳说："听说天赐的而不接受，那是没有好后果的。现在陈馀把印绶给你，如不接受，违背天意是不吉祥的。赶快接受吧！"张耳于是佩戴陈馀的印绶，收编了陈馀的部下。陈馀回来看到这情形，抱怨张耳不肯辞让，气愤地走了。陈馀和他的手下亲信数百人到黄河沿岸的湖沼中从事打猎捕鱼的生活。从此张耳、陈馀之间也就有了怨恨。

赵王歇又回到了信都。张耳跟随项羽入关。项羽分封诸侯时，张耳交友很广，很多人称赞他。项羽平常也听说张耳贤能，于是从赵国中分出一地，封张耳为常山王，建都信都，信都改名为襄国。

陈馀的旧宾客纷纷向项羽说："陈馀、张耳同样都为赵国立下了功劳。"项羽认为陈馀没有跟随他入关，听说他现在在南皮，就把南皮附近的三个县封给陈馀，并且把赵王赵歇改封为代王，都城迁移到代县。

张耳回封国，陈馀愈加气愤地说："张耳和我功业相等，现在他被封为王，我才被封为侯。"齐国田荣背叛楚国时，陈馀派使者夏说劝田荣说："项羽为天下的主宰者，却不公平，给其他的王和将军都分封了好地，却把赵王迁到不好的地方，至今赵王还居住在代县！希望你能借我一些兵力，愿把南皮作为藩屏。"田荣正想树立党羽，就派兵给陈馀。陈馀征集三县兵士，攻击常山王张耳。张耳兵败而逃，说："汉王和我有交情，但项羽的势力强大，我又是项王封立的，我打算到楚国去。"甘公说："汉王入关时，天上五星聚在东井。东井是秦的分地，先到的必成霸业。楚现在虽然强大，但天下最终还是属于汉。"于是张耳逃到汉。汉王率兵平定了三秦，正把章邯围在废丘。张耳拜见汉王，汉王对他非常优厚。

陈馀打败张耳，收复了全部赵地，把赵王从代县接回来，仍旧为赵王。赵王感激陈馀，把他封为代王。陈馀认为赵王弱，国初定，留下来辅佐赵王，而派相国夏说驻守代。

汉二年，汉王东进攻击楚国，派人通报赵，请赵发兵一起攻楚。陈馀说："只有汉杀了张耳我才出兵。"于是汉王找了一个长相和张耳相像的人，将他杀了，把人头送给陈馀，陈馀于是出兵援助汉。结果汉军在彭城西被楚军打败，陈馀又听说了张耳假死的事，就背叛了汉。汉派张耳和韩信攻克了赵的井陉，在泜水边把陈馀杀了，追至襄国把赵王赵歇杀了。

（三）

班固说，张耳、陈馀是世人公认的贤者，他们的宾客、仆役都是天下豪杰，无论在哪一国，没有不取得卿相地位的。但是张耳、陈馀起初贫贱时相互信任，为生死之交，难道还有什么让人怀疑的吗？到了他们拥有高位争权夺利的时候，终于相互残杀，为什么过去是那样的倾慕信任，现在却相互背叛呢？势利之交，古人就以此为羞耻，大概讲的就是这种情形吧。

【评点】

张耳与陈馀，是秦朝末年生活在大梁城内的一对老乡，也是很有名的能人、贤人。"秦灭魏，购求耳千金，馀五百金"，可见秦国对他俩的重视。正因为是名人、能人、贤人，且都是秦国想要"猎获"的对象，张耳、陈馀也惺惺相惜，建立了非同一般的关系。"余年少，父事耳，相与为刎颈交。"他们不但是忘年的生死交，而且陈馀是用父辈的礼仪来尊重张耳的，友情很是深厚。让人意外的是，"父子式"的友谊，最终却以"卒相灭亡"的凶残方式悲剧性地结束，千方百计欲置张耳于死地的陈馀，反而死在张耳的手中。

是什么导致这样的悲惨结局？"岂非以势利交哉？""势利之交，古人羞之，盖谓是矣。"司马迁和班固的盖棺论定，一语中的。

朋友必须以共同的人生志向为基础。张耳与陈馀是为了实现相同的志向走到一起的，这个志向传记中虽然没有用明确的话表述出来，但是，还是比较容易理解的。秦国灭魏国后，张耳和陈馀一起隐姓埋名，共同逃到了陈国，而且在一次陈馀受笞刑欲反抗时，张耳制止了他，说："始吾与公言何如。"这说明他俩有同进共退的约定，这个约定也包含着他们的志向。陈涉在陈国起事后，张耳和陈馀得到了陈涉的重用，被封为校尉，"怨陈王不以为将军而以为校尉"，显然，张耳和陈馀对这样的职位并不满意。这句话在暴露出他俩追求"立功建业，出人头地"志向的雄心壮志的同时，也暴露出他俩对功利贪得无厌的劣根性。这足以致命。功利本身不是罪恶，但是，一旦成为人们追逐的对象，就必然是罪恶之源。

共事的朋友更需要信任和理解。共事之间，在功利的支配下，志向越高越大越一致，却不是共同的，一旦共同应对的情形消失，相互的竞争就容易转化成斗争，激烈甚至残酷。张耳与陈馀还没有等到需要共同应对的情形消失的时候，就开始走上分道扬镳的道路了。当钜鹿城中的张耳被秦军围困、急攻，向城外的陈馀求救时，面对强大的秦军，陈馀胆怯了犹豫了。"馀自度兵少，不能敌秦，不敢前。"是啊，助张耳，无异于以卵击石，自取灭亡。城内的张耳，也似丧家之犬，坐立不安，胆战心惊，唯恐城破身死，在几个月里多次派人催促陈馀拼命相助却没有得到理想结果的时候，终于怨气爆发。"数月，耳大怒，怨馀，使张黡、陈释往让馀曰：'始吾与公为刎颈交，今王与耳旦暮死，而公拥兵数万，不肯相救，胡不赴秦俱死？且什有一二相全。'"向陈馀下了最后通牒，责怪他不能生死与共。陈馀以"所以不俱死，欲为赵王、张君报秦。今俱死，如以肉喂虎，何益"为理由，对自己不救张耳，不与张耳一起置之死地而后生的动机、行为做了辩护。尽管如此，陈馀还是在道义上对张耳有所表示的，虽然是假惺惺式的，"乃使五千人令张黡、陈释先尝秦军"。"至皆没"，面对豺狼之师，五千人能顶什么用，只是羊入虎口罢了。

张黡、陈释的战死，成为了张耳和陈馀矛盾产生的焦点和互不信任的导火线。钜鹿解围后，张耳对陈馀"张黡、陈释战死"的解释始终不信，"与馀相见，责让馀，问张黡、陈释所在……耳不信，以为杀之，数问馀"。本来就脾气暴躁的陈馀被惹得火起，赌起气来，"馀怒曰：'不意君之望臣深也！岂以臣重去将哉！'乃脱解印绶与耳"。张耳如果能够从中理解、原谅陈馀，那么他俩的友谊或许还可延续一段时间，偏偏情急之中的张耳贤人听信了他人的话，做出了"佩其印，收其麾下"的剥夺陈馀权位的错误做法，使陈馀威信丧失，颜面扫地，陷入了进退维谷的困境。"馀还，亦望耳不让，趋出……馀独与麾下数百人之河上泽中渔猎"，陈馀退出了张耳的"朋友圈"。心胸狭隘，缺少信任，使张耳与陈馀"由此有隙"，友谊蒙尘。至此，张耳与陈馀的友谊还没有到不可收拾的地步，还是有回旋余地的。

朋友之间需要宽容和欣赏。张耳与陈馀决裂后，开始了各自的奋斗历程。年长的张耳，人生阅历和经验毕竟比小辈的陈馀要丰富得多，在没有陈馀的日子里，跟随项羽，照样顺风顺水，一路凯歌。"耳从项羽入关。项羽立诸侯，耳雅游，多为人所称，项羽素亦闻耳贤，乃分赵立耳为常山王"，达到了事业的顶峰。陈馀是知道张耳才能的，那么应该为拥有张耳这样的朋友而高兴、骄傲，可以借用祝贺的形式去消除"钜鹿事件"带来的误会和阴影，重拾友谊的信心，重建友谊的基础，重塑友谊的形象。事实情况却是，陈馀忌妒之火炙于心，报复之心见于行，欲置张耳于死地而后快，对张耳展开了穷追猛打式的追击。陈馀不仅狂怒道："耳与馀功等也，今耳王，馀独侯。"而且"悉三县兵，袭常山王"，把张耳逼得狼奔豕突，走投无路之下投入刘邦麾下。塞翁失马，焉知非福。陈馀对张耳狠心地赶尽杀绝，反倒成就了张耳的终极愿望，张耳从此走上了成功的道路。"四年夏，立耳为赵王。五年秋，耳薨，谥曰景王。子敖嗣立为王"，张耳功成名就，寿终正寝，福荫子孙。

反观陈馀，势利迷心窍，在嫉妒心理的驱使下，背着仇恨和报复的沉重背囊，把自己送进了万劫不复的境地，走向了不归道路。汉二年，刘邦欲结交赵国联合灭项羽的楚国，陈馀向刘邦提出了"汉杀张耳乃从"的交换条件，并在见到张耳的头后"乃遣兵助汉"。已经与刘邦和合的陈馀，只要跟着刘邦走到底，就能坐享功名，不想利令智昏的聪明人，却被"赵王德馀，立以为代王"的眼前利益所蒙蔽，最终落得个"身死人手，为天下笑"的下场。"馀亦闻耳诈死，即背汉。汉遣耳与韩信击破赵井陉，斩馀泜水上，追杀赵王歇襄国。"陈馀为自己与张耳的恩怨私欲，不但害得自己身死于张耳之下，而且连累赵王也国灭身亡。

张耳陈馀之间，能算是朋友吗？是，又是哪门子朋友呢？张耳错在前，但犹可恕；陈馀恨在后，但终不可谅。这也就有了张耳、陈馀生死、荣辱两重天的结局。

第十三章 《汉书》卷三十三
魏豹田儋韩王信传 第三

第一节 悲剧贵族，乱世英雄

【原文】

　　魏豹，故魏诸公子也。其兄魏咎，故魏时封为宁陵君，秦灭魏，为庶人。陈胜之王也，咎往从之。胜使魏人周市徇魏地，魏地已下，欲立周市为魏王。市曰："天下昏乱，忠臣乃见。今天下共畔秦，其谊必立魏王后乃可。"齐、赵使车各五十乘，立市为王。市不受，迎魏咎于陈，五反，陈王乃遣立咎为魏王。

　　章邯已破陈王，进兵击魏王于临济。魏王使周市请救齐、楚。齐、楚遣项它、田巴将兵，随市救魏。章邯遂击破杀周市等军，围临济。咎为其民约降。约降定，咎自杀。魏豹亡走楚。楚怀王予豹数千人，复徇魏地。项羽已破秦兵，降章邯，豹下魏二十余城，立为魏王。豹引精兵从项羽入关。羽封诸侯，欲有梁地，乃徙豹于河东，都平阳，为西魏王。

　　汉王还定三秦，渡临晋，豹以国属焉，遂从击楚于彭城。汉王败，还至荥阳，豹请视亲病，至国，则绝河津畔汉。汉王谓郦生曰："缓颊往说之。"郦生往，豹谢曰："人生一世间，如白驹过隙。今汉王嫚侮人，骂詈诸侯群臣如奴耳，非有上下礼节，吾不忍复见也。"汉王遣韩信击豹，遂虏之，传豹诣荥阳，以其地为河东、太原、上党郡。汉王令豹守荥阳。楚围之急，周苛曰："反国之王，难与共守。"遂杀豹。

　　魏豹是六国时魏国的公子。他的哥哥魏咎在当时被封为宁陵君，秦灭魏国后，把他废为庶人。陈胜起义称王后，魏咎便去投靠他。陈胜派魏国人周市率兵攻占魏地，占领后，想立周市做魏王。周市说："天下混乱的时候，才能看出忠臣的节义。现在天下都背叛了秦，照理应该立魏王的后代才对。"齐国、赵国各派兵车五十辆相助，支持立周市为王。周市拒绝接受，派人到陈县去迎接魏咎，往返了五次，陈王才答应立魏咎为魏王。

　　章邯打败陈王，又举兵向临济进攻魏王。魏王派周市到齐国、楚国请求援兵。齐国、楚国派项它、田巴带领军队同周市一起去救助魏国。章邯又把他们打败，杀了周市等人，把临济包围了起来。魏咎为了保全城里的百姓，向秦军约定投降。约定讲好后，魏咎自杀而死。魏豹逃到了楚国。楚怀王派给魏豹几千人的军队，又去夺回魏国土地。这时项羽已经打败秦军，抓获章邯，魏豹攻克了二十多个城邑，被项羽立为魏王。魏豹率领军队跟随项羽入关。汉元年，项羽分封诸侯，自己想占大梁这个地方，就迁魏豹到河东，建都平阳，号西魏王。

　　汉王还约定三秦，从临晋渡过黄河，魏王魏豹举国归附汉王，跟随汉王在彭城进攻楚军。汉王失败，退回到荥阳。魏豹请求回去探望母亲的病情，回到魏国后，便封锁了黄河渡口，背叛汉王。汉王对郦生说："你去说服魏豹归顺。"郦生到了魏，魏豹婉辞拒绝说："人生一世非常短暂。汉王对人随意侮骂，叱骂诸侯群臣就像对奴仆一样，一点都不讲上下之礼，我不愿忍气再去见他了。"于是汉王派韩信攻打魏豹，并俘获了他，押送到荥阳，把魏豹原有的国土分割成河东、太原、上党三郡。汉王让魏豹驻守荥阳。当时楚军正进攻荥阳，形势紧迫，周苛说："不可与背叛国家的人一起防守。"便杀死了魏豹。

【评点】

　　在大汉诸多风云人物中，魏豹是一个悲剧性的人物。他由于对时局的判断出现严重失误而成为了刘邦的阶下囚，被刘邦赦免后成为一个怪异的降将。为什么怪异呢？因为他向刘邦投诚了两次，第一次较有尊严，属于有礼遇或合作色彩的归附。第二次毫无尊严，是被韩信、灌婴等俘获，且先前魏豹不合时宜地抗拒了郦生前来纳降的游说，被俘获后为高祖深度厌恶，政治行情彻底看跌。魏豹从一个政治明星刹那间蜕变为垃圾人物。

刚开始的时候，不光是刘邦项羽两家打仗，还有一堆外围的诸侯军，比如齐王田横魏王豹他们，个个都有逐鹿之心。胶着到白热化之际，来自命运的一丁点提示都是那么激动人心，算命先生于是成了最有前途的职业。

许负是当时最牛的算命先生，某天他来到魏王豹的府中，豹的面相看不出什么名堂，他那个小老婆薄姬却让他眼前一亮，此人日后必生天子，他斩钉截铁地说。

虽然没有做进一步阐述，但这预言已经如一团腾空而起的火焰，照亮了魏豹迷茫的心灵，他本来是跟着刘邦混的，这下立即倒戈降楚，也许对他来说，许负的预言有如一笔重要的注册资金，可他也不想想，薄姬最后生下的，就一定是你魏豹的儿子吗？

头脑简单的人注定要丢人现眼，他没搞过狡猾的韩信，后者三下两下就把他给摆平了，送到刘邦的帐中。刘邦也没跟他计较，还让他守荥阳，倒是他两个同事很不厚道，认为他反复无常，很难共事，一不做，二不休地把他给杀掉了。

在史书中，魏豹从头到尾都像一个笑话，野心大，本事小，迷信又盲动，但是仔细地搜寻字缝，我总怀疑这并非真相。

魏豹真的是被一个预言弄得意乱情迷的吗？甚至于，真有这么一个预言吗？我看未必，魏豹背叛刘邦之后没有自己出来做，而是跟了项羽，换了个大佬对他的皇帝梦能有什么帮助？相对于这个扑朔迷离的传言，魏豹跟郦食其的一段对话更能展露他的心迹。

还是魏豹刚背叛刘邦的时候，刘邦让郦食其给他带个话，只要肯回头，马上封个万户侯。魏豹没有心动，他说："人生一世间，如白驹过隙。今汉王嫚而侮人，骂詈诸侯群臣如奴耳，非有上下礼节，吾不忍复见也。"

人生是如此短暂，可不可以活得稍稍好看一点？他并非不晓得自己身处险境，只是，追求"身段"的他，非如此不可。

生命的尊严与生活的压力，到底哪个更重要？很多年后赵传这样唱道，魏豹断然选择了前者，和当时很多识时务者迥然不同。

比如说黥布。

那一年黥布背叛了项羽投降刘邦，刘邦一边洗脚一边接待他，黥布携了身家性命而来，吃不准刘邦的态度，很敏感，当即就怒了，又没法回头再奔项羽，盘算着回去死掉算了。到了旅馆一看，吃的用的跟刘邦都是一个标准，就连服侍的小姑娘的脸盘都不比刘邦的差。黥布喜出望外，从此对刘邦死心塌地。

对于黥布和刘邦手下的大多数人来说，待遇比脸色更能证明尊严，这就如同尽管老板黑面黑口，却一路给你加薪，总好过老板笑容可掬，你的薪水却在全公司垫底。只要给予足够的利益，一切都可以被化解。粗鲁可以被忽略，傲慢可以被原谅，他们早学会了豁达地对自己说：他就是那么一个人，我跟他较什么真呢？

但魏豹不一样，他不像黥布他们，出身于盗贼流民，对于利益有饥饿感，他是一个真正的贵族，魏国的公子，虽然不能拿豌豆上的公主类比，但无疑，他没有黥布那么皮实。他拘谨，容易受伤，没有在现实里腾挪闪躲的功夫，也没有在同事中长袖善舞的本事，反复无常云云，听起来太像一个借口，真实的情形可能是，他的贵族做派，他的那些穷讲究，让他们讨厌，起了杀机。

若是在太平盛世，魏豹即使不算一个可爱的人，也算过得去，起码他懂礼貌，但这是乱世，粗砺的生物更有生命力，所以他在史书中没有出现几次就死掉了，而且大多数出场都是那么的狼狈。

第二节　旧国之后，及身而绝

【原文】

（一）

韩王信，故韩襄王孽孙也，长八尺五寸。项梁立楚怀王，燕、齐、赵、魏皆已前王，唯韩无有后，故立韩公子横阳君成为韩王，欲以抚定韩地。项梁死定陶，成犇怀王。沛公引兵击阳城，使张良以韩司徒徇韩地，得信，以为韩将，将其兵从入武关。

沛公为汉王，信从入汉中，乃说汉王曰："项王王诸将，王独居此，迁也。士卒皆山东人，踮而望归，及其蠭东乡，可以争天下。"汉王还定三秦，乃许王信，先拜为韩太尉，将兵略韩地。

项籍之封诸王皆就国，韩王成以不从无功，不遣之国，更封为穰侯，后又杀之。闻汉遣信略韩地，乃令故籍游吴时令郑昌为韩王距汉。汉二年，信略定韩地十余城。汉王至河南，信急击韩王昌，昌降汉。乃立信为韩王，常将韩兵。汉王使信与周苛等守荥阳，楚拔之，信降楚。已得亡归汉，汉复以为韩王，竟从击破项籍。五年春，与信剖符，王颍川。

（二）

六年春，上以为信壮武，北近巩、雒，南迫宛、叶，东有淮阳，皆天下劲兵处也，乃更以太原郡为韩国，徙信以备胡，都晋阳。信上书曰："国被边，匈奴数入，晋阳去塞远，请治马邑。"上许之。秋，匈奴冒顿大入围信，信数使使胡求和解。汉发兵救之，疑信数间使，有二心。上赐信书责让之曰："专死不勇，专生不任，寇攻马邑，君王力不足以坚守乎？安危存亡之地，此二者朕所以责于君王。"信得书，恐诛，因与匈奴约共攻汉，以马邑降胡，击太原。

（三）

十一年春，信复与胡骑入居参合。汉使柴将军击之，遗信书曰："陛下宽仁，诸侯虽有叛亡，而后归，辄复故位号，不诛也。大王所知。今王以败亡走胡，非有大罪，急自归。"信报曰："陛下擢仆闾巷，南面称孤，此仆之幸也。荥阳之事，仆不能死，囚于项籍，此一罪也。寇攻马邑，仆不能坚守，以城降之，此二罪也。今为反寇，将兵与将军争一旦之命，此三罪也。夫种、蠡无一罪，身死亡；仆有三罪，而欲求活，此伍子胥所以偾于吴世也。今仆亡匿山谷间，旦暮乞轶蛮夷，仆之思归，如痿人不忘起，盲者不忘视，势不可耳。"遂战。柴将军屠参合，斩信。

【译文】

（一）

韩王信是原来韩襄王的庶孙，他身高八尺五寸。项梁立楚怀王时，燕、齐、赵、魏都在此之前称王，只有韩国没有后代，因而立韩国公子横阳君成做韩王，想以此来安抚稳定韩国。项梁死在定陶后，韩王成投奔楚怀王。沛公带兵攻打阳城，派张良以韩国司徒的身份去占领韩国，发现了韩王信，让韩王信统率韩国的兵马，率领军队跟随沛公到武关。

沛公做了汉王，韩王信跟随他进入汉中，韩王信劝汉王说："项王分封诸将，你却单独驻守在这里，换个地方吧。跟随你的士兵都是山东人，都盼望着回去，一旦东归的意愿强烈，你就可以借此来争夺天下了。"汉王回师平定了三秦的地方，答应以后立信为王，先授予他为韩国的太尉，带兵进占韩地。

项籍分封的各诸侯王都回到各自的封国。韩王成因没有随军征战，没有立下功劳，因而不派他到韩国，改封为穰侯，后来又把他杀了。听说汉王派韩王信来抢占韩地，于是任命他过去在吴县时的县令郑昌为韩王，来抗击汉王的军队。汉二年，韩信平定了韩的十多个城邑。汉王来到河南，韩信急攻韩王昌，韩王昌投降汉。汉王刘邦立韩王信为韩王，让他经常带着韩兵随侍左右。汉王让韩王信和周苛等人驻守荥阳，城池被楚军攻克，韩王信投降了楚军。不久他找机会又逃回了汉，汉王又封他为韩王，最后他跟随汉王打败了项籍。五年春天，汉王与他剖符，在颍川为韩王。

（二）

汉高祖六年春，皇上认为韩王信勇武，所分领地北面接近巩县和洛阳，南面邻近宛县和叶县，东边则有淮阳重镇，这些地方都由精锐的军队驻守，于是把太原郡也分给韩国，让韩王信抵御胡人，并迁都晋阳。韩王信上书说："国土靠近边界，匈奴人多次入侵，而晋阳却距边塞遥远，请求定都马邑。"皇上答应了他的要求。这年秋天，匈奴首领冒顿带领大军围攻韩王信，韩王信多次派使者向胡人寻求和解。汉朝派援军救了韩王信，怀疑韩王信多次派使者私下向匈奴求和，有二心。皇上赐书信责备韩王信说："作为将军，一心去战死算不得勇敢，一心求生不能胜任军事指挥，敌人围攻马邑，你的兵力难道不能坚守吗？虽处危亡的地方，也要坚持忠实诚信，这是我要责备你的。"韩王信得到书信，害怕被杀，因此和匈奴商定共同攻打汉，拱手把马邑送给胡人，投降了匈奴，出兵攻打太原。

（三）

汉高祖十一年春，韩王信又同胡人骑兵驻扎在参合县。汉朝派柴将军去攻打，柴将军先送给韩王信一封信说："陛下宽厚仁爱，诸侯虽然有叛逃的，但归附后，立即又恢复过去的封号，不杀他。这你是知道的。如今你因兵败逃到胡人那儿，没有什么大的罪过，希望你赶快来归顺。"韩王信回报说："陛下把我从闾巷平民中提拔起来，使我在南面而称王，这是我的荣幸。荥阳之战，我没有战死，而做了项籍的囚徒，这是我的头一条罪状。胡寇攻击马邑，我没能坚守住，却用城做礼物投降了敌人，这是第二条罪状。现在我成了反叛之寇，带领军队和你拼死而战，这是第三条罪状。昔日的大夫文种和范蠡，什么罪过也没有，却一死一逃；我有三条罪状，而想求生，这就是当年伍子胥得罪了夫差，而不知逃离，终于死在吴国的原因。现在我逃到山谷之中，日夜向蛮夷乞讨过活，我思归的愿望十分强烈，像瘫痪的人希

153

望站立起来，瞎子渴望重新看见光明一样，只不过是情形不允许我这么做而已。"于是双方交战。柴将军带兵洗劫参合，杀死了韩王信。

【评点】

韩王信是原来韩襄王的庶出孙子，身高八尺五寸。到了项梁拥立楚王的后代楚怀王的时候，燕国、齐国、赵国、魏国都早已自己立下了国王，只有韩没有立下后嗣，所以才立了韩国诸公子中的横阳君韩成为韩王，想以此来占据平定原韩国的土地。项梁在定陶战败而死，韩成投奔楚怀王。沛公带军队进攻阳城时，命张良以韩国司徒的身份降服了韩国原有地盘，得到韩王信，任命他为韩国将军，带领他的军队随从沛公进入武关。

沛公被立为汉王，韩王信随从沛公进入汉中，就说服汉王道："项羽把自己的部下都封在中原附近地区，只把您封到这偏远的地方，这是一种贬职的表示啊！您部下士兵都是崤山以东的人，他们都踮起脚，急切地盼望返回故乡，趁着他们锐气强盛向东进发，就可以争夺天下。"汉王回军平定三秦时，就答应将来韩王信为韩王，先任命他为韩太尉，带兵去攻取韩国旧地。

项羽所封的诸侯王都到各自的封地去，韩王韩成因没跟随项羽征战，没有战功，不派他到封地去，改封他为列侯。等到听说汉王派韩王信攻取韩地，就命令自己游历吴地时的吴县县令郑昌做韩王以抗拒汉军。汉高祖二年（前205），韩王信平定了韩国的十几座城池。汉王到达河南，韩王信在阳城猛攻韩王郑昌。郑昌投降，汉王就立韩王信为韩王，常带领韩地军队跟随汉王。汉高祖三年，汉王撤出荥阳，韩王信和周苛等人守卫荥阳。等到楚军攻破荥阳，韩王信投降了楚军，不久得以逃出，又投归汉王。汉王再次立他为韩王，最终跟从汉王击败项羽，平定了天下。汉高祖五年春天，汉高祖就和韩王信剖符为信，正式封他为韩王，封地在颍川。第二年（前201）春天，高祖认为韩王信雄壮勇武，封地颍川北靠近巩县、洛阳，南逼近宛县、叶县，东边则是重镇淮阳，这些都是天下的战略要地，就下诏命韩王信迁移到太原以北地区，以防备抵抗匈奴，建都晋阳。韩王信上书说："我的封国紧靠边界，匈奴多次入侵，晋阳距离边境较远，请允许我建都马邑。"皇帝答应了，韩王信就把都城迁到马邑。

做皇帝当然不仅仅是感觉，更重要的是要对国家负责。刘邦把韩王信迁到北方，就是看中了韩王信的军事实力。说实话刘邦对韩王信很不错了，先是封他为韩王，后来在荥阳投降项羽被俘，逃回来后依旧做他的韩王，现在刘邦把帝国的边疆交给他镇守，应该说是很大的信任了。

刘邦的想法很简单，就是韩王信先抵挡匈奴的进攻，他派兵救援，一批不行再多一批。不能说刘邦不务正业，置国家安危于不顾鼓捣什么长乐宫。他认为以韩王信的实力，完全可以撑得住匈奴的进攻等援兵到来，况且第一批的援兵已经开过去了，长乐宫的事跟前线没什么冲突。

援兵部队本来以为韩王信已经和匈奴打得不可开交了，可是到了马邑前线一看，韩王信按兵不动，倒是频繁派人到匈奴的军营里去。援军将领看到这种情形，觉得有点不对头，一边派人催促韩王信出战，一边给刘邦写了一封密信，内容是，韩王信有问题，很可能和匈奴之间有什么阴谋。

刘邦收到信后是很紧张的，但是他犯了一个错误，也是他真的做皇帝做出感觉来了，刘邦给韩王信发了一封信函。按理说，现在的事态比较敏感，刘邦应该安抚韩王信，让他专心抵抗，可是这封信的内容却是申斥："你是怕死？还是兵力不够？为什么不开战，却跟匈奴来往这么频繁？！"

也许正是这封申斥函起了导火线作用，后来的事态发展，几乎给汉帝国带来一场灭顶之灾。

韩王信有他的想法。刘邦对他是不错，他对刘邦也没什么恶感，甚至还有点敬仰。但是他始终还是一个异姓王，臧荼、利几、韩信的下场他都看到了，一年前抓捕韩信后开的诸侯大会，他也参加了。而且刘邦新封的三个王，全部都是他刘家人，这个行动传达出的信号已经很明显，就是这个天下要尽数归到他刘家了，异姓王们前景不妙，韩王信自然也明白自己的处境。

还有一个不可忽视，同时也是非常重要的原因，就是匈奴军的实力太强了，强到让韩王信几乎丧失了抵抗的信心，而刘邦并不清楚这一点。

匈奴的实力，加上刘邦的责怪，使韩王信做出了一个没有回头路的决定，他献出了马邑城，投降匈奴了。冒顿自然是全盘接收了韩王信的降兵，并且让韩王信领兵南下，进攻太原。

太原城猝不及防，失守，韩王信以太原为根据地，继续向南扩张。

太原的位置已经深入汉帝国的疆土，向西可以进攻关中，向南过黄河可以进攻中原腹地。帝国成立两年来，首次面临如此重大的危机。

刘邦不可能坐视不管，他再次决定御驾亲征，平定韩王信的叛乱。

高祖七年（前200）冬天，皇帝亲自率军前往攻打，在铜鞮击败韩王信的军队，并将其部将王喜斩杀。韩王信逃跑投奔匈奴，他的部将白土人曼丘臣、王黄等人拥立赵王的后代赵利为王，又收集起韩王信被击败逃散的军队，并和韩王信及匈奴冒顿单于商议一齐攻打汉朝。匈奴派遣左右贤王带领一万多骑兵和王黄等人驻扎在广武以南地区，到达晋阳时，和汉军交战，汉军将他们打得大败，乘胜追到离石，又把他们打败。匈奴再次在楼烦西将地区聚集军队，汉高祖命令战车部队和骑兵把他们打败。匈奴常败退逃跑，汉军乘胜追击败兵，听说冒顿单于驻扎在代谷，汉高祖当时在晋阳，派人去侦察冒顿，侦察人员回来报告说"可以出击"。皇帝也就到达平城。皇帝出城登上白登山，被匈奴骑兵团团围住，皇帝就派人送给匈奴王后阏氏许多礼物。阏氏便劝冒顿单于说："现在已经攻取了汉朝的土地，但还是不能居住下来；更何况两国君主不互相围困。"过了七天，匈奴骑兵逐渐撤去。当时天降大雾，汉朝派人在白登山和平城之间往来，匈奴一点也没有察觉。护军中尉陈平对皇帝说："匈奴人都用长枪弓箭，请命令士兵每张强弩朝外搭两支利箭，慢慢地撤出包围。"撤进平城之后，汉朝的救兵也赶到了，匈奴的骑兵这才解围而去。汉朝也收兵而归。韩王信为匈奴人带兵往来在边境一带攻击汉军。

汉高祖十年（前197），韩王信命王黄等人劝说陈豨，使其误信而反。十一年春天，韩王信又和匈奴骑兵一起侵入参合，对抗汉朝。汉朝派遣柴将军带兵前去迎击，柴将军先写给韩王信说："皇帝陛下宽厚仁爱，尽管有些诸侯背叛逃亡，但当他们再度归顺的时候，总是恢复其原有的爵位名号，并不加诛杀。这些都是大王您所知道的。现在您是因为战败才逃归匈奴的，并没有大罪，您应该赶快来归顺！"韩王信回信道："皇帝把我从里巷平民中提拔上来，使我南面称王，这对我来说是万分荣幸的。在荥阳保卫战中，我不能以死效忠，而被项羽关押。这是我的第一条罪状。等到匈奴进犯马邑，我不能坚守城池，献城投降。这是我的第二条罪状。现在反而为敌人带兵，和将军争战，争这旦夕之间的活头。这是我的第三条罪状。文种、范蠡没有一条罪状，但在成功之后，一个被杀一个逃亡；现在我对皇帝犯下了三条罪状，还想在世上求取活命，这是伍子胥在吴国之所以被杀的原因。现在我逃命隐藏在山谷之中，每天都靠向蛮夷乞讨过活，我思归之心，就同瘫痪的人不忘记直立行走，盲人不忘记睁眼看一看一样，只不过情势不允许罢了。"于是两军交战，柴将军屠平参合城，并将韩王信斩杀。

韩王信投靠匈奴的时候，和自己的太子同行，等到了颓当城，生了一个儿子，因而取名叫颓当。韩太子也生下一个儿子，取名为婴。到孝文帝十四年（前166），韩颓当和韩婴率领部下投归汉朝。汉朝封韩颓当为弓高侯，韩婴为襄城侯。在平定吴楚七国之乱时，弓高侯的军功超过其他将领。爵位儿子传到孙子，他的孙子没有儿子，侯爵被取消。韩婴的孙子因犯有不敬之罪，侯爵被取消。韩颓当庶出的孙子韩嫣，地位尊贵，很受皇帝宠爱，名声和富贵都荣显当世。他的弟弟韩说，再度被封侯，并多次受命为将军，最后封为案道侯。儿子继承侯爵，一年多之后因犯法被处死。又过一年多，韩说的孙子韩曾被封为龙额侯，继承了韩说的爵位。

第十四章 《汉书》卷三十四
韩彭英卢吴传 第四

第一节 草莽英雄，兔死狗烹

【原文】

汉王败，使使召越并力击楚，越曰："魏地初定，尚畏楚，未可去。"汉王追楚，为项籍所败固陵。乃谓留侯曰："诸侯兵不从，为之奈何？"留侯曰："彭越本定梁地，功多，始君王以魏豹故，拜越为相国。今豹死亡后，且越亦欲王，而君王不蚤定。今取睢阳以北至谷城，皆许以王彭越。"又言所以许韩信。语在《高纪》。于是汉王发使使越，如留侯策。使者至，越乃引兵会垓下。项籍死，立越为梁王，都定陶。

六年，朝陈。九年、十年，皆来朝长安。陈豨反代地，高帝自往击之。至邯郸，征兵梁。梁王称病，使使将兵诣邯郸。高帝怒，使人让梁王。梁王恐，欲自往谢。其将扈辄曰："王始不往，见让而往，往即为禽，不如遂发兵反。"梁王不听，称病。梁太仆有罪，亡走汉，告梁王与扈辄谋反。于是上使使掩捕梁王，囚之雒阳。有司治反形已具，请论如法。上赦以为庶人，徙蜀青衣。西至郑，逢吕后从长安东，欲之雒阳，道见越。越为吕后泣涕，自言亡罪，愿处故昌邑。吕后许诺，诏与俱东。至雒阳，吕后言上曰："彭越壮士也，今徙之蜀，此自遗患，不如遂诛之。妾谨与俱来。"于是吕后令其舍人告越复谋反。廷尉奏请，遂夷越宗族。

【译文】

汉王打了败仗，派人召见彭越，让他合力攻打楚军，彭越说："魏地刚平定不久，还害怕楚军袭击，不能前去。"汉王追击楚军，在固陵被项羽打败。便对张良说："诸侯的军队不服从调动，该怎么办？"张良说："彭越本来平定了梁地，功劳大，当初君王由于魏豹的缘故，任命彭越为魏国的相国。现在魏豹已死，又没有后代，并且彭越也想称王，而君王不早决定封他为王。如今他要是夺取了睢阳以北直到谷城的地区，就都用来封他为王。"又谈了以前之所以封韩信的原因。此事记载在《高纪》中。当时汉王就派使者到彭越那里，按张良的计策行事。使者一到，彭越就率领军队会师垓下。项羽已死，封彭越为梁王，建都定陶。

汉六年，彭越到陈县朝见汉高帝。九年、十年，都来长安朝见。陈豨在代地反叛，高帝亲自去讨伐，到达邯郸，向梁王征兵。梁王声称有病，派部将率兵到邯郸。汉高帝发怒，派人责备梁王。梁王害怕，要亲自前去请罪。他的将领扈辄说："大王开始不去，受到责备后才去，去到那里就会被擒拿的，不如就此发兵造反。"梁王不听，仍然说自己有病。梁王的太仆犯了罪，逃到汉高帝那里，告发梁王与扈辄谋反。于是汉高帝派使者突然偷袭捉住了梁王，把他囚禁在洛阳。经主管官吏审查，认为已构成谋反的罪状，请依法判决。皇帝赦免了他，降为平民，流放到蜀郡青衣县。押送他西行到郑地，这时吕后从长安东来，要去洛阳，在路上遇到彭越。彭越向吕后哭泣，诉说自己无罪，希望流放到自己的故乡昌邑。吕后答应了，令他一起东去。到了洛阳，吕后告诉皇帝说："彭越是个壮士，如果把他流放到蜀地，这是给自己留下了祸患，不如现在杀掉他。我让他一道来了。"这时，吕后就让彭越的家臣告发他再次谋反。经廷尉奏请皇帝后，便诛灭了彭越及他的宗族。

【评点】

在刘邦称帝后，封彭越为梁王。

其实他们的关系都是相当不错的，彭越每年都会去长安看看刘邦，拉拉家常，交流交流感情，防止感情的破裂。他们一直相处得很好，直到汉十年，他们的关系发生了微妙的变化。

这一年，陈豨造反，刘邦带兵攻打陈豨，命彭越带兵随刘邦出征，讨伐陈豨。但是彭越说他病了，身体欠佳。所以没有去，当然，彭越是装病。不过，他还是给刘邦几分薄面的，派了几千人马，由部将带兵随刘邦出征。因此，刘邦非常不满，派使者出使梁国，责备彭越。

其实，在这之前，他们已经有过一次不愉快的经历。就是在垓下之围前，彭越曾放过刘邦的鸽子，按理说，刘邦如果想找他算账，早就可以下手了。但是刘邦没有，这一次，彭越走到了尽头，他们的关系也从此破裂。

皇帝都不高兴了，这下彭越还能坐得住吗？

彭越开始紧张起来，他准备向刘邦请罪。本来这是一个好的解决方法，可是他的将领扈辄从中插了一脚。

扈辄给彭越提了一个干脆的建议：造反。但是，这件事的机会成本似乎有点大，彭越也看到了前面那些造反派的结果，不敢轻举妄动。但他依然称病不从。

当一个人要倒霉的时候，往往是祸不单行的。彭越的师机（太仆）犯了罪，彭越准备治他的罪。太仆逃到刘邦那里，狠狠地踩了彭越一脚，此所谓落井下石。

彭越的太仆把彭越与扈辄的谈话告诉了刘邦。这一次，他们的关系彻底破裂。

收到这个消息，刘邦并没有慌张，仍然保持着他特有的冷静。他并没有像前几次一样，听到有人造反就派大军去招呼他们。当然，刘邦的士兵都在前线，没有多余的兵力，所以，这一次，刘邦换了方法。

刘邦的这种方法，具有现代部队的作战特点——特种作战。这绝对是史无前例的。刘邦就派了几个人，偷袭了梁王彭越的官邸，把彭越抓到了洛阳。可以说，这是一次不流血的平叛，不费一兵一卒。

对于彭越，刘邦仍然没有把事做绝。他只是把彭越贬为庶民，流放到巴蜀一带，看起来，这也符合刘邦的做事风格。

可是彭越的命不是很好。在彭越去巴蜀的途中，他遇到吕后。说来也不巧，吕后正要从长安去洛阳。彭越感觉到，对于他来说，这是一个不可多得的机会，而且他的要求也不高，只是想回到自己的老家昌邑，落叶终究是要归根的。他相信，以他的功劳，只要向吕后求求情，求吕后给刘邦吹吹枕边风，应该是没有问题的。

因此，彭越向吕后求情，吕后也爽快地答应了。吕后把他带回了洛阳。彭越看到了希望，他相信，这个女人一定能帮他的。

但是，彭越并不知道，他所哀求的这个女人并不是大慈大悲的观世音菩萨，而是一个铁腕的政治家，是一个真正赶尽杀绝的人。她深知除恶务尽这个道理，多年的政治觉悟让她做事从不手软，韩信是第一个，彭越将是第二个。

吕后把彭越带到洛阳，在和刘邦商议之后，吕后落井下石，找人告了彭越的黑状。经查实，彭越谋反罪名成立，罪当斩。当然这是一次真正的诬陷，但是怎么说都不要紧，想要的就是给他安个罪名，然后取他的项上人头。彭越被灭三族。

彭越为什么会向吕后哭诉自己的冤情呢？

第一，无政治头脑。

楚汉战争中，彭越在项羽的后勤供应线上采用机动作战的方法，多次断项羽楚军粮道，打得有声有色。彭越的游击战，是中国军事史上最早的游击战。但是，彭越毕竟只是一位偏才，一位只具军事才能而没有政治远见的人。

彭越还赶不上韩信，韩信死前还认识到兔死狗烹、鸟尽弓藏的道理，彭越连这都不懂，这和彭越江洋大盗的出身有关。

第二，不了解吕后。

吕后在整个反秦、反项的斗争中从未出过头露过面，彭越明显没有认识到吕后的可怕。

答应帮助彭越的吕后见了刘邦会为彭越求情吗？

吕后见到刘邦说："彭越是一条好汉，如果现在把他流放到蜀地，这是放虎归山，不如趁此机会杀了他。所以，我把他带来了。"

刘邦如何回答吕后的话，《史记》《汉书》都没有记载，但从最后杀彭越看，刘邦批准了吕后的建议。这足以证明刘邦确有杀彭越之心，否则，吕后的建议决不可能被刘邦批准。

于是，吕后命令彭越的门客告彭越谋反，司法官判彭越灭族，刘邦批准了这个决定，彭越被灭三族。

据《史记·黥布列传》所载，刘邦杀了彭越之后，还将彭越的尸体制成肉酱，分给天下诸侯食用，以警示天下。

尚未叛乱的黥布接到用彭越尸体做成的肉酱，非常紧张，立即布置军队，观察邻郡的动静。

在彭越传中，司马迁明确记述了彭越没有叛乱。所以，汉初被杀的功臣中彭越的冤情最明显。所以，司马迁在彭越的传记中对他的冤情记述得也最详细。

吕后为什么敢如此大胆地杀韩信、彭越这些开国功臣呢？

第一，刘邦称帝后对功臣的极度猜忌。

貌似大度，内藏猜忌。刘邦给人的印象是宽容大度的，但是，刘邦的这种大度只是一种表象，刘邦的内心时时怀着对所有功臣深深的猜忌，只是含而不露而已。

刘邦对异姓诸侯王早就心存戒备。所谓"共分天下"不过是权宜之计、无奈之举，这和刘邦骨子里存在的"家天下"形成了必然性的冲突。

因此，变"共分天下"为"家天下"是刘邦的既定方针，是不可逆转的历史趋势。

所以，刘邦除掉异姓诸侯王只是个时间问题。而且，他所除掉的异姓诸侯王又必然是灭亡项羽时立功最为卓著的韩信、彭越、黥布等人。

刘邦与吕后是结发夫妻，虽然刘邦起兵反秦之后，吕后与刘邦七年没有共同生活，但是，刘邦深知其妻的为人。

因此，我们有充分的理由相信：刘邦深知其妻，原因只有一个，他是吕后的丈夫，长期的相处使他深知吕后的为人。同理，吕后也一定深知刘邦对开国功臣的忌恨，因为她是刘邦的妻子，长期相处也使她深知刘邦的为人。

这正是吕后敢于不经请示就处死韩信的基本判断。如果吕后不知道刘邦在灭了项羽之后对韩信的嫉恨，就是借给她一千个胆儿她也不敢杀韩信。韩信是开国功臣，又曾经做过刘邦的大将军，吕后岂敢造次？因此，诛杀韩信，表面看来是吕后杀功臣，其实，吕后只是替刘邦做了想做而还没有来得及做的事。

刘邦得知韩信被吕后所杀之事后，果然丝毫没有责备吕后，更没有处罚吕后，这就证明吕后的判断是准确的。《淮阴侯列传》记载此事时写了这样一个细节：

高祖已从豨军来，至，见信死，且喜且怜之。

刘邦第一反应是高兴，因为吕后到底为自己除掉了一个心腹大患！其次才是哀叹韩信的命运。

这一细节还说明吕后擅自做主杀了韩信之后并没有马上向刘邦报告，而是等刘邦平定陈豨叛乱回京后才知道这件大事。

事前不请示，事后不汇报，吕后倚仗的就是她对刘邦忌恨韩信的深刻了解，她知道杀了韩信没事。

我们可以想一想，为什么吕后那么嫉恨戚夫人但却不敢像杀韩信一样处死戚夫人呢？因为她知道她要是在刘邦在世之时杀了刘邦最宠爱的戚夫人，刘邦绝不会饶她。她敢杀戚夫人，刘邦就敢杀她。同样，吕后也绝不敢在刘邦在世之时杀赵王刘如意。因此，吕后杀赵王刘如意、杀戚夫人只能等到刘邦去世之后才能做。

可见，吕后杀韩信其实是代刘邦杀功臣，这笔账不能只算在吕后身上，刘邦绝对脱不了干系。

刘邦对他所忌恨的开国功臣的处理，一向不是一步到位，而是一步一步到位。

项羽死后，他首先夺了韩信的齐王，但是，还要改封为楚王。齐王韩信的兵权太大，必须立即处理。楚王韩信的兵权已经小多了，所以可以允许存在。诱捕了楚王韩信之后，他并没有将韩信一棍子打死，只是将韩信降为淮阴侯，放在京城，削去军权，留待以后再做处理。

这就是刘邦式的处理办法。

处理彭越也体现了刘邦这种一步一步到位的独特方式：刘邦只是将彭越由梁王流放到蜀地，并没有立即处死彭越。

但是，吕后不一样，吕后的处理方式是一步到位，直奔主题。所以，刘邦将彭越放逐蜀地，吕后却将彭越从流放途中带回来，一步到位地处死了彭越。

杀韩信，对吕后而言，是小试牛刀；处理彭越，她已经是越俎代庖了。她的胆子是越杀越大，心越杀越黑。

刘邦倒也乐得其成，反正是处死那些让他内心不安的功臣，由吕后直接操作，让吕后承担杀功臣的恶名，比自己承担这个恶名更好。所以，刘邦对吕后处死韩信没有一点责怪。他只关心被冤杀的韩信临死前说了什么，以便除掉当年鼓动韩信叛汉的蒯通。

同样，刘邦对吕后要求一步到位地处死彭越也没有表示反对，他同样乐得吕后在历史上替自己承担杀彭越的恶名。

刘邦对韩信、彭越没有一步到位地杀掉，并不能说明刘邦为人宽容。因为刘邦从来不是一个宽容的人，他的宽容只是一种策略、一个表象。

刘邦对项羽有宽容吗？没有！汉四年的鸿沟议和，刘邦是同意的。张良、陈平劝他趁机除掉项羽，刘邦何尝没有想到趁机除掉项羽呢？此时已不是鸿门宴之时了，刘邦已经控制了整个黄河以北的土地，黥布、刘贾也已经控制了安徽的大部，刘邦已经完成了对项羽东、西、南、北四面的战略包围。刘邦此时绝对不会放过项羽。这种情况下刘邦同意项羽中分鸿沟的计划，目的只有一个，就是利用议和让项羽放回他的父亲和吕后。

单纯的项羽在刘邦同意议和之后立即释放了刘邦的父亲和吕后，刘邦却虚晃一枪，在项羽释放了其父其妻之后，撕毁协议，追杀项羽。据史书记载，此事是张良、陈平的建议。其实，这与让吕后出面杀韩信、杀彭越一样，刘邦和张良、陈平的意见肯定是一致的。只不过刘邦这次是让张良、陈平承担了背信弃义的罪名。

第二，吕后对"后刘邦时代"政治局面的顾忌。

吕后在杀韩信、杀彭越时，表现得比刘邦更积极、更主动，力主一步到位。其中，除了因为吕后不赞成刘邦一步一步到位的处事方式外，还有更深一层的原因，那就是吕后还顾忌到刘邦百年之后"后刘邦时代"的政治局面。

刘邦一生征战，多次受伤，比较严重的有两次：

汉四年刘、项荥阳对峙之时，刘邦被项羽一箭射中胸部。

汉十一年黥布被逼反时，刘邦曾经因伤而不打算亲征。他亲征黥布时又受箭伤。

汉十二年，刘邦已经因伤病危，拒绝治疗。

此时的吕后向刘邦询问萧何之后的相国人选。

刘邦说曹参可继任。吕后又问曹参之后的人选，刘邦说王陵、陈平可继任，并选周勃任主管军事的最高长官太尉。吕后又问这以后的人选，刘邦说：这以后的

162

事你也不用问了。

吕后对刘邦的健康状况，以及刘邦死后的重要人事安排的高度关注，说明吕后比刘邦更关注"后刘邦时代"如何驾驭开国功臣这一重大问题。

第三，刘邦对吕后外戚派的有意扶持。

刘邦晚年利用吕后除掉了韩信、彭越两位最著名的开国功臣，目的之一即是有意培植吕后一党的势力。

刘邦深深懂得权力制衡的道理。

宋人吕祖谦说："存吕后为有功臣，存功臣为有吕后，此高祖深意也。"（《大事记》）吕祖谦的话有一定道理，但仍不深刻；刘邦对吕后绝不仅仅是存，而是刻意扶植。

当时的朝中有刘氏宗族派、功臣元老派和吕氏外戚派三派势力。功臣元老派是在灭秦、灭项的战争中自然形成的，虽然经过异姓王的由封到除，功臣元老派势力大大受损，但是，仍然有相当强的实力。

刘氏宗族派主要是刘邦分封的诸子。他们被分封时一般年龄较小，还形不成一股强大的势力，但是，他们是正宗的皇权继承人，政治上占有极大优势。

吕后外戚派在刘邦去世之前还没有形成一股强大的势力，在三派之中，力量较小。

刘邦不想让功臣元老派的势力过强过大，也不想让吕氏外戚派的势力过强过大，因此，利用吕氏外戚派和功臣元老派的相互制衡，才能最大限度地坐收渔翁之利，保住刘氏江山的代代相传。

因此，刘邦利用吕后杀戮韩信、彭越的过程，也就是有意培植吕后外戚派的过程。所以，吕后杀戮开国功臣不仅是做了刘邦想做而尚未做完的事，更重要的是在刘邦的扶植下形成了能够抗衡功臣元老派的吕氏外戚派。

第二节　当刑之王，下策败北

【原文】

反书闻，上乃赦赫，以为将军。召诸侯问："布反，为之奈何？"皆曰："发兵坑竖子耳，何能为！"汝阴侯滕公以问其客薛公，薛公曰："是固当反。"滕公曰："上裂地而封之，疏爵而贵之，南面而立万乘之主，其反何也？"薛公曰："前年杀彭越，往年杀韩信，三人皆同功一体之人也。自疑祸及身，故反耳。"滕公言之上曰："臣客故楚令尹薛公，其人有筹策，可问。"上乃见问薛公，对曰："布反不足怪也。使布出于上计，山东非汉之有也；出于中计，胜负之数未可知也；出于下计，陛下安枕而卧矣。"上曰："何谓上计？"薛公对曰："东取吴，西取楚，并齐取鲁，传檄燕、赵，固守其所，山东非汉之有也。""何谓中计？""东取吴，西取楚，并韩取魏，据敖仓之粟，塞成皋之险，胜败之数未可知也。""何谓下计？""东取吴，西取下蔡，归重于越，身归长沙，陛下庶枕而卧，汉无事矣。"上曰："是计将庶出？"薛公曰："出下计。"上曰："胡为废上计而出下计？"薛公曰："布故骊山之徒也，致万乘之主，此皆为身，不顾后为百姓万世虑者也，故出下计。"上曰："善。"封薛公千户。遂发兵自将东击布。

【译文】

朝廷收到黥布反叛的报告后，皇帝就赦免贲赫，任命他为将军。皇帝召见诸侯问道："黥布反叛，对他应该怎么办？"诸侯都说："派兵去活埋这个小子，还能怎么样呢！"汝阴侯滕公问他的门客薛公对这件事的看法，薛公说："黥布本当反叛。"滕公分析说："皇帝割地而封赐爵位使他显贵，南面称王成了万乘之国的君主，他反叛是什么原因呢？"薛公说："前几年杀了韩信，又杀了彭越，这三个人是同等功劳、同类型的人。自己怀疑祸患会牵连到自身，因而反叛了。"滕公把这些话报告皇帝，说："我的门客原楚国的令尹薛公，这个人有计谋，可以问问他。"皇帝召见询问薛公。薛公回答说："黥布反叛是不足为怪的。如果黥布采用上策，山东地区就不是汉朝所有了；采用中策，是胜是败的情况就难以预料了；采用下策，陛下就可高枕无忧了。"皇帝问："什么是上策？"薛公回答说："向东攻取吴国，向西攻取楚国，吞并齐国，夺取鲁地，向燕国和赵国下一道文书，牢固地守住这些地方，山东地区就不是汉朝所有了。"皇帝问："什么是中策？"回答说："向东攻取吴国，向西攻取楚国，吞并韩国，夺取魏国，占有敖仓的粮食，封锁成皋的要道，是胜是败的情况就难以预料了。"皇帝问："什么是下策？"回答说："向东攻取吴国，向西攻取下蔡，把物资囤积到越，自居长沙，陛下可以高枕无忧了，汉朝平安无事。"皇帝说："他会采用什么计策？"薛公回答说："采用下策。"皇帝说："为什么不采用上策却要采用下策呢？"薛公说："黥布原来是骊山的刑徒，做到了大国的国王，这都是为了自身，不会想到为百姓、为后世子孙来考虑，所以说会采用下策。"皇帝说："好。"赐封薛公一千户。于是发兵并亲自率领向东进攻黥布。

【评点】

黥布起兵于淮南，薛公所说的上、中二策，实际上是以兼并东部平原地带而与西汉形成东西对峙的态势。黥布乃骁勇之将，自韩信、彭越被诛后，汉军中已无堪与匹敌的将领。统兵打仗、冲锋陷阵，无人能敌，而长算远略则非其所长。因此，对于黥布来说，或许薛公所言中策更合适些。采取中策，略取吴、楚，然后"并韩取魏，据敖仓之粟，塞成皋之险"，以决胜负于中原，是将再现原楚汉战争的局面。此时，东部形势比原项羽时有利，而刘邦所处形势则较从前不利。因此，单纯从战争的角度来说，黥布采取中策，或许有一线的取胜希望。黥布终因取下策而败。

黥布并未采取薛公所言上、中二策，但薛公的分析却是对西汉时期东西方形势的一种很具代表性的判断。后来"七国之乱"时，吴王麾下桓将军建议吴王说："吴多步兵，步兵利险；汉多车骑，车骑利平地。愿大王所过城邑不下，直弃去，疾西据洛阳武库，食敖仓粟，阻山河之险以令诸侯，虽毋入关，天下固已定矣。即大王徐行，留下城邑，汉军车骑至，驰人梁楚之郊，事败矣。"

桓将军所言除了出于步兵与车骑二者利弊的战术性考虑外，更值得注意的是其卓著的战略眼光。他所说的"所过城邑不下，直弃去，疾西据洛阳武库，食敖仓粟，阻山河之险以令诸侯，虽毋入关，天下固已定矣"可谓薛公所言中策的翻版，其大旨仍在促成一种明朗的东西对峙态势的形成。形成这种态势的关键却在于抢占成皋一带的山川之险，据有洛阳一带的粮仓和武库。吴王未从桓将军之议，而尽锐攻梁之睢阳（今河南商丘），终为周亚夫所败。

汉武帝时，淮南王刘安进行过一场未遂的谋反。史载刘安日夜与属下研究天下形势，"按舆地图，部署兵所从入"。他问计于伍被，叙述其起兵的打算，并说到吴王的失误。他说："且吴何知反，汉将一日过成皋者四十余人。今我令缓先邀成皋之口，周被下颍川兵塞轘辕、伊阙之道、陈定发南阳兵守武关。河南太守独有洛阳耳，何足忧？然此北尚有临晋关、河东、上党与河内、赵国界者通谷数行。人言'绝成皋之道，天下不通'。据三川之险，招天下之兵，公以为如何？"

看来刘安是看到了吴王刘濞失策的关键。"汉将一日过成皋者四十余人"，是言汉廷平叛大军顺利通过成皋之口东出，迅速展开，足见成皋在当时地位之重要。所以他计划先"邀成皋之口"，然后"塞轘辕、伊阙之道""守武关""据三川之险"，控扼东、西方之间往来通道，以与西汉形成东西对峙之势。刘安以谋泄而败，其计划未及施行。

东汉末，关东州郡起兵讨董卓。董卓一面徙汉献帝于长安，一面遣兵戍守洛阳。时关东诸将屯河内、酸枣、南阳等地。曹操建议诸将说："诸君听吾计：使勃海（袁绍）引河内之众临孟津；酸枣诸将守成皋，据敖仓，塞辕、太谷，全制其险；使袁将军（袁术）率南阳之军，军丹、析，入武关，以震三辅。皆高垒深壁勿与战：益为疑兵，示天下形势，以顺讨逆，可立定也。"

当时董卓所率乃凉州精兵，而讨董卓诸将皆关东人，从人事组成上来看，这种对抗已带有东西矛盾的色彩。董卓据洛阳，虏掠财物俱运关中，隐然已有西归之意。董卓西迁，司空荀爽便说过："山东兵起，非一日可禁，故当迁以图之，此秦、汉之势也。"双方都认识到了当时东西对峙的态势，曹操之议更是深知东、西对峙的形势争夺的关键。但诸将不听，终致食尽兵散，汉末局势遂不可收拾。

十六国时，前后赵在北方对峙。前赵据关中，后赵据河北。双方在山西、河南对抗。后赵大将石虎攻前赵河东重镇蒲坂，从而引发前、后赵在洛阳的大决战。前赵主刘曜尽率国中精锐驰撞蒲坂，击败石虎，然后挥兵南下，围攻后赵洛阳。后赵主石勒亲自率兵自襄国（今河北邢台）驰援洛阳。进军途中，石勒侦知刘曜仍在围困洛阳，大喜道："曜盛兵成皋关，上策也；阻洛水，其次也；坐守洛阳，此成擒耳。"刘曜若能扼守成皋关，或阻洛水而守，拒敌于险要之外，石勒纵有千军万马也无可奈何，洛阳自可不战而下；成皋、洛水弃而不守，纵敌入险，实为刘曜的重大失策，这种失策铸就了刘曜的失败。

后来前秦、前燕在北方对峙时，前秦王猛攻前燕洛阳之战的形势与前、后赵洛阳之战有些类似。但前秦王猛攻洛阳，先振军扼成皋之险，以断前燕援军入援之路，洛阳遂成瓮中之鳖，不战而下。

东西方对峙，大体上以太行山诸关隘、黄河孟津渡口、嵩山一带诸关隘为对抗的前沿地带，尤以成皋一带为争夺的关键。成皋处于东西对抗的中轴线上，能控成皋即是控制了东西之间通行的捷径，刘安所言"人言'绝成皋之道，天下不通'"当是那个时代流行的看法。

从中国地理大势来说，这种对抗却是西方居地势之利，而东方则处相对劣势。西方地势较高，面对东方，居高临下，若是能据成皋一线，即已取得一种非常有利的攻击态势；而东方据成皋一线，至多只是取得一种比较好的防守态势，失成皋一线则全失地利之险，故历史上的东西之争以西方胜利者居多而东方胜利者居少。

第三节　沛丰铁杆，亡命他乡

【原文】

（一）

卢绾，丰人也，与高祖同里。绾亲与高祖太上皇相爱，及生男，高祖、绾同日生，里中持羊酒贺两家。及高祖、绾壮，学书，又相爱也。里中嘉两家亲相爱，生子同日，壮又相爱，复贺羊酒。高祖为布衣时，有吏事避宅，绾常随上下。及高祖初起沛，绾以客从，入汉为将军，常侍中。从东击项籍，以太尉常从，出入卧内，衣被食饮赏赐，群臣莫敢望。虽萧、曹等，特以事见礼，至其亲幸，莫及绾者。封为长安侯。长安，故咸阳也。

项籍死，使绾别将，与刘贾击临江王共尉，还，从击燕王臧茶，皆破平。时诸侯非刘氏而王者七人。上欲王绾，为群臣臧茶。及虏臧茶。乃下诏，诏诸将相列侯择群臣有功者以为燕王。群臣知上欲王绾，皆曰："太尉长安侯卢绾常从平定天下，功最多，可王。"上乃立绾为燕王。诸侯得幸莫如燕王者。绾立六年，以陈豨事见疑而败。

（二）

汉既斩豨，其裨将降，言燕王绾使范齐通计谋豨所。上使使召绾，绾称病。又使辟阳侯审食其、御史大夫赵尧往迎绾，因验问其左右。绾愈恐，床匿，谓其幸臣曰："非刘氏而王者，独我与长沙耳。往年汉族淮阴，诛彭越，皆吕后计。今上病，属任吕后。吕后妇人，专欲以事诛异姓王者及大功臣。"乃称病不行。其左右皆亡匿。语颇泄，辟阳侯闻之，归具报，上益怒。又得匈奴降者，言张胜亡在匈奴，为燕使。于是上曰："绾果反矣！"使樊哙击绾。绾悉将其官人家属，骑数千，居长城下候伺，幸上病瘳，自入谢。高祖崩，绾遂将其众亡入匈奴，匈奴以为东胡卢王。为蛮夷所侵夺，常思复归。居岁余，死胡中。

高后时，绾妻与其子亡降，会高后病，不能见，舍燕邸，为欲置酒见之。高后竟崩，绾妻亦病死。

孝景帝时，绾孙它人以东胡王降，封为恶谷侯。传至曾孙，有罪，国除。

【译文】

（一）

卢绾，丰邑人，与高祖是同乡。卢绾的父亲与高祖的父亲相友好，同时生孩子，高祖、卢绾同日出生，乡亲们抬着羊、酒祝贺两家。等到高祖、卢绾长大，在一起读书，又相友好。乡亲们称赞两家父辈相友好，生儿子在同一天，儿子长大又相友好，再一次用羊、酒向两家祝贺。高祖还是平民的时候，因违法逃避躲藏，卢绾总是跟随东奔西走。到高祖在沛县起兵，卢绾以宾客身份跟随，进入汉中升为将军，经常陪伴在内廷。跟随高祖东征项羽，以太尉的身份总是不离左右，进出高祖的卧室，吃穿用各方面的赏赐，群臣们没有敢攀比的。即使像萧何、曹参等人，只是因为事业需要而被尊重，至于他们受到的宠爱，没有比得上卢绾的。卢绾被封为长安侯，长安就是原来的咸阳。

项羽死后，就让卢绾另带一支军队，与刘贾一起进攻临江王共尉。返回来后，跟随高祖讨伐燕王臧荼，都打败了敌人，平定了那些地方。当时诸侯中不是刘姓而封为王的有七人。皇帝想封卢绾为王，群臣不满而埋怨。等到俘虏了臧荼，就下达诏书，诏令将相列侯们选择群臣中有功劳的封为燕王。群臣知道皇帝想封卢绾，都说："太尉长安侯卢绾经常跟随皇帝平定天下，功劳最多，可以封为王。"皇帝就立卢绾为燕王。诸侯王受宠爱没有谁比得上燕王。卢绾封燕王六年后，因陈豨的反叛事被怀疑而垮台。

（二）

汉朝斩杀了陈豨，他的副将投降，说燕王卢绾派范齐到陈豨驻地通告计谋。皇帝派使者召见卢绾，卢绾推托生病。皇帝又派辟阳侯审食其、御史大夫赵尧前往迎接卢绾，借机向燕王身边的人对证。卢绾更加恐惧，关门躲藏，对他最信任的近臣说："不是刘姓而为王的，只有我和长沙王了。去年朝廷族灭淮阴侯，杀了彭越，都是吕后的计谋。如今皇帝病了，大权托付给吕后。吕后妇道人家，专想寻找事端诛杀异姓王和大功臣。"于是推说有病不起身。他的近臣都逃避躲藏起来。他说的话多有泄露，辟阳侯听到了，回到京城详细报告皇帝，皇帝更加恼怒。又收得匈奴投降过来的人，说张胜流亡在匈奴，充当燕国的使者。于是皇帝说："卢绾果真反了！"派樊哙讨伐燕王卢绾。卢绾带着他的全部宫人家属、数千骑兵，驻扎长城下等待、观望，希望皇帝病愈，亲自进京请罪。高祖去世，卢绾就带领他的部下逃入匈奴，匈奴封他做东胡卢王。卢绾受蛮夷欺凌掠夺，经常想着再回汉朝。过了一年多，死在匈奴。

高后时，卢绾的妻子和儿子逃出匈奴投降汉朝，碰上高后生病，不能接见，让他们住在燕公馆，想要设酒宴召见他们。高后最后去世了，卢绾的妻子也病死了。

汉景帝时，卢绾的孙子卢它人以东胡王的身份降汉，封为恶谷侯。传到曾孙，因犯罪，封国被废除。

【评点】

都言做人难，何曾料到做帝王竟也这样难！称帝者天之骄子，称王者割据一方，哪一个不是呼风唤雨，双脚一跺大地颤抖的主儿？可偏偏汉帝刘邦和燕王卢绾到了晚年就遇上了这样的烦心事。

刘邦暮年，担心武将功高震主，日后与刘盈为难，于是变着法子收拾他们，把从臧荼到黥布六七个诸侯王铲除，最后剩下了长沙王吴芮和燕王卢绾。这吴芮虽系异己，但是无子无孙，暂时不闻不问，只待自然消亡即可，不妨送个人情。那卢绾就成了颇麻烦的事情。两人过去感情很深，明明白白地下手恐怕遭议论。若是袖手不管，又怕日后其他人援例使其生出期盼，危及王朝安全。再说，当初任卢绾为燕王不过是权宜之计，想让已经"船到码头车到站"的沛丰兄弟产生新的奋斗目标，好在收拾韩信们的时候再做新贡献，再立新功劳，自然也应该"兔死狗烹"的。

卢绾本是沛丰兄弟中比较无能的一个，大概过去也没有做诸侯的念头。不料在燕王宝座上待过数日之后竟然不想下来，眼看黥布消失就不免兔死狐悲起来，寝食难安了。要挣扎没那能耐，要束手又不甘心。这一帝一王都深深地体会到做人之难了。

人们总是这样，随着地位的变化，看问题的立场观点态度都会发生变化。如举刘邦为例，平民刘邦豪爽仗义，帝王刘邦翻脸不认人。也许有人会反对说，从草民到天子，变化太大了吧！那么就听听卢绾的故事吧。

平民之时，卢绾与刘邦关系之"铁"自不待言，同年同月同日来到这个世界，从此便如影随形，亲热得如同一个人。一同上学，一同习武，一同造反——从沛县到咸阳，从汉中到长安，可谓好朋友、铁哥们儿、老战友。卢绾对刘邦绝对信仰，刘邦对卢绾充分信任，是为美谈。

按照出生时辰，卢绾早刘邦半日，但卢绾总是跟在刘邦的身后甜甜蜜蜜地叫"大哥"；按照家庭背景，卢绾要殷实富裕得多，但他从来不歧视刘邦，反而每每资助刘邦，让他上学，交游；按照身份贵贱，卢绾在家里也是端吃端喝的主儿，可造反之后却心甘情愿地照顾刘邦的饮食起居，使其专心一意搞工作。至于刘邦对卢绾的偏爱，更是令沛丰弟兄嫉妒。刘邦出征中原，竟然让卢绾作为眼线盯梢萧何，信任之深可见一斑。固然，"革命成功"后卢绾和其他弟兄一样封为侯爵，但是在剪除臧荼之时，刘邦任卢绾为统帅，硬是执意把首功让给他，使之得以爵加燕王，成为沛丰弟兄中的"唯一"。如此情谊毋庸赘言，恐怕萧、曹、周、樊任何人也难以比肩了。

既然卢绾属于沛丰元老，那么在对付韩信等"半道派"时就应该"同仇敌忾"的。事实并非如此，因为卢绾现在已经有了"燕王"的头衔，所以他既属于"沛丰圈"，又属于"诸侯帮"，与诸侯们惺惺相惜了。可以这样认为，登上诸侯的台阶，加入诸侯的等级，他便属于"诸侯阶级"，看待问题的立场变了，处理事情的态度变了。于是，刘邦废掉韩信，他心怀抵触；刘邦迁调韩王信，他坐卧不宁；刘邦征讨陈豨，他按兵不动，甚至阳奉阴违，里通外国，终于留下了致命把柄，最后导致君臣反目。要知道，除了卢绾以外，沛丰圈所有弟兄都是一心剪除其他诸侯的——非刘氏而王者，天下共击之！仍然是过去的沛丰弟兄，仅仅因为一侯一王，态度反差竟天壤之别。

同样是刘邦的臣子，同样是吃香喝辣的富贵荣华，只是由于卢绾从"侯爵阶级"上升到"诸侯阶级"，大哥也不大哥，弟兄也不弟兄了，真有意思。从侯到王这么一点"阶级"变化，就这样把卢绾的立场决定了，想改变也不可能。

当然，主动权全在刘邦手中。被别人吐唾沫没有确保自己的王朝重要，受委屈的只能是卢绾。刘邦于是派兵征讨燕国，卢绾怕屈打成招，只好三十六计走为上，不抵抗不叛逃，躲进了燕山之中的长城碉楼里。不料就在此时刘邦死了，卢绾的行为失去了解释的对象，"卢绾叛国案"就这样铁定了！

卢绾有家难回，以后逃到匈奴，被封为"东胡卢王"，更证实了卢绾是汉家叛徒不假。大概卢绾实在没有叛心，大概卢绾害怕死后仍然屈蒙污名，不久他也进入弥留状态，临终拉着老婆的手反复交代的只有一句话：一定要回到汉朝去，当着刘家的人把事情说清楚！原来，卢绾心中最放不下的是怕被误会。

卢绾死后，卢妻果然回到汉朝，被安排在最高级的酒店，当时执政的吕后打算用最隆重的仪式欢迎"叛逃者"的回归，想不到吕后竟然很快就死了！卢妻觉得失去了刘卢两家把话说清楚的机会，愧对丈夫，不久也抑郁而终。

难道历史就真的不再让真相大白于天下了吗？几十年后，汉朝已经是刘邦的孙子刘启当政，卢绾的孙子卢它人又率部回到汉朝，一心想的仍然是把当年的事情"说清楚"！

刘启很珍视这次机会，抓紧时间安排了当年沛丰兄弟的子孙见面——他们也已经老了。未央宫中出现了让人始料不及的一幕：卢家人见到刘启尚未下拜便被拉住，不仅免去了君臣之礼，刘启还从袖囊之中取出金印一枚交给它人，上面刻着"恶谷侯"三个字！

事情往往难以理解，祖辈们积下的搅不清楚的误会，到了孙辈之时竟然什么事情都不算！

"卢绾叛国案"被孙子们不了了之了。

第十五章 《汉书》卷三十五 荆燕吴传 第五

第一节 淡泊名利，功败垂成

【原文】

荆王刘贾，高帝从父兄也，不知其初起时。汉元年，还定三秦，贾为将军，定塞地，从东击项籍。

汉王败成皋，北度河，得张耳、韩信军，军修武，深沟高垒，使贾将二万人，骑数百，击楚，度白马津入楚地，烧其积聚，以破其业，无以给项王军食。已而楚兵击之，贾辄避不肯与战，而与彭越相保。汉王追项籍至固陵，使贾南度淮围寿春。还至，使人间招楚大司马周殷。周殷反楚，佐贾举九江，迎黥布兵，皆会垓下，诛项籍。汉王因使贾将九江兵，与太尉卢绾西南击临江王共尉，尉死，以临江为南郡。

贾既有功，而高祖子弱，昆弟少，又不贤，欲王同姓以填天下，乃下诏曰："将军刘贾有功，及择子弟可以为王者。"群臣皆曰："立刘贾为荆王，王淮东。"立六年而淮南王黥布反，东击荆。贾与战，弗胜，走富陵，为布军所杀。

【译文】

荆王刘贾，汉高祖刘邦的堂兄，不知是什么时候参加起事的。汉元年，汉王还定三秦时，刘贾任将军。平定了司马欣的塞地后，又随刘邦东进攻打项籍。

汉王在成皋被打败，向北渡过黄河，夺得张耳、韩信的军队，将军队驻扎在修武县城。一方面深挖战壕，高筑壁垒；另一方面，派刘贾带兵两万人，骑兵数百，进攻楚国，渡过白马津，进入楚地，焚烧了楚国的粮草，破坏了楚军的军需供给，使他们无法供应项王军队的粮食。不久,楚兵出击,刘贾总是避开,不与楚兵交战,而与彭越相互依恃,以图自保。

汉王追击项籍到了固陵,派刘贾带兵南渡淮河包围寿春。回来之后,派人去离间并招降了楚国的大司马周殷。周殷反楚归汉,协助刘贾攻取九江,迎合黥布的军队,会战于垓下,攻灭了项羽。因此,汉王又派刘贾率领九江兵,与太尉卢绾一起,往西南方向进攻临江王共尉。共尉死后,临江遂改为南郡。

刘贾有了战功,当时高祖的儿子年龄小,兄弟少,才德又不高,想封同姓的人为王以镇服天下,于是下诏说:"将军刘贾有功劳,是够得上从子弟中选择封王条件的人。"大臣们说:"立刘贾为荆王吧,管辖淮东。"六年以后,淮南王黥布反叛,向东攻打荆地。刘贾与他交战,未能取胜,向富陵县败逃,被黥布的追兵杀死。

【评点】

秦二世的时候,刘邦在芒砀山斩白蛇起义,刘贾也在这样的大势之下举起了反抗秦朝的大旗。

随着战争的推进,刘贾成为了一个独当一面的将军。当然,他虽然是将军,却不是那种主力的将军,和楚军中的钟离昧以及龙且都是不能相提并论的。在项羽杀了宋义的时候,刘贾跟随在项羽帐下。

刘贾是一个将军,可是他是一个不喜杀戮的将军,他热爱的是和平和安逸的生活。当他看见项羽进入咸阳后的所作所为后,对项羽的为人感到了一种绝望。于是,在刘邦入蜀的时候,他和那些一心想着脱离刘邦集团的人不一样,他是悄悄地离开了项羽的军营,跟随刘邦一起进入了巴蜀。

在巴蜀,刘贾没有提起他任何在楚军里的经历,以至于那些汉军还以为这个刘贾是一个新兵蛋子呢。不过,刘贾到底是将军的底子,他不是新兵。于是,在汉军极度缺乏人才的时候,刘贾的才华就像锥子在布囊中一样,很快就显露出来了。在汉国成立第三年的时候,也就是汉国的大军在韩信的率领下,明修栈道,暗度陈仓的那阵子,刘贾被汉王任命为将军。他奉汉王和韩信元帅的将令,率领大军一万人马,绕道塞地,从东面去进攻项羽分封的三秦王之一的司马欣。这个司马欣本来是秦军的大将,后来在钜鹿一役中,秦军主力被项羽尽数歼灭,这个司马欣就投诚了项羽。后来,为了刘邦的东进,这个司马欣和其他两个先秦降将一道被项羽分封成了三秦王。

在攻克司马欣的战役中,刘贾表现出良好的军事素质,很巧妙地把上面的战略意图贯彻了下去。事后，刘贾的指挥得到了汉王刘邦和大元帅韩信的高度评价。而刘贾只是微微笑了笑，没有做任何的言语，这个举动更是赢得汉王的喜爱。于是，在后来睢水大战的时候，汉王就把这个刘贾带在身边。然而在睢水，汉军大败，汉王也和部队跑失散了。这个刘贾在睢水河边寻找汉王十三天之久，直到有人来报告汉王已经平安回营了，他才安心地回到了军营。而刘贾在这个时候更加得到了汉王的重用，他成为了一个独立部队的指挥官，被长期外派在楚汉之间驻扎。

睢水会战后的第三年，就是大汉立国的第四年，汉军又在成皋战线打了败仗。汉王又是一个人单枪匹马地杀出重围，渡过黄河，一路向北而逃。在路上，汉王得到了张耳和韩信的援军，更加得到相国萧何紧急从巴蜀调集来的粮草和大队的军马。可是，这些刚刚组合的乌合之众怎么是正在兴头上的项羽大军的对手啊。虽然帐下也拥兵十万，但是刘邦依然忧心忡忡。不过，一个奇怪的事情发生了，项羽的追兵居然停止了追击，汉王和汉军得到了片刻的休养和整顿的机会。汉刘邦觉得这个事情是不符合他项羽兄弟的脾气的，他猜想项羽一定是遭遇到麻烦了。果然，在项羽的大军向汉王追击的时候，驻扎在楚汉之间的刘贾和彭越达成了协议，他们在项羽的都城进行了一番大胆的"围魏救赵"的行动。事实上，刘贾的行为大大地缓解了汉王的正面压力，汉王对刘贾的功绩是铭刻在心了。

汉楚两家的战争打得非常艰苦，汉军虽然屡战屡败，不过总的战局的天平却在倾向汉王方向。楚军虽然顽强，但是却越战越弱。终于，在汉国立国第五年的时候，汉军在垓下把项羽全军团团围住了，而这个时候的刘贾并没有在包围项羽主力的战场，他依然是在对项羽进行绞杀的外围战线。刘贾在没有人可以商议的情况下，招降了楚国的大司马周殷。这个周殷一反楚，就和刘贾将军一道攻克了项羽的心腹重地九江。正是九江的被攻占，才致使项羽完全相信他的楚国已经被汉王的人马占领而绝望自杀的。刘贾在汉王消灭项羽的战争中，贡献是最伟大的。

项羽被灭掉了，汉王也成为了汉皇，他要分封功臣。可是，在这个时候，远在九江的刘贾却被汉皇给遗忘了，他没有被封爵。但是，在分封功臣后，萧何丞相给刘邦提醒，说在九江还有陛下的一个兄弟没有被封赏。这个时候，汉皇才想起了刘贾来。这个刘贾说起来还真算是汉皇的一个远房的兄弟，可是在汉军这许多年，谁也没有向刘邦说起这个刘贾是汉王兄弟这件事来。

可是刘贾依然在九江毫无言语地做自己的本职，他没有在明在暗说半句发牢骚的话。他知道现在的汉朝百废待兴，他们姓刘的人更要为度过目前的困难局面出自己一份力量才对。而刘贾的这些举动和言行也传到了汉皇的耳朵里，汉皇在心眼里对这个兄弟更加信任了。

在大汉六年的时候，韩信在楚国被人诬告要造反，而汉皇在萧何的主张下亲

174

自到云梦狩猎。天子狩猎，诸侯自然要去接驾。这个韩信也真是老实，其实他是心中坦荡而已，可是，功高震主早就是惹汉皇猜忌的事情了。韩信不管是有罪还是无罪，他都被汉皇给抓了起来，而在后来韩信与刘邦议论谁可以带更多兵的时候，韩信说刘邦带兵不过几万，而自己是多多益善的。但是，当汉皇问既然你比我厉害，为什么是我抓你，而不是你抓我的时候，韩信说陛下善于带将，我却只能带兵。

不管韩信他怎么能说，他的楚王是不能当了，楚国也被汉皇一分为二。汉皇要将楚国的一半封给他的远房兄弟刘贾了。这个迟到的分封在满朝竟然没有任何一个大臣表示反对，这和当初分封的时候，那些功臣战将吵吵嚷嚷的局面形成了鲜明的对照。汉皇知道自己的这个分封是赢得那些大臣的心的，他们没有一丝一毫的反对意见。汉皇为自己的决定感到非常骄傲，他也为汉朝又取得一个坚强的藩卫而感到十分高兴。

在刘贾当荆王的第六个年头，也就是大汉第十一年的时候，黥布谋反了。黥布是被封在淮南，他要谋反进攻长安，首先就要途经荆国，也就是现在的湖北附近，而在荆国做国王的正是刘贾。在黥布这样过去汉军中的干将谋反的危急时刻，刘贾立刻率领自己的本部军马与之对战。但是，荆国的军队根本不是久经沙场的黥布军队的对手，刘贾本人也在战争中被杀。噩耗传到长安，刘邦气得拖着自己已经积劳成疾的身体亲自指挥了对黥布叛乱的平息。可怜的刘贾一家，在战乱中全都被杀。这个时候，刘邦才后悔，都是因为自己对这个兄弟非常信任，压根就没有让他派子弟在长安为人质。因此，在黥布谋反时，刘贾竟然连个后人也没有留下。汉皇后悔得捶胸顿足，可是已经于事无补了。很快，汉皇刘邦也驾崩了，刘贾、刘邦兄弟倒是可以相会在地下了。

第二节　七王之首，一代枭雄

【原文】

（一）

吴王濞，高帝兄仲之子也。高帝立仲为代王。匈奴攻代，仲不能坚守，弃国间行，走雒阳，自归，天子不忍致法，废为合阳侯。子濞，封为沛侯。黥布反，高祖自将往诛之。濞年二十，以骑将从破布军。荆王刘贾为布所杀，无后。上患吴会

175

稽轻悍，无壮王填之，诸子少，乃立濞于沛，为吴王，王三郡五十三城。已拜受印，高祖召濞相之，曰："若状有反相。"独悔，业已拜，因拊其背，曰："汉后五十年东南有乱，岂若邪？然天下同姓一家，慎无反！"濞顿首曰："不敢。"

（二）

孝文时，吴太子入见，得侍皇太子饮博。吴太子师傅皆楚人，轻悍，又素骄。博争道，不恭，皇太子引博局提吴太子，杀之。于是遣其丧归葬吴。吴王愠曰："天下一宗，死长安即葬长安，何必来葬！"复遣丧之长安葬。吴王由是怨望，稍失藩臣礼，称疾不朝。京师知其以子故，验问实不病，诸吴使来，辄系责治之。吴王恐，所谋滋甚。及后使人为秋请，上复责问吴使者。使者曰："察见渊中鱼，不祥。今吴王始诈疾，及觉，见责急，愈益闭，恐上诛之，计乃无聊。唯上与更始。"于是天子皆赦吴使者归之，而赐吴王几杖，老，不朝。吴得释，其谋亦益解。

（三）

诸侯既新削罚，震恐，多怨错。及削吴会稽、豫章郡书至，则吴王先起兵，诛汉吏二千石以下。胶西、胶东、菑川、济南、楚、赵亦皆反，发兵西。齐王后悔，背约城守。济北王城坏未完，其郎中令劫守王，不得发兵。胶西王、胶东王为渠率，与菑川、济南共攻围临菑。赵王遂亦阴使匈奴与连兵。

七国之发也，吴王悉其士卒，下令国中曰："寡人年六十二，身自将。少子年十四，亦为士卒先。诸年上与寡人同，下与少子等，皆发！"二十余万人。南使闽、东越，闽、东越亦发兵从。

【译文】

（一）

吴王刘濞，高帝兄长刘仲的儿子。高帝封刘仲为代王。匈奴进攻代国，刘仲不能坚守，暗自弃国而逃，从洛阳回京师长安。天子不忍绳之以法，废除他的王位，降为合阳侯。将他的儿子刘濞封为沛侯。淮南王黥布反叛，高祖亲自带兵前往讨伐。这时，刘濞二十岁，以骑将随高祖打败黥布。荆王刘贾被黥布杀害后，没有后代。高祖担心吴郡及会稽郡之民轻浮而凶悍，一时没有较强大的诸侯王镇抚，他的儿子年龄尚小，于是在沛封刘濞为吴王，管辖三郡五十三城。拜授印后，高祖召见并给他相面，说："你有反叛之相。"心里后悔，不该封他，但又不能收回成命，于是轻轻拍着刘濞的背说："汉立国五十年后，东南面将有反叛之乱，难道会是你吗？不过，天下同姓是一家，千万不要反叛！"刘濞磕头说："我不敢。"

（二）

文帝时，吴太子到京师朝见，得以陪伴皇太子饮酒下棋。吴太子的师傅都是楚地人，致使他与楚人一样轻浮凶悍，骄横纵恣。下棋时争棋路，对皇太子不恭敬，皇太子举起棋盘掷向吴太子，将他打死，于是把他的尸体送归吴国安葬。吴王恼怒地说："天下同姓是一家，死在长安就安葬在长安，何必归葬吴地！"又把吴太子的尸体送回长安安葬。由此，吴王心怀不满，渐渐失去诸侯王对汉廷的礼节，装病不朝见皇帝。朝廷知道是由于他的儿子被杀的缘故，查验后实际上没有病，因而吴国每派使臣来，总是拘系而进行责罚。吴王害怕，更加图谋反叛朝廷。后来，刘濞让人代己向皇帝行秋请之礼，文帝又责问吴国来使。使者说："天子要是察知臣下私事，使臣下忧患生变，是不吉利的。如今吴王开始谎称有病，被天子察觉了，他看到责罚得快，就更加隐蔽他的阴谋了。他害怕天子要杀他，他的阴谋对朝廷更没有好处。只有天子赦免他以往的罪行才是上策。"于是，天子全部赦免吴国使者，放归吴国，并赏赐吴王凭几和手杖，说吴王老了，可以不到京城朝见天子。吴王被释罪后，他的阴谋就更加无所顾忌了。

（三）

诸侯新受削地的责罚，既震动又恐惧，大都怨恨晁错。等到削吴国的会稽、豫章郡的诏书一到，吴王首先起兵反叛，处死了在吴国朝廷的二千石以下官吏。胶西、胶东、菑川、济南、楚、赵各国随之都反叛，向西进军。这时，齐王后悔，违背诺约，守城不发兵；济北王因城墙没有修好，他手下的郎中令胁迫住济北王，也不得发兵。胶西、胶东二王为统帅，与菑川王、济南王一道，共同围攻临菑。赵王刘遂在暗中也让匈奴与他联合进兵。

七国联合反叛开始时，吴王将全部军队投入，向国内下令说："寡人现已六十二岁，亲自领兵出征；我小儿子十四岁，也身先士卒。国人中年龄大到六十二岁，小的满十四岁的，都要从军。"共招集到二十余万人。同时又派使臣到南面的闽、东越两国，两国也发兵相随。

【评点】

西汉初年诸侯王反叛者甚多，史论总是强调割据者危害中央统一，属于逆历史潮流而动的一方，其实，还有另一方面的原因，即朝廷掌权者继承了刘邦狡诈专横的传统，在政策方面有诸多失误。异姓王方面明显的例子是处置韩信，同姓王方面便是激起七王之乱。史云韩信之死，源于组织家臣与囚徒奴隶袭击皇宫阴谋败露，这事可信吗？可信的倒是韩信所说的"狡兔死，走狗烹"之叹，否则，像张良这样的人，为什么"愿弃人间世"，委婉避祸呢？皇家治史是有倾向的，史实的叙述倘缺少佐证，读书的人头脑就要复杂一点。刘濞被封为吴王，是在高祖末年。是年刘邦还乡，唱《大风歌》，有"安得猛士兮守四方"之叹。事实上，不是缺少猛士，而是缺少值得刘邦信赖的猛士。长江下游即吴，或称东楚，为"四方"之一，原来的荆王刘贾被杀，派谁人继守，颇费踌躇。天下猛士如云，但异姓猛士不可信，可信的是皇子，但诸皇子年幼，"上患吴会稽轻悍"，顾虑那里的地方势力不好对付，亲生的儿子不可涉险，于是便选中了"年二十，有气力"的侄儿刘濞。刘邦率军亲征淮南王黥布时，血气方刚的刘濞时为沛侯，随军出征，身先士卒，屡立战功，引得了刘邦垂青。刘邦改荆国为吴国，封刘濞为吴王，统治三郡五十三城，以广陵为都。广陵是战国时期楚怀王熊怀在邗城旧址上所建之城，因为这里当时是一片丘陵，就取"广被丘陵"之意而名。扬州别称广陵也就始于此时。

等到封侯拜印的时候，刘邦再一打量刘濞就后悔了：他有反相！诏书已下，驷马难追。于是，刘邦当众警告刘濞："汉家五十年以后东南方向必有叛乱，不会是你吧？不过，天下都是我们刘家的，你最好还是不要谋反！"刘濞慌忙五体投地："不敢。"如此无端地猜疑能让刘濞心悦诚服吗？刘濞真的不敢吗？不用回答，大家知道。"用人不疑，疑人不用"，乃用人之道，问题是刘邦无奈任用刘濞，却又怀疑刘濞。说他"有反相"，又当面关照"慎无反"。这样露骨的怀疑与猜忌能让年轻的刘濞心悦诚服吗？刘邦自以为是打了一剂预防针，其实是埋下了封国与朝廷不和的第一粒种子。

文帝时代埋下了朝廷与吴国不和的第二粒种子，即太子刘启在博戏中杀死了刘濞的王子。汉文帝刘恒下令吴王太子刘贤进京，刘贤名为"驻京办事处主任"，实为人质。"官二代"刘启邀请刘贤饮酒下棋，作为"官二代"的刘贤本来就很"轻悍"，酒后犯上，刘启恼羞成怒，打死了刘贤。刘恒草菅人命，竟将刘贤遗体送还吴国。刘濞愠了："天下一宗，死长安即葬长安，何必来葬吴！"于是，又将刘贤遗体送回京师。从此，刘濞怀恨在心，称病不朝，分庭抗礼。时任太子家令的晁错认为刘濞"于古法当诛"（《史记·吴王濞列传》）。刘恒于心不忍，赐以几杖，许其不朝。刘濞的"愠"是自然的，只是他在行动方面有所克制，只是将遗体送回长安安葬，且长期称病不朝。"解铃还须系铃人"，矛盾源于朝廷，但朝廷系铃者始终未去解铃。晁错不服，进而提出了削夺诸王、修改法令等主张。刘恒考虑当时诸侯国羽翼已丰，未敢轻举妄动。

刘濞与朝廷矛盾的激化在景帝时代，第三粒矛盾的种子终于开花结果。景帝刘启，即早年击杀吴王子的即位太子。刘启的宠臣认为吴王诈病不朝"于古法当诛"，又说吴王"谋作乱"，建议削藩，理由是"削之亦反，不削之亦反"，扩大矛盾，并取极端措施。因往日有隙，景帝对于这样的进言是很欣赏的。客观地说，巩固皇权，体制是应当改革的，但应疏通思想、说清道理、体恤具体困难，妥为安置，然后再继以诏命为宜。但是，景帝君臣基于"削之反，不削之亦反"的估计，取削藩断然措施，以致激起七国之乱。七国之乱应当说双方都有责任，朝廷方面处置失当的缘由不可低估。刘濞其人，并不如刘邦所说"有反相"，治吴四十多年，纵然有错，也不至于"于古法当诛"。闻太子杀子之事，多年来他还是注意克制的。在刘启继皇帝位的第三年，他知道朝廷有诛杀之心时，旧恨新仇涌上心头，终于拍案而起了：反了！看见吴军磨刀霍霍，吴王门客枚乘、邹阳和严忌等人先后上书谏阻。刘濞根本不听，遂以"请诛晁错，以清君侧"（《汉书·晁错传》）为名，遍告各诸侯国。消息传来，胶西王刘卬、胶东王刘雄渠、菑川王刘贤、济南王刘辟光、楚王刘戊、赵王刘遂等，也都起兵配合。以吴、楚为首的"七国之乱"，终于爆发了。

发难之后，刘濞亲率二十万大军西渡淮水，并与楚军会合后，组成吴楚联军，随即挥戈西向，杀汉军数万人，颇见军威。梁王刘武派兵迎击，结果梁军大败。由于七国联军声势浩大，刘启慌忙命令太尉周亚夫统率三十六位将军镇压吴楚叛军，指令曲周侯郦寄抗击赵军，派遣将军栾布率兵去解齐之围，并命窦婴为大将军，驻荥阳督战。于是，这场战争陷于胶着状态。

面对七国来势汹汹的进攻，刘启束手无策，只好"斩御史大夫晁错以谢七国"（《汉书·景帝纪》），以此来换"和平"。尽管刘启去掉了七国起兵的借口，但是七国仍不罢兵。然而，刘濞理财胜过桑弘羊，打仗不如周亚夫，七国之乱很快就被镇压了。刘濞逃到东越，被杀。

应该说刘濞一开始定下的政治和军事策略是对的，"诛晁错，清君侧"以及进军路线都是对的，但是后续策略却一直被皇帝给牵着，就是不懂得变通，一个"拖"字就拖死了自己。后方都没有搞定就贸然出兵，以为有几个钱就可以夺取天下，没想到被吴国人自己出卖了。想当年吴三桂反清，有点同样的道理，战争最怕持久战，打到中间就是人心向背的问题。

开弓没有回头箭。可以说，刘濞之所以一条路走到黑，是被逼无奈，与其说是野心家的狂妄，不如说是绝望者的疯狂。即便刘濞死后重生，他也不会向刘启顶礼膜拜的。当年刘濞与朝廷的矛盾，是刘氏天下嫡系与其他支脉的矛盾，乃是非恩仇之争，不可以日后地方与中央关系类比。不过尽管如此，吴王刘濞也算是一代枭雄，被司马迁写入列传中，其他六王就没有这个福分了。

第三节　恩威德泽，无论成败

【原文】

（一）

会孝惠、高后时天下初定，郡国诸侯各务自拊循其民。吴有豫章郡铜山，即招致天下亡命者盗铸钱，东煮海水为盐，以故无赋，国用饶足。

（二）

然其居国以铜盐故，百姓无赋。卒践更，辄予平贾。岁时存问茂材，赏赐闾里，它郡国吏欲来捕亡人者，颂共禁不与。如此者三十余年，以故能使其众。

【译文】

（一）

惠帝与吕后统治时期，由于天下初定，各郡国诸侯都专心致力于本国的统治。吴国的豫章郡有座产铜的山，于是招致四方的亡命之徒盗铸货币，又在东南煮海水为盐，因而不向百姓收税，国家财政十分富足。

（二）

然而，吴国有铜和盐之利，百姓因而不用缴税；如有当服劳役的人，官府也为他们出钱来代替。每到年节，都要慰问有才学的人，并给乡里居民以赏赐。别的郡国派官吏来吴国逮捕逃到吴地的罪犯，吴国也释他们的罪，严禁不给。就这样治理了三十多年，因而吴王能役使他的民众。

【评点】

扬州邗沟大王庙庙前的抱柱上有这样的楹联：曾以恩威遗德泽，不因成败论英雄。大殿内，除了战国时的吴王夫差，西汉吴王刘濞也正襟危坐于此。尽管他们的名讳黯淡于史册，茫然于文本，但是扬州人民没有忘却他们，尤其是刘濞。"老濞宫妆传父祖，至今遗民悲故主。"（苏轼《于潜女》）长期以来，扬州尊大王庙为财神庙，尊刘濞为财神，乃地方人士对刘濞发展经济措施的肯定，对有能力富民治业者的崇敬与怀念。

不过，刘濞确有经邦治国之才。"天下熙熙，皆为利来；天下攘攘，皆为利往。"（《史记·平准书》）手里没有一把米，连鸡也唤不来，发展才是硬道理！刘濞治吴三十多年，始终强调以经济建设为中心，就是让国家有钱、百姓有钱。儿子没有钱，当不好孝子；父亲没有钱，当不好慈父；国家没有钱，就没有号召力和凝聚力。不过，要致富，先修路。汉文帝元年（前179），刘濞东开邗沟，凿通了茱萸湾（今扬州市湾头镇）向东经海陵仓（今泰州市海陵区）到蟠溪（今南通市如皋东陈家湾）的运河。这条运河是沟通江淮的邗沟支流，促进了当时的"官方工业"迅速发展：

一是铸钱。"汉有嘉铜出丹阳"（汉代铜镜铭文）。刘濞以丹阳之铜聚万人之众，铸钱富国。当时，另一个产铜中心是汉廷中央管辖的蜀郡严道，文帝刘恒特谕幸臣邓通以蜀郡严道之铜"铸钱财过王者"（《史记·平准书》）。其时，东南多吴钱，西北多邓钱，形成了"吴邓钱布天下"的局面。

二是煮盐。两淮盐场两千多年来均属海内产量最丰富的盐场，食盐供应四方的经营之始，乃刘濞时期。盐是重要生活资料，汉初计不及此，煮盐无税。刘濞就地取材，大量开发盐业，使吴国大富。广陵在汉代迅速发展成为大城，也多半依赖盐业。

三是造船。刘濞王吴国财政国用的另一个重要来源是造船业。史载，"吴地以船为家，以鱼为食"（《汉书·五行志》），"上取江陵，木以为船"（《史记·淮南衡山列传》）。可见吴王国原先就有一定的造船基础，而"江南地广，或火耕水耨，民食鱼稻，以鱼猎山伐为业"（《汉书·地理志》），由于长江之便，那里丰富的林木顺流到广陵，更加推动了造船业的发展。据称，吴国所造之船，"一船之载当中国数十辆车"(《史记·淮南衡山列传》),这在当时水陆运输条件的改善中,是一项惊人的突破。吴国造船业的发展,为日后西汉帝国建立庞大的楼船军创造了条件。

铸钱、煮盐、造船、运输和渔业的发展,又促进了农业的发展,并带动了民间漆器、竹器、纺织、建筑等手工业的发展,形成了百业兴旺、举国繁荣的局面。当时吴王门客枚乘指出:"夫吴有诸侯之位,而实富于天子;有隐匿之名,而居过于中国。……转粟向西,陆行不绝,水利满河,不如海陵之仓。"(《汉书·贾邹枚路传》)南朝宋诗人鲍照在《芜城赋》里歌颂那时的广陵:"当昔全盛之时,车挂辖,人驾肩,廛闬扑地,歌吹沸天。孳货盐田,铲利铜山,才力雄福,士马精妍。"这种盛况当时为全国之首。因而,百姓无赋。可以说,刘濞是第一个免除农业税的国家领导人!刘濞不但免除了农业税,而且拿钱抵销中央要求的劳役。逢年过节,刘濞亲自慰问茂才之士,还给"五保户"和"低保户"发放"红包",这是不是共产主义的滥觞呢?

刘濞治吴四十多年,应当说,他是日后长江三角洲日益走向繁荣的奠基者之一。吴国的疆域是"王三郡五十三城",三郡,即指汉初的东阳郡、吴郡与鄣郡。《汉书·地理志》所列七十五郡无此三郡名称,出现会稽郡、豫章郡、丹阳郡,系因西汉不同历史阶段有不同的行政区域的缘故。西汉时代广陵城处于三郡中心地带,被定为吴国之都,王府所在。刘濞治吴的功绩一方面是为朝廷守边,安定地方,相安无事,另一方面则是发展经济。《前汉书·地理志》云:"夫吴自阖庐、春申、王濞三人招致天下之喜游子弟,东有海盐之饶,章山之铜,三江、五湖之利,亦江东一都会也。"刘濞等人使当日地广人稀的长江三角洲逐渐人烟稠密;《史记》说当日的吴国"国用富饶",即财源充沛;"能使其众",即获得百姓爱戴。刘濞之功,史有共识。至于广陵,逐渐形成为繁荣富庶的大城,与江淮地带继续开凿运河,便利交通,吸引四方商贾云集有关,也应归功于刘濞。这些都说明刘濞是治理地方、改善民生之能手。刘濞之后的西汉盛世,经济方面得益于铸钱、煮盐、冶炼三大支柱产业的官营,变地方利益为国家利益,借鉴的正是刘濞经济方面的举措。

第十六章 《汉书》卷三十六 楚元王传 第六

改良儒学，复兴诸子

【原文】

（一）

成帝即位，显等伏辜，更生乃复进用，更名向。向以故九卿召拜为中郎，使领护三辅都水。数奏封事，迁光禄大夫。是时帝元舅阳平侯王凤为大将军秉政，倚太后，专国权，兄弟七人皆封为列侯。时数有大异，向以为外戚贵盛，凤兄弟用事之咎。而上方精于《诗》《书》，观古文，诏向领校中《五经》秘书。向见《尚书·洪范》，箕子为武王陈五行阴阳休咎之应。向乃集合上古以来历春秋六国至秦汉符瑞灾异之记，推迹行事，连传祸福，著其占验，比类相从，各有条目，凡十一篇，号曰《洪范五行传论》，奏之。天子心知向忠精，故为凤兄弟起此论也，然终不能夺王氏权。

（二）

歆及向始皆治《易》，宣帝时，诏向受《穀梁春秋》，十余年，大明习。及歆校秘书，见古文《春秋左氏传》，歆大好之。时丞相史尹咸以能治《左氏》，与歆共校经传。歆略从咸及丞相翟方进受，质问大义。初《左氏传》多古字古言，学者传训故而已，及歆治《左氏》，引传文以解经，转相发明，由是章句义理备焉。歆亦湛靖有谋，父子俱好古，博见强志，过绝于人。歆以为左丘明好恶与圣人同，亲见夫子，而公羊，穀梁在七十子后，传闻之与亲见之，其详略不同。歆数以难向，向不能非间也，然犹自持其《穀梁》义。及歆亲近，欲建立《左氏春秋》及《毛诗》《逸礼》《古文尚书》皆列于学官。哀帝令歆与"五经"博士讲论其义，诸博士或不肯置对，歆因移书太常博士，责让之曰：

昔唐虞既衰，而三代迭兴，圣帝明王，累起相袭，其道甚著。周室既微而礼乐不正，道之难全也如此。是故孔子忧道之不行，历国应聘。自卫反鲁，然后东正，《雅》《颂》乃得其所；修《易》，序《书》，制作《春秋》，以纪帝王之道。及夫子没而微言绝，七十子终而大义乖。重遭战国，弃笾豆之礼，理军旅之陈，孔氏之道抑，而孙吴之术兴。陵夷至于暴秦，燔经书，杀儒士，设挟书之法，行是古之罪，道术由是遂灭。

汉兴，去圣帝明王遐远，仲尼之道又绝，法度无所因袭。时独有一叔孙通略定礼仪，天下唯有《易》卜，未有它书。至孝惠之世，乃除挟书之律，然公卿大臣绛、灌之属咸介胄武夫，莫以为意。至孝文皇帝，始使掌故朝错从伏生受《尚书》。《尚书》初出于屋壁，朽折散绝，今其书见在，时师传读而已。《诗》始萌牙。天下众书往往颇出，皆诸子传说，犹广立于学官，为置博士。在汉朝之儒，唯贾生而已。至孝武皇帝，然后邹、鲁、梁、赵颇有《诗》《礼》《春秋》先师，皆起于建元之间。当此之时，一人不能独尽其经，或为《雅》，或为《颂》，相合而成。《泰誓》后得，博士集而读之。故诏书称曰："礼坏乐崩，书缺简脱，朕甚闵焉。"时汉兴已七八十年，离于全经，固已远矣。

及鲁恭王坏孔子宅，欲以为宫，而得古文于坏壁之中，《逸礼》有三十九，《书》十六篇。天汉之后，孔安国献之，遭巫蛊仓卒之难，未及施行。及《春秋》左氏丘明所修，皆古文旧书，多者二十余通，臧于秘府，伏而未发。孝成皇帝闵学残文缺，稍离其真，乃陈发秘臧，校理旧文，得此三事，以考学官所传，经或脱简，传或间编。传问民间，则有鲁国桓公、赵国贯公、胶东庸生之遗学与此同，抑而未施。此乃有识者之所惜闵，士君子之所嗟痛也。往者缀学之士不思废绝之阙，苟因陋就寡，分文析字，烦言碎辞，学者罢老且不能究其一艺。信口说而背传记，是末师而非往古，至于国家将有大事，若立辟雍、封禅、巡狩之仪则幽冥而莫知其原。犹欲保残守缺，挟恐见破之私意，而无从善服义之公心，或怀妒嫉，不考情实，雷同相从，随声是非，抑此三学，以《尚书》为备，谓左氏为不传《春秋》，岂不哀哉！

【译文】

（一）

成帝即位，石显等服罪，更生于是又进用，改名向。刘向以原来九卿身份召拜为中郎，叫他领护三辅都水。多次上奏密封的章疏，升为光禄大夫。这时皇帝的大舅阳平侯王凤做大将军秉政，倚仗太后，专擅国权，兄弟七人都封作列侯。当时多次有大灾异，刘向认为是外戚贵盛，王凤兄弟掌权的罪过。而皇帝正精心于《诗》《书》，攻读古文，诏令刘向领校中《五经》秘书。刘向见《尚书·洪范》，箕子为武王陈述五行阴阳福祸的应验。刘向便集合上古以来经春秋六国至秦汉符瑞灾异的记载，推究事情的经过，加上对祸福的解释，写出占卜的应验，按类排列，各有条目，共十一篇，号为《洪范五行传论》，上奏给皇帝。皇帝心里知道刘向忠贞精诚，本是因王凤兄弟而发此议论的，但到底不能夺去王氏的权力。

（二）

刘歆和刘向开始都研究《易》，宣帝时，下诏让刘向学习《穀梁春秋》，十多年，已学得很精通。到刘歆校订秘书，看到古文《春秋左氏传》，他非常喜欢。当时丞相史尹咸因能研究《左氏》，和刘歆一起校订经传。刘歆大略跟尹咸和丞相翟方进学习，询问大义。起初《左氏传》多为古字古语，学者传解训诂而已，到刘歆研究《左氏》，引传文来解经，互相发明，从此也具备了章句义理。刘歆又沉静又有谋略，父子都好古，博闻强记，超过别人。刘歆认为左丘明的好恶和圣人一样，亲眼见过夫子，而公羊、穀梁在七十子之后，听传闻和亲眼见，详略不同。刘歆多次向刘向发难，刘向不能责难他，却仍自己坚守着《穀梁》的义旨。等刘歆被皇上亲近，想把《左氏春秋》和《毛诗》《逸礼》《古文尚书》都立于学官。哀帝让刘歆和《五经》博士讲论他们的意旨，各位博士有的不肯和刘歆辩论，刘歆于是致书太常博士，责备他说：

从前唐虞衰亡，三代继起，圣帝明王，相承迭兴，大道显著。周室衰微礼乐不正，大道如此难以保全。所以孔子担心大道不通行，游历各国去应聘。从卫回鲁，之后音乐匡正，《雅》《颂》各得其所；刊定《易》，做《书》序，著作《春秋》，来记载帝王之道。到夫子死而精微的言论灭绝，七十子死而大义乖谬，又遇上战国纷争，摒弃笾豆的礼仪，着手军旅行阵，孔氏大道衰微，孙吴法术兴盛。逐渐衰落一直到了暴秦，烧经书，杀儒士，制定禁书法律，赞扬古代的被治罪，大道法术从此灭绝。

汉兴起，离圣帝明王很远，仲尼大道又灭绝，法度无从因袭。当时只有一个叔孙通大致制定礼仪，天下只有卜书《易》，没有别的书。到孝惠时，废除禁书法律，但公卿大臣绛、灌等人都是披戴盔甲的武夫，不以为然。到孝文皇帝，开始让掌故晁错，跟伏生学习《尚书》。《尚书》刚从屋墙中取出，朽折散乱，现在那书仍在，当时师傅只是传解诵读而已。《诗》开始萌芽。天下出现了很多书，都是诸子的传释，尚且广泛立于学官，为它们设置博士。在汉朝的儒生，只有贾生而已。到孝武皇帝，之后邹、鲁、梁、赵常有讲解《诗》《礼》《春秋》的前辈老师，都兴起于建元年间。在这时，一人不能独自穷尽经书，有的通晓《雅》，有的通晓《颂》，大家相配合才能完成讲经。《泰誓》后出，博士收集并诵读。所以诏书说道："礼崩乐坏，书简脱缺，朕很担心。"当时汉兴起已七八十年，离开全部的经书，本来就很远了。

到鲁恭王发掘孔子旧宅，想建造宫室，在断墙中得到古文，《逸礼》有三十九篇，《书》有十六篇。天汉之后，孔安国献上它们，遇上巫蛊仓促的祸患，没来得及施行。至于左氏丘明所修的《春秋》，都是古文旧书，多的有二十多篇，藏在秘府，隐秘没有公布。孝成皇帝怜惜学术残缺，与原书相差很大，便公布旧藏，校订旧文，用这三种书，校订学官传授的经传，经有的脱简，传有的错编。传令询问民间，有鲁国恒公、赵国贯公、胶东庸生的传学与此相同，受压制没有施行。这是使有识者怜惜，士君子痛心的事。以前做学问的人不考虑书的残缺，苟且因陋就寡，分析文字，言辞烦琐，学者到老不能研究通一艺。信口解说背诵传记，信奉低等的老师而责难以往的古事，至于国家要有大事，如立辟雍、封禅、巡狩的仪式，便糊涂不知应该怎样。仍要抱残守缺，带着怕被戳穿的私心，而没有服从善意的公心，或者心怀忌妒，不思实情，雷同的便相追随，听声音附和是非，压抑这三种学问，认为《尚书》是完备的，说左氏没有传解《春秋》，不是很可悲的事吗?

【评点】

刘向，字子政，本名更生。约生于汉昭帝元凤四年（前77），卒于汉哀帝建平元年（前6），是皇族楚元王的四世孙。刘向的时代，正是所谓"昭宣中兴"之后，西汉王朝的各种社会矛盾日益激化的时代。这时，统治阶级与农民阶级的矛盾已发展到一触即发的程度；统治阶级内部，宦官、外戚和以"拥刘安汉"为名的士大夫之间的斗争也非常激烈。元帝时，太傅萧望之、少傅周堪用事，提拔更生等一起辅政，图谋罢退当时擅权的外戚许氏、史氏和宦官弘恭、石显。这场斗争几经反复，萧望之自杀，周堪及其弟子张猛虽被复用，但最后还是失败了，周堪喑哑而死，张猛自杀。更生曾先后被下狱、免为庶人，最后废居十余年。成帝即位后，石显等伏诛，复进用，更名向，官至光禄大夫。此时，外戚王氏擅权，向见《尚书·洪范》，箕子为武王陈五行阴阳、体咎之应。向乃集合上古以来历春秋六国至秦汉符瑞、灾异之记，推迹行事，连传祸福，著其占验，比类相从，各有条目。凡十一篇，号曰

《洪范五行传论》，奏之。天子心知向忠精，故为凤兄弟起此论也，然终不能夺王氏之权。其实，刘向并不相信谶纬迷信，这从《新序》与《说苑》中可以看得出来。在《新序》与《说苑》中，刘向辑录了许多古代逸事、寓言，其目的就是要破除"勘舆、天命、卜筮、妖祥、鬼神、死人有知"等各种迷信。例如，他曾假借管仲之口说："所谓天者，非谓苍苍莽莽之天也，君人者以百姓为天。百姓与之则安，辅之则强，非之则危，背之则亡。"又曾假借孔丘之口说："子贡问孔子：死人有知、无知也？孔子曰：吾欲言死者有知也，恐孝子顺孙妨生以送死也；欲言无知，恐不孝子孙弃不葬也。赐欲知死人有知将无知也；死，徐自知之，犹未晚也。"那么，刘向又为何在《洪范五行传论》中大谈符瑞灾异呢？这确如《汉书》所指出的，是"为凤兄弟起此论也"，是当时政治斗争的需要。

刘歆是刘向的少子，字子骏。他曾"受诏与父向领校秘书，讲六艺传经、诸子、诗赋、数术、方技，无所不究"。刘向死后，他继承父业，辑六艺群书，列为《七略》。刘歆提倡《逸礼》《左传》《毛诗》《古文尚书》等"古文经"，以对抗当时居于统治地位的今文经，而受到了今文经学派的激烈反对，"惧诛，求出补吏"，为河内、五原、涿郡太守。平帝时，王莽执政，受到重用，被提拔为右曹中大夫，后迁中垒校尉、羲和、京兆尹。

王莽篡汉后，刘歆为国师。后谋诛王莽，事泄自杀。他曾著有《三统历谱》，最早推算出圆周率为 3.15047。

刘歆作为西汉末期的著名学者，他曾对西汉中叶以来盛极一时的今文经学进行过尖锐批评。他认为今文经学"分文析字，烦言碎辞，学者罢老且不能究其一艺"，根本无法达到"用日少而畜德多"，以对人民进行道德教化的目的，因此他要求"存其大体，玩经文而已"，尽快结束那种"一经说至百余万言"的烦琐学风。除此之外，刘歆还对今文经学的以家法传授的弊端进行了指责，认为他们"信口说而背传记"，是"末师而非往古"，他们这样做无非是要达到"党同门，妒道真"的政治目的。刘歆的批评可谓一针见血。

刘歆在对今文经学进行批判的基础上，又竭力提倡古文经学。刘歆认为，当时太学中的博士们所传习的经典是在秦焚书之后、由汉初经师凭记忆口耳相传下来的，因此难免会有差错。所以这些用汉初文字记载下来的"今文经"是不完全的，不是全经，也不是真经。"及鲁恭王坏孔子宅欲以为宫，而得古文于坏壁之中。《逸礼》有三十九，《书》十六篇。天汉之后，孔安国献之。遭巫蛊仓促之难，未及施行。及春秋左氏所修，皆古文旧书，多者二十余通，藏于秘府，伏而未发。孝成皇帝悯学残文缺，稍离其真，乃陈发秘藏，校理旧文，得此三事，以考学官所传，经或脱简，传或间编。传向民间，则有鲁国恒公、赵国贯公、胶东庸生之遗学与此同，亦而未施。此乃有识者之所惜悯，士君子之所嗟痛也。"这就是说，在刘歆看来，只有古文经才是真经、全经；而古文经又有三个来源：一是鲁恭王在孔宅坏壁中发现的；二是宫廷秘府藏书的公开；三是民间经师的传习。这三者比较起来，当然是从坏壁中和秘府中得到的经典更加可靠。因此刘歆竭力主张将古文经《左氏春秋》《毛诗》《逸礼》《古文尚书》立为博士，其重点又在《左氏春秋》。因为刘歆认为，与通过"口说"流传下来而备受尊崇的《公羊春秋》相比，《左氏春秋》是由左丘明执笔记录下来的孔子与左丘明一起研究鲁国历史的成果，因此它最能代表孔子的思想。刘歆说："周室既微，载籍残缺，仲尼思存前圣之业，乃称曰：'夏礼吾能言之，杞不足征也；殷礼吾能言之，宋不足征。文献不足故也，足，则吾能征之矣。'以鲁周公之国，礼文备物，史官有法，故与左丘明观其史记，据行事，仍人道，因兴以立功，就败以成罚，假日月以定历数，借朝聘以正礼乐。有所褒讳贬损，不可书见，口授弟子，弟子退而异言。丘明恐弟子各安其意，以失其真，故论本事而作传，明夫子不以空言说经也。《春秋》所贬损大人当世君臣，有威权势力，其事实皆形于传，是以隐其书而不宣，所以免时难也。及末世口说流行，故有《公羊》《穀梁》《邹》《夹》之传。四家之中，《公羊》《穀梁》立于学官，邹氏无师，夹氏未有书。"在这里，我们除了注意刘歆所谓只有《左传》才是孔门真传之外，我们还应特别注意的是，在古文经学家刘歆的笔下，孔子已由今文经学中"受天命"的"圣王"和谶纬神学中作为"黑帝之子"的神还原成了一个研究古代制度文化的学者、还原成了一个活生生的人。这是古文经学与今文经学、谶纬神学的最大不同之处。

刘歆倡立古文经博士，在哀帝时未能实现。但平帝即位后，王莽为了改制代汉，开始推崇古文经，因此他为《左氏春秋》《毛诗》《逸礼》《古文尚书》《周官经》皆立了博士，古文经学在新朝时盛极一时，到东汉时又获得了更大发展，尤其是东汉后期，出了马融、许慎、郑玄等几位著名的古文经学大师，他们深究经义，兼采今文之说，在学术上占有了压倒的优势。后来经过西晋末年的永嘉之乱，今文经典丧失殆尽，而古文经学却流传不绝。时隔一千年之后，在清末时今文经学才重新出现。

刘向、刘歆父子是在儒学作为经学而一统天下之后，又重新研究和整理诸子百家的著作与学说并强调从中汲取思想营养以改善儒学的重要人物。刘向在对《管子》《晏子》《韩非子》《列子》《邓析》《关尹子》《子华子》以及《战国策》等著作进行了系统整理的基础上，认为它们皆有符合儒家经义的地方。例如，刘向说：《管子》书，务富国安民，道约言要，可以晓合经义。荀卿之书，其陈王道甚易行，其书比于传记，可以为法。至于道家，刘向则认为（道家）秉要执本，清虚无为，及其治身接物，务崇不兢，合于六经。除此之外，刘向还在《说苑》《新序》中直接采用并假借诸子之口来表达自己的政治、学术见解，实际上这也是对诸子学的一种肯定。刘歆继承父业，他在《七略》中把儒家和诸子各家并列为十家，并认为各家可以互相补充："其言虽殊，辟犹水火，相灭亦相生也。"

仁之与义，敬之与和，相反而皆相成也。不仅如此，刘歆还特别强调从诸子各家中汲取思想营养的重要性，认为只有兼采各家之长，方能"通万方之略"。正如《易》中所说："天下同归而殊途，一致而百虑，今异家者各推所长，穷如究虑，以明其指，虽有蔽短，合其要归，亦六经之支与流裔。"既然诸子各家皆为"六经之支与流裔"，那么在当时"去圣久远，道术缺废，无所更索"的情况下，彼九家者，不犹愈于野乎？若能修六艺之术，而观此九家之言，舍短取长，则可以通万方之略矣。这就是说，在刘歆看来，只有恢复诸子学的思想传统，才能在吸收各家思想长处的基础上，使儒学由僵化的经学、世俗的神学变为真正能够治国安民的经世致用之学。

刘向、刘歆父子在当时经学独尊的情况下，大力倡导研究诸子之学，对削弱官方学术思想的统治、解放思想是有积极意义的。

第十七章 《汉书》卷三十七
季布栾布田叔传 第七

义不忘贤，明主之美

【原文】

田叔，赵陉城人也。其先，齐田氏也。叔好剑，学黄老术于乐钜公。为人廉直，喜任侠。游诸公，赵人举之赵相赵午，言之赵王张敖，以为郎中。数岁，赵王贤之，未及迁。

会赵午、贯高等谋弑上，事发觉，汉下诏捕赵王及群臣反者。赵有敢随王，罪三族。唯田叔、孟舒等十余人赭衣自髡钳，随王至长安。赵王敖事白，得出，废王为宣平侯，乃进言叔等十人。上召见，与语，汉廷臣无能出其右者。上说，尽拜为郡守、诸侯相。叔为汉中守十余年。

孝文帝初立，召叔问曰：“公知天下长者乎？”对曰：“臣何足以知之！”上曰：“公长者，宜知之。”叔顿首曰：“故云中守孟舒，长者也。”是时孟舒坐虏大入云中免。上曰：“先帝置孟舒云中十余年矣，虏常一入，孟舒不能坚守，无故士卒战死者数百人。长者固杀人乎？”叔叩头曰：“夫贯高等谋反，天子下明诏，赵有敢随张王者罪三族，然孟舒自髡钳，随张王，以身死之，岂自知为云中守哉！汉与楚相距，士卒罢敝，而匈奴冒顿新服北夷，来为边寇，孟舒知士卒罢敝，不忍出言，士争临城死敌，如子为父，以故死者数百人，孟舒岂邲之哉！是乃孟舒所以为长者。”于是上曰：“贤哉孟舒！”夏召以为云中守。

后数岁，叔坐法失官。梁孝王使人杀汉议臣爰盎，景帝召叔案梁，具得其事。还报，上曰：“梁有之乎？”对曰：“有之。”“事安在？”叔曰：“上无以梁事为问也。

今梁王不伏诛，是废汉法也；如其伏诛，太后食不甘味，卧不安席，此忧在陛下。"于是上大贤之，以为鲁相。

相初至官，民以王取其财物自言者百余人。叔取其渠率二十人笞，怒之曰："王非汝主邪？何敢自言主！"鲁王闻之，大惭，发中府钱，使相偿之。相曰："王自使人偿之，不尔，是王为恶而相为善也。"

鲁王好猎，相常从入苑中，王辄休相就馆。相常暴坐苑外，终不休，曰："吾王暴露，独何为舍？"王以故不大出游。

数年以官卒，鲁以百金祠，少子仁不受，曰："义不伤先人名。"

【译文】

田叔，赵国陉城人，祖先是齐国田氏。他喜爱舞剑，在乐钜公门下学习黄老之术。为人廉直，仗义行侠，常与地方领袖人物交游。有人向赵丞相赵午举荐，赵午引见给赵王张敖，被任为郎中。几年以后，赵王认为他贤能，还没来得及升迁他。

正好遇上赵午、贯高等人图谋刺杀皇上，被人发觉，皇上下诏逮捕赵王及追随其谋反的赵国群臣。随赵王谋反的人，罪涉及三族。唯独田叔、孟舒等十余人穿着红褐色的囚衣，剃去了头发，用铁圈束着脖子，随着赵王到了长安。后来赵王张敖的事情弄清楚了，被释放，但被降为宣平侯。张敖向皇上进言田叔等十人。皇上召见了他们，和他们谈话后，觉得汉朝诸臣没有能超过他们的。皇上很高兴，将他们都任为郡守或诸侯国丞相。因此，田叔在汉中郡当了十余年郡守。

汉文帝即位之初，召见田叔并问："你知道天下诚信敦厚的人吗？"田叔回答："我怎么能知道呢？"汉文帝说："你是诚信敦厚的人，应该知道。"田叔磕头说："原云中郡守孟舒，就是诚信敦厚的人。"当时孟舒正因匈奴大举入侵的事而被罪责，免去了郡守的职务。汉文帝说："先帝任孟舒为云中郡守已十余年，匈奴一旦入侵，他不能坚守，兵士无故战死数百人，难道诚信敦厚的人定会杀人吗？"田叔叩头说："当年贯高等人谋弑天子，天子明令下诏，赵国有敢跟随赵王的要诛三族。然而孟舒却自己剃去了头发，以铁箍束脖子，跟随赵王，以死事之，怎么知道后来要做云中郡守呢！汉与楚相对峙时，士兵疲惫不堪，而匈奴冒顿单于新近臣服了北边少数民族，势盛来犯边。孟舒心知士兵十分疲劳，不忍心令他们出战，而士兵们争相出城杀敌，如同儿子替父亲与人拼命，因而死去好几百人，但这并不是孟舒驱令他们去打仗而死的啊！这就是孟舒为人诚信敦厚，有人替他效命的结果。"汉文帝于是称赞道："孟舒，贤者啊！"又任孟舒为云中郡守。

数年以后，田叔因犯法丢了官位。景帝弟梁孝王刘武派人刺杀了汉朝掌管议论政事的大臣爰盎。景帝召派田叔审查此事，完全掌握了事实。回来后上报景帝，景帝说："梁孝王做了此事吗？"回答说："真有此事。"景帝问："具体状况呢？"田叔说："陛下最好不要过问梁孝王的这件事。现在梁王不伏法遭诛，是弃置汉朝法令；如果依法治他死罪，太后将会吃不好、睡不着，陛下也会因此而忧虑。"于是景帝认为田叔很贤能，将他任为鲁国丞相。

田叔为鲁相，初到任时，百姓告鲁王夺取他们财物的达一百余人。田叔抓住二十个为首的人进行鞭打，发怒说："鲁王不是你们的主人吗？怎么敢告主人！"鲁王听见了，大为惭愧，从国库中取出钱，让田叔偿还给百姓。田叔说："鲁王自己派人偿还吧，要不然，您成了坏人而我倒是好人了。"

鲁王喜欢打猎，田叔经常跟随进入苑囿。鲁王立即制止，让他在苑中馆舍休息。田叔却常常坐在房外露天里，始终不进屋休息，说："鲁王都在露天里，我怎么能独自在房舍里呢？"鲁王为此而不太出外游猎。

数年后，田叔死在官位上。鲁国用黄金百斤作为祭祀，他小儿子田仁不接受，说："道义上不能损害先父的名誉。"

【评点】

太史公为田叔立传，到情不自禁处，为其论赞曰：孔子称曰"居是国必闻其政"，田叔之谓乎！义不忘贤，明主之美以救过。《汉书》所记与《史记》相去无几，都以田叔"忠义"为宣扬的对象。孔子说"居是国必闻其政"，又说"君子喻于义"，立身处世之间，田叔可谓"随心所欲，不逾矩"。

田叔乃是赵国陉城人，齐国田氏之后。早年，田叔喜欢剑术，学过黄老之术，为人廉洁，乐于交结有德君子。

田叔在社会上交游时，赵国的王是张敖，国相是赵午。有人举荐田叔到赵午门下，赵午大抵是很喜欢田叔的德才，到赵王张敖那里，不免又如此这般地把田叔称道一番。赵王张敖见了田叔，也说是个人才，但是仅此而已，却也并没有提拔田叔。

张敖是一个不太有血性不太有作为甚至有些平和庸碌的王。汉高祖十年（前197），陈豨谋反。陈豨赴任到钜鹿的时候，跟韩信有过对话，韩信似乎跟陈豨说过，如果陈豨谋反，韩信会在京城做内应，诸如此类的一些话。多年后，陈豨就真谋反了，于是高祖御驾亲征，平定陈豨叛乱。

平叛回来，高祖经过赵国，天子驾临嘛，赵王张敖亲自端着餐盘，为皇上进奉美食。

高祖刘邦呢，大抵也不怎么看得这位赵王张敖，况且是平叛回来的，难免带些感慨或情绪，看着这些某某王心里有几百个不舒服。且说啊，三年前（前200）韩王信叛汉投匈奴，一个不识时势的韩国遗贵。这会儿，这么一个才能平平的陈豨也敢叛汉，还牵涉到了淮阴侯韩信，何以这些人如此自不量力？还有张敖，张敖不是张耳的儿子吗？楚汉相争时和韩信一起攻打赵国的张耳。打下赵国后，汉三年十月（前204），韩信上书请求立张耳为赵王。一年后汉四年十一月（前203），韩信打下齐国，又上书请求立自己为齐王。这些乱世的豪杰，只想要称王，那时候是要用他们，没办法，只好封。如今已是汉家天下了，还由得你们要王要侯的吗？

总之，当时高祖的反应很是糟糕，坐在那里大咧咧地伸着两条腿，张口便骂，对张敖的恭敬全无体恤。

张敖倒没敢吱声，当时在场的国相赵午等一些官员却怒了。张敖纵然性情平和懦弱，也还是一方之王，平时大家都恭敬拥戴的赵国之王，皇上一来，却把他当个奴才般地叱骂，把这些官员们又置于何地？赵午等人撺掇张敖说："赵王侍奉皇上恭敬备至，皇上却如此对待赵王，情何以堪？以臣等看，不如就此反了。"

反叛，又是反叛！这些年的叛乱有多少起，无一例外地被平定，难道还不知厌倦吗？素来乖顺的张敖咬着自己的手指头，都咬出血来了，才终于憋出一句话："父亲在时，赵国被灭亡，若不是陛下眷顾，我们或许死了都无人收尸，诸公怎能说这等话？大家不要再说了。"

张敖就像鲁定公（鲁定公时候，季孙氏、叔孙氏、孟孙氏三家世卿掌握实权，因为是鲁桓公的三个儿子的后代，故称三桓，孔子谋划削弱三桓，三桓反击，鲁定公屈服，放逐了孔子），宁愿委曲求全。贯高等人于是避开张敖，议论说："赵王是忠厚长者，不忍背弃大汉恩德。干脆，咱们自己来吧。"

一帮人谋划弑杀皇上，保密工作却没做好，密谋被发觉。一时间皇上的人气势汹汹地张开了网逮捕赵王及谋反官员。赵午等人相继自杀，贯高被活捉。

高祖下诏说："把赵王张敖带到长安来，赵国官员有哪个敢跟着来的，罪及三族。"高祖多半很是恼怒，这些不成器的什么王什么侯，还闹个没完了！还有这些个唯恐天下不乱的地方官员，忠于你们的主子是吧？朕才是天下之主！

然而，还是有十余个不怕死的，声称是赵王家奴，跟着赵王上路了。他们自觉穿上了囚衣，剪掉了头发，戴上了刑具。

这十余人中，即有田叔。田叔当时不过就是赵王帐下一个无名小卒吧？赵王不过是顺遂赵午的引荐，对田叔赞赏几句，也并未对其授以职任。还有个人叫孟舒的，也不是什么身居要职的官员，其他的人就更不用说了。那些身居要职的赵国官员，谋叛的诚然已经自杀，未参与谋叛的，怕是也都缩首无声了。却是这些身居下位的人，在坚守着忠义的信念。被押往长安的赵王张敖，好歹左右有这十几人服侍，未至孤身凄凉。

张敖到长安，谋反的事差不多也查了个水落石出了。既然是没张敖什么事，也就释放了张敖，顺便废了王号，贬黜为宣平侯了。高祖的怒气，大抵也平息了，也不再提罪及三族的话，很开恩地夸赞孟舒、田叔等十几个人有忠义之心。

高祖宣孟舒、田叔等人觐见，一番问话之后，意外地发现这十余位身份不显的义士竟都是人才，高祖龙颜大悦，将他们一一授以职任，或为郡守，或为诸侯国国相。

说因祸得福也好，说天不负忠义也好，总之在那个人才选拔制度缺失的时代，因此机缘，孟舒得以成为云中郡守，田叔得以成为汉中郡守。

田叔做汉中郡守十多年，高祖去世了，吕后掌权了，之后吕后也去世了，大臣们拥立汉文帝，大汉又姓刘了。

风云荏苒，田叔也不再年轻。诛灭吕氏势力后，大汉朝需要人才，汉文帝召见田叔，问："田公可知道如今天下间谁是忠厚长者吗？"田叔回道："臣愚钝，哪里能够知道啊！"文帝说："田公是长者啊，应该能够知道。"田叔叩头，说："别的人臣不知道，臣知道以前的云中郡守孟舒，是位长者。"

此时的孟舒，正因抵抗匈奴入侵不力，遭到罢黜。文帝说："先帝任孟舒为云中郡守，已有十余年了吧。十余年都没什么事，就最近匈奴入侵这么一件大事，孟舒做了什么呢？不能坚守城池，士兵死掉几百人，这就是长者的作为吗？长者能让自己的士兵丧命吗？"

田叔又叩头，说："陛下所说，正说明孟舒是位长者啊。当年贯高等人谋反，皇上明令敢跟随赵王者罪及三族，而孟舒毅然随赵王赴京待罪。至于做云中郡守，那是完全不曾预料的啊。汉初对峙数年，士兵疲敝。匈奴王冒顿犯边，孟舒体恤士兵，不忍令他们出战，却是云中的士兵们，争相登上城楼，拼死作战，像子为父、弟为兄那样地拼死作战，结果才在匈奴的强大兵力下战死数百人。孟舒不曾驱使士兵作战，士兵却英勇作战，若非长者，士兵能如此争相效死吗？"

秦末叛乱数年，楚汉之争数年，如今又一番刘吕争权的内乱数年，新即位的文帝，其实也持着无为而治求太平的思想。孟舒的作为，其实是合了文帝的理想。

文帝说："贤哉孟舒！"于是召回孟舒，重新委以云中郡守之任。

又过了几年，田叔到鲁国为相，刚到任，百余位百姓便找上门来了，说鲁王掠夺百姓的财物。

在鲁国，鲁王的人横行乡里，除非告到皇上跟前去，否则百姓是无计可施的。但在信息并不发达的汉代，百姓向皇上告状，谈何容易呢？所以田叔一来，百姓便视之若救星了。

田叔也不去找鲁王，查出那些横行不法的官员，悉数捉拿来，将为首的二十余人每人先打上五十大板，其余人打手心，每人打二十下。然后对他们训斥道："鲁王是你们的君主是吧？你们这些做臣下的，整日里就做些乌烟瘴气的事，败坏君主的声誉，你们于心何忍呢？"

田叔很高明，他知道这些人是仗着鲁王的势力横行不法，也知道鲁王对他们的行为不但知道，而且支持。但他就把鲁王撇清了，只指责臣子们不好，其实这也是没办法的事。他到鲁国为相，是鲁王之臣，他也不好直接指责鲁王。但事情传到鲁王那里，鲁王就很惭愧了，既然新任国相田叔设法维护了自己的声誉，自己总要配合一下吧。

鲁王于是拿出内府里的钱，叫田叔去还给百姓。

田叔又说了："鲁王掠夺民财，让国相去偿还，这不是鲁王自己做坏事而让国相做好事吗？为臣不能掠鲁王之美。"

很简单的逻辑，如果田叔去偿还，百姓会说鲁王掠夺民财，国相为民做主。所以让鲁王自己去偿还，也就是自己的过错自己弥补，百姓便说不得鲁王的不好了。

田叔很为民众着想，也很为自己的君主着想。作为鲁王，还有什么可说的呢？

鲁王自己把臣子们掠夺的民财逐一照数偿还了。

这鲁王喜欢打猎。其实打猎吧，说起来也不是什么坏事。但是，如果是天子，或者是封国的国君，却整日耽于野地里捕猎野物，乐此不疲，就有些不务正业了，很多正经的事难免要被耽误掉。

田叔看鲁王花在打猎上的时间太多，也不说什么，就是每次鲁王打猎的时候，田叔都跟着去。当时田叔年事已高了啊，到了狩猎的苑囿里，鲁王说，丞相到馆舍中休息吧。田叔就从苑囿里出来，坐在外面的露天地里等。鲁王又派人去劝，说外面风吹日晒的，丞相还是到馆舍里面去休息。田叔就很固执地说："我们君王在苑囿中受着风吹日晒，臣怎能到馆舍里休息呢？"鲁王的内心，到底还是比较仁爱的。如是几次之后，心里就有所不忍了，而且也知道田叔是用这种方式规劝自己专心国政，于是也就不再去打猎了。

最后，田叔是在鲁国国相的职位上去世的。

这就是田叔，立身正、尽责、贤德、智慧。无愧于太史公拿孔子的话来颂扬他，说他"义不亡贤"啊。

第十八章 《汉书》卷三十九 萧何曹参传 第九

第一节 名将贤相，战功赫赫

【原文】

汉王即皇帝位，韩信徙为楚王。参归相印焉。高祖以长子肥为齐王，而以参为相国。高祖六年，与诸侯剖符，赐参爵列侯，食邑平阳万六百三十户，世世勿绝。

参以齐相国击陈豨将张春，破之，黥布反，参从悼惠王将车骑十二万，与高祖会击黥布军，大破之。南至蕲，还定竹邑、相、萧、留。

参功：凡下二国，县百二十二；得王二人，相三人，将军六人，大莫嚣、郡守、司马、候、御史各一人。

孝惠元年，除诸侯相国法，更以参为齐丞相。参之相齐，齐七十城。天下初定，悼惠王富于春秋，参尽召长老诸先生，向所以安集百姓。而齐故诸儒以百数，言人人殊，参未知所定。闻胶西有盖公，善治黄老言，使人厚币请之。既见盖公，盖公为言治道贵清静而民自定，推此类具言之。参于是避正堂，舍盖公焉。其治要用黄老术，故相齐九年，齐国安集，大称贤相。

萧何薨，参闻之，告舍人趣治行，"吾且入相。"居无何，使者果召参。参去，属其后相曰："以齐狱市为寄，慎勿扰也。"后相曰："治无大于此者乎？"参曰："不然。夫狱市者，所以并容也，今君扰之，奸人安所容乎？吾是以先之。"

始参微时，与萧何善，及为宰相，有隙。至何且死，所推贤唯参。

【译文】

汉王即皇帝位，韩信改封为楚王。曹参交回相印。高祖封长子刘肥为齐王，任命曹参为相国。高祖六年，与诸侯剖符作为凭证，赐给曹参列侯的爵位，食邑有一万零六百三十户，世代不绝。

曹参以齐相国身份攻打陈豨将张春，得到胜利。黥布造反，曹参跟随齐国悼惠王刘肥率车骑十二万，和高祖合击黥布军，大胜。向南到蕲县，回师平定竹邑、相、萧、留等地。

曹参的功绩：共攻取二国，一百二十二县；俘王二人，相三人，将军六人，大莫嚣、郡守、司马、候、御史各一人。

孝惠元年，废除诸侯相国的法令，改用曹参作为齐国丞相。曹参在齐国当丞相时，齐国有七十座城。天下刚平定，悼惠王年轻，曹参召集所有的长老诸先生，问安集百姓的办法。而齐老儒说出的办法数以百计，每个人说的都不一样，曹参不知怎样确定。听说胶西有个盖公，善于研究黄老的言论，就派人用厚礼请他。见了盖公，盖公对他说平安之道贵在清静而百姓自会安定，以此类推详细论述。曹参于是避离正堂，让盖公住在那里。他的施政要领采用黄老的学术，所以作为齐国丞相九年，齐国安集，人们都称赞他是贤相。

萧何死，曹参听说后，告诉舍人赶快置办行装，"我将进入朝廷为相。"过了不久，使者果然来召曹参。曹参要离开了，嘱咐接他相位的人说："把齐的狱讼和市集贸易托付给你，千万不要侵扰它。"后相说："治国难道没有比这更大的事吗？"曹参说："不是的。狱讼和市集贸易，是用来兼容并包的地方，如果你侵扰了它，奸人在哪里容身呢？所以我把这件事放在最先。"

最初曹参微贱时，和萧何友善，等做了宰相，二人有矛盾。到萧何将死，推举的贤人只有曹参。

【评点】

曹参与萧何相比，后者似乎沾了主子的光。

曹参是与萧何一道投身起义的。在秦时沛县，萧分管文字，曹分管刑狱。与樊哙等不同，他们是刘邦早期革命队伍里为数不多的有文化有身份的革命者。作为吏，在当时也应属白领阶层。起来造秦的反，主要还是迫于周边的形势，当初心底是有不少顾虑的。一方面担心不造反，若被造反者攻下沛县，身为秦政权的一分子，身家性命难保；一方面对革命前途信心充分不足，一旦造反不成，不仅自身性命，九族恐怕都要被诛。于是，他们抱定反不可不造，但绝不可为首的信条，先是鼓动原沛令牵头起事，继而又鼓动招回也已造反但尚流于草野的刘邦来为头。原沛令终究胆气不足，对革命形势又分析不够，甚至怀疑这两个家伙莫不是要借刘邦之手来砍自己的脑袋，于是反而动起杀萧曹之心。也幸亏萧曹见机得快，连夜出城，投奔了刘邦，从而走上了光明大道。

随着刘邦队伍不断发展壮大，萧曹二人的工作分工也越来越明确。从巴蜀到关中，萧何主要为刘邦踞守根据地，从照料根据地内大小事务到安抚民心，从战争物资的筹集到兵源的不断输送补充，均由萧何独当一面。曹参则跟随刘邦战斗在第一线，是拎着吃饭家伙为刘邦攻城略地，平叛杀人，自己也身受创伤七十余处。待天下归刘，曹与萧同封为侯，萧为酂侯，曹为平阳侯。

封侯之时，与各朝开国时情形差不多，除一些突出者外，谁都可以列出这种功那种劳。除了表功的，还有争功的，弄得刘邦很是头痛。最令他头痛的是，大家对曹参倒没有什么异议，对萧何封侯，群情却有些激愤。不少中层以上干部大发牢骚，甚至跑到刘邦面前群访，说萧何是什么东西，一场仗也没打，一丝血腥也没沾，一点伤也没受，连汗流得也不多，只不过写写画画，凭何德何能居然也被封侯？而我等出生入死，为你刘邦夺得天下，都有汗马功劳，到论功行赏时，你刘邦怎么就想不起我们了？当然，话肯定是不敢这么直说的，但想讨个说法的意思是明显的。刘邦也不是省油的灯，对封萧的立场异常坚定，不惜得罪群臣，搬弄出一番"功狗""功人"理论：你们有功只不过是猎狗之功，人家萧何是操纵猎狗的人，是功人，你们比什么比。他硬是将事态压平了。

平心而论，萧何封侯也是无可非议的。后勤与战场的关系是密不可分的，后勤的作用往往决定战争的胜负。只不过在冷兵器时代，人们崇尚的是"勇"是"力"。作为刘邦，他对萧何的所作所为之于刘家夺取天下的贡献和作用，无疑体会得比别人要深刻得多。但刘邦也未能好好总结，将之上升为战争理论，并以此来说服教育大家。所提的"功人""功狗"理论，显然有着一个大漏洞，即使战将们是功狗的话，萧何也算不上是操纵他们的猎人，充其量也不过是个称职的饲养员而已。刘邦之所以力挺萧何，或许是看中了他治国很有一套，从长远计，正是未来倚仗的良才。如果真是如此，用一些要顾全大局的话对群臣明说，可能口服心不服的人会大大减少，也为日后省却许多麻烦。而从史书上看，刘邦力定萧何，确实有不少走私的东西。其一，刘未发迹时，是沛县有名的小混混，常常犯一些不大不小的毛病。是萧何利用职权，给予不少庇护，充当了他的保护伞。其二，刘起事时，只有十几个人七八条枪，别人投奔他只是个人行为，而萧何投身后还招来宗族一批人，在刘的眼里，其革命的坚定性和彻底性是大大超过别人的。其三，秦时，大兴土木，须大量征调民夫，刘邦那时就是个民工头。在他们出发前，官吏们为求平安，给这个头儿筹集了一点小费以示安抚。别人只给三百钱，而萧何却给了五百钱。在刘邦生计非常困难的日子里，这多出的二百钱，无疑给刘邦留下了不可磨灭的印象。曹参就不行了，他就缺乏这种眼光、头脑和手腕。因此，尽管他战功累累，几乎半壁江山都有他打下的份儿，但一旦把萧曹两人单独放到刘邦的天平上时，这多出的二百钱就显示了无比的分量。

不过，到此为止，萧曹二人是无甚过节的。曹虽没有帮萧争功摆好，但也未见其参与上访或在背后挑唆鼓动。可能比起那帮同僚，他们的革命友谊还是要深厚一些，毕竟一起共事，一道造反，相互了解，相互知底。现如今同得封侯，均能光宗耀祖，也算是修得正果，何不同乐乎？

如果仅仅是封侯的话，萧曹二人同为侯，我想应是无大碍的，但偏偏还要摆座次。谁前谁后的问题尽管刘邦拖了一年多，还是无可奈何地要提上议事日程。封侯之时，曹参是一致公认，萧何非议最多，按常情，曹参肯定以为我老曹当然要摆在面前，而且这种想法还带有普遍性。民主评议时，曹参果然得票最高，不用自己摆谱，众人纷纷推崇，弄成了刘邦最担心又在意料之中的局面。世事难料，正在刘邦大伤脑筋甚至难以驾驭局面的时候，有个叫鄂千秋的在刘邦最需要挠痒的时候和地方，及时地伸出了手。他奏曰：曹某人固然战功卓著，但像老曹那样勇于作战的人不下几十上千，即使少他一个也不影响大局；而萧某的工作则是谁也不能替代的。所以，应该是萧在曹前。这番话也不能说没有道理，不知别人听后有何反应，反正刘邦是求之不得，他当即拍板，萧在曹前，不再复议，并且当场加封鄂千秋，给他封了个安平侯。鄂千秋也不知是喜是悲，虽封了侯，但也成了历史上不入流的马屁精之一。

这场萧曹列位之争，老曹显然跌了面子，而且心理上可能还毫无准备，因而失衡感无疑是强烈的，不满也肯定是有的，史书上只记载萧曹"有隙"，虽无细节，但两人关系至此疏远却是事实，其中因素，大家都是明白的。

刘邦也心照不宣，在诛杀了韩信并封萧何为相国后，就让曹参随其庶长子刘肥到齐地辅佐，也去过把小相国的瘾。刘邦对他们两个的斤两都是清楚的，重了萧何，也没有就此轻了曹参。在自己病重时，吕后问计，涉及萧何之后谁能继位，刘邦是首推曹参。倒是在萧何病重时，惠帝问谁能继位时，其回答是："知臣莫若君。"待惠帝挑明曹参后，他才说："陛下所见甚是，臣死而无恨了。"可见，推荐是含糊的，表态是明确的，个中细微之处也是值得回味的。

有一点我倒是很佩服曹参的，从其革命生涯看，前后经历了两种不同的工作性质：把他放在征战的位置，他几乎是所向披靡；把他放在齐相的位置，他也做得非常出色。求胜与求治，尚武与崇文，能较好统一的人并不多。曹在治齐时先求教于儒，结果是一人一个主意，搞得他一时无所适从，最终他从黄老之术中寻到了治齐之策。他为齐相九年，出以清静，民心自定，齐民皆称其为"贤相"。大汉初定，历年兵战，民心思安；施政者与时俱进，顺其自然，轻刑薄赋，确是时代所需，人民当然是会满意和拥护的。正可谓英雄所见略同，萧何主编的汉律九章，其意一再使民安居乐业，衣食自保，他所推行的也是无为而治。固然，此时曹参比不得萧何位尊权大影响广，但从治齐方略和功绩看，也是可圈可点的，起码是谈不上照着萧何的葫芦来画瓢的。

第二节　载其清净，萧规曹随

【原文】

（一）

参代何为相国，举事无所变更，一遵何之约束。择郡国吏长大，讷于文辞，谨厚长者，即召除为丞相史。吏言文刻深，欲务声名，辄斥去之。日夜饮酒。卿大夫以下吏及宾客见参不事事，来者皆欲有言。至者，参辄饮以醇酒，度之欲有言，复饮酒，醉而后去，终莫得开说，以为常。

相舍后园近吏舍，吏舍日饮歌呼。从吏患之，无如何，乃请参游后园。闻吏醉歌呼，从吏幸相国召按之。乃反取酒张坐饮，大歌呼与相和。

参见人之有细过，掩匿覆盖之，府中无事。

（二）

参子窋为中大夫。惠帝怪相国不治事，以为"岂少朕与？"乃谓窋曰："女归，试私从容问乃父曰：'高帝新弃群臣，帝富于春秋，君为相国，日饮，无所请事，何以忧天下？'然无言吾告女也。"窋既洗沐归，时间，自从其所谏参。参怒而笞之二百，曰："趣入侍，天下事非乃所当言也！"至朝时，帝让参曰："与窋胡治乎？乃者我使谏君也。"参免冠谢曰："陛下自察圣武孰与高皇帝？"上曰："朕乃安敢望先帝！"参曰："陛下观参孰与萧何贤？"上曰："君似不及也。"参曰："陛下言之是也。且高皇帝与萧何定天下，法令既明具，陛下垂拱，参等守职，遵而勿失，不亦可乎?"惠帝曰:"善。君休矣!"

参为相国三年,薨,谥曰懿侯。百姓歌之曰:"萧何为法,讲若画一;曹参代之,守而勿失。载其清靖,民以宁壹。"

【译文】

(一)

曹参代替萧何做相国,所有的事都无所变更,全部遵照萧何的约定。选择郡国小吏出身,不善文辞的忠厚长者,就召拜为丞相史。小吏中解释法律条文深刻,想求得声名的,都排斥在外。日夜饮酒,卿大夫以下官员及宾客见曹参无所事事,来的人都想进言劝说。人一到,曹参就用醇酒给他喝,揣测他要说话了,就再让他喝酒,喝醉了之后才回去,终于没人能开口说话,便习以为常了。

相府后园靠近小吏的住所,小吏在住所里天天喝酒唱歌,从吏深以为患,拿他们没办法,便请曹参游后园。听见小吏醉后唱歌,从吏希望相国召来审问。曹参却反而叫人取酒铺陈坐喝,大声唱着与他相和。

曹参见人有小过错,便为他遮掩,府中平安无事。

(二)

曹参的儿子曹窋为中大夫。惠帝怪相国不理政事,以为"难道是看我年轻吗?"于是对曹窋说:"你回去,试着私下平常随意地问你父亲:'高帝刚弃群臣而去,帝年富力强,您为相国,天天喝酒,无所事事,怎么能为天下分忧呢?'但不要说是我告诉你的。"曹窋休假回家,有空的时候,自己随皇帝的意思劝谏曹参,曹参生气地责打他二百下,说:"快去入朝侍奉,天下事不是你应当说的。"到上朝时,帝责备曹参说:"与曹窋有什么关系呢?那是我让他讽谏你的。"曹参脱帽谢罪说:"陛下自己觉得圣明英武比高皇帝如何?"皇上说:"我怎么敢与先帝比!"曹参说:"陛下看我和萧何谁贤能?"皇上说:"您好像不如他。"曹参说:"陛下说得很对。高皇帝与萧何平定天下,法令已明白具备,陛下垂衣拱手,曹参等谨守职责,遵守而不丧失,不也可以吗?"惠帝说:"好!您去休息吧。"

曹参做相国三年,死后谥号懿侯。百姓歌颂他说:"萧何制法,和如画一;曹参代替他,守而不失。乘此清平,民得安宁。"

【评点】

"凡下二国，县百二十二；得王二人，相三人，将军六人，大莫嚣、郡守、司马、候、御史各一人。"曹参军功的记载，可谓战功累累，当居开国众将之首。然而细细回想一次次胜仗，巧妙的谋略抑或是精绝的计策竟无一出自他手。论运筹帷幄、定天下大计，他不如萧何；论上阵杀敌、过关斩将，他不如韩信。种种相国所应具备的硬性条件曹参不能说不是应有尽有，却无一能称得上第一。要说可以独占鳌头的，是他极尽奢华甚至萎靡的生活状态，是他无人能出其右的饮酒功夫。有句话很精辟，"你醉酒是量小，我醉酒是境界"。

曹参本人也是一个很有才能、很有远见卓识的人。当年在沛县刘邦、萧何、曹参三人共同谋事，私交甚好。无奈功名利禄、权位争夺总能将过去的一切所谓友谊交情打得粉碎。刘邦做了皇帝，高高在上；萧何与曹参之间也产生了很深的隔阂。好在萧何并不糊涂，临终前依然做出了正确的决定：选择曹参继任相国之位。当萧何去世的消息传到曹参耳中时，曹参的反应很出人意料："告舍人趣治行，'吾且入相'"。就这样曹参成为了年轻的汉惠帝的左膀右臂。

曹参的人才选拔制度很耐人寻味。"择郡国吏长大，讷于文辞，谨厚长者，即召除为丞相史。吏言文刻深，欲务声名，辄斥去之"，文采风流言辞华丽者一概一票否决，更倾向于用一些不善言辞但踏踏实实干事的忠厚之人。待到从各地选拔了各类人才、剔除了那些他认为过分雕琢的文人，曹参就开始整日痛饮不思国事。身为相国不愁个人经济危机，自然就是喝个痛快。他自己悠哉乐哉，有些奉公守法的官吏可坐不住了，纷纷前来相府劝谏。曹参对付他们全是一个办法：灌酒。"至者，参辄饮以醇酒，度之欲有言，复饮酒，醉而后去，终莫得开说，以为常。"如此整日饮酒作乐，大家完全忘记了上下级的关系，下属有错误曹参也有意包庇，整个相府十分和气。

曹参自比不如萧何，对于萧何制定的法律和政治体系不做丝毫的修订，只是"守而勿失"。曾有人问他是不是应该自己创个什么理论使自己名垂千古，曹参并不理会，在他心中只要百姓过上好日子就足以让自己在史书中占一席之地。"载其清净，民以宁一"，不需要改革，不需要整日操劳，这样的"政绩"已经让曹参成为史上最出色的相国之一。他用他的醉酒形成了一种特殊的为官方式：无欲无求，无为而治。相比之下，所谓的"萧规曹随"倒有些捉襟见肘，我们后人看到的，则更多的是曹参"人生得意须尽欢"的狂放，看到的是他旷达的人生态度。

与萧何、韩信等相比，曹参的名气显然小了许多。如果不是"萧规曹随"这个成语，我相信除了研究历史的之外，是不会有多少人知道曹参的。即使在史学界，对曹参的评价也不高，认为他为相不如萧何，为将不及韩信。如果单从历史的局部来看，此评价恰如其分。但用大历史观来看曹参，得出的却是另一个不同的结论。

曹参作为西汉最重要的开国元勋之一，为汉朝的建立立下了汗马功劳。更重要的是，他开启了无为而治的先河。现在人们提到汉朝，便会想到"文景之治"，论及"文景之治"，便会想到无为而治的黄老之学。真正实践无为而治并取得巨大成效的，曹参是中国历史上的第一人。无为而治是一种哲学思想，其主要内容说得白话一点，就是不要整天去教育、指挥和折腾老百姓，而应该让他们自我教育，该种地种地，该休息休息，该做什么做什么，这样老百姓自然就会品行端正、生活富裕、民风淳朴，最终达到"圣人无常心，以百姓心为心"，在社会的、人民的内心之外，人民的意志之外，不要再有什么其他的想法。这一学说当时很流行，但在此前没有人实践过。曹参把它先尝试于齐国，后又用于整个国家的治理，取得了极大的成功。汉初几任皇帝，恪守如一，历七十年不变。结果是粮仓里粮食堆满了，国库里穿钱的绳子烂掉了。这是一个了不起的实践，不仅对汉朝政权的稳固做出了巨大的贡献，而且丰富了人类经济思想。

曹参是一个唯实的人。曹任齐相时，天下方定，万业凋敝，百废待兴，他到任后即召集长老和儒生，了解情况，听取意见，寻求治理良方。无为而治思想的选择和运用，是曹参善于审时度势，从实际出发的结果。

曹参是一个善于承前的人。他的承前不是无原则的承前，而是服从真理的承前。曹参代萧何为相国之后，"举事无所变更，一尊萧何约束"，惹得皇帝老子都不高兴。于是出现了这样一段著名的对话：参免冠谢曰："陛下自察圣武孰与高帝？"上曰："朕乃安敢望先帝！"参曰："陛下观参能孰与萧何贤？"上曰："君似不及也。"参曰："陛下言之是也。且高帝与萧何定天下，法令既明具，陛下垂拱，参等守职，遵而勿失，不亦可乎？"惠帝曰："善。君休矣！"从这段对话中，很多人得出曹参是因为自己不如萧何，才"萧规曹随"的。其实关键的字眼在于"法令既明"四字，既然前人已经有了一套健全而又很好的规制和大政方针，那为什么还要再折腾呢？曹参正是基于这样的认识，才建议皇上"垂拱"，自己"守职"，曹参的伟大之处正在于此。如果高帝和萧何制定的法令像秦始皇时代一样糟糕，曹参还选择"萧规曹随"，那就要另当别论了。

曹参是一个善于为副的人。曹参为将，一直是刘邦、韩信的副手，独立作战较少，所以他虽然取得了不菲的功绩，但历史对他的评价不高，认为他不能独当一面。我们后人评价历史人物，不能仅仅看他对历史的直接贡献，而要从他所处的角色和地位来分析。作为一个副职，如果在他的顶头上司是英明正确的情况下，他还整天想出思路、出办法、出成果，则势必乱了全局。曹参的高明就在于能明白自己的定位，配合刘邦、韩信做好自己应该做的工作。韩信东击赵，曹参留代地清扫残敌，杀代戚将军于邬城；韩信将兵诣垓下会战，曹参留齐，击未服者，这样才使韩信在前线放心杀敌。曹参这样做，并不是他水平差，而是他善于从全局出发，甘愿当好配角。后来他在齐国为相和做宰相的实绩证明，他是一个能力和水平都很高的人。

上述几个方面说明，从曹参身上我们现在仍然能得到很多启迪。

第十九章 《汉书》卷四十 张陈王周传 第十

第一节 里中分肉，一展抱负

【原文】

里中社，平为宰，分肉甚均。里父老曰："善，陈孺子之为宰！"平曰："嗟乎，使平得宰天下，亦如此肉矣！"

【译文】

里中祭祀社神，陈平当主持人，分配祭肉分得很公平。父老们都说："好啊！陈平这孩子主持分的肉真好。"陈平说："唉，如果让我能有机会治理天下，也会像分这祭肉一样公允！"

【评点】

陈平少时，家中十分贫困，可他又偏偏喜欢读书，尤其喜欢黄帝、老子的学说。陈平的哥哥见陈平喜欢交游，便承担了家中的全部劳动，使陈平有时间出外游学。一年，正逢社祭，人们推举陈平为社庙里的社宰，主持祭社神，为大家分肉。陈平把肉一块块分得十分均匀。为此，地方上的父老乡亲们纷纷赞扬他说："陈平这孩子分祭肉，分得真好，太称职了！"陈平却感慨地说："假使我陈平能有机会治理天下，也能像分肉一样恰当、称职。"

肉好吃，但不好分。且不说亲疏关系，单说肉本身，就有肥瘦之分，肝肺之别，头身之异，怎么好分啊？可是，陈平分肉却能赢得父老们交口称赞，这可不是一件容易事。陈平分肉能够让父老们敬服，是什么原因呢？在这里，我不想说他分肉的技术是多么的高明，我想说的是他分肉的时候不偏不祖，秉公处理，所以才分得均匀，令大家满意。

几千年以来，人们总是盼着像陈平分肉那样的人，能够为大家公平办事的人。《礼记·礼运》："大道之行也，天下为公。选贤与能，讲信修睦，故人不独亲其亲，不独子其子。"——手心手背都是肉，不能偏心。《论语·季氏》："不患寡而患不均。"——再苦再穷都不怕，但求公平。人们渴望公平啊！

不平则鸣，自古亦然。且不说"舍得一身剐，敢把皇帝拉下马"需要何等的勇气，单说贾岛的诗"十年磨一剑，霜刃未曾试。今日把示君，谁有不平事"，就足以让人震惊了。看看，连僧人都这等为不平事而义愤填膺到这个地步，何况他人呢？遇到不平事，人们或"拔剑而起，挺身而斗"，或呼天抢地，以死抗争，或诉诸官司，对簿公堂，或唇枪舌剑，争论不休，不胜枚举。总之，人们要讨个公道，找个说法。

公平，这是一个古老而常新的问题。公平，需要独立的人格，善良的品格，清醒的头脑，理性的思维，健全的制度。公平不是说我们不能有私心，而是要求我们要控制私欲。我们并不是禁欲主义者，并不主张"存天理，灭人欲"，合理的私是人们的正当权利，是允许人们去追求的。但是，无论如何，我们不能以私害公，不能因私妨人，这是私的底线。

我们每一个人都渴望公平。如果我们每一个人都尽心尽力地公平办事，那么，我们孜孜以求的公平离我们还远吗？

公平是双向的。我们不能只要求别人对我们公平，我们对别人却不公平。在公平面前，对自己一套，对别人又一套，这种想法和做法本身就不公平。在不公平中寻求公平，会有真的公平吗？这种本身的不公平于人于己都是有害的，不利于团结，有碍于发展，有损于集体。对于这个问题，解决的办法是人人都尽心尽力地公平办事。也许人家没有公平办事，我们可以痛恨这种人，但是，我们万不能因为人家没有公平办事使得原本公平办事的自己也不公平办事。倘若如此，我们和我们所痛恨的那种人在公平办事的问题上又有什么区别呢？陈平公平分肉，其他分肉的人未必公平分肉，但陈平并没有因此而不公平地分肉吧！

公平才能和谐。在一个不公平的社会，若想实现社会和谐，无疑是天方夜谭。建立一个公平的社会，任重而道远，需要我们每一个人的努力。我们要以陈平分肉之事为榜样，向陈平学习，从自身做起，努力公平办事。

第二节　声东击西，解救刘邦

【原文】

陈涉起王，使周市略地，立魏咎为魏王，与秦军相攻于临济。平已前谢兄伯，从少年往事魏王咎，为太仆。说魏王，王不听。人或谗之，平亡去。

项羽略地至河上，平往归之，从入破秦，赐爵卿。项羽之东王彭城也，汉王还定三秦而东。殷王反楚，项羽乃以平为信武君，将魏王客在楚者往击，殷降而还。项王使项悍拜平为都尉，赐金二十镒。居无何，汉攻下殷。

【译文】

陈涉起兵在陈县称王以后，派周市去攻占平定魏地，立魏咎为魏王，和秦军在临济交锋。在这之前陈平原已辞了哥哥陈伯，和一些年轻人到临济投奔魏王咎了。魏王任命他为太仆。陈平向魏王进言，魏王不听，有人还说陈平坏话，陈平就逃离了那里。

项羽攻占土地到黄河边上，陈平前去投奔他，跟随他入关破秦，项羽赐给他卿一级的爵位。后来项羽东归在彭城称西楚霸王的时候，汉王刘邦回军平定了三秦，向东挺进，殷王司马卬反叛楚王。于是项羽封陈平为信武君，率领魏王咎客居在楚的部下前去讨伐，陈平攻打降服殷王后班师回楚。项王派项悍任命陈平为都尉，赐金二十镒。不久，汉王攻下了殷国。

【评点】

公元前 209 年，陈胜在大泽乡起义，并立魏咎为魏王。于是，陈平辞别兄长，前往临济投奔魏王。后来又转入项羽手下做谋士。陈平得不到项羽的重视，郁郁不得志。他在鸿门宴上见到了刘邦，认为刘邦将来必成大器。

于是，才华横溢的陈平就处于"身在楚营心在汉"的矛盾之中了。正在这时，刘邦被项羽困在咸阳，等于软禁。刘邦问计于张良，可张良也身陷敌营，一筹莫展。这时，他们想到了陈平，张良决定孤注一掷，暗中去找陈平。

没想到两人一见如故，相见恨晚。临别，张良直言来访的意图，陈平思考片刻后，说："要从项羽身边救出刘邦，首先要'调虎离山'，必须让范增离开项羽几天，不然怎么也不行。"

第二天，陈平设计：请项羽给楚怀王上义帝的尊号，送他到郴州去养老，这样项羽就可以此号召天下了。陈平的话，正中项羽的意。不久，范增上朝见项羽，项羽对范增说："天无二日，民无二主。"

接着，把陈平的话变成自己的话说了一遍，说是自己想起来的，范增立即附和说："大王，这事儿还真得解决，宜快不宜迟。而且，这事儿还就得我去。"但范增毕竟也是谋士，临行前向项羽提出三件事，第一件就是不能让刘邦回到汉中，项羽答应后，范增才走。陈平估计范增走远了，就趁着早朝奏上一本说："刚安定下来，必须节约。现在诸侯们聚集咸阳，每路兵马都不下四万人，军粮的负担极重，若不赶快让诸侯们回国，恐怕老百姓就负担不起了。"

项羽一听，大吃一惊，马上传旨：天下诸侯，路远的给十天期限，路近的给五天期限，在限期内做好回国的准备；唯有刘邦留在咸阳，陪王伴驾。

项羽扣住刘邦，也在陈平的意料之中，陈平趁各路诸侯返国的机会，授意张良，使用声东击西的计策。于是，刘邦依张良之意上表，向项羽请假回故乡沛县省亲。

项羽犹疑不决，张良故意说："不能叫刘邦回乡取家眷，不然他也许就在沛县称王了。您不如派遣他带着残兵败将回汉中去，再派人去沛县取他的家眷做人质，好教他规规矩矩地做人。"

陈平乘机上奏："陛下既封刘邦为汉王，也已经布告天下，臣民共知，却不让他上任，恐怕不足以取信天下吧？人家也许会说，陛下一登位便说假话，那以后执行法令，也会阳奉阴违了。不如听张良的话，把刘邦的眷属当人质，留在咸阳，遣他回汉中去，这样既可以保全信用，又可以约束刘邦，这不是两全其美吗？"项羽想了很久，同意了。刘邦心里欢喜无比，回营后立即拔寨起程。陈平出的声东击西的计策救出了刘邦，不仅保住了刘邦的性命，更为刘邦日后东山再起赢得了良机。

第三节　投奔明主，施展抱负

【原文】

（一）

项王怒，将诛定殷者。平惧诛，乃封其金与印，使使归项王，而平身间行杖剑亡。度河，船人见其美丈夫，独行，疑其亡将，要下当有宝器金玉，目之，欲杀平。平心恐，乃解衣裸而佐刺船。船人知其无有，乃止。

（二）

绛、灌等或谗平曰："平虽美丈夫，如冠玉耳，其中未必有也。闻平居家时盗其嫂；事魏王不容，亡而归楚；归楚不中，又亡归汉。今大王尊官之，令护军。臣闻平使诸将，金多者得善处，金少者得恶处。平，反覆乱臣也，愿王察之。"汉王疑之，以让无知，问曰："有之乎？"无知曰："有。"汉王曰："公言其贤人何也？"对曰："臣之所言者，能也；陛下所问者，行也。今有尾生、孝已之行，而无益于胜败之数，陛下何暇用之乎？令楚汉相距，臣进奇谋之士，顾其计诚足以利国家耳。盗嫂受金又安足疑乎？"汉王召平而问曰："吾闻先生事魏不遂，事楚而去，今又从吾游，信者固多心乎？"平曰："臣事魏王，魏王不能用臣说，故去事项王。项王不信人，其所任爱，非诸项即妻之昆弟，虽有奇士不能用。臣居楚闻汉王之能用人，故归大王。裸身来，不受金无以为资。诚臣计画有可采者，愿大王用之；使无可用者，大王所赐金具在，请封输官，得请骸骨。"汉王乃谢，厚赐，拜以为护军中尉，尽护诸将。诸将乃不敢复言。

【译文】

（一）

项王发怒，要杀以前平定殷国的将领官员。陈平害怕被杀，就把项王的赏金和官印封包起来，派使者送还项王，自己只身从小路带了宝剑逃走。在渡河的时候，船夫见他这样一个美男子独身赶路，怀疑他是逃亡的将领，腰里一定藏着金玉宝器，眼睛老盯着他，想谋害陈平。陈平害怕了，便把衣服脱去，光着身子帮助撑船。船夫知道他实在没有什么财物，才作罢。

（二）

这时绛侯周勃、灌婴等都说陈平的坏话，道："陈平尽管是个美男子，却像在帽子上装饰的美玉（表面好看），内里未必有什么真本事。我们听说他在家里时，跟他嫂嫂私通；侍奉魏王，待不下去，逃出来投楚；投楚不合，又逃出来投汉。如今大王您尊重他，让他做官，命他监督军队。我们听说陈平接受将领们的金子，送金多的得好去处，送金少的得坏去处。陈平，是个反复无常的乱臣，愿大王明察。"汉王对陈平产生了怀疑，召见魏无知并责备了他。魏无知说："我所介绍的是他的才能，陛下所问的是他的品行。假如一个人有尾生、孝己那样的品行，但对决定战争胜负的谋略毫无益处，陛下哪有工夫任用他呢？楚汉相争，我推荐奇谋之士，我所考虑的只是他的计谋是否真正足以有利于国家而已。再说，和嫂嫂私通、受人金钱，这又有什么值得您疑虑的呢？"汉王又召来陈平，责备他说："先生您侍奉魏王不能相合，就去侍奉楚王，然而也离开了，现在又跟我交往，讲信义的人难道该是这样三心二意的吗？"陈平回答道："我侍奉魏王，魏王不能采用我的建议，所以我离开了。去侍奉项王，项王不能信任人，他所信任宠爱的不是项氏宗族便是妻子的兄弟，尽管有奇谋之士，却不能任用，我才又离开了楚。听说汉王您能用人，所以来投奔大王。我赤身而来，不接受别人的金钱就没有资产。如果我的计谋确有可采用的，愿大王采用；如果无可采用，诸将的贿金都在，请封存充公，愿您赏还我这把骨头让我离去。"汉王听完这番话后便向他道歉，还重重地赏赐了他，任命他为护军中尉，监督全体将领。将领们这才不敢再说什么了。

【评点】

公元前205年春，因司马卬背楚降汉，项羽迁怒于陈平。陈平不仅遭到了项羽的责备，而且他出的计谋项羽也不再采纳。陈平觉得自己成了受气包，说不定哪一天项羽还会杀他，尤其是他已看清了项羽是个鲁莽武夫，最终是不可能取得胜利的，于是他挂印封金，偷偷地走了。他想起在汉王手下的魏无知是自己的老朋友，不如也去投奔刘邦。

天快黑时，他逃到了黄河边，他请船夫送他过河。陈平上了船，从船舱里又出来了一个船夫。他想这两个人可能是水盗，以为他身上带着珠宝，想图财害命。陈平为人机灵，浑身是计，为了保全自己的性命，他马上脱了衣服，扔在船上，光着上身来帮船夫划船。船夫看他腰间什么也没有，衣服掉在船上也没有什么声音，知道他身上什么贵重东西都没有，也就打消了加害他的念头。一场凶险，竟被他轻而易举地化解了。

陈平经汉将魏无知推荐，面见刘邦。两人纵论天下大事，十分投机。刘邦破例任陈平为都尉，留在身边做参乘（陪他出行，为他驾驭马车的官员），并命他监护三军将校。这一下引起了将领的不满，纷纷说他品行不端，贪图贿赂（也就是后人有时提起的"昧金""盗嫂"），认为这种人不能信任重用。

刘邦经不住众人再三诋毁陈平，便也心生疑团，召陈平来质问道："听说你原来是帮助魏王的，后来离开魏王去帮助楚霸王，现在又来帮助我，这怎么不让别人怀疑你的信义呢？"陈平不紧不慢地回答道："同样一件有用的东西，在不同的人手里作用就不同了。我侍奉魏王，魏王不能用我，我离开他去帮助楚霸王，霸王也不信任我，所以我才来归附大王。我虽然还是我，但用我的人可不一样了。我久慕大王善于用人，所以才不远千里来投奔大王。我什么也没带，来到这儿，所以什么都没有，才接受了人家的礼物。没有钱，我就生活不了，也就办不了事。如果大王听信谗言，不起用我，那么，我收下的那些礼物还没有动用，我可以全部交出来，请大王给我一条生路，让我辞职回家，老死故乡。"寥寥数语，道明了各方的政治优劣，话中有话。

刘邦的疑虑顿消，对陈平倍增好感，并重重地赏赐一番，提升他为护军中尉，专门监督诸将。从此，陈平一心一意为刘邦"六出奇计"夺取天下，成为西汉安邦定国的著名谋臣。

第四节　计除敌手，荥阳围解

【原文】

其后，楚急击，绝汉甬道，围汉王于荥阳城。汉王患之，请割荥阳以西和。项王弗听。汉王谓平曰："天下纷纷，何时定乎？"平曰："项王为人，恭敬爱人，士之廉节好礼者多归之。至于行功赏爵邑，重之，士亦以此不附。今大王嫚而少礼，士之廉节者不来；然大王能饶人以爵邑，士之顽顿嗜利无耻者亦多归汉。诚各去两短，集两长，天下指麾即定矣。然大王资侮人，不能得廉节之士。顾楚有可乱者，彼项王骨鲠之臣亚父、钟离眛、龙且、周殷之属，不过数人耳。大王能出捐数万斤金，行反间，间其君臣，以疑其心，项王为人意忌信谗，必内相诛。汉因举兵而攻之，破楚必矣。"汉王以为然，乃出黄金四万斤予平，恣所为，不问出入。

平既多以金纵反间于楚军，宣言诸将钟离眛等为项王将，功多矣，然终不得列地而王，欲与汉为一，以灭项氏，分王其地。项王果疑之，使使至汉。汉为太牢之具，举进，见楚使，即阳惊曰："以为亚父使，乃项王使也！"复持去，以恶草具进楚使。使归，具以报项王，果大疑亚父。亚父欲急击下荥阳城，项王不信，不肯听亚父。亚父闻项王疑之，乃大怒曰："天下事大定矣，君王自为之！愿乞骸骨归！"归未至彭城，疽发背而死。

平乃夜出女子二千人荥阳东门，楚因击之。平乃与汉王从城西门出去。遂入关，收聚兵而复东。

【译文】

后来，楚军加紧进攻，截断了汉军的运粮通道，把汉王围困在荥阳城里。日子一长，汉王忧虑起来，请求割据荥阳的西部来与楚讲和。项王不答应。汉王对陈平说："天下乱纷纷的，什么时候才能够安定下来呢？"陈平说："项王为人，恭敬爱人，廉洁好礼的士人多去投奔他。等到要评功劳、赏爵邑了，他却十分看重（总舍不得给），士人因此不亲附于他。如今大王您对人轻慢少礼，廉洁的士人不来；但是大王您能用爵邑重赏下人，那些圆滑、嗜利而不讲廉耻的士人大多来投奔您。如果大王能分别除去两人的短处，兼有两人的长处，那么天下在挥手之间就能平定了。然而大王您随意侮人，是不能得到廉洁之士的。但楚国存在可以致乱的因素，那项王身边正直的臣子如亚父、钟离眛、龙且、周殷之类，只不过几个人罢了。大王您如果能拿出几万斤金，用来实施反间计，离间他们的君臣，使他们产生疑忌之心，项王为人好猜忌，听信谗言，必然会引起内部互相诛杀。汉乘机兴兵攻打，破楚是必定无疑的了。"汉王认为他说得对，便拿出黄金四万斤给陈平，任凭他支配，不过问开支情况。

陈平用大量黄金在楚军中放手进行离间活动后，便在诸将中扬言：钟离眛等人在项王部下为将，功劳很多，但始终不能分封土地而称王，他们想和汉联合在一起，灭掉项氏，分他的土地，各自为王。项王听了，果然心怀猜忌，对钟离眛等不信任起来。在起了疑心之后，项王派使者到汉王那里。汉王让人备了丰盛的宴席送进去，见到楚国使者，就假装惊讶道："我以为是亚父的使者，却原来是项王的使者！"又把宴席撤走，换上粗劣的饭菜送进来给楚王使者。楚王使者回去，把情况统统报告项王，项王果然对亚父大起疑心。亚父想赶快把荥阳城攻下来，项王不信任他，不肯接受他的建议。亚父听到项王对他有怀疑，就生气地说："天下的事大局已定了，君王您自己干吧！愿您赏还我这把老骨头，让我回家！"他回去还没到彭城，就因背上毒疮发作而死了。

陈平于是在夜间从荥阳城东门放出二千名女子，楚军受诱出击，陈平就和汉王在夜色中乘机从城西门出去，于是进入函谷关，收集散兵再向东进。

【评点】

公元前 203 年，楚汉战争到了最激烈的时刻。刘邦被项羽围困在荥阳城内达一年之久，并被断绝了外援和粮草通道。

刘邦向项羽求和，项羽不许，刘邦十分忧虑。这时，陈平献计，让刘邦从仓库中拨出四万斤黄金，买通楚军的一些将领，让这些人散布谣言说："在项王的部下里，亚父和钟离眛的功劳最大，但却不能割土称王。他们已经和汉王约定好了，共同消灭项羽，分占项羽的国土。"这些话传到霸王的耳朵里，使他起了疑心，果然对钟离眛产生了怀疑，以后有重大的事情也就不再跟钟离眛商量了。他甚至怀疑范增私通汉王，对他很不客气。

为了彻底孤立项羽，陈平还要把范增除掉，为此不惜设计嫁祸于范增。有一天，项羽派使者到刘邦营中，陈平让侍者准备好十分精致的餐具，端进使者房间。使者刚一进屋，就被请到上座，陈平再三问起范增的起居近况，大赞范增，并附耳低声问："亚父范增有什么吩咐？"使者不解地问道："我们是霸王派来的，不是亚父派来的。"陈平一听，故作吃惊地说："我们以为是亚父派来的人呢！"便叫几名小卒撤去上等酒席，随后把使者领至另一间简陋客房，改用粗茶淡饭招待。陈平则满脸不高兴，拂袖而去。使者没想到会受此羞辱，大为气愤。

使者回到楚营后，把情形一五一十地都告诉了项羽，霸王更加确信范增私通汉王了。这时，范增向项羽建议应该加紧攻城，但是项羽却一反常态，拒不听从。过了几天，范增也知道了外面说他私通汉王的谣言，并且感到项羽已不再信任自己了，于是他就对项羽说："天下大事已基本定了，希望大王自己好好地干。我年岁大了，身体又不好，请大王准我回家养老吧！"

项羽十分薄情，竟然毫无挽留之意，同意了他的请求，还派人护送他回家乡。范增一路走，一路叹气，吃不下，睡不着，伤心不已。他已经七十五岁了，哪儿受得了这么大的委屈？到彭城的时候，气得背上生了一个毒瘤，就此一病不起，呜呼哀哉了。项羽手下唯一的一个著名谋臣，竟被陈平略施小计就除掉了。

项羽中了陈平的反间计，气死了范增，项羽大怒。公元前203年五月，项羽猛攻荥阳，形势十分危急，陈平就给刘邦献计："请大王速写一封诈降信给霸王，约他在东门相见。霸王一定会把他的大军布置在东门外，我们再想办法把他在西、北、南各门的卫士引到东门口来，大王就可以从西门冲出去了。"汉王同意了。不一会儿，陈平领着一个貌似汉王的将军纪信来见汉王，说把他化装成汉王的样子出去诈降，吸引敌人把兵力集中围住东门，然后汉王就可以从西门突围了。

次日，天还没亮，汉军便开了东门，陈平差遣二千名妇女，一批一批地从东门出去。南、西、北门的楚兵一听东门外全是美女，便争先恐后地涌向东门。忽然，有人大喊"汉王来了"。大家抬头一看，果然是"汉王"坐在车里，由仪仗队开道慢慢地走出东门，一直走到楚营近前，霸王才发现坐车出来的不是汉王，真正的汉王则乘着东门一片混乱，已冲出西门，带着陈平、张良、樊哙等人杀开一条血路，向关中方向逃去了。

第五节　封韩灭项，云梦定反

【原文】

明年，淮阴侯信破齐，自立为假齐王，使使言之汉王。汉王怒而骂，平蹑汉王。汉王寤，乃厚遇齐使，使张良往立信为齐王。于是封平以户牖乡。用其计策，卒灭楚。

汉六年，人有上书告楚王韩信反。高帝问诸将，诸将曰："亟发兵坑竖子耳。"高帝默然。以问平，平固辞谢，曰："诸将云何？"上具告之。平曰："人之上书言信反，人有闻知者乎？"曰："未有。"曰："信知之乎？"曰："弗知。"平曰："陛下兵精孰与楚？"上曰："不能过也。"平曰："陛下将用兵有能敌韩信者乎？"上曰："莫及也。"平曰："今兵不如楚精，将弗及，而举兵击之，是趣之战也，窃为陛下危之。"上曰："为之奈何？"平曰："古者天子巡狩，会诸侯。南方有云梦，陛下弟出，伪游云梦，会诸侯于陈。陈，楚之西界，信闻天子以好出游，其势必郊迎谒。而陛下因禽之，特一力士之事耳。"高帝以为然，乃发使告诸侯会陈，"吾将南游云梦"。上因随以行。行至陈，楚王信果郊迎道中。高帝豫具武士，见信，即执缚之。

第二年，淮阴侯韩信攻破齐国，自立为齐王，派使者报告汉王。汉王大怒而骂了起来，陈平踩了踩汉王的脚，汉王也醒悟过来了，于是厚待齐使者并派张子房出使，结果封立韩信为齐王。汉王又把户牖乡封赏给陈平。汉王采用陈平的神机妙算，终于灭掉了楚王。

汉六年，有人上书告发楚王韩信谋反。高帝问将领们如何处置，将领们说："马上发兵活埋这小子算了！"高帝没作声。高帝问陈平，陈平一再推辞不答，问道："将领们说什么？"高帝把将领们的话统统告诉了他。陈平问："有人上书告发韩信谋反，这件事别人有知道的吗？"答："没有。"问："韩信本人知道吗？"答："不知道。"陈平问："陛下的精兵，和楚王相比怎样？"高帝答道："不能超过他。"陈平又问："陛下的将领用兵，有能胜过韩信的吗？"高帝答道："没有人及得上他。"陈平说："现在兵既不如楚精，将领用兵又不及韩信，却想兴兵进攻，这无异是在催促韩信起兵作战，我私下为陛下感到危险。"高帝说："那怎么办呢？"陈平说："古时候天子外出巡视，要会见诸侯。南方有大湖云梦，陛下只管出去装作巡游云梦，在陈县会见诸侯。陈县，在楚国西界。韩信听说天子以善意出游，料想必然不会发生什么意外的事而出郊远迎拜见。在他拜见的时候，陛下乘机捉住他，这不过是一名力士就能办到的事罢了。"高帝认为这办法好，便派出使者通知诸侯在陈县相会，说道："我要到南方去巡游云梦了。"派出使者后，高帝也就跟着动身了。到达陈县，楚王韩信果然在郊外大道上迎接。高帝预先准备好武士，看见韩信到来，马上把他捆绑起来。

公元前 203 年十一月，汉军大将韩信在齐地节节胜利，军威大振。而刘邦受伤正屯兵在广武，与楚军相峙，双方处于胶着状态。韩信乘刘邦失利之际，派遣使者来，要求刘邦封他为假王（代理）。刘邦一听，立即勃然大怒，竟当着韩信使者的面破口大骂："我被困在这里这么久了，天天盼着他到这儿来助我，如今不但不来相助，反而要自立为王！"刚骂到这里，忽然觉得自己在桌案下的脚被人踩了一下，一愣，连忙住口。

原来，陈平、张良二人正坐在汉王身边。二人深知韩信文武全才，又手握重兵，并且远在三齐，刘邦根本没有能力阻止他称王。这件事倘若处置不当，一旦激成兵变，韩信在齐自立为王，与楚、汉成三足鼎立之势，汉军便又树一敌，天下大事谁胜谁败就更难以预料了，所以，陈平才在桌案下用脚踩了刘邦一下。刘邦也很精明，连忙改口说："大丈夫既平定诸侯，要做就做个真王，何必要做什么假王！"于是，顺水推舟地封韩信为齐王，稳住这支十分重要的力量，避免了汉军的分裂。多亏陈平踩了刘邦一下，才封韩信为齐王，韩信从此感恩，无论谁再来劝说他，都不忍忘恩背汉，并最终引大军击楚，为刘邦统一天下起了决定性作用。

八月，双方划定"楚河汉界"。九月，陈平以其谋略家的敏锐洞察力，看到项羽已到了穷途末路，因此对刘邦说："现在我们已经占据了大半个天下，而且各路诸侯也都诚心诚意地来依附我们。相反楚军连年作战，疲惫不堪，粮食也快吃光了，这正是上天要我们灭掉楚国的大好时机。我们必须乘此机会把楚灭掉。假如您不抓紧时机去攻打它，就会像人们所说的'养虎遗患'啊！"刘邦采纳了陈平的建议，立即发兵攻打项羽。公元前202年十二月，项羽的军队被围在垓下，汉军采取"十面埋伏"之计，击溃项羽，迫使他退至乌江自刎而亡。陈平设计封韩信为齐王，以借力杀项羽，使刘邦完成了统一天下的大业。至此，结束了将近四年的楚汉战争。

公元前202年二月，刘邦登皇帝位，史称汉高祖。封韩信为楚王。不久就有人上书告发楚王韩信谋反。刘邦向诸将征询对此事的意见。诸将都说："赶紧发兵，活埋这个忘恩负义的小子！"高祖自知这些并不是好主意，就没有吭声。这时，张良已经借口有病而功成身退了，只有陈平依然是刘邦身边最重要的谋士。刘邦便向陈平请教，陈平开始不肯出主意，直到刘邦再三追问，并说："我打算派兵前去讨伐他，你看怎么样？"

陈平沉着地反问道："这次有人上书告发韩信造反的这件事，还有人知道吗？"刘邦说："没人知道。""那韩信自己知道吗？""也不知道。"陈平低头沉思了一会儿，又问："陛下的军队比韩信的军队厉害吗？"刘邦回答："不见得。"陈平又问："陛下手下的战将中，有谁在战场上能敌得过韩信？"刘邦回答："没有人能敌得过他。"陈平说："军队实力不如韩信，将领又不是韩信的对手，现在您反而要出兵去打韩信，一旦引起战争的话，胜负就难以预料了。这样做我真是很为陛下担心啊！"

刘邦一听，十分着急，连忙问有没有什么稳妥的办法。陈平说："古时，天子常常在全国各地巡行，会见各地的诸侯。南方有一个地方叫云梦泽。陛下装作出游云梦泽，要在陈县会见各路诸侯。陈县在楚地西界，韩信听到天子出游，又到了他的地盘上，他当然会来拜见。当他拜见陛下的时候，您便可以把他抓起来。这样就不用派兵，只需一个武士就足够了。"

刘邦依计行事，韩信果然郊迎在路中央。刘邦便让埋伏下来的武士将韩信捆得结结实实，投入囚车中。后来刘邦把韩信贬为淮阴侯，留居京城，不让他到外地任职，韩信也就不能再有所作为了。陈平的这一计谋，避免了一场战争，消除了再度分裂割据的祸根，维护了新王朝的统一与安定。

第六节　美女图献，白登围解

【原文】

　　其明年，平从击韩王信于代。至平城，为匈奴围，七日不得食。高帝用平奇计，使单于阏氏解，围以得开。高帝既出，其计秘，世莫得闻。高帝南过曲逆，上其城，望室屋甚大，曰："壮哉县！吾行天下，独见雒阳与是耳。"顾问御史："曲逆户口几何？"对曰："始秦时三万余户，间者兵数起，多亡匿，今见五千余户。"于是诏御史，更封平为曲逆侯，尽食之，除前所食户牖。

【译文】

　　第二年，陈平以护军中尉的身份跟随高帝在代地攻伐反叛者韩王信。他们仓促中到达平城，被匈奴围困，断食七天。高帝采用陈平的奇计，派使者到单于阏氏那里活动，由此得以解围。高帝出围城后，这个计策一直秘而不宣，世上无人知晓。高帝南行经过曲逆县，登上城墙，望见城里的房屋都很高大，赞叹道："壮观啊，曲逆！我走遍天下，只见到洛阳和这里有如此景象而已。"回头问御史："曲逆户口多少？"回答说："当初秦朝时有三万多户，近来屡经战乱，百姓大多逃离躲避起来，现在还剩五千户。"于是高帝下诏给御史，把陈平改封为曲逆侯，享用曲逆的全部赋税，收回过去所享用的户牖封地。

【评点】

　　汉朝新建，忙于安抚国内，无暇顾及塞外。这时，长城北面的匈奴就乘机南下。公元前200年冬，警报雪片似的飞入关中，刘邦统率三十二万骑兵、步兵亲征。刘邦向北行进到平城（今山西大同市东北）时，被匈奴冒顿单于率四十万精锐骑兵包围于白登山（今大同市东面），并且派大兵分扎在各个重要路口，截住汉兵的后援。高祖登上山头向四面眺望，只见四面八方都有匈奴的骑兵屯驻把守。当时正值天气严寒，连日雨雪不断。高祖刘邦和将士们都冻得手脚发僵，在被围了三天后，粮食也快吃完了，汉军饥寒交迫，危在旦夕。被围到第七天，陈平忽然又生妙计，他看到冒顿单于对新得的阏氏（单于的王后）十分宠爱，朝夕不离。这次在山下扎营，经常和阏氏一起骑马出出进进，浅笑低语，情深意笃。于是想到冒顿虽能出奇制胜，可也不免被妇人美女所惑，于是就想从阏氏身上打主意。他派遣使臣，乘雾下山。这位阏氏听说有汉军的使者求见，就悄悄地走到帐篷外面，屏退了左右，召见汉使。汉使向阏氏献上了许多金银珠宝，并且说是汉皇帝送给阏氏的，另取出一幅图画，说是汉帝请阏氏转给冒顿单于的。

阏氏毕竟是女流之辈，一见到黄金和珠宝，就目眩心迷，爱不释手，便收下了。再打开图画，只见画上绘着一个绝色的美女，不禁起了妒意，便问："这幅美人图是干什么用的？"

汉使装出一副虔诚的样子，回答说："汉帝被单于包围，非常愿意罢兵言和。所以把金银珠宝送给您，再请您代他向单于求情，可又怕单于不答应，就准备把国中的第一美人献给单于。因为美人现在不在军中，所以先把她的画像呈上。"阏氏微怒地说："这个用不着，赶快拿回去吧！"

汉使说："汉帝也觉得把美人献给单于，怕会夺了单于对您的宠爱。可是事出无奈，只好如此。如果您能解得了我们的围，那我们当然不会把美人献给单于了，情愿给您多送点儿金银珠宝。"阏氏说："请你回去告诉汉帝，尽管放心好了。"说完，将图画交还给使者后，使者就回去了。

阏氏细想，如果汉帝不能突围，就会把美女献给单于，那时我就要受冷落了。于是，她回到后营，就对单于说："军中得到消息说，汉朝有几十万大军前来救援，只怕明天就会赶到了。"单于问："有这样的事？"

阏氏回答说："汉匈两主不应该互相逼迫得太厉害，现在汉朝皇帝被困在山上，汉人怎么肯就此罢休？自然会拼命相救的。就算你打败了汉人，夺取了他们的城地，也可能会因水土不服，无法长住。万一灭不了汉帝，等救兵一到，内外夹攻，那样我们就不能共享安乐了。"

说到这里，阏氏泪如雨下，呜咽得连话都说不出来了。单于一时也不知怎么办才好了，于是问："那怎么办呢？"

阏氏说："汉帝被围了七天，军中没有什么慌乱，想必是有神灵在相助，虽有危险但最终会平安无事的。你又何必违背天命，非得将他赶尽杀绝呢？不如放他一条生路，以免以后有什么灾难降临到咱们头上。"单于将信将疑，可是又怕惹阏氏不高兴，便在第二天，传令把围兵撤走。陈平用这一妙计，使匈奴退兵，刘邦逃出重围，一场大难消于无形之中。

第七节　陵母伏剑，义从新主

【原文】

　　王陵，沛人也。始为县豪，高祖微时兄事陵。及高祖起沛，入咸阳，陵亦聚党数千人，居南阳，不肯从沛公。及汉王之还击项籍，陵乃以兵属汉。项羽取陵母置军中，陵使至，则东乡坐陵母，欲以招陵。陵母既私送使者，泣曰："愿为老妾语陵，善事汉王。汉王长者，毋以老妾故持二心。妾以死送使者。"遂伏剑而死。项王怒，亨陵母。陵卒从汉王定天下。以善雍齿，雍齿，高祖之仇，陵又本无从汉之意，以故后封陵，为安国侯。

【译文】

　　王陵，沛县人，起初是县里的豪强，汉高祖刘邦身份低微时曾像对待兄长一样对待他。到高祖从沛地起兵攻入咸阳时，王陵也聚集了朋党几千人，驻扎在南阳，不肯顺从刘邦。到刘邦称王反过来消灭项羽的时候，王陵才带领自己的下属归汉。项羽捉到了王陵的母亲拘留在军营里，王陵派去的使者到了，项羽让王陵的母亲面向东坐在席间，想用这种办法招王陵归楚。王陵的母亲会见后暗中送使者，哭着说："您替我对王陵说，好好地为汉王效力。汉王是忠厚长者，不要由于老妇我的缘故，对汉王不专心，我就用一死来送别你吧。"于是伏剑自刎而死。项羽很生气，烹煮了王陵母亲的尸体。王陵最终跟随汉王平定了天下。因为王陵与雍齿交好，而雍齿是高祖的仇人，王陵原本又没有追随刘邦的心意，所以高祖开国封赏时，最后才策封王陵为安国侯。

【评点】

　　在刘邦尚未发迹前，曾一度落难，是王陵的母亲（一说姓曹名梦云）收留了刘邦一家，并要王陵像对待亲弟弟一样对待他。如果没有王陵母亲的善待，也许今天的历史又要改写了。后来刘邦起事，兵入咸阳，王陵"亦聚党数千人，居南阳"。也许对刘邦的痞气了解太细，也许是因为脾气耿直倔强，王陵并不看好刘邦，却倾向于更有英雄相的项羽。

在摇摆之间，身居彭城的项羽想了个主意，派兵到沛县抓来了王陵的母亲，以此要挟王陵归顺。王陵派使者来谈判，王陵的母亲私下对使者说："愿为老妾语陵，善事汉王。汉王长者，毋以老妾故持二心。妾以死送使者。"大意是说：王陵啊，刘邦是个好领导，你跟着刘邦好好干，为了不让你担心我，我干脆死了吧。随后拔剑自杀了。项羽脾气暴躁，一看无法要挟王陵了，干脆一不做二不休，"烹陵母"，也就在彭城南门桥外的野地里，用一口大锅把王陵的母亲煮成了肉汤。王陵本是个孝子，消息传来，他悲痛万分，"卒从汉王定天下"，这才死心塌地跟着刘邦打工，并最终被封为安国侯。这是后话，当地的老百姓被王陵母亲的行为感动，偷偷将她埋了，堆起了一个大土堆为坟。

后来，刘邦把项羽从彭城赶走后，王陵这才赶来安葬母亲。他出了南门桥后，一路哭着爬到母亲的坟前，痛不欲生。埋葬王陵母亲的大土堆上，后来立了"汉安国侯王陵母墓"的碑，简称"王陵母墓"，他爬的这段路，也就被称为王陵路了。

王陵母亲的这段故事，当时即有流传，并被记载在《汉书》中，连汉画像石中也有表现。京剧《陵母伏剑》讲的就是这个故事，但编剧也许觉得不忍，改变了"烹陵母"的情节，代以项羽厚葬陵母。清代的袁希颜曾以"王陵母墓"为题写了一首悼亡诗：

> 一剑兴亡决，斯言寄远人。
> 中原谁共逐，天子岂无真。
> 义莫从新主，恩堪断老亲。
> 至今留墓草，如报汉家春。

第八节　名将父子，俱以相亡

【原文】

（一）

燕王卢绾反，勃以相国代樊哙将，击下蓟，得绾大将抵、丞相偃、守陉、太尉弱、御史大夫施屠浑都。破绾军上兰，后击绾军沮阳。追至长城，定上谷十二县，右北平十六县，辽东二十九县，渔阳二十二县。最从高帝得相国一人，丞相二人，将军、二千石各三人；别破军二，下城三，定郡五，县七十九，得丞相、大将各一人。

勃为人木强敦厚，高帝以为可属大事。勃不好文学，每召诸生说士，东乡坐责之："趣为我语。"其椎少文如此。

勃既定燕而归，高帝已崩矣，以列侯事惠帝，惠帝六年，置太尉官，以勃为太尉。十年，高后崩。吕禄以赵王为汉上将军，吕产以吕王为相国，秉权，欲危刘氏。勃与丞相平、朱虚侯章共诛诸吕。

（二）

岁余，每河东守尉行县至绛，绛侯勃自畏恐诛，常被甲，令家人持兵以见。其后人有上书告勃欲反，下廷尉，逮捕勃治之。勃恐，不知置辞。吏稍侵辱之。勃以千金与狱吏，狱吏乃书牍背示之，曰"以公主为证"。公主者，孝文帝女也，勃太子胜之尚之，故狱吏教引为证。初，勃之益封，尽以予薄昭。及系急，薄昭为言薄太后，太后亦以为无反事。文帝朝，太后以冒絮提文帝，曰："绛侯绾皇帝玺，将兵于北军，不以此时反，今居一小县，顾欲反邪！"文帝既见勃狱辞，乃谢曰："吏方验而出之。"于是使使持节赦勃，复爵邑。勃既出，曰："吾尝将百万军，安知狱吏之贵也！"

（三）

亚夫至，会兵荥阳。吴方攻梁，梁急，请救。亚夫引兵东北走昌邑，深壁而守。梁王使使请亚夫，亚夫守便宜，不往。梁上书言景帝，景帝诏使救梁。亚夫不奉诏，坚壁不出，而使轻骑兵弓高侯等绝吴楚兵后食道。吴楚兵乏粮，饥，欲退，数挑战，终不出。夜，军中惊，内相攻击扰乱，至于帐下。亚夫坚卧不起。顷之，复定。吴奔壁东南陬，亚夫使备西北。已而其精兵果奔西北，不得入。吴楚既饿，乃引而去。亚夫出精兵追击，大破吴王濞。吴王濞弃其军，与壮士数千人亡走，保于江南丹徒。汉兵因乘胜，遂尽虏之，降其县，购吴王千金。月余，越人斩吴王头以告。凡相守攻三月，而吴楚破平。于是诸将乃以太尉计谋为是。由此梁孝王与亚夫有隙。

（四）

居无何，亚夫子为父买工官尚方甲楯五百被可以葬者。取庸苦之，不与钱。庸知其盗买县官器，怨而上变告子，事连汙亚夫。书既闻，上下吏。吏簿责亚夫，亚夫不对。上骂之曰："吾不用也。"召诣廷尉。廷尉责问曰："君侯欲反何？"亚夫曰："臣所买器，乃葬器也，何谓反乎？"吏曰："君纵不欲反地上，即欲反地下耳。"吏侵之益急。初，吏捕亚夫，亚夫欲自杀，其夫人止之，以故不得死，遂入廷尉，因不食五日，呕血而死。国绝。

【译文】

（一）

　　燕王卢绾反叛，周勃以相国身份取代樊哙率领军队，攻下蓟县，俘获燕王卢绾的大将抵、丞相偃、郡守陉、太尉弱、御史大夫施，屠灭浑都县；在上兰打败燕王卢绾的军队，又在沮阳再击破卢绾的军队。追赶叛军到达长城，平定上谷十二个县，右北平郡的十六个县，辽东二十九个县，渔阳郡的二十二个县。周勃功劳是第一的：他随从高帝共俘获相国一人，丞相二人，将军和二千石的官吏各三人；另外他还打败两支军队，攻下三座城池，平定五个郡，七十九个县，俘获丞相、大将各一人。

　　周勃为人质朴刚强、老实敦厚，高帝认为可以委任他大事。周勃不喜好文学，每次召见诸位儒生和游说之士，他面向东坐着而责令他们说："赶快对我说吧。"他朴实无文就是这个样子。

　　周勃平定燕国以后就回军了，高祖已经去世，他以列侯身份侍奉孝惠帝。孝惠帝六年，设置太尉官职，任命周勃做太尉。十年后，高后逝世。吕禄以赵王的身份担任汉朝的上将军，吕产以吕王的身份担任汉朝的相国，把持汉朝大权，想危害刘氏。这时周勃与陈平谋划，终于诛灭了诸吕而拥立孝文皇帝。

（二）

　　回到封地一年多，每当河东郡守、郡尉巡行各县到达绛县，绛侯周勃自己畏惧被诛杀，经常身披铠甲，命令家人手持兵器来见郡守、郡尉。此后有人上书告发周勃想谋反，皇上就把这件事交给廷尉。廷尉又把此事交给长安处理，于是捕捉周勃治罪。周勃恐惧，不知怎样答辩。狱吏渐渐欺凌侮辱他，周勃拿千两黄金送给狱吏，狱吏就在牍板背面写上字示意他说："请公主做证。"公主，是孝文帝的女儿，周勃的长子胜之娶公主为妻，所以狱吏教周勃引用公主做证。周勃把增封受赐的财物都给了薄昭。等到周勃案件紧急关头，薄昭替他向薄太后进言，太后也认为周勃没有谋反的事。文帝临朝时，薄太后抓起头巾向文帝掷去，说："绛侯身挂皇帝赐给的印玺，在北军率领军队，不在那时谋反，如今身居一个小县，反倒要谋反吗？"文帝已经看到绛侯在狱里的供词，于是向太后谢罪说："狱吏刚才查清楚了，马上放他出狱。"于是派使臣手持符节释放绛侯，恢复他的爵位和封邑。绛侯出狱后说："我曾经率领百万大军，然而怎么知道狱吏的尊贵呀！"

（三）

周亚夫到后，在荥阳集合军队。此时的梁国被叛军轮番急攻，梁王向周亚夫求援。周亚夫却派军队向东到达昌邑城（在今山东巨野西南），坚筑营垒据守不出。梁王再次派人求援，周亚夫斟酌情势，还是不发救兵。最后梁王写信给景帝，景帝又下诏要周亚夫进兵增援，周亚夫还是不为所动，坚守营垒不出兵，派轻骑兵弓高侯等断绝吴楚军后方粮道。吴楚兵缺粮，饥饿，想撤退，多次挑战，都出不去。一天晚上，营中突然发生混乱，嘈杂声连周亚夫的大帐里都能听见，但周亚夫始终躺在床上不动。一会儿，混乱自然就平息了。吴军奔向营垒东南角，亚夫让在西北角守备。不久敌人精兵果然奔向西北，攻不进去。吴楚军缺食，便撤兵离开，亚夫出动精兵追击，大败吴王濞。吴王濞丢弃军队，和几千壮士逃走，在江南丹徒保身。汉兵乘胜，终于全部俘虏了他们，招降各县，用千金悬赏吴王。一个多月后，越人砍了吴王的脑袋来报告。共攻守三个月，平定了吴楚。于是诸将才认为太尉的谋划正确，从此梁孝王和亚夫有了矛盾。

（四）

过了不久，亚夫的儿子为父亲向工官买了五百具尚方甲楯，准备作为陪葬之物。雇工做事劳苦，还不给钱。雇工知道他偷买禁卖物品，怨恨他并密告朝廷他要谋反，事情连累到亚夫。书呈上后，皇上让交付官吏查办。官吏用案牍责问亚夫，亚夫不回答。皇上骂他说："我不用你回答。"并下诏到廷尉那儿。廷尉责问说："您为什么要造反？"亚夫说："我买的东西，是葬器啊，怎么能说是造反呢？"小吏说："您不是要在地上谋反，就是要在地下谋反。"小吏更厉害地欺凌他。起初，官吏逮捕亚夫，亚夫要自杀，他夫人阻止了他，所以没死成，便押入廷尉，五天不吃东西，吐血而死。封国被废除。

【评点】

　　周勃、周亚夫父子二人都曾经拜将，也都曾经拜相，实际上他们都是非常职业化的军人，只适合当将领，不适合做丞相，做将领他们战则能胜，做丞相他们无所适从。究其原因，这是他们的性格使然，他们父子二人的性格就像现代军队里的狙击手，勇敢、沉静、专注、耐心，他们可以隐蔽接敌，然后全神贯注地盯住前面的敌人，但是狙击手的最大弱点在他们的背后，他们缺乏防范来自自己人特别是自己上级暗箭的感觉和能力。

　　刘邦起兵前，周勃旅居沛县，他高大魁梧，讷讷少言。此时周勃如此彪形大汉居然以编织为业，而且周勃编的还是养蚕用的精细草具，可见周勃这人细致入微，充满耐心。在别人家有丧事的时候，周勃当吹鼓手，但他不擂大鼓，不吹喇叭，他喜好吹箫。要知道箫这种乐器以低音取胜，空旷辽远，能使烦躁的心灵安静下来。他还能够使用强硬的长弓，周勃的生活仿佛是在训练狙击手。

　　周勃跟随刘邦几乎参加了秦末汉初的所有军事行动，灭秦、征项羽、平定内乱、防御匈奴。周勃的作战特点表现为两种形式，一种是"冲锋狙"，在进攻下邑、啮桑、长社的时候，周勃首先登城，进攻槐里、好畤、咸阳、曲逆的时候，他荣立上等军功，此时周勃就像一个拿着重型狙击步枪冲锋的战士，一路冲杀，过关斩将；另一种是"移动狙"，也就是在敌人必经的道路上阻击敌人，镇压燕王臧荼叛乱，镇压韩王信叛乱，周勃都采用了这种战术，结果斩获颇多。

　　刘邦正是看到了周勃静若处子、动如脱兔的特点，认为他能够承担大事，在自己即将去世的时候，把樊哙手下的军队交给了周勃。吕后上台后，周勃隐忍以待，就像一个隐蔽潜伏的狙击手，吕后去世后，周勃立即夺取了长安城南北两军的军权，尽诛诸吕。此时，周勃把狙击手的作风用到了政治上。

　　汉文帝上台后，周勃任右丞相，此时周勃的麻烦来了。一天，汉文帝问周勃："天下一岁决狱几何？"周勃说："不知。"又问："天下一岁钱谷出入几何？"周勃又不知道，后背上汗都出来了。汉文帝又问左丞相陈平，陈平说："有主者。"文帝说："主者谓谁？"陈平说："陛下若问决狱，责廷尉；问钱谷，责治粟内史。"文帝说："苟各有主者，而君所主者何事也？"陈平说："主臣！陛下不知其驽下，使待罪宰相。宰相者，上佐天子理阴阳，顺四时，下育万物之宜，外镇抚四夷诸侯，内亲附百姓，使卿大夫各得任其职焉。"汉文帝认为很好。周勃非常尴尬，出来之后就埋怨陈平，说："君独不素教我对！"陈平笑着说："君居其位，不知其任邪？且陛下即问长安中盗贼数，君欲强对邪？"于是周勃知道和陈平相比自己差远了。

周勃辞去丞相后，回到自己的封地，总感到心惊胆战，地方官员前来巡查的时候，他总是穿上铠甲相见。周勃的感觉没有错，不久有人告发周勃造反，被投入监狱。汉文帝当然知道周勃没有造反，但是周勃这种长期隐忍，然后突然出击的性格的确让人捉摸不透，很不放心。好在薄太后的胆识远远超过汉文帝，认为周勃没有什么大不了的，这样周勃才被释放。

周亚夫比他父亲周勃军事上更精通，政治上更无知。

汉文帝时，周亚夫军细柳，说的是他平时训练军队非常严格，这正是狙击手的性格。汉景帝时，周亚夫指挥平定七国之乱，他上书汉景帝，说："楚兵剽悍，难与争锋。愿以梁委之，绝其粮道，乃可制。"也就是放弃梁国，截断粮道，等待时机，这又是一种类似狙击手的战法，结果三个月平定了七国之乱。周亚夫已经把狙击手策略运用到了战略水平。

可以说没有七国之乱的平定，就不会有诸侯王国割据势力威胁中央政权问题的最终解决，同样也就难以出现汉武帝时的强盛局面。显然周亚夫为巩固西汉王朝的统治立下了汗马功劳。仅从上述二事来看，称周亚夫为汉代杰出的军事家，似乎并不过分。但就是这样一位功臣，最后却落了一个凄惨的下场。造成这一悲剧的原因，我认为与周亚夫耿直的性格有关。在封建时代，一个人要想在官场中站稳脚跟并有所发展，就必须时刻与上级长官保持一致，对有权有势者只能顺从，对皇帝的诏令只能无条件地去执行。周亚夫不知是对此不了解，还是知晓但不愿那样做。无论为将、为相，均把是否符合国家利益作为行动的最高准则。这就不可避免地要触犯某些人的利益，因为国家利益与个人利益并不总是一致的。前有冒犯文帝之举，后有得罪梁王、窦太后、景帝之事（即把皇帝和皇帝之母、妻、弟、大舅子均得罪了）。所幸的是文帝乃胸怀大度之人，能广泛地求谏选贤，不拘一格地选拔人才。因而对周亚夫要自己按军令行事的举动，非但没有怪罪，反而加以赞扬，予以提拔。不幸的是景帝与其父相比，相差甚远，为人较为心胸狭隘，有怨必报，听不得不同意见。早在为皇太子时，一次与吴王太子下棋，为争棋就用棋盘将对方打死。"吴王由是怨望，稍失藩臣礼，称疾不朝。"成为其后来发动叛乱的导因之一。再如刘启曾与梁王刘武同乘一辆车入朝，到了宫殿的司马门却不下车，被担任公车令的张释之拦住，并以他俩不下司马门为不敬罪奏请皇帝依法予以处理。刘启对此怀恨在心，在继位后不久便把张释之降职。在这样一个专横君主的统治下，周亚夫的命运可想而知。

景帝尽管对周亚夫在平叛战争中拒不执行诏令一事心怀不满，但毕竟战争取得了胜利，使自己保住了皇位，最后还是提升有功的周亚夫为相。丞相一职在汉初的文武百官中权力最大，"掌丞天子，助理万机"，辅佐皇帝，总管政务。周亚夫不想做庸碌之辈，而想尽职尽责地干好本职工作。凡属于自己职责范围内的事，他从不推诿，敢于表达自己真实的想法，结果多次与皇帝的意见相左，造成皇权与相权的矛盾。

但是，汉景帝同样是一个喜好等待时机的人，他完全能够理解周亚夫的思维方式，也能够预料周亚夫的举动，他知道他在世的时候，周亚夫是有用之臣，可以替他做事，可以为他担当过错，但是他过世后，他的儿子汉武帝刘彻是个粗心大意的人，根本不是周亚夫的对手。

周亚夫年轻的时候，有人给他算命，说他日后会饿死，周亚夫当时不以为然。后来，他的儿子购买作为祭器的盾牌盔甲，被人告发，牵连了周亚夫。周亚夫尽管不知道汉景帝为什么要杀他，但是有即将被杀的感觉，被抓的时候他本想自杀，是他的妻子劝止了他。狱吏问他为什么购买盾牌和盔甲，他说那是祭品，狱吏说："君纵不反地上，即欲反地下耳。"周亚夫气愤已极，五日不食，呕血而死。

第二十章 《汉书》卷四十一 樊郦滕灌傅靳周传 第十一

第一节 开国元勋，屠狗为事

【原文】

樊哙，沛人也，以屠狗为事。后与高祖俱隐于芒砀山泽间。

【译文】

樊哙，沛县人，以宰狗为职业。后来曾因避官和汉高祖一起躲藏到芒山和砀山一带。

【评点】

关于樊哙发迹之前，《汉书》中只交代这样的寥寥几笔——"樊哙，沛人也，以屠狗为事。后与高祖俱隐于芒砀山泽间。"至于是怎样的"屠狗为事"，却没有说。在樊氏家族内部，樊哙屠狗的故事要丰满得多，并且一直流传下来。

沛县有一条从北向南流的泗水。传说汉高祖刘邦年轻时就住在河西。那时樊哙在河西设摊卖狗肉，他经常吃樊哙的狗肉不给钱，说是赊账，常赊不还。日久天长，樊哙本小利薄，吃不消了，不赊又拉不下面子，只好悄悄地由河西搬到了河东去卖狗肉。

一连三天，刘邦吃不到樊哙的狗肉，一打听，知道樊哙搬到河对面去了，便急忙向河东赶去。那时，泗水很宽，平时只有一条木船摆渡，人多船小，刘邦没有摆渡钱，挤不上去，急得口水直淌。正巧看见一只老鼋游来，他贪嘴不顾性命，"噗"地一跳，跳到鼋背上，没到一刻，便到了河东。这时，樊哙正在集上摆狗肉摊，刘邦问樊哙："生意怎样？"樊哙讲："三天没有开市，狗肉存了一挑子。"刘邦见狗肉就吃，说也奇怪，刘邦一吃，旁边的人都围上来了，你争我夺的，没一会工夫，就把三天存的狗肉统统卖光。打这以后，每次赶集，刘邦总让老鼋驮他过河，到樊哈狗肉摊上去白吃狗肉。

樊哙恨死了，躲到河东来，还没躲过刘邦。他怪来怪去，怪这老鼋不该把刘邦驮过河来，便偷偷地把这个老鼋杀了，放到锅里跟狗肉一齐煮。刘邦一吃，感到狗肉比过去更鲜了。一问，才知道樊哙把老鼋杀了，和狗肉一起煮的。心里不痛快，嘴上也不好说什么。

不久刘邦当上了泗水亭长，想起当初樊哙杀老鼋不让他过河，太不够朋友，就借口樊哙脾气躁，身上不能带刀，派人把樊哙的刀给没收了。樊哙没得刀，只好将狗肉煮得更加熟烂，用手撕着卖给人家吃，谁知撕的狗肉比刀切的味道更香更美，生意更好了。

后来刘邦当了皇帝，樊哙也被封为舞阳侯。有一回，刘邦从徐州回沛县，想起家乡的狗肉好吃，便召来家乡父老，用大块狗肉下酒。酒过三巡，刘邦乘兴起舞，作《大风歌》。这么一来，沛县的狗肉就更加出名了。

传说，至今沛县卖的狗肉，还是当初樊哙煮鼋汤时的老卤煮的呢！

第二节　威而有胆，勇而有谋

【原文】

项羽在戏下，欲攻沛公。沛公从百余骑因项伯面见项羽，谢无有闭关事。项羽既飨军士，中酒，亚父谋欲杀沛公，令项庄拔剑舞坐中，欲击沛公，项伯常屏蔽之。时独沛公与张良得入坐，樊哙居营外，闻事急，乃持盾入。初入营，营卫止哙，哙直撞入，立帐下。项羽目之，问为谁。张良曰："沛公参乘樊哙也。"项羽曰："壮士！"赐之卮酒彘肩。哙既饮酒，拔剑切肉食之。项羽曰："能复饮乎？"哙曰："臣死且不辞，岂特卮酒乎！且沛公先入定咸阳，暴师霸上，以待大王。大王今日至，听小人之言，与沛公有隙，臣恐天下解心疑大王也。"项羽默然。沛公如厕，麾哙去。既出，沛公留车骑，独骑马，哙等四人步从，从山下走归霸上军，而使张良谢项羽。羽亦因遂已，无诛沛公之心。是日微樊哙奔入营谯让项羽，沛公几殆。

【译文】

项羽驻军戏下，准备进攻沛公。沛公带领一百多骑兵来到项营，通过项伯的关系面见项羽，向项羽谢罪，说明自己并没有封锁函谷关，不让诸侯军进入关中的事。项羽设宴犒赏军中将士，正在大家喝得似醉非醉的时候，亚父范增想谋杀沛公，命令项庄拔剑在席前起舞，想乘机击杀沛公，而项伯却一再挡在沛公的前面。这时只有沛公和张良在酒席宴中，樊哙在大营之外，听说事情紧急，就手持铁盾牌来到大营前。守营卫士阻挡樊哙，樊哙径直闯了进去，站立在帐下。项羽注视着他，问他是谁。张良说："他是沛公的参乘樊哙。"项羽称赞道："真是个壮士！"说罢，就赏给他一大碗酒和一条猪前腿。樊哙举杯一饮而尽，然后拔出宝剑切开猪腿，把它全部吃了下去。项羽问他："还能再喝一碗吗？"樊哙说道："我连死都不怕，难道还在乎这一碗酒吗？况且我们沛公首先进入并平定咸阳，露宿霸上，以此来等待您的到来。大王您今天一到这里，就听信了小人的胡言乱语，跟沛公有了隔阂，我担心天下从此又要四分五裂，百姓们都怀疑是您一手造成的啊！"项羽听罢，沉默不语。沛公借口要去上厕所，暗示樊哙一同离去。出营之后，沛公把随从车马留下，独自骑一匹马，让樊哙等四个人步行跟随，从一条山间小路跑回霸上的军营。却命令张良代替自己向项羽辞谢。项羽也就至此了事，没有诛杀沛公的念头了。这一天若不是樊哙闯进大营责备项羽的话，沛公的事业几乎就完了。

【评点】

看到这一节，我们马上会想到司马迁的《鸿门宴》。《鸿门宴》描写的是项羽、刘邦在推翻秦王朝后，为争夺关中王而展开的一场震烁古今的政治斗争，由此也拉开了激烈而漫长的"楚汉相争"的序幕。"当是时，项羽兵四十万，在新丰鸿门；沛公兵十万，在霸上"，在军事力量的对比上，项羽明显处于绝对优势，刘邦处于绝对劣势。

宴会前，在项王的军营中，由于曹无伤的告密"沛公欲王关中"，项羽大发雷霆，当即下令"旦日飨士卒，为击破沛公军"。而亚父范增对刘邦入关前后的行为进行对比分析，得出"其志不在小"的结论，又借助古代的"望气"方术，指出刘邦上方的云气为"天子之气"，借此来揭露刘邦的野心，乘机提出了"急击勿失"的建议，更使项羽如火上浇油。在沛公的军营中，由于项羽的叔父项伯为报沛公的谋臣张良的恩情，连夜私见张良，劝他逃走。忠心耿耿的张良，在大难来临之时并没有临阵逃脱，而反以"为韩王送沛公"为借口，将这一紧急情况通知了刘邦。沛公于是借机拉拢项伯，与项伯"约为婚姻"，并竭力为自己辩护，甘愿称臣，请求项伯告诉项王"具言臣之不敢倍德也"。他的一番礼仪备至的话和笼络人心的行为终于骗过了项伯。于是项伯同意在项王与沛公之间斡旋调停，并在临走前再三叮嘱刘邦"旦日不可不蚤自来谢项王"。于此有了鸿门宴上的腥风血雨。

因此在宴会前，刘邦面临大军被击溃的危机；赴宴中，又极有可能遭遇杀身之祸。但刘邦在鸿门宴上表现得机智果断、随机应变，最终转危为安。沛公能由被动转为主动，这其中与樊哙在关键时刻所起的作用密不可分。

鸿门宴上，"范增数目项王，举所佩玉玦以示之者三"，显然要置刘邦于死地，而项羽因为在宴会前听信了项伯的"中肯"劝说，即"今人有大功而击之，不义也"和相信了刘邦在宴会中降贵纡尊的"诚恳"表白，对范增的再三举玦做出了"默然不应"的决定。决心已下的范增又岂肯善罢甘休，他即刻召来项庄，假以舞剑为名，实则企图把沛公杀死在座位上。此时，因曾经受恩于张良，与刘邦"约为婚姻"的项伯为了保护刘邦也拔剑起舞。一时间，宴会上刀光剑影，顿时杀机暗藏。刘邦的谋士张良看在眼里，急在心上，按捺不住急忙寻求外援，于是便有了关键时刻挺身而出的樊哙的出场。

樊哙是徐州沛县人，原以屠狗为业，后跟随刘邦反秦，屡建战功，此人又是刘邦的连襟。所以樊哙与刘邦既有君臣之谊，又有亲戚之情。鸿门宴上，樊哙是刘邦的参乘，他的责任是保护沛公，但没有与会的资格。当他从张良处得知"项庄拔剑起舞，其意常在沛公"，便不假思索请命："此迫矣！臣请入，与之同命！"紧急形势下的奋不顾身显出他的耿耿忠心。樊哙"即带剑拥盾入军门"，不顾戒备森严、刀剑如林的危险，义无反顾，勇往直前，侧盾冲撞，"卫士仆地"，直闯宴会，完全是一副"拼命三郎"的姿态呈现在众人面前，只见他"瞋目视项王，头发上指，目眦尽裂"，这几句运用夸张的笔法，描绘出了樊哙的咄咄逼人、怒发冲冠之势，粗豪威猛、凛然无畏之神，霸气十足，威震全场。樊哙的充沛气势不仅震慑了"力能拔山、气可盖世"自诩为西楚霸王的项羽，使他不禁"按剑而跽"，而且转移了全场的注意力，中止了项庄舞剑，杀机四伏的紧张气氛骤然扭转。

可见樊哙的勇猛闯宴，使在鸿门宴上命悬一线的刘邦适时取得外援，既帮助刘邦增得声势，又帮助刘邦壮得胆色。

樊哙带剑拥盾，直闯军帐，虽是护主心切、赤胆忠心的表现，但在当时杀气腾腾的情况下，他莽撞无礼的举动可说是有寻衅滋事的嫌疑。项羽对无与会资格的樊哙不仅不怒，反而被他的勇猛刚烈、霸气逼人之势所震慑，一再称赞其为"壮士"，还两次赐卮酒，一次赏彘肩。

樊哙喝酒壮胆，吃肉壮志，把握时机，借酒发挥，慷慨陈词。他先尽数列举暴秦的罪状，"杀人如不能举，刑人如恐不胜"，致使"天下苦秦久矣"。秦的虎狼之心已激起天下公愤，民心所背终至灭亡。实则暗中将项羽推向了审判台，今日你若杀沛公，与暴秦亦无区别。接着援引楚怀王之语"先破秦入咸阳者王之"，点明"今沛公先破秦入咸阳"的事实，暗指项羽你不能因为自己的无能而背弃当时楚怀王定下的盟约。继而标榜沛公的功德，"毫毛不敢有所近，封闭宫室，还军霸上，以待大王来"，极尽夸张之能事来渲染刘邦的功劳与德行，不仅劳苦功高，而且自律律人，知恩图报。此中"大王"一词，把项羽的地位抬得比楚怀王还要高，满足项羽虚荣心的同时又借机讽刺项王以小人之心度君子之腹。然后又适时给项王台阶下，指出项王之所以"欲诛有功之人"，其本人实无此意，责任全在于小人的离间之言，才让英明的项王混淆了视听，要做出背信弃义的事来，这里既满足了项羽沽名钓誉之心，又合乎他好大喜功的心理。最后，樊哙设身处地为对方着想，晓以其中利害关系，"此亡秦之续耳，窃为大王不取也"，推心置腹之语赢得了项王的彻底信任，也终于浇灭了他"旦日飨士卒，为击破沛公军"的那份正越烧越旺的心中怒火。

樊哙的一番慷慨陈词，说得理直气壮、豪壮威严。时而旁敲侧击，时而暗含讥讽，时而攻人心肺，时而推心置腹，欲扬先抑，一切都是水到渠成。乍一听句句在理，字字中的，实则是帮着刘邦圆了一个弥天大谎，虽然他的一番高谈阔论格调与刘邦的言语相差无几，但要比刘邦尖锐得多。只因樊哙发挥了他高超的论辩技巧，机敏的反应能力，与刘邦一前一后各唱了一出主旨相同、配合默契、欺骗项羽的独角戏，最终使项王"未有以应"，并对他优礼有加，赐樊哙坐。

至此，鸿门宴上剑拔弩张的气氛进一步缓和，项羽心中的怒火已灭，继而放松了警惕。刘邦也趁机大松了一口气，但此时杀机仍未彻底解除，刘邦果断地假以托词离开了宴席，樊哙、张良亦会意跟出。

刘邦离席之后，与群臣紧急谋划脱身的计策，而作为项王的"座上宾"，刘邦如果私自离去，既不符合主客之礼，又有再次激怒项王的可能，故犹豫不决，"今者出，未辞也，为之奈何"。樊哙审时度势，"如今人方为刀俎，我为鱼肉"，危机只是暂时解除，指出沛公还身处"鱼肉"地位，趁项王未改变主意前抓住机会脱逃，此时不走，更待何时。在权衡利弊的情况下，他向沛公建议，"大行不顾细谨，大礼不辞小让"，完全符合他出身乡野的个性与处世风格。于是刘邦对他言听计从，

231

决定离去，留下了张良辞谢。此时，项王军营之外，刘邦舍弃车骑，脱身独骑，带领随从抄小路回到了自己的军营，沛公尽快地脱离了性命之忧的险境，安全地回到了霸上。项王军营之内，张良献礼，项王"受璧"并"置之座上"；而范增因为自己精心策划的暗杀阴谋付诸东流，不免恼羞成怒，当即把"玉斗"放置地上，"拔剑撞而破之"，暗骂项羽"竖子不足与谋"，并预言"夺项王天下者，必沛公也！吾属今为之虏矣"。一场险象环生、起伏跌宕的斗争至此也就暂告一段落了。

　　惊心动魄的鸿门宴以项王放虎归山，而刘邦化险为夷为结局。这一切与樊哙的心急如焚闯军帐，舍生忘死救沛公，机智巧妙对项王密切相关。樊哙虽是一介武夫，但在鸿门宴上充分发挥了他有勇有谋、彪悍机智的一面，在救驾沛公时立下了汗马功劳，在关键时刻起到了不可估量的作用。

　　选文和《鸿门宴》一样酣畅淋漓、绘声绘色地描摹了"樊哙闯帐"之一精彩情节，具体生动、形象逼真地描绘了武将樊哙的言行举止，让我们看到了一个有血有肉、有勇有谋、有胆有识的英雄形象，更是突显了樊哙在鸿门宴上的巨大作用。"是日微樊哙奔入营谯让项羽，沛公几殆"，指出鸿门宴当天要不是樊哙闯进营帐谴责项羽，沛公可就危险了。

第三节　高祖挚友，识才荐贤

【原文】

（一）

　　夏侯婴，沛人也。为沛厩司御，每送使客，还过泗上亭，与高祖语，未尝不移日也。婴已而试补县吏，与高祖相爱。高祖戏而伤婴，人有告高祖。高祖时为亭长，重坐伤人，告故不伤婴，婴证之。移狱覆，婴坐高祖系岁余，掠笞数百，终脱高祖。

（二）

　　汉王即帝位，燕王臧荼反，婴从击荼。明年，从至陈，取楚王信。更食汝阴，剖符，世世勿绝。从击代，至武泉、云中，益食千户。因从击韩信军胡骑晋阳旁，大破之。追北至平城，为胡所围，七日不得通。高帝使使厚遗阏氏，冒顿乃开其围一角。高帝出欲驰，婴固徐行，弩皆持满外乡，卒以得脱。益食婴细阳千户。从击胡骑句注北，大破之。击胡骑平城南，三陷陈，功为多，赐所夺邑五百户。从击陈豨、黥布军，陷陈却敌，益千户，定食汝阴六千九百户，降前所食。

婴自上初起沛，常为太仆从，竟高祖崩。以太仆事惠帝。惠帝及高后德婴之脱孝惠、鲁元于下邑间也，乃赐婴北第第一，曰"近我"，以尊异之。惠帝崩，以太仆事高后。高后崩，代王之来，婴以太仆与东牟侯入清宫，废少帝，以天子法驾迎代王代邸，与大臣共立文帝，复为太仆。八岁薨，谥曰文侯。

【译文】

（一）

夏侯婴是沛县人。他在沛县掌管养马驾车，每次送客回来经过泗上亭，都和高祖交谈，经常谈论很久。夏侯婴后来试用充任为县吏，和高祖相友好。高祖戏言而伤了夏侯婴，于是有人告高祖犯法。高祖当时作为亭长，要加重判处伤人罪，但高祖告诉说根本没有伤害夏侯婴，夏侯婴为高祖做证没有这种事。后翻案复审，夏侯婴犯了伪证罪而被关押一年多，鞭打数百下，最后还是开脱了高祖。

（二）

汉王称帝后，燕王臧荼谋反，夏侯婴跟从高帝击臧荼。第二年，又跟从到陈县，获楚王韩信。改封汝阴侯，剖符为证，世代相传。跟随高帝攻打代国，到武泉、云中，增加食邑一千户。就跟从高祖在晋阳附近攻打韩信军队胡骑，大败敌军。向北追击至平城，被匈奴军包围，七天不能通音信。高帝派使者送给匈奴丰厚的物品，冒顿才打开包围圈的一角放行。高帝想驱马急驰，而夏侯婴则坚持让部队严整地从匈奴所开的缺口慢慢退出，士兵都将兵器弓箭向外，终于得以脱险。高帝又给夏侯婴增加细阳一千户作为食邑。跟随高帝在句注北面攻打匈奴骑兵，大破敌军。在平城以南攻打匈奴骑兵，三次冲锋陷阵，军功很多，于是高帝赐他所夺取的五百户作为食邑。跟从高帝攻打陈豨、黥布军队，冲锋陷阵，勇退敌军，增加一千户食邑，额定夏侯婴在汝阴食邑六千九百户，撤销以前所封食邑。

夏侯婴自从高帝起兵沛县，常作为太仆跟随高帝左右，直到高帝去世。以后又作为太仆服侍惠帝。惠帝和吕后感谢夏侯婴在下邑救出孝惠帝和鲁元公主，于是赐给他一座最靠近皇宫北阙的第一等住宅，吕后题名"近我"，表示一种特殊的优于群臣的尊礼。惠帝死后，又作为太仆听命于吕后。吕后死后，代王刘恒到来，夏侯婴作为太仆与东牟侯刘兴居一起入宫逐吕后所立少帝，按照天子车驾仪式到代王府邸迎接代王刘恒，和大臣们共同拥立为皇帝，他仍做太仆。八年后死，谥号文侯。

【评点】

夏侯婴是刘邦的铁哥们儿，有一次，高祖因为开玩笑而误伤了夏侯婴，被别人告发到官府。当时高祖身为亭长，伤了人要从严惩罚，因此高祖申诉本来没有伤害夏侯婴，夏侯婴也证明自己没有被伤害。后来这个案子又翻了过来，夏侯婴因受高祖的牵连被关押了一年多，挨了几百板子，但终归因此使高祖免于刑罚。夏侯婴随刘邦出生入死，多次保护刘邦，使刘邦死里逃生。他在刘邦、孝惠帝、吕后、文帝眼里都是红人，这真是一个奇迹。

汉王刘邦入蜀，韩信脱离楚军归顺了汉王。因为没有什么名声，只做了接待宾客的小官。后来犯法判处斩刑，同伙十三人都被杀了，轮到韩信，他抬头仰视，正好看见夏侯婴，说："汉王不想成就统一天下的功业吗？为什么要斩壮士！"夏侯婴感到他的话不同凡响，见他相貌堂堂，就放了他。和韩信交谈，很欣赏他，把这事报告汉王，汉王任命韩信为治粟都尉。使韩信有机会多次跟萧何谈话，萧何认为他是位奇才。

项羽灭亡以后，汉高祖出千金悬赏捉拿季布，并下令有胆敢窝藏季布的论罪要灭三族。季布躲藏在鲁地的朱家。朱家便乘坐轻便马车到洛阳去了，拜见了汝阴侯滕公（即夏侯婴）。滕公留朱家喝了几天酒。朱家乘机对滕公说："季布犯了什么大罪，皇上追捕他这么急迫？"滕公说："季布多次替项羽窘迫皇上，皇上怨恨他，所以一定要抓到他才干休。"朱家说："您看季布是怎样的一个人呢？"滕公说："他是一个有才能的人。"朱家说："做臣下的各受自己的主上差遣，季布受项羽差遣，这完全是职分内的事。项羽的臣下难道可以全都杀死吗？现在皇上刚刚夺得天下，仅仅凭着个人的怨恨去追捕一个人，为什么要向天下人显示自己器量狭小呢？再说凭着季布的贤能，汉王的追捕又如此急迫，这样，他不是向北逃到匈奴去，就是要向南逃到越地去了，这种忌恨勇士而去资助敌国的举动，就是伍子胥所以要鞭打楚平王尸体的原因了。您为什么不寻找机会向皇上说明呢？"汝阴侯滕公知道朱家是位大侠客，猜想季布一定隐藏在他那里，便答应说："好。"滕公等待机会，果真按照朱家的意思向皇上奏明。皇上于是就赦免了季布。在这个时候，许多有名望的人物都称赞季布能变刚强为柔顺，朱家也因此而在当时出了名。后来季布被皇上召见，表示服罪，皇上任命他做了郎中。

皇上召集将领们问道："黥布造反，对他怎么办？"将领们都说："出兵打他，活埋了这小子，还能怎么办！"汝阴侯滕公召原楚国令尹问这事。令尹说："他本来就当造反。"滕公说："皇上分割土地立他为王，分赐爵位让他显贵，面南听政立为万乘之主，他为什么反呢？"令尹说："往年杀死彭越，前年杀死韩信，这三个人有同样的功劳，是结为一体的人，自然会怀疑祸患殃及本身，所以造反了。"滕公把这些话告诉皇上说："我的门客原楚国令尹薛公，这个人很有韬略，可以问他。"皇上就召见了薛公。薛公回答说："黥布造反不值得奇怪。假使黥布计出上策，山东地区就不归汉王所有了；计出中策，谁胜谁败很难说了；计出下策，陛下就可以安枕无忧了。"皇上说："什么是上策？"令尹回答说："向东夺取吴国，向西夺取楚国，吞并齐国，占领鲁国，传一纸檄文，叫燕国、赵国固守他的本土，山东地区就不再归汉王所有了。"皇上再问："什么是中策？"令尹回答说："向东攻占吴国，向西攻占楚国，吞并韩国占领魏国，占有敖仓的粮食，封锁成皋的要道，谁胜谁败就很难预料了。"皇上又问："什么是下策？"令尹回答说："向东夺取吴国，向西夺取下蔡，把辎重财宝迁到越国，自身跑到长沙，陛下就可以安枕无虑了，汉朝就没事了。"皇上说："黥布将会选择哪种计策？"令尹回答说："选择下策。"皇上说："他为什么放弃上策、中策而选择下策呢？"令尹说："黥布本是原先骊山的刑徒，自己奋力做到了万乘之主，这都是为了自身的富贵，而不顾及当今百姓，不为子孙后代考虑，所以说他选用下策。"皇上说："说得好。"赐封薛公为千户侯。册封皇子刘长为淮南王。皇上就调动军队，亲自率领着向东攻打黥布。

第四节　贩缯为业，乱世从军

【原文】

灌婴，睢阳贩缯者也。高祖为沛公，略地至雍丘，章邯杀项梁，而沛公还军于砀，婴以中涓从，击破东郡尉于成武及秦军于杠里，疾斗，赐爵七大夫。又从攻秦军亳南、开封、曲遇，战疾力，赐爵执帛，号宣陵君。从攻阳武以西至雒阳，破秦军尸北。北绝河津，南破南阳守齮阳城东，遂定南阳郡。西入武关，战于蓝田，疾力，至霸上，赐爵执圭，号昌文君。

灌婴，睢阳县贩卖丝织品的商人出身。高祖做了沛公，带士兵到达雍丘。章邯杀死项梁后，沛公还军驻砀，灌婴作为中涓随从。在成武击破秦的东郡郡尉，在杠里打败秦军。因在战斗中很勇敢，被赐给七大夫的爵位。又跟从沛公在亳的南面及开封、曲遇攻打秦军，攻战迅猛，沛公赐给他爵位执帛，号宣陵君。跟从沛公攻打阳武以西至洛阳，在尸的北面大败秦军。向北跨过黄河渡口，向南击败南阳郡守齮于阳城东，于是平定了南阳郡。又向西进入武关，在蓝田作战，战斗中迅猛顽强，到霸上，沛公赐他执圭的爵位，号昌文君。

【评点】

灌婴是西汉初期的著名将领。睢阳（今河南商丘南部）人。因地处战国时期的楚、齐、赵、魏等国的交界地，所以，祖上以贩卖丝绸为业。

灌婴青少年时期，长得体魄健壮、头脑聪明。因家境不坏，他能够读书识字，接受必要的文化教育。长大成人后，子承父业，他接过祖业去做商贩以养活家人。虽然置身于市井小贩之中，灌婴仍大志未泯。他不甘心于长期做小贩，在买卖之中，注意形势的变化，关心天下大事。

小商贩的生涯锻炼了灌婴的头脑，使他反应敏捷，头脑灵活；小商贩需东奔西走，是件很辛苦的差事，这恰恰练就了灌婴一身的气力和强健的体魄；小商贩要和形形色色的人打交道，这又教会了他怎么与人交往；小商贩来往于各诸侯国之间，对世态炎凉、形势变化、世道的变迁非常了解。这种特殊的经历，对灌婴日后居功不骄，封侯而知足，不能说没有影响。同样是布衣出身，韩信、彭越、黥布争势封王，后被刘邦逐个消灭。相反，灌婴却稳步升迁，出将入相。灌婴与韩信等有相同的战争经历却得到了不同的结局，与灌婴在特殊经历中形成的目光长远、审时度势、处事机警有必然的联系。

秦始皇完成统一大业，并统一度量衡，统一货币，这对于通商、贸易是很有利的。但是，秦王朝的暴政搞得阶级矛盾日趋激化，朝廷的横征暴敛搞得民不聊生。百姓生活的困苦，购买力的枯竭，导致了商贩的日子日趋艰难。不管你的东西有多好，不管商贩的嘴有多巧，购买者没有钱是任何买卖也做不成的。商贩世家出身的灌婴深明此理。

秦王朝统治者与农民的矛盾，以及与原六国贵族的矛盾终于激化。陈胜、吴广首先举起了起义的大旗，矛头直指秦王朝政权。

胸有大志、不甘终生为商贩的灌婴，听到陈胜、吴广起义的消息之后没有立即响应，他还要看看形势的发展。因为他毕竟不像普通农民那样已经到了没有饭吃的地步。当他发现不仅农民起来造反，而且旧的六国贵族也纷起响应之时，灌婴已经看出，秦王朝政权覆亡的日子已经不远了。到此时他才决定弃商从军，去实现自己的远大抱负。

灌婴决定从军之后，没有像彭越和黥布那样揭竿而起，聚众成兵。商贩出身的经历决定了他没有强大的号召力和足以聚众的威望，他只能投靠某一种势力。在选择投靠对象时，灌婴颇动了一番脑筋。他没有去投靠陈胜、吴广，因为他瞧不起农民。他也没有直接去投靠旧六国贵族的起义部队，他知道那些亡国贵族终究不会成就大业。他选择了地位不高，但在地方上有一定影响的刘邦，他认为刘邦比其他的起义势力更有前途，历史的发展证明灌婴的选择是完全正确的。

第五节　骁勇善战，忠于刘汉

【原文】

从击陈豨，别攻豨丞相侯敞军曲逆下，破之，卒斩敞及特将五人。降曲逆、卢奴、上曲阳、安国、安平。攻下东垣。

黥布反，以车骑将军先出，攻布别将于相，破之，斩亚将楼烦将三人。又进击破布上柱国及大司马军。又进破布别将肥铢。婴身生得左司马一人，所将卒斩其小将十人，追北至淮上。益食邑二千五百户。布已破，高帝归，定令婴食颍阴五千户，除前所食邑。凡从所得二千石二人，别破军十六，降城四十六，定国一，郡二，县五十二，得将军二人，柱国、相各一人，二千石十人。

婴自破布归，高帝崩，以列侯事惠帝及吕后。吕后崩，吕禄等欲为乱。齐哀王闻之，举兵西，吕禄等以婴为大将军往击之。婴至荥阳，乃与绛侯等谋，因屯兵荥阳，风齐王以诛吕氏事，齐兵止不前。绛侯等既诛诸吕，齐王罢兵归。婴自荥阳还，与绛侯、陈平共立文帝。于是益封婴三千户，赐金千斤，为太尉。

三岁，绛侯勃免相，婴为丞相，罢太尉官。是岁，匈奴大入北地，上令丞相婴将骑八万五千击匈奴。匈奴去，济北王反，诏罢婴兵。后岁余，以丞相薨，谥曰懿侯。

跟从皇上攻打陈豨,在曲逆率领军队打败陈豨的丞相侯敞的军队,斩侯敞和将军五人。攻降曲逆、卢奴、上曲阳、安国、安平等县。攻下东垣。黥布反汉,灌婴以车骑将军首先出征,在相地攻击黥布的偏将,大破敌军,斩杀副将楼烦将领三个人。又进军消灭了黥布的上柱国和大司马的军队。还打败了黥布的手下将领肥铢。灌婴自从抓获左司马一个人,他的士兵斩杀了小将十个人,向前追击到淮河上游。皇上增加他的食邑二千五百户。黥布被消灭后,皇上归朝,决定让灌婴将颍阴五千户作为食邑,收回以前所封食邑。

总其军功共抓获二千石俸禄的将领二人,率军灭敌十六次,占领城池四十六座,平定一个叛国、二个郡、五十二个县,抓获将军二人,柱国、相各一人,二千石俸禄的十个人。

灌婴打败黥布回军,高帝死,作为列侯辅佐惠帝和吕后。吕后死,吕禄等人想叛乱。齐哀王听到消息,率兵西进,吕禄等以灌婴为大将军迎击叛军。灌婴到荥阳,便与周勃等谋划,因而屯兵荥阳,劝说齐王要以诛减吕氏为重,齐兵停止进军。绛侯等诛减诸吕之后,齐王撤兵回国。灌婴从荥阳返回,与绛侯、陈平等大臣共同拥立文帝。于是增加了灌婴三千户食邑,赏赐黄金千斤,拜为太尉。

汉文帝三年,绛侯周勃被免去丞相,灌婴成为丞相,不再做太尉官。这一年匈奴大举入侵北地,皇上命令灌婴率骑军八万五千人迎战匈奴军。匈奴撤退,济北王谋反,皇上下诏书命令灌婴全军撤回。一年多后,灌婴在丞相任上去世,谥号懿侯。

【评点】

灌婴一直跟随刘邦南征北战。他骁勇善战、机智灵活,对刘邦忠心耿耿,他受命改步为骑,为刘邦建立起一支较强的骑兵队伍。因战功卓著,刘邦称帝之后封他为颍阴侯。后来又授车骑将军。刘邦先后怀疑韩信和彭越谋反,但未怀疑过灌婴。刘邦在铲除韩信、彭越和平息黥布的反叛中,都有灌婴跟随参战,可见他深得刘邦信任。刘邦死后,吕氏专权。吕后死,他又与陈平、周勃合力铲除吕氏,扶立刘邦的儿子即位,因此,汉文帝先升他为太尉,周勃死后又升为丞相。

商贩出身的灌婴,没有读过兵法,没有练过骑射。从军之后他凭着一身的气力和灵活的头脑,英勇善战,跟随刘邦一步一步杀入关中,占据咸阳。由于一路上作战勇敢,灌婴很快被发现,不久就成为带兵的小官。在带兵打仗的过程中,灌婴懂得总结经验，他靠着自己的实战和善于总结的头脑，掌握了不少军事知识。刘邦封汉王并进驻汉中地区后，许多齐、楚一带跟去的兵将，因思乡心切，悄悄地跑出汉中回了老家，灌婴却坚定不移地跟在刘邦身边。因此，他得到刘邦的信任。当刘邦从汉中杀出时，灌婴已经成长为一名得力的干将。他率兵配合韩信暗度陈仓，先攻杀塞王司马欣，接着又包围并打败了雍王章邯，帮助刘邦夺取了关中之地。

关中之战胜利后，灌婴随刘邦攻打彭城。刘邦在洛阳集结各路大军，得诸侯联军数十万长驱东进，乘项羽率兵攻打齐、赵之时一举夺得项羽的老巢彭城。刘邦攻占楚都彭城后，以为大功告成，与部下终日寻欢作乐不加戒备。项羽得知彭城失守，怒不可遏，立即率精兵迅速南下。项羽所带兵马仅三万，但一举占领彭城西面的萧县，切断汉军归路，拂晓楚军猛攻彭城。汉军仓促应战，很快被楚军打败。被驱入谷水者十余万人，余部溃逃。项羽乘胜追击汉军至灵壁东，又把十余万汉军逼入睢水。刘邦惨败，只带数十骑逃脱。彭城之败，各诸侯背叛刘邦转而投靠项羽，汉军元气大伤，相反，楚军却声威大震、兵力大增。

刘邦在逃跑时所跟随的数十骑中就有灌婴。此次教训使刘邦认识到骑兵必不可少，于是，下令由灌婴负责组建一支骑兵部队。

在一无钱财、二无粮草的条件下，灌婴开始了招兵买马、组建骑兵的工作。他凭借做商贩时形成的灵活机动的头脑，在为期不长的时间里为刘邦组建起一支骑兵部队，由此可见灌婴的能力和对刘邦的忠诚。组建起骑兵部队后，刘邦封灌婴为车骑将军。

彭城战败后，刘邦总结了经验教训。他召集旧部，扩充队伍，实力慢慢得到恢复。在张良、陈平等谋臣的策划下，刘邦先后向韩信、彭越、黥布等著名战将封王许愿，使他们倒向刘邦，与汉军一起同项羽交战。

在此后的各个重大战役中，灌婴都参加了战斗，并对战争的胜利起了很大的作用。在汉军攻击魏国的战争中，灌婴率骑兵抄魏国后路，断其粮道，一举破魏。在韩信攻入齐地，进占楚地、大战楚军、攻城略地的斗争中，灌婴始终追随并立了大功。在楚汉成皋之战中，灌婴率军深入楚地，在楚军的后方断粮草、攻城邑制造混乱、扰乱楚军军心，有力地支持了刘邦的正面作战。

灌婴还参加了著名的垓下之战，和韩信等将一起大败楚军，并穷追楚军，攻下江淮数郡，把项羽逼入绝境。

刘邦得了天下，确立起汉政权，自封为皇帝。他念灌婴劳苦功高，封他为颍阴侯。

刘邦做了皇帝之后，敌对势力先后被消灭了，江山逐渐坐稳。为了永保江山姓刘，他采纳谋臣的意见，准备消灭异姓王。在刘邦所封的王中，韩信、黥布、彭越等都是异姓王，而且都握有重兵，搞不好就要引起新的战争。为此，刘邦采取逐个解决的办法。

在铲除异姓王的过程中，刘邦始终让车骑将军灌婴跟随。在韩信、彭越先后被除之后，黥布举兵造反。朝廷派灌婴前去征讨，灌婴很快消灭了黥布。

刘邦死后，吕后掌握皇权，杀死了敢于与她作对的大臣、将帅和刘氏亲族，先后安插自己的吕氏亲族掌握大权。吕氏专权时期，身为颍阴侯的灌婴善于随机应变，不仅未被罢免，反而深得吕氏信任。

吕后死后，刘氏兄弟内外结合准备夺权，齐王刘襄在外地起兵，召集刘氏兄弟进军长安。朝廷闻讯后，相国吕产居然派灌婴领兵迎击。灌婴执掌部分兵权之后，他把军队驻扎于荥阳，然后派人告诉齐王和其他刘氏诸侯王，大家一起行动，铲除吕氏，恢复刘氏天下。

灌婴率兵在外，周勃率兵在长安城内，内应外合，不久就把吕氏成员统统抓获并一律斩首。随后，迎立汉高祖刘邦的儿子刘恒即位，是为汉文帝，灌婴因忠于刘氏有功，升为太尉，周勃死后又升为丞相。

第六节　忠心事主，名将素质

【原文】

傅宽，以魏五大夫骑将从，为舍人，起横阳。从攻安阳、杠里，赵贲军于开封，及击杨熊曲遇、阳武，斩首十二级，赐爵卿。从至霸上。沛公为汉王，赐宽封号共德君。从入汉中，为右骑将。定三秦，赐食邑雕阴。从击项籍，待怀，赐爵通德侯。从击项冠、周兰、龙且，所将卒斩骑将一人敖下，益食邑。

属淮阴，击破齐历下军，击田解。属相国参，残博，益食邑。因定齐地，剖符世世勿绝，封阳陵侯，二千六百户，除前所食。为齐右丞相，备齐。五岁为齐相国。四月，击陈豨，属太尉勃，以相国代丞相哙击豨。一月，徙为代相国，将屯。二岁，为丞相，将屯。

【译文】

傅宽作为魏国五大夫骑将跟随沛公征战，任舍人，在横阳起兵。跟从沛公攻取安阳、杠里，在开封击败赵贲军队，并在曲遇、阳武攻打杨熊军队，斩获敌人十二个，沛公赐给公卿的爵位。跟从沛公到霸上。沛公做了汉王，赐傅宽共德君的封号。跟从汉王进入关中，做右骑将。平定三秦，赐给他雕阴作为食邑。跟从攻打项籍，在怀县跟从汉王，汉王赐给他通德侯的爵号。跟从攻打项冠、周兰、龙且，所率的士兵在敖仓山下斩杀敌骑军将领一个人，汉王增加他的食邑。

在淮阴侯韩信的指挥下，打败齐在历的军队，进攻田解。在相国曹参的指挥下，摧毁博县，因功而增加食邑。因平定齐地有功，汉王与他剖符为证，爵位世代相传，封为阳陵侯，食邑二千六百户，免除以前所封食邑。做齐右丞相，在齐地驻守。五年后，为齐的相国。四月，攻打陈豨，归太尉周勃率领，以相国身份代替丞相樊哙去攻击陈豨。一月，迁为代的相国，率领守兵。二年后，任代国丞相，统率守兵。

【评点】

阳陵侯傅宽，在汉初十八功侯中排列第十。曾任齐相，旋徙作为代相，惠帝五年死，谥景侯。自傅宽以魏国五大夫爵位的骑将军官身份跟随沛公刘邦后，对刘邦忠心耿耿，战功累累，体现了汉军将领的素质。

傅宽随沛公进攻安阳、杠里，在开封攻打秦将赵贲的军队，以及在曲遇、阳武击溃秦将杨熊的军队，曾斩获敌人十二首级，沛公赐给他卿的爵位。后随从沛公进军到霸上。沛公立为汉王后，赐给傅宽共德君的封号。随即跟着汉王进入汉中地区，升为右骑将。不久又跟随汉王平定了三秦，汉王赐给他雕阴作为食邑。楚汉相争时，他随着汉王进击西楚霸王项羽，奉命在怀县接应汉王，汉王赐给他通德侯的爵位。在随汉王打击项羽部将项冠、周兰、龙且时，他率领的士兵在敖仓山下斩获敌骑将一人，因而增加了食邑。

傅宽曾隶属于淮阴侯韩信的指挥，击败了齐国在历下的驻军，击垮了齐国守将田解所部。

傅宽后来归属相国曹参指挥，攻破齐国博县，又增加了食邑。因为平定齐地有功，汉王把表示凭证的符分成两半，交给他一半，以示信用，使他的爵位世代相传，封他为阳陵侯，食邑二千六百户，免掉他先前受封的食邑。后担任齐国右丞相，屯兵驻守防备田横作乱。刘邦之子刘肥受封为齐王，傅宽在齐国任相国五年。

汉高祖十一年四月，攻打叛汉自立为代王的陈豨，归属太尉周勃指挥，以相国的身份代替汉丞相樊哙击败陈豨。刘邦随后把赵国常山以北的地区划归代国，立皇子刘恒为代王，建都晋阳。第二年一月，傅宽调任代国相国，带兵驻守边郡。两年后，担任代国丞相，继续带兵驻守边郡。

傅宽不管是跟随刘邦作战，还是隶属韩信、曹参、周勃指挥，都服从命令，尽职尽责，战果显著。正因为傅宽能文能武，忠心耿耿，刘邦才安排他担任刘肥和刘恒的丞相。

代国不如齐国富饶，又是多事之地，是天下战略要地。在汉七年冬天，韩王信反叛，逃入匈奴。刘邦封陈豨为列侯，以赵国相国的身份率领督统赵国、代国的边防部队，这一带戍卫边疆的军队统归他管辖。到汉十年九月，陈豨与王黄等人一同反叛，自立为代王，劫掠了赵、代两地。经过艰苦努力打败陈豨之后，刘邦左思右想，选中傅宽继续带兵驻守边郡，可想而知，傅宽在刘邦心中的地位是不同凡响的，傅宽作为汉军将领的素质得到了刘邦的认同。

第七节　开国功臣，机动将军

【原文】

靳歙，以中涓从，起宛朐。攻济阳。破李由军。击秦军开封东，斩骑千人将一人，首五十七级，捕虏七十三人，赐爵封临平君。又战蓝田北，斩车司马二人，骑长一人，首二十八级，捕虏五十七人。至霸上，沛公为汉王，赐歙爵建武侯，迁骑都尉。

从定三秦。别西击章平军于陇西，破之，定陇西六县，所将卒斩车司马、候各四人，骑长十二人。从东击楚，至彭城。汉军败还，保雍丘，击反者王武等。略梁地，别西击邢说军菑南，破之，身得说都尉二人，司马、候十二人，降吏卒四千一百八十人。破楚军荥阳东。食邑四千二百户。

别之河内，击赵贲军朝歌，破之，所将卒得骑将二人，车马二百五十四。从攻安阳以东，至棘蒲，下十县。别攻破赵军，得其将司马二人，候四人，降吏卒二千四百人。从降下邯郸。别下平阳，身斩守相，所将卒斩兵守郡各一人，降邺。从攻朝歌、邯郸，又别击破赵军，降邯郸郡六县。还军敖仓，破项籍军成皋南，击绝楚饷道，起荥阳至襄邑。破项冠鲁下。略地东至缯、郯、下邳，南至蕲、竹邑。击项悍济阳下。还击项籍军陈下，破之。别定江陵，降柱国、大司马以下八人，身得江陵王，致雒阳，因定南郡。从至陈，取楚王信，剖符世世勿绝，定食四千六百户，为信武侯。

以骑都尉从击代，攻韩信平城下，还军东垣。有功，迁为车骑将军，并将梁、赵、齐、燕、楚车骑，别击陈豨丞相敞，破之，因降曲逆。从击黥布有功，益封，定食邑五千三百户。

凡斩首九十级，虏百四十二人，别破军十四，降城五十九，定郡、国各一，县二十三，得王、柱国各一人，二千石以下至五百石三十九人。

【译文】

信武侯靳歙，以侍从官员身份跟随沛公刘邦，他是从宛朐起兵的。曾进攻济阳，击败过秦将李由的军队。又在亳县南和开封东北攻打秦军，斩杀一名千人骑兵的长官，斩获五十七首级，俘虏七十三人，受沛公所赐爵位，封号为临平君。后来又在蓝田北进行战斗，斩秦军车司马二人，骑兵长官一人，斩获二十八首级，俘虏五十七人。又率军到达霸上。当时沛公立为汉王，赐封靳歙建武侯爵位，并升他为骑都尉。

靳歙随从汉王平定了三秦。另外他带领部队挥师西进在陇西攻打秦将章平军队，大败秦军，平定了陇西六县，他所率领的士兵斩杀秦军车司马、军候各四人，骑兵长官十二人。随后，跟着汉王东进攻打楚军，到达彭城。结果汉军战败，靳歙力守雍丘，后离开雍丘去攻打叛汉的王武等人。夺取了梁地后，又率领部队攻打驻守菑南的楚将邢说军队，大败邢说，并亲自活捉了邢说的都尉二人，司马、军候十二人，招降了敌官兵四千一百八十人。另外在荥阳东大败楚军。汉高祖三年（前204），赐给靳歙食邑四千二百户。

靳歙还曾率领部队抵达河内，攻打驻守在朝歌的赵将贲郝，大败贲郝，他率领的士兵活捉骑将二人，缴获战马二百五十匹。他随从汉王进攻安阳以东地区，直达棘蒲，拿下十个县。并另率兵击溃赵军，活捉赵将的司马二人，军候四人，招降赵军官兵二千四百人。又随从汉王攻克邯郸。独自率兵拿下平阳，亲自斩杀驻平阳的赵国代理相国，他所率领的士兵斩杀带兵郡守和郡守各一人，迫使邺投降。这次征战，随从汉王进攻朝歌、邯郸，又另自击败赵军，迫使邯郸郡的六个县投降。率军返回敖仓后，旋即在成皋南击败项羽的军队，击毁断绝了从荥阳至襄邑的输送粮饷的通道。在鲁城之下大败项冠军队，夺取了东至缯、郯、下邳，南至蕲、竹邑的大片土地。又在济阳城下击败项悍军队。然后挥军返回陈县城下攻击项羽部队，大败项羽。此外，还平定了江陵，招降了在江陵的临江王的柱国、大司马及其部下八人，亲自活捉了临江王共尉，并把他押送到洛阳，于是平定了南郡。此后随从汉王到陈县，逮捕了图谋不轨的楚王韩信，汉王把表示凭证的符分成两半，交给靳歙一半，以示信用，使他的爵位世代相传，规定食邑四千六百户，封号称信武侯。

后来，靳歙以骑都尉的身份随从高帝攻打代王，在平城下击败代王韩信，随即率军返回东垣。因为有功，提升为车骑将军，接着率领梁、赵、齐、燕、楚几个诸侯王的部队，分路进攻陈豨的丞相侯敞，把他打得大败，于是迫使曲逆城投降。后又随高祖攻打黥布很有功劳，增加封赐规定食邑五千三百户。

在几次重要战役中，靳歙共斩敌九十首级，俘虏一百三十二人；另大败敌军十四次，降伏城邑五十九座，平定郡、国各一个，县城二十三个；活捉诸侯王、柱国各一人，二千石以下至五百石的不同等级官员三十九人。

【评点】

信武侯靳歙是西汉的开国功臣，在汉初十八功侯中名列第十一，高后五年，靳歙去世，谥号为肃侯。靳歙所率军队是刘邦阵营中最重要的机动部队，建立赫赫战功。

靳歙以侍从官员身份跟随沛公刘邦，他是从宛朐起兵的。曾进攻济阳。击败过秦将李由的军队。又在亳县南和开封东北攻打秦军，斩杀一名千人骑兵的长官，斩获五十七首级，俘虏七十三人，受沛公所赐爵位，封号为临平君。后来又在蓝田北进行战斗，斩秦军车司马二人，骑兵长官一人，斩获二十八首级，俘虏五十七人。沛公立为汉王后，赐封靳歙建武侯爵位，并升他为骑都尉，这为他机动灵活作战创造了条件。

靳歙随从汉王平定了三秦，逐渐形成独立作战能力。三秦之战在《汉书》中着墨甚少，似乎得来全不费功夫，实际上，三秦之战亦相当不容易。刘邦军事集团的所有重要将领基本上都参与了三秦之战。三秦军队相当顽固，章邯之弟章平兵败后又卷土重来，嚣张得很。章邯被围于废丘长达八九个月，就是顽抗到底。靳歙带领部队挥师西进在陇西攻打秦将章平军队，大败秦军，平定了陇西六县，他所率领的士兵斩杀秦军车司马、军候各四人，骑兵长官十二人。随后，跟着汉王东进攻打楚军，到达彭城。汉军战败，靳歙力守雍丘，后离开雍丘去攻打叛汉的王武等人。夺取了梁地后，又率领部队攻打驻守葘南的楚将邢说军队，大败邢说，并亲自活捉了邢说的都尉二人，司马、军候十二人，招降了敌官兵四千一百八十人。另外在荥阳东大败楚军，削减了楚军的强劲攻势。汉高祖三年，赐给靳歙食邑四千二百户。

靳歙还曾率领部队抵达河内，攻打驻守在朝歌的赵将贲郝，大败贲郝，他率领的士兵活捉骑将二人，缴获战马二百五十匹。他随从汉王进攻安阳以东地区，直达棘蒲，拿下十个县。并另率兵击溃赵军，活捉赵将的司马二人，军候四人，招降赵军官兵二千四百人。又随从汉王攻克邯郸。独自率兵拿下平阳，亲自斩杀驻平阳的赵国代理相国，他所率领的士兵斩杀带兵郡守和郡守各一人，迫使邺投降。这次征战，随从汉王进攻朝歌、邯郸，又另自击败赵军，迫使邯郸郡的六个县投降。由此可见，靳歙完全可以独立作战，成为刘邦阵营的重要机动力量。

根据靳歙未参加击魏与击齐战斗，基本上可以排除其从韩信的可能，靳歙的作战呈独立性质。靳歙率军返回敖仓后，旋即在成皋南击败项羽的军队，击毁断绝了从荥阳至襄邑的输送粮饷的通道。在鲁城之下大败项冠军队，夺取了东至缯、郯、下邳，南至蕲、竹邑的大片土地。又在济阳城下击败项悍军队。然后挥军返回陈县城下攻击项羽部队，大败项羽。汉五年，击灭临江王共尉事，就分属于刘贾、卢绾和靳歙两个部分，且无隶属关系。尤其是共尉之擒及献俘均为靳歙，则刘贾在此役的从属地位及配合作用显而易见。靳歙平定了江陵，招降了在江陵的临江王的柱国、大司马及其部下八人，亲自活捉了临江王共尉，并把他押送到洛阳，于是平定了南郡。此后随从汉王到陈县逮捕楚王韩信，汉王把表示凭证的符分成两半，交给靳歙一半，以示信用，使他的爵位世代相传，规定食邑四千六百户，封号称信武侯。

靳歙事业高峰是以骑都尉的身份随从高帝攻打代王，在平城下击败代王韩信，随即率军返回东垣，因为有功，提升为车骑将军，接着率领梁、赵、齐、燕、楚几个诸侯王的部队，分路进攻陈豨的丞相侯敞，把他打得大败，于是迫使曲逆城投降。后又随高祖攻打黥布很有功劳，增加封赐规定食邑五千三百户。

靳歙善于骑兵作战，刘邦在战争中发现他的才能并升他为骑都尉，再升为车骑将军，既能配合作战又能独立作战，形成刘邦最重要的机动部队。在几次重要战役中，靳歙共斩敌九十首级，俘虏一百三十二人；另大败敌军十四次，降伏城邑五十九座，平定郡、国各一个，县城二十三个；活捉诸侯王、柱国各一人，二千石以下至五百石的不同等级官员三十九人。

第二十一章 《汉书》卷四十二 张周赵任申屠传 第十二

第一节 历算丞相，福寿两全

【原文】

（一）

张苍，阳武人也，好书律历。秦时为御史，主柱下方书。有罪，亡归。及沛公略地过阳武，苍以客从攻南阳。苍当斩，解衣伏质，身长大，肥白如瓠，时王陵见而怪其美士，乃言沛公，赦勿斩。遂西入武关，至咸阳。

沛公立为汉王，入汉中，还定三秦。陈馀击走常山王张耳，耳归汉。汉以苍为常山守。从韩信击赵，苍得陈馀。赵地已平，汉王以苍为代相，备边寇。已而徙为赵相，相赵王耳。耳卒，相其子敖。复徙相代。燕王臧荼反，苍以代相从攻荼有功，封为北平侯，食邑千二百户。

迁为计相，一月，更以列侯为主计四岁。是时萧何为相国，而苍乃自秦时为柱下御史，明习天下图书计籍，又善用算律历，故令苍以列侯居相府，领主郡国上计者。黥布反，汉立皇子长为淮南王，而苍相之。十四年，迁为御史大夫。

（二）

汉兴二十余年，天下初定，公卿皆军吏。苍为计相时，绪正律历。以高祖十月始至霸上，故因秦时本十月为岁首，不革。推五德之运，以为汉当水德之时，上黑如故。吹律调乐，入之音声，及以比定律令。若百工，天下作程品。至于为丞相，卒就之。故汉家言律历者本张苍。苍凡好书，无所不观，无所不通，而尤邃律历。

苍德安国侯王陵，及贵，父事陵。陵死后，苍为丞相，洗沐，常先朝陵夫人上食，然后敢归家。

苍为丞相十余年，鲁人公孙臣上书，陈终始五德传，言汉土德时，其符黄龙见，当改正朔，易服色。事下苍，苍以为非是，罢之。其后黄龙见成纪，于是文帝召公孙臣以为博士，草立土德时历制度，更元年。苍由此自绌，谢病称老。苍任人为中侯，大为奸利，上以为让，苍遂病免。孝景五年薨，谥曰文侯。传子至孙类，有罪，国除。

初苍父长不满五尺，苍长八尺余，苍子复长八尺，及孙类长六尺余。苍免相后，口中无齿，食乳，女子为乳母。妻妾以百数，尝孕者不复幸。年百余岁乃卒。著书十八篇，言阴阳律历事。

【译文】

（一）

张苍，河南阳武人，喜好文书、音律历法。秦朝时任御史，主管天下户籍图册。因犯罪逃回家乡。当沛公行军路过阳武时，张苍以宾客身份跟从沛公攻打南阳。张苍正要被问斩，解下衣服伏在刑具砧板上，显出身材高大，肌肉肥白如瓠瓜。当时王陵看到张苍，非常奇怪这个美士，于是告诉沛公，赦免不处斩刑。于是西入武关，到达咸阳。

沛公当了汉王，进入汉中，又回军平定三秦地带。陈馀赶走了常山王张耳，张耳投奔汉王，汉王派张苍任常山郡守。跟随韩信攻打赵国，张苍俘获陈馀。赵国地区平定下来，汉王任张苍为代国相，防备边地盗贼。不久迁为赵国相，为赵王张耳丞相。张耳去世，张苍为其子张敖丞相。后来又改任代国丞相。燕王臧荼反叛，张苍以代国相身份随大军攻臧荼有功，封为北平侯，食邑一千二百户。

张苍改计相，过了一个月，更以列侯为主计四年。当时萧何任相国，而张苍从秦朝时就当柱下御史，熟悉天下图册户籍，又善于计算历法，因此让张苍以列侯身份在相府任职，主管郡国送来的簿书。黥布反叛，汉朝立皇子刘长为淮南王，张苍为淮南国相。任职十四年，提升为御史大夫。

（二）

　　汉朝建立二十多年，天下刚刚平定，公卿官吏都是军官。张苍任计相时，绪正历法。由于高祖十月到达霸上，所以继续使用秦时十月为岁首的历法，不加变更。推算五行运转，认为汉处在水德之际，崇尚黑色，和秦朝一样。调整律管乐声，定下乐律，制定法律、条令。就像工匠度量标准，定出制作器具的规矩。最后官至丞相之位。因此，汉朝讲律历的人都以张苍为标准。张苍喜好图书，没有不阅读的，也无所不通，尤其精通音律历法。

　　张苍为感激安国侯王陵救命之恩，到显贵之后，把王陵当父亲一样侍奉。王陵死后，张苍任丞相，休假之日，常常先去看望陵夫人，并侍奉吃饭，然后才敢回家。

　　张苍为丞相十余年，鲁国人公孙臣上书，陈述五行终始传递次序，说汉当上德之时，应该与黄龙出现相照应，应该更改一年开始的月份，改换祭祀服装颜色。事情交由张苍处理，张苍认为不是这样，废止不办。后来，黄龙在成纪出现，于是文帝召公孙臣为博士，草立土德、历法制度，改元年。张苍由此自贬，声称有病年老，张苍保举了一个中候官员，大行奸邪谋利之事，皇上责备张苍，张苍于是因病免官。孝景五年去世，谥号文侯。侯位传子直至孙张类，因犯罪，废除侯国。

　　当初，张苍父身高不满五尺。张苍身高八尺，张苍之子又是身高八尺，到他的孙子张类时身高六尺多。张苍免相位后，口中没有了牙齿，吃人乳，让妇女为乳母。妻妾成百数，怀孕后便不再宠爱。年纪百余岁才去世。著书十八篇，讲述阴阳、音律、历法之事。

【评点】

　　张苍是西汉时期河南阳武（今河南原阳县）人。他生于战国末年（前256），死于汉景帝五年（前152），战国末期曾在荀子的门下学习，与李斯、韩非等人是同门师兄弟。西汉王朝建立之后，他先后担任过代相、赵相等官职。因为他帮助刘邦清除燕王臧荼叛乱有功，被汉高祖晋封为北平侯，以后又迁升为计相、主计。汉文帝时陈平去世后接任丞相一职，汉文帝后因政见不同而自动引退。主要门生是洛阳人贾谊。他非常喜欢图书、乐律，精通天文历算，官至丞相，享年百余岁，是福寿两全的典型。张苍的人生经历，颇富有戏剧色彩。

　　在秦朝时，张苍曾担任过御史，掌管宫中的各种文书档案。后来因为犯罪，便逃跑回家了。等到沛公攻城略地经过阳武的时候，张苍就以宾客的身份跟随沛公攻打南阳。后来张苍因为犯法应该斩首，脱下衣服，伏在刑具上时，身体又高又大，同时还有一身如同葫芦一样肥硕白皙的皮肤，凑巧被王陵看见，惊叹张苍长得好。因此，王陵就向沛公说情，赦免了他的死罪。这样，张苍便跟随沛公向西进入武关，到达咸阳。沛公被立为汉王，进入汉中，不久又还师平定三秦。陈馀打跑常山王张耳，张耳投归汉王，汉王就任命张苍为常山的郡守。又跟随韩信攻打赵国，张苍擒获陈馀。赵地被平定之后，汉王任命张苍为代国相国，防备边境敌寇。不久，又被调任赵国相国，辅佑赵王张耳。张耳死后，辅佐赵王张敖。然后又调任代国相国，辅佐代王。燕王臧荼谋反时，高祖带兵前去攻打，张苍以代国相国的身份跟随高祖攻打臧荼有功，在高祖六年（前201）被封为北平侯，食邑一千二百户。

萧何担任相国，而张苍是从秦时就担任柱下史，非常熟悉天下的图书和各种簿籍，再加上他很精通计算、乐律和历法，因此就命令他以列侯的爵位在相府办公，负责管理各郡国交上来的会计账簿。黥布谋反未成而逃跑，汉高祖就立他的儿子刘长做淮南王，命令张苍为相国来辅佐他。十四年（应为十六年）之后，张苍调任御史大夫。张苍和绛侯周勃等人共同尊立代王为孝文皇帝。文帝四年（前176），丞相灌婴去世，张苍继任为丞相。

自从汉朝建立到孝文帝已有二十多年时间，当时正处在天下刚刚平定的时候，朝廷中的文武百官都是军人出身，而唯独张苍从担任计相时起，就致力于探讨、订正音律和历法的工作。因为高祖是在十月里入关，灭秦到达霸上的，所以原来秦代以十月为一年开端的旧历法依然沿袭。他又推求金、木、水、火、土五德运转的情形，认为汉朝正值水德旺盛的时期，所以仍然像秦朝那样崇尚黑色。张苍还吹奏律管，调整乐调，使其合于五声八音，以此类推其他，来制定律令。并且由此制定出各种器物的度量标准，以作为天下百工的规范。在他担任丞相一职时期，终于把这一切都完成了。所以整个汉代研究音律历法的学者，都师承张苍。而张苍这个人又本来就喜欢图书，再加上他什么书都读，什么学问都精通，尤其擅长音律和历法。

张苍不但事业有成，而且获得了高寿，据《史记·张丞相列传》，"苍年百余岁而卒"。张苍何以能获得年逾百岁的高寿呢？据史料记载和后人分析，主要是得益于以下几点：

勤奋读书，勤于用脑。《史记》中说："苍尤好读书，无所不观，无所不通，尤邃律历。"他勤学苦读，广为涉猎，知识渊博，精通音乐和天文历算，汉朝初年的历法就是由他推算和制定出来的。他勤于用脑，晚年仍笔耕不辍，继续坚持撰写天文历法著作。正因为他孜孜不倦，故大脑越用越灵活，脑子始终不糊涂，自然不会患老年痴呆之类的疾病。有位作家曾经说过："长寿在于勤奋。"这话确实很有道理，事实上没有一个长寿者是懒汉。张苍长寿的原因固然很多，但不可否定，勤奋与其长寿密不可分。

博学多才，爱好广泛。张苍除了精通天文历算之外，还懂得建筑工程和某些工艺技术，十分精通音乐律品。张苍善于吹笛，技巧之高超，超过了当时皇宫内专业人员的水平。正因为他多才多艺，有多方面的兴趣爱好，其精神也就有了多方面的寄托，生活充实，从无空虚、苦闷、彷徨之感，这对于他的身心健康非常有利。

道德高尚，知恩必报。张苍很注重道德品行修养，处处与人为善，乐于助人，且懂得知恩必报，人际关系很好。比如王陵是他的救命恩人，他始终铭记在心，毕生"以父事陵"，像孝敬父母一般敬重王陵。王陵死后，又像孝敬父母一般侍奉王陵的夫人。此时的张苍，已官至丞相，属国家重臣，但他却没有因为官位升高而有丝毫的傲慢和懈怠。每天清晨，张苍必梳理整齐，前去看望王陵夫人，向她请安问好，待亲眼看到她吃完早餐以后，才赶赴朝廷处理各种政务。张苍如此尊敬老人，以身作则，使得家人及其下级官吏也都纷纷效法他，以孝顺、敬爱、尊崇的态度来对待他。张苍的高尚品德为他健康长寿创造了良好的条件。

家庭和睦，子孝孙贤。张苍尊老爱幼，不断言传身教，这对家人的影响极大，其子孙对他也很孝敬。张苍晚年"老而无齿"，无法咀嚼食物，其家人便为他请侍女，专找人奶来给他喝。人奶营养丰富而又全面，这对张苍益寿延年也起了积极作用。

总之，张苍之所以能够享年百岁，绝非偶然。他的经历和为人处世，在养生保健方面也许能给我们一些启示。

第二节　耿勇之士，倒霉丞相

【原文】

昌为人强力，敢直言，自萧、曹等皆卑下之。昌尝燕入奏事，高帝方拥戚姬，昌还走。高帝逐得，骑昌项，上问曰："我何如主也？"昌仰曰："陛下即桀、纣之主也。"于是上笑之，然尤惮昌。及高帝欲废太子，而立戚姬子如意为太子，大臣固争莫能得，上以留侯策止。而昌庭争之强，上问其说，昌为人吃，又盛怒，曰：

"臣口不能言，然臣期期知其不可。陛下欲废太子，臣期期不奉诏。"上欣然而笑，即罢。吕后侧耳于东箱听，见昌，为跪谢曰："微君，太子几废。"

是岁，戚姬子如意为赵王，年十岁，高祖忧万岁之后不全也。赵尧为符玺御史，赵人方与公谓御史大夫周昌曰："君之史赵尧，年虽少，然奇士，君必异之，是且代君之位。"昌笑曰："尧年少，刀笔吏耳，何至是乎！"居顷之，尧侍高祖，高祖独心不乐，悲歌，群臣不知上所以然。尧进请问曰："陛下所为不乐，非以赵王年少，而戚夫人与吕后有隙，备万岁之后而赵王不能自全乎？"高祖曰："我私忧之，不知所出。"尧曰："陛下独为赵王置贵强相，及吕后、太子、群臣素所敬惮者乃可。"高祖曰："然。吾念之欲如是，而群臣谁可者？"尧曰："御史大夫昌，其人坚忍伉直，自吕后、太子及大臣皆素严惮之。独昌可。"高祖曰："善。"于是召昌谓曰："吾固欲烦公，公强为我相赵。"昌泣曰："臣初起从陛下，陛下独奈何中道而弃之于诸侯乎？"高祖曰："吾极知其左迁，然吾私忧赵，念非公无可者。公不得已强行！"于是徙御史大夫昌为赵相。

既行久之，高祖持御史大夫印弄之，曰："谁可以为御史大夫者？"孰视尧曰："无以易尧。"遂拜尧为御史大夫。尧亦前有军功食邑，及以御史大夫从击陈豨有功，封为江邑侯。

高祖崩，太后使使召赵王，其相昌令王称疾不行。使者三反，昌曰："高帝属臣赵王，王年少，窃闻太后怨戚夫人，欲召赵王并诛之。臣不敢遣王，王且亦疾，不能奉诏。"太后怒，乃使使召赵相。相至，谒太后，太后骂昌曰："尔不知我之怨戚氏乎？而不遣赵王！"昌既被征，高后使使召赵王。王果来，至长安月余，见鸩杀。昌谢病不朝见，三岁而薨，谥曰悼侯。

【译文】

周昌刚强正直，敢于直言，从萧何、曹参以下官员对他都谨小慎微，言辞卑下。周昌曾在高帝宴饮时奏事，高帝正在拥抱戚姬，周昌退走。高帝追赶出来抓住周昌，骑在周昌脖子上问道："我是怎样的君主？"周昌仰起头说："陛下就是桀、纣之主。"于是皇上笑起来，然而还是很怕他。当时高帝想废太子，立戚姬的儿子如意作为太子，大臣们坚持劝谏争辩，都没有成功，皇上由于留侯张良的计策才作罢。然而周昌在朝廷之上极力争辩，皇上问他的理由，周昌有口吃缺陷，又十分愤怒，说："臣口吃不能讲出来，然而臣期期知其不可。陛下想废太子，臣期期不接受诏命。"皇上欣然而笑，便停止了废太子一事。昌后在东厢室侧耳偷听，见到周昌后，下跪拜谢，说："没有您强争，太子差一点就被废了。"

这一年，戚姬的儿子如意为赵王，年十岁，高祖担心自己死后他不能自保。赵尧当时任符玺御史，赵人方舆公对御史大夫周昌说："您的下属赵尧，年龄虽小，然而是个奇才，您一定要特别关照他，将来要由他代替您的职务。"周昌笑着说："赵尧年少，是个刀笔小吏，何至于这样抬高他。"不久，赵尧侍奉高祖，高祖独自闷闷不乐，哼着悲歌，群臣都不知道皇上为什么这样。赵尧进来请安，问道："陛下所以不高兴，是不是因为赵王年少，戚夫人又与吕后不和，担心您万岁之后赵王不能自保哇？"高祖说："我私下担心，不知用什么计策。"赵尧说："陛下只要为赵王安排一个尊贵坚强的相，他是吕后、太子、群臣一向尊敬畏惧的人就可以了。"高祖说："是这样。我想的也是这办法，然而群臣谁可以呢？"赵尧说："御史大夫周昌，他这个人坚强正直，从吕后、太子以下及大臣平时都怕他。只有周昌可以。"高祖说道："好。"于是召周昌说："我必须烦劳你的大驾，你一定要为我去当赵相。"周昌哭泣着说："臣从一开始就追随陛下，陛下为什么要单单把我抛弃到诸侯王国去呢？"高祖说："我很清楚这是贬了你的官，然而我暗自担心赵王，想来想去非你不能当此任。你还是不要推辞，勉强自己前去赴任吧！"于是迁御史大夫周昌任赵相。

周昌走后很久，高祖拿着御史大夫印抚摸着说："谁能担任御史大夫呢？"仔细看了看赵尧说："没有人能代替赵尧了。"于是拜赵尧为御史大夫。赵尧以前也有军功，领有食邑，又以御史大夫身份随军攻打陈豨有功，封为江邑侯。

高祖驾崩，太后派使臣召赵王入京，赵相周昌让赵王说有病不能前往。使臣第三次返回来到赵国，周昌说："高帝把赵王交给臣来保护，王年纪小，听说太后怨戚夫人，想找赵王杀掉他。臣不敢送走赵王，赵王又有病，不能接受诏命前往。"太后大怒，于是派使臣召赵相。赵相到京，拜见太后，太后骂周昌说："你不知道我恨戚氏吗？竟然不把赵王送来！"周昌被征召来京后，高后就派使臣召赵王。赵王果然来京，到长安一个多月，就被毒死。周昌因病辞谢不上朝，三年后去世，谥号悼侯。

【评点】

周昌跟随刘邦的时间该算比较久的了。和刘邦一样，他也是沛县人，在秦朝，周昌跟堂兄周苛一起做泗水卒史，刘邦占领沛县，打破泗水郡，他们就投了刘邦，给刘邦摇旗呐喊打下手（《史记·张丞相列传》："周昌、周苛自卒史从沛公，沛公以周昌为职志，周苛为客。"）。刘邦被立为汉王后，周苛担任御史大夫，周昌做中尉。汉四年，楚汉相争，刘邦被项羽围困在荥阳，刘邦命令周苛守城，自己逃走，城破之后周苛被杀，周昌就顶替堂兄做了御史大夫，汉六年与萧何、曹参同批封侯。

刘邦偏爱爱妾戚姬生的儿子刘如意，想把吕后生的嫡子刘盈废掉，改立如意做太子，大臣们都劝他不要这么做，周昌也是其中一个进谏者。周昌口才不好，说话又结巴，不会讲大道理，只会说"期期知其不可""期期不奉诏"，把刘邦都逗乐了。

刘盈没有废成，刘如意被封为赵王，刘邦担心自己死后刘如意会遭吕后一系的报复，便接受一个叫赵尧的符玺御史的进言，任命周昌做赵相。刘邦死后，刘盈即位，吕后掌权，她挟私报复，把戚姬囚禁起来，派人召刘如意回长安。周昌知道吕后不怀好意，叫刘如意装生病，不让他去，吕后连召数次，周昌就是不放人。吕后火了，先把周昌叫到长安臭骂一顿，再召刘如意，刘如意到长安后仅一个月左右便被毒死。

可以看得出，就刘如意被害这件事而言，周昌已经无能为力，因为这是刘邦种下的恶果，而吕后又坚持这样做。吕后"为人刚毅"（《史记·吕太后本纪》），连韩信彭越这等军事强人都曾被她拿下，戚姬妄图取代她和她儿子的地位，当然会招致最严厉的报复。刘邦则一错再错，吕后和戚姬两个人无论是地位还是家族势力都相差悬殊，他既想扶植戚姬就该打击削弱吕后，但他并没有这么做；当扶植失败以后，如果他能够让戚姬母子彻底向吕后认输服软，或许也不会造成后来的悲剧，但他也没有这么做。

周昌说出那两句"期期"的千古名言的时候，"吕后侧耳于东厢听，见周昌，为跪谢曰：'微君，太子几废。'"于是就有人以为周昌在劝阻刘邦废掉刘盈这件事上曾经起到过关键作用，其实并不是这样。废刘盈立如意的风波从高祖六年开始闹起，一直到高祖十一年，几经反复，周昌"期期"那会儿当在刘如意于高祖九年被立为赵王之前，也就是风波的前期，后面闹腾的日子还长得很。在这场风波中起了决定性作用的是两个人，一个是叔孙通，高祖十二年的时候以一番"太子为天下之本"的论述给刘邦讲道理；另一个是张良，给吕后出主意，延请到四皓供奉起来，紧要关头才出这四张老牌，让刘邦认识到太子受到广泛拥戴的"事实"；至于周昌，除了"期期"，他并没有更多的实质贡献，吕后之所以向他跪谢，多半是学习刘邦先封雍齿的故技。

文中说周昌这个人"强力，敢直言"，但是"自萧、曹等皆卑下之"，萧何、曹参都看不起他。萧何、曹参、周苛、周昌都是沛县出身，相互知根知底，萧何和曹参一开始关系很铁，跟着刘邦打了天下之后反而把关系给搞僵了，但是萧何举贤不避仇，临死时认可曹参做接班人，而曹参也很笃定萧何会推荐自己做丞相，在齐国就早早把行李给收拾好了。萧何、曹参这样的人，一致看不起周昌，总该有原因的吧。

我以为，周昌之所以被萧何、曹参看不起，可能是由于他说话不太注意分寸，有点偏头偏脑。有一次周昌去找刘邦请示工作，刚好刘邦抱着戚姬在喝小酒，周昌扭头就走，刘邦追上去，一下子骑到了他头颈上，问他："我是什么样的主子啊？"周昌说："陛下就是夏桀和商纣王那样的主子。"刘邦笑了，从此就特别忌惮周昌。刘邦的流氓习气是出了名的，看见儒生不爽，会摘下人家的帽子往里面撒尿，第一次接见辩士郦食其的时候他坐在床边叫两个女人给他洗脚，所以骑到周昌头上在刘邦来说并不算什么大事；而汉初群臣也多半不懂礼节，朝堂之上，"醉或妄呼，拔剑击柱"（《史记·刘敬叔孙通列传》）。这样的君臣关系，周昌挑着刘邦喝酒的时候去奏事，奏不奏倒也罢了，只因为刘邦骑到他头颈上，他就把皇帝比作桀纣，要么是开玩笑，要么就是比喻不当说错话。周昌在皇帝面前都敢乱说话，得罪其他人似乎也是难免的。

总之，刘邦从此就认为周昌胆子大，后来想找个"群臣素所敬惮"（《史记·张丞相列传》）的人辅佐刘如意的时候，他便决定让周昌做赵国的丞相。或许他是认为，连自己这个做皇帝的都忌惮周昌，别人就更不必说了；或许他是认为，周昌曾在刘盈的事情上帮过吕后的大忙，将来吕后不论是忌惮周昌也好、给周昌面子也好，总不至于为难刘如意……总之，周昌就被降级调用，从中央政府的御史大夫改任诸侯王国的丞相。

周昌做赵相还是比较尽心的，陈豨谋反的事情就是他向刘邦打的小报告。他打报告的时候，陈豨还没有很明显的反状，就是跑来跑去跟的人多了点、队伍招摇了点，事情一捅开，陈豨就大张旗鼓干起来了，最终当然是被消灭。刘邦死后，吕后召刘如意回长安，周昌也发挥过作用，他叫刘如意装病，吕后连召数次召不动，就先召周昌，再召刘如意，这才把刘如意弄回长安毒死。我们知道，汉朝的诸侯跟朝廷之间不再是松散离合体，诸侯不听皇帝的话，结局一般不会太好。刘邦打陈豨的时候，征调各诸侯国军队，梁王彭越生怕步韩信的后尘，只派了手下去，自己装生病不去报到，等刘邦腾出手来便把他给废掉了。刘如意这样的小孩子，装生病毕竟只是权宜之计，况且刘如意作为刘邦生前最宠爱的儿子可以装生病，周昌却不行，而当周昌被召回长安后，就再没有人能够拖延刘如意的行程了，这就叫胳膊拗不过大腿，没法子的事，怎么能怪周昌呢？如果他不服从吕后的命令，那让他怎么办？难道叫他起兵造反？那是不可能成功的。

所以，周昌能够拖延数次，已经是他能力的极限，没有必要过多苛责他。况且周昌对于刘如意的死也不是一点表示都没有，刘如意死后，周昌"谢病不朝见，三岁而薨"。按说周昌对于吕后母子也算有点小小的恩情，大家都知道他当刘如意的丞相是奉刘邦之命勉强为之，刘如意既然死了，周昌想在吕后和刘盈手下谋点事情干干总该可以的，但他并没有这么做，"谢病不朝见"，是一种作为臣子的无言反抗，我们应该看得懂他的用意。

要是刘邦托付爱子的对象不是周昌，而是张良、陈平，甚至萧何、曹参，刘如意是否能得以保全？分析史料，不难看出，那是不可能的事情，别的且先不论，戚姬在刘邦面前搅风搅雨那么多年，群臣当然不可避免要表态和站队，他们一定恨透了这个。吕后两个兄弟加一个妹夫都是军功侯，势力根深蒂固，戚姬却只有孤身一人，任何有点政治头脑的人都不会看好她，所以除非被刘邦强迫，否则任何人都不会把宝压在戚姬身上，当然张良、陈平和萧何也不会例外，从这个角度来说，周昌挺倒霉的，值得同情。

第三节　清廉宰相，呕血而死

【原文】

嘉为人廉直，门不受私谒。是时太中大夫邓通方爱幸，赏赐累巨万。文帝常燕饮通家，其宠如是。是时嘉入朝，而通居上旁，有怠慢之礼。嘉奏事毕，因言曰："陛下幸爱群臣则富贵之，至于朝廷之礼，不可以不肃！"上曰："君勿言，吾私之。"罢朝坐府中，嘉为檄召通诣丞相府，不来，且斩通。通恐，入言上。上曰："汝第往，吾今使人召若。"通至丞相府，免冠，徒跣，顿首谢嘉。嘉坐自如，弗为礼，责曰："夫朝廷者，高皇帝之朝廷也，通小臣，戏殿上，大不敬，当斩。史今行斩之！"通顿首，首尽出血，不解。上度丞相已困通，使使持节召通，而谢丞相："此吾弄臣，君释之。"邓通既至，为上泣曰："丞相几杀臣。"

嘉为丞相五岁，文帝崩，孝景即位。二年，晁错为内史，贵幸用事，诸法令多所请变更，议以谪罚侵削诸侯，而丞相嘉自绌，所言不用，疾错。错为内史，门东出，不便，更穿一门，南出。南出者，太上皇庙堧垣也。嘉闻错穿宗庙垣，为奏请诛错。客有语错，错恐，夜入宫上谒，自归上。至朝，嘉请诛内史错。上曰："错所穿非真庙垣，乃外堧垣，故冗官居其中，且又我使为之，错无罪。"罢朝，嘉谓长史曰："吾悔不先斩错乃请之，为错所卖！"至舍，因呕血而死。谥曰节侯。

申屠嘉品质廉洁正直，家门不接见私人拜访。当时太中大夫邓通正受宠爱，赏赐累积上亿钱。文帝常常在闲暇时去邓通家饮酒，受宠如此深厚。这次申屠嘉入朝，邓通位居皇上旁边，有怠慢失礼之状。申屠嘉一上奏完毕，随即说道："陛下宠爱群臣便让他们富贵，至于朝廷礼仪，不可以不严肃！"皇上说："您不要说了，我私下告诫他。"退朝后，申屠嘉坐在丞相府，亲自写下檄文召邓通来府，不来的话，立即处斩邓通。邓通恐惧，入朝告诉皇上。皇上说："你只管去，我马上派人召你出来。"邓通到了丞相府，脱帽赤脚，叩头向申屠嘉谢罪。申屠嘉照常坐定自如，没有行待客的礼节，斥责说："朝廷这个地方，是高皇帝的朝廷，邓通一个小臣，嬉戏殿上，是最大的不敬，应当斩首。丞相史去执行斩刑！"邓通叩头，头部都流出鲜血，仍然没有停下来。皇上估计丞相已经惩罚了邓通，便派使臣手持符节召回邓通，向丞相致谢，说："这个人是我的戏弄之臣，您放了他吧。"邓通到了殿上，向皇上哭泣，说："丞相差一点杀了臣。"

申屠嘉任丞相五年，文帝驾崩，景帝即位。第二年，晁错任内史，被皇上赏识受到重用，他提议改变了许多项法令，又建议处罚削弱诸侯势力。然而丞相申屠嘉却自行贬退，讲的话也不被采纳，十分痛恨晁错。晁错任内史，出入东门，有所不便，就另开一门，从南面出入。从南面出入，正经太上皇庙内墙之外、外墙之内的空地。申屠嘉听说晁错穿过宗庙墙，准备奏请杀晁错。宾客有人告诉了晁错，晁错恐惧，深夜入宫觐见皇上，主动向皇上认罪。第二天上朝，申屠嘉奏请杀内史晁错。皇上说："晁错打开的不是真庙墙，是内墙之外的外墙，因此散官可以居住其中，何况又是我让他这样做，晁错无罪。"退朝后，申屠嘉对长史说："我后悔为什么不先斩后奏，反被晁错出卖。"回到家中，便吐血而死。谥号节侯。

公元前 155 年，当了两朝宰相，经历了汉高祖刘邦、汉惠帝刘盈、汉高后吕雉、汉文帝刘恒、汉景帝刘启五朝元老的申屠嘉在自己的家中呕血而死。

申屠嘉既没有死在对敌斗争的最前线，也没有因为忘我工作、劳累过度而死，而是自己活活气死的。其死本没有值得大加弘扬的必要，也没有可歌可泣的事迹可陈。外人看来，一个倔老头死了，还是自己和自己怄气而死，有什么大惊小怪？再说了，贵为一人之下万人之上的申屠嘉死了，不是为孜孜以求官位的人腾出了位置吗？而真正读过《史记》和《汉书》，详加揣测的人，就不能不为申屠嘉之死而长叹一声。

《史记》以及《汉书》中对曾经的五朝元老——申屠嘉都有记载，故事版本几乎一致，所用笔墨也惊人地相似。出身于草根的申屠嘉曾经跟随刘邦做过能拉强弓硬弩的武士，因和项羽作战有功，担任了一个小队长的官衔。后来累积战功，升到了都尉的官衔。汉惠帝时，做了淮阳守。汉文帝继位后，把跟随刘邦当年的还健在的老臣一律封为关内侯，申屠嘉于是也添列其中，并且做了御史大夫。按照正常的情形，申屠嘉在这个位置上该好好发挥自己的特长，适当的时候可以给皇上建言献策，提提意见。要不然就闭嘴不谈，享受自己年俸二千石的待遇，颐养天年是最好的结局。但历史却在这个时候峰回路转，给了申屠嘉一个估计他想都没有想过的机会。

汉文帝初年，丞相张苍失意被免职了，于是推选丞相人选成为当务之急。作为皇帝的刘恒非常想起用皇后的弟弟、自己的小舅子窦广国担任宰相，虽然小舅子的才能不错，但作为开明之君的刘恒却担心天下人议论自己任人唯亲，从避嫌的角度考虑只好另选他人。当时跟随刘邦打天下的一帮子老臣们大都去世，实在是没有资历和才能都符合心意的人，于是申屠嘉就成为皇帝的暂时首选。其中原因有二：一是申屠嘉是三朝老臣，资历够老；二是申屠嘉做过御史大夫，为人清廉，家里一般不接受私人访问。比如想过节送点礼之类，申屠嘉一概不接待。如果是公事，申屠嘉也要求到办公室去谈。这就在刘恒心中留下了好印象，于是在才能不见得足以服众的情况下，人品和口碑较好的申屠嘉成为了勉为其难的辅佐皇帝的丞相，历史也许就在这个时候为申屠嘉埋下了悲哀的祸根。

《史记》和《汉书》中记载，做了丞相的申屠嘉好像没有什么惊天动地的作为，只有两个故事可以说明他的性格和做派。文帝时，弄臣邓通十分受宠爱，不但经常会得到赏赐，而且文帝经常到邓通家吃饭，在王朝时代，这可是了不得的荣耀。皇帝的恩宠于是让邓通胆子大到无以复加的地步。有一次，在朝堂上，邓通竟坐在皇帝的旁边。申屠嘉奏事完毕，直接向皇帝指斥邓通，皇帝可以宠爱某个大臣，可以富贵之，但君臣之礼却马虎不得。这下让文帝极不耐烦，"君勿言，吾私之"。奈何不了皇帝的申屠嘉火冒三丈，管不了皇帝，我还管不了你？回到相府，申屠嘉就给邓通发了传票，你小子赶快到我这里来，胆敢不来，小心你的狗头。邓通怕了，立刻给文帝打小报告，文帝说："你去吧，没事，我一会儿派人把你召回来。"聪明人邓通知道倔老头申屠嘉可不好惹，到了丞相府，帽子也不敢戴了，光着脚丫子，一副奴才相地向申屠嘉叩头谢罪，连脑门子都磕出了血。申屠嘉大模大样，派头十足，将邓通好一顿斥责。文帝这时派使者持节召通，"此吾弄臣，君释之。"可以不给邓通面子，但文帝的面子却不能不给。你想想，你的丞相位置是皇帝给你的，你如果连皇帝的弄臣都敢杀，你的位子还有没有，你的小命还在不在？于是邓通安然回到了皇帝身边，继续他的弄臣生涯。

到了景帝时代，晁错担任了内史，仗着景帝撑腰，大刀阔斧地进行改革。身为丞相的申屠嘉的意见不受重视，不被采用，逐渐在皇帝面前失去了话语权，这使得申屠嘉开始愤懑并迁怒于晁错。申屠嘉听说晁错把宗庙的墙凿穿，于是打算以此为理由，上奏杀了晁错。但事不机密，被晁错得知后提前半夜三更去告诉了景帝。等到申屠嘉上奏的时候，景帝说："错所穿非真庙垣，乃外堧垣，故他官居其中，且又我使为之，错无罪。"言下之意就是说，晁错凿开的是外墙，不是真的宗庙的墙，并且是别人居住的地方，况且得到了我的允许，你想以此为理由杀他，门儿都没有！罢朝后，申屠嘉对长史说："我真后悔没有先斩后奏啊！现在反而被晁错出卖了。"回到家，这个倔老头就呕血而死了。

人这一生，最终都免不了死亡，只是死的方式不同。有的人想死却死不了，有的人不想死，要万岁，真的想再活五百年，可还是死了。有的人死得其所，有的人死得光荣，有的人死得伟大，有的人死得高兴并快乐着，也有的人死得悲哀并愤懑着。比如申屠嘉就是悲哀并愤懑的最好证明。申屠嘉之死之所以悲哀，愚以为有以下原因：

其一：想施展抱负，却没有话语权。姑且不论申屠嘉的才干如何，既然到了丞相的位置上，申屠嘉肯定也想有一番作为，但是文帝时人家本来不想用你，想用的是自己的小舅子，你只是个傀儡丞相，替身而已，能让你说话算数吗？景帝时晁错正受宠，正要改革施展抱负，你在这里说三道四，指手画脚，皇帝能听你的吗？

其二：想执行制度却屡屡被阻止甚至被破坏，愤懑不已。《汉书》的作者班固认为，申屠嘉忠诚正直，谨守礼节。无论是申屠嘉惩罚邓通，还是找借口杀晁错，这些理由都是冠冕堂皇的，都是在执行制度和维护制度。翻开历史，能够制定制度的人洋洋大观，但真正能够始终如一执行制度的鲜见矣。古代有刑不上大夫之说，法律和规定都是给老百姓实行的，州官可以放火，但老百姓却不能点灯的事情一点也不稀罕。制度和法律都是为了维护皇家的利益，都是皇帝制定的，人家说对就对不对也对，你申屠嘉又能奈我何？无怪乎有人哀叹：制度的制定者是制度的最大破坏者！这话不绝对，但也很有一定的道理。生逢其时的申屠嘉不郁闷乃至愤懑才怪！

其三：得罪了不该得罪的人，只有去死。不会变通的申屠嘉只知道维护制度，但却屡屡得罪弄臣和能臣。邓通是文帝的贴心人，是个弄臣无疑，但你申屠嘉却要和他作对，皇帝能高兴吗？景帝听从晁错的话，要去实行新政和改革，你却因嫉妒而生恨，故意挑晁错的错儿，杀了晁错，皇帝能干吗？因此申屠嘉呕血、悲哀而死也就不足为怪了。

　　抛开申屠嘉个人的才干和能力以及种种缺点不足不论，单就申屠嘉维护并执行制度、法律这点来说，申屠嘉是值得称道和光荣的，并且值得后世人们效仿和作为榜样的。申屠嘉是个典型的法律机械主义者，只要是违反了法律和各项规章制度，他谁都敢治罪。这样的人很可怕，连皇帝老儿也不愿意得罪，皇帝也需要这样的人为他的社稷和江山着想，需要这样的人来维护自己的天下。占据了法律和制度的制高点，申屠嘉就可以号令天下，就可以文攻武卫，谁能奈我何？所以申屠嘉能够历经五朝，能够官做了那么多年，能够活一大把年纪而不坐牢、被杀头，就在于他自己清廉、干净并且始终高举法律和制度的大旗，捍卫着自己和皇家的天下。

　　申屠嘉悲哀地死了，但申屠嘉也很光荣，他的死悲哀和光荣并存，也有着被人称道的理由和存在的价值。从申屠嘉个人来说，他缺乏了一点点人情味，但历朝历代和这个世界，可能很多人不愿意自己做申屠嘉，但却需要有申屠嘉这样的人存在。如果没有了申屠嘉，法律和制度岂不成了一纸空文？至少说，摆在台面上的法律和制度，是需要人人遵守的。

第二十二章 《汉书》卷四十三
郦陆朱刘叔孙传 第十三

第一节 谋士奇功，为妒而烹

【原文】

（一）

沛公至高阳传舍，使人召食其。食其至，入谒，沛公方踞床令两女子洗，而见食其。食其入，即长揖不拜，曰："足下欲助秦攻诸侯乎？欲率诸侯破秦乎？"沛公骂曰："竖儒！夫天下同苦秦久矣，故诸侯相率攻秦，何谓助秦？"食其曰："必欲聚徒合义兵诛无道秦，不宜踞见长者。"于是沛公辍洗，起衣，延食其上坐，谢之。食其因言六国从衡时，沛公喜，赐食其食，问曰："计安出？"食其曰："足下起瓦合之卒，收散乱之兵，不满万人，欲以径人强秦，此所谓探虎口者也。夫陈留，天下之冲，四通五达之郊也，今其城中又多积粟，臣知其令，今请使，令下足下。即不听，足下举兵攻之，臣为内应。"于是遣食其往，沛公引兵随之，遂下陈留。号食其为广野君。

（二）

乃从其画，复守敖仓，而使食其说齐王，曰："王知天下之所归乎？"曰："不知也。"曰："知天下之所归，则齐国可得而有也；若不知天下之所归，即齐国未可保也。"齐王曰："天下何归？"食其曰："天下归汉。"齐王曰："先生何以言之？"

曰："汉王与项王戮力西面击秦，约先入咸阳者王之，项王背约不与，而王之汉中。项王迁杀义帝，汉王起蜀汉之兵击三秦，出关而责义帝之负处，收天下之兵，立诸侯之后。降城即以侯其将，得赂则以分其士，与天下同其利，豪英贤材皆乐为之用。诸侯之兵四面而至，蜀汉之粟方船而下。项王有背约之名，杀义帝之负；于人之功无所记，于人之罪无所忘；战胜而不得其赏，拔城而不得其封；非项氏莫得用事；为人刻印，玩而不能授；攻城得赂，积财而不能赏。天下畔之，贤材怨之，而莫为之用。故天下之士归于汉王，可坐而策也。夫汉王发蜀汉，定三秦；涉西河之外，援上党之兵；下井陉，诛成安君；破北魏，举三十二城：此黄帝之兵，非人之力，天之福令。今已据敖庾之粟，塞成皋之险，守白马之津，杜太行之厄，距飞狐之口，天下后服者先亡矣。王疾下汉王，齐国社稷可得而保也；不下汉王，危亡可立而待也。"田广以为然，乃听食其，罢历下兵守战备，与食其日纵酒。

韩信闻食其冯轼下齐七十余城，乃夜度兵平原袭齐。齐王田广闻汉兵至，以为食其卖己，乃亨食其，引兵走。

【译文】

（一）

沛公到了高阳县的官舍，派人召郦食其来见，郦食其到了，沛公正坐在床上让两个女子为他洗脚，就这样召见郦食其。郦食其进入室内即拱手而不行拜礼，说："您是想帮助秦攻打诸侯呢，还是想率领诸侯灭亡秦朝？"沛公骂道："你这个下贱的儒生！天下百姓遭受秦的苦难已经很久了，所以诸侯才相继率兵攻秦，你怎么能说帮助秦呢？"郦食其说："您要招聚民众，纠合义兵，去推翻秦的暴虐统治，就不应当坐在床边召见老人。"于是沛公停止洗脚，起身穿好衣服，请郦食其坐上座，对郦食其赔礼。郦食其于是谈到了六国合纵连横时的情况。沛公很高兴，赐郦食其吃饭，问道："你有什么计谋吗？"郦食其说："您纠合的未经训练之众不到一万人，要想直攻强秦，这可说是向老虎口中伸手啊。陈留县位于天下的要冲，是四通八达的地方，现在城里又囤积了许多粮食。我一向与陈留的县令友好，现在可请您派我为使者去命令他投降您。如果他不听从，您可派兵攻打他，我做内应。"于是派郦食其前往陈留县，沛公率兵随他而来，攻下陈留。沛公封郦食其为广野君。

（二）

汉王听从了郦食其的策划，又驻守敖仓，并派郦食其劝说齐王，说："大王知道天下的归属吗？"齐王说："不知道。"郦食其说："如果大王知道天下的归属，那么齐国可保；如果大王不知道天下的归属，齐国就难保全了。"齐王说："天下应归谁？"郦食其说："天下归汉王。"齐王说："先生凭什么这样说呢？"郦食其说："汉王与项羽奋力向西攻打秦军，约好先攻入咸阳为关中王。项羽违背盟约，在汉中称王。项王迁杀义帝，汉王便派蜀汉的军队平定三秦，出关征战，指责项羽杀害义帝的错误之处，收集天下军兵，立诸侯的后代。每攻占一座城都给降将封侯，汉王得到财物都分给士兵共享，和天下百姓共享好处，英豪贤士都愿听从他的使用。诸侯的军队从四面八方赶到，蜀汉的粮食用船运来。项王有违背盟约之名、杀死义帝之错；别人的功绩从不记得，别人的错误却从不忘却；征战取胜了没有奖赏，攻占了城池也不给封爵；不是项氏家族的人不委以重任；为人苛刻，把玩而不肯赐人；攻城所获的战利品，积压很多都不肯赏赐给兵将。天下人叛离他，有才能的人埋怨他，没有人被他使用。所以天下的人才都投奔汉王，汉王坐着就可以指挥他们。汉王从蜀汉发兵，平定三秦；涉西河之外，援上党之兵；攻下井陉，杀成安君；打败北魏，夺取三十二座城：这是黄帝的军队，不是人力，是天所保佑。如今已占有敖仓的粮食，堵住成皋之险，驻守白马的渡口，封锁太行之要道，占据飞狐的关口，天下后服的人只有先被消灭了。大王如赶快投降汉王，齐国的社稷就可以保全；不投降汉王，危险灭亡指日可待呀。"田广认为是对的，就听从郦食其的话，撤走历下的守兵及装备，与郦食其天天纵情而饮。

韩信听说郦食其乘车游说而取得齐国的七十多座城，于是连夜派兵穿过平原袭击齐国。齐王田广听说汉军来到，认为郦食其欺骗了自己，就烹杀了他，带兵逃走。

【评点】

郦食其，高阳人，"家道落魄，为里监门"，是一个社会最底层的穷苦人。他自恃有才，择尽良枝不肯栖，一定要选真正有雄才大略的真主，最终选择了汉王刘邦，投其麾下效劳。他是一个儒生，并以此为自豪，虽然知道刘邦不喜欢儒生，却不肯隐瞒自己的身份，坚持以儒生的身份与刘邦相见。他的同里、引见人对他说："沛公不好儒，诸客冠儒冠来者，沛公辄解其冠，溲溺其中，与人言，常大骂，不可以儒生说也。"刘邦看到儒生戴的帽子，就拿下来掏出家伙对着里面撒尿，可见刘邦对儒生轻视到什么程度！他对儒生的轻视一直没有改变过，夺取天下后依然如此。当时太中大夫陆贾"时时前说称《诗》《书》，帝骂之曰：'乃公居马上而得之，安事《诗》《书》！'"在刘邦集团里，他最看重和喜欢的还是张良、陈平、萧何一辈，他们身上没有"腐儒"气。如果把刘邦集团的名单列出来，称为儒生的也就郦食其一个。

刘邦聘用了郦食其，不是因为他的儒生之学说，而是郦食其给了刘邦一个极好的见面礼，用计拿下了军事重地陈留。刘邦这才喜欢了，并号郦食其为广野君，这也不过是一个空号：你们儒生不是喜欢名号吗？那就给你一个吧。可以看出，刘邦虽然得到了这么好的一个礼物，却没有改变他骨子里对郦食其的轻视，这里就埋下了郦食其之死的隐根。

后来一件事加深了这种轻视。郦食其让刘邦重立六国以挠楚权，分解楚王的凝聚力："今秦失德弃义，侵伐诸侯，灭其社稷，使无立锥之地，陛下诚能复立六国之后，此其君臣、百姓必皆戴陛下之德，莫不乡风慕义，愿为臣妾。德义已行，陛下南乡称霸，楚必敛衽而朝。"他的意见很简单，就是让刘邦以汉王的名义把秦朝统一了的六国重新分封，这样，这些国家的人对刘邦就会感恩戴德，唯汉王之命而听，刘邦就不战而霸，到那时，楚王就完全被孤立起来，不得不臣服于汉王。这个意见立马得到刘邦的赞赏，并准备实行，连封国的印都刻好了，只等郦食其送去。郦食其行前，张良来了，刘邦非常兴奋地把这些事告诉了张良，张良听了大吃一惊，发出惊呼："陛下事去矣！"张良对刘邦列出复立六国"八不可"，这才让刘邦从想入非非中醒过来。当时刘邦正在吃饭，听了张良的话，惊得连饭都喷了出来。他大骂道："竖儒！几败尔公事！"赶快把那些印销毁了。

这就是不折不扣的儒生的意见，郦食其不是用战争，而是想用儒家的"仁义"来夺取政权。刘邦打仗打烦了，听郦食其说得很有道理，就动了走这条捷径的心思。这是公元前204年，汉高祖三年冬十一月的事。为了扭转这件事的不良影响，郦食其想为刘邦做一件扎扎实实的事情，这年秋七月，也就是距上件事之后八个月，机会来了。

这几个月中，刘邦很不顺利，特别是四月，他在荥阳被楚王围得严严实实，准备和楚王割地、划界、求和。还是陈平用计离间了楚王和他的谋士亚父，再加上将军纪信的舍命相救，才狼狈地突出了荥阳城。在连连失利的情况下，刘邦准备放弃成皋以东，屯兵巩、洛与楚相抗。郦食其给刘邦分析了形势，认为这种布置很消极。这时候，楚王挟胜利之师，挥兵东向，置敖仓于不顾，想迅速地置刘邦于死地。郦食其认为，这给了汉王以极好的机会，汉王应绕过敌人的前锋，夺取敖仓，使自己有一个坚强充实的后勤，因为现在连年争战，农业荒废，粮食奇缺。刘邦听从了。郦食其再为刘邦策划：燕、赵已定，楚方强，应避其锋，转而谋齐。应该用最快的速度安定齐地，然后可以专心对楚。然用兵下齐，累时旷日，楚必寻隙攻汉，为此，"臣请得奉明诏说齐王，使为汉而称东藩。"郦食其让汉王刘邦公开分派他到齐王那里去，劝说齐王归汉，让齐成为汉东边的属地。有这样好的事，刘邦也答应了。

同时，在此之前，汉王已遣韩信东进掠齐。齐王派华无伤、田解将重兵屯历下以阻击韩信东下。正在这时候，郦食其来到齐王田广营中。经过一番言说，齐王田广愿意与汉和好，派使节到汉王那里正式联络，并罢历下之守，撤除阻击韩信的部队，以示诚意。这时，韩信兵还没有到平原，听到郦食其已经说下了齐王，准备停止前进。他的辩士蒯彻说："将军受诏击齐，而汉独发间使下齐，宁有诏止将军乎？何以得毋行也？且郦生，一士，伏轼掉三寸之舌，下齐七十余城，将军以数万众，岁余乃下赵五十余城。为将数岁，反不如一竖儒之功乎！"

蒯彻这是赤裸裸的嫉妒！韩信本来已经准备停止前进，敌人已经臣服了，自然不能再攻击之，这是常理。蒯彻此时已经被嫉妒之火烧得糊涂了，只想置郦食其于死地。但是要想让韩信继续前进，执行攻击的命令，就必须说出具有说服力的理由。他自然能找到理由，不然他也就不是"辩士"。他的理由冠冕堂皇：将军只受诏去攻击齐王，并没有收到停止攻击齐王的诏命。既然没有收到停止攻击的命令，就得继续执行原来的命令，继续前进，攻击齐王。而且那个郦生，仅凭三寸不烂之舌，拿下了齐七十多座城，将军以数万之兵，一年多才拿下赵地五十多座城，出生入死这么久，还不如一个儒生的几分钟时间所立下的功。如果你不打，这个功就属于郦生了，打，这个功就属于你将军韩信。

韩信听了这番话，放弃了停止前进的打算，继续执行原来的命令，渡河向齐王发起进攻。因为齐王已经撤了这边的防守，自然是不费什么力气就拿下了。

倒霉的是郦食其，齐王认定郦食其欺骗他，对他耍诡计。郦食其百口莫辩，齐王把他扔到鼎里给煮死了。

郦食其太冤了！谁来为他的死负责呢？

乍一看，为郦食其的死负责的应该是蒯彻，若不是这个家伙，韩信就不会进攻，郦食其就不会死，而且还会功成名就。蒯彻最有力的理由就是汉王没有向韩信发布新的命令，既然没有新的命令，那就还要执行旧的命令，这确实也是常理。但这个理，韩信可以不理，将在外，君命有所不受嘛，他可以根据情况的变化自主决定一些事情。真正让韩信不顾郦食其死活的还是蒯彻后部分的话，这话可是说到他的心里，说到他的骨子里去了。就是这些话让他产生了私心，人一旦有了私心，就会置国家和公众的利益于不顾。这样看来，韩信也是要为郦食其的死负责的。

那么郦食其本人呢？史上记载："及纳郦生之言，遣使与汉平，乃罢历下守战备，与郦生日纵酒为乐。"从这里可以看出，说服齐王归汉之后，郦食其以为一了百了了，万事大吉了，再没有其他完善的作为，只是与齐王整日喝酒吃肉，准备享受立功的奖赏。按一般的规矩，作为使者完成任务后，应该回去向上级述职、汇报情况，并就接下来的事情做统筹安排，即使他不能走，也应该派手下人回去述职汇报，但他都没有做。如此，他也要对自己的死负责。

然而，郦食其之死的最大、最直接的责任者还是汉王刘邦，他是这件事的直接操作人。齐王已经派人前来为归汉之事洽谈，他已经知道了郦食其说服了齐王，就该下诏命令韩信停止进攻齐王。可是，他没有！是来不及吗？不是，因为韩信部队还没有过平原的时候，就听到了郦食其下齐的消息，齐王遣使到刘邦那里去也是在韩信未过平原的时候，从平原到历下还有相当的路程，足以让刘邦做出决定并下达停止前进的命令。是没有想到韩信的进攻对郦食其造成的危害吗？这也不可能，除非他是傻子。

这一切看起来，是他疏忽了？不是，而是他有着极大的险恶之心。

齐人，正如郦食其自己向刘邦所分析的，"人多变诈"，也就是不可相信。郦食其逞口舌之利说服了齐王，齐人实力毫发无损，只能说是暂时地归附了自己，一旦情况有变，齐人就会背叛。所以，当他得知齐王归附自己并撤了历下之守时，一个阴险的计划涌上了他的心头：趁此时历下无守，让韩信背信进攻历下军，剿灭齐军主力，直捣齐都临菑，彻底地除掉后患。因此，当接见了齐王派来的和平使者后，他故意毫无作为，至于那个郦食其，就让他成为这个事件的牺牲品吧。

也许，一开始，刘邦就要利用郦食其来攻破齐军了。刘邦这个人是不讲亲情的。不久，他和楚王在广武相持数月，楚王见无法击退刘邦，就以刘邦的父亲太公做人质，以此胁迫刘邦退军。刘邦毫无所动，反而要楚王在煮了他父亲之后分一杯羹给他尝尝。他明知韩信进攻齐王之后，郦食其必定会死，他会顾及郦食其的死活吗？再说，郦食其本来就是他所不喜欢的那种儒生。

第二节　陆贾主义，文化奇人

【原文】

（一）

陆贾，楚人也。以客从高祖定天下，名有口辩，居左右，常使诸侯。

（二）

　　贾时时前说称《诗》《书》。高帝骂之曰："乃公居马上得之，安事《诗》《书》！"贾曰："马上得之，宁可以马上治乎？且汤、武逆取而以顺守之，文帝并用，长久之术也。昔者吴王夫差、智伯极武而亡；秦任刑法不变，卒灭赵氏。乡使秦以并天下，行仁义，法先圣，陛下安得而有之？"高帝不怿，有惭色，谓贾曰："试为我著秦所以失天下，吾所以得之者，及古成败之国。"贾凡著十二篇。每奏一篇，高帝未尝不称善，左右呼万岁，称其书曰《新语》。

（三）

　　孝惠时，吕太后用事，欲王诸吕，畏大臣及有口者。贾自度不能争之，乃病免。以好畤田地善，往家焉。有五男，乃出所使越橐中装，卖千金，分其子，子二百金，令为生产。贾常乘安车驷马，从歌鼓瑟侍者十人，宝剑直百金，谓其子曰："与女约：过女，女给人马酒食极欲，十日而更。所死家，得宝剑车骑侍从者。一岁中以往来过它客，率不过再过，数击鲜，毋久溷女为也。"

（四）

　　吕太后时，王诸吕，诸吕擅权，欲劫少主，危刘氏。右丞相陈平患之，力不能争，恐祸及己。平常燕居深念。贾往，不请，直入坐，陈平方念，不见贾。贾曰："何念深也？"平曰："生揣我何念？"贾曰："足下位为上相，食三万户侯，可谓极富贵无欲矣。然有忧念，不过患诸吕、少主耳。"陈平曰："然。为之奈何？"贾曰："天下安，注意相；天下危，注意将。将相和，则士豫附；士豫附，天下虽有变，则权不分。权不分，为社稷计，在两君掌握耳。臣常欲谓太尉绛侯，绛侯与我戏，易吾言。君何不交欢太尉，深相结？"为陈平画吕氏数事。平用其计，乃以五百金为绛侯寿，厚具乐饮太尉，太尉亦报如之。两人深相结，吕氏谋益坏。陈平乃以奴婢百人，车马五十乘，钱五百万，遗贾为食饮费。贾以此游汉廷公卿间，名声籍甚。

（一）

陆贾是楚国人，以幕僚宾客的身份随从高祖平定天下，当时人们都称他是很有口才的说客，所以伴随在高祖的身边，常常出使各个诸侯国。

（二）

陆生在皇帝面前时常谈论《诗经》《尚书》等儒家经典，听到这些，高帝很不高兴，就对他大骂道："你老子的天下是靠骑在马上南征北战打出来的，哪里用得着《诗》《书》！"陆生回答说："您在马上可以取得天下，难道您也可以在马上治理天下吗？商汤和周武，都是以武力征服天下，然后顺应形势以文治守成，文治武功并用，这才是使国家长治久安的最好办法啊。从前吴王夫差、智伯都是因极力炫耀武功而致使国家灭亡；秦王朝也是一味使用严酷刑法而不知变更，最后导致自己灭亡。假使秦朝统一天下之后，实行仁义之道，效法先圣，那么，陛下您又怎么能取得天下呢？"高帝听完之后，心情不快，脸上露出惭愧的颜色，就对陆生说："那就请您尝试着总结一下秦朝失去天下，我们得到天下，原因究竟在哪里，以及古代各王朝成功和失败的原因所在。"这样，陆生就奉旨大略地论述了国家兴衰存亡的征兆和原因，一共写了十二篇。每写完一篇就上奏给皇帝，高帝没有不称赞的，左右群臣也是一齐高呼万岁，把他这部书称为《新语》。

（三）

在孝惠帝时，吕太后掌权用事，想立吕氏诸人为王，害怕大臣中那些能言善辩的人，而陆生也深知自己强力争辩也无济于事，因此就称病辞职，在家中闲居。因为好畤一带土地肥沃，就在这里定居下来，陆生有五个儿子，他把出使南越所得的袋装包裹拿出来卖了千金，分给儿子们，每人二百金，让他们从事生产。陆生自己则时常坐着四匹马拉的车子，带着歌舞和弹琴鼓瑟的侍从十个人，佩带着价值百金的宝剑到处游玩。他曾这样对儿子们说："我和你们约定好，当我出游经过你们家时，要让我的人马吃饱喝足，尽量满足大家的要求。每十天换一家。我在谁家去世，就把宝剑车骑以及侍从人员都归谁所有。我还要到其他的朋友那里去，所以一年当中我到你们各家去大概不过两三次，总来见你们，就不新鲜了，用不着总厌烦你们老子这么做了。"

（四）

吕太后掌权时期，封诸吕为王。诸吕专揽大权想劫持幼主，夺取刘姓的天下。右丞相陈平对此很是担忧，但是自己力量有限，不能强争，害怕祸及自己，常常安居家中反复思索。有一次，陆生前去请安，径直到陈平身边坐下，这时陈平正在深思，没有立刻发觉陆生到了。陆生问道："您的忧虑为什么如此深重呢？"陈平说："你猜猜看，我究竟忧虑什么？"陆生说："您老先生位居右丞相的职位，是有三万户食邑的列侯，可以说富贵荣华到了无以复加的地步，应该说是没有这方面的欲望了。然而若是说您老有忧愁的话，那只不过是担忧诸吕和幼主而已。"陈平说："你猜得很对，你看这事该怎么办呢？"陆生说："天下平安无事的时候，要注意丞相；天下动乱不安的时候，要注意大将。如果大将和丞相配合默契，那么士人就会归附；士人归附，那么天下即使有意外的事情发生，国家的大权也不会分散。为国家大业考虑，这事情都在您和周勃两个人掌握之中了。我常常想把这些话对太尉周勃讲明白，但是他和我总开玩笑，对我的话不太重视。您为什么不和太尉交好，建立起亲密无间的联系？"接着，陆生又为陈平筹划出几种对付吕氏的办法。陈平就用他的计策，拿出五百金来给绛侯周勃祝寿，并且准备了盛大的歌舞宴会来招待他；而太尉周勃也以同样的方式来回报陈平。这样，陈平、周勃二人就建立起非常密切的联系，而吕氏篡权的阴谋也就更加难以实现了。陈平又把一百个奴婢、五十辆车马、五百万钱送给陆生作为饮食费用。陆生就用这些费用在汉朝廷公卿大臣中游说，搞得名声很大。

【评点】

陆贾祖籍楚国，刘邦皇帝的左右近臣，曾凭一张伶牙俐齿说降南越王，有奇功。他儒生出身，常劝高祖皇帝注意《诗》《书》教化，聒噪烦了，皇帝斥责他："天下是我骑在马上打来的，《诗》《书》这些破烂玩意儿有何用？"但善于雄辩的陆贾成功地说服了他，最终使皇帝面有惭色地向他请教帝国的长治久安之策。据记载，陆贾写了十二篇政治论文，每在宫廷中读一篇，高祖皇帝都会高声喝彩。从那时起，陆贾主义即成为汉初的国家哲学。陆贾主义的核心是老庄的自然无为原则。所谓自然无为，并非要求政府什么都不管，而是要求政府不要恣意妄为，尽量对民间

268

事务少干预。陆贾认为，政府只要顺应自然法则行事，适时、适可而为，那么什么事情都做得很好了，可是看起来好像根本没动手。例如，当民间太穷时不要加赋加税，即使加得很少，群众也负担不起；当民间富裕了之后，即使成倍加赋加税，群众也感觉不到。

让人惊奇的是，陆贾老子腔调的背后，居然有一个带儒家色彩的理想，二者在他的思想体系中毫无矛盾的迹象，他用这样的词句描绘自己追求的理想图景："邮驿无夜行之吏，乡闾无夜名之征；犬不夜吠，鸟不夜鸣；老者息于堂，丁壮者耕耘于田；在朝者忠于君，在家者孝于亲。于是赏善罚恶而润色之，兴辟雍庠序（学堂）而教诲之。然后贤愚异议，廉鄙异科，长幼异节，上下有差，强弱相扶，大小相怀，尊卑相承。"

陆贾主要的政绩有四件：一是为刘邦出使南越，劝说南越王赵佗去帝号，向刘邦称臣。陆贾因此有功，被封为上大夫。二是劝说刘邦读《诗》《书》，使其明白"逆取顺守""文武并用"的道理。刘邦应该说还是"知耻而后勇"的，晚年在给太子的诏书里提道："我遭逢乱世，正赶上秦禁学，很高兴，就认为读书无益。自执掌天下以来，时时读书，才让我知道了作者的意思。回想过去的作为，有好多不是。"从这个意义上讲，陆贾在汉初统治思想的形成和建树方面有重大作用，其地位也是其他人无法代替的。三是在吕后专权、刘氏天下岌岌可危的时候，他劝说丞相陈平与太尉周勃捐弃前嫌团结一致，从而为日后平定诸吕之乱奠定了基础。四是为汉文帝再度出使南越，劝南越王赵佗第二次去帝号，恢复与汉王朝的臣属关系。前后十七年间，陆贾两下番禺，为维护国家统一做出贡献。

最重要的是他在思想上的卓越贡献，特别是他让汉帝国接受了黄老哲学思想，为汉帝国开创了七十年的和平发展期。他奉旨著《新语》十二篇，是汉以来第一个全面总结秦帝国经验教训的知识分子，而且为"秦学研究"确定了基调。陆贾认为秦帝国失去天下的原因无外乎一个字"过"。他用放大镜把秦帝国放在一个宏大的历史背景下进行宏观意义上的考察；他又用显微镜把秦帝国放在始皇帝和秦二世的身上进行解剖，进一步提出了"道莫大于无为，行莫大于谨敬"的政治主张。他的这一主张被汉帝国完全接受，并坚定不移地坚守了七十年，历史上著名的"文景之治"就是汉在黄老政治思想指导下初创的盛世。

陆贾以"道法自然"和"无为而治"的道家思想为出发点，兼容儒、法思想，开创了老庄哲学的新局面，也引领了汉一代学术界的新风尚。自汉以来，学术界不管遇到什么样的政治思想的影响，兼容百家，自成一说已经成为了一种学术风尚。陆贾的道学思想的确不同一般。他说的"道"无疑是从老庄那里拿来的。但是。这个"道"大可以是本，小可以是术。不消极，不遁世，而是积极入世，自然求治。

他认为道近不必出于久远，取其致要而有成。他甚至认为智者之所短，不如愚者之所长。他强调朴质者近忠，便巧者近亡的观点，看上去是给老庄思想缀了个尾巴，实际上是把老庄思想拉回到现实。他同时是一个纵横家，他把纵横术也加进了道家思想中，让道家思想更贴近现实，他说："善言古者合之于今，能述远者考之于近。"他创新的"道"学理论可以用四个词概括：自然顺守、无为谨敬、怀柔致远、守弱尚仁。而这些又都是道家的根本，的确能够成为一代治国之策。

当年李斯也是这样说的，可是事实呢？说归说，关键在实效。不过，历史已经给出了答案。正是这本《新语》的诞生，开创了汉帝国以来系统总结秦帝国经验教训的一代思想先河。历史的奇迹显然还在后面。儒生陆贾并没有让汉高祖刘邦实行儒家的政治理想，相反却是一套黄老道家的政治主张。成为自春秋战国五百年来法家思想独占鳌头直至缔造秦帝国以来，道家哲学作为第二个政治指导思想成就了汉帝国初创盛世七十年的辉煌。

他第一个把道家思想上升为一种治国的政治指导思想，并不只是道家思想的简单翻版，而是用道家的思想原则把法家和儒家思想进行了改造和糅合，使得道家的"无为而治"思想更加贴近实际，更能解决问题。陆贾的《新语》虽然是粗略的表述，但他的这种"新观念、新思路、新方法"无疑影响到今后的思想发展走向。自陆贾始，一切哲学思想自汉以来，都着眼于实际，注重其实用功效。事实证明，后来的思想家们几乎都致力于思想多元一体的努力。

陆贾首先全面地改良儒学，使之能够适应道家思想的基本原则。他找到了儒道两家都关注"治"的共同点，强调儒家的"德治"与"谨敬无为"的内在联系，用儒家的"德治"来完善道家的"无为而治"。他说："虐行则怨积，德布则功兴。"他还说："尧以仁义为巢，舜以禹、稷、契为杖，故高而益安，动而益固。……秦以刑罚为巢，故有覆巢破卵之患；以赵高、李斯为杖，故有倾仆跌伤之祸。"话说到这里算是点明白了。秦重刑罚是一种有害的"有为"，也就是把刑罚等同于"有为"；而尧重仁义是一种有益的"无为"，也就是把仁义等同于"无为"。以强制力和教化力区分"有无利害"，我们暂且不说陆贾在概念上有强迫性，实际上，他基本上坚持了道家的原则，采取了儒家的方法。

他紧接着改进法学，主要是批评了秦帝国的"法治"太过，方法就是该减的要减，该废的要废。减废秦法成为汉帝国近七十年的主要工作，这是顺应历史的一项"民心工程"。这项工程完全按照陆贾设定的标准来判定是不是"无为而治"的。但凡减废一条秦法，就标志着汉帝国又取得了一次"无为而治"的战果。因为从刘邦进咸阳"约法三章"起，就公开向国民承诺"余悉除去秦法"，就很得民心。因为秦法已经被李斯那家伙搞成了人间地狱的钢丝绳，除了皇帝，几乎所有的人谁也保不准会被哪条法律致死。商鞅当年也深受其害而不无感慨，更何况又是几百年的极端化，"法治绝对化"的确已经成为秦帝国的致命软肋。可以说，秦帝国的法律至少有三害：一是严酷；二是繁杂；三是教条。哪一害都是要命的。以李斯的观点，臣民都是匪寇，唯有法治能够让臣民不敢起匪寇之心。所以说，不是法治不好，法治到了秦帝国这等田地，的确已经很不好了。即便是这样，陆贾也没有因噎废食，仍然坚持治国必须依靠"法治"，但是，"法治"不是治国之本，而是治国之末。陆贾给出了一个长治久安的答案："文武并用，德刑相济"。自陆贾后，继续关注秦失天下的还有贾山的《至言》。贾山之后还有贾谊的《过秦论》。大都从"过"出发，论及秦帝国的极端专制主义的危害。

陆贾还进一步提出减免赋税徭役，让利于民。他告诫刘邦不要图利，不要贪功，不要争名，也不要大兴土木，不要发动战争。他认为这一切都是治国治民者都会很想去做的所谓"有为而治"，是不符合"清静无为"和"大道自然"的本意的。相反，要与民休息，要不干民，不扰民，不加赋，也就是"国不兴无事之功，家不藏无用之器，稀力役而省贡献也"。话说白了，皇帝也要勤俭节约，省着过日子，不要轻易给老百姓加负担，找麻烦。这也是一条检验"无为而治"的标准。如果这样做了，那可是财聚而民散，到头来秦帝国的命运就会重现。

陆贾个人生活态度基本上保持了道家的风格。吕后专权时期，陆贾不得志，只好称病（找个理由）免官在家里闲待着，因为好畤一带土地肥沃，就把从出使南越所赠千金分给五个儿子，让他们当农民。自己一天安车驷马，带着歌舞侍从酒食一应俱全，吃喝玩乐，十天轮流更换，颐养天年。这一点跟庄子就有点很像了。

综上所述，作为汉初杰出的思想家，陆贾的思想具有以下几个特征：他是汉初在总结秦亡教训基础上第一个提出以"行仁义"作为立国之本的思想家，因此他是汉代的第一个著名儒家人物；陆贾虽然在《新语》中大倡"仁义"之说，但陆贾的"仁义"已不像在先秦儒家那里那样具有普遍的道德伦理的意义，而是逐渐变成了封建君主用以"得天下之民"的一种"长久之术"；陆贾为了使儒家学说更加适应汉初政治统治的需要，他在坚持儒家基本思想倾向的同时，已经公开地从道家、阴阳家、法家等诸子各家中汲取合理的思想资料以充实儒家的思想体系，开启了汉代儒学重构的先河。

总之，陆贾不仅为儒学在汉初的复兴立下了汗马功劳，并且为儒学在汉代的发展指出了方向，因此他是上承孟（子）、荀（子），下启贾（谊）、董（仲舒）的汉代重要儒家人物，他的思想是由先秦儒学发展到董仲舒的今文经学的一个中间环节。

第三节　始名廉直，不终其节

【原文】

朱建，楚人也。故尝为淮南王黥布相，有罪去，后复事布。布欲反时，问建，建谏止之。布不听，听梁父侯，遂反。汉既诛布，闻建谏之，高祖赐建号平原君，家徙长安。

为人辩有口，刻廉刚直，行不苟合，义不取容。辟阳侯行不正，得幸吕太后，欲知建，建不肯见。及建母死，贫未有以发丧，方假贷服具。陆贾素与建善，乃见辟阳侯，贺曰："平原君母死。"辟阳侯曰："平原君母死，何乃贺我？"陆生曰："前日君侯欲知平原君，平原君义不知君，以其母故。今其母死，君诚厚送丧，则彼为君死矣。"辟阳侯乃奉百金祝，列侯贵人以辟阳侯故，往赙凡五百金。

久之，人或毁辟阳侯，惠帝大怒，下吏，欲诛之。太后惭，不可言。大臣多害辟阳侯行，欲遂诛之。辟阳侯困急，使人欲见建。建辞曰："狱急，不敢见君。"建乃求见孝惠幸臣闳籍孺，说曰："君所以得幸帝，天下莫不闻。今辟阳侯幸太后而下吏，道路皆言君谗，欲杀之。今日辟阳侯诛，旦日太后含怒，亦诛君。君何不肉袒为辟阳侯言帝？帝听君出辟阳侯，太后大欢。两主俱幸君，君富贵益倍矣。"于是闳籍孺大恐，从其计，言帝，帝果出辟阳侯。辟阳侯之囚，欲见建，建不见，辟阳侯以为背之，大怒。及其成功出之，大惊。

吕太后崩，大臣诛诸吕，辟阳侯与诸吕至深，卒不诛。计画所以全者，皆陆生、平原君之力也。

孝文时，淮南厉王杀辟阳侯，以党诸吕故。孝文闻其客朱建为其策，使吏捕欲治。闻吏至门，建欲自杀。诸子及吏皆曰："事未可知，何自杀为？"建曰："我死祸绝，不及乃身矣。"遂自刭。文帝闻而惜之，曰："吾无杀建意也。"乃召其子，拜为中大夫。使匈奴，单于无礼，骂单于，遂死匈奴中。

【译文】

朱建，楚人，曾经做过淮南王黥布的丞相，因犯罪而逃离，后又再次追随黥布。黥布想反叛时，问朱建，朱建劝谏他不要反叛，但黥布不听，而听信梁父侯，于是反叛。汉镇压了黥布，听说朱建曾劝阻黥布造反，高祖赐朱建为平原君，全家迁往长安。

朱建为人善辩有辩才，性格廉洁、刚直，行为不同别人苟合，与人交往不随意附和。辟阳侯行为不端正，得到吕太后的宠幸，他很想和朱建结交，朱建不肯见他。到朱建母亲去世，因贫穷而没有钱办丧事，正借钱办丧服、丧具。陆贾平素与朱建交往友好，于是去见辟阳侯，祝贺道："平原君的母亲死了。"辟阳侯说："平原君母亲死了，为什么向我祝贺？"陆贾说："前几天君侯想和朱建交友，平原君坚持'义'这个原则而不见你，是由于他母亲的缘故。现在他母亲死了，你如果真在丧事中送厚礼，那么他就成为能为你死的好友了。"辟阳侯于是送上了一百金的衣被。其他的诸侯及贵人由于辟阳君的缘故，也前往送去总共五百金的助丧钱。

时间长了，有人诋毁辟阳侯，惠帝大怒，逮捕了辟阳侯，想杀死他。太后很觉惭愧，却又无法自己去说。大臣们多对辟阳侯的行径深感不满，所以都想杀死他。辟阳侯又怕又急，派人求见朱建。朱建推辞说："你的案子正在紧急关头，我不敢见你。"朱建于是求见孝惠帝的幸臣闳籍孺，说道："你得到皇帝的宠幸，天下人没有不知道的。如今辟阳侯被太后宠幸而遭下狱，路上的人们都说是你向皇帝说了坏话，于是皇帝想杀死他。今天辟阳侯被杀，明天太后恼怒，也会杀掉你。你为什么不为辟阳侯在皇帝面前说好话？如皇帝听了你的话，放出辟阳侯，太后会很高兴。两个君主都宠幸你，那么你会加倍富贵的呀。"于是闳籍孺很惊恐，听从了朱建的计策，对皇帝进言，皇帝果然释放了辟阳侯。辟阳侯要被囚禁时，想面见朱建，朱建不见他，辟阳侯以为朱建背弃了他，大怒。等到他成功地出狱时才大吃一惊。

吕太后死，大臣们要杀死所有吕氏，辟阳侯和吕氏交往很深，但最终没有被杀。计划所以成功全是陆贾、平原君的努力所致。

孝文帝时，淮南厉王杀死了辟阳侯，是由于他和吕氏结党的缘故。孝文帝得知是朱建为他出谋划策，便派官吏去逮捕他，要治他的罪。听到吏已到门口，朱建想自杀。他的儿子和属吏都说："事情怎么样还不知道，为什么自杀呢？"朱建说："我死了，灾祸也就没了，不会连累到你们身上。"于是拔剑自刎。文帝知道后惋惜地说："我没有要杀朱建的打算哪。"于是召见朱建的儿子，拜他为中大夫。派他出使匈奴，匈奴单于无礼，他因骂匈奴单于，就死在匈奴。

【评点】

朱建一生几祸其身，最终死于非命。然而论其悲惨，并不在此。在封建社会里突遭横祸的事并不鲜见。享有安刘氏天下之功的周勃，也曾因汉文帝疑其谋反而下狱，何况他人呢？朱建的悲惨在于他"始名廉直，不终其节"，以自己不洁的行为，断送了半世英名。朱建的堕落给我们留下了太多的思考。认真研究朱建堕落的原因，防止朱建悲剧在我们身上重演，是很有必要的。

朱建是西汉高祖、文帝时人。黥布做淮南王时，他出任淮南相。汉高祖十一年，黥布欲谋反，找朱建商量有关问题。面对如此大逆不道的行径，面对曾夜抗秦降兵二十万，杀人不眨眼的黥布，不同流合污，就有被杀的危险。何去何从，生命攸关。然而这时的朱建却表现出了大无畏的英雄气概，不畏权贵，不惧淫威，置生命于不顾，不但不为黥布出谋划策，而且竭力谏止。黥布失败被诛后，汉高祖刘邦有感于朱建的高风亮节，赐其为平原君，并将其全家接到长安居住。朱建遂以"行不苟合，义不取容"的美名享誉朝野。

在以后的宦海生涯中，朱建表现得十分不俗。不媚权贵，不枉公理，不谋私利。世人无不称其"刻廉刚直"。其母去世时，他因家贫而无力为母亲发丧。一个封建官吏，在官场中如果稍徇私情，家境也不会如此贫寒。由此可见，朱建做官多么清正廉洁。不仅如此，他对行为不端的人还十分鄙视，从不与他们交往。辟阳侯审食其无德无才，靠献媚邀宠和扶持吕氏势力得幸于吕后。对这位权重势大的人物，很多人巴结犹恐不及，岂敢得罪。朱建非但不主动交结，当审食其屈尊欲与其交往时，朱建避而不见。耻于与审食其及吕氏集团人物为伍。这时的朱建，品德是何等高尚、做人是何等正直、行事是何等廉洁。他确实没有辜负"行不苟合，义不取容"的美名。

如果朱建能把"行不苟合，义不取容"奉行终身，他不难成为一代廉臣。然而他做不到。他到底没能过得去金钱与人情合筑的关口。他败下了阵，而且败得很惨。

朱建的母亲死后，审食其赍百金为其母送葬。贫困的朱建再也经不起金钱的引诱了。他不再鄙视审食其的行为，不再以为审食其品行不端。他太需要金钱和朋友了。他放弃了多年奉行的"行不苟合，义不取容"的行为准则，改变了不与品行不端的人为伍的立场，接受了审食其的重礼，同吕氏集团站到了一起，心甘情愿地为他们奔波，为他们卖命。审食其因罪下狱，从汉惠帝到诸臣皆欲诛之。朱建却以威胁和利诱的方式，逼迫汉惠帝的幸臣为审食其说情，开脱罪责。吕氏集团覆灭后，朱建又为审食其出谋划策，使之得以苟延残喘。汉文帝时，淮南厉王诛杀审食其。汉文帝听说审食其的许多计谋出自朱建，便欲逮捕朱建问罪，朱建深知罪孽深重而自杀。

从清廉到贪婪，从反对黥布谋反到参与吕氏集团谋反，从不与恶人同党到与其狼狈为奸，朱建的变化太大了，也太突然了，简直让人难以理解。然而当我们听完朱建的好友陆贾的一席话后，就不会茫然了。

朱建的母亲去世时，陆贾对审食其说："前日君侯欲知平原君，平原君义不知君，以其母故。今其母死，君诚厚送葬，则彼为君死矣。"

原来，朱建的半世英名并不是靠自己的高尚品德、坚定立场建立的，而是其母严格管教的结果。朱建的母亲大概是一位很不简单的老太太。她不仅对儿子管教甚严，使其不敢越雷池一步，而且深明大义，明辨是非。然而可悲的是，朱建的"行不苟合，义不取容"不过是其母亲的思想与品格在他身上的被动表现而已。朱建并没有把其母的思想与品格根植在心中，变成自己的思想与品格。其母严管甚于严教，规范了朱建的行为却规范不了朱建的心灵。正因为如此，朱建享誉于其母生前，堕落于其母身后，是他人生的必然结局。失去了母亲的管教，又没能在头脑中树立起正确的，并且是属于自己的思想观念，这大概就是朱建堕落的原因吧。

一个人在工作中有了一些成绩，在事业上有了一定的建树，或者是当了官、出了名，并不能完全说明这个人的世界观、人生观就没有问题了。一个人在某种监督之下，会做一些好事，一些有益的事。要一辈子做有益的事，不做有害的事，没有正确的属于自己的世界观、人生观和高尚的情操是不行的，这就是朱建留给我们的深刻教训。严格的监督使人不敢越雷池一步，高尚的道德品质、正确的思想意识，使人不愿越雷池一步，这应该是我们从朱建的悲剧中得到的一点启发吧。

第四节　关中之议，自具卓识

【原文】

已而问敬，敬说曰："陛下都雒阳，岂欲与周室比隆哉？"上曰："然。"敬曰："陛下取天下与周异。周之先自后稷，尧封之邰，积德累善十余世。公刘避桀居豳。大王以狄伐故，去豳，杖马箠去居岐，国人争归之。及文王为西伯，断虞芮讼，始受命，吕望、伯夷自海滨来归之。武王伐纣，不期而会孟津上八百诸侯，遂灭殷。成王即位，周公之属傅相焉，乃营成周都雒，以为此天下中，诸侯四方纳贡职，道里钧矣，有德则易以王，无德则易以亡。凡居此者，欲令务以德致人，不欲阻险，令后世骄奢以虐民也。及周之衰，分而为二，天下莫朝周，周不能制。非德薄，形势弱也。今陛下起丰沛，收卒三千人，以之径往，卷蜀汉，定三秦，与项籍战荥阳，大战七十，小战四十，使天下之民肝脑涂地，父子暴骸中野，不可胜数，哭泣之声不绝，伤夷者未起，而欲比隆成康之时，臣窃以为不侔矣。且夫秦地被山带河，四塞以为固，卒然有急，百万之众可具。因秦之故，资甚美膏腴之地，此所谓天府。陛下入关而都之，山东虽乱，秦故地可全而有也。夫与人斗，不搤其亢，拊其背，未能全胜。今陛下入关而都，按秦之故，此亦搤天下之亢而拊其背也。"高帝问群臣，群臣皆山东人，争言周王数百年，秦二世则亡，不如都周。上疑未能决。及留侯明言入关便，即日驾西都关中。于是上曰："本言都秦地者娄敬，娄者刘也。"赐姓刘氏，拜为郎中，号曰奉春君。

【译文】

过了一会儿皇帝问娄敬，娄敬说："陛下在洛阳定都，是想和周王室比兴隆吗？"皇帝说："对。"娄敬说："陛下夺取天下和周王室不同。周的祖先是后稷，尧封他在邰，积善行德长达十几代。公刘躲避夏桀而居住到豳。大王因狄侵入的原因，离开了豳，提着马鞭子到岐居住，而国中之人却都争先归顺他。到周文王为西伯时，由于他的美德而使虞人、芮人的争斗平息下来，开始接受使命后，吕望、伯夷从海滨来归。周武王讨伐商纣，不期而会集于孟津的有八百诸侯，于是消灭了商殷。周成王继位，周公等辅佐他，于是营建成周，定都于洛阳，认为洛阳是天下的中心，诸侯从四方纳贡述职，路途远近比较平均，有美德就容易称王，没有美德就容易灭亡。凡居住在这里的人都要以贤德对待别人，不想依赖地势的险阻来保天下，而让后世骄横奢侈虐待人民。等到周衰落时，分裂出东周君、西周君，天下都不朝见周王，周王也不能控制他们。不是因为道德微薄，而是因为力量太弱了。如今陛下从丰、沛起兵，招集士兵三千人，就用这些人勇往直前，席卷了蜀汉地区，平定三秦，与项羽在荥阳会战，大战斗有七十次，小战斗有四十次，使天下百姓丧失生命，父与子的尸骨遍野，数不胜数，哭泣之声不绝于耳，战争的破坏还没有恢复，而又要和周的成康盛世相比美，我自以为不能相提并论。况且秦地披山带河，地形险要，突然有战事，百万大军可聚集起来。用旧有的条件，资源丰美、土地肥沃，可以成为天然府库。陛下进入关中而以此作为国都，华山以东虽有战乱，秦国的旧地仍可保全并占有。如果与人发生战斗，不扼住他的咽喉、打击他的脊梁，不可能大获全胜。如今陛下入关中而建国都，安抚秦的旧地，这也是扼天下的咽喉并打击它的脊梁呀。"高帝问大臣们，大臣都是山东人，纷纷说周王统治长达数百年，而秦朝仅延至第二代，不如建都洛阳。高帝犹豫而不能决定在哪儿定都。直到留侯张良明确说出应当进入关中，当日就起驾向西定都关中了。于是皇上说："最早说定都在秦地的人是娄敬，'娄'，就是'刘'。"赐娄敬刘姓，拜他为郎中，封号奉春君。

【评点】

在济南市长清区的东境，有一条南北狭长的张夏谷地，它将泰山西北山地一分为二，自古成为南北交通的孔道。张夏谷地中部的东侧，具体说张夏镇张夏村东七里，有一处名叫"小娄峪"的山坳，环境幽深僻静，相传当初"齐人"娄敬发迹前就曾隐居于此。

关于娄敬的身世背景，史书没有记载，但从他出道以后的言行事迹来看，他的出身应该很不一般。他对天下形势有清醒的认识和总体的把握，又通晓历史和兵法，工于心计，擅长言辩，是一个带有明显纵横家色彩的儒生。而我们知道，泰山之阴正是战国纵横家的摇篮，纵横家的鼻祖鬼谷子就曾在这一带栖隐讲学。张夏谷地西边不远的双泉谷地，至今还有一处名叫"学城"的遗址，相传当初苏秦、张仪、孙膑、庞涓便是在这里向鬼谷先生求学问道的。因此似乎可以肯定，娄敬同纵横家有一定的因缘关系，只是生不逢时，为逃避赢政暴政，才隐居山林，静观风云之变，待时而动。

汉高祖五年（前202），西楚霸王项羽自刎于乌江，长达四年之久的楚汉战争宣告结束。二月甲午日，汉王刘邦在定陶登基做了皇帝，他就是汉高祖。定陶，在战国秦汉时代人们的心目中，是大地的中央，即所谓的"地中"。这里，民殷物阜，水陆交通便利，原有的城防设施也可资利用，只是因为地势低洼，周围又无险可守，所以是不适合做帝国首都的。既然如此，那么帝国都城的首选应在哪里呢？在高祖君臣看来，则非洛阳莫属了，这是因为：第一，洛阳本为周朝旧都，定都洛阳，无疑可以表明汉朝是直接承续周朝而来的，秦朝的统治是非法的；第二，洛阳有现成的宫殿可以利用；第三，洛阳地处中原腹地，四遭有山水之险可供凭恃；第四，高祖君臣是清一色的关东人，洛阳地处关东，以洛阳为首都，也是大家的感情所能接受的。于是，当年三四月间，高祖在诸侯大臣的簇拥下迁都洛阳，住进了洛阳的南宫。五月，高祖下达了士兵各归原籍复员为民的诏令，天下自此仿佛就太平无事了。

六月，被征调去陇西郡（治所在狄道，今甘肃临洮南）戍守的娄敬拉着车子来到洛阳。当他知道高祖正在洛阳时，就放下车子，去拜访齐人虞将军，请求觐见皇帝。虞将军见娄敬穿着寒酸，想给他换一身漂亮体面的衣服，娄敬不肯，说："我穿丝绸袍子，就穿着丝绸袍子去见皇帝；穿麻布短衣，就穿着麻布短衣去见皇帝。反正是不愿改头换面的。"虞将军见他如此固执，也不便勉强，就进宫禀报皇帝，皇帝召见娄敬。

娄敬进宫，汉高祖赏他饭吃，然后问有何事要禀报，娄敬说："陛下定都洛阳，莫非是想与周朝一比国势的兴隆吗？"高祖说："是。"娄敬说："可是，陛下取得天下的途径却与周朝大为不同啊。周朝的先祖始于后稷，唐尧把他封到邰邑（今陕西武功西南），积德累善有十几代。公刘为躲避夏桀，迁居豳邑（今陕西彬县西北）；太王古公亶父又因为狄人的侵扰，只好手执马鞭，离开豳邑而迁居岐山（在今陕西岐山境内）脚下，周族人民都争先恐后地追随他。后来周文王做西方诸侯的领袖，调解了虞、芮两国间的争端，开始接受天命，这时吕望、伯夷从遥远的东海之滨前来归附。周武王讨伐商纣王，不约而同会师于孟津的诸侯就多达八百家，于是一鼓作气灭了商朝。周成王即位，周公旦辅政，营建成周洛邑为东都，他们认为洛邑地居天下的中央，四方诸侯纳贡述职，道路里程远近相同。君王有德行，则很容易统治天下；君王没有德行，则很容易失掉天下。凡是定都洛邑的人，都是打算后世子孙靠德行赢得人心，而不是想让后世子孙凭恃地势险要骄奢淫逸、虐待人民啊！及至周朝衰落，周王室分裂为东周、西周，诸侯们没有朝贡周王室的，而周王室也拿他们无可奈何。这不是因为周王室德行不足，而是因为时事迁移，形势衰弱了的缘故啊。如今，陛下崛起于丰沛之间，收集散兵游勇三千人，统率他们勇往无前，席卷巴蜀汉中，平定三秦，然后与项羽相持于荥阳，大战七十场，小战四十场，使得天下之民肝脑涂地，父子兄弟抛尸荒野，不可胜计，以致时到今日，哭泣之声不绝于耳，伤残之人还没有康复，如此还想与周朝成康之治比美，我私下里认为是很不合适的。再说关中披山带河，四周又有关塞可守，天下一旦发生变乱，上百万的兵员民夫马上就可以动员起来。凭借秦朝的家底，依靠土肥水美、物产丰富的资源，关中就可以称得上是真正的天府之国。陛下入关，定都关中，关东地区即便发生变乱，也可以完全据有秦国故土。与人打架，不扼住对方的脖颈，捶击对方的脊背，就不能取得完全的胜利。陛下如果入关，定都关中，就等于是扼住天下的脖颈而捶击天下的脊背了。"

娄敬反对定都洛阳而力倡定都关中，首先是从政治角度考虑的。他认为汉朝取得天下的途径与周朝大为不同，周以施德于民数百年而得天下，汉得天下却是靠了数年的混战，是以天下苍生肝脑涂地为代价的。因此周朝能以仁政德治长期立国于洛阳，不必考虑洛阳四周是否有山川之险可以依靠；汉朝择定都城却不能不充分考虑到军事地理的因素。洛阳，从军事地理的角度看，虽然东有成皋，西有崤渑，前有洛水，后有黄河，也属形胜之地，然而与"山河表里"的关中相比却要逊色很多。关中，地势高亢，本来就可以对关东形成居高临下的有利态势，更何况关中又

278

有四塞之固。具体说来，南有秦岭，西有陇山，北有岐山、九峻山、嵯峨山，东有黄河，再往东又有崤山、函谷关，境内地域辽阔，河流众多，进可以攻，退可以守，战略上有足够大的回旋余地。因此定都关中，战略上可以取得绝对的优势。至于经济方面，号称八百里的秦川也比洛阳强出许多，这里土壤肥沃，灌溉方便，农业发达，自古是天府之国。倘若再将畜牧业发达的陇中、物产丰饶的巴蜀汉中与关中联系起来看，则关中的经济优势就更为明显。诚如司马迁所说的那样："关中之地，于天下三分之一，而人众不过什三，然量其富，什居其六。"

由于娄敬说得头头是道，句句在理，所以高祖很重视他的意见，并马上就此征求群臣的看法。群臣关东人居多，不愿远离家乡，纷纷叫嚷道：周朝统治天下数百年，秦朝却不及三世而亡，因此定都关中不如定都洛阳。高祖犹疑不决，便请他的"智囊"留侯张良来筹划此事，张良明确赞同娄敬的意见，于是高祖当天就起驾西上，定都关中长安。

古代，国都乃立国之根本，国都的选定事关国家的长治久安。西汉政权能存在二百多年，国运昌隆，成为历史上只有唐朝才可以与之相媲美的伟大朝代，自然与定都长安有关。清人评论道："刘（娄）敬建都关中议，自具卓识，留侯赞之，高帝纳之，遂定汉家四百年之基。"张良是汉廷的开国元勋，娄敬仅是齐地的一介平头百姓，可见在一个充满活力的社会，只要有经天纬地之才以及"天下兴亡，匹夫有责"的社会责任感，小人物原本也有机会做出兴国兴邦的大事，建功立业而赢得生前身后名的。

因此，迁都长安后，汉高祖刘邦对首倡迁都之议的小人物娄敬褒奖有加：赐姓刘氏，官拜郎中，号曰"奉春君"。关于"奉春君"三字的含义，古人张晏的解释是正确的。他说："春，岁之始也。今娄敬发事之始，故号曰'奉春君'也。"

第五节　外和匈奴，内迁贵富

【原文】

高帝罢平城归，韩王信亡入胡。当是时，冒顿单于兵强，控弦四十万骑，数若北边。上患之，问敬。敬曰："天下初定，士卒罢于兵革，未可以武服也。冒顿杀父代立，妻群母，以力为威，未可以仁义说也。独可以计久远子孙为臣耳，然陛下恐不能为。"上曰："诚可，何为不能！顾为奈何？"敬曰："陛下诚能以適长公主妻单于，厚奉遗之，彼知汉女送厚，蛮夷必慕，以为阏氏，生子必为太子，代单于。何者？贪汉重币。陛下以岁时汉所余彼所鲜数问遗，使辩士风喻以礼节。冒顿在，固为子婿；死，外孙为单于。岂曾闻孙敢与大父亢礼哉？可毋战以渐臣也。若陛下不能遣长公主，而令宗室及后宫诈称公主，彼亦知不肯贵近，无益也。"高帝曰："善。"欲遣长公主。吕后泣曰："妾唯以一太子、一女，奈何弃之匈奴！"上竟不能遣长公主，而取家人子为公主，妻单于。使敬往结和亲约。

敬从匈奴来，因言"匈奴河南白羊、楼烦王，去长安近者七百里，轻骑一日一夕可以至。秦中新破，少民，地肥饶，可益实。夫诸侯初起时，非齐诸田，楚昭、屈、景莫与。今陛下虽都关中，实少人。北近胡冦，东有六国强族，一日有变，陛下亦未得安枕而卧也。臣愿陛下徙齐诸田，楚昭、屈、景、燕、赵、韩、魏后，及豪杰名家，且实关中。无事，可以备胡；诸侯有变，亦足率以东伐。此强本弱末之术也。"上曰："善。"乃使刘敬徙所言关中十余万口。

【译文】

高帝从平城返回，韩王信逃入匈奴。这时，冒顿单于的兵力强大，能射骑兵四十万，数次进犯北方。皇上为此忧虑，问刘敬。刘敬说："天下刚刚平定，士兵被战争拖得精疲力竭，不能再用武力征服匈奴。冒顿杀了他的父亲得单于之位，以群母为妻，凭靠武力施展威风，不能用仁义劝说他。如果能够从长远计议，让他的子孙称臣，可是陛下恐怕不能这么做。"皇上说："如果可能，为什么不能做？只是怎么去做呢？"刘敬回答说："陛下如能让嫡长公主嫁给单于为妻，赠给他丰厚的礼品，他知道汉公主为妻的厚意，匈奴必定会立为单于王后，生的儿子必为太子，以后会代为单于。为什么呢？因为匈奴贪图汉的厚礼。陛下每年给匈奴单于多送几次礼品慰问，顺势派使者辩士有礼节地教导他们。冒顿活着，单于当然是陛下的女婿，单于死了，则陛下的外孙就是单于。哪里听说过外孙和外祖父对抗的呢？军队可以不用出征而在潜移默化中使匈奴臣服。如果陛下不愿派长公主，而让宗室中和后宫的人去冒称公主，他们也会知道，就不肯以她尊贵，亲近她，那也就没有用处了。"高帝说："好。"想派长公主去。吕后知道后，日夜哭泣，说："我只有一个儿子、一个女儿，为什么要把她扔到匈奴去呢！"皇上最终不能派长公主，而选了一位家族中的女儿名为长公主，嫁给单于为妻。派刘敬前往缔结和亲之约。

刘敬从匈奴归来，说："匈奴居住在黄河以南的白羊王、楼烦王两部，距离长安很近，仅七百里，骑马一天一夜就可到关中。关中刚经过战争破坏，人口少，但土地肥沃，可以增加人口。诸侯初起时，如果没有齐国的田氏，楚国的昭、屈、景氏等王族就不可能兴盛。如今陛下虽然在关中定都，而人力却少。北部靠近匈奴，东部有六国的宗族，势力强大，一旦发生兵变，陛下是不能高枕而卧的。我希望陛下迁徙齐国的田氏及楚昭、屈、景、燕、赵、韩、魏的后代宗族及豪强名门来充实关中。局势没有变动则可以防备匈奴，诸侯如果叛乱，也足以率领他们向东讨伐。这是增强政权基础的方法。"皇上说："好。"于是派刘敬负责将上述各个宗族大家迁徙到关中十余万口。

【评点】

自古以来，中国就是多民族国家。如何处理民族关系，是历代封建统治阶级面临的一个重要问题。在封建社会，统治阶级处理民族关系的政策有多种形式，见诸历史的有力服、德服、和亲、质之以盟、力服与德服并用等。其中最好的也是统治阶级能够做到的政策就是和亲政策。这正如翦伯赞同志所指出的那样："和亲政策，在今天看来已经是一种陈旧的、过时的民族政策，但在古代封建社会时期却是维护民族友好关系的一种最好的方法。"最早提出这项政策的就是西汉初年著名的政治家娄敬。

这里所说的和亲，指的是汉朝与匈奴之间的联姻。匈奴是蒙古草原上历史悠久的游牧民族，他们逐水草而居，擅长骑射，自战国时代开始，时常侵扰中原国家。秦代，秦始皇派遣蒙恬将军统率数十万大军北伐，将匈奴人驱逐出河套地区，并修筑了用以防御匈奴的万里长城和从咸阳至长城间的国防公路——直道。秦末，中原大乱，兵燹连天，无暇北顾，匈奴人于是趁机卷土重来。尤其是冒顿单于杀父登基以后，统一各部，势力强盛，统治了大漠南北广大地区，庞大的匈奴军事共同体正式形成，这时的匈奴仅骑射的士兵就多达三十余万人，对新建的汉朝政权构成严重的威胁。

汉高祖二年（前201）春，刘邦借口北伐匈奴，将韩王信由颍川徙封到晋阳（在今山西太原西南），不久又徙封到马邑（在今山西朔县）。这年九月，单于率领匈奴人大举入侵，围攻马邑，韩王信投降匈奴，然后与匈奴连兵进攻太原，兵临晋阳城下。汉高祖闻讯，于当年年末、次年年初，率军亲征，娄敬作为郎中，也随驾北上。当时正值严冬，天寒地冻，风雪交加，汉军士兵冻掉手指脚趾的人不计其数。冒顿单于见状，就采取诱敌深入的计策，在晋阳城下与汉军刚一交锋就佯装溃败，各路汉军乘胜追击，进展迅速。高祖被这一连串的小胜利冲昏了头脑，竟想寻机决战，一举解决匈奴问题。于是先后派遣十批使者前往冒顿在代谷之外的临时驻地，打探匈奴人的虚实，而匈奴人则事先把壮士以及好马肥牛藏匿起来，因此呈现在汉朝使者眼前的尽是些老弱病残的士兵以及瘦骨嶙峋的牛马。使者回到晋阳，异口同声说匈奴国力衰弱，不堪一击。高祖仍有些不放心，就派娄敬出使匈奴。娄敬回来禀报说："两国交兵之际，按理说各方都会向对方夸示自己的优势，可是这次我去匈奴那里，所见到的只是些老弱残兵和病牛瘦马，这表明匈奴在有意展示他们的弱势，而同时又埋伏下奇兵寻机与我们一争高下，我认为匈奴是不可以打的。"此时，汉朝已派数万大军越过句注山（在今山西代县西北），正向北火速挺进。高祖听罢娄敬的汇报，破口大骂道："你这齐国的浑蛋！靠卖弄嘴皮子就混了个官做，而今竟敢胡说八道扰乱军心！"于是把娄敬铐了起来，就地关押在广武（在今代县西南），然后继续上路，日夜兼程向北开拔。为了争取先机之利，高祖撇下行军迟缓的步兵，只率领他的骑兵火速前进，然而怎料到刚抵达平城（今山西大同）白登山，就陷入三十多万匈奴骑兵的重重包围之中。汉军粮草不济，饥寒交迫，眼见有全军覆灭的危险，无奈中，高祖采纳谋士陈平的计谋才解白登之围。高祖返回长安后，就向娄敬征询有关对付匈奴的策略。娄敬说："天下刚刚平定，兵困马乏，是不可以用武力征服匈奴的。冒顿杀父篡位，霸占他父亲的群妾，凭借武力作威作福，这样的人，是不可以用仁义道德去劝说的。然而倒有一个办法可以使冒顿的子子孙孙永远做汉朝的臣子，只是怕陛下做不到。"高祖急切地问道："如果能像你说的那样，又有什么做不到的！到底该怎么办呢？"于是娄敬将和亲之计和盘托出，说："陛下如果能把皇后所生的大公主嫁给匈奴单于，并陪嫁大量彩礼，那么单于肯定为贪图彩礼而敬爱公主，那么公主生下的儿子一定会被立为太子，将来接替单于。陛下每年按时将汉朝多余的而匈奴缺少的东西馈赠单于，同时派辩士用礼节劝诱单于。这样，冒顿活着，固然是您的女婿；死了，那么您的外孙继立为单于。哪曾听说外孙有敢同外祖父平起平坐、分庭抗礼的？这样，不需要战争就可以使匈奴逐渐臣服于汉朝了。"高祖原本就是个为了自己的江山社稷而不顾父母儿女死活的主儿，所以听了娄敬的一席话，不免心花怒放，连连称好。只是因为吕后死活不肯把自己唯一的女儿远嫁匈奴，最后只好找来一个宫女冒充大公主，由娄敬陪护她前往匈奴，与单于成亲。在匈奴，娄敬代表汉朝政府与冒顿单于达成了似乎是永久性的和亲协议。

　　和亲，用今天的话说就是政治联姻。它并非首创于娄敬；先秦时代就早已屡见不鲜了，然而谈到统一的中原政权与少数民族实行政治联姻，毕竟还得从娄敬说起。那么如何评价娄敬的和亲之议呢？首先，可以肯定的是，娄敬所倡议的和亲只是一种策略，是"敌强我弱"形势下的一种权宜之计，因此这种和亲从本质上说是不平等的，对于汉朝来说是屈辱的。其次，汉初和亲，虽然不能保证北部边境的绝对安全，但是长达几十年的相对安定的外部环境，为汉朝政权的巩固、国力的恢复，提供了可靠的保证，诚如汉武帝即位之初，御史大夫韩安国所说的那样："刘敬奉金千斤，以结和亲，至今为五世利。"比韩安国稍晚的主父偃也认为："刘敬往结和亲，然后天下亡干戈之事。"而这又为后来汉武帝大举反击匈奴争取了充分的准备时间。再次，虽然汉初和亲的动机是很现实的，仅仅着眼于边境安全，但汉匈两家的和亲无疑有利于双方经济文化的交流。最后，汉初和亲为后世历朝历代中原政权以和平方式解决与少数民族的矛盾，提供了一种可资借鉴的模式。从整个封建社会的历史来看，作为封建统治阶级处理民族关系的一项重要政策，和亲政策不时被采用，对我国统一的多民族国家的发展起了重大作用。娄敬作为这项政策的倡导者，他的历史功绩是不能抹杀的。

娄敬去匈奴议和时，发现河套一带的匈奴人距离长安最近的只有区区七百里，他们的轻骑兵一天一夜就可以到达关中，而这时的关中地广人稀，无论在人力和物力上都不足以抵御匈奴人的侵扰。因此，他建议高祖立即迁徙关东原六国王族富豪，以充实关中。在此，娄敬无疑是借鉴了秦朝的做法。秦始皇帝二十六年（前221），秦始皇为巩固统一，下令"徙天下豪富于咸阳十二万户"。可是由于关东六国贵族豪富的抵制，迁徙政策显然没有得到很好的落实，秦朝就灭亡了。因此在秦末反秦起义中，关东原六国贵族扮演了很重要的角色，尤其是齐国的田姓各支和楚国的昭、屈、景三姓，更是反秦起义的领导力量。他们的势力在秦汉之际进一步壮大，在地方上拥有许多的支持者，有着很强的号召力，这对于新建的汉朝中央政权来说无疑是一种潜在的威胁。

正是出于这一层考虑，娄敬建议把他们强行迁徙到关中。他对汉高祖说："微臣希望陛下迁徙齐国的田姓诸支，楚国的昭、屈、景三姓和燕、赵、韩、魏四国的后代以及其他的豪杰名家，让他们来充实关中。天下无事，可以用他们来防备匈奴；诸侯发生变乱，也足以率领他们东征。这可是强本弱末的策略啊！"汉高祖说："好！"于是让娄敬主持迁徙之事，结果关东原六国贵族富豪十多万户被强行迁到关中。

迁徙贵族豪富，是汉初削弱地方分裂势力、巩固中央政权的一项重要举措。因为行之有效，所以又常常被后世人所效法，数十年后，汉武帝就曾接受过主父偃的建议，将天下豪杰兼并之家迁徙于茂陵。其目的，用主父偃的原话说就是："内实京师，外销奸猾，此所谓不诛而害除。"明朝人凌稚隆《史记评林》卷九十九就《史记·刘敬列传》评论道："按传内迁都、使虏、和亲、徙大姓，皆汉初大事也。太史公只叙此四事，而敬之功业自见矣。"司马迁记娄敬的事迹功业的确过于简约，以至于我们连娄敬生卒的大致年代也无法考知，但仅凭这区区有限的资料，就可见这位山东籍人在汉代的贡献，给山东人在历史上留下了光辉的一页。

第六节　面谀之儒，自我否定

【原文】

叔孙通，薛人也。秦时以文学征，待诏博士。数岁，陈胜起，二世召博士诸儒生问曰："楚戍卒攻蕲入陈，于公何如？"博士诸生三十余人前曰："人臣无将，将则反，罪死无赦。愿陛下急发兵击之。"二世怒，作色。通前曰："诸生言皆非。夫天下为一家，毁郡县城，铄其兵，视天下弗复用。且明主在上，法令具于下，吏人人奉职，四方辐辏，安有反者！此特群盗，鼠窃狗盗，何足置齿牙间哉？郡守尉今捕诛，何足忧？"二世喜，尽问诸生，诸生或言反，或言盗。于是二世令御史按诸生言反者下吏，非所宜言。诸生言盗者皆罢之。乃赐通帛二十匹，衣一袭，拜为博士，通已出，反舍，诸生曰："生何言之谀也？"通曰："公不知，我几不免虎口！"乃亡去之薛，薛已降楚矣。

及项梁之薛，通从之。败定陶，从怀王。怀王为义帝，徙长沙，通留事项王。汉二年，汉王从五诸侯入彭城，通降汉王。

通儒服，汉王憎之，乃变其服，服短衣，楚制。汉王喜。

【译文】

叔孙通，薛县人。秦朝时因精通经术而被征召，为待诏博士。几年后，陈胜起兵，秦二世召博士和各儒生问道："楚地的戍兵攻下蕲县并进入了陈县，你们如何看待这件事？"博士和诸生三十多人向前说："人臣不能作乱，作乱就是谋反，罪在不能赦免。愿陛下赶快发兵攻打叛军。"秦二世大怒，变了脸色。叔孙通向前说："各位儒生说得都不对。今天下合为一家，拆毁了城池，销毁了兵器，向天下表示不再使用。况且有贤明的君主在上，法律政令推行于下，官吏人人尽职，四方都向着朝廷，怎么会有造反的人呢！这些人不过是偷鸡摸狗的盗贼罢了，何足挂齿呢？郡守、尉现正在捕杀他们，有什么可忧虑的呢？"秦二世很高兴。问每一个儒生，他们有的说是谋反的，有的说是盗贼，于是秦二世命令御史将说造反的人记下来并交给法官审讯，惩罚他们的错误言论。凡是说盗贼的书生都被罢免。赐给叔孙通二十匹帛，衣服一套，拜他为博士。叔孙通出来后又返回到学馆，儒生们说："你为何说话那样阿谀逢迎呢？"叔孙通说："你们不知道，我几乎也不能脱离虎口。"于是他逃到了薛县，薛县已归降楚了。

项梁来到薛县，叔孙通跟从他。项梁在定陶战败，他又跟从怀王。怀王做了义帝，迁徙到长沙郡，叔孙通留下辅佐项王。汉二年，汉王率五诸侯的兵进入彭城，叔孙通归降汉王。

叔孙通穿儒生的衣服，汉王很厌恶，于是他改变了衣服，穿短衣，楚人的款式，汉王很高兴。

【评点】

秦汉换代之际，叔孙通以一介儒生，而能游刃于秦二世的残暴昏庸、项羽的喜怒无常、刘邦的粗鲁无赖之间，实不能不让人叹服其机敏圆滑。其中的秘诀，史公借叔孙通弟子之口和盘托出："公所事者且十主，皆面谀以得亲贵。"诚然，"面谀"是叔孙通百试不爽的一个护身符。秦二世时，陈胜起义，群博士议论此事，都说是造反，二世面有怒色。独叔孙通摸透了专制君主愚蠢自大的本性，不惜当面撒下弥天大谎："明主在其上，法令具于下，使人人奉职，四方辐辏，安有反者！此特群盗，鼠窃狗盗耳，何足置之齿牙间。郡守尉今捕论，何足忧？"这番话极大地满足了皇帝的虚荣心，安慰了二世些许惶恐的心理。最后，那些言造反的博士被投进了监狱，叔孙通却得到了厚赏，并被拜为博士。

如果说叔孙通对秦二世的"面谀"还有着为脱身保命的现实考虑因而具有一定的合理性的话，那么他面见刘邦时的做法则完全是投主子之所好的自我贱辱：叔孙通儒服，汉王憎之；乃变其服，服短衣，楚制，汉王喜。

与后来的佛家弟子着僧衣、道教徒穿道袍类似，"儒服"对于儒者来说，是一种学派身份的外在标志，"一种个人身份在某种程度上是由社会群体或是一个人归属或希望归属的那个群体的成规所构成的"。对于儒者来说，儒服是儒者群体成规最外在、最显著的标志，这里面蕴含着讲仁义礼乐、救世爱民等儒家伦理规范和文化意义，穿儒服就意味着自身不同于其他学派和俗世众人，而要自觉地履行弘道的责任。而对于普通人来说，在面对穿儒服的人时，就要以儒家标榜的规则和理念为参考去要求或者希望他们。在这个意义上，叔孙通的"变其服"实际上意味着对自身儒家身份的剥离，对自身责任的放弃。

在秦末汉初那个纷纭扰攘的政治舞台上，与叔孙通形成对照的是郦食其、陆贾。郦食其在求见刘邦之前，已经被明确告知："沛公不好儒，诸客冠儒冠来者，沛公辄解其冠，溲溺其中。与人言，常大骂。未可以儒生说也。"然而郦食其坚持以儒生的面目出现，一句"必聚徒合义兵诛无道秦，不宜倨见长者"，令刘邦"起摄衣，延郦生上座，谢之"。不卑不亢的态度显示出了他立足于自身的知识和智慧优势对世俗秩序中的权贵的傲睨。陆贾在刘邦面前时时称引《诗》《书》，凭着真诚和炽热的信念对汉初缺乏文化底蕴的统治者做着艰难的启蒙。这当然不是一帆风顺的，刘邦曾经大骂："乃公居马上而得之，安事《诗》《书》！"陆贾则对之以意味深长的一问："居马上得之，宁可以马上治之乎？"这一问掀起了反思历史的热潮，总结秦之所以失天下和汉之所以得天下成了当时普遍关注的论题，而讨论的结果对汉帝国意识形态的转变具有重大关系，刘邦本人也因此受到了儒学的熏陶。"知识分子都因为他们所追求的是最终极的真理而发生一种'自重'的感觉，无论这种'真理'是宗教、哲学或科学"，郦食其、陆贾的姿态正显示出了这种自重，他们努力以道制势，坚持高远的学术理想而对现实政治和君主持一种审慎的批判态度，生命精神得到了充分的发扬。叔孙通的选择则是通过对自我身份的否定来赢得现实君主的认可，缺乏自信和热诚，是对世俗权力意志的谄媚。

叔孙通另外一次给人印象深刻的"面谀"是：叔孙通之降汉，从儒生弟子百余人，然通无所言进，专言诸故群盗壮士进之。一个"故"字透露出叔孙通曾专门结交群盗壮士以待时变进行政治投机的讯息。毋庸多言，这又是一次对儒家原则的背离，其结果是又一次博得了刘邦的欢心，获得了被拜为博士的政治利益。"面谀"的本质是对自己内心深处做人原则的断然放弃，完全遵从权力意志的要求。也正因为逃避了良心的审判，并与权礼意志密合无间，"面谀"这种行为是注定要在现实政治中如鱼得水、处处成功的。叔孙通的这次面谀引起了追随他的儒生的不满与失望，叔孙通对之承诺："诸生且待我，我不忘矣。"一方面固然是安慰弟子少安毋躁，另一方面也透出了他的自信，虽然天下鹿死谁手还未确定，但是叔孙通永远能够游刃有余似乎是肯定的，这显然是在看透了"面谀"的功效后才具有的。

先秦儒家在一次又一次的碰壁后，提出了"权变"的思想。叔孙通最遭后人病诉的莫过于他的"面谀"了，"面谀"只有在看透本质之后才能做得天衣无缝，才能达到自身利用君权的目的，叔孙通面谀皇帝除了先秦儒家"经权"思想因素外，还有着对君权"逆鳞"绝对清醒的认识，在他面谀皇帝的表象背后是绝顶聪明的"愚君"。

第七节　叔孙制礼，认可儒子

【原文】

汉王已并天下，诸侯共尊为皇帝于定陶，通就其仪号。高帝悉去秦仪法，为简易。群臣饮争功，醉或妄呼，拔剑击柱，上患之。通知上亦厌之，说上曰："夫儒者难与进取，可与守成。臣愿征鲁诸生，与臣弟子共起朝仪。"高帝曰："得无难乎？"通曰："五帝异乐，三王不同礼。礼者，因时世人情为之节文者也。故夏、殷、周礼所因损益可知者，谓不相复也。臣愿颇采古礼与秦仪杂就之。"上曰："可试为之，令易知，度吾所能行为之。"

于是通使征鲁诸生三十余人。鲁有两生不肯行，曰："公所事者且十主，皆面谀亲贵。今天下初定，死者未葬，伤者未起，又欲起礼乐。礼乐所由起，百年积德而后可兴也。吾不忍为公所为。公所为不合古，吾不行。公往矣，毋污我！"通笑曰："若真鄙儒，不知时变。"遂与所征三十人西，及上左右为学者与其弟子百余人为绵蕞野外。习之月余，通曰："上可试观。"上使行礼，曰："吾能为此。"乃令群臣习肆，会十月。

汉七年，长乐官成，诸侯群臣朝十月。仪：先平明，谒者治礼，引以次入殿门。廷中陈车骑戍卒卫官，设兵，张旗志。传曰"趋"。殿下郎中侠陛，陛数百人。功臣列侯诸将军军吏以次陈西方，东乡；文官丞相以下陈东方，西乡。大行设九宾，胪句传。于是皇帝辇出房，百官执戟传警，引诸侯王以下至吏六百石以次奉贺。自诸侯王以下莫不震恐肃敬。至礼毕，尽伏，置法酒。诸侍坐殿下皆伏抑首，以尊卑次起上寿。觞九行，谒者言"罢酒"。御史执法举不如仪者辄引去。竟朝置酒，无敢喧哗失礼者。于是高帝曰："吾乃今日知为皇帝之贵也！"拜通为奉常，赐金五百斤。通因进曰："诸弟子儒生随臣久矣，与共为仪，愿陛下官之。"高帝悉以为郎。通出，皆以五百金赐诸生。诸生乃喜曰："叔孙生圣人，知当世务。"

【译文】

汉王统一天下，诸侯在定陶共同尊他为皇帝，叔孙通拟定朝廷礼仪及君臣职守称号。高帝删除了亡秦的苛刻的礼仪之法，实行的法令简单易行。群臣喝酒争功，喝醉了就胡说，拔剑击柱，皇上很担忧。叔孙通知道皇帝越来越对这事心烦，便劝说皇帝道："那些书生不能与陛下进攻冲杀，但可以巩固国家。我愿意征集鲁国的一些书生，与我的弟子们共同草拟朝廷礼。"高帝说："制定礼仪不难吗？"叔孙通说："五帝有不同的乐制，三王有不同的礼仪。礼仪是根据当时的形势、人情风俗而制定的。所以夏朝、殷商、周朝的礼仪沿袭、删改、增加的情况就可了解了，可以说都不相重复。我希望吸取古代礼制和秦朝的仪式，参酌制定。"皇上说："可以试着制定，务必使汉礼容易被了解，要考虑我能够实行它。"

于是叔孙通作为使者征集鲁国的儒生三十多人，其中有两位儒生不肯同行，说："你所辅佐的已经有十位主人，你都当面奉承阿谀。如今天下刚刚安定，死的人还没埋葬，伤的人还没痊愈，又要制定礼乐。礼乐的兴起是由于百年积德呀。我们接受不了你所要我们做的事。你所做的事不符合古道，我们不去。你走吧，不要玷污了我们的品格。"叔孙通笑着说："你们真是迂腐不达世务的书呆子，不了解时势变化。"于是和所征集的三十人向西去，和高帝身边近臣中素有学术的人及叔孙通的弟子共一百余人在野外结扎茅草定礼仪之位，练习了一个多月，叔孙通说："皇上可以试试看。"皇上行使礼仪后说："我可以做。"于是命令群臣练习，习礼完成正赶上十月初。

汉七年，长乐宫建成，诸侯群臣在十月都来朝拜。仪礼：在天亮之前，拜见的人负责礼仪，将来朝拜的人依次带进殿门，宫廷中设置车骑和戍兵、卫官，设置各种兵器和旌旗。传呼"趋"，即急行进入。殿下台阶两旁站了几百个警卫。在西面依次站着功臣、列侯、诸将、军吏，面向东；在东面站着文官丞相以下，面向西。大行令主持上朝礼仪，设立了九站司仪，高声传呼引群臣入殿。于是皇上乘辇出房，百官执戟，传呼清道，引导诸侯王以下至六百石的官吏依次到皇帝面前奉贺。诸侯王以下的人没有不惊恐肃敬的。朝拜结束，大小官吏都伏在地上，摆设酒宴，都有严格的礼仪。殿上的侍者都伏地低着头，按着尊卑依次起身向皇帝祝寿。饮酒九遍，拜见的人说："宴会结束。"御史检举出违反礼仪的，就将他带走。整个朝拜喝酒过程，没有敢喧哗违礼的。于是高帝说："我现在才知道做皇帝的尊贵啊！"拜叔孙通为奉常，赐给他五百斤金。叔孙通于是向皇帝说："这些弟子儒生跟随我很久了，和我共同制定礼仪，希望陛下能封给他们官。"高帝全部封他们为郎。叔孙通出来，把他所得的五百金都分给了儒生。儒生们高兴地说："叔孙先生真是圣人，了解当今的世道。"

与"面谀"这种现实政治行为相表里的，是叔孙通学术行为上的多变。据《孔丛子》记载："叔孙通以法事秦。"联系到秦朝"废书坑儒"意识形态背景和叔孙通机敏圆滑的性格特点，此说应该是可信的。入汉后，叔孙通做得最为轰轰烈烈的一件事就是为刘邦"治礼"。礼，据郭沫若推测："大概礼之起源于祀神，故其字后来从示，其后扩展而为对人，更其后扩展而为吉、凶、军、宾、嘉的各种仪制。"据考古发掘证实，在新石器时代已经出现了基于祭神活动的礼仪。脱胎于原始宗教仪式的礼，具有强烈的禁忌感和极大的威慑力，这在后代的文献记载中还隐约有所反映："夫礼，先王以承天之道，以治人之情，故失之者死，得之者生。"（《礼记·礼运》）周公制礼做乐，将礼制扩展到了国家政治、经济、军事、文化及个人的伦理、道、德修养等庞大范围，对周王朝稳定天下起到了极为重要的作用。春秋时，礼崩乐坏，孔子在固守周文传统的同时，又对其做了拓展，突出表现之一就是拈出了"礼"后面的"仁"，在孔子看来，礼不仅仅是外在的行为规范，更重要的是内在的仁爱精神，"人而不仁，如礼何？"

"礼云，礼云，岂曰钟鼓哉！"我们来看叔孙通制定的"礼"仪：先平明，谒者治礼，引以次入殿门，廷中陈车骑戌卒卫宫，设兵，张旗志。传曰"趋"。殿下郎中侠陛，陛数百人。功臣烈侯诸将军军吏以次陈西方，东向；文官丞相以下陈东方，西向。大行设九宾，胪句传。于是皇帝辇出房，百官执戟传警，引诸侯王以下至吏六百石依次奉贺。自诸侯王以下莫不惊恐肃静。至礼毕，尽伏，置法酒。诸侍坐殿上皆伏抑首，以尊卑次起上寿。觞九行，谒者言"罢酒"。御史执法举不如仪者辄引去。竟朝置酒，无敢喧哗失礼者。

这是一派多么庄严肃穆、声势煊赫的景象，秩序井然，尊卑分明，令人战栗惊恐。对这种仪式最为惊诧的要数那一帮跟随刘邦打天下的兄弟了，虽然刘邦在他们眼里不过是一个和他们一样无赖的农民，但今非昔比，刘邦摇身一变成了神异的赤帝子，"履至尊而制六合"。从此后他们只能像事神一样供奉、敬畏着他，宫殿里喧呼叫嚷的热闹亲密景象恐怕再不可重现了。这一切正是刘邦梦寐以求的场面，想当初他到咸阳去服徭役的时候，曾远观过秦始皇的丰采，无限艳羡地感叹："嗟乎，大丈夫当如此也！"（《史记·高祖本纪》）斗转星移，人世沧桑，当年无限尊贵的始皇帝早已灰飞烟灭，固若金汤的秦帝国也被陈胜、项羽、刘邦这样的乌合之众埋进了历史的深处。今夕何夕兮，当年一个市井细民如今成了与秦始皇一样尊贵的天子。"吾乃今日知为皇帝之贵也"，这种成功的巅峰体验是由叔孙通的"礼"带给刘邦的，正因此，叔孙通得到了"乃拜为太常，赐金五百斤"的殊荣。

后世史家司马光目光敏锐，洞穿叔孙通是"徒窃礼之糠秕，以依世、谐俗、取宠"，诚然，观叔孙通的本意未必不如此，他是在看透了刘邦对手下那帮兄弟有了厌烦心理的情况下提出制礼的，这样的动机就决定了他必定要以满足刘邦的虚荣心、解除刘邦的烦恼为制礼的根本，而不会到孔老夫子的学说那儿去找"礼之本"。叔孙通明言要用古礼与秦仪混合成汉朝仪，例如"御史执法举不如仪者辄引去"很明显是秦朝制度的影子，这样做无非是突出皇帝的尊严并且还要让皇帝不觉得烦琐。制礼在很大程度上是叔孙通用来取宠的一种聪明的手段，以此为出发点而做的儒学改革很难称得上是自觉的学术创新，与其说是改革了儒家的"礼"，毋宁说他扭曲了儒学的品格。

但是如果撇开这个事件对叔孙通个体荣辱进退的意义，而把它放进儒家的历史进程中去考察，似乎就具有了另一重意义。儒家在先秦虽然是四大显学之一，但是因为生不逢时，迂阔的议论代替不了战场上的厮杀，孔子周游列国，孟子游说诸侯，除了"知其不可而为之"的执着令后人感叹唏嘘外，其学术主张并没有引起当时国君的共鸣，所以儒家学派更多的时候是"不治而议论"，对现实政治产生的影响极为有限。秦朝以法家思想立国，不久便土崩瓦解，法家思想也随之变得臭名昭著，有效性受到了极大的质疑。汉朝初定，意识形态建设尚未提到治国要务上来，应该说先秦诸子百家除了法家学派外任何一家都有可能借助政权的力量来获得崇高的地位和极大的发展。面对这种历史机遇，叔孙通打着儒家的旗号为刘邦治礼，虽然我们尽可指责叔孙通并非纯儒，他制的"礼"不过是些秕糠，但他的"礼"却获得了刘邦的认可和赞赏，这使得儒家学派最先走入汉朝统治者的视野，有效性与合法性得到了权力意志的极大认可。从此以后，叔孙通可以堂堂正正地以儒生面目出现在当时的政治舞台上。更为重要的是这次事件使得叔孙通的弟子也"悉以为郎"，保障了儒家学派的传承延续，为日后汉武帝"罢黜百家，独尊儒术"奠定了重要的基础。

第八节　直谏君上，儒子之风

【原文】

九年，高帝徙通为太子太傅。十二年，高帝欲以赵王如意易太子，通谏曰：

"昔者晋献公以骊姬故，废太子，立奚齐，晋国乱者数十年，为天下笑。秦以不早定扶苏，故亥诈立，自使灭祀，此陛下所亲见。今太子仁孝，天下皆闻之；吕后与陛下攻苦食啖，其可背哉！陛下必欲废適而立少，臣愿先伏诛，以颈血污地。"高帝曰："公罢矣，吾特戏耳。"通曰："太子天下本，本壹摇天下震动，奈何以天下戏！"高帝曰："吾听公。"及上置酒，见留侯所招客从太子入见，上遂无易太子志矣。

高帝崩，孝惠即位，乃谓通曰："先帝园陵寝庙，群臣莫习。"徙通为奉常，定宗庙仪法。乃稍定汉诸仪法，皆通所论著也。惠帝为东朝长乐宫，及间往，数跸烦民，作复道，方筑武库南，通奏事，因请间，曰："陛下何自筑复道高帝寝，衣冠月出游高庙？子孙奈何乘宗庙道上行哉！"惠帝惧，曰："急坏之。"通曰："人主无过举。今已作，百姓皆知之矣。愿陛下为原庙渭北，衣冠月出游之，益广宗庙，大孝之本。"上乃诏有司立原庙。

【译文】

汉九年，高帝升叔孙通为太子太傅。十二年，高帝想立赵王如意为太子，叔孙通说："过去晋献公因为骊姬的原因，废了太子，改立奚齐，晋国混乱了数十年，被天下人耻笑。秦朝因不早定扶苏为太子，胡亥用欺骗手段夺得帝位，自灭秦朝，这是陛下亲自看见的。如今太子忠孝仁义，天下人都知道；吕后与陛下含辛茹苦，粗茶淡饭，你哪里能背弃她呢？陛下如果一定要废长子而立少子，我愿先被杀死，用脖子的血涂红土地。"高帝说："你不要这样，我只是开玩笑罢了。"叔孙通说："太子是天下安定的根本，根本动摇了，天下就会混乱动荡，怎能用天下来开玩笑呢！"高帝说："我听从你的话。"到皇上摆宴席时，见张良设计请来的四位老先生跟随太子觐见皇上，皇上就不再有改换太子的打算了。

高帝死，孝惠帝即位。于是对叔孙通说："没有人熟悉先帝园陵寝庙的礼仪。"升叔孙通为奉常，制定宗庙的礼仪之法。汉朝制定的各种仪法都是叔孙先生论著的。惠帝到东边的长乐宫去朝见太后，以及平时往来，都要惊扰老百姓，于是就做复道，刚开始在武库南动工时，叔孙先生向皇上奏事，问皇上："陛下为什么从高帝陵寝架筑阁廊走道，每月备法驾，将高帝衣冠出游一次，展示在高庙中呢？为什么让后世子孙在高帝庙道上行走呢？"孝惠帝很惧怕，说："赶快拆了它。"叔孙通说："皇上不办错事。如今已经做了，百姓都知道。希望陛下再盖一座高帝庙在渭水之北，作为出游衣冠之庙，这样也能增加和扩大高帝宗庙的数量，这是大孝的根本。"皇上于是下令让官员重建高帝庙。

【评点】

　　如果叔孙通仅仅是一个"曲学阿世、热衷富贵"的无耻小人，那么我们在这里大概也就失去了讨论的意义，因为道德上的指责总是最简单也是最无意义的，而将人物简单地贴上"君子"或"小人"的标签也是对人性复杂状况的漠视。需要提出的是，司马迁以"明天人之际，通古今之变，成一家之言"为作史目的，班固也继承了这种传统，站在天道的立场和高度对人事采取审慎的批判态度，"不虚美，不隐恶"，纵使是当时皇帝刘彻，他也敢于明言其得失而不为尊者讳。司马迁评叔孙通为："希世度务制礼，进退与时变化，卒为汉家儒宗。'大直若诎，道固委蛇'，盖谓是乎？"如果叔孙通仅如我们前面分析的那样，似乎是不能承此评价的，那么叔孙通究竟是在哪一点上感动了史公？

　　我们且来看制礼后的叔孙通：

　　汉十二年，高祖欲以赵王如意易太子，叔孙通谏上曰："昔者晋献公以骊姬之故废太子，立奚齐，晋国乱者数十年，为天下笑。秦以不早定扶苏，令赵高得以诈立胡亥，自使灭祀，此陛下所亲见。今太子仁孝，天下皆闻之；吕后与陛下攻苦食啖，其可背哉！陛下必欲废嫡而立少，臣愿先伏诛，以颈血污地。"高帝曰："公罢矣，吾特戏耳。"叔孙通曰："太子天下本，本壹摇天下震动，奈何以天下为戏！"高帝曰："吾听公言。"

　　孝惠帝为东朝长乐宫，及闲往，数跸烦人，乃作复道，方筑武库南。叔孙生奏事，因请闲曰："陛下何自筑复道高寝？高庙，汉太祖，奈何令后世子孙乘宗庙道上行哉？"孝惠帝大惧，曰："急坏之。"

　　此时的叔孙通义正词严，浩气凛然，全然不见一点媚态。在引经据典证明刘邦废太子于情于理皆不相合、并且刘邦已经做出让步后，叔孙通依然不依不饶，质问刘邦"奈何以天下为戏"，让贵为天子的刘邦感到难堪尴尬和无路可逃。叔孙通此时大概已经忘记了自己亲手制定的君臣之礼的规范，支撑着他的是心目中无上的真理与正义，人间的一切势位富贵和等级秩序在这个理想面前都显得黯然失色，甚至生命也可以放弃，"臣愿先伏诛，以颈血污地"。生命在理想之光的照耀下摆脱了庸俗凡常，显得格外美丽动人。而对惠帝的进谏，则显出博古通今、德高望重的气派，"萌芽未动，形兆未见，昭然独见存亡之几，得失之要，预禁乎未然之前，使主超然立乎显荣之处，天下称孝焉。如此者，圣臣也。"（《说苑·臣术》）此时的叔孙通几可称为圣臣矣！这两次进谏折射出了叔孙通对大一统政权真诚炽热的情怀，"造次必于是，颠沛必于是"，他希望这个政权遵循理性，期望在国家强盛、政权巩固的局面中获得自身价值最大化的实现，而一己之荣辱沉浮在这个政权面前已经是不太重要了。

分析到此，叔孙通的形象似乎太过游移，此一时是没有骨气的虚伪小人，彼一时又是顶天立地的君子，那么叔孙通究竟是一个什么样的人物？细加分析我们不难梳理出他的心态：当外界不具备儒家的基本生存条件时，他表现出比任何人都决绝的态度，但这并不意味着内心深处完全地绝望，决绝只是一时的策略；隐忍的同时是积极地寻求突破，他机敏地捕捉外界出现的细微转机，执着地为儒家身份的合法性奋斗；当儒家获得外界的认可之后，他便开始用道统来制约政统，成为一个地地道道的儒生。

中国历史上士与政权的关系极为复杂微妙，一方面，政权的维护与巩固需要士人的智囊，士人弘道也要借助政权来实现；另一方面，政权的专制性品格不可能允许士人有独立的人格，不可能让学术自由地发展，知识分子往往是在生死之间的选择中来考验自己的良心，进行自己的学术活动，一部中国士阶层史记载了无数读书人的血泪。司马迁对汉代知识分子的艰难处境有着切身至骨的体验，因此他对士人持宽容的态度，士人但凡有一节可取，即为之立传。正是有这种宽容持正的态度，所以司马迁在描写了叔孙通一次又一次地"面谀"之后，还能彰显他将刘邦所赏的五百金分给诸弟子的节操。叔孙通在外界环境非常不适宜进行学术活动时，选择了明哲保身、伺机而动，这诚然是一种弱者生存之道，但毕竟大部分读书人都不能成为"杀身成仁"的英雄，这样的选择也许更富有人情味，对士阶层本身的发展和学术活动的开展也较有利。处在相同历史语境中的司马迁也许正是看出了叔孙通迂回委曲之中暗含着忍耐和执着，所以才会评他"大直若曲"。如果我们今天纯以理想化的标准来指责叔孙通，而忽视当时的历史环境，应该说是不够客观公平的。

纪连海评点汉书

（修订版）（下）

纪连海 著

中国出版集团　现代出版社

第二十三章 《汉书》卷四十四 淮南衡山济北王传 第十四

第一节 黄白之术，演变为仙

【原文】

淮南王安为人好书，鼓琴，不喜弋猎狗马驰骋，亦欲以行阴德拊循百姓，流名誉。招致宾客方术之士数千人，作为《内书》二十一篇，《外书》甚众，又有《中篇》八卷，言神仙黄白之术，亦二十余万言。时武帝方好艺文，以安属为诸父，辩博善为文辞，甚尊重之。每为报书及赐，常召司马相如等视草乃遣。初，安入朝，献所作《内篇》，新出，上爱秘之。使为《离骚传》，旦受诏，日食时上。又献《颂德》及《长安都国颂》。每宴见，谈说得失及方技赋颂，昏莫然后罢。

【译文】

淮南王刘安爱好读书弹琴，不喜欢打猎、骑马驰骋，打算靠施行恩德来安抚百姓，留下好的名声。他招聚天下的宾客和游士数千人，编写《内书》二十一篇，《外书》更多，还有八卷《中篇》，谈论神仙炼丹技术的书也有二十多万字。当时武帝也爱好文学，因为刘安等人作为叔父，能言善辩，擅长文辞，皇上很尊重他。每次给他写书信或有所赏赐，皇上常命司马相如等人先看草稿再誊写送去。起初，刘安入朝时，向皇上进献所著的《内篇》，因书为新作，皇上秘藏起来。让他作《离骚传》，早上接到诏令，中午吃饭时就呈上交给皇上。又向皇上进献了《颂德》和《长安都国颂》。每次宴会拜见皇上，都谈论古今得失和方技、赋颂，一直谈到晚上才停止。

【评点】

西汉淮南王刘安是一位政治文化名人,《史记》上说:"淮南王刘安为人好读书鼓琴,不喜弋猎狗马驰骋,亦欲以行阴德拊循百姓,流誉天下。"《汉书》中也有这方面的介绍。《史记》《汉书》详载了刘安谋反被究自杀一事,尽管对其谋反是否属实,实有争议,但其死后的形象却由政治文化名人演变为神仙。

刘安的神仙化大约始于什么时候呢?

什么是神仙呢?神仙可不是从天上冒出来的,那是古代的先贤们造出来的。上古神话或口耳相传,或散见于各种史籍中,而其中多为"神"的形象。随着历史的发展,"仙"的形象才逐步多起来。《说文》一篇上"示部"释"神"字:"神,天神,引出万物者也。"这是"神"的狭义;从广义上说,一切天神,世界万物的主宰者都是"神"。"仙"不同于"神",是长生得道之人。《说文》八篇"人部"说:"仚,人在山上貌,从人山。"又写作:"僊,长生僊去,从人"。段玉裁注云:"僊去,疑当为去。……高升也。"刘熙的《释名·释长幼》说:"老而不死曰仙。仙,迁也,迁入山也。故其制字,人旁作山也。"由此可见,"仙"的概念出现远较神为晚,后来,往往合称"神仙","神"和"仙"就不大区分了。这样随着神仙故事的口耳相传,到了西汉就出了第一部由刘向所作的专记神仙故事的书《列仙传》。

《列仙传》所载神仙数目,《四库全书总目》称"七十一人",葛洪《神仙传序》说"七十余人",陶弘景《真诰·握真辅》作"七十二"人。无论确切数字如何,前人认为《列仙传》中的神仙之传有缺。如《艺文类聚》卷七十八灵"异部"上"仙道类"引《列仙传》就有"汉淮南王刘安,言神仙黄白之事,名为《鸿宝万毕》三卷,论变化之道,于是八公诣王,授丹经及三十六水方,俗传安之临仙去,余药器在庭中,鸡犬舐之,皆得飞升",据此,王照园补作了《刘安传》。另外,《道藏精华录》收入《列仙传》一校正本,下面亦补"刘安"一条。李剑国也认为刘安可能本属《列仙传》。

如果《列仙传》确为刘向所作,那么,书中载刘安传,是言之有理的。佚名《列仙传叙》据《汉书》本传载:"列仙传者,光禄大夫刘向所撰也。初,武帝好方士,淮南王安亦招宾客,有《枕中鸿宝密秘》之书,言神仙使鬼物,及邹衍重道延命之术,世人莫见。先是安谋反伏诛,向父德为武帝治淮南王狱,独得其书,向幼而好之,以为奇。及宣帝即位,修武帝故事,向与王褒、张子乔等并以通敏有俊才,进侍左右。向及见淮南铸金之术,上言黄金可成。上使向典尚方铸金，费多不验，下吏当死。兄安成侯安民乞入国户半赎向罪。上亦奇其材，得减死论。复征为黄门侍郎，讲五经于石渠。至成帝时，向既司典籍，见上颇修神仙之事，乃知铸金之术，实有不虚，仙颜久视，真乎不谬，但世人求之不勤者也。遂辑上古以来及三代秦汉，博采诸家言神仙事者，约载其人，集斯传焉。"可见，刘向深信神仙之可修，他向宣帝言淮南铸金之术，险丢性命，成帝时，仍笃信不移，且于晚年作《列仙传》，既然相信淮南修神仙之事，那么刘安死后为之作传就在情理之中了。

尽管《列仙传》为刘向所作与刘安原载《传》中，均未得到公认，但可以肯定的是，刘安死后不久就被神仙化，其得道成仙的故事在西汉时虽零散不定，但至少已口耳相传。

确凿无疑地记载则首先见于东汉应劭的《风俗通义》和王充的《论衡》。《风俗通义》有："淮南王安神仙"一条："俗说淮南王安招致宾客方术之士数千人，作《鸿宝苑秘》枕中之书，铸成黄白，白日升天。"《论衡·道虚》载："儒书言：淮南王学道，招会天下有道之人……王遂得道，举家升天，畜产皆仙，犬吠于天上，鸡鸣于云中。此皆言仙药有余，犬鸡食之，并随王而升天也。好道之人，皆谓之然。"

到了晋代葛洪的《神仙传》，刘安的形象就更完整生动，且出现了"八公"形象；"于是乃有八公诣门，皆须眉皓白"。当淮南王有意为难，拒而不见时，八公"皆变为童子，年可十四五，角髻青丝，色如桃花……能坐致风雨，立起云雾，画地为江河，撮土为山岳……安乃日夕朝拜，供进酒脯……遂授王丹经三十六卷"。当谋反事发，八公即带刘安白日飞升。

从西汉的《列仙传》开始，刘安被神仙化的过程不断发展丰富。在晋代的《神仙传》中，刘安已完全从一个政治文化的人物演变成形象丰满的刘大神仙了。

刘大神仙的形象最早、最完整的记载当属《神仙传》，此后零散的记载或被类书中收入的详细记载也往往多引自《神仙传》，且此后刘大神仙形象的发展演变又是基于《神仙传》，并已在《神仙传》中初见端倪：

……八公谓安曰："可以去矣，此乃是天之发遣王，王若无此事，日复一日未能去世也。"八公使安登山大祭，埋金地中，即白日升天，八公与安所踏山上石，皆陷成迹，至今人马迹犹存。……安临去，欲诛二被，八公谏曰："不可，仙去不欲割行虫，况于人乎？"安乃止。……吴记具说云，安未得上天。遇诸仙伯，安少习尊贵，稀为卑下之礼，坐起不恭，语声高亮，或误称寡人，于是仙伯主者奏安云，不敬，应斥遣去。八公为之谢过，乃见赦，谪守都厕三年，后为散仙人，不得处职，但得不死而已。……八公安临去时，余药器置在中庭，鸡犬舐啄之，尽得升天，故鸡鸣天上，犬吠云中也。

这里，刘大神仙形象有两个特征：第一，他已是得道飞升的神仙；第二，他的仙界位置并不高。刘大神仙形象的这两个特点在后世得到不断发展。

先看其神仙形象的丰富。晋代干宝《搜神记》第十五条也记载"淮南王好道术"，并录有淮南王见八公时援而弦歌的《淮南操》："明明上天，照四海兮，知我好道，公来下兮……"

南朝陶弘景的《真灵位业图》中，就把"淮南八公"排在第四中左位，刘安于是进入仙界，且有座次，这在道教史上已经确认。此后，刘安的仙话，在道教典籍中屡见记载：唐道士王松年撰的《仙苑编珠》中载"刘安接士八仙降庭"条；宋道士陈葆光撰的《三洞群仙录》也引"刘安鸡犬，静之龟鹤"条；宋张君房《云笈七签》第一百零九卷引《神仙传》；李昉《太平广记·卷一·神仙八》和《太平御览》第五百七十三卷都引《神仙传》之说。值得注意的是，元代赵道一的《历世真仙体道通鉴》引"刘安"条，不仅类于《神仙传》，而且最后有"一云安得鸿宝万年之术仙去，位太极真人"的说法。刘安的神仙形象，从西汉《列仙传》等的零散不定，到《神仙传》中的完整详备，再到《历世真仙体道通鉴》中被列为"太极真人"，真是越来越丰富，其地位也变得越来越高了。

然而，另一方面，《神仙传》中刘安被谪守天厕的形象特征也得到发展。收入《太平广记》的《神仙传》也有类似说法，上文所言刘安被传为"太极真人"的说法其实也未成定论。《无上秘要》卷八十四的"得太清道人品"中有"淮南八公即是八老先生"字样；在"得太极道人品"中有"八老先生姓名未显应是淮南八公此中亦有在太清者"字样，传说刘安为"太极真人"很可能与此有关。但查寻《云笈七签》卷一百零四的"太极真人传"中说："太极真人杜冲字玄逸镐京人也，以周昭王丁巳年间文始先生登真……"说法不一，"淮南八公"似乎仍只是"淮南八公"。

无怪乎《仙鉴》中只说："一云安得鸿宝万年之术仙去，位太极真人。""一云"二字也正表明"太极真人"说法的不确定性，及刘安仙界地位上升的可疑性，甚至明人陈继儒的《香案牍》中只记一条：淮南王安，见太清仙伯，坐起不恭，而谪守天厕。

刘安成为刘大神仙的原因大致有三个方面：

西汉是一个流行神仙方术的时代，社会上有很多寻访仙人、觅求仙方仙药之士，汉武帝本人就是一个迷恋神仙之事的皇帝，刘安生活在汉初，自然会打上时代的烙印。

刘安生活的淮南又是汉初文化最发达的地区，《汉书·地理志下》说："始楚贤臣屈原被放逐，作《离骚》诸赋以自伤悼。……而淮南王安亦都寿春，招宾客著书。"

刘安正是生长在"世传《楚辞》"的楚文化中，巫风盛行，好神仙方术的地理文化环境是另一个原因。

拥有王侯地位的淮南王刘安，本身就热衷于神仙方术活动，自然能成为神仙活动的号召者、组织者。汉武帝时，方仙术士和儒生方士多往归淮南王安。《汉书》说刘安招致宾客数千人，《论衡》中有"淮南王好道，招天下有道之人，倾一国之尊，下道术之士，是以道术之士，并会淮南，奇方异术，莫不争出"。《神仙传》也说"安每宴见，谈说得失及献诸赋颂，晨入夜出，乃天下道书。及方术之士，不远千里，卑辞重币请致之，于是有八公诣门"。这样，以淮南王为中心，形成了一个共同讲论道德，总统仁义的集团。

刘安有着很高的文学修养，他不仅参与神仙活动，还参加撰写了诸多书籍。葛洪《神仙传》记载："淮南王……作内书二十二篇，又中篇八篇，言神仙黄白之事，名为《鸿宝万毕》。"《汉书·楚元王》又载"淮南有《枕中鸿宝苑秘书》，书言神仙使鬼物为金之术及邹衍重道延命方"，而"《鸿宝苑秘》盖为《鸿宝万华》"，总之，淮南王与他的方士一起进行炼金并记载此术，而此术为神仙道的主要内容，又是后世道教核心内容的重要技术方面，刘安成仙的故事与淮南黄白术显然有密切的关系。

淮南中篇早已失传，现存的《淮南内篇》，影响颇大。东汉高诱《淮南子注叙目》称"其旨近《老子》，淡泊无为，蹈虚守静，出入经道"。"其言大也，则焘天载地说其细也，则沦于无垠，及古今治乱存亡祸福，世间诡异瑰奇之事，其义也著，其文也富，物事之类，无所不载，然其大较归之于道，号曰《鸿烈》。"该书主要包括崇道、崇鬼神、崇方仙之道、慕不死之乡和强调事业为主，事死为末四个方面，它是"西汉前期道家思想系统而详细的总结"，它是"秦汉道家的最高理论结晶"，正是由于书中以刘安为首的编撰者们用方士的观念以及吸取解释，发挥道、儒思想，把采撷的思想改变为方仙之道，这样有术有理的方仙道的形成，为东汉兴起道教做了义理方面的铺垫，因此它是道教义理的源泉和宝库。总之，《鸿宝万毕》述神仙黄白术，其《淮南子》又是道教义理的圭臬，而刘安本人又热衷于方仙道，他的"直接发起和参与求仙活动……本来就有较多的故事逸闻盛传于世，而神仙家对他们的仙话化也最为热心"，故后世也将刘安及八公尊为神仙。

综上，刘安生活的时代风尚、地理文化以及刘安本身的神仙活动与贡献都是其死后被迅速神仙化并在道教史垂名的原因。

第二节 淮南谋逆，胎死腹中

（一）

安初入朝，雅善太尉武安侯，武安侯迎之霸上，与语曰："方今上无太子，王亲高皇帝孙，行仁义，天下莫不闻。宫车一日晏驾，非王尚谁立者！"淮南王大喜，厚遗武安侯宝赂。其群臣宾客，江淮间多轻薄，以厉王迁死感激安。建元六年，彗星见，淮南王心怪之。或说王曰："先吴军时，彗星出，长数尺，然尚流血千里。今彗星竟天，天下兵当大起。"王心以为上无太子，天下有变，诸侯并争，愈益治攻战具，积金钱赂遗郡国。游士妄作妖言阿谀王，王喜，多赐予之。

（二）

太子学用剑，自以为人莫及，闻郎中雷被巧，召与戏，被一再辞让，误中太子。太子怒，被恐。此时有欲从军者辄诣长安，被即愿奋击匈奴。太子数恶被，王使郎中令斥免，欲以禁后。元朔五年，被遂亡之长安，上书自明。事下廷尉、河南。河南治，逮淮南太子，王、王后计欲毋遣太子，遂发兵。计未定，犹与十余日。会有诏即讯太子。淮南相怒寿春丞留太子逮不遣，劾不敬。王请相，相不听。王使人上书告相，事下廷尉治。从迹连王，王使人候司。汉公卿请逮捕治王，王恐，欲发兵。太子迁谋曰："汉使即逮王，令人衣卫士衣，持戟居王旁，有非是者，即刺杀之，臣亦使人刺杀淮南中尉，乃举兵，未晚也。"是时上不许公卿，而遣汉中尉宏即讯验王。王视汉中尉颜色和，问斥雷被事耳，自度无何，不发。中尉还，以闻。公卿治者曰："淮南王安雍阏求奋击匈奴者雷被等，格明诏，当弃市。"诏不许。请废勿王，上不许。请削五县，可二县。使中尉宏赦其罪，罚以削地。中尉入淮南界，宣言赦王。王初闻公卿请诛之，未知得削地，闻汉使来，恐其捕之，乃与太子谋如前计。中尉至，即贺王，王以故不发。其后自伤曰："吾行仁义见削地，寡人甚耻之。"为反谋益甚。诸使者道长安来，为妄言，言上无男，即喜；言汉廷治，有男，即怒，以为妄言，非也。

日夜与左吴等按舆地图，部署兵所从入。王曰："上无太子，宫车即晏驾，大臣必征胶东王，不即常山王，诸侯并争，吾可以无备乎！且吾高帝孙，亲行仁义，陛下遇我厚，吾能忍之；万世之后，吾宁能北面事竖子乎！"

（三）

初，王数以举兵谋问伍被，被常谏之，以吴楚七国为效。王引陈胜、吴广，被复言形势不同，必败亡。及建见治，王恐国阴事泄，欲发，复问被，被为言发兵权变。语在《被传》。于是王锐欲发，乃令官奴入宫中，作皇帝玺，丞相、御史大夫、将军、吏中二千石、都官令、丞印，及旁近郡太守、都尉印，汉使节法冠。欲如伍被计，使人为得罪而西，事大将军、丞相；一日发兵，即刺大将军卫青，而说丞相弘下之，如发蒙耳。欲发国中兵，恐相、二千石不听，王乃与伍被谋，为失火宫中，相、二千石救火，因杀之。又欲令人衣求盗衣，持羽檄从南方来，呼言曰"南越兵入"，欲因以发兵。乃使人之庐江、会稽为求盗，未决。

廷尉以建辞连太子迁闻，上遣廷尉监与淮南中尉逮捕太子。至，淮南王闻，与太子谋召相、二千石，欲杀而发兵。召相，相至；内史以出为解。中尉曰："臣受诏使，不得见王。"王念独杀相而内史、中尉不来，无益也，即罢相。计犹与未决。太子念所坐者谋杀汉中尉，所与谋杀者已死，以为口绝，及谓王曰："群臣可用者皆前系，今无足与举事者。王以非时发，恐无功，臣愿会逮。"王亦愈欲休，即许太子。太子自刑，不殊。伍被自诣吏，具告与淮南王谋反。吏因捕太子、王后，围王宫，尽捕王宾客在国中者，索得反具以闻。上下公卿治，所连引与淮南王谋反列侯、二千石、豪杰数千人，皆以罪轻重受诛。

【译文】

（一）

刘安刚进入朝廷，对太尉武安侯很友善，武安侯在霸上迎接他时对他说："如今皇上没有太子，大王是高帝的亲孙子，行仁义，天下人没有不知道的。皇上一旦死了，除了你能立谁！"淮南王心中大喜，于是赠给武安侯珠宝等物。他的群臣宾客大多是江淮一带轻浮刻薄的人，由于厉王因迁徙而死去，于是对刘安感激不已。建元六年，出现彗星，淮南王心里觉得奇怪。有人对淮南王说："早先吴王发兵时，出现彗星，长好几尺，于是发动征战，血流千里。如今彗星长可以和天的宽度一样，说明天下要发生大的兵事。"淮南王认为皇上没有太子，天下一旦发生变乱，诸侯纷纷争夺，于是想增加军队装备，积累钱财贿赂其他郡国。游士胡言乱语奉承淮南王，使他心中高兴，他便给他们许多赏赐。

（二）

太子学习舞剑，自己认为没有人能超过他，听说郎中雷被善于舞剑，于是就叫来与自己比试。雷被一再退让，后来因失误击中太子，太子大怒，雷被非常害怕。这时恰巧皇上有圣旨，有人愿意从军的可到长安，雷被随即要求去随军攻打匈奴。太子多次诋毁雷被，淮南王派郎中下令不准他去，目的是让后人不敢仿效他的样子。元朔五年，雷被逃往长安，向皇上上书说明此事。事情由廷尉、河南县查办。河南令要逮捕淮南王的太子。淮南王、王后商量不能让太子到河南，于是起兵反叛。计划还没制订好，犹豫了十多天。这时皇上下诏在淮南审讯太子，淮南王的丞相对寿春县丞顺从了淮南王的意图对太子只逮捕而没有遣走，感到愤怒，于是弹劾寿春县丞对皇上不敬。淮南王请求丞相相助，丞相不听。淮南王便派人向皇上上书告丞相，事情由廷尉查办。审查时事情牵连到淮南王，淮南王派人进入京师密切打听此事。汉朝廷的公卿们请求皇上逮捕并惩治淮南王，淮南王恐惧，想发兵反叛。太子刘迁策划说："汉朝廷派使者逮捕大王，我们可令人穿上卫士的衣服，持武器站在你身旁，发现坏人，就刺杀他。我也派人刺杀淮南中尉，再发兵也不晚呀。"这时皇上没同意公卿的请求，而派遣汉的中尉宏就地审讯淮南王，淮南王见审讯者面色和缓，只询问赦免雷被的事，自己推测没有什么危险，所以没有发兵。中尉回去后，报告皇上。公卿们说："淮南王刘安阻止要求去攻打匈奴的雷被，耽误诏令，应当斩首。"皇上下诏不许。公卿们又请求废除淮南王，皇上也不同意。请求削减封国的五个县，皇上许可削减二个县。派中尉宏赦免他的罪，处以削减封地的惩罚。中尉进入淮南境内，宣布皇上赦免淮南王的圣旨。他起初听说公卿请求诛杀他，却不知只削减封地，所以听到汉使者来到，害怕是来拘捕他的，于是和太子策划按照以前的谋反之计行事。中尉一来，就祝贺淮南王，淮南王因此而没发兵。后来他伤心地说："我实行仁义却被削减了封地，我感到很耻辱。"想造反的欲望更加强烈。各位使者从长安来，如果是轻狂地议论，说皇上没有儿子，他便很高兴。说朝廷得到治理，皇上有了儿子，他便发怒，认为是胡说，是不真实的。

淮南王日夜和左吴等按照地形图，部署军队进攻路线。淮南王说："皇上没有太子，皇上一旦死了，大臣必定会召胶东王，或是常山王，诸侯纷纷争夺，我岂可以没有准备吗？而且我是高帝的孙子，实行仁义，陛下对我宽厚，我还可以忍受；皇上死后，我怎么能向北称臣呢！"

（三）

起初，淮南王曾将起兵的事与伍被商量，伍被常劝阻他，要以吴、楚七国的叛乱为戒。淮南王则引证陈胜、吴广起兵成功的事例反驳。伍被回答说形势不同了，现在起兵必然会失败。等到刘建被问罪时，淮南王怕阴谋败露，就想起兵，又征询伍被的意见。伍被说可发兵，但要看形势，这话记在《伍被传》中。于是淮南王锐意待发，令官奴到宫中刻皇帝玉玺，并刻丞相、御史大夫、将军、吏中二千石、都官令、丞大印，及邻近郡太守、都尉大印，又做汉朝使节用的官帽。按照伍被的计策，淮南王打算派人假装畏罪潜逃到长安，侍奉大将军和丞相；一旦起兵时，就先刺杀大将军卫青，然后说服丞相公孙弘，当易如反掌。淮南王打算调动国中的士兵，怕丞相、二千石不听，就和伍被密谋，在宫中放火假装失火，等丞相、二千石去救火，就杀掉他们。淮南王还打算派人假装捕人的差役，拿着紧急军事文书从南方奔来，大喊"南越发兵来攻了"，然后顺势起兵。于是派人去庐江、会稽当捕人的差役，但没最后定下来。

廷尉把刘建的供词连同太子刘迁的事上奏，皇上派廷尉监与淮南中尉去逮捕太子。他们到淮南时，淮南王听说了，就与太子密谋，召来丞相、二千石，想杀了他们后就起兵。召丞相，丞相来了，内史却推辞未来。中尉说："我有皇上差遣，不能来见大王。"淮南王想只杀丞相而内史、中尉没来，没什么意义，就命丞相回去了。正在犹豫不决的时候，太子认为他们所犯的罪不过是谋杀汉朝中尉，而参与谋杀的人都已死了，没有人证，于是就对淮南王说："群臣中有用的都给抓了，现在能帮助起事的都没了。大王在此不适当的时机起兵，恐怕难以成功，不如让他们将我逮捕。"淮南王也越来越不想动手了，就同意了太子的要求。太子自杀，但没死。伍被前去自首，供出与淮南王谋反事宜。汉朝官吏于是逮捕了太子、王后，围住了王宫，把淮南王的宾客全部抓走，抄出了谋反所用的器物，上奏皇上。皇上派公卿查办，与淮南王谋反有牵连的列侯、二千石、豪杰有数千人，都根据罪行轻重受到了制裁。

【评点】

淮南王刘安谋反案是汉武帝时期的重大事件，此事胎死腹中，很快遭到严惩。

《史记》对此做了详细记载。按《史记》条例，诸侯王应当入"世家"，司马迁将其用"列传"，含贬斥意义。不过，此事由于株连的人太多，当时就遭到很多官员和学者的批评，现在有人对此持褒扬态度，似为不妥。

刘安是刘邦的孙子，父亲刘长是淮南厉王。汉文帝时期，刘长因谋反，被贬为庶人自杀。汉文帝后立其三子为王，刘安是长子，继位淮南王。刘安一想到父亲的死，就想报复，但没机会。"七国之乱"时，他就想参加造反，被国相骗去了兵权，淮南国由此得以保存。对此大幸，他丝毫不知悔过。建元二年，他入京朝觐，太尉田蚡迎接，对他说："现在皇上没有儿子，大王是高皇帝的亲孙子，对百姓施行仁义，天下人都知道。万一皇上有不测，除了您，又谁能有资格当皇帝呢！"刘安把此话当了真，给田蚡送了很多礼。汉武帝念他是长辈，赏赐几案和手杖，恩准他可不必朝觐。先是，庄助受命处理东瓯叛乱之事，与淮南王有一定交往，后来两个人就成了朋友。淮南王给庄助行贿，从中了解朝廷的事情。

淮南王刘安与他父亲是两种类型的人，不爱养狗、跑马和射猎，而喜欢读书和弹琴，是个很有学者风度的王。他招揽了不少文人，编写著作，如《淮南道训》二篇、《九师法（说）》《淮南王赋》八十二篇、《淮南王髃臣赋》四十四篇，其中《淮南道训》的内篇《淮南子》最有名。但是，他所招揽的文人，多虚浮不实；书也大多都荒诞不经，如《枕中鸿宝苑秘书》，专讲神仙和怎样能用鬼物炼出黄金，以及"邹衍重道延命方"等问题。

建元六年，闽越攻击南越，天上出现彗星，刘安心生怪异，方士说："七国之乱时，彗星仅有数尺长，天下血流千里。现在彗星长至满天，天下兵祸应当更大。"刘安想：皇上没有儿子，如果天下发生变故，诸侯王都会争夺皇位。于是，他紧急制造刀枪、器械，积攒黄金，贿赂郡守、诸侯王、说客和有各种有特殊才能的人。他有个女儿叫刘陵，聪敏、有口才，他经常给她重金，让她到长安窃取情报。他的王后叫荼，太子叫刘迁。太子妃是汉武帝母亲王皇太后的外孙女，即修成君之女。刘安为了谋反，怕太子妃泄密，就让太子假装不喜欢太子妃，结婚三个月不和太子妃同房。刘安佯装恼怒，把太子与太子妃关在一起，太子还是不亲近太子妃。于是，太子妃请求回娘家，刘安同意，并向皇帝致歉。

王后荼、太子刘迁、女儿刘陵都深受淮南王宠爱，但他们都违法乱纪，侵夺百姓田地和房产，加害无辜的百姓。刘迁学剑法，自认为已炉火纯青，听说淮南国郎中雷被剑艺高超，便召雷被比武。刘迁步步紧逼，雷被节节退让，后失手刺中刘迁。刘迁大怒，雷被恐惧，想离开淮南国，从军奋击匈奴。朝廷有令：凡想从军奋击匈奴的人，都可到京城报名，郡、国不许阻拦。刘迁又多次向父王说雷被坏话，雷被只好逃到京城，向朝廷申诉冤屈。汉武帝诏令廷尉、河南郡审理此事。

河南郡要拘捕刘迁，严究此事，刘安和王后听说后，想立即起兵造反。可是，反复计议，未能定夺。汉武帝又下诏说："让地方官传讯太子。"可是，寿春县的县丞将诏书扣住不发。淮南国的国相知道后，上书控告县丞。淮南王要求国相不要干预，国相不听。于是，淮南王控告国相，汉武帝将此事交由廷尉审理。在办案中，有的线索牵连了淮南王。淮南王派人打探，听说有人"请求皇帝将淮南王逮捕治罪"，害怕谋反事泄。刘迁献策说："如果朝廷派使臣来逮捕父王，父王可叫勇士身穿护卫衣裳，持戟站立庭院之内，万一父王发生不测，就让他们立即刺杀使臣，我再派人刺杀淮南国的中尉，举兵起义。"刘安点头同意。

汉武帝没同意"逮捕淮南王"的奏请，改派中尉殷宏到淮南国就地查证。听说来了使臣，淮南王就按太子的谋划做了准备。殷宏到达后，淮南王见他态度温和，只询问了罢免雷被的原因，就没行动。殷宏还朝，讨论对淮南王的处理意见，有人认为："淮南王阻挠雷被从军，破坏天子诏令，罪应'弃市'。"又有人请求废掉淮南王的爵位，还有人请求削减他五个县的封地，汉武帝只批准了"削封两个县"。于是，殷宏又来宣旨，但刘安打听到的是早先的信息，以为要处死刑，又按太子的谋划做了准备。可是，殷宏先向他祝贺，然后告诉他仅削两个县，淮南王大喜过望。

事后，淮南王又感觉很丢面子，哀叹说："我做事仁义，却被削地，这太耻辱了。"于是，再次加紧策划谋反。如有使者从长安来，凡声称皇上没有儿子，天下会大乱的，他就高兴；凡说皇上已有儿子，天下太平了，他就恼火。于是，有人故意编造荒诞邪说，骗他钱财，但他心甘情愿。

刘安与伍被、左吴等日夜察看地图，研究起义路线，说："陛下待我的恩德深厚，我才服从统治；陛下百年之后，我岂能事奉小皇帝，向北称臣！"他坐在东宫，召伍被说："请将军上殿。"伍被说："皇上刚刚赦免了大王，您怎么能又说这些亡国的话呢！臣听说春秋时期伍子胥劝谏吴王，吴王不用其言，于是伍子胥说'臣很快就会看到麋鹿在姑苏台里游荡了'。现在，我也将看到淮南国王宫遍生荆棘，露水沾衣了。"他大怒，将伍被及其父母囚禁起来，关了三个月。

伍被出狱后，淮南王又问："将军答应寡人了吗？"伍被说："不！我来只是为大王着想而已。我听说，听力好的人能在发声前就听出动静，视力好的人能在事情成形前就看出征兆。所以，最智慧和有道德的圣人做事总是万无一失。从前，周文王灭商纣，率军东进，一动就功显千代，使周朝继夏、商之后，位列'三代'。为什么呢？这就是所谓顺从天意的结果。这是千年前可见的史实。至于百年前的秦朝，近代的吴、楚两国，也都能说明国家存亡有理可循。我不敢逃避像伍子胥被杀的厄运，只是希望大王不要重蹈吴王不听忠谏的覆辙。过去，秦始皇'焚书坑儒'，派遣徐福求仙，修筑长城等，搞得人心离散，陈胜、吴广揭竿造反。高皇帝起自丰、沛，一发倡议，天下响应，这就是窥测到了时机。如今大王只看到高皇帝得天下之易，却偏偏没看到前面吴、楚的覆亡。为什么吴、楚有那么多的军队却不能成就帝业？实是违背了天道和不识时势的缘故。如今，大王的兵力不及吴楚的十分之一，而天下安宁，人民生活比秦始皇时代好一万倍，希望大王能听臣下的意见。我听说：箕子路过殷朝故都时心中悲伤，于是作《麦秀之歌》，这就是哀悼纣王不听比干劝谏而亡国的教训。所以《孟子》说：'纣王贵为天子，死时竟不如平民。'这是因为纣王生前早已自绝于天下，而不是死到临头才被天下人背弃。现在，我也暗自为大王悲哀，若抛弃诸侯王的尊贵，朝廷必将赐给您绝命书，令大王先弃群臣，在东宫自裁。"伍被怨哀之气郁结于胸，黯然起身，泪水扑簌簌地流淌，一级级地走下台阶。

淮南王另一个儿子叫刘不害，庶出，是长子，刘安和王后都不喜欢他，不把他当儿子看，太子也不把他视为兄长。刘不害有儿子叫刘建，才高气盛，对此时常怨恨；同时，又埋怨淮南王不落实"推恩令"。如果按"推恩令"，刘不害也能得到封地。淮南王只有两个儿子，一个是太子，另一个什么都不是，这让刘建很郁闷。刘建暗中拉帮结派，想打击和告发太子，以便让自己的父亲取太子而代之。太子知道后，对他多次囚禁并予以拷打。

元朔六年，刘建的好友寿春县人庄芷书说："良药苦口利于病，忠言逆耳利于行。如今淮南王的庶孙刘建，才能高远，但淮南王后荼和太子刘迁时常对他妒忌和迫害。刘建的父亲刘不害无罪，也多次遭到拘禁并差点被杀害。现有刘建人证，可召来质询，他尽知淮南王的秘密。"汉武帝仍让廷尉审理此事，但廷尉又下达河南郡，让他们先行审理。淮南厉王曾杀死辟阳侯，辟阳侯的孙子审卿与公孙弘很好，极力向公孙弘构陷淮南王，公孙弘也怀疑其中有鬼，决意深究此案。河南郡审问刘建时，刘建供出了淮南王、太子及所有朋党的反叛阴谋。

刘建刚出事，淮南王就立即想举兵造反，问伍被说："天下太平不太平？"伍被说："天下太平。"他说："根据什么说天下太平？"伍被说："我私下观察朝政，君臣间有礼义，父子间有亲爱，夫妻间有区别，长幼间有秩序，一切都合乎应有的规则。皇上治国遵循的是古代的正道，礼俗和法度都没有紊乱。满载货物的商贾周行天下，道路畅通无阻，商品贸易也都正常。南越稽首称臣，羌僰进供特产，东瓯内迁归汉，朝廷拓展了长榆塞，开辟了朔方郡，使匈奴遭到重创。这虽然还不能说是上古的太平盛世，但也算天下安定。"淮南王发了火，伍被连忙叩首谢过死罪。淮南王说："崤山之东若发生战争，朝廷一定会派大将军卫青统兵讨伐，您觉得大将军人怎样？"伍被说："即使古代的名将，也无人能比得过他。"淮南王沉默无语。

眼看刘建将被召审，淮南王又怕谋反事泄，问伍被："你认为当年吴王兴兵造反是对是错？"伍被说："错。吴王富贵已极，却做这等错事，身死丹徒，头脚分家，殃及子孙绝后。我听说吴王死前后悔异常。希望大王三思，勿做吴王后悔的蠢事。"他说："男子汉甘愿赴死。况且，吴王根本不懂造反，竟让汉将一日之内有四十多人从成皋关闯了过去。现在，我先令楼缓扼住成皋关，再令周被攻下颍川郡，并率兵堵住辕辕关、伊阙关的通道，令陈定率南阳郡的军队守住武关。河南郡只剩下洛阳罢了，何足担忧！不过，北面还有临晋关、河东郡、上党郡和河内郡、赵国等。人们常说：'扼断成皋关，天下就不通了。'我们凭借雄踞三川之地的成皋关，招集崤山以东各郡国响应，这样起事，您认为如何？"伍被说："我看得见它失败带来的灾祸，看不见它有什么成功的福运。"他说："左吴、赵贤、朱骄如都说有福运，十有八九会成功。你偏认为有祸无福，为什么？"伍被说："受大王宠信的、平素能号令众人的人，都在前次皇帝诏办的案子中被拘禁，剩下的已没有能倚重的人了。"他说："陈胜、吴广身无立锥之地，在大泽乡振臂一呼，天下响应。现在淮南国虽小，可是会拿武器打仗的人就有十几万，他们绝非被迫戍边的乌合之众可比，所持的武器也不是木弩和戟柄，您根据什么说起义有祸无福？"伍被说："从前，秦王朝暴虐无道，而陈胜一呼，天下才立刻响应。如今皇上治理天下，海内一统，泛爱黎民，广施德政。他即使不讲话，政教声音的传播也如雷霆迅疾；诏令即使不下发，而教化推广的速度也似有神力；他心有所思，便威慑万里，百姓纷纷响应，就像影之随形、响之应声。而且，大将军卫青的才能不是秦将章邯、杨熊可比。因此，大王用陈胜、吴广反秦来自喻，我认为不妥。"

淮南王说："不能侥幸成功吗？"伍被说："我倒有一愚蠢的计策。"淮南王说："什么计策？"伍被说："当今诸侯王对朝廷没有二心，百姓对朝廷也没有怨气。但朔方郡土地辽阔，水草丰美，现在迁徙去的百姓还不足以充实和开发那个地区。臣下的愚计是：伪造丞相、御史写给皇上的奏章，请求再迁徙各郡国的豪强、义士和处以'耏罪'以上的犯人充实那里，并下诏赦免他们的罪行。凡是家产在五十万钱以上的，都要偕同家属迁到朔方郡，而且多调士兵予以监督，逼迫他们按期到达。再伪造宗正府左右都司空、上林苑和京师各府下达的有关皇上亲自签发的办案文书，去逮捕诸侯王的太子和宠臣。如此一来，就会民怨沸腾，诸侯恐惧，然后再让能摇唇鼓舌的说客去鼓动他们造反，或许可以侥幸有十分之一成功的把握！"淮南王说："此计可以。虽然你的多虑有道理，但我认为成就此事不至于难到如此大的程度。"于是，淮南王就采纳了伍被的计策。他还派人假装犯了罪，逃出淮南国，西入长安，到大将军和丞相府供职，想等起义一旦发动，就让他们立即行刺大将军，然后再轻易说服丞相公孙弘就范（如发蒙耳）。

淮南王想要调动国中的军队，恐怕国相和大臣们不听命。于是，他就和伍被密谋，假装宫中失火，国相、二千石大臣必来相救，乘机将其一网打尽。还密谋：派人身穿抓捕盗贼兵士的服饰，手持报信的羽檄，假装从南方驰来，大喊"南越兵入侵了！"以便借机发兵。他又问伍被："我率兵向西挺进，按理说，诸侯应该一定有人响应，如果没人响应，怎么办？"伍被说："可向南攻占衡山国，以便夺取庐江郡，占有浔阳江上的战船，守住下雉的城池，扼住九江的江口，阻断豫章河向北进入长江的彭蠡湖口，以弓弩临江设防，阻止南郡军队沿江而下；再向东攻占江都国、会稽郡，和南方实力较强的越国结盟，在江淮之间就能屈伸自如，这样就可拖延一些时日。"淮南王说："好，看来没有比这再好的计策了。要是事态危急就逃往越国。"

此时，廷尉把刘建的供词呈报朝廷。汉武帝派廷尉监趁着前去拜见淮南国中尉的机会，逮捕太子。刘安听说廷尉监要来，就和太子谋划，打算除掉淮南国的国相和二千石高官，起兵造反。在召集议事时，只来了国相，内史因外出没来，中尉在迎接皇上使臣。淮南王想：只杀死国相，没什么用，就没动手。刘迁看父亲犹豫为难，想自己虽犯的是谋刺朝廷中尉的重罪，但参加密谋的人已死。就对父亲说："群臣中可依靠的人，先前都已被拘捕，现在没人可倚重。在时机还不成熟的情况下起兵，恐怕成功不了，儿子我甘愿前往廷尉那里接受处理。"淮南王也暗想罢手，就同意了。但太子恐惧，刎颈自杀未遂，伍被自首了。

执法官逮捕了太子、王后，包围了王宫，将参与淮南王谋反的宾客也全都抓了起来。案中牵连与谋反有嫌疑的人，一律因轻罪而从重被处以死刑。胶西王刘端认为："刘安无视国法，心怀欺诈，编造邪说，迷惑百姓，背叛祖宗，扰乱天下。《公羊》说：'人臣不能指挥军队作乱，否则，杀无赦。'（臣无将，将而诛）。"丞相公孙弘、廷尉张汤等把群臣的讨论上奏，汉武帝便派宗正刘德和董仲舒的弟子吕步舒，持皇帝符节前去审判淮南王和其他犯人。他俩还未到达，淮南王刘安已经提前自刎了。接着，他俩以《公羊》决狱，王后荼、太子刘迁和所有共同谋反的人都被满门抄斩。汉武帝因为伍被劝阻淮南王谋反时言辞雅正，说了很多称美朝廷的话，想赦免他的死罪；而与淮南王关系密切的严助（庄助），汉武帝也不想杀。最后，在廷尉张汤的争辩下，他俩终于被诛，淮南国被废为九江郡。

司马迁说，《诗经》有"抗击戎狄，惩治楚人"的诗句，这话不假啊！淮南王、衡山王虽是骨肉至亲，拥有千里的领地，被封为诸侯王，但不遵守藩臣的职责，辅佐天子，反一味心怀邪念，策划谋反，父子相继两代亡国，人人没得好死，受天下耻笑。这不只是他们个人的过错，也是受当地的坏习俗和地位低下的不良臣子的影响造成的。楚人轻捷、勇猛和凶悍，喜欢作乱，自古就有典可查。

有人认为，淮南王造反，汉武帝平叛，兵不血刃。

我们认为，淮南王只是想"谋反"，并未真反，说"造反"不妥；既未"造反"所以不存在"平叛"；案件虽是依法处理的，但说"兵不血刃"也不妥，因为被杀的人相当多。此案有三点值得注意：一是封建迷信害死人。刘安虽早有不臣之心，但主要是受"迷信"和方士蛊惑，才想要造反的。二是"推恩令"对瓦解诸侯王谋反起了积极作用。"推恩令"是汉武帝的一项英明政策，淮南王拒绝执行，引起祖孙反目，致使谋反胎死腹中。三是"公羊治狱"的典型。《史记》中说，吕步舒以《公羊》大义决狱；又记，淮南王与后来的衡山王、江都王谋反案，连坐被处死的达数万人。连坐而死的人都是冤枉的。这充分说明了"公羊决狱"的反动性。

第二十四章 《汉书》卷四十五 蒯伍江息夫传 第十五

第一节 智说县令，屈人之兵

【原文】

蒯通，范阳人也，本与武帝同讳。楚汉初起，武臣略定赵地，号武信君。通说范阳令徐公曰："臣，范阳百姓蒯通也，窃闵公之将死，故吊之。虽然，贺公得通而生也。"徐公再拜曰："何以吊之？"通曰："足下为令十余年矣，杀人之父，孤人之子，断人之足，黥人之首，甚众。慈父孝子所以不敢事刃于公之腹者，畏秦法也。今天下大乱，秦政不施，然则慈父孝子将争接刃于公之腹，以复其怨而成其名。此通之所以吊者也。"曰："何以贺得子而生也？"曰："赵武信君不知通不肖，使人候问其死生，通且见武信君而说之，曰：'必将战胜而后略地，攻得而后下城，臣窃以为殆矣。用臣之计，毋战而略地，不攻而下城，传檄而千里定，可乎？'彼将曰：'何谓也？'臣因对曰：'范阳令宜整顿其士卒以守战者也，怯而畏死，贪而好富贵，故欲以其城先下君。'先下君而君不利之，则边地之城皆将相告曰'范阳令先降而身死'，必将婴城固守，皆为金城汤池，不可攻也。为君计者，莫若以黄屋朱轮迎范阳令，使驰鹜于燕赵之郊，则边城皆将相告曰'范阳令先下而身富贵'，必相率而降，犹如阪上走丸也。此臣所谓传檄而千里定者也。"徐公再拜，具车马遣通。通遂以此说武臣。武臣以车百乘、骑二百、侯印迎徐公。燕赵闻之，降者三十余城。如通策焉。

【译文】

　　蒯通，范阳县人，原来的名字与武帝相同，叫蒯彻。楚、汉刚刚兴起时，武臣攻打并平定了赵地，号称武信君。蒯通游说范阳县令徐公，说："我是范阳的百姓，名叫蒯通，我私下可怜您就要死了，所以表示哀悼。尽管如此，我又祝贺您因遇到我蒯通而获得生路。"徐公连连拜谢，问道："您为什么表示哀悼？"蒯通说："您做县令已十多年了，杀死人家的父亲，使人家的儿子成为孤儿，砍去人家的脚，对人施以黥刑，受害的人太多了。慈父、孝子们之所以不敢把刀子插到您的腹上，是因为他们害怕秦朝的法律。现在天下大乱，秦朝的政令得不到贯彻执行，这样的话，那些慈父、孝子们都将争先恐后地把刺刀刺到您的腹上，以报仇雪恨并成就功名，这是我表示哀悼的原因。"徐公又问："您为什么祝贺我遇到先生就获得生路呢？"蒯通回答说："赵国的武信君不知道我无能，派人前来询问他的吉凶祸福，我现在要去会见并劝说他，对他说：'您一定要战胜敌人然后才取得地盘，攻破城池然后才占据它，我私下觉得很危险。如果采用我的策略，将不战而取得土地，不攻而占有城池，传送檄文就能够平定千里，这样可以吗？'他将要问：'你的策略是什么？'我趁机回答说：'范阳县令本应整顿他的军队，守卫城池，奋起抵抗，但因怯懦怕死，贪婪而喜欢富贵，所以想首先向您举城归降。'首先向您投降而您不给他恩惠，那么边地之城都将互相转告说：'范阳县令首先投降而被杀。'一定会据城坚守，像金城汤池一样，难以攻取。为您打算，不如用黄盖朱轮的车子迎接范阳县令，让他在燕、赵的边界驰骋炫耀，那么，边地之城都将相互转告说：'范阳县令先投降而获得富贵。'一定会竞相投降，就像泥丸在山坡上滚动一样轻而易举。这就是我所说的传送檄文就能平定千里的策略。"徐公连连拜谢，准备车马遣送蒯通。蒯通用这些话劝说武臣。武臣用一百辆车，二百名骑兵，以侯印迎接徐公。燕、赵之地听说此事，有三十多座城投降，正像蒯通的策略所预料的那样。

【评点】

　　评说蒯通，我们先从他的名字说起。本来，蒯通满腹才华，擅长长短术，是杰出的谋士、辩士、纵横家，但一生命运不济，没有遇上好的君王，所以，大半生都处于游游荡荡到处寻找东家的漂浮状态。不遇明君，已经够倒霉的了，取了个名字，也因为某个原因被政府给"没收"了。为什么？原来呀，这蒯通本来的名字并不叫"蒯通"，而是叫"蒯彻"，因为后来的汉武帝叫刘彻，撞车了，汉武帝是君主，你蒯彻是臣子，得，你得避讳，就是要"让路"，要另取一个名。不要委屈，也不是专门针对你蒯彻的嘛，国家出面，凡是有"彻"的人通通改名叫"通"，不管你想得通还是想不通通通都得"通"。这样，蒯彻这个在汉朝商标局注册的"商标"正式被国家以神圣的名义吊销。不过，那时的蒯彻早已经不在人世了，奇怪吧，蒯彻最终并不知道他在后世的历史中被称为"蒯通"。要是在法治社会，蒯彻的后代应该可以代表蒯彻状告汉武帝侵犯"姓名权"了。

从某种意义上说，蒯通出道很早，可以称得上是革命先驱了。陈涉在大泽乡揭竿而起，天下豪杰纷纷响应。在革命形势如火如荼的情况下，陈涉审时度势，命令自己的部队四面开花，向各个方向发起攻击。

当时赫赫有名的陈馀、张耳两人也投在了陈王的麾下。陈馀劝告陈王说，大王你起兵，从梁地、楚地西进，目的在于攻克关中，您还没有精力收复河北地区哩，在下曾经游历赵国，结识了那里的豪杰之士，也了解那里的地形地势，我愿意请命收复赵地。陈王答应了他攻打赵地的要求，但他才识有限，又只信任自己的故旧，就派他从前的好朋友武臣担任将军，邵骚为护军，只用张耳和陈馀为左右校尉，发士兵三千，开往赵地。

武臣率领三千士兵出发，一路上招兵买马，一边攻占城池，一边壮大自己的力量，占领了十几个赵国的城邑，其他的城市守军比较顽固，拒绝投降，武臣和陈馀等人转而引兵进攻范阳。

在这种情况下，范阳县肯定处在危险之中。只要有危险，就有辩士、策士们的市场，当时的蒯通当然就有这个本领，他就是靠智谋和嘴巴谋生的，他本人没有固定的"签约"单位，举个通俗的例子，他就像一个自由作家或自由撰稿人吧。更贴切地说，他是一个搞单干到处上门拉生意的策划人。你有困难了吧，嘿，找我蒯通，我帮你搞定。每个单位都有自己杰出的策划人士，比如刘邦有张良、陈平，项羽有范增；范阳辩士蒯通一直没有找到很好的老板，大老板们都有自己的策士了，自己想进去也丧失了最佳时机；小老板嘛，自己不想去混，因为盘子太小，舞台太小，无法施展自己伟大的政治抱负。

平心而论，范阳辩士蒯通的杰出才能远比他做出的实际历史成就要大得多，或许他的原始才华可以和张良并驾齐驱，但他做出的历史成就却与张良相去甚远。这就是命运，也是机会的不对称造成的后果。再打个比方，蒯通和张良或许都是万吨级货轮，但是他们被不同的公司征用，张良被大集团的总裁刘邦看上了，于是就淋漓尽致地发挥了他的才能，果然载上了万吨货物，蒯通没那么好运，虽然运载能力巨大，但没有实力雄厚的老板找他载货呀，于是，一艘万吨级货轮驮上一百吨的货物就撒丫子跑了。这真是太"费"才了，一个优等人才因为"费"才而变得有点像"废才"了。

"费"才蒯通一看自己的才华就要白白流逝，所以他打算出击了。不过这个时候，蒯通还不算是太落魄，因为这时候的张良、陈平也没有发达。蒯通此时应该是最自信的时刻，因为真正的失意时刻还没有到来，在这次成功的游说之后，蒯通似乎在策论界整整销声匿迹了五年甚至更长。但回忆起来，蒯通的第一次重大策划取得了辉煌的成功。

危险正在向范阳县令袭来，这时，游走民间的策略大师蒯通也如影随行般地向范阳县令扑来。他找到范阳县令，对他说，县令大人，我听说您就快要死了，我来安慰您来了，您是危险的，但因为我的到来，您将变得安全。县令一听，气得半死，心想，这是哪个疯人院里逃出来的精神病啊，老子都忧愁得半死，这厮竟然跑来寻我开心。本想棒打一顿把他轰走了事，有幕僚告诉他说，不可呀，他可是民间知名的政治策论大师蒯通啊，我们得先听听大师的战略分析报告，说不定他能给我们带来好运也未可知呀。

县令一听是蒯通，就原谅了他的粗俗无礼。他对蒯通说，你为什么要来安慰我呀？蒯通回答说，秦朝的法律是那么的严酷，您做范阳令十年了，一定杀死了不少人吧。父亲、母亲、儿子、女儿，多少人因为你变成了孤儿，多少人因为你而无家可归，你砍别人的头，斩别人的脚，在人家的额头上"刺绣"，慈父慈母们想砍下你的头颅，孝儿顺女们想用匕首刺透你的胸膛，只不过是畏惧你用秦朝的酷律惩戒他们罢了。现在我问你，天下已经大乱，百姓奋起反抗暴秦，百姓们还会畏惧你用秦朝的酷刑来惩治他们吗？不会，如今他们会释放他们心中久久积蓄的仇恨，他们会挥刀砍下您的首级，用匕首刺透您的肚腹，您的死期就要到了，这就是我特地跑来慰问您的原因哪。

而且，武信君武臣的军队马上就要来到范阳城下，如果您要死守范阳城的话，不等武信君的军队攻破城门。城里的年轻人出于对您的仇恨，都会争着刺杀您，把您的首级当作迎接起义军的礼物。现在我来，就是要带着我的策略来营救您哪，愿县令大人明鉴。

蒯通果然是一流的策略大师，还是一流的辩士。有人策略好，却未必有蒯通这样滔滔不绝的演说、辩难与说服能力。此时的蒯通不但是一个谋士，更是一位说客。他站在制高点上，连恐带吓，一下子就把范阳县令给震服了。范阳县令说，那好哇，就请先生您到武信君那里为我们讲和，于是，蒯通的生意先成功了一半。

比较中立的说客或策士往往游走在双方的阵营，假如是武臣、陈馀等人派出的策士，那么说服了范阳县令，就等于全盘完成了游说的任务。但是，蒯通这次扮演的是比较中立的策士，所以，当他说服范阳县令的时候，他还只是成功了一半。

因为范阳县令接受了他的建议不等于另一方的武臣也必须同时接受这个建议，用现在的话说，得双向选择，既然是拉皮条，自然要把双方都拉得舒坦畅快，蒯通必须让双方都觉得自己在这个交易中获得了利益，这时交易才能获得成功。

于是，蒯通又跑到了武臣和陈馀、张耳那里，大声地质问武臣说，将军您以为打胜仗一定要见血，打了仗才能获取土地，攻破守敌，才能占领城池，我个人认为这是极其错误的。如果您肯听取我的计谋，您将不战而屈人之兵，不进攻您就可以获得城池，不交战就能获得土地，一声令下，就可以决胜于千里之外，将军想不想听听我的谋胜之道呀。武臣也被蒯通给唬住了，说，愿闻其详。

蒯通也不含糊，直奔主题，向武臣阐明了如下要点：第一，范阳县令贪生怕死，贪爱富贵，他不想鱼死网破，想向您投降。第二，投降当然是有条件的，任何人在考虑投降的时候，总不能不考虑投降后的生命和利益保障，最低限度，总要保证他们投降后不被诛杀，将军应该考虑这种合理的要求。第三，您不尽快招降范阳县令，那么城中的青年就要杀死县令，自己组织军队死守，坚决抗拒将军您的军事进攻，消耗您的战力，对您的军队部署不利。第四，如果您愿意封赏范阳令，给他官位和财物，带着印信去任命他，他就会高高兴兴地把城池贡献出来给您。那些年轻人也不敢再去杀害他，他们也没有任何机会和您进行对抗了。您不战获胜，攻下了城池却不损耗甚至是增加自己的战斗力量，有如此巨大的利益，何乐而不为呢？第五，您让投降后的范阳县令穿上显赫的官服，坐上华丽的轿子往来赵、燕两国之间，这种行为具有不可低估的良好示范效果，将带动一轮又一轮的受降风潮。人们会奔走相告，说，这就是那个受降的范阳县令了，他不但因为投降而保全了生命，而且获得了锦衣玉食，高官得做，骏马得骑，原来投降的感觉真的很好，加上暴秦震怒天下的人心，投降在道德上也是光荣无比的事情。如此一来，抗拒投降的势力将不复存在，将军您就可以不费一兵一卒平定燕、赵两地，就为着这个原因，我蒯通是特地来向将军您报喜和恭贺的呀。这也就是我蒯通向将军您奉献的决胜千里之外的奇计，将军您以为如何？意思是说，老兄，采不采用啊，赶快表个态，别再犹豫了。其实，我们发现，蒯通在游说过程中，还施展了一点诈术，比如对范阳县令表态时说，那些城里的青年人要杀死县令迎接义军；而到武臣那里，他又改说那些城中青年准备杀掉县令奋起反抗武臣率领的义军，完全是相反的意思，不管是辩士，还是诈士啊，也好理解，目的是要让对方"明白"，如果不采取我的计谋，你们的处境就会变得很艰难，对于范阳令而言，青年割下他的首级献给义军是最可怕的，所以他就这样来诈范阳令采取自己的计谋；而对于武臣来说，青年在城中聚众抵抗是最可怕的，所以，见到武臣，他又采用了另一个绝然相反的提法。

结果，武信君武臣采纳了范阳辩士蒯通的计谋，加上先前已经被说服了的范阳县令，所以，双方一拍即合，水到渠成，蒯通拉皮条获得成功，计谋得以被实施，算是出师顺利，大有斩获。但是，很遗憾，《史记》或《汉书》上并没有记述蒯通因为这个计谋的成功实施获得了什么样的奖赏。按理说，策划是一门脑力劳动，献奇计者应该得到重重的奖赏，《史记》上这样的记载比比皆是，好多人因为给刘邦献上一记，好的因此封侯，也有得一千金的，也有得五百金的，不奖赏的几乎没有。比如，刘邦出兵平叛黥布之前，原楚国令伊薛公，因为分析了一下黥布可能的布阵计划，就被刘邦封为千户侯。太公家令提议太公以抱帚倒退的礼仪恭迎皇帝，事成之后，获得了高祖五百金的奖赏；田肯因为献计说，齐秦二地，地势坚固险要，纵横山河几千里，非常有战略地位，一定要让刘氏子弟充任齐王，他因此计也获得了五百金。

有人因为史书上没有记载蒯通受赏的情况，就认为这个计谋在历史上不存在，可能是蒯通自己捏造出来的，太史公的资料来源可能就是蒯通捏造的那些所谓"事实"，因为，正常情况下，献计被采用的策士都会被受计者奖赏提携。但笔者以为，这个推断过于武断，没有任何事实依据。而且，如果这个案例是蒯通自己捏造出来的话，他为什么不绘声绘色地编造得详细一些，说自己因此得到了武臣的多少奖赏，编造这样的谎言不是既简单又逼真吗？所以，没记载蒯通受到奖赏反而更能证明这个故事的真实性。原因大概有两点：或者武臣比较小气，没给蒯通钱财或其他实惠，要知道，商场上搞欺诈的人多如牛毛，蒯通奉献了自己的智慧型劳动后没有获得武臣相应的商业报酬，这也是完全可能的；二是史书恰好就没有记载蒯通受封赏这一个情节，因为史学家也是人，难免有时也有疏忽。所以，没有在过硬的否定性证据的情况下，不能怀疑蒯通这次施展计谋的真实性和可靠性。

最后，武臣听从了蒯通的计谋，派遣蒯通以特别使者的身份赐给范阳令侯印，赵地的百姓为此欢呼雀跃，秦朝的士兵们得知做义军的俘虏也有很好的发展前景后，纷纷丢盔弃甲，投降了武臣。一时间，没有经过任何交战就举城投降的城邑就有三十几座，了不起啊，不战而屈人之兵，这是指挥战争的最高境界啊，所以，蒯通这小子的确不是一盏省油的灯，他一出手，就改变了纷乱不堪的战局，乃谋略奇才也。

第二节　策韩攻齐，纵横之术

【原文】

后汉将韩信虏魏王，破赵、代，降燕，定三国，引兵将东击齐。未度平原，闻汉王使郦食其说下齐，信欲止。通说信曰："将军受诏击齐，而汉独发间使下齐，宁有诏止将军乎？得以得无行！且郦生一士，伏轼掉三寸舌，下齐七十余城，将军将数万之众，乃下赵五十余城。为将数岁，反不如一竖儒之功乎！"于是信然之，从其计，遂度河。齐已听郦生，即留之纵酒，罢备汉守御。信因袭历下军，遂至临菑。齐王以郦生为欺己而亨之，因败走。信遂定齐地，自立为齐假王。汉方困于荥阳，遣张良即立信为齐王，以安固之。项王亦遣武涉说信，欲与连和。

【译文】

后来汉将韩信俘虏魏王，攻破赵、代，使燕国降服，接连平定三国，然后率兵向东将要攻打齐国。军队还没有过平原县，听说汉王刘邦已派郦食其劝降了齐国，韩信想停止进军。蒯通游说韩信，说："将军您受汉王的命令攻打齐国，而汉王又另外派兼有暗探身份的使者单身前去劝降齐国，难道有诏书命令您停止进攻吗？为什么不进军？况且郦先生以一个士人的身份，乘车前往，凭三寸不烂之舌，而劝降齐国七十余城，将军您率领几万兵众，才攻下赵国五十多座城。当了好几年将军，反而不如区区一个儒生的功劳大。"于是韩信认为他说得有道理，采纳了他的建议，终于渡过黄河。齐王已听从了郦食其的劝说，就把他留下，一起饮酒作乐，撤除了对汉的防御。韩信因而袭击历下的齐军，于是来到临菑城下。齐王认为郦食其欺骗了自己，就把他用沸水煮死，于是兵败逃走。韩信最终平定了齐国，自立为齐国的代理国王。当时汉王正在荥阳受围困，就派张良前往，立韩信为正式齐王，以便安抚他，使他坚定地站在汉王一边。项羽也派武涉去劝说韩信，想要和他联合。

【评点】

蒯通能力非凡，却在《史记》中连一个列传的位置都没混上，除了他没有碰到明主的关系之外，还因他一系列刁钻古怪的纵横术有关系。他实行的纵横术似乎都与汉朝的发展大计背道而驰，所以，纵使他的策论高超无比，但是由于他的这些计谋与刘邦所要建立的"和谐社会"格格不入，所以，官方的史书也不好把他放到单独的显赫篇章里去。而我们可敬可爱的太史公也是一位非常有幽默感的老先生，他嘛，是官方的史学家，自然不能违背主旋律，不能把不和谐的声音公然带到史书的殿堂里去，毕竟，刘邦旗帜是要高举的，刘邦思想是要弘扬的，像蒯通这样的捣蛋鬼，是多多少少和大汉朝的主流意识形态作对的。但是，太史公又是一个有幽默感的老人，虽然不能明目张胆地为蒯通同学树碑立传，就巧妙地在别人的传记中插入大段大段有关蒯通的事迹，篇幅不少。老人家在官方史学的范畴中玩了一把太极，也权当作了一回无声的抗议吧。

比如说，刘邦已经派郦食其出使齐国游说齐王放弃敌视刘邦的政策，与汉王结成联盟共同抗楚，但蒯通呢，就唆使韩信严重干扰这个并购案。先说郦食其，不愧是天下顶尖的说客，他陈述天下英豪纷纷追随刘邦，项羽如何背信弃义，刘邦如何爱惜贤能、项羽如何妒贤嫉能，刘邦如何对功臣封土割地、项羽如何吝啬财富，以及刘邦如何顺应天时迅猛发展，呈现王者之气，到项羽如何败退以至开始走上穷途末路，那意思很明白，你齐王如若是一个有远见的战略家的话，那么，请立即起来和刘邦联手，共同图谋天下大计。齐王完全被郦食其的三寸不烂之舌给彻底征服了，就答应了郦食其的请求，准备献出自己的城池，和刘邦合伙。这样郦食其就完成了刘邦交给他的使齐说齐的光荣任务。

形象一点说，郦食其替刘邦出马，在关键时刻完成了一宗重大的公司并购案，这是刘邦的高明之处，他每到关键时刻，都会进行类似的公司并购。在彭城之战中，他老人家被项羽打得满地找牙，五十万大军被项羽麾下的三万人马杀了个片甲不留，彭城外的河流都被汉军的尸体给堵塞了。这个情况下，刘邦惶惶如丧家之犬，近一年来都在宛县、叶县、荥阳、成皋等地疲于奔命，慌不择路，老本赔了个精光，甚至不得不觍起脸来，大清早赶到韩信、张耳在赵国的军营，闪电般地夺了韩信的帅印，解除了他的主力武装，供自己转战南北甚至是逃亡时所用。

与此同时，刘邦开始了大规模的并购旋风。刘氏集团在走投无路时往往采用的就是并购制度。并购运作的好处在于，可以吸纳对方的股本，捆绑在自己的刘氏军事集团里，加以运营，这种并购方式不像一般的兼并，被并购的对象对自己的股本依然有相当高的独立操控能力，类似于投资合作伙伴，所以，刘邦以这种较为通达的态度，很快就赢得了合作伙伴的积极回应。正在反复和项羽打游击战的彭越一向和刘邦有交情，所以，刘邦先是并购了彭越的股本。然后，儒生随之出马，一举成功策反了黥布，这是刘邦完成的第二个重要的并购大案。此时，郦食其出马，不辱使命，成功地说服了齐国放弃武力对抗，和刘邦结成军事战略同盟。远看，刘邦的第三宗并购大案就要成功实施了。就在刘邦马上就要成功并购齐国的资产的时候，捣蛋鬼蒯通又出现了，他一出现，准没好事，不用问，就是来捣乱、煽风点火、专业搞破坏的。他听说郦食其成功说齐之后，很不甘心，赶快跑到韩信那里去煽风点火，目的就是破坏郦食其所达成的和平协议。

本来韩信听说郦食其成功说齐之后，也是很配合的，他把部队停下来，准备等待刘邦的命令再做打算。这个时候，蒯通跑过来说：将军您是奉汉王的命令攻打

317

齐国的，而汉王只不过是派遣密使说服了齐王，难道有诏令要将军停止进攻吗？凭什么不能出击呢？况且，郦食其乃是一介书生，坐着车到处摇动着他的三寸不烂之舌，就降服了齐国的七十多座城池；而将军您呢，领着数万大军，埋头干了一年多，才打下赵国的五十多座城邑，您带着几万人，难道所做出的功劳还不如一个小小的书生吗？

这蒯通的迷魂汤一灌，韩信就彻底喝了。他认为蒯通说得有道理，于是听从了他的计谋，领兵渡过了黄河，那势头很明显，虽然你齐王和郦食其达成了一个和平框架协议，但我韩信不买你们的账，该打我还照打，决不手软。韩信自己倒爽了，可人家郦食其可就倒大霉了，人家可是拿着性命做抵押去进行游说工作的，现在倒好，你韩信要破坏这个和平协议，齐王就要迁怒于郦食其。说郦食其假谈判假和平，目的只是为了瓦解我们的斗志，麻醉我们的神经，以达到闪电奇袭的目的。

可怜郦食其空有一张三寸不烂之舌，也无法扭转自己失去信任的颓势，齐王田广和齐相田横认定郦食其是和韩信一伙的，是合谋来攻击齐国的罪魁祸首，因此他们毫不犹豫地烹杀了郦食其，然后一起逃往高密，准备投靠项羽，并且派使者前往楚国请求援助。可怜郦食其，一代游说高人，就在蒯通的策动之下，在韩信的鲁莽攻击下，烟消云散，化为一堆白骨。

第三节　蒯通乱齐，剑指何方

【原文】

蒯通知天下权在信，欲说信令背汉，乃先微感信曰："仆尝受相人之术，相君之面，不过封侯，又危而不安；相君之背，贵而不可言。"信曰："何谓也？"通因请间，曰："天下初作难也，俊雄豪杰建号壹呼，天下之士云合雾集，鱼鳞杂袭，飘至风起。当此之时，忧在亡秦而已。今刘、项分争，使人肝脑涂地，流离中野，不可胜数。汉王将数十万众，距巩、雒、岨山河，一日数战，无尺寸之功，折北不救，败荥阳，伤成皋，还走宛、叶之间，此所谓智勇俱困者也。楚人起彭城，转斗逐北，至荥阳，乘利席胜，威震天下，然兵困于京、索之间，迫西山而不能进，三年于此矣。锐气挫于崄塞，粮食尽于内藏，百姓罢极，无所归命。以臣料之，非天下贤圣，其势固不能息天下之祸。当今之时，两主县命足下。足下为汉则汉胜，与楚则楚胜。臣愿披心腹，堕肝胆，效愚忠，恐足下不能用也。方今为足下计，莫若两利而俱存之，三分天下，鼎足而立，其势莫敢先动。夫以足下之贤圣，有甲兵之众，据强齐，从燕、赵，出空虚之地以制其后，因民之欲，西乡为百姓请命，天下孰敢不听！足下按齐国之故，有淮泗之地，怀诸侯以德，深拱揖让，则天下君王相率而朝齐矣。盖闻'天与弗取，反受其咎；时至弗行，反受其殃'。愿足下孰图之。"

信曰："汉遇我厚，吾岂可见利而背恩乎！"通曰："始常山王、成安君故相与为刎颈之交，及争张黡、陈释之事，常山王奉头鼠窜，以归汉王。借兵东下，战于鄗北，成安君死于泜水之南，头足异处。此二人相与，天下之至欢也，而卒相灭亡者，何也？患生于多欲而人心难测也。今足下行忠信以交于汉王，必不能固于二君之相与也，而事多大于张黡、陈释之事者，故臣以为足下必汉王之不危足下，过矣。大夫种存亡越，伯句践，立功名而身死。语曰：'野禽殚，走犬亨；敌国破，谋臣亡。'故以交友言之，则不过张王与成安君；以忠臣言之，则不过大夫种。此二者，宜足以观矣。愿足下深虑之。且臣闻之，勇略震主者身危，功盖天下者不赏。足下涉西河，虏魏王，禽夏说，下井陉，诛成安君之罪，以令于赵，胁燕定齐，南摧楚人之兵数十万众，遂斩龙且，西乡以报，此所谓功无二于天下，略不出出者也。今足下挟不赏之功，戴震主之威，归楚，楚人不信；归汉，汉人震恐。足下欲持是安归乎？夫势在人臣之位，而有高天下之名，切为足下危之。"信曰："生且休矣，吾将念之。"

数日，通复说曰："听者，事之候也；计者，存亡之机也。夫随厮养之役者，失万乘之权；守儋石之禄者，阙卿相之位。计诚知之，而决弗敢行者，百事之祸也。故猛虎之犹与，不如蜂虿之致螫；孟贲之狐疑，不如童子之必至。此言贵能行之也。夫功者难成而易败；时者难值而易失。'时乎时，不再来。'愿足下无疑臣之计。"信犹与不忍背汉，又自以功多，汉不夺我齐，遂谢通。通说不听，惶恐，乃阳狂为巫。

【译文】

蒯通知道天下局势的变化取决于韩信，想劝韩信背叛汉朝，就先用隐语暗示韩信说："我曾经学过相面术，观察您的脸谱，最多不过被封为侯爵，又总是处于危险之中；而看您的背形，则非常尊贵，难以说出。"韩信问："您说的话是什么意思？"蒯通于是请求让别人走开，然后说："天下刚刚起来发难的时候，英雄豪杰之士自立为侯、王，振臂一呼，天下的人像云雾一样会合，像鱼鳞一样错杂积聚，像疾风一样迅速兴起。当时人们只为推翻秦朝而忧虑。现在刘邦、项羽两方相争，使人肝脑涂地，流离失所，数不胜数。汉王率领几十万兵众，据守巩、洛、岨，凭

319

借山河之险，一连数战，毫无功效，战败而逃，不能援救，在荥阳败退，在成皋负伤，逃到宛、叶之间，这就是所说的智谋、勇力都陷入困境的人。楚人在彭城起兵，辗转争斗，所向无敌，进兵到荥阳，乘胜利之势，威震天下，然而在京、索之间受阻，临近西山却不能前进，如今已经三年了。锐气在险峻的关塞受挫，国库的粮食耗尽，百姓苦不堪言，不知归顺于谁。以我之见，除非有天下圣贤，否则势必不能消除天下的灾祸。现在刘邦、项羽两人的命运就掌握在您的手里。您帮助汉王，汉王就会取胜，与楚王联合，楚王就会成功。我愿意推心置腹地向您表达愚陋的诚意，就怕您不能采纳我的建议。现在为您着想，不如让他们两方都得到好处，共同存在下去，三分天下，鼎足而立，势必无人敢先发难。凭您的贤达圣明，又有众多身穿铠甲的军队，占据强大的齐国，联合燕、赵两国，出兵到空虚之地控制他们的后方，顺应民心，西向制止楚、汉间的争斗，使士兵免于死亡，天下的人，谁敢不听从您，按照原来齐国的版图，拥有淮、泗之间的土地，以恩德安抚诸侯，拱手安居，礼让贤士，那么天下诸侯都将竞相朝拜齐国。我听说上天赐予而不接受，反而会受到罪责；时机到来而不行动，反而会得到灾祸。希望您深思熟虑。"

韩信说："汉王待我不薄，我怎能见利忘义、背恩忘德呢？"蒯通说："当初常山王张耳和成安君陈馀结下生死之交，等到为张黡、陈释的事而争吵，常山王抱头鼠窜，归附汉王，借兵东下，在鄗北征战，成安君死在泜水南岸，头脚分家。这两人结交之时，亲密无间，天下没有人能与他们相比，而最后却自相残杀，以至于灭亡，这是为什么呢？祸患产生在欲望太多、人心难测。现在您忠心耿耿地与汉王交好，不会比那两位关系更紧密，而所争论的事情又往往比张黡、陈释的事情重要。所以我认为您坚信汉王不会危害您是错误的。大夫文种使即将灭亡的越国生存下来，使勾践在中原称霸，功成名立而身遭杀害。俗话说：'野鸟捕尽，猎狗就会被烹杀；敌国破灭，谋臣就将死亡。'所以从交友这方面说，没有人能超过张耳和陈馀；从忠臣这方面说，没有人比得上大夫文种。这两个事例，应该说足以作为借鉴了，希望您好好想想。况且我听说勇力和谋略使君主感到畏忌的人将难保性命，功业压倒当世的人将得不到奖赏。您渡过西河，俘获魏王，活捉夏说，攻下井陉，讨伐成安君的罪过并把他杀死，而得以在赵国发号施令，威胁燕国，平定齐国，向南挫败楚国的几十万兵众，终于斩杀龙且，派人西行向汉王报功，这就是所说的功业天下无双，谋略世间少有的人。现在您功高难以奖赏，威重使君主畏忌，归附楚国，楚人不信任您；归附汉国，汉人害怕您。您想带着这些功业和威望归附谁呢？处在人臣的地位，而有高于天下的名望，我实在为您担心。"韩信说："先生暂去休息，我要考虑一下。"

过了几天，蒯通又劝说道："能否听从忠告，是做事成败的征兆；谋划是否得当，是存亡得失的关键。从事奴仆的差役，就会失去万乘的权柄；保守低微的俸禄，就会丧失成为公卿、宰相的机会。心里明明知道这个道理，而不敢做出决断并付诸行动，将会成为百事之祸。所以猛虎如果犹豫，还不如蜂、蝎以毒刺刺人；孟贲如果迟疑，还不如儿童坚决去做。这是说贵在能实际行动。功业很难做成却容易失败，机会很难遇到却容易丧失时机，时机失去了不会第二次来临：希望您不要怀疑我的计策。”韩信犹豫不决，不忍心背叛汉王，又自以为功多，汉王不会夺回他统治的齐国，于是婉言谢绝了蒯通的建议。蒯通因游说而不受信用，非常害怕，就假装疯狂而做了巫师。

【评点】

蒯通的“乱齐”之策离他的第一个策论（游说范阳令）有整整五年的时间，其间，他好像在策论界消失了。为什么，可能是因为蒯通没有找到可以辅佐的明主，所以才在民间“潜水”了。又有人认为蒯通复出之后，是在韩信麾下做策士的，其实这个立论说不通，《史记》中描述蒯通出场的背景时说的是“范阳辩士”，也就是说，蒯通是突然登门找到韩信的，他仍然是一个自由策划人的角色。

有必要追究一番，蒯通究竟为何出此谋划，他“乱齐”的主要目标是什么？此谋究竟对谁有利？这里有以下三种可能的解释：一、蒯通想要辅助韩信成就大业，并以这个计谋作为韩信的见面礼；二、为其他人而谋，蒯通施展手段借此以乱齐汉联盟，使第三方项羽得利；三、唯恐天下不乱，借此来实现自己翻手为云，覆手为雨的纵横家本色。

因为后来有蒯通说韩信自立，所以一般后人皆认为是第一种原因。但是笔者却倾向于一种更复杂的可能状态。

《史记》中的《田儋列传》中有这么一段话，“通善齐人安期生，安期生尝干项羽，项羽不能用其筴。已而项羽欲封此两人，两人终不肯受，亡去。”从这段可以推测蒯通曾经为项羽客卿，联系到蒯通五年内毫无动静，很可能因为无明主辅助，故处于隐身状态，而楚汉期间唯有项羽刘邦双雄并立，余者皆不足论，但刘邦和项羽都有杰出高参辅助，蒯通想去投靠也没有足够有分量的位子供他驰骋，所以很难出击。

但是在汉三年却有了转机，项羽先丢失陈平，后又中陈平反间计而失去亚父范增，处于缺乏谋士辅助的尴尬境地。而此时蒯通以及好友安期生趁此出击，想投身项羽阵营亦合情合理，通过“乱齐”来瓦解汉齐联盟，转而促成齐楚联盟，最终使项羽获利。所以，蒯通施展“乱齐”之策恐怕主要是想以此讨好项羽，获得进入项羽集团的通行证。

但是，第一种可能也是存在的，那就是想借此计扩大韩信的势力范围，使他日后具备三分天下的实力，到时，他就可以凭借自己的功劳担任韩信的首席谋臣的角色，成为韩信麾下的"张良"。

甚至于第三种可能也不能完全排除，因为"乱齐"可以搅扰当时的整个天下，会改变刘邦、项羽、田横甚至韩信的政治竞争格局，引发新的政治力量的重新洗牌。这种乱局，对在现实中处境不佳的策士蒯通有绝大的好处，因为政治势力重新洗牌之后，重量级阵营会有更多的谋臣职务需要调整或补充，蒯通可以乘虚而入，趁乱出击。

我们接下来，再来看看蒯通计谋都有哪些受益者，直接的受益者有三个：韩信不用说，借此扩大功绩，又独占齐地，拥兵自重，割据一方；但是最大的受益者却不是韩信而是项羽，因为蒯通的计谋瓦解了已经成型的"汉齐联盟"，促成了新的"楚齐联盟"，这个力量消长是无法估量的；即使是纯粹地制造乱局，蒯通自己也是一个直接受益者。

但从蒯通设置此计的终极目标来看，理想中最大的受益者其实就是蒯通自己。经过慎重分析，认为蒯通此计，主要是想达到一石三鸟的目的：上策是，通过此计，扩张项羽的势力，使自己有功于项羽，可以作为投靠项羽的资本，从而找到一个好的政治表现舞台；中策是，扩张韩信的势力，甚至使韩信达到三分天下的实力，以便多一个选择投靠的目标，多一个备选的政治表演舞台；下策是，制造乱局，可以随机性寻找不确定的发展目标。

蒯通的这个计谋是很厉害的，非常高超，有很高的技术含量，确实扰乱了当时的天下，改变了一些政治格局。但是，历史的发展带有绝对的偶然性，任何人，包括蒯通（甚至是刘邦）这样天才也无法左右。蒯通的计谋是一流的，但实施起来，却不以蒯通本人的意志为转移，后来甚至越来越远离设计者本人的运行与发展目标。

首先，项羽成为最大的受益者，凭借此计谋的成功实施，蒯通为项羽立下了汗马功劳，得以进入项羽阵营发展，但项羽却在这以后日益衰败，所以，他在短期目的得逞后又不得不自动"亡去"（离开），这样，蒯通的上策已经破产了；然后，他开始实施中策，鼓动已经羽翼丰满的韩信造刘邦的反，但此时的韩信正处在春风得意的齐王位上，加上和刘邦的关系也不错，不愿冒谋反的政治风险，于是，蒯通的中策又破产了；而在混乱的政治格局中，蒯通又没有找到新的明主，所以，他的下策也已经破产了。

所以，蒯通在操作"乱齐"策略的直接层面上，是很成功的；但在达到推广自己、施展自己政治谋略才华的方面，则又是彻底失败的。可以说，"乱齐"策略的实施把蒯通的最后一张底牌都输掉了。因为，在"乱齐"策略中，最大的受害者恰恰是刘邦，而受害者刘邦又以不可阻挡的趋势崛起了。这就意味着，一旦韩信不反叛刘邦，刘邦势必统一天下，到时，天下哪有他蒯通的立足之地呢？可叹韩信只有雄才，没有大略，他不像刘备，对诸葛亮的隆中策能欣然接受。他对刘邦还心存感激与幻想，他说汉王给我的待遇很优厚，他的车子给我坐，他的衣裳给我穿，他的食物给我吃，我怎么能够图谋私利而背信弃义呢！蒯通又劝诫了两次，甚至指出韩信不这样做的危险："野禽殚，走犬亨；敌国破，谋臣亡。"后来，韩信被刘邦逮到，当面讲了一句非常著名的话："果若人言：'狡兔死，良狗亨；高鸟尽，良弓藏；敌国破，谋臣亡。'天下已定，我固当亨！"那人指的就是蒯通，遗憾的是韩信悔之晚矣！

所以，当韩信拒绝听从蒯通的计谋，拒绝反叛刘邦后，蒯通就已知道自己已经彻底失败，时下的问题已经不是图谋大业，而是能保住性命就算幸运了。所以，他在劝告韩信谋反失败之后，发了一通牢骚，就装疯卖傻，流亡隐匿在民间了。这真是聪明反被聪明误哇，历史和造化有时真的很会捉弄人。他知道自己的事迟早会败露，以这样的方式也可以暂缓一下危机。果不出所料，由于韩信临死前脱口一句话"吾悔不用蒯通之计"，蒯通被刘邦捉到。他有先见之明，已做好了应对之策，最后靠巧妙的言辩，免了被烹之刑，并且无罪释放。

《史记》对蒯通的事迹也有记载，在《田儋列传》的结尾有一段评语也很能说明问题。司马迁这样叹道："甚矣蒯通之谋"——蒯通的计谋实在厉害呀！接着专门用一句话介绍蒯通："蒯通者，善为长短说，论战国之权变，为八十一首。"后世人中有人认为《战国策》就收录了他的文章。

第四节　八公之首，身陷冤案

【原文】

后王复召问被："苟如公言，不可以徼幸邪？"被曰："必不得已，被有愚计。"王曰："奈何？"被曰："当今诸侯无异心，百姓无怨气。朔方之郡土地广美，民徙者不足以实其地。可为丞相、御史请书，徙郡国豪桀及耐罪以上，以赦令除，家产五十万以上者，皆徙其家属朔方之郡，益发甲卒，急其会日。又伪为左右都司空上林中都官诏狱书，逮诸侯太子及幸臣。如此，则民怨，诸侯惧，即使辩士随而说之，党可以徼幸。"王曰："此可也。虽然，吾以不至若此，专发而已。"后事发觉，被诣吏自告与淮南王谋反踪迹如此。天子以伍被雅辞多引汉美，欲勿诛。张汤进曰："被首为王画反计，罪无赦。"遂诛被。

【译文】

后来淮南王又召见伍被问道："如果像您所说的那样，就不能凭徼幸而成功吗？"伍被说："实在不得已的话，我有一条愚计。"淮南王问："什么计策？"伍被说："现在诸侯对朝廷无二心，百姓对朝廷无怨气。朔方郡地广土肥，迁居到那里的百姓不足以充实那里。可以伪造丞相、御史的上奏文书，请求迁徙郡国豪强、耐罪以上而遇到赦免的犯人，以及家产五十万以上的人，把他们的家属都迁到朔方郡，多多派遣披甲士兵去催促他们按期迁徙。又伪造皇帝命令左、右都司空和上林、中都官收捕罪犯的诏书，逮捕诸侯太子以及他们亲信的大臣。这样，就会使百姓怨恨，诸侯恐惧，随即派辩士去劝说诸侯谋反，或许能徼幸成功。"淮南王说："这样做是可行的，尽管如此，我认为不至于做到这地步，只要我直接发兵就行了。"后来谋反的事被朝廷发觉，伍被就到官府自首，供出与淮南王谋反的情况就是这样。皇帝认为伍被平时的话多称颂汉朝之美，想不杀他。张汤进言说："伍被首先为淮南王策划谋反，罪大恶极，不能赦免。"伍被最终被杀。

【评点】

伍被，是伍子胥的后人，在淮南王刘安门下做中郎，现在看来他可能是汉武帝时期最有水平的社会科学家。

汉武帝为人虚伪残忍，他手下聚集了一群阿谀奉承之辈。淮南王刘安为人宽厚，博学多才，一些不愿意给汉武帝当走狗的知识分子投奔了刘安，前后聚集了诸子百家数千人，其中比较突出的是八位，历史上称为"八公"，八公中最突出的就是伍被，包括《淮南鸿烈》在内的书籍大多有伍被的手笔。

史载伍被为刘安谋划叛乱，后来又向汉武帝告密，结果刘安的门客数千人被杀，也包括"告密者"伍被本人，使诸子百家绝迹。令人生疑的是此时此刻叛乱的总头目刘安却安然无恙，只是被围在了王宫里，不让出来。明眼人谁都明白，汉武帝就是冲着诸子百家这些人来的，杀的就是你们，叛乱只是个噱头。

《汉书》的作者班固对伍被似乎怀有一份同情，他用大量的篇章记述伍被的真知灼见，对谋划叛乱只写寥寥数语，对告密更是一笔带过。班固不是司马迁，他不敢用生命保存真相，但他也不是汉武帝手下的那些走狗，他有自己的良心，他有史家的规范，他用一种委婉的方式为伍被——这位官方认定的叛乱者，树碑立传。在伍被的传中，班固一开始似乎就想暗示什么。刘安对伍被说："将军上。"在此没有叛乱，没有密谋，有的只是信任。而伍被说："王安得亡国之言乎？昔子胥谏吴王，吴王不用，乃曰'臣今见麋鹿游姑苏之台也'。今臣亦将见宫中生荆棘，露沾衣也。"

接着，从政治到军事，从经济到人心，从将领到士兵，从秦末旧事到七国之乱，从治乱兴替到历史大势，伍被用极其精确的语言论证了西汉政权的稳固，说明了叛乱必败的结局。没有理由相信伍被这样的大智大慧最终会参与叛乱，没有理由相信默然而去的淮南王刘安最终会选择叛乱。

但是，汉武帝决心已定，必须消灭这些不同政见的人，他已经多次策划此事了。现在他们先抓了伍被，经过了什么样的酷刑我们不得而知，然后被定为是伍被告发刘安叛乱，随后杀掉了数千百家弟子，也包括伍被，刘安自杀。

看看《淮南鸿烈》吧。那是一部巨著，天文地理、山林川泽、寓言故事、修身养性、政治策略、兵书战卷，应有尽有，大道一统，多而不杂，大智所成，全而不乱，非大智大慧不能为也！

春秋时期，伍子胥尚能吹箫乞市。现在天下大一统，他的子孙想吹箫也不可能了，还要被定为叛乱者和告密者，更无法免去那一刀之祸。

第五节　闾阎之隶，巫蛊之祸

【原文】

江充字次倩，赵国邯郸人也。充本名齐，有女弟善鼓琴歌舞，嫁之赵太子丹。齐得幸于敬肃王，为上客。久之，太子疑齐以己阴私告王，与齐忤，使吏逐捕齐，不得，收系其父兄，按验，皆弃市。齐遂绝迹亡，西入关，更名充。诣阙告太子丹与同产姊及王后宫奸乱，交通郡国豪猾，攻剽为奸，吏不能禁。书奏，天子怒，遣使者诏郡发吏卒围赵王宫，收捕太子丹，移系魏郡诏狱，与廷尉杂治，法至死。

赵王彭祖，帝异母兄也，上书讼太子辠，言"充逋逃小臣，苟为奸谄，激怒圣朝，欲取必于万乘以复私怨。后虽亨醢，计犹不悔。臣愿选从赵国勇敢士，从军击匈奴，极尽死力，以赎丹罪"。上不许，竟败赵太子。

初，充召见犬台宫，自请愿以所常被服冠见上。上许之。充衣纱縠禅衣，曲裾后垂交输，冠禅脯步摇冠，飞翮之缨。充为人魁岸，容貌甚壮。帝望见而异之，谓左右曰："燕赵固多奇士。"既至前，问以当世政事，上说之。充因自请，愿使匈奴。诏问其状，充对曰："因变制宜，以敌为师，事不可豫图。"上以充为谒者，使匈奴还，拜为直指绣衣使者，督三辅盗贼，禁察逾侈。贵戚近臣多奢僭，充皆举劾，奏请没入车马，令身待北军击匈奴。奏可。充即移书光禄勋中黄门，逮名近臣侍中诸当诣北军者，移劾门卫，禁止无令得出入宫殿。于是贵戚子弟惶恐，皆见上叩头求哀，愿得入钱赎罪。上许之，令各以秩次输钱北军，凡数千万。上以充忠直，奉法不阿，所言中意。

充出，逢馆陶长公主行驰道中。充呵问之，公主曰："有太后诏。"充曰："独公主得行，车骑皆不得。"尽劾没入官。

后充从上甘泉，逢太子家使乘车马行驰道中，充以属吏。太子闻之，使人谢充曰："非爱车马，诚不欲令上闻之，以教敕亡素者。唯江君宽之！"充不听，遂白奏。上曰："人臣当如是矣。"大见信用，威震京师。迁为水衡都尉，宗族知友多得其力者。久之，坐法免。

会阳陵朱安世告丞相公孙贺子太仆敬声为巫蛊事，连及阳石、诸邑公主，贺父子皆坐诛。语在《贺传》。后上幸甘泉，疾病，充见上年老，恐晏驾后为太子所诛，因是为奸，奏言上疾祟在巫蛊。于是上以充为使者治巫蛊。充将胡巫掘地求偶人，捕蛊及夜祠，视鬼，染污令有处，辄收捕验治，烧铁钳灼，强服之。民转相诬以巫蛊，吏辄劾以大逆亡道，坐而死者前后数万人。

是时，上春秋高，疑左右皆为蛊祝诅，有与亡，莫敢讼其冤者。充既知上意，因言宫中有蛊气，先治后宫希幸夫人，以次及皇后，遂掘蛊于太子宫，得桐木人。太子惧，不能自明，收充，自临斩之。骂曰："赵虏！乱乃国王父子不足邪！乃复乱吾父子也！"太子繇是遂败。语在《戾园传》。后武帝知充有诈，夷充三族。

【译文】

江充，字次倩，是赵国邯郸人。江充本名江齐，有一个妹妹擅长弹琴跳舞，嫁给赵太子刘丹。江齐受到赵敬肃王刘彭祖的宠幸，做他的上等宾客。过了很长时间，太子刘丹怀疑江齐把自己的隐私告诉给了赵王，就与江齐不和，派官吏追捕江齐，没有抓到，就逮捕了他的父亲、哥哥，进行审讯，全部斩首示众。江齐于是隐藏逃亡，西入关中，改名叫江充，上殿告发太子刘丹与同母姐姐及赵王的后宫妃姜通奸乱伦，并与郡、国的不法豪强结交，杀人越货，官吏不能禁止。上书奏报皇帝，皇帝大怒，派使者命令郡调发官兵包围赵王宫殿，逮捕太子刘丹，奉诏令把他转送到魏郡监狱，与廷尉共同审理，依法将刘丹判处死刑。

赵王刘彭祖，是汉武帝的异母哥哥，他上书为太子刘丹诉冤，说："江充是逃亡的小臣，苟且编造谎言来激怒圣明的朝廷，以确保皇帝相信他，从而报私怨，以后即使被处以烹、醢之刑也无所悔恨。我愿挑选赵国勇猛敢死的士兵，与他们一起参军攻打匈奴，尽力效死，以此赎免刘丹的罪过。"武帝不同意，终于废了赵太子。

开始，江充在犬台宫被召见，他请求要以平时的衣着拜见皇上。武帝同意了，江充身穿纱壳禅衣，曲裾后垂，交输如燕尾，头戴禅纚步摇冠，以鸟羽为缨。江充身材魁梧，仪表堂堂，武帝见到他感到很惊异，对身边的人说："燕、赵本来多奇才之士。"江充已经来到武帝面前，武帝向他询问当时的国家政事，对他很满意。江充于是自愿请求出使匈奴。武帝下诏书询问出使的方略，江充回答说："随机应变，将计就计，不能预先谋划。"武帝任用江充为谒者。江充出使匈奴回来之后，被任命为直指绣衣使者，监督三辅地区的盗贼，禁止权贵、豪族过分奢侈，超越制度。尊贵的外戚和皇帝的近臣多奢侈无度，违反制度，江充都加以举报、弹劾，并上书请求没收他们的车马，让他们在北军待命，准备攻打匈奴。武帝批准了他的建议。江充立即发文书给光禄勋中黄门，下令逮捕近臣、侍中等官员中应当被送到北军去的人，并把弹劾文书转送给门卫，禁止被弹劾的人出入宫殿。于是这些显贵、外戚的子弟非常害怕，都去拜见皇上，叩头求饶，愿交钱赎罪。武帝同意了他们的请求，命令他们分别按官职的级别把钱交送到北军，共交了几千万钱。武帝认为江充忠诚正直，执法不徇私情，对他的建议都很满意。

江充出来巡视，碰见馆陶长公主在驰道上乘车行走，江充把她喝住，查问原因，公主说："有太后的命令，允许我在驰道上走。"江充说："只许公主在驰道上走，随从车马都不允许通行。"把随行的车马全部举报没收。

后来江充随从武帝去甘泉宫，遇见太子派往甘泉宫问候皇上的使者乘马车在驰道中行走，江充就把使者扣押起来。太子听说这件事，就派人向江充道歉说："我并不是吝惜车马，而是实在不愿意让皇上听到这件事，认为我平时对手下的人不加管教。但愿江君您能宽恕此事。"江充不听，终于向武帝汇报了。武帝说："做臣子的就应该这样啊。"江充因此大受信用，威震京师。江充升为水衡都尉，他的家族、朋友很多人都得到他的帮助。过了很长时间，因罪被免官。

正巧阳陵的朱安世告发丞相公孙贺的儿子、太仆公孙敬声以巫术诅咒皇帝，牵连阳石公主和诸邑公主，公孙贺父子因此都被杀。详见《公孙贺传》。后来武帝巡幸甘泉宫，得了病，江充看到武帝已经年老，恐怕他去世后自己将被太子所杀，于是趁机捣鬼，上书说皇上得病是因为有人在搞巫蛊。于是武帝任命江充为使者，查办搞巫蛊的人。江充指挥胡族巫师到处掘地，寻找木偶人，收捕搞巫蛊和夜间祭祠诅咒的人。让胡族巫师观察鬼所污染之处，并做标记，掘出木偶人，就逮捕那里的人，加以拷问，把铁烧热，夹烤被审问的人，强迫他认罪。老百姓之间转相诬告，官吏就把被诬告的人判为大逆不道的罪，因此被杀的前后共有好几万人。

当时，武帝已经年迈，怀疑身边的人都在搞巫蛊诅咒他，不论有无此罪，都没有谁敢诉冤。江充既已领会皇上的想法，趁机说宫中有巫蛊之气，先查办后宫中不受皇上宠爱的夫人，依次搞到皇后头上，最后在太子宫中掘蛊，得到桐木人。太子很害怕，又不能自己去向皇帝说明，就把江充抓起来，亲自监斩。骂道："赵国的奴才！扰乱你的国王父子还嫌不够吗？又来扰乱我们父子！"太子因此而终于败亡。详见《戾太子传》。后来武帝知道是江充捣的鬼，就夷灭了他的三族。

【评点】

江齐的为官之路并不是一帆风顺的。他的家人是"布衣之人，闾阎之隶"，是邯郸城里普通得不能再普通的小老百姓。西汉帝国的普通百姓只有两条道路可以进入官场。第一是荐举和征辟，官府定期会挑选品德高尚、孝行出众的子弟进入官场。但在实际操作中得到推荐的往往是官宦子弟，几乎没有平民百姓。第二条较为可行的道路是通过军功入仕。当时西汉帝国正在与北方强悍的匈奴铁骑作战，平民子弟参军，斩获一定数量的首级也可以升官封爵。江齐摸摸自己并不粗壮的胳膊，觉得一旦从军自己更可能成为匈奴人升官的筹码。这条路风险太大，也走不通了。而科举要在六百年后才出现，所以江齐入仕的道路算是被封死了。

即便如此，江齐还是进行了充分的准备。他长得高大，一表人才，智商很高，看人看事头脑清晰，为人处世颇为得体，后通过刻苦地读书学习，又写得一手好字和漂亮文章。在汉朝，只有当官的人才去读书写字。因此，江齐希望进入官场的心思暴露无遗。

江齐想出了一条特别的当官之路：巴结高官显贵，得到特别任命。邯郸最大的官就是封在此地的赵王——汉武帝刘彻的异母哥哥刘彭祖。江齐认真研究了赵王，发现赵王的儿子太子丹是个喜欢声色犬马的好色之徒，于是将自己擅长歌舞的妹妹献给太子丹，作为自己前进的台阶。江齐的这一招很有效，他不仅如愿得到了进入赵王府的门票，而且还一跃成为了赵王的座上宾。接下来，只要江齐好好展示自己的能力，为赵王父子解决某个难题，就极可能得到梦寐以求的委任状。

江齐的发迹之路会这么顺利吗？刘彭祖在历史上又是一个什么角色？

史书不客气地称刘彭祖是"巧佞、卑谄足恭""而心深刻"的卑鄙阴险人物。

政治上不像江齐想象的那么单纯，不知道江齐在研究赵王的时候有没有搞懂这一点。在刘彭祖掌权的六十多年里，朝廷派到赵国来的相国和其他官员，没有一个人得到善终，"大者死，小者刑"。为了监督分封地方的藩王，朝廷向各封国任命了相国、长史等官员。新官到邯郸上任的时候，刘彭祖都穿上帛布单衣，亲自迎接，表现得恭顺尊重，暗地里却"多设疑事诈动之"，千方百计下套让新官犯错。新官不防，往往多少有违规或者犯忌的言行，刘彭祖就将之记录在案，并以此要挟他们听命于自己，不然就向朝廷告发。刘彭祖凭这一套在邯郸作威作福，欺行霸市，杀人越货，拼命捞钱，以至于富可敌国。赵太子丹和父亲相比，有过之而无不及，他不仅贪财，而且淫乱，甚至连亲妹妹和父王的嫔妃都不放过。和刘彭祖、太子丹这样的人相处，江齐的日子并不好过。

江齐满怀平步青云的梦想进入赵王府，实际是深入虎穴，危机四伏。

江齐自动站到了赵王父子的战壕中，赵王父子却警惕地看着江齐这个出身卑贱的陌生人。江齐来的时间越长，知道的丑闻就越多。太子丹很担心，担心江齐把自己的丑事揭发出去。在太子丹看来，江齐是无源之水无本之木，是可以随手捏死的蚂蚁，所以最保险也最直接的方法就是杀死他。随即，太子丹下手了，他捕杀了江齐的父亲和兄长。江齐头脑灵活，跑得快，才躲过了一劫。

江齐应该感谢太子丹，因为是太子丹把他逼入绝境，让他彻底失去了当赵国小吏的机会，"天无绝人之路"，从而使他凤凰涅槃到更大的天地里搏击天下。

江齐比一般人强的地方是，他没有像一般跑路的人那样逃到匈奴地盘上，而是改名为江充，选择了向西南逃入函谷关。因不断遭到赵王势力的追杀，活着对江充来说都是一种奢望，更别提博弈政治了。但受权力欲的驱使，他并没有轻易放弃自己的理想。他觉得走高层路线的战略没有错，现在的失败是投靠错了高官所致。既然赵王父子不能投靠了，那就找比赵王更厉害的角色——去京城长安找皇帝告御状。

江充觉得自己告御状必胜。因为汉武帝是追求强权的专制君主，喜欢抑制贵戚，想方设法要收回藩王的权力。江充相信即使是亲兄弟，汉武帝对赵王也是心怀猜忌的。只要有真凭实据，他这个小人物定能扳倒赵王。江充于是选择太子丹为切入口，告发他与妹妹及父王的嫔妃通奸淫乱，勾结地方豪强与其狼狈为奸，并且证据确凿。

在汉代，平民告藩王是惊天大案。长安的官府听说有人告赵王，没有阻拦，直接报告了汉武帝。汉武帝对赵王这个哥哥戒心满满，就希望听到官吏汇报之外的有关赵王的内容，于是先入为主地接受了江充的控诉。江充的诉状写得很好，不仅把案子说得很清楚，还塑造了一个罪恶滔天的太子丹形象。汉武帝阅完大怒，下令包围赵王宫，收捕赵太子丹，并严厉处治。太子丹很快被判死罪，刘彭祖为了救儿子，上书说"江充是个在逃小吏，以奸诈欺罔，激怒圣上，志在报复私怨，虽烹之醢之，计犹不悔。臣愿挑选赵国勇士，从军征伐匈奴，极尽死力，以赎太子丹罪"，随后还交出了军队。汉武帝的目的达到了，太子丹被免了死罪，废除太子位。

案子结束后，汉武帝对诉状的大胆、得体留下了深刻的印象，一看原告是一介平民，便好奇地下令召见。接见的那一天，江充别出心裁地穿着纱袍，围着裙裾，戴着插有羽毛的步摇冠，加之身材魁梧，相貌堂堂，汉武帝一见就称奇，对左右说："燕、赵国多奇士。"谈话中，汉武帝发现这个出身卑微的年轻人头脑清晰、回答干脆，很是欣赏。汉武帝问江充如何应对强悍的匈奴人，江充回答说："因变制宜，以敌为师，事不可预图。"局势错综复杂，难以预测，最管用也最核心的方法就是见机行事、因变制宜了。江充对匈奴问题没有专门研究，但有这样的回答完全是头脑清醒的体现。见汉武帝对匈奴问题头疼不已，江充自愿要求出使匈奴。汉武帝正愁找不到合适的使者（匈奴人常常无故扣押汉朝使节，朝野大臣视之为畏途），见江充主动请缨，大为激动，当场应允。江充顷刻跃升为帝国使节，初步实现了当官的夙愿。更重要的是，通过此举，江充的名字被汉武帝列在了忠臣干吏的名单里。

如果说状告赵王是一次豪赌，那么，江充无疑取得了彻底而巨大的胜利。

机遇只青睐有准备的人。江充的迅速蹿红，证明他对当时的政治形势和汉武帝的心理状态有充分的了解和把握。西汉帝国在汉武帝时期已走上正轨，大臣们都循规蹈矩、雄心壮志，作为不断的汉武帝最不满的就是整个朝廷浑浑噩噩、僵化不前。江充的言行符合汉武帝期望中的大臣形象，给大汉朝堂带来了一股清风，他这样的异类分子就这样轻易地出位了。

巨大的成功让江充感悟出了两点经验：第一，底层百姓要想在官场上飞黄腾达就必须效忠皇帝，"效忠皇帝"是切切实实的发达之道；第二，单单和皇帝保持一致是不够的，还要发挥能力为皇帝办事。

江充在为皇帝办事这方面做得不遗余力。出使匈奴归来后，他向汉武帝提供了许多匈奴的情况。汉武帝很满意，破格提拔他为"直指绣衣使者"（西汉侍御史的一种，使者出使时持节仗，穿绣衣，以示特别和尊宠，表明是皇帝派出的专使）。"直指绣衣使者"的官位很小，但却是汉武帝特设的，直接对皇帝负责，很能震慑大小官员。而汉武帝交予江充的具体任务就是督察贵戚近臣们的奢侈逾制之事。

江充这个使者做得如何？后世的评价者批评江充只会"卖直邀宠"，意思是说他这个人立功心切，做事不讲情面，专找显贵大官的麻烦。在任时，他把主要精力用来纠劾驰道犯禁的贵族。驰道是按照"道广五十步，三丈而树，厚筑其外，隐以金椎，树以青松"的标准修建的高级公路，专供皇帝驰行，臣民不得使用。这样一来，驰道的利用率就很低，贵戚大臣见那么好的硬件，不用浪费了，便常犯禁占用驰道。官府乃至历朝皇帝也都睁只眼闭只眼，不闻不问。江充却奏请汉武帝，今后若有在驰道上犯禁的，便要将车马没收，把人送往征伐匈奴的军队。汉武帝觉得这是维护帝王尊严的大好事，批准了。江充便在驰道上布下了一张黑网，大肆捕捉驾车驶入驰道的车马，逮捕了大批贵戚及其子弟，其中包括汉武帝的姑母馆陶长公主和汉武帝长子刘据。江充将许多贵戚子弟押送到军中服役，列入出击匈奴立功赎罪的黑名单，于是"贵戚子弟惶恐，皆见上叩头求哀，愿得入钱赎罪"。汉武帝同意贵戚人家以钱赎罪，一下子收入了数千万。当时官军正在为军费发愁，江充既维护了皇帝的尊严又解决了军费难题。与此同时，江充还严令门卫禁止达官显贵自由出入宫殿。汉武帝由此更喜欢江充了，认定他忠诚正直，奉法不阿，再次破格提拔他为水衡都尉。

江充威震京师，博出了位，但到地方任职后，因离开了皇帝的直接保护，立即招致了仇家的陷害。不久，江充就因为亲戚的违法行为受到株连，被免官。江充一点都不在乎，因为他知道皇帝终究会记起自己的，毕竟皇帝需要敢办事的人，而在明哲保身、争权夺利的宫廷中，能够找到敢办事的人又相当困难。果然不出江充所料，汉武帝很快召回了他。经历这次挫折后，江充更坚定了先前的两点感悟，也更有恃无恐地沿着老路走了下去。最后，在汉武帝晚年他竟大肆整顿巫蛊，陷害太子刘据，引发了"巫蛊之祸"。长安城血流成河，江充也在争斗中为刘据所杀。

江充虽以"贼臣""大奸"之名遗臭万年，但对汉武帝来讲，他不是奸臣也不是贼臣，而是忠臣。江充的一切都是汉武帝特赐的，汉武帝是他最大的也是唯一的支持者。江充惩罚贵戚显贵是抓住了皇帝强化皇权的心思，江充借巫蛊之祸打击太子是因为皇帝对太子怀疑猜忌……江充所做的都是汉武帝心里想做又不好直接动手做的事情。他的"奸"和"贼"是因为替皇帝背了黑锅（大臣们不能骂皇帝就只能骂具体办事的人）。他太紧跟皇帝，干事太抛头露面了。

可出身贫寒的江充，如果不紧跟皇帝，不努力办事，又怎么能飞黄腾达呢？

第二十五章 《汉书》卷四十六 万石卫直周张传 第十六

第一节 恭敬发家，教子有方

【原文】

　　万石君石奋，其父赵人也。赵亡，徙温。高祖东击项籍，过河内，时奋年十五，为小吏，侍高祖。高祖与语，爱其恭敬，问曰："若何有？"对曰："有母，不幸失明。家贫。有姊，能鼓瑟。"高祖曰："若能从我乎？"曰："愿尽力。"于是高祖召其姊为美人，以奋为中涓，受书谒。徙其家长安中戚里，以姊为美人故也。

　　奋积功劳，孝文时官至太中大夫。无文学，恭谨，举无与比。东阳侯张相如为太子太傅，免。选可为傅者，皆推奋为太子太傅。及孝景即位，以奋为九卿。迫近，惮之，徙奋为诸侯相。奋长子建，次甲，次乙，次庆，皆以驯行孝谨，官至二千石。于是景帝曰："石君及四子皆二千石，人臣尊宠乃举集其门。"凡号奋为万石君。

　　孝景季年，万石君以上大夫禄归老于家，以岁时为朝臣。过宫门阙必下车趋，见路马必轼焉。子孙为小吏，来归谒，万石君必朝服见之，不名。子孙有过失，不谯让，为便坐，对案不食。然后诸子相责，因长老肉袒固谢罪，改之，乃许。子孙胜冠者在侧，虽燕必冠，申申如也。僮仆䜣䜣如也，唯谨。上时赐食于家，必稽首俯伏而食，如在上前。其执丧，哀戚甚。子孙遵教，亦如之。万石君家以孝谨闻乎郡国，虽齐鲁诸儒质行，皆自以为不及也。

　　万石君，姓石名奋，他的父亲是赵国人。赵国灭亡后迁居到温县。高祖东进攻打项籍，经过河内县，当时石奋才十五岁，做小官，侍奉高祖。高祖与他说话时很喜欢他的恭敬态度，便问："你家中还有何人？"石奋回答说："我只有一个不幸失明的母亲。家里贫穷。还有一个姐姐，能弹琴。"高祖说："你能跟从我吗？"他回答："愿意尽自己的力量。"于是高祖召他的姐姐做美人，任命石奋为内侍中涓，负责接受谒见名帖等事。因为他姐姐是嫔妃的原因，把他的家迁到长安城中皇亲国戚居住的街巷。

　　到孝文帝时，石奋因功劳多而升为太中大夫。石奋不懂经学儒术，但为人极为恭敬谨慎，无人能比。东阳侯张相如做太子太傅，被罢免。在选能做太傅的人时，都推举石奋任太子太傅。到景帝即位时，石奋官至九卿。石奋在朝中，近在皇帝身边，景帝不堪其拘谨，让石奋做诸侯相。石奋的长子石建，二子石甲，三子石乙，四子石庆，都因为行为和顺、忠孝、谨慎而官至二千石。于是景帝说："石君和他的四个儿子都是二千石俸禄的官吏，人臣的尊宠都会集到他家了。"因总其四子及石奋的俸禄共一万石，所以石奋号为万石君。

　　孝景帝晚年，万石君拿着上大夫的俸禄告老还乡，每年定时上朝。每次经过宫门前必定要下车小步快走，在路上看见皇帝的车马必定要扶着车厢横木敬礼。他的子孙有当小官的，回来看望他时，万石君一定会穿上朝服和他们见面，不叫名字。子孙犯了错误，他不责备，而是自己坐在一旁，对着饭桌不吃东西。子孙们见到这种情况就互相指责，请族中的长辈做担保，自己不穿上衣来谢罪，子孙们答应改正错误，石奋便接受他们的赔罪。他的成年子女与他在一起时，也是穿戴整齐，彬彬有礼。用人们也是一副毕恭毕敬的样子，十分谨慎。皇帝有时赐给他家食品，万石君一定要磕头俯身在地才吃，就好像在皇上面前一样。家中亲戚死亡，他定要穿丧服，十分悲哀。子孙们遵循他的教诲，向他学习。万石君家以孝道恭谨而闻名于郡国，即使是齐鲁一带的品德高尚的文人也自叹不如。

【评点】

　　在汉朝的历史上，有一个十分显赫的家族，父子五个人同时都做了二千石的高官。他们一年的俸禄就是一万石。在汉朝的历史上，独一无二。这个家族的创始者便是石奋。石奋从汉高祖刘邦时代就做小吏，直到汉景帝时才做到两千石的高官，他经历了汉高祖、吕后、汉文帝、汉景帝四个不同的执政时期。虽然其中有政治风波，但他在仕途中却稳步上升。他没有学术背景，也没有政治手腕，可以说没有什么能力，家里也没有钱，他为什么能够得到皇帝的信任，一步一步爬到权力的巅峰呢？他靠的究竟是什么呢？

石奋原来是一个很穷苦的孩子，在楚汉战争时期，石奋在刘邦手下做了一个小吏，换句话说就是刘邦的勤务兵，专门照料刘邦生活的一个小吏。石奋跟着刘邦的时候才十五岁，但是他很勤奋，非常认真照顾刘邦，所以刘邦很喜欢他。有一天刘邦就问他，说你家里还有谁？石奋就说了，他说我家里有一个失明的老母亲，还有一个会弹琴的姐姐，就我们这三口人。然后刘邦就问他，说你愿不愿意跟着我啊？石奋当然是求之不得啊，马上说愿意跟着刘邦，一辈子跟着刘邦。刘邦一高兴，说那行，就把石奋封了一个官叫中涓，这个官是干什么事呢？是专门管收发文件的。在汉王身边收发文件是很靠近领导的一个官，就是你干活领导都看见了，石奋就做了这么个官。然后呢，刘邦还把石奋的姐姐，她会弹琴啊，就收到宫中来做了他的美人，美人也是一个嫔妃的级别。这样石奋跟着刘邦，一直跟到刘邦去世。

刘邦当皇帝没有当几年就死了，石奋就跟着汉文帝了。他在汉文帝身边又是兢兢业业地干，没有功劳但是有苦劳，所以这个苦劳到了文帝朝，石奋就开始受到了汉文帝的重用，做了太中大夫，这个就比那个中涓的官要高得多了。史书记载说，石奋这个人"无文学，恭谨无与比"。说这个人，这个时候的"文学"和我们今天的"文学"不是一个概念，就是石奋这个人没有学术背景，他不像公孙弘，不像董仲舒懂得经学，他就没有学术背景。但是这个人有一个特点"恭谨无与比"，恭是恭敬，谨是谨慎，就是他对皇帝的那个恭敬跟谨慎是无人可比的。就凭着这一点，石奋在汉文帝的后期就做了汉景帝的太子太傅，就做了汉景帝的老师。

这样石奋就一步一步地走进权力的中枢。到汉景帝继位以后，石奋因为做过他的太子太傅，所以汉景帝就把石奋派到一个诸侯国去做了国相，诸侯国的国相已经是二千石的高官了。而这个时候呢，石奋四个儿子石建、石甲、石乙、石庆，也都做了二千石的高官，加上石奋，父子五个人都做二千石的高官，那么一年的俸禄就是一万石。所以汉景帝非常感慨，这在汉朝开国以来，还没有一家父子五个人同时做二千石的高官，所以汉景帝就叫石奋万石君。所以石奋就是因为这样被封为了万石君，也给他的子孙带来了很大的利益。

总括石奋的发家史，我们可以从三个方面来归纳：

一是对皇帝的恭敬。石奋最大的一个特点，就是对皇帝恭敬。石奋从十五岁在刘邦身边工作，到七十岁退休，可以说他在皇帝身边工作了五十五年。大家都知道"伴君如伴虎"这句话，在皇帝身边工作稍有不慎就会招来灭门之祸。但是石奋一直做得很好，从十五岁工作到七十岁退休，没有发生过任何错误，到他退休以后，他仍然保持着对皇帝的恭敬。石奋七十岁退休以后，每一次经过皇宫的宫门他都要下马，趋走，就是走得很快，走过去，表示对皇帝的恭敬。如果他坐着车出去，看见皇帝的车来了，石奋就会伏轼。轼就是车前那个横木，他就趴在那个横木上，表示对皇帝的恭敬。他七十岁退休以后，皇帝赐给他饭，就是赐给他食物，他也是先要跪拜、感恩，然后是弯着腰，低下头迅速地把饭吃完。在家里吃皇帝赐的饭，就好像在皇帝面前吃饭一样，可以看出他是对皇帝绝对非常恭敬的人，这是石奋能爬上权力巅峰的第一个因素。

二是石奋独特的家教。石奋一家的家教有这么几个特点：

第一，身穿正装。大家知道我们现在一般人回到家里，都要把正装脱掉。石奋在家里边凡是有成年的子女在身边，石奋都要穿正装。如果说他的子女做了一个小吏，他都要穿朝服相见。这种做法是一个什么含义呢？并不是对他的子女、对他的晚辈表示尊重，而是对他晚辈担任的这个职务表示敬重，也就是对皇帝恭敬。就是他的孩子、他的晚辈只要做了个小官，在家里边他听说这个孩子回来了，他穿朝服相见。所以石奋在家里边一直是如此的，这是他在家里边的穿戴，这个给他子女的印象很深，这是第一点。

第二，绝食教子。他的子孙只要有人犯了错，石奋立即就从饭桌上坐到一边不吃了。他是家里长辈，他一不吃饭，他家里的这些人就一致地谴责犯错误的那个子女。然后这个孩子就要请罪，然后全家人都要请罪，然后石奋这才回到饭桌上来吃饭。例如他的小儿子，也就是我们后来讲做了九年丞相那个石庆，做了一个官叫内史，内史这个官是管京城社会治安的官，就很高了，相当于我们现在北京市公安局局长，这个级别是很高的一个官。他这儿子喝醉酒回家进了里门，没有下车就直接过去了。石奋一听说非常生气，立即绝食不吃。这下子石庆也傻了，石庆赶快把上衣脱下来，袒露着上衣请罪。不行，石奋不原谅他。然后石庆的哥哥石建也去请罪，石奋还不原谅石庆，最后全族的人都来请罪，这个时候石奋才原谅他。从此，石庆经历了这件事情以后，当他坐着车回来的时候，一进里门他就赶快下车，快步走回家。因为石奋教育了他，说你那个内史是高官，你一进里门，巷子里边的父老就立即都回避了，而你竟然不下车，对乡里乡亲表示得这么无礼、傲慢，这是不能允许的。所以石奋对家里他那几个孩子的教育非常严格。他这个家庭升上去还有一个原因，重视孝道。

这里边我们举一举石奋的长子石建的故事来讲一讲。石建是石奋最欣赏的儿子，是他的长子，后来做官做到郎中令，大家知道郎中令属于九卿之一，这个石建是怎么做上郎中令的呢？汉武帝刚刚实行新政的时候，曾经有人建议说今后不要向窦太后请示了，窦太后大怒，把丞相、太尉免了官，把郎中令投到监狱中去。郎中令投到监狱以后，就提拔了石建做了郎中令。

古代的官吏也是有休息日的，每隔五天有一个休息日，这个休息日不叫星期，叫沐日，所谓沐就是洗头。古人是蓄长发的，男人也蓄长发，所以每到五天放你一天假，叫你回家洗头发，所以叫沐日。

石建每到这个沐日他都回家来，先打听一下他父亲的情况怎么样，然后亲自为他父亲洗衣服，洗完再把它整好放到那儿，还不让他父亲知道。所以家里边这个孝道一直风气非常盛，这也是石奋他这个家里边能够上去的第二个重要原因，当然在这个中间大家也应当能看出来，石奋这些做法带着一种作秀的性质，就是有点太虚，本来家里人相见，还要朝服相见，还要穿着正装出场，这个有点作秀，但是他确实对他的子女管教很严，至少为他的家族赢得了声望，人们认为石奋家族的人很讲孝道。而当时人的观念在家能孝顺，在外就能忠君，而石奋对皇帝也确实非常恭敬。所以从他开始，他的家族中很多人做官几乎就成了顺理成章的事情。

第三，谨慎做事。从石奋到他的子女为官都极其谨慎。石庆是他的几个儿子中最粗枝大叶的一个，可以说是最粗疏的一个人。可是就是他后来做到太仆的官，就是给皇帝管车马。有一次出去，汉武帝就问他，说我这个车备了几匹马？我们都知道天子是六马，每一天都是如此。就这，石庆都不敢回答汉武帝的问题，亲自拿着马鞭一、二、三、四、五、六查了一遍，然后回答六匹马。你可见他做事情，回答皇帝的问题多谨慎。窦婴和田蚡，在王太后的寝宫中间有一个东朝廷辩，在那时，慑于王太后的淫威，很多人不敢发言。最敢讲话的汲黯、郑当时，开始认为窦婴做得对，后来不敢坚持自己的意见。韩安国则圆滑处之：丞相说得也对，魏其侯说得也对，唯明主裁之。让汉武帝去裁断。在这个时候，作为郎中令的石建一言不发，等这个朝议完了以后，他下来给汉武帝详细地讲了他的意见，由此可见，他是为官极其谨慎的一个人。表面上他装得什么都不会说，实际上一方面表现了他的谨慎，另一方面也表现了这个人的一种虚伪，他那个家族就是靠着这样赢得了很大的声望。

这样一来，他这个家里边从石奋开始到他的四个儿子，做官都是一帆风顺，而且人们都认为石奋这个家族没有不忠的人，个个都行。这样一来他家的声望，家族的声望很高，这样到了元鼎五年，石庆就做了丞相，因为他这个丞相，就是靠着这个家族背景做上去的。汉武帝当时下诏任命石庆做丞相的时候，丝毫没有在诏书中间表扬石庆的才干，表扬的是什么呢？表扬了他是万石君的后人，就是万石君家族的人。再一个表扬的是他这个家庭的孝道，就是孝敬长辈，就是因为石庆做了丞相，"忠心和孝道是不分家的"，这就是石庆做丞相的背景。

第二节　无所事事，摆设丞相

　　元狩元年，上立太子，选群臣可傅者，庆自沛守为太子太傅，七岁迁御史大夫。元鼎五年，丞相赵周坐酎金免，制诏御史："万石君先帝尊之，子孙至孝，其以御史大夫庆为丞相，封牧丘侯。"是时汉方南诛两越，东击朝鲜，北逐匈奴，西伐大宛，中国多事。天子巡狩海内，修古神祠，封禅，兴礼乐。公家用少，桑弘羊等致利，王温舒之属峻法，兒宽等推文学，九卿更进用事，事不关决于庆，庆醇谨而已。在位九岁，无能有所匡言。尝欲请治上近臣所忠、九卿咸宣，不能服，反受其过，赎罪。

　　元封四年，关东流民二百万口，无名数者四十万，公卿议欲请徙流民于边以適之。上以为庆老谨，不能与其议，乃赐丞相告归，而案御史大夫以下议为请者。庆惭不任职，上书曰："臣幸得待罪丞相，罢驽无以辅治。城郭仓廪空虚，民多流亡，罪当伏斧质，上不忍致法。愿归丞相侯印，乞骸骨归，避贤者路。"

　　上报曰："间者，河水滔陆，泛滥十余郡，堤防勤劳，弗能埋塞，朕甚忧之。是故巡方州，礼嵩岳，通八神，以合宣房。济淮江，历山滨海，问百年民所疾苦。惟吏多私，征求无已，去者便，居者扰，故为流民法，以禁重赋。乃者封泰山，皇天嘉况，神物并见。朕方答气应，未能承意，是以切比间里，知吏奸邪。委任有司，然则官旷民愁，盗贼公行。往车觐明堂，赦殊死，无禁锢，咸自新，与更始。今流民愈多，计文不改，君不绳责长吏，而请以兴徙四十万口，摇荡百姓，孤儿幼年未满十岁，无罪而坐率，朕失望焉。今君上书言仓库城郭不充实，民多贫，盗贼众，请入粟为庶人。夫怀知民贫而请益赋，动危之而辞位，欲安归难乎？君其反室！"

　　庆素质，见诏报反室，自以为得许，欲上印绶。掾史以为见责甚深，而终以反室者，丑恶之辞也。或劝庆宜引决。庆甚惧，不知所出，遂复起视事。

　　元狩元年，皇上立了太子，在群臣中选择可以当太子老师的人。石庆从任沛郡太守升任为太子太傅，七年后又升为御史大夫。元鼎五年，丞相赵周因祭祀用金不足而被罢免。皇上下诏御史大夫说："万石君是先帝尊敬的人，子孙恪守孝道，因此任命御史大夫石庆做丞相，封为牧丘侯。"这时汉正向南进攻两越，向东攻打朝鲜，向北驱逐匈奴，向西讨伐大宛，国中事务繁多，皇上在国内巡查，修建古代神祠，封禅，大兴礼乐。国内的用费缺少了，桑弘羊等大臣致力于增加财政收入，王温舒等大臣严厉执法，倪宽等大臣发展推广文学，九卿互相配合治理国家。但许多事都和石庆无关，他只是唯唯诺诺，恭谨小心处事。石庆任丞相九年，没有任何关于时政的进谏。他曾经想惩治皇上亲近的大臣所忠、九卿咸宣，但不能制服，他反而因此而受到惩罚，最后只好自己赎罪。

元封四年，关东的难民有二百万人，无户籍的流民有四十万，公卿们打算请皇上迁移流民到边境地区来安置他们。皇上认为丞相石庆年老谨慎，不能和他商议国事，于是便赐丞相告老还家，而对御史大夫以下的大臣中要迁徙流民的人查办治罪。丞相对自己不能尽职而感到惭愧，向皇上上书说："我受皇上宠幸当了一个无用的丞相，像一匹疲惫的马不能辅佐朝廷治理。城中仓库中没有粮食，百姓四处流亡，所犯之罪真应当被斩，皇上不忍心将我依法处治，我希望能够归还丞相的大印，讨回一副老骨头回家，以便给有才能的人让路。"

皇上回答说："前些时，黄河泛滥，淹没十余郡，防洪堤上的工作很辛苦，仍然不能堵塞，我很忧虑呀。因此巡查全国，致礼嵩岳，通敬八神，在宣房堵住决口。渡淮河、长江，历山沿海巡行，询问百姓的疾苦。考虑到官吏徇私枉法，苛税无休止，离家出走的人则可以免去，而居住下来的人却非常担心，所以制定了流民法，以禁止重赋。前些日到泰山祭天，皇天给予美好赏赐，显示了祥瑞神物。我答应修整朝政，以报瑞应，恐怕没有承顺上天的美意。我到民间调查，得知官吏奸诈邪恶。委任的官吏却又不尽职守，百姓愁苦，盗贼无法无天。往年我在明堂，赦免死囚，没有被贬罚的官吏，他们全都改过自新，重新开始。现在流亡的百姓越来越多，但计户口的文书却不削减，大臣不严责长吏，却请求把四十万人迁走，使百姓动荡不安，没满十岁的孤儿、少年也无辜地被带领迁走，对此我很失望呀。现在你上书说城中粮仓空虚，百姓贫困，强盗窃贼猖獗，你位居丞相不能治理，请求交纳粮米来赎己罪，退而做平民。你深知百姓困苦却请求增加赋税，动摇百姓，如今百姓危难，你却要辞退官位，你把责任推给谁呢？如果你自认为是理所当然的，就可还家！"

石庆为人单纯，看见皇上诏书让他回家，便认为得到皇上的许可，想交还丞相印绶。掾史认为被皇上严厉斥责而最后遣回家，是最严厉的批评，有人劝石庆自杀。石庆很惊恐，不知道如何是好，于是再次到朝中治事。

【评点】

　　石庆的家族背景为他做官奠定了基础，但光靠家族的声望，根本不能把石庆送到丞相的位置上，雄才大略的汉武帝当然也能看出石庆并没有多少才华。可是，汉武帝却要把这个小心谨慎，没有多少才华的石庆放到丞相的位置上九年之久。

　　第一个原因，就是汉武帝这个时候对丞相已经看得很轻了。汉武帝在他身边聚集了一批人，这批人有我们前文陈述的主父偃、张汤，这些人形成了一个内朝，就是在汉武帝身边帮助他一块儿谋划国策，决定国家大事。同时呢，他对外朝的丞相看得很轻了，这时候他不需要一个很有才能的人。如果说这个时候在安排丞相的时候，再安排一个像萧何那样的人，那可就是大麻烦了，萧何非常能干，那么这个人就会把皇权给分走。所以这个时候汉武帝其实要的石庆并不是要他去创业，你就给我做个摆设就行了，我就是要一个没有本事又忠实于皇帝的人，你给我当个聋子耳朵，当个摆设就可以，这是选中他的第一个原因，当摆设。

　　第二个原因，信任。汉武帝因为石奋他一家是从跟着汉高祖刘邦开始，经历过惠帝、吕后、文帝、景帝又到了武帝这一朝，经历了整个西汉开国，几乎是从初期到中期整个七八十年的过程，在这么长的时间中间，他对石奋一家非常信任，信任这个家族的每一个成员，所以石庆就受益了。汉武帝是这样考虑的，你既受信任又没有才干，忠实于皇帝就行了。

　　石庆会不会理解这个意图呢？我们看两件事：

　　第一件事情，汉武帝身边有一个内臣，这个人叫所忠，这个人其实在史书中间几乎就没有出现过。我们知道在《司马相如列传》中间出现过所忠，就是司马相如死后，汉武帝派人到司马相如家里边去索取，看司马相如留了什么东西。结果到了司马相如家里边以后，卓文君就说了，所有东西都拿走了，就是司马相如临走之前留下来了一卷书，说皇帝要来要的时候，就把这卷书献上去。所忠就把这个拿走了，这个东西是什么呢？就是汉武帝最希望得到的封禅书，汉武帝要举行封禅大典的封禅书。所忠就办了这么一件事，这是史书记载的所忠，其实所忠就是汉武帝身边他很信任的一个内臣。但是在石庆为丞相期间，石庆竟然把所忠列为自己要惩办的对象，他就想治所忠的罪。所忠犯了什么罪，石庆为什么要治他的罪，《史记》都没有记载，《汉书》也没有记载。但是我们知道最后的结果，不但没有治成所忠的罪，石庆还差一点栽到里面去，这是石庆做的第一件事情。

　　第二件事情，就是惩办一个酷吏叫咸宣，咸宣这个人本来他只是河东太守下面一个小吏，后来呢，卫青到河东郡去买马的时候，卫青发现了咸宣的才能，就把

339

咸宣推荐给汉武帝，汉武帝就重用了他，后来咸宣成为《史记·酷吏列传》记载的汉武帝时期的重要酷吏之一。咸宣就是后来审问张汤的那个人，也是汉武帝非常信任的人。不知道为什么石庆又盯上了咸宣，要治咸宣的罪。结果跟治所忠的罪一样，不但没有惩办了咸宣，石庆差点又栽进去，最后还是交了钱赎了罪。所以石庆做了这九年丞相，总的来说是一个无所事事的人，没有做什么事情，但是这个人唯一想办的两件事又都没有办成，就是这么一个人。但是这一个人由于汉武帝信任他，由于他那个显赫的家族背景，他竟然稳稳当当在丞相的位子上坐了九年的光景。

到了元封四年，汉武帝这一朝出现了一个重大事件，就是出现了大批的流民，总数达到两百万。在西汉那个时期，整个中国的人口也不过是两三千万人，如果出现两百万流民，这个情况应该有多么严重。当时石庆正在做丞相，外朝的丞相们商量了一个办法，怎么处理这个流民呢？把这些流民全部发到边疆，表示对他们的惩罚。石庆把自己的处理意见上报给汉武帝，汉武帝一看到这个报告，立即做了两件事：第一，立即下令让石庆请病假，我也不免你的官，你写个请假条我批准你回家休养，流民的问题你不要处理了。第二件事，丞相是回家强行休病假，副丞相是御史大夫，也不办了。御史大夫以下的官员凡是主张把二百万流民迁徙到边疆的，一律要严查治罪，惩办下级官吏。汉武帝采取这两条措施，当然这里边就有几个问题，第一，汉武帝绝对是一个很精明的君主，他虽然做过很多错事，但是作为一个天子来说，他是非常有先见之明的。所以司马光在《资治通鉴》里说到汉武帝的时候，说了非常有名的两句话："此其所以有亡秦之失，而免亡秦之祸乎。"所以他立即采取的办法是安抚这些流民，而不是发配到边疆去，激起他们发生民变。要处理这个问题，他又不能惩罚他所信任的石庆，那就首先让石庆你先休病假，御史大夫以下一律严办。

但是这件事让石庆很没面子，毕竟是他提了建议上奏给汉武帝，汉武帝呢，不但没有采纳，先让他回家休病假，再把他下边支持他意见的人全部都给惩罚了一遍。所以石庆立即给皇帝上了个章表，表示我有罪，我有错，我希望把我的官位让出来，把我的爵位献出来，这是石庆很高明的地方。

汉武帝怎么办呢？汉武帝两条：第一，不批准，你不想干不批准，就是还让你继续给我当摆设，你不想当摆设了那也不行。第二，批评他，说现在国库空虚，流民众多，国家正处在动乱的时候，你怎么能够撂挑子不干呢？这么一说，石庆只好病假也不休了，继续上班。

石庆做了九年丞相没有任何建树，最后是病死在丞相的位置上的。那么司马迁对石庆这个人是怎么看的呢？在《万石张叔列传》，就是在万石君这个列传的最后写了这么一句话："庆方为丞相，诸子孙为吏，更至二千石者十三人。"这个话什么意思呢？说石庆做了九年的丞相，在这九年中间他的子孙，就是他石家的子孙，经过石庆的努力提拔，做到二千石高官的达到十三个人。司马迁这一笔写得很漂亮，你想想这么一个治国无才的人，干私活本事大得很，公家的事什么都干不了，净出些馊主意，二百万流民他竟然要迁徙到边地，如果汉武帝听信他的话，早就不知道出现几个陈胜、吴广了。公事什么干不了，这么一个无才的人他做了九年的丞相，他的手下、他的子孙竟然有十三个人做到二千石的高官，但是这样的人竟然还得到了汉武帝的信任。

第三节 车夫宰相，六剑镇宅

【原文】

卫绾，代人陵人也，以戏车为郎，事文帝，功次迁中郎将，醇谨无它。孝景为太子时，召上左右饮，而绾称病不行。文帝且崩时，属孝景曰："绾长者，善遇之。"及景帝立，岁余，不孰何绾，绾日以谨力。

景帝幸上林，诏中郎将参乘，还而问曰："君知所以得参乘乎？"绾曰："臣代戏车士，幸得功次迁，待罪中郎将，不知也。"上问曰："吾为太子时召君，君不肯来，何也？"对曰："死罪，病。"上赐之剑，绾曰："先帝赐臣剑凡六，不敢奉诏。"上曰："剑，人之所施易，独至今乎？"绾曰："具在。"上使取六剑，剑常盛，未尝服也。

【译文】

卫绾，是代郡大陵人。卫绾靠在车上表演杂技而做了侍卫皇帝的郎官，侍奉文帝，由于不断立功依次升迁为中郎将，除了忠厚谨慎一无所长。景帝做太子时，他请皇帝身边的近臣饮宴，而卫绾借口生病不肯去。文帝临死时嘱咐景帝说："卫绾是年高望重的人，你要好好对待他。"等到文帝死去，景帝即位，景帝一年多没责斥过卫绾，卫绾只是一天比一天更谨慎地尽责。

景帝有一次驾临上林苑，命令中郎将卫绾和自己共乘一辆车，回来后问卫绾："知道你为什么能和我同乘一车吗？"卫绾说："我从一个小小的车士幸运地因立功逐渐升为中郎将，我自己不知道这是什么缘故。"景帝又问："我做太子时召请你参加宴饮，你不肯来，为什么呢？"回答说："臣该死，那时实在生病了！"景帝赐给他一把剑。卫绾说："先皇帝曾经赐给我总共六把剑，我不敢再接受陛下的赏赐。"景帝说："剑是人们所喜爱之物，往往用来送人或交换他物，难道你能保存到现在吗？"卫绾说："全都还在。"皇帝派人去取那六把剑，宝剑完好地在剑套中，不曾使用过。

【评点】

为了爱子刘彻能成为景帝朝的平安太子，顺利继位，汉景帝披荆斩棘，除掉废太子刘荣，力拔老丞相周亚夫；做完减法之后做加法，景帝又费心给太子安排一个辅佐他的领路人。他是谁？凭什么让机关重重的汉景帝放心、放手，将少主托付于他呢？

这个人就是卫绾，汉景帝任命他做太子太傅，也就是太子的老师。按说太子的老师一定是学富五车的读书人吧？可卫绾是什么出身呢？其实就是一介车夫。卫绾因为车技一流而做了汉文帝的待从。换句话说，卫绾从前不过是一名车把式，却连升三级，成了现任太子身边的教头。

看来出身不重要，关键是能否入得皇上的法眼。刚愎自用者太重，用不动；逆来顺受者太轻，坐不稳；只有刚柔相济的人，分量正好，最为得力。

卫绾默默无闻，不卑不亢，倒是先被汉文帝重用，后来又被还是太子的景帝看好。这又是怎么回事呢？

原来，当汉景帝还是太子的时候，曾请汉文帝身边的一些官员到太子府中，参加一个盛大的酒宴。几乎所有被邀请的人都忙不迭地准时赴会。只有一个人，称病不去，这个人就是卫绾。可事实上，卫绾并没有生病，他真实的想法是什么呢？作为文帝身边的待从，你心急火燎地跑到太子宫中去喝酒，很容易给老皇帝造成一种印象：你提前去巴结、交往未来的新皇帝，是不是觉得我不久于人世了？没有利用价值了？忙着找新靠山，改换门庭？察言观色、工于心计的卫绾没有去。

后来的情形如何？去的人太子没记住，反而是不去的人被太子记住了。汉景帝继位后，对身边殷勤侍奉的卫绾不理不睬，不闻不问，冷淡异常。这就是惦记上了。卫绾怎么办呢？一味地勤勉工作、任劳任怨。不久，汉景帝外出打猎，竟一反常态，和风细雨，让卫绾上来做他的参乘，就是他的车。汉景帝也不解释，意味深长地说，那一年我请客，所有的人都来了，你为什么不来？

以景帝的高智商，他怎么会不知道卫绾当年不赴宴的原因呢？你不是忠于老皇帝吗？那你现在愿不愿意效忠我呢？所以他不死心，还要问。卫绾呢？既然我说过的话，就不能反悔。请皇上原谅！那天我确实病了。

临下车，汉景帝意犹未尽，说，我赏你一把剑吧！卫绾回答，剑是多么贵重的礼物啊，我不敢要。先皇赏给我的六把剑，还在家里放着呢。汉景帝不信，爱卿说笑了，一般人拿到剑，要么是佩带，要么是互赠，你摆在家里干吗呢？汉景帝疑心重重，马上派人到卫绾家去察看。果然，六把崭新的剑，烁烁放光，全在墙上挂着，一点也没用过。使者如此这般一说，汉景帝更加受用，因为这表明了卫绾对皇上赏赐相当重视。

看看卫绾，既会装傻充愣，又善表白心迹；从车夫升迁太子太傅官居丞相。又想想周亚夫，倔强自我，从不妥协；从丞相落入罢官归田惨死狱中。一个驾辕扶车的老车夫，一个是调兵遣将的大将军；智商高下，一望即知，情商强弱，不也昭然？世事如此，怎不叫人心生浩叹！

第四节　淡泊宁静，和光同尘

【原文】

直不疑，南阳人也。为郎，事文帝。其同舍有告归，误持其同舍郎金去。已而同舍郎觉，亡意人疑，不疑谢有之，买金偿。后告归者至而归金，亡金郎大惭，以此称为长者。稍迁至中大夫。朝，廷见，人或毁不疑曰："不疑状貌甚美，然特毋奈其善盗嫂何也！"不疑闻，曰："我乃无兄。"然终不自明也。

【译文】

直不疑是南阳人。为郎官，侍奉文帝。他的同舍郎官有人请假回家，误将同舍郎官的金子拿走。不久同舍郎官发觉，无端猜测直不疑，直不疑谢罪说确实拿了金子，便买了金子赔偿了他。后来请假的郎官返回，把金子还给丢金人，使这位以前丢金子的人大为惭愧，因此称直不疑为长者。不久，直不疑升为中大夫。上朝时拜见皇上，有人诋毁他说："直不疑容貌英俊，可怎么能和他的嫂子私通呢？"直不疑听到此事后，说："我没兄长。"然而始终不去自我辩明。

【评点】

同一个办公室的同事请假回家，不小心错拿走了同事的钱。后者疑心是直不疑偷的。这样的滔天冤枉谁也受不了，谁肯承担做窃贼的人格污辱呢？可是这位直不疑先生却公然承认谢罪，并且赔了账。直到错拿钱的同事回来偿还原金，事实证明了直不疑的清白。丢钱的那位仁兄羞愧万分，直不疑因此以宽宏大度出了名。

试想，要是换一个人，被人诬陷为小偷，岂不火冒三丈，要同对方大动干戈？即使不酿成祸事，也一定闹得纷纷扬扬，喧腾人口。直不疑何以竟能如此宽容忍让、息事宁人呢？

除了被诬偷钱，还有人造谣说他"盗嫂"，即同嫂子有不正当男女关系。对这种有损名节的大事，直不疑也很沉得住气，不做正面的抗辩，只是冷静地说："吾乃无兄。"没有兄长哪来的嫂子？谣言就彻底颠覆了。

说他偷钱他就认，就赔；说他盗嫂他也沉得住气，这种性格实在怪得难以理解。这当然是修养功夫。但一细究，才知这是世风所染，即应顺着一种时代潮流。须知汉文帝时期，朝廷以黄老哲学御世，提倡与民休息，不生事。黄老哲学主张忍让谦退，阴柔宁静。要做官取高位，就须表现出冲淡宽容，息事不争的派头来。应顺这种潮流，直不疑方能以出奇的忍让获得"长者"之称，由小小的郎官晋升到御史大夫的显职。

直不疑是汉文帝时的人，那正是一个孕育希望，充满生机的时代。其时朝廷主张无为而治，直不疑亦喜读《老子》，可以说，直不疑这般的君子，是那个崇尚自然、超然物外的时代产物。

直不疑出道时即任郎官一职，简单说就是皇帝身边的贴身侍从兼助理。郎官是个美差，在皇帝身边学做事，前途不可限量，一般都是从王公贵胄世家子弟中选拔，由此可见直不疑的出身不凡。

汉文帝能谥一"文"字，这在帝王中又绝非一般，史称他"仁孝忠厚"，且为人低调朴素，开创了"文景之治"的太平局面。文帝在位时，采用"与民休息"的黄老治术，据说出现了前所未有的稳定富裕景象。这样的皇帝所选择的贴身郎官，光凭想象，就该是两袖清风、超旷出尘的人物了。

从上面两件事，大体可知直不疑的为人，便是与世无争、自在随和。这种坦然率性的无所争辩不同于忍气吞声，后者乃因为自卑，而前者却因自信所以并不在意。这大概就是一个所谓谦谦君子所应有的风貌吧。俊朗的外表下，是一颗虚怀若谷、质真若渝的心，那舒缓如湖光的宁静，给予人安详之美。他不言不动，随顺天地万物，于是整个天地，都好像在他的无欲无求中，沉静了下来。

老子说:"天下之至柔,驰骋天下之至坚",直不疑便是这样一个可以驰骋于世间的男子。景帝三年,七国之乱爆发,直不疑以二千石官员的身份参加了战争,后因平叛战乱有功,被封为塞侯。直不疑一生为官,都恪守一个原则,就是老子说的"为无为,事无事",他对于政策很少有大的变动,而且唯恐百姓知道他的政绩,不好立名,故在哪里都保持低调。但是,还是像老子说的那样"是以圣人终不为大,故能成其大",因为政宽厚,所以人们都以"长者"称之。

历史上有关直不疑的记载也就只有这些,不甚多,却是一个时代的缩影。中国历史上,用黄老治术的朝代并不多,崇尚黄老学说的年代虽也算长久,但魏晋以后的玄谈有很大程度上是在逃避某种政治风波,且那些所谓名士风流多少有些造作,而后世越来越将道家思想与求道升仙相混淆,能以纯粹心态将道家无为精神投入生命的时代,大概也就集中在汉初至汉武大帝这短短几十年间了。

西汉是中国历史上最风云变幻也最具里程碑意义的时代,因为这是第一个由平民皇帝掌握政权的朝代,终西汉一朝,多少传奇一幕幕上演,任何一个小人物,都可以登上大舞台。在接下来的篇章中将一一得到证实,而这个时代的另一面,是有多少精彩的人物,都甘心默默地退居在广阔无垠的自然中,他们出身高贵,才华出众,却不露声色,以退为进,在传奇迭出的舞台上,他们是配角中的配角,可是,他们的存在,为绚烂的舞台平添智慧光彩。

"宠辱若惊,贵大患若身。何谓宠辱若惊?宠为下。得之若惊,失之若惊,是为宠辱若惊。何谓贵大患若身?吾所以有大患者,为吾有身,及吾无身,吾有何患……"这是老子八十一章中的第十三章,是非常有名的一章。"人之所以有烦恼,都是因为太看重自己的身体,倘若我没有身体,那么我还有什么烦恼呢?"那样极致的人生境界,是每个人的梦想。但有谁真能宠辱不惊,有谁真能不患吾身,在这花花世界中,又有谁真能如水般地顺适无碍而又前行不止呢?很难遇到直不疑那样的人,可以对所有的诋毁一笑而过,唯一的解释只能是,他是个君子,他是个智者。

直不疑一定深深了解,老子五千言,虽随处称颂无为,而那背后的含义却是"无为而无不为",人生在世,不仅不争,还要不畏,所以潇洒的他,不会退隐,而只会"和其光,同其尘",从而"挫其锐,解其纷",世间的纷争扰攘,在智者的天地里,只合一粒尘埃吧。

史书对直不疑最后一笔的记载是,武帝因其失误而将其罢官。这一笔实在太潦草,到底因为什么样工作上的失误,虽然只字未提,所以我们只能猜测。武帝独尊儒术,崇尚黄老的直不疑自然被排挤了。不过好在他那样的高拔人物,是不会在乎一个"名"字的,其实并没有多少人知道他的存在,没有什么宠辱,也无所谓身存与不存,他终究是自由的。

第二十六章 《汉书》卷四十七
文三王传 第十七

祸成骄子，致此猖狂

【原文】

孝王十四年，入朝。十七年、十八年，比年入朝，留。其明年，乃之国。二十一年，入朝。二十二年，文帝崩。二十四年，入朝。二十五年，复入朝。是时，上未置太子，与孝王宴饮，从容言曰："千秋万岁后传于王。"王辞谢。虽知非至言，然心内喜。太后亦然。

其春，吴、楚、齐、赵七国反，先击梁棘壁，杀数万人。梁王城守睢阳，而使韩安国、张羽等为将军以距吴、楚。吴、楚以梁为限，不敢过而西，与太尉亚夫等相距三月。吴、楚破，而梁所杀虏略与汉中分。

明年，汉立太子。梁最亲，有功，又为大国，居天下膏腴地，北界泰山，西至高阳，四十余城，多大县。孝王，太后少子，爱之，赏赐不可胜道。于是孝王筑东苑，方三百馀里，广睢阳城七十里，大治宫室，为复道，自宫连属于平台三十余里。得赐天子旌旗，从千乘万骑，出称警，入言跸，儗于天子。招延四方豪桀，自山东游士莫不至：齐人羊胜、公孙诡、邹阳之属。公孙诡多奇邪计，初见日，王赐千金，官至中尉，号曰公孙将军。多作兵弩弓数十万，而府库金钱且百巨万，珠玉宝器多于京师。

二十九年十月，孝王入朝。景帝使使持乘舆驷，迎梁王于关下。既朝，上疏，因留。以太后故，入则侍帝同辇，出则同车游猎上林中。梁之侍中、郎、谒者著引籍出入天子殿门，与汉宦官亡异。

十一月，上废栗太子，太后心欲以梁王为嗣。大臣及爰盎等有所关说于帝，太后议格，孝王不敢复言太后以嗣事。事秘，世莫知，乃辞归国。

其夏，上立胶东王为太子。梁王怨爰盎及议臣，乃与羊胜、公孙诡之属谋，阴使人刺杀爰盎及他议臣十余人。贼未得也。于是天子意梁，逐贼，果梁使之。遣使冠盖相望于道，复案梁事。捕公孙诡、羊胜，皆匿王后宫。使者责二千石急，梁相轩丘豹及内史安国皆泣谏王，王乃令胜、诡皆自杀，出之。上由此怨望于梁王。梁王恐，乃使韩安国因长公主谢罪太后，然后得释。

上怒稍解，因上书请朝。既至关，茅兰说王，使乘布车，从两骑入，匿于长公主园。汉使迎王，王已入关，车骑尽居外，外不知王处。太后泣曰："帝杀吾子！"帝忧恐。于是梁王伏斧质，之阙下谢罪。然后太后、帝皆大喜，相与泣，复如故。悉召王从官入关。然帝益疏王，不与同车辇矣。

三十五年冬，复入朝。上疏欲留，上弗许。归国，意忽忽不乐。北猎梁山，有献牛，足上出背上，孝王恶之。六月中，病热，六日薨。

孝王慈孝，每闻太后病，口不能食，常欲留长安侍太后。太后亦爱之。及闻孝王死，窦太后泣极哀，不食，曰："帝果杀吾子！"帝哀惧，不知所为。与长公主计之，乃分梁为五国，尽立孝王男五人为王，女五人皆令食汤沐邑。奏之太后，太后乃说，为帝壹餐。

【译文】

孝王十四年，刘武入朝。十七年、十八年接连入朝，并留在京师，第二年才回国。二十一年再入朝。二十二年，文帝驾崩。二十四年入朝。二十五年，再一次入朝。那时，皇上还未定太子，与孝王刘武宴饮时曾随口说："我死之后传位给你。"孝王辞谢了。孝王虽然知道皇上讲的不是真心话，但心里也很高兴。太后也是这样。

这年春天，吴、楚、齐、赵等七国反叛，首先攻打梁国棘壁，杀了数万人。梁王刘武固守于睢阳，派韩安国、张羽等为将抗击吴、楚，吴、楚被梁国拦住了，不敢再往西进，与太尉周亚夫等对峙了三个月。吴、楚等国战败，梁国和汉朝虏杀的敌军数量大约相同。

第二年，汉朝策立了太子。梁国与皇帝最亲，立有战功，又是大国，国土肥沃，北到泰山，西到高阳，共有四十余城，多数是大县。孝王刘武是太后的小儿子，太后很喜欢他，给他的赏赐不计其数。孝王于是修建了东苑，方圆有三百多里，比睢阳城还广七十里。他在东苑大建宫室，楼阁之间修建了空中通道，从王宫筑路三十多里连接平台离宫。他打着天子赐予的旌旗，随从千乘万骑，出入皆使行人回避，跟天子差不多。他又招揽四方豪杰，山东的羊胜、公孙诡、邹阳等游士纷纷投奔而来。公孙诡这个人诡计多端，孝王第一次会面后即赐他千金，官做到中尉，号称公孙将军。孝王又令人制兵弩弓箭数十万之多，而府库中的金钱有几百万，珠宝玉器比京城的还多。

二十九年十月，孝王入朝。景帝派人乘四马之车到城外去迎。到朝后，孝王上书景帝，就留了下来。因为太后的原因，孝王入则与景帝同辈，出则与景帝同车，一起去山林打猎。梁国的侍中、郎、谒者凭通名状即可进出天子殿门，与汉宦官无异。

十一月，皇上废了栗太子，太后心想让梁王继位。大臣们和爰盎等向景帝进谏阻止，太后的建议被搁置，孝王也不敢再和太后讨论继位的事。事属秘密，世人不知晓，孝王随即告辞回国。

这年夏天，皇上立胶东王为太子。梁王恨爰盎及众进言之臣，便与羊胜、公孙诡等人密谋，暗中派人去刺杀爰盎及其他十几名大臣。结果刺客行刺未遂。天子怀疑此事乃梁国所为，尾追查知，果然是梁国派的。于是派大队人马，去梁国查办此事。公孙诡、羊胜遭到追捕，躲进梁王后宫。使者派二千石官员去催梁王交人。梁国丞相轩丘豹与内史韩安国哭着劝梁王，梁王才令羊胜、公孙诡自杀，然后交出。皇上由此而对梁王生气。梁王恐慌之下，就派韩安国通过长公主向太后谢罪，才缓和下来。

等皇上怒气稍解之后，梁孝王即上书请朝。来到城外时，大夫茅兰劝孝王乘以布为帷幔的车入城，只带两个骑士，先躲到长公主的园里。等汉帝的使者来接孝王时，孝王已经进了城，但车马都在城外，别人不知道他去哪儿了。太后哭着说："皇帝杀了我儿子！"皇帝也很紧张。不久梁孝王来到皇宫负荆请罪，太后、皇帝见了大喜，相互哭泣一番后，便和好如初了。孝王的随从也都被召进了城。然而，景帝更加疏远孝王，不与他同乘车辇了。

三十五年冬，孝王又入朝，上书想留下，被皇上拒绝。孝王回国后便闷闷不乐。一天孝王到北边的梁山上去打猎，有人献上一头牛，脚从背上长出，孝王看了很不喜欢。六月六日，孝王得热病而死。

孝王很孝顺，每次听说太后病了，就吃不下饭，往往想留在长安陪侍太后。太后也很喜欢他。听到孝王死后，窦太后哭得很伤心，不吃不喝，并说："皇帝果然杀了我儿！"皇帝又伤心又害怕，不知怎么办才好。皇帝与长公主商量之后，决定把梁国分成五国，把孝王的五个儿子都分别封王，给孝王的五个女儿封地俸禄。这事奏明太后，太后才高兴起来，看在皇上的面子，吃了一顿饭。

【评点】

　　梁孝王是西汉文景时期的重要人物。他坚拒吴楚七国之乱，为维护汉朝天下，捍卫国家统一做出了巨大的贡献；他招贤纳士，提倡风雅，开创了西汉梁国文化的繁荣局面；他生活极度奢侈豪华，大兴土木，劳民伤财，但在客观上却给后人留下了可供游赏观览的历史文化胜迹；汉景帝的随意许诺，窦太后的偏袒宠爱，在抵抗吴楚七国之乱中立下的汗马功劳；等等，都使他野心膨胀，终于上演了一场皇帝梦破灭的人生悲剧。

　　刘武是文帝刘恒的次子，与景帝刘启同为窦皇后所生。在文帝二年与太原王刘参、梁王刘揖同日受封。先是为代王，四年徙封淮阳王，十二年徙封梁王。

　　刘武在文帝生前倒不是很引人注目，因为老爹似乎更喜欢小儿子刘揖一些，刘揖性情柔和，爱读《诗》《书》很对刘恒的脾气，史称"帝爱之，异于他子"，就是说喜欢他，对他比其他儿子要好，刘揖死后谥号"怀王"，在他死后第二年刘武才得以徙封梁王（当时梁国辖四十大县，比淮阳国强多了）。老爹一死，刘武的特殊地位就显露出来了，老哥当皇帝，亲妈当太后，自己亲为母弟，那地位可不是一般的显贵。

　　对窦太后而言，刘武从来都是最孝顺、最可爱的小儿子（刘参和刘揖全不算数），所以对他是百依百顺，汉景帝对小弟弟刘武也是至为亲爱。景帝三年，刘武到长安朝见，母子、兄弟相见都很高兴，景帝刘启吩咐手下人摆下宴席。酒过三巡，菜过五味，大家都有些醉意，互相也比较亲近。窦太后见他们兄弟之间这么融洽，心里也高兴，就夸刘启说："皇儿对待你弟弟真是不错。"刘启因为多喝了点酒，又是确实喜欢他的这个唯一的同胞弟弟。他知道母亲喜欢刘武，为了讨母亲的欢心，刘启对窦太后说："将来儿百年之后，把皇位就传给弟弟吧。"刘武很聪明，知道这不过是他哥哥想让母亲高兴高兴。可是听了这番话，刘武也感到很称心了。窦太后一听此话反倒当了真。她想如果两个儿子都能当皇帝那该多好。这时在一边陪酒的窦太后的侄儿窦婴斟了一杯酒，端给刘启，对他说："天下是皇帝的天下。皇位传给皇子是天经地义，不能更改，怎么能传位给梁王呢，皇上说错了话，请罚一杯。"

　　刘启也正有点反悔自己感情用事，一听此话，正好借机遮掩过去。他干笑几声，真的把那杯罚酒端起来一饮而尽，然后扭转话题，不再提立储这回事了。刘武觉得十分扫兴，窦太后心中更是不满，拂袖退席而去。窦婴这样得罪了他的姑母窦太后，第二天窦婴上书请求辞职，托病回家做寓公去了。

就在这年春天，老刘濞首倡"七国之乱"最先就对皇帝"母弟"梁王下手，亲率大军攻梁棘壁，杀数万人。刘武在国都睢阳派出韩安国、张羽等将军领兵抗击吴、楚联军，使得叛军始终不能越过梁国。到战乱平息，梁军所杀的叛军数目居然和汉中央军差不多。刘启对于胞弟刘武忠心不贰和阻击吴楚军队的战功很感激，给予了他特别的赏赐，准许刘武使用天子的旌旗，并拨出战车一千辆，骑兵一万人给刘武做警卫之用。

刘武恃功自傲，他的奢侈放纵就连景帝都赶不上。他自己修建了一个大花园，叫东园。后人又称之为梁园。梁园里面楼台轩榭和曲径流水相互辉映。园中的花木都是从各地搜罗来的珍奇品种。刘武成天不是跟侍女们斗鸡、钓鱼，就是与门客们喝酒吟赋。他身边还养有一大群食客，其中有齐人公孙诡、羊胜、邹阳，吴人枚乘、严忌，蜀人司马相如等当时的名人。刘武就这么怡然自乐地过着神仙般的日子，但心里对长安的皇位还是念念不忘的。

不久汉中央发生重大变故，皇太子刘荣被废黜为临江王。消息一传到梁国，羊胜和公孙诡就怂恿刘武谋取皇帝继承人的位置。羊胜和公孙诡两人诡计多端，他们催促梁王刘武去见窦太后，请求她从中帮助。

窦太后对她这个小儿子的要求总是尽量满足，她叫刘启和刘武到她宫里来赴宴。宴席上窦太后对刘启说："你是兄长，只希望你能好好照顾你弟弟。"刘启心里明白母亲的意思，当即跪下说："这个儿一定谨记在心。"第二天，刘启召集几个心腹大臣，秘密地商议一下可不可以传位给梁王。大臣们都表示反对。退职养病的大臣爰盎（就是建议杀晁错那家伙）听说此事，还大老远从安陵家里赶到长安进言劝阻。爰盎对刘启说："陛下千万不能传位给梁王。从前宋国国君子力，不传位给儿子，而传位给弟弟，这两个人的儿子们互相争斗，宋国大乱，三个国君连续死于非命。小小仁心，会伤及大义。皇上应以大义为重才是。"刘启深受震动，把窦太后的事搁下了。

刘武见一计不成，心中又生一计，他请求准许他从睢阳修一条甬道直达长安长乐宫皇太后的住处，以便随时能朝觐太后。他的目的是，如果时机成熟，他可以在这条道上迅速进兵长安夺取政权。爰盎这次又带头反对，刘武的计划又"流产"了。

窦太后和刘武无计可施，心中把爰盎和一些持反对意见的大臣们恨得牙直痒痒。刘武手下有很多亡命之徒，他就与羊胜、公孙诡商量，秘密派出刺客，把爰盎和十余位坚持异议的大臣都给暗杀了。十多位高级官员一夜之间都横尸皇城，这个血腥的大案震动了长安城。刘启马上下令追捕凶手，可是凶手却早已逃得无影无踪了。

刘启静下心一想，爰盎和这些被杀的官员都是得罪了梁王刘武，可能这件案子与梁国有关。追查下来，果真是这样。汉景帝气急败坏，马上派田叔、吕季主前往梁国调查，逮捕主犯。但羊胜和公孙诡却安全地躲在刘武的王宫里，调查工作毫无进展。梁国的内史韩安国和国相轩丘豹追查了一个多月，仍没有抓到主犯。最后韩安国断定两人一定躲在梁王宫内，于是韩安国紧急求见梁王刘武。他流着眼泪对梁王刘武说："主人受辱，臣下该死。而今我们已竭尽全力，仍找不到羊胜、公孙诡，请大王将我处决。"

梁王刘武故作镇定，他问道："怎么会严重到这种地步？"

韩安国泣不成声地说："大王，你自认为与皇帝的关系，比起临江王刘荣，哪个更亲？"

刘武回答说："他们是父子，我当然不能与之相比。"

韩安国抹把泪接着说："刘荣本是皇太子，只因为被人说了一句话，就贬为临江王。后因假借祭庙外空地护墙，又被逼死在中尉府。为什么？治理国家不能因私害公。现在大王只不过是封国诸王中的一个。而你却相信佞臣的邪说，轻视法律的尊严，冒犯了皇帝的禁令。皇上由于太后的缘故，才不忍心用法律来处罚你。太后日夜啼哭，希望你能改过自新。大王却始终不知道觉悟，你有没有想到，一旦太后千秋之后，你又能靠谁？"刘武听了也是悔恨交加，他知道事情已经败露，为了活命，他勒令羊胜和公孙诡两人自杀，把他们的尸体交了出来。

窦太后心疼小儿子刘武，担心他这次会大祸临头，所以饮食不能下咽，日夜啼哭。刘启无计可施，心中烦闷。去调查这次暗杀事件的田叔从梁国返回，他比较有心计，在驿站里把在梁国取到的口供笔录全部烧掉了，然后空着两手求见景帝。刘启忙问道："梁王有没有罪？"田叔马上回答说："有死罪。"他又接着说："皇上最好不要再追究了。"刘启不得其解，田叔接下话头说："如果梁王不伏法，则汉家法律就无法执行下去了。如果梁王伏法，而皇太后食卧不安，皇上你又将怎么办呢？所以臣冒昧地将有关这件案子涉及梁王的材料都烧掉了。"刘启舒了一口气，夸奖田叔这件事做得很周到。

刘启带上田叔一行人去见窦太后。田叔报告说："臣调查的结果表明，梁王根本什么都不知道，肇事的只是他所宠信的羊胜和公孙诡之辈，臣已将他们处决了。梁王仍好好的，跟往常一样。"窦太后一听，大为欣慰，一颗悬着的心这才放下来，她马上起床吃饭，心情也归平静。景帝的心情也松弛了一下。

尽管交出了两个替死鬼，梁王刘武也知道如果不亲自前去京城请罪，这事也不好交代。他就上书景帝，请求朝觐。刘启为了让他母亲窦太后放心，就同意了梁王的请求。

刘武带上侍卫和随从往京城而来。护送的卫队到函谷关外时，突然发现梁王刘武失踪。景帝跟过去一样，派出天子仪队，前往迎接。接待的人一看刘武不见踪影，不禁大吃一惊，马上派人火速回宫中奏报。

窦太后听到这个消息后，两眼一黑，昏倒在地，半天才缓过气来。她拍床大哭说："皇帝果真杀了我儿。"刘启解释不清，心中既忧愁又恐惧，他害怕老弟刘武真的丧命，后面可就更没法解释了。

刘武到哪里去了呢？原来刘武多了个心眼，他害怕景帝还要治他的罪，所以听了大夫茅兰的计策，到函谷关后，抛下自己的车队，换乘民间的小车，只带两个贴身侍卫，投奔到姐姐长公主刘嫖的府上去了。

刘武在长公主刘嫖的陪同下，身背刑具砧板，跪在未央宫北门请罪。听到这个消息，窦太后喜出望外，刘启长长地松了一口气，与弟弟抱头痛哭。

经过这次风波，刘启与刘武的关系大不如前，从此不再请刘武与他共坐一车。窦太后也不敢再提让刘武继承皇位这件事了，刘武争储已属不可能之事了。

又过了几年，刘武再到长安朝见。完毕之后给老哥上书请求多待几天，没想到刘启居然连这个都不批准。回到封地后刘武就一直闷闷不乐，有一天到梁山（不是水浒中的梁山）打猎，当地有人拍马屁献上一头脚长在背上的怪胎牛，以为梁王会喜欢，没想到却把刘武吓了一大跳。惊悸之余加上时至六月天气很热，回去不久就病了，仅过了六天就去世了。

刘武死讯传到长安，钟爱他的老母亲窦太后悲恸欲绝，把他的死全怪在哥哥刘启身上，哭着说："皇帝果然把我儿子杀了。"这话听上去好像皇帝不是她儿子似的。为了安慰老母，刘启只得下诏将刘武的五个儿子在同一天全封为王：太子刘买为梁王，次子刘明为济川王，刘彭离为济东王，刘定为山阳王，刘不识为济阴王。这样子老太后才满意和刘启一起吃了顿饭。

史家对刘武的评价很低，说是"祸成骄子，致此猖狂"，"骄子"加"猖狂"肯定不是什么好形容词。不过在他身上也存在着一些闪光点，他事母至孝"每闻太后病，口不能食，居不安寝"，所以死后谥号"孝王"；他喜爱文学，礼贤下士，以《七发》俊出的枚乘，以《狱中上梁孝王书》闻名的邹阳，以《子虚》传世的司马相如……这些名动一时的辞赋大家齐聚其门下；在芒砀山的梁孝王王后墓中发现了一条"黄泉道"，是死在他之后的王后李氏在自己地宫的一侧凿石穿山，不屈不挠地欲要打开通道，去往梁孝王的地宫。生前为夫妻，死后还要与夫君在地下幽会，能让结发妻子如此深情，刘武恐怕还是一个重情的好男儿，在当时妻妾成群的亲王中显得是那样卓尔不群。

第二十七章 《汉书》卷四十八 贾谊传 第十八

第一节 少年有为，破格提拔

【原文】

贾谊，雒阳人也，年十八，以能诵诗书属文称于郡中。河南守吴公闻其秀材，召置门下，甚幸爱。文帝初立，闻河南守吴公治平为天下第一，故与李斯同邑，而尝学事焉，征以为廷尉。廷尉乃言谊年少，颇通诸家之书。文帝召以为博士。

是时，谊年二十余，最为少。每诏令议下，诸老先生未能言，谊尽为之对，人人各如其意所出。诸生于是以为能。文帝说之，超迁，岁中至太中大夫。

【译文】

贾谊，洛阳人，十八岁时，就因能够背诵诗书和会写文章闻名当地。河南郡守吴公听到他才学优异，把他召到门下，非常器重他。汉文帝即位不久，听说河南郡守吴公政绩为全国第一，过去与李斯同乡，曾经向李斯学习过，于是征召他做廷尉。廷尉就推荐说贾谊年纪虽小，但很能通晓诸子百家之书。汉文帝就召贾谊做了博士。

这时，贾谊二十多岁，在博士中是最年轻的。汉文帝每次下令讨论的问题布置下来，年长的博士们不能说上什么，而贾谊却能够一一回答，并且人人都觉得说出了他们的意思。博士们于是认为贾谊才能出众。汉文帝喜欢他，破格提拔，一年之内提升到太中大夫。

【评点】

　　贾谊从小就刻苦学习，博览群书，先秦诸子百家的书籍无所不读。少年时，就跟着荀况的弟子、秦朝的博士张苍学习《春秋左氏传》，后来还做过《左传》的注释，但失传了。他对道家的学说也有研究，青少年时期，就写过《道德论》《道术》等论著。他又酷爱文学，尤其喜爱战国末期的伟大诗人屈原的著作。汉高后元五年（前183），贾谊才十八岁，就因为能诵《诗经》《尚书》和撰著文章而闻名于河南郡。

　　当时的河南郡守吴公（后为汉朝廷尉），是原来秦朝名相李斯的同乡，又是李斯的学生。吴公了解到贾谊是一个学问渊博的优秀人才，对他非常器重，把他召到自己的门下，十分宠爱。吴公是李斯的学生，也是很有学问的，贾谊在他门下学习，受到很大的教益。这时，贾谊为了勉励大家学习，传授《春秋左氏传》。吴公治理河南郡，成绩卓著，社会十分安定，被评定为天下第一。

　　汉高后元八年（前180），高后吕雉死，右丞相陈平、太尉周勃杀诸吕，迎立高帝刘邦庶子代王刘恒为帝，即汉文帝。第二年，即汉文帝刘恒元年（前179），吴公被征召到中央政府，任命为廷尉（最高司法长官）。吴公没有忘记他的得意门生，就向汉文帝推荐说，贾谊颇通诸子百家之书，是个年轻有为的人才。汉文帝就把贾谊召到中央政府，任命为博士。从此，贾谊步入了政治活动的舞台。当时贾谊才二十一岁，在当时所有的博士中，他是最年轻的。

　　博士是一种备皇帝咨询的官员。每当汉文帝提出问题让博士们议论时，许多老先生一时讲不出什么来；但是贾谊与众不同，因为他学识渊博，又敢想敢说，因此对文帝提出咨询的问题对答如流，滔滔不绝，说得有理有据。其他的博士都认为贾谊说出了自己想说而说不出来的看法，非常佩服他的才能。这使汉文帝非常高兴，在一年之中就把他破格提拔为太中大夫（这是比博士更为高级的议论政事的官员）。

　　贾谊认为汉朝已经建立二十多年了，政局大体稳定，为了巩固汉朝的统治，他向汉文帝提出了一系列建议，进行改革。他的改革建议，是针对汉承秦制而发的。他认为汉朝承袭了秦朝的败俗，废弃礼义，应该移风易俗，使天下回心而向道。他建议制定新的典章制度，兴礼乐，改正朔，易服色，改变官名，等等。改正朔，就是改变秦以"水"为德，以十月为一年之始这样的历法；易服色，就是改变秦的服色尚黑的制度，主张汉的服色应该尚黄。由于当时文帝刚即位，认为条件还不成熟，因此没有采纳贾谊的建议。

　　但是对贾谊的其他建议，文帝是采纳的。如文帝二年，贾谊提出了一个著名的《论积贮疏》，指出当时社会上出现的"背本趋末"（也就是弃农经商）以及"淫侈之风，日日以长"的现象对统治者不利，主张实行重农抑商的政策，发展农业生产，加强粮食储备，预防饥荒，以达到安百姓治天下，即巩固汉王朝统治的目的。汉文帝采纳了他的建议，下令鼓励农业生产，这对恢复经济、建立封建统治的经济基础起了积极作用，在当时符合社会的发展。但是重农抑商作为封建统治者长期的既定政策，限制了商品经济的发展，越往后它的消极作用就越明显。在当时，贾谊还帮助汉文帝修改和订立了许多政策和法令，以及遣送列侯离开京城到自己封地的措施，汉文帝都采纳了。但这些法令和措施的实行，还是有阻力的。例如，遣列侯到自己的封地去，实行起来就很困难，很多功臣不愿离开京师。当时丞相陈平已死，功劳最大、权位最重的是绛侯周勃，汉文帝让周勃带个头，就免了他的丞相职务，到自己的封地去。这样一来，列侯们才陆续离开京师。由于这个建议是贾谊提出的，就难免得罪了这些功臣元老。

第二节　权贵毁谤，被贬长沙

【原文】

（一）

谊以为汉兴二十余年，天下和洽，宜当改正朔，易服色制度，定官名，兴礼乐。乃草具其仪法，色上黄，数用五，为官名悉更，奏之。文帝廉让未皇也。然诸法令所更定，及列侯就国，其说皆谊发之。于是天子议以谊任公卿之位。绛、灌、东阳侯、冯敬之属尽害之，乃毁谊曰："雒阳之人年少初学，专欲擅权，纷乱诸事。"于是天子后亦疏之，不用其议，以谊为长沙王太傅。

谊既以適去，意不自得，及度湘水，为赋以吊屈原。屈原，楚贤臣也，被谗放逐，作《离骚赋》，其终篇曰："已矣！国亡人，莫我知也。"遂自投江而死。谊追伤之，因以自谕。

（二）

谊为长沙傅三年，有鵩飞入谊舍，止于坐隅。鵩似鸮，不祥鸟也。谊既以適居长沙，长沙卑湿，谊自伤悼，以为寿不得长，乃为赋以自广。

【译文】

（一）

　　贾谊认为汉朝建立二十多年了，国家太平和洽，应当改订历法，改变车马服饰的颜色，订立法令制度，确定官职名称，振兴礼乐。于是起草各项仪式的法度，车马服饰的颜色用黄色，官印数字用"五"，确定官职名称，全部改变旧制，贾谊上奏皇上。汉文帝谨慎从事，来不及实行。然而各项法令的更改确定，以及各个诸侯都住到自己的封国里去，这些主张都是贾谊提出的。于是汉文帝与大臣商议，让贾谊担任公卿的职位。绛侯、灌侯、东阳侯、冯敬这些人嫉妒他，就诋毁说："洛阳这个少年，年纪轻轻，学识浅薄，一心想独揽大权，给许多事情造成混乱。"由于这样，汉文帝后来也疏远了他，不采纳他的意见，让他做长沙王太傅。

　　贾谊因为贬官离开了，意志没有得到施展，在渡湘水时，写了一篇赋吊念屈原。屈原是楚国一位贤明的臣子，遭受谗言而被放逐，写作《离骚赋》，在篇末写道："算了吧！国家无人，没有了解我的。"于是投江而死。贾谊追念哀伤他，因此以屈原自喻。

（二）

　　贾谊做长沙王太傅的第三年，有一只猫头鹰飞入贾谊的房间里，停在座位的旁边。猫头鹰像鸮，是一种不吉祥的鸟。贾谊已因被贬来居长沙，长沙低洼潮湿，贾谊常常哀伤，以为寿命不可能长，就作赋来安慰自己。

【评点】

　　贾谊初到中央政权，短短的时间里就施展了自己的才能，被破格提拔，真可谓是一帆风顺，少年得志。汉文帝看到贾谊是一个很有见识、年轻有为的人，对他十分赏识。于是，就提出让贾谊担任更高的公卿职位，委以重任，并把这个意思交给大臣们讨论。哪承想到，这样一来树大招风，却遇到了重重的阻力。

　　阻力首先来自功臣显贵们，如绛侯周勃、颍阴侯灌婴、东阳侯张相如、御史大夫冯敬等。周勃原是以织苇箔为生的小手工业者（还兼做吹鼓手），灌婴原是贩布的小商人，他们跟随刘邦东征西讨，战功显赫，是汉朝的开国功臣；后来又除诸吕立文帝安刘氏再立新功。他们封侯拜相，位高权重；但他们又是一些没有文化的"大老粗"，尤其是周勃，更以"钝椎少文"出名。到了文帝朝，他们已经年老，自恃功高，思想守旧，胸襟狭隘。当贾谊这样学识渊博又有革新思想的年轻知识分子在汉王朝崭露头角时，这些老臣显贵一方面因他年纪轻资历浅而看不起他，另一方面又因他才华出众而心怀妒忌。让贾谊当个博士、太中大夫之类只议论而无实权的官职，他们还能容忍，而一旦要让他升到公卿之位委以重任，和这些显贵平起平坐，他们就难以忍受了。他们就众口一词地攻击贾谊："这个洛阳人，小小年纪，学识浅薄，一心想专擅权力，要把国家的许多大事搞乱了！"当时文帝即位不久，而周勃、灌婴这些人是先帝的旧臣，权重势大，文帝虽爱贾谊的才能，但也不能违背权贵的意愿而进一步提拔他。

当时在贾谊面前还有一个不可逾越的障碍，这就是文帝的宠臣佞幸邓通，邓通本是一个没有任何本事的人，完全是由于一个极荒唐的原因而得宠于文帝。原来文帝这人挺迷信，有一次他做梦要上天，上不去，有一个"黄头郎"从后面推了他一把，就飘飘然地上天了。文帝一觉醒来，非常高兴，就到渐台这个地方，暗中寻找这个推他上天的"黄头郎"。碰巧见到一个正在使船的头戴黄帽的年轻人，穿着容貌很像梦中推他上天的人，文帝就把他叫来，问他叫什么名字，回答说叫邓通。文帝很高兴，就叫他随侍左右，经常同他一起玩耍，封他为上大夫，还赐给他巨额的金钱。当时贾谊恰好和邓通一起随侍文帝，地位也相当。但贾谊讨厌这个没有才能而受文帝宠爱的佞臣，常常在文帝面前讥讽他。邓通也在文帝面前说贾谊的坏话，使得文帝逐渐疏远贾谊。

就这样，外有大臣攻击，内有邓通进谗，内外夹攻，使贾谊不但不能施展他的才能和抱负，连在西汉朝廷中立足之地也没有了。其结果，是贾谊被贬出京师，到长沙国去当长沙王的太傅。长沙国地处南方，离京师长安有数千里之遥。当时交通不发达，长途跋涉，历尽千辛万苦，自不必说。更使贾谊难受的，是心中的悲愤。他有满肚子的学问，心中有远大的抱负，本想辅佐文帝干一番大事业。如今受谗被贬，受到这样的挫折，使他深感孤独和失望。他想到，绛、灌这些大臣攻击他，还算不了什么，因为他们毕竟是功臣宿将，为汉王朝出过大力；最使他难以忍受的，是邓通这样的人，他有何德何能？只不过是一个善于阿谀媚上的小人，而自己恰恰是因为文帝听信了这样的佞幸的谗言而遭贬，贾谊无论如何也咽不下这口怨气。他想到了爱国诗人屈原，也是遭到佞臣权贵的谗毁而被贬出楚国都城，最后投汨罗江而死。他想自己的遭遇与屈原相似，就更加怀念屈原。当他南行途经湘江时，望着滔滔的江水，思绪联翩，就写了一首《吊屈原赋》，以表达对屈原的崇敬之心，并抒发自己的怨愤之情。

他写道：多么不幸啊，遭逢时世不祥。鸾鸟凤凰躲藏奔窜啊，恶鸟高空翱翔。小人显贵啊，谗谀之徒得志猖狂。贤良正直之士处逆境啊，是非颠倒反常。过去有人诬伯夷贪赃啊，反说盗跖廉洁善良；还把利剑当作钝剑啊，却夸铅刀有锋芒！多么不得意啊，先生无故受中伤。国人不理解自己啊，向谁诉说衷肠？凤凰飘然而飞去啊。远离浊世而深藏。

长沙国是当时唯一的一个异姓（非刘氏）王国，从来是安分守法的王国。贾谊到长沙时，正是长沙靖王吴著（吴芮的后代）在位。贾谊当长沙王太傅，事情不多，就有足够的时间来研究学问。长沙虽远离长安，但贾谊以天下事为己任，对朝廷的政治和经济大事，给了极大的关注，一有机会，就上疏文帝，提出自己的看法和建议。

就在贾谊被贬到长沙的同一一年（文帝三年，前177），周勃到了自己的封地绛县（今山西省绛县）。绛县地属河东郡。绛侯周勃怕人害他，在郡守、郡尉巡视到绛县时，常常披甲带着亲兵持兵器出迎。第二年，有人就因此而诬告周勃想谋反。文帝一时糊涂，就把这个案子批给廷尉来办。廷尉把周勃逮捕到长安，关在监狱里，受尽了狱吏的凌辱。后来，因为文帝的母亲薄太后为周勃辩护，才得到赦免。贾谊在长沙得知此事，为周勃愤愤不平，就给文帝上疏，说了一番君主应该以廉耻礼义对待大臣的道理，实际上是对文帝提出了批评。文帝也很后悔，感到贾谊说得对，就采纳了他的建议。从此以后，凡是大臣有罪，都让他自杀，而不逮捕入狱受刑罚。

当时，文帝把蜀郡的严道铜山赐给邓通，允许他自铸钱，因此，"邓氏钱"遍布天下；又有吴王刘濞开豫章铜山铸钱，吴钱也遍布天下。这样，币制就混乱了。贾谊在长沙又向文帝上了《谏铸钱疏》，尖锐地指出，私人铸钱遍布天下，于国于民都很不利，建议文帝下令禁止。但邓通是文帝的宠臣，铜山又是文帝赐给他并允许他铸钱的，文帝怎会禁止呢？而吴王刘濞远在东方，天高皇帝远，又禁止不了。因此，贾谊的这个建议在当时是不可能被采纳的，只不过增加了邓通对他的忌恨而已。

贾谊在长沙第三年的一个黄昏，有一只鹏鸟飞进了他的住房里。鹏鸟就是猫头鹰，当时人们认为这是一种不吉利的鸟。贾谊谪居长沙，本来心情就忧郁，加上长沙卑隰，自以为寿命不长，如今猫头鹰进宅，更使他伤感不已。于是就写了一篇《鹏鸟赋》，对世界万物的变化和人间世事的沧桑做了一番感叹，同时也借此来宽慰自己。此时此地，贾谊思想感情是十分复杂的。

第三节　居安思危，切中时弊

【原文】

　　后岁余，文帝思谊，征之。至，入见，上方受釐，坐宣室。上因感鬼神事，而问鬼神之本。谊具道所以然之故。至夜半，文帝前席。既罢，曰："吾久不见贾生，自以为过之，今不及也。"乃拜谊为梁怀王太傅。怀王，上少子，爱，而好书，故令谊傅之，数问以得失。

　　是时，匈奴强，侵边。天下初定，制度疏阔。诸侯王僭儗，地过古制，淮南、济北王皆为逆诛。谊数上疏陈政事，多所欲匡建，其大略曰：

　　臣窃惟事势，可为痛哭者一，可为流涕者二，可为长太息者六，若其它背理而伤道者，难遍以疏举。进言者皆曰天下已安已治矣，臣独以为未也。曰安且治者，非愚则谀，皆非事实知治乱之体者也。夫抱火厝之积薪之下而寝其上，火未及燃，因谓之安，方今之势，何以异此！本末舛逆，首尾衡决，国制抢攘，非甚有纪，胡可谓治！陛下何不壹令臣得孰数之于前，因陈治安之策，试详择焉！

　　……

【译文】

　　一年多以后，汉文帝想念贾谊，征召他回京城长安。贾谊到了，进入朝廷求见，汉文帝正在承受神灵的降福，坐在宣室里接见贾谊。汉文帝因对鬼神之事有所感触，就向贾谊询问鬼神的原本。贾谊详细讲述其中的道理。一直谈到深夜，汉文帝听得不觉移坐到席的前端。谈论完了，汉文帝说："我很久没看到贾生了，自以为超过他了，今天看来，还比不上他啊。"于是任命贾谊做梁怀王的太傅。梁怀王，是汉文帝的小儿子，很受宠爱，又喜欢读书，所以叫贾谊做他的老师，他多次向贾谊请教成败得失。

　　这一时期，匈奴强盛，常常侵犯汉朝边疆。汉朝刚刚建立，法规制度粗疏而不严明。诸侯王超越本身的权力范围，占据的土地超过古代制度的规定，淮南王、济北王都因为谋反而被诛灭。贾谊多次上疏陈述政事，他的意见大多是想改变和建立新制度，其大意是：

我私下考虑了当前的国家形势，认为可以为之痛哭的有一件，可以为之流涕的有两件，可以为之长叹的有六件，至于其他违背事理而伤害正道的，难以分条列举。向陛下进言的人都说国家已经安宁已经治理好了，我独自认为国家远未治理好。说国家安定并治理好的人，不是愚蠢就是阿谀奉承，都不是从事实出发知道治乱的根本的人。这如同把火种放在柴堆下而自己睡到上面，柴堆没有被点燃，就说很平安，当前国家的形势，跟这种情况有什么两样呢！本与末被颠倒了，前后的堤防被破坏了，国家制度混乱，并不是很有纲纪，怎么可以说治理好了呢。陛下为何不让我在您面前获得机会，来深入细致地陈述国家政治修明、社会安定的策略，让您来仔细选择。

……

【评点】

汉文帝七年（前 173），文帝想念贾谊，又把他从长沙召回长安。贾谊到长安后，文帝在未央宫祭神的宣室接见了他。当时祭祀刚完，祭神的肉还摆在供桌上。文帝对鬼神的事感到有不少疑问，就问贾谊。贾谊是怎么回答的，史书上缺乏记载。只知贾谊关于鬼神的见解，使文帝感到很新鲜，听得很入神，甚至挪动座位（当时是席地而坐），凑到贾谊跟前，一直谈到半夜方止。事后，文帝感叹不已地说："我好久没有见到贾生了，自以为学问赶上了他，现在听了他的谈话，还是不及他啊！"对于这件事，唐朝诗人李商隐很不以为然，写了一首绝句来抨击汉文帝："宣室求贤访逐臣，贾生才调更无伦。可怜夜半虚前席，不问苍生问鬼神。"

贾谊这次回到长安，朝廷上人事已有很大变化，原来曾压制过贾谊的灌婴已死，周勃在遭冤狱被赦免后回到绛县封地，不再过问朝中政事。但是，文帝还是没有对贾谊委以重任，只是把他分派到梁怀王那里去当太傅。其原因，还是邓通这样的小人仍在文帝身边，贾谊又多次得罪过这个文帝的宠臣，这就成了贾谊施展其政治抱负的一个不可逾越的障碍。

梁怀王刘揖，又名刘胜，是文帝最喜爱的小儿子。文帝任命贾谊为梁怀王太傅，也算是对他的一种重视，虽然这还谈不上升迁。

不过，对贾谊来说，他所关心的似乎不是自己职务上的升降，而是国家的政治形势。在当时，西汉王朝的政治局势基本是稳定的，但也面临两个矛盾，并逐渐尖锐化起来。一个是中央政权同地方诸侯王之间的矛盾，一个是汉王朝同北方匈奴奴隶主政权之间的矛盾。这两个矛盾的尖锐化，在当时已见端倪。如济北王刘兴居、淮南王刘长接连叛乱，吴王刘濞企图叛乱的消息也时有所闻；而匈奴也经常侵扰西汉北部边境。贾谊透过当时政治局势的表面稳定，看到了其中潜伏着严重的危机，对此深为关切和忧虑。他接连多次向文帝上疏，向文帝敲警钟。其中最著名的，是在文帝前之七年（前173）他从长沙回长安后所上的《治安策》（也叫《陈政事疏》）。

《治安策》一开头，贾谊就大声疾呼：我看天下的形势，可为痛哭的有一个问题，可为流涕的有两个问题，可为长叹息的有六个问题，其他违法背理的事就更多了，难以一一列举。他斥责那些认为天下"已安且治"的人，认为这种人不是无知，就是阿谀奉承，都不是真正懂得治乱大体的人。他形象地说：把火放在柴堆之下，而自己睡在柴堆上，火还没有燃烧起来，就说平安无事。当今的形势，同这有什么两样呢？

贾谊指出危害西汉王朝政治安定的首要因素，是诸侯王的存在以及他们企图叛乱的阴谋。他回顾历史，列举事实说明分封诸侯王的害处。起初，汉高祖刘邦分封异姓王，结果是"十年之间，反者九起"，一年也不得安宁。异姓王的叛乱虽然被平定了，但又不能从中吸取教训，又分封了一批同姓王。在文帝初即位时，天下还算安定，为什么呢？因为大的诸侯王年纪尚幼，而汉王朝派去的太傅、相还能掌握实权。但是，几年之后，诸侯王们大都长大，血气方刚，而汉王朝派去的傅、相年老多病，有的被罢免了，各诸侯王国的丞、尉以上的官职，都被诸侯王们安插了自己的亲信来担任。这样的形势发展下去，要想使国家政治安定，恐怕连尧、舜也是办不到的。

贾谊指出，有人把异姓王叛乱归结为同汉王朝（即刘氏）关系疏远，这是不对的。他举出济北王刘兴居（文帝的侄子）、淮南王刘长（文帝的弟弟）相继叛乱的事实，说明同姓王虽"亲"，也是靠不住的。因为这些同姓王虽名为臣，其实都有布衣昆弟之心，也有称帝为皇的野心。他们在自己的国里擅自授人爵位，赦免死罪之徒，甚至使用皇帝的宫室和仪仗，使汉朝的法令在他们的独立王国里面行不通。

贾谊指出，诸侯王的叛乱，并不取决于是疏是亲，而是取决于"形势"，取决于他们力量的强弱。他回顾汉初七个异姓诸侯王反叛的历史事实，认为大都是强者先反。韩王信依靠匈奴，接着也反了……燕王卢绾力量比较弱，最后才反。异姓王中也有不反的，这就是长沙王吴芮。长沙国只有二万五千户，实力最小，同皇帝的关系比较疏远，反而最忠于朝廷。这并不是因为吴芮的性情与别人不同，也是形势所造成的。这样从"形势"来解释诸侯王反叛与否，是贾谊的独到的见解。他甚至假设，如果让樊（哙）、郦（商）、绛（周勃）、灌（婴）据数十城而为王，他们也会反叛，因而被灭亡；相反，如果让韩信、彭越这些人作为列侯而居，他们也不见得会反叛，至今也还可能完好而存。正因为给予诸侯王以相当大的地盘和实力，那么，他们不管是异姓还是同姓，都有可能反叛。因此，贾谊得出的结论是："疏者必危，亲者必乱"。

根据异姓诸侯王反叛的历史教训和同姓诸侯王必然反叛的危险，贾谊向文帝提出了自己的对策。为此，他说明了这个问题上应该有的指导思想。他说，现在诸侯王势力强大，好比是大骨头，汉王朝如果不用权势法制这把大斧头去砍，而想用仁义恩厚这把薄刃小刀去切割，那么，这个刀子不是被碰缺口，就是被折断，那是无济于事的。他形象地指出，现在的形势就像害了水肿病，一条小腿肿得几乎同腰一样大，一个指头肿得几乎和大腿一样粗，只能平放而不能伸屈，一两个指头疼起来就不得了。如果现在不及时治疗，一定会成为不治之症，将来虽有扁鹊那样的名医，也没有办法治了。

那么，切实可行的对策是什么呢？贾谊根据"大都强者先反"的历史教训，提出了"众建诸侯而少其力"的方针。也就是说，在原有的诸侯王的封地上分封更多的诸侯，从而分散削弱他们的力量。贾谊建议：诸侯王死后，他的封地应该分割为若干块，分封给他的几个儿子。这样，可以让诸侯王的子孙们放心，他们知道会按制度受到分封，就不会反叛朝廷了。诸侯王的封地，一代一代分割下去，越分越少，直到"地尽而止"，力量也就越来越削弱下去了。这就叫作"割地定制"。这样做的结果，就能使国内的形势，好像是身体支配手臂，手臂支配手指那样顺从，诸侯就不敢有异心了，国家也就能得到治理了。

《治安策》除了论述了地方诸侯王的问题外，还对其他政治问题，以及经济、军事等问题提出了自己的看法。其中特别值得注意的是商人经济力量的膨胀和北方匈奴的问题。

贾谊指出，现在商人卖奴隶，给奴隶穿上古时天子后妃祭祀时才穿的绣衣、丝鞋，关在木栅栏里。现在皇帝穿的衣服不过是普通的黑色丝织品，而富民的墙上竟挂上了文绣；皇后装饰衣领的东西，富的婢妾们却用来缝鞋边。商人富民这样穷极奢侈，后果是严重的：一百人做衣服还不够他们一人穿，想全国人不受寒挨冻，怎么可能呢？一人耕田，十人聚食，想全国人不挨饥受饿，是不可能的，饥寒迫使老百姓痛苦不堪，想使他们不造反那是办不到的。国家已无能为力，"盗贼"不过在等待时机而已，但是献计的人却说政治上以"毋动"为上策；这些富人大商习俗奢侈，太不尊重国家制度，太冒犯皇帝的尊严了，但献计的人还说"毋为"，不要改革，这真是可以长叹息的事啊！

从汉高祖刘邦开始，由于军事上失利，对北方的匈奴采取和亲政策，将公主（实际上多由宗室女顶替）嫁给匈奴单于为妻，每年还要交送大量的金银和丝织品。文帝时也曾派军抗击匈奴的侵扰，因诸侯王叛乱而撤军，又恢复和亲政策。贾谊认为，和亲并不能制止匈奴统治者经常侵扰的祸患，他表示愿意出征北伐，"亲俘匈奴单于而制其命，抓住中行说（投降匈奴的汉奸）而笞其背"。贾谊认为，应该扩大汉朝的政治影响，以争取匈奴的人民大众；并且用声色口腹的物质享受为手段，来分化匈奴贵族。这些论述虽是豪言壮语，但毕竟不那么切合事实，因此鲁迅认为贾谊论匈奴"乃颇疏阔"。

贾谊《治安策》的可贵之处，在于居安思危。如毛泽东所说："《治安策》一文是西汉一代最好的政论，贾谊于南放归来著此，除论太子一节近于迂腐以外，全文切中当时事理，有一种颇好的气氛，值得一看。"（《毛泽东书信选集》第539页）这个评价，是非常确切的。

就在贾谊上《治安策》的这年，淮南王刘长阴谋叛乱，文帝把他流放到蜀郡（今四川中部），刘长在途中畏罪自杀。第二年（前172），文帝又把刘长的四个儿子封为列侯。贾谊担心文帝接着还要把刘长的几个儿子由列侯晋封为王，就从梁国都城睢阳（今河南商丘县南）上疏文帝，进行劝告："淮南王反叛朝廷，全国谁不知道他的罪恶？现在尊奉罪人的儿子，只能招致全国人的非议。淮南王的儿子成人之后，哪能忘记他们父亲的事？淮南地方虽小，黥布曾凭借这块地方造反。虽然把淮南王的封地分割为四块，但四子一心，让他们占有土地和人口，积蓄资财，这真可以说是把武器交给敌人，为虎添翼呀！希望陛下考虑。"但是文帝并没有采纳贾谊的意见。

第四节　忧郁而死，其功不灭

【原文】

文帝于是从谊计，乃徙淮阳王武为梁王，北界泰山，西至高阳，得大县四十余城；徙城阳王喜为淮南王，抚其民。

时又封淮南厉王四子皆为列侯。谊知上必将复王之也，上疏谏曰："窃恐陛下接王淮南诸子，曾不与如臣者孰计之也。淮南王之悖逆亡道，天下孰不知其罪？陛下幸而赦迁之，自疾而死，天下孰以王死之不当？今奉尊罪人之子，适足以负谤于天下耳。此人少壮，岂能忘其父哉？"白公胜所为父报仇者，大父与伯父、叔父也。白公为乱，非欲取国代主也，发愤快志，剚手以冲仇人之匈，固为俱靡而已。

淮南虽小，黥布尝用之矣，汉存特幸耳。夫擅仇人足以危汉之资，于策不便。虽割而为四，四子一心也。予之众，积之财，此非有子胥、白公报于广都之中，即疑有专诸、荆轲起于两柱之间，所谓假贼兵为虎翼者也。愿陛下少留计！"

梁王胜坠马死，谊自伤为傅无状，常哭泣，后岁余，亦死。贾生之死，年三十三矣。

后四岁，齐文王薨，亡子。文帝思贾生之言，乃分齐为六国，尽立悼惠王子六人为王；又迁淮南王喜于城阳，而分淮南为三国，尽立厉王三子以王之。后十年，文帝崩，景帝立，三年而吴、楚、赵与四齐王合从举兵，西乡京师，梁王扞之，卒破七国。至武帝时，淮南厉王子为王者两国亦反诛。

孝武初立，举贾生之孙二人至郡守。贾嘉最好学，世其家。

赞曰：刘向称"贾谊言三代与秦治乱之意，其论甚美，通达国体，虽古之伊、管未能远过也。使时见用，功化必盛。为庸臣所害，甚可悼痛。"追观孝文玄默躬行以移风俗，谊之所陈略施行矣。及欲改定制度，以汉为土德，色上黄，数用五，及欲试属国，施五饵三表以系单于，其术固以疏矣。谊亦天年早终，虽不至公卿，未为不遇也。凡所著述五十八篇，掇其切于世事者著于传云。

【译文】

汉文帝于是采纳了贾谊的计策，就调淮阳王刘武为梁王，梁国北面以泰山为界，西面到达高阳，得大县四十多个；调城阳王刘喜为淮南王，安抚他的老百姓。

当时，又封淮南厉王刘长的四个儿子都当列侯。贾谊知道皇上一定要恢复诸侯王的爵位，上疏进谏说："我私下担心陛下将要封淮南厉王的几个儿子为王，这是没有同臣下仔细计议过啊。淮南王反叛作乱，天下谁不知道他的罪行？陛下幸而宽大放逐他，他自杀而死，天下谁认为他死得不应该呢？今天重用罪人的儿子，恰好辜负了天下人对厉王的谴责！厉王的儿子稍稍长大，难道能忘了他父亲的仇恨吗？白公胜为父报仇，就是针对祖父和伯父、叔父的。白公胜发动政变，不是夺权篡位，而是发泄心中的愤恨之气，手持尖刀刺向仇人胸膛，本来要和仇人同归于尽。淮南地方虽小，黥布曾经利用它反汉，汉朝能够存在真是太幸运了。让仇人具有足以危及汉朝的资本，是失策的。虽然把厉王的四个儿子分割开来，但他们为父报仇的想法是一个。给他们很多民众，使他们积累很多财产，这样做，如果不是像伍子胥、白公那样在都城公开起兵报仇，就会有专诸、荆轲这样的暗杀行刺，造就的是所谓的把武器借给盗贼，给老虎添了翅膀啊。希望陛下稍微考虑一下！"

梁王刘胜坠马而死，贾谊感伤自己作为太傅失了职，常常哭泣。过了一年多，也死了。贾谊死时，年三十三岁。

后来的四年，齐文王死了，没有儿子。汉文帝想起贾谊的话，于是把齐国分成六个小国，分别立悼惠王的六个儿子为王；又调淮南王刘喜到城阳，把淮南分成三个小国，分别立厉王的儿子为王。以后十年，汉文帝驾崩，汉景帝继位，景帝三年，吴、楚、赵与四个齐王联合起兵反叛，向西直逼汉京城长安，梁孝王刘武保卫长安，最后打败七国。到汉武帝时，淮南厉王的儿子做了王的也有两国谋反而被诛灭。

汉武帝即位，任贾谊的孙子二人为郡太守。其中贾嘉最好学，继承书香门第。

班固说：刘向称"贾谊谈论夏商周三代和秦朝治乱的意义，他的论述十分优美，他通晓国家典章制度，即使是古代的伊尹、管仲也不能超过他。假如当时他的主张得以实行，功业教化必定显著。但他被庸臣陷害，实在让人痛心"。回过头去看看汉文帝沉静无为，身体力行来移风易俗，贾谊所陈述的主张被略微施行了。等到想改定制度，因为汉是土德，就崇尚黄色，官印的数字使用"五"，等到想试着拥有属国，就施用贾谊的"五饵""三表"来紧紧拴住单于，他的办法因此取得了效果。贾谊英年早逝，他做官虽然没到公卿，但不是没有机遇。他的著述共五十八篇，摘取其中切于时事的内容写在他的传中。

【评点】

汉文帝十一年（前169），梁怀王刘揖入朝，骑马摔死了：贾谊感到自己身为太傅，没有尽到责任，深深自责，经常哭泣，心情十分忧郁。尽管如此，他还是以国事为重，为文帝出谋献计。因为梁怀王刘揖没有儿子，按例他的封国就要撤销。贾谊感到，如果这样做，将对整个局势不利；不如加强文帝的两个亲子淮阳王刘武和代王刘参的地位。为此，贾谊建议，为梁王刘揖立继承人，或者让代王刘参迁到梁国来；扩大梁国和淮阳国的封地，使前者的封地北到黄河，后者南到长江，从而连成一片。这样一来，如果一旦国家有事，梁王国足以抵御齐赵，淮阳王国足以控制吴楚，陛下就可以安然消除山（指华山）东地区的忧患了。文帝听了贾谊的建议，因代王封地北接匈奴，地位重要，没有加以变动，就迁淮阳王刘武为梁王，另迁城阳王刘喜为淮南王。从后来吴楚七国之乱中梁王刘武坚决抵御的作用来看，根据贾谊的这个建议所做的部署，确实是深谋远虑的。

汉文帝十二年（前168），贾谊在忧郁中死了，当年他才三十三岁。纵观贾谊一生，虽受谗遭贬，未登公卿之位，但他的具有远见卓识的政论和建议，文帝还是比较重视，大略是实行了的；这是那些身居高位而庸庸碌碌的公卿们所不能比拟的。

正如北宋的改革家王安石所说的："一时谋议略实行，谁道君王薄贾生？爵位自高言尽废，古来何啻万公卿。"

贾谊的进步主张，不仅在文帝一朝起了作用，更重要的是对西汉王朝的长治久安起了重要作用。如景帝刘启时，晁错提出"削藩"政策，是贾谊主张的继续；景帝三年（前154）吴楚七国之乱，证明了贾谊对诸侯王的分析的正确性；平定吴楚七国之乱之后，汉王朝就乘机削弱地方诸侯王的力量，使他们仅得租税，而失去了直接治理王国的权力。到了汉武帝刘彻的时候，颁行主父偃提出的"推恩令"，允许诸侯王将其封地分为若干块，分给自己的子弟，从而实际上分散和削弱了诸侯王的力量，这更是贾谊提出的"众建诸侯而少其力"方针全面实行了。贾谊关于禁止私人铸钱、由中央统一铸钱的主张，汉武帝时也实行了。汉武帝还胜利地进行了对匈奴的战争，抛弃了贾谊引为耻辱的和亲政策。贾谊对西汉王朝的长治久安做出了如此杰出的贡献，使汉武帝十分感念，为了纪念他，就提拔了他的两个孙子为郡守。

贾谊作为杰出的政治家和思想家而载入史册，他的历史贡献是不可磨灭的。虽然贾谊只活了三十三岁，但他在中国历史上却有着不可替代的特殊地位。这一方面是因为他卓越的才能和坎坷的经历形成鲜明的反差，以致成为中国古代文人怀才不遇的典型，后世的文人一旦因官位卑微而抒发感慨，往往便在诗文中借用贾谊的典故，事实上"贾谊"这个名字几乎成了一个积淀着丰富文化内涵的特定原型意象；另一方面则是贾谊在他短暂的一生里，给人们留下了大量优秀的文学作品，从而在中国古代文学史上占有比较重要的位置。下面我们所要侧重介绍的，便是贾谊在文学上取得的成就，尤其是他的辞赋创作。

辞赋是中国古代一种非常特殊的文学体裁，它介乎诗歌与散文之间，但又不同于诗和文。这种文体曾经在汉代极为盛行，即使是在汉代以后，也为历代文人所看重，成为他们抒发情感、展示才华的重要载体。而在中国辞赋发展的历史中，贾谊具有不可忽视的地位。

据《汉书·艺文志》，贾谊曾写过七篇辞赋，但现存可信的只有三篇，那便是见于《史记》《汉书》的《吊屈原赋》《鵩鸟赋》，见于《楚辞章句》的《惜誓》。

贾谊与屈原有许多相似之处。他们的才识修养远远超过其同时代的人，从而也就在心灵上承担着比别人更多的忧患；他们都曾为君主所信任，后因谗人的诋毁中伤而遭流放，经历过政治上的大起大落、人生的大喜大悲；他们都具有刚直不阿、偏执重情的性格，对君主和国家怀着九死不悔的忠诚。修养、性格和遭际的相似，不但使贾谊对屈原抱有异乎常人的同情和崇敬，而且其作品也有类似的情调。与屈原的作品一样，贾谊的辞赋也充满对世俗社会强烈的批判精神，自主自立的个体意识以及对人生、历史和宇宙的深刻思考。作品中"麒麟"与"犬羊""神龙"与"蝼蚁"等的对立，显示出贾谊超越流俗、卓尔不凡的人性品格；而"至人"与"愚士""真人"与"众人"等的对立，则又表现出作者明察事理、洞彻命运的旷达洒脱。赋作中始终贯穿着超人与俗人、理想与猥琐的矛盾斗争，忧伤而不颓唐，孤独中透出高傲，其沉痛郁愤、意气慷慨，堪称屈子同调，所以刘熙载《艺概·赋概》说："读屈、贾辞，不问而知其为志士仁人之作，太史公之合《传》、陶渊明之合《赞》，非徒以其遇，殆以其心。"

作为屈原悲剧精神的直接承继者，贾谊超凡脱俗的独立品格，一直为历代知识分子所钦叹、褒扬，但屈、贾二人对待命运的态度毕竟有所不同。屈原的人生态度始终是积极的，虽屡遭困厄，也从未动摇，他明知个人无法与社会抗衡，但改造环境、抗争命运的勇气至死不衰；贾谊却似乎从自己坎坷的遭遇中领悟到了道家关于人生无常的要妙，向往远离世俗与丑恶的隐居生活，幻想随王乔、赤松去做长生遁世的"真人"。与这种人生态度相联系，贾谊之作与屈作的"悲壮"不同，而透露出一种"悲凉"的气态。然而屈原人格，是一种尽善尽美、超越现实的人格类型，具有明显的非实践性，生活在现实世界中的芸芸众生几乎是不可能效法的，而贾谊的情感中却充满着现世普通人的悲苦，与千千万万的知识分子的实际生活联系得更为紧密，因而也就更能在广阔的范围内获得文人深切的理解与认同。

宋代的大思想家朱熹在《楚辞辩证下·晁录》中说："独贾太傅以卓然命世英杰之材，俯就骚律，所出三篇，皆非一时诸人所及。"贾谊的三篇辞赋作品，或悼前贤以抒不平，或发理想而为自遣，文辞瑰玮激昂，格调高古深远，从而构成了贾谊文学成就的重要侧面，体现了汉代辞赋初创期的风格与实绩。

贾谊上述三篇作品在我国辞赋发展史上具有重要地位，它们构成了辞赋发展史上的一大转折点。如果将"骚体"（或称"楚辞体""骚体赋"）这一屈原开创的文学样式视为中国文学百川中独立的一支，那么在它发展演变的不绝长流中，上承屈原、下启两汉的贾谊辞作便是其发生转变的第一个标志。关于这个问题，可以从两方面来说明。从形式上看，贾谊的《吊屈原赋》等三篇赋都是纯粹的骚体，但有明显的散文化倾向，所以游国恩称其"把散文的形式融合在骚体里面"。沿着这条路径，不仅经由枚乘、司马相如等赋家，逐渐成就了完全散体化的汉代大赋，而且汉人的骚体作品散文气息越来越浓，以至渐次形成了一种在体制上兼类"骚"与"赋"的新体制。这种新体的辞赋在魏晋南北朝非常流行。从内容上看，以说理为主的贾谊诸赋，打破了屈、宋骚体专事抒情的传统，促成汉代《太玄赋》《幽通赋》等一批类似作品的兴起，并使之在题材上呈现出纷繁多元的格局。

贾谊的骚体赋作，还开了汉代模仿楚骚的风气。从东方朔等人的代言体作品，到汉武帝《吊李夫人赋》、司马相如《长门赋》、刘歆《遂初赋》、班彪《北征赋》、冯衍《显志赋》、张衡《思玄赋》、蔡邕《述行赋》等，可谓绵绵不绝，蔚为大观。骚体赋在两汉的繁荣，当然有统治者的喜好、道家神仙思想的流行等社会原因，但贾谊以文坛巨子的身份开风气之先，树立仿"骚"的旗帜，对于这一文学风气的形成，不能不说是一个重要的契机。

从学术史的角度来说，贾谊辞赋对"楚辞学"也具有重要意义。楚辞学是对楚辞进行研究的学问，两千多年来，楚辞学已形成了自己专门的发展历史。然而在楚辞研究领域，关于屈原的生平事迹，一直缺乏确切可信的文献资料，事实上这个问题至今也未能得到解决，以致国内外不断有学者提出"屈原否定论"，否定屈原存在的真实性。所幸的是，贾谊的赋作，毕竟给人们提供了一些极有价值的信息。《吊屈原赋》中写道："仄闻屈原兮，自沉汨罗。……遭世罔极兮，乃殒厥身。……已矣，国其莫吾知兮……何必怀此都也！"生长于北方洛阳的贾谊，通过"仄闻"得知屈原的身世及《离骚》等作品，并由于遭遇的相似和心灵的共鸣，在湘水之滨写下这篇名作，从而使屈原这个光辉的名字首次载于文献。同时通过作品，我们还可以了解到屈原"遭世罔极""自沉汨罗"的事迹，了解到屈原是《离骚》的作者，以及汉初流传的《离骚》即我们今天所见之《离骚》等宝贵情况。贾谊离屈原的时代不过一百多年，他本人又是处于汉王朝中心的政治文化名人，因此这些可信程度相当高的史实，对于后世的屈原研究、对于驳斥"屈原否定论"者的轻率荒谬，都有十分重要的资料价值。

贾谊对屈原的基本态度也直接影响到汉代人对屈原的评价。他对屈原的不幸遭遇是同情的，对其峻洁的品行也是崇敬的，但他又认为在当时的情况下，屈原应该选择归隐或另投明主，因而责怪屈原不知权变，过于拘谨，以致造成投水自尽的悲剧。贾谊这种同情、崇敬加不理解的态度，后来几乎成为汉代人评价屈原的固定模式，司马迁来到长沙，"观屈原所自沉渊，未尝不垂涕，想见其为人。及见贾生吊之，又怪屈原以彼其材，游诸侯，何国不容？而自令若是"（《史记·屈原贾生列传》）；扬雄读《离骚》，"悲其文""未尝不垂涕"，却又认为"君子得时则大行，不得时则龙蛇，遇不遇命也，何必沉身哉"（《汉书·扬雄传》）；班固在《汉书》的《地理志》《艺文志》《贾谊传》等文献中言及屈原时，均表示同情和崇敬，但在《离骚序》中却主张君子"以全命避害，不受世患"，批评屈原"忿怼不容，沉江而死"的行为。班彪、蔡邕等人亦有类似的看法。这种评价屈原的基本模式几乎贯穿了整个汉代，直到东汉王逸编《楚辞章句》才有所变化，而汉代以后，这种观点仍然被许多研究者所采用，可见他在楚辞学方面的影响之大。

综上所述，贾谊的三篇辞赋，不仅本身在艺术、思想上有很高的成就，而且在楚辞学、辞赋发展史和文体史上都具有十分重要的意义，再加上他脍炙人口的政论散文，也就奠定了他在中国古代文学史上的地位。

毛泽东 1954 年作了一首七绝《咏贾谊》——

"少年倜傥廊庙才，斗志未酬事堪哀。

胸罗文章兵百万，胆照华国树千台。

雄英无计倾圣主，高节终竟受疑猜。

千古同惜长沙傅，空白汨罗步尘埃。"

鲁迅赞贾谊："西汉鸿文，沾溉后人，其泽甚远。"

第二十八章 《汉书》卷四十九 爰盎晁错传 第十九

第一节 正直之臣，慷慨之士

【原文】

（一）

绛侯为丞相，朝罢趋出，意得甚。上礼之恭，常目送之。盎进曰："丞相何如人也？"上曰："社稷臣。"盎曰："绛侯所谓功臣，非社稷臣。社稷臣主在与在，主亡与亡。方吕后时，诸吕用事，擅相王，刘氏不绝如带。是时绛侯为太尉，本兵柄，弗能正。吕后崩，大臣相与共诛诸吕，太尉主兵，适会其成功，所谓功臣，非社稷臣。丞相如有骄主色，陛下谦让，臣主失礼，窃为陛下弗取也。"后朝，上益庄，丞相益畏。已而绛侯望盎曰："吾与汝兄善，今儿乃毁我！"盎遂不谢。及绛侯就国，人上书告以为反，征系请室，诸公莫敢为言，唯盎明绛侯无罪。绛侯得释，盎颇有力。绛侯乃大与盎结交。

淮南厉王朝，杀辟阳侯，居处骄甚。盎谏曰："诸侯太骄必生患，可適削地。"上弗许。淮南王益横。谋反发觉，上征淮南王，迁之蜀，槛车传送。盎时为中郎将，谏曰："陛下素骄之，弗稍禁，以至此，今又暴摧折之。淮南王为人刚，有如遇霜露行道死，陛下竟为以天下大弗能容，有杀弟名，奈何？"上不听，遂行之。

（二）

　　盎常引大体忼慨。宦者赵谈以数幸，常害盎，盎患之。盎兄子种为常侍骑，谏盎曰："君众辱之，后虽恶君，上不复信。"于是上朝东宫，赵谈骖乘，盎伏车前曰："臣闻天子所与共六尺舆者，皆天下豪英。今汉虽乏人，陛下独奈何与刀锯之余共载！"于是上笑，下赵谈。谈泣下车。

（三）

　　盎告归，道逢丞相申屠嘉，下车拜谒，丞相从车上谢。盎还，愧其吏，乃之丞相舍上谒，求见丞相。丞相良久乃见。因跪曰："愿请间。"丞相曰："使君所言公事，之曹与长史掾议之，吾且奏之；则私，吾不受私语。"盎即起说曰："君为相，自度孰与陈平、绛侯？"丞相曰："不如。"盎曰："善，君自谓弗如。夫陈平、绛侯辅翼高帝，定天下，为将相，而诛诸吕，存刘氏；君乃为材官蹶张，迁为队帅，积功至淮阳守，非有奇计攻城野战之功。且陛下从代来，每朝，郎官者上书疏，未尝不止辇受。其言不可用，置之；言可采，未尝不称善。何也？欲以致天下贤英士大夫，日闻所不闻，以益圣。而君自闭箝天下之口，而日益愚。夫以圣主责愚相，君受祸不久矣。"丞相乃再拜曰："嘉鄙人，乃不知，将军幸教。"引与入坐，为上客。

【译文】

（一）

　　绛侯周勃担任丞相，退朝后快步走出，意气很自得。皇上待他的礼节很恭谨，常常目视送他。爰盎上前说："丞相是什么样的人？"皇上说："国家的重臣。"爰盎说："绛侯是通常所说的功臣，不是国家的重臣。国家的重臣是主在臣在，主亡臣亡。在吕后时，诸吕掌权，擅自封王，刘氏天下虽没断绝，但也像带子一样微细无力。那时绛侯担任太尉，掌握兵权，不能匡扶挽救。吕后逝世，大臣们一起共同诛歼诸吕，太尉掌握军队，恰好使他成功，是通常所说的功臣，不是国家的重臣。丞相假如对主上表现出骄傲的神色，而陛下又谦虚退让，臣下主上都违背了礼节，我认为陛下不应当采取这种态度。"以后朝会，皇上逐渐庄严起来，丞相逐渐畏惧。

过后，绛侯责备爰盎说："我与你哥哥要好，现在你这小子却在朝廷上毁谤我！"爰盎始终不认错。等到绛侯被免除丞相回到封国，封国中有人上书告发他谋反，绛侯被捕捆绑入狱，皇族和各位公卿都不敢替他说话，只有爰盎申辩绛侯没有罪。绛侯能获得释放，爰盎出了大力。绛侯于是与爰盎深交为知己。

淮南王刘长进京朝见，击杀了辟阳侯，举止很骄横。爰盎劝谏皇上说："诸侯太骄横必然会发生祸乱，可以适当削减他们的封地。"皇上没有采纳他的意见。淮南王更加骄横。图谋反叛的事被发觉，淮南王被征召，皇上便将他放逐到蜀郡去，用囚车押送。爰盎当时担任中郎将，便谏阻说："您向来骄纵淮南王，不加一点限制，以致达到这种程度。现在却又突然摧折他。淮南王为人刚烈，如果在路上遭受风寒死去，您最后会被认为天下之大不能相容，背上杀弟的名声，怎么办？"皇上不听，还是那样办了。

（二）

爰盎时常讲述大道理，慷慨激昂。宦官赵谈因为多次受到皇上宠幸，时常暗害爰盎，爰盎感到忧虑。爰盎的侄儿爰种担任侍从骑士，手持符节在皇帝左右护卫。爰种劝爰盎说："您在朝廷上羞辱他，今后再说您的坏话，皇上也就不会相信他了。"汉文帝外出，赵谈陪同乘车，爰盎拜伏在车前说："我听说陪同天子乘坐六尺高大车厢的，都是国内的英雄豪杰，如今汉朝即使缺少人才，您为什么唯独与形体残毁的人同坐一辆车呢？"皇上于是笑起来，让赵谈下车。赵谈哭着下了车。

（三）

爰盎请假回家，在路上遇见丞相申屠嘉，下车行礼拜见，丞相只从车上向爰盎表示谢意。爰盎回到家，面对下属感到羞愧，于是前往丞相住所送上名帖，请求会见丞相。丞相过了很长时间才接见爰盎。爰盎便下跪说："希望单独接见。"丞相说："如果您所说的是公事，往官署和长史属官讨论，我将把你的意见上奏；如果是私事，我不接受私人的请托。"爰盎就跪着劝说道："您担任丞相，自己衡量一下，比陈平和绛侯怎么样？"丞相说："我比不上。"爰盎说："对，您自认为比不上。陈平、绛侯辅佐高帝平定天下，担任将相，铲除诸吕，保存刘氏天下；您不过是个脚踏强弓的武士，升任队长，积累功劳做到淮阳郡守，没有出奇计攻城夺地的战功。况且皇上从代国进京，每次朝会，郎官送上报告、条陈，没有哪一次不停下车来接受他们的意见，意见不能采用就搁下，意见可以接受就采用，没有一次不赞许。什么原因呢？就是想用这种办法招引天下贤能的士人和官吏。皇上每天听到自己不曾听到的事物，明了不曾明了的道理，一天比一天英明，您如今自己封闭天下人的口而一天天愚蠢。以圣明的君主来责求愚蠢的丞相，您遭受灾祸的日子不远了。"丞相于是向爰盎拜了两拜，说道："我是一个粗鄙庸俗的人，就是不聪明，幸亏将军指教。"引爰盎入内室同坐，作为最尊贵的客人。

【评点】

爰盎，字丝，楚人。和晁错的文学身份出身不同。爰盎的父亲曾像刘邦一样干过强盗生意，所以爰盎也没有太多的文化，但他为人正直，而且还比较会来事，所以混得不错，至少名声很好。

爰盎兄很正直，正直的人就比较得罪人，他最先得罪的人就是周勃。

文帝即位后，周勃作为第一功臣，很是得意，走路都要抬着头做鼻孔朝天状。对这位好几朝的元老级人物，刘恒也很尊敬，每次下朝的时候都要目送他离去——担心他不看地儿被门槛绊倒了。

当时的爰盎是郎中，这个皇帝跟屁虫的官职有很多时间跟刘恒在一起。有一天，估计是乘着刘恒吃饱饭正打着嗝的时候（反正就是心情比较好的时候），爰盎在刘恒面前说周勃的"坏话"：周勃只是功臣（有功之臣）而非社稷臣（国家重臣），因为他在吕后时就掌管兵马却任吕后专杀刘氏不能有功于刘氏江山，诛杀诸吕只是恰好他作为太尉主持兵马而已。现在臣子有骄色而皇帝却很谦恭，不利于国家的统治。爰盎建议刘恒要摆起皇帝的架子来，以此使臣下畏服。

自此之后，刘恒端起了皇帝的架子，每天板个板砖脸做见谁拍谁状，果然很能吓唬人，下面的大臣们都愈发恭敬起来。刘恒开始尝到了做皇帝的甜头。

周勃知道此事后指责爰盎："我与你哥哥爰哙关系这么好，你小子竟然诋毁我！"

对于周勃的指责，爰盎并没有辩解，他用另一种方式证明了自己是没有错的——他是对事不对人的人。

周勃就国后，有人上书告他谋反。对于谋反这种罪名，由于怕被牵连，大臣们都不敢为他辩解，只有爰盎据理力争。周勃出狱后知道此事后很是感慨了一番，开始与爰盎结交。

爰盎由于太过正直得罪了很多皇帝身边的宠臣，比如赵谈等，最后被外放做了吴相。

一次爰盎回家的时候遇到了当时的丞相申屠嘉，领导经过爰盎自然下车行大礼，但领导的架子都比较大，申屠嘉只是在车上拱了拱手算是答礼。

爱盎回头一想，觉得丢人了，就来到丞相府求见申屠嘉。等半天见到申屠嘉后要求私下里跟他谈谈。申屠嘉一口回绝了他："您说的要是公事，你跟丞相署官商议后我把你的意见上奏就是了；如果是私事的话，我不受私事！"

申屠嘉是跟随刘邦起兵的老人，他从弩手一步一步干起的。因此他也没什么文化，但为人廉直，还不是一般的廉直，简直廉直到令人发指的地步。他基本没什么私人的交往，对那些他觉得不对的人，逮到就狠狠地整一顿，比如文帝的宠臣邓通就被他整得很惨。

申屠嘉自知自己才能不如萧、曹、陈、王等，因此他希望通过自己的正直无私来取得皇帝乃至群臣的认可。不可否认，他得到了大多数人的尊敬，然而大家只是对他人格的敬重，而不是对他工作能力的肯定。

丞相是百官之首，除了在个人的言行举止上要做百官的表率外，工作能力也是必学的。每个人的能力和精力都是有限的，申屠嘉拒绝了所有的人，所以他自然会失去很多人的帮助。爱盎一针见血地指出了他的问题所在：皇帝求贤若渴，从谏如流，日益圣明；而丞相您自闭天下人之口，日益愚蠢。如果有一天皇帝有事问您而回答不上来，您该如何？

申屠嘉顿然醒悟，至此将爱盎引为至交。

所谓物以类聚，人以群分。爱盎为人直而仁，他所欣赏的人自然也不离这两条，其中张释之就是一个正直而又仁义之人。张释之后官居廷尉，廷尉相当于现在的最高法院院长，兼司法部长。总之这是一个很重要的官职，他可以影响一个国家的法制建设。文帝时刑罚宽厚，被公认为治平之世，这离不开张释之的功劳，也离不开刘恒，同样也离不开当时的群臣以及百姓。

第二节　太子智囊，深受宠信

【原文】

晁错，颍川人也。学申商刑名于轵张恢生所，与洛阳宋孟及刘带同师。以文学为太常掌故。

错为人陗直刻深。孝文时，天下亡治《尚书》者，独闻齐有伏生，故秦博士，治《尚书》，年九十余，老不可征。乃诏太常，使人受之。太常遣错受《尚书》伏生所，还，因上书称说。诏以为太子舍人，门大夫，迁博士。又上书言："人主所以尊显，功名扬于万世之后者，以知术数也。故人主知所以临制臣下而治其众，则群臣畏服矣；知所以听言受事，则不欺蔽矣；知所以安利万民，则海内必从矣；知所以忠孝事上，则臣子之行备矣：此四者，臣窃为皇太子急之。人臣之议或曰皇太子亡以知事为也，臣之愚，诚以为不然。窃观上世之君，不能奉其宗庙而劫杀于其臣者，皆不知术数者也。皇太子所读书多矣，而未深知术数者，不问书说也。夫多诵而不知其说，所谓劳苦而不为功。臣窃观皇太子材智高奇，驭射技艺过人绝远，然于术数未有所守者，以陛下为心也。窃愿陛下幸择圣人之术可用今世者，以赐皇太子，因时使太子陈明于前。唯陛下裁察。"上善之，于是拜错为太子家令。以其辩得幸太子，太子家号曰"智囊"。

【译文】

晁错是颍川人。曾经在轵县张恢先生那里学习过申不害、商鞅的刑名学说，与洛阳人宋孟和刘带同师。因为通晓文献典籍，担任了太常掌故。

晁错为人严峻刚直而又苛刻。汉文帝时，朝廷没有研究《尚书》的人，只听说齐国有伏生，原是秦朝的博士，精通《尚书》，已经九十多岁了，年老不能征召，文帝于是下令太常派人前往学习。太常派遣晁错到伏生那里学习《尚书》，回来后，趁机上书报告学习情况，称赞解说《尚书》。文帝下诏先后任命他担任太子舍人、门大夫，后升为博士。晁错又上书说："君王所以地位尊贵显赫，功名传播万代之后，是因为懂得运用刑名之术。因此知道怎样控制臣下、治理众人，那么群臣便畏惧顺从了；懂得怎样听取各种言论，那么便不被欺骗蒙蔽了；懂得怎样安定社会，使百姓富裕，那么天下百姓就会服从；懂得怎样对尊长尽忠尽孝，那么臣子的行为就具备了。这四条，臣自以为是皇太子的当务之急。人臣的议论有人认为皇太子没有必要知道干什么事，臣虽然愚笨，实在认为并非如此。看看上世君王，不能供奉宗庙而被臣子所胁迫杀害的原因，就在于不懂得刑名之术这门学问。皇太子读书很多，所以没有深入掌握刑名之术的原因，在于不深究书中论说的义理。多读而不知其中论述的道理，这就是劳而无功。臣看到皇太子才智高奇，驾驭、骑射技艺超绝出众，然而对于刑名之学还没有掌握，这与陛下的心思是有关的。臣希望陛下选择一些圣人之术，又可用于今世的，用以赐教皇太子，根据情况让太子陈述出来。望陛下明察、裁决。"皇上称善，于是拜授晁错为太子家令。由于他的善辩才能得宠于太子，在太子家中号称为"智囊"。

【评点】

晁错是颖川（今河南省禹州市）人，小的时候就很聪明，学什么像什么。他父亲看他是块材料，就让他去学申不害和商鞅的刑名之学。什么叫"刑名之学"呢？用现在的话说，就是学政治法律的。也就是说晁错是政法学院或者政法系毕业的。这老晁头当时也不知是怎么想的，学谁不好，偏要学他们，不说申不害，就那个商鞅，最后死得多惨呀！结果，晁错的命运也没比商鞅强多少。当然了，他父亲当时也是望子成龙心切，后来当他看出儿子要惹祸上身时，说什么都没用了，只好先自杀了，眼不见心不烦啊！也许他觉得是自己引错了路。

晁错聪明好学，那时候主要体现在写文章上，他的文章写得棒极了，总是得满分，那些教书先生还总点着脑袋发出"后生可畏""青出于蓝胜于蓝"之类的感叹。成年之后，写得一手好文章的晁错先是做了一个小芝麻官。

由于秦始皇时期的焚书坑儒，随后又是多年战乱，导致原来的许多学说都失传了。汉文帝得天下的时候，想找一个精通《尚书》的人，来帮助其治理天下，但普天之下，能人难寻。后来终于寻访到齐国的伏生，他是原秦国的博士。据说，他对《尚书》很有研究，可惜已经九十多岁了，走路扶着墙不说，撒尿还总尿鞋上。汉文帝咬着手指头想了半天，总觉得让这样的人出来辅佐他，太丢大汉朝的脸了。于是，他想了一个主意，决定派一个人去向伏生学习《尚书》。

晁错很荣幸地被汉文帝选中。不久，伏生那点儿学问就让晁错学会了。他回来向汉文帝汇报学习成绩，汉文帝虽然有很多地方听不明白，但还是装作很内行地说："很好，人才难得，前程远大！"晁错听了这话心里这个乐啊。从那以后晁错真就官运亨通了，先后担任了太子舍人、门大夫、博士等职务。

在任博士官的时候，他写了一篇《言太子宜知术数疏》的作文，这时候的晁错已经是个有身份的人了，他写的文章不应当再叫作文了。可晁错谦虚呀，他坚持要叫作文，遇着谁还很客气地让人家帮忙改改什么的。当然了，他心里清楚，没有人能改得了他的文章。

他在《言太子宜知术数疏》这篇文章中指出，君主作为天下之主，要想建立留传后世的功业，关键就在于通晓"术数"，也就是通晓治国的方法和策略。

他认为，君主必须懂得领导艺术，使得群臣"畏服"，懂得怎样听取下面的汇报，不要被一些假话、套话、空话给"忽悠"了；懂得怎样使百姓安居乐业，兜里总有银子，那样天下才会长治久安，社会风气才会好，钱包掉地下都没人捡；懂得怎样臣下、子女尽忠尽孝，讲文明懂礼貌，那样臣下和子女的品行就完美了，缺德的人就少了。

晁错认为朝臣中关于"皇太子不必研究国家大事"的说法是一种谬论，以前的君主治理不好国家而被臣子杀害，是由于不懂得治国的"术数"。现在太子书读得不少，但如果只知死背书本，不知如何治理国家，那也是没有什么大用的。他建议文帝不仅要选择切实可用的"圣人之术"让皇太子学习，而且要经常让太子陈述自己对问题的看法。

汉文帝看了晁错的文章，又听了晁错说的话，觉得很有道理，就拜他为太子家令（太子家令是主管太子府内庶务的官员，相当于太子府的总管）。由于晁错口才好，"点子"又多，深得太子宠信，称他为"智囊"。他的言行，对刘启有了重要的影响。

第三节　出谋划策，真知灼见

【原文】

是时匈奴强，数寇边，上发兵以御之。错上言兵事，曰：

臣闻汉兴以来，胡虏数入边地，小入则小利，大入则大利；高后时再入陇西，攻城屠邑，驱略畜产；其后复入陇西，杀吏卒，大寇盗。窃闻战胜之威，民气百倍；败兵之卒，没世不复。自高后以来，陇西三困于匈奴矣，民气破伤，亡有胜意。今兹陇西之吏，赖社稷之神灵，奉陛下之明诏，和辑士卒，底厉其节，起破伤之民以当乘胜之匈奴，用少击众，杀一王，败其众而大有利。非陇西之民有勇怯，乃将吏之制巧拙异也。故兵法曰："有必胜之将，无必胜之心。"繇此观之，安边境，立功名，在于良将，不可不择也。

臣又闻用兵，临战合刃之急者三：一曰得地形，二曰卒服习，三曰器用利。兵法曰：丈五之沟，渐车之水，山林积石，经川丘阜，中木所在，此步兵之地也，车骑二不当一。土山丘陵，曼衍相属，平原广野，此车骑之地，步兵十不当一。平陵相远，川谷居间，仰高临下，此弓弩之地也，短兵百不当一。两陈相近，平地浅中，可前可后，此长戟之地也，剑楯三不当一。萑苇竹萧，中木蒙茏，支叶茂接，此矛鋋之地也，长戟二不当一。曲道相伏，险厄相薄，此剑楯之地也，弓弩三不当一。士不选练，卒不服习，起居不精，动静不集，趋利弗及，避难不毕，前击后解，与金鼓之指相失，此不习勤卒之过也，百不当十。兵不完利，与空手同；甲不坚密，与袒裼同；弩不可以及远，与短兵同；射不能中，与亡矢同；中不能入，与亡镞同：此将不省兵之祸也，五不当一。故兵法曰："器械不利，以其卒予敌也；卒不可用，以其将予敌也；将不知兵，以其主予敌也；君不择将，以其国予敌也。四者，兵之至要也。……

【译文】

这时匈奴正强大，多次侵边，皇上发兵抵御。晁错上书论兵事，说：

臣听说汉兴以来，胡人多次侵入边地，小规模侵入就获得利益，大规模侵入就有大利；高后时再侵入陇西，攻城抢劫邑镇，驱掠畜产；之后又侵入陇西，杀害官兵，大举抢掠。臣听说战胜的威力，可使民气百倍；失败的兵卒，至死也不能振奋。从高后以来，陇西三次被匈奴困扰，民气受到摧折伤害，没有取胜的信心。今天陇西的官吏，仰仗先祖神灵，奉行陛下明诏，和睦团结士卒，激励他们的气节意志，唤起受伤害的百姓来抵挡正气盛的匈奴，以少击众，杀死匈奴一王，对于击败众多士兵十分有利。不是陇西之民有勇怯之分，而是将吏表现得巧妙、拙笨有不同而已。因此兵法说："有必胜的将领，没有必胜的百姓。"由此看来，安定边境，建立功业，在于良将，不可不加以选择。

我又听说用兵，临战交锋最紧急的有三件事：一是占领有利地形，二是士兵服从命令、训练有素，三是兵器精良、使用便利。兵法说，宽有丈五的沟渠，漫过车的水，山林和垒集的石块，长流之水、大的丘陵，草木生长之地，这是步兵用武之地，车兵骑兵在这里战斗二不当一。土山丘陵，连绵不断，平原旷野，是车、骑的用武之地，步兵在这里交战十不当一。高低悬殊，河谷居其中，居高临下，这是弓弩的用武之地，使用短兵器百不当一。两阵相临近，平地短草，可前可后，这是长戟兵器用武之地，使用剑盾三不当一。萑苇竹萧，草木葱茏，枝叶茂密，这是长矛短矛用武之地，使用长戟二不当一。道路曲折，险阻交错，这是剑盾的用武之地，使用弓弩三不当一。士不经选拔、训练，卒不熟练兵器，起居动作不精，动静不协调、不稳定，争夺利益不能到手，躲避灾难不迅速，前面攻击后面懈怠，与金鼓指挥脱节，这些都是不熟习训练管理部队的过错，这种士兵交战时百不当十。兵器不锐利，与空手相同；锁甲不坚硬，与袒肉露体相同；弩不能射到远处，与短兵器相同；射箭不中目标，与没有箭相同；中目标而不能入内，与没有箭头相同：这些是将领没有察看检查兵器所造成的灾祸，在这些情况下交战，五不当一。因此兵法说：兵器不锐利，就是把士兵交给了敌人；卒不可用，就是把将领交给了敌人；将领不知用兵谋略，就是把国君交给了敌人；国君不懂择将，就是把国家交给了敌人。这四方面，就是用兵要领。……

【评点】

　　晁错是一个有学问的人，他也是一个有思想的人，他非常关心国家大事，他虽然在太子府里面做一个家令，或者还只是做一个门大夫等，官职不大，但是"位卑未敢忘忧国"，他时常研究国家大事，向汉文帝提出各种各样的建议。汉文帝很重视，大部分都采纳了。这些意见和建议，大都切合实际，见识深刻，不但在当时起了积极作用，而且对以后也产生了深刻的影响。如《言兵事疏》《守边劝农疏》《贵粟疏》和《举贤良对策》等，都是当时杰出的政论文。

　　文帝十一年（前169），匈奴侵扰狄道，陇西军民以少击众，打败了匈奴军队。晁错乘机向文帝上了《言兵事疏》，对过去的历史经验和当时的事实进行总结，论述了抗击匈奴的战略和策略思想。他论述了战争中激励士气和选择良将的重要性，着重分析了战争中地形、士卒训练有素、武器锋利三者之间的关系。他举例说，水沟沼泽、山地丘陵，宜于步兵作战，战车、骑兵二不当一；平原广野，宜于战车、骑兵作战，步兵十不当一；河流山谷地区，高下相临，宜用弓箭，短武器百不当一；两军逼近，平地交战，宜用长戟，剑盾三不当一；道路曲折隐蔽，狭隘、险要之地，宜用剑盾，弓弩三不当一。这是讲的地形与兵器使用的关系。士兵不经过挑选和训练，作风拖拉，行动不齐，战机有利时不能及时赶到，不利时不能迅速转移，不能听从指挥，这样的军队百不当十。由此他得出结论说：武器装备不精良，等于把士兵断送给敌人；士兵不会作战，等于把将领断送给敌人；将领不懂用兵，等于把君主断送给敌人；君主不善于选择良将，等于把国家断送给敌人。这四项，是军事上的要领。晁错还具体分析了汉军和匈奴军双方的长处和短处。指出匈奴军有三长，汉军有五长，提出应以己之长，击敌之短；同时指出，汉朝地广人众，可兴数十万之师，以十击一。晁错还建议争取少数民族共同抗击匈奴。如义渠等族来归附的有几千人，生活习俗与长处和匈奴相同，可以发给他们精良的武器装备，并派熟悉他们习惯并能团结他们的良将去统率他们，让他们把守险阻的地方；而平地要道则派汉军守卫。这样可以使两者相互配合，发挥各自长处，这就是万全之术。

　　文帝对《言兵事疏》很赞赏，赐给晁错诏书，以示嘉奖。晁错接着又向文帝上了《守边劝农疏》和《募民实塞疏》，提出用移民实边的办法来代替轮番戍边的办法，这是一个极为重要的创新的建议。

　　晁错首先总结了秦朝戍边政策的历史教训。那时，从远地戍边士兵不服水土，运粮困难，病死不少；加上秦法严酷，误期要判死罪，终于激起陈胜起义，秦朝灭亡。他又分析匈奴军时来时去、经常骚扰的特点，汉军轮番戍边的办法无法对付，缺点很明显。因此，他提出了移民实边的新政策，其要点是：

一、招募内地百姓到边塞地区，长期安家落户，先由政府供给衣食、住房、耕作器具，规划耕地，直到能够自给为止；

二、按军事组织编制移民，并实行军事训练，平时耕种，战时出击；

三、建筑防御工事，高筑城墙，深挖壕沟，并设滚木、蒺藜。这些措施，切实可行，足以巩固边防。

同时，晁错又在《论贵粟疏》中建议，全国百姓向边塞输纳粮食，以换取一定爵位或用以赎罪，这叫纳粟授爵。对晁错提出的移民实边、寓兵于农的政策，文帝立即付诸实施。这个政策不仅在当时起到防御匈奴的作用，而且开启了历代屯田政策的先河，对后世影响很大。汉武帝时赵充国实行军屯，三国时曹操的屯田政策，都是晁错移民实边政策的继承和发展。

所以从这个角度讲，晁错，他又是一个有思想的人、有办法的人，还是一个不甘寂寞的人。正因为他是一个有学问的、有思想的、有能力的、还不甘寂寞的人，就命中注定了他会来蹚朝政这汪"浑水"，他一定会来管这个国家的事情。

第四节　国之贤良，备受信任

【原文】

诏策曰"明于国家大体"，愚臣窃以古之五帝明之。臣闻五帝神对，其臣莫能及，故自亲事，处于法官之中，明堂之上；动静上配天，下顺地，中得人。故众生之类亡下覆也，根著之徒亡不载也；烛以光明，亡偏异也；德上及飞鸟，下至水虫，草木诸产，皆被其泽。然后阴阳调，四时节，日月光，风雨时，膏露降，五谷熟，祅孽灭，贼气息，民不疾疫，河出图，洛出书，神龙至，凤鸟翔，德泽满天下，灵光施四海。此谓配天地，治国大体之功也。

诏策曰"通于人事终始"，愚臣窃以古之三王明之。臣闻三王臣主俱贤，故合谋相辅，计安天下，莫不本于人情。人情莫不欲寿，三王生而不伤也；人情莫不欲富，三王厚而不困也；人情莫不欲安，三王扶而不危也；人情莫不欲逸，三王节其力而不尽也。其为法令也，合于人情而后行之；其动众使民也，本于人事然后为之。取人以己，内恕及人。情之所恶，不以强人；情之所欲，不以禁民。是以天下乐其政，归其德，望之若父母，从之若流水；百姓和亲，国家安宁，名位不失，施及后世。此明于人情终始之功也。

诏策曰"直言极谏"，愚臣窃以五伯之臣明之。臣闻五伯不及其臣，故属之以国，任之以事。五伯之佐之为人臣也，察身而不敢诬，奉法令不容私，尽心力不敢矜，遭患难不避死，见贤不居其上，受禄不过其量，不以亡能居尊显之位。自行若此，可谓方正之士矣。其立法也，非以苦民伤众而为之机陷也，以之兴利除害，尊主安民而救暴乱也。其行赏也，非虚取民财妄予人也，以劝天下之忠孝而明其功也。故功多者赏厚，功少者赏薄。……

诏策曰"吏之不平，政之不宣，民之不宁"，愚臣窃以秦事明之。臣闻秦始并天下之时，其主不及三王，而臣不及其佐，然功力不迟者，何也？地形便，山川利，财用足，民利战。其所与并者六国，六国者，臣主皆不肖，谋不辑，民不用，故当此之时，秦最富强。夫国富强而邻国乱者，帝王之资也，故秦能兼六国，立为天子。当此之时，三王之功不能进焉。……

诏策曰"永惟朕之不德"，愚臣不足以当之。

诏策曰"悉陈其志，毋有所隐"，愚臣窃以五帝之贤臣明之。臣闻五帝其臣莫能及，则自亲之；三王臣主俱贤，则共忧之；五伯不及其臣，则任使之。此所以神明不遗，而贤圣不废也，故各当其世而立功德焉。传曰"往者不可及，来者犹可待，能明其世者谓之天子"，此之谓也。窃闻战不胜者易其地，民贫穷者变其业。今以陛下神明德厚，资财不下五帝，临制天下，至今十有六年，民不益富，盗贼不衰，边境未安，其所以然，意者陛下未之躬亲，而待群臣也。今执事之臣皆天下之选已，然莫能望陛下清光，譬之犹五帝之佐也。陛下不自躬亲，而待不望清光之臣，臣窃恐神明之遗也。日损一日，岁亡一岁，日月益暮，盛德不及究于天下，以传万世，愚臣不自度量，窃为陛下惜之。昧死上狂惑草茅之愚，臣言唯陛下财择。

时贾谊已死，对策者百余人，唯错为高第，繇是迁中大夫。错又言宜削诸侯事，及法令可更定者，书凡三十篇。孝文虽不尽听，然奇其材。当是时，太子善错计策，爰盎诸大功臣多不好错。

景帝即位，以错为内史。错数请间言事，辄听，幸倾九卿，法令多所更定。丞相申屠嘉心弗便，力未有以伤。内史府居太上庙埂中，门东出，不便，错乃穿门南出，凿庙埂垣。丞相大怒，欲因此过为奏请诛错。错闻之，即请间为上言之。丞相奏事，因言错擅凿庙垣为门，请下廷尉诛。上曰："此非庙垣，乃埂中垣，不致于法。"丞相谢。罢朝，因怒谓长史曰："吾当先斩以闻，乃先请，固误。"丞相遂发病死。错以此愈贵。

【译文】

在回答"明于国家大体"时说道:愚臣自以古代的五帝来说明它。臣闻五帝神智圣明,那些大臣都不如五帝圣明,因此亲自处理政务,在正殿之中,宣明政教的明堂之上。处事上符合天时,下顺应地利,中得人和。因此众生之类无不被覆盖,生长在土地中的万物无不被托载;用光明来照耀,没有偏异;恩德上及飞鸟,下至水虫,草木诸产物,都受到润泽。然后阴阳调和,四季有节,日月生光,风雨适时,膏露普降,五谷丰登,妖孽灭绝,毒气息灭,民不生疾病,黄河现出图,洛水现出书,神龙到来,凤凰飞翔,德泽遍布天下,灵光施至四海。这就是配天应地,治国大体的基本内容。

在回答"通于人事终始"时说道:愚臣用古代三王来说明。臣闻三王君臣都贤明,因此合谋相辅助,计谋安定天下,无不从人情出发。人情无不想长寿,三王保护人们的生命而不加以伤害;人情无不想富有,三王让人们财富丰厚而不使人穷困;人情无不想安宁,三王维持社会秩序而不去危害人民;人情无不想舒适,三王节省人力而不竭尽民力。三王制定法令,合于人情然后执行;发动民众兴办事业,从人事出发然后去实行。以己之心为根据来要求别人,把自己的好恶也用到别人身上。自己心里讨厌的,不可强加于人;自己心里想要办的,不要禁止人们去办。这样的话天下就欢迎政府的政令,佩服政府的恩德,敬仰他们就像父母一样,像流水一样跟从他们;百姓和睦亲爱,国家安宁,名分地位的秩序不混乱,延续到后代。这些就是明了人事终始的人事之道。

在回答"直言极谏"时说道:愚臣认为五霸之臣能明了。臣闻五霸不如他们的大臣,因此把国家托付给大臣,把大事交由大臣办理。五霸的辅佐大臣作为人臣,省察己身而不敢逾越诬上,遵守法令不容私情,尽心力而不敢自夸,遭遇灾难不避死亡,见贤人而不抢占在上位,受禄不超过法定的标准,不用无能者居尊显之位。自己的行为就是这样,可以说是按规矩办事的臣子。他们制定法律,不是为伤害民众设置陷阱,而是用来兴利除害,尊主安民而免除暴躁。他们进行奖赏,不是白白收取民财妄自送人的,是用来鼓励天下忠孝而宣扬其功劳。因此功多的人赏厚,功少者赏薄。……

在回答"吏之不平,政之不宣,民之不宁"时说道:愚臣用秦事来说明。臣闻秦开始兼并天下时,它的国君不及三王,而大臣也不及三王的辅臣,然而功业的建立并不迟慢,为什么?地形方便,山川有利,财富充足,民善于作战。它与并存的六国相比,六国臣主都是无能之辈,计谋不统一,民不能任使,因此,这时秦国最富强。国强而邻国混乱，最具备称帝的条件，所以秦国可以兼并六国，立为天子。当时，三王建立功业的办法不能被采纳。……

在回答"悉陈其志，毋有所隐"时说道：愚臣用五帝的贤臣来说明。臣闻五帝之臣不如五帝，五帝便亲自去办；三王臣主皆贤，便臣主共同操心；五霸不及其臣，便任使其臣。这便是不弃神明之德，不废圣贤之名，各在当世建立功德。传上说"以往的事追不回来，将来的事还可以等待，能明白世事者就是天子"，说的就是这个意思。我私下听说战不能取胜就改换他的封地，百姓贫穷就改变他的职业。今陛下神明厚德，素质之才不低于五帝，主宰天下，至今十六年，民不增富，盗贼不衰减，边境没有安定，其所以是这样，有人说陛下没有亲身办事，而在等待群臣去办。如今当政大臣都是从天下各地选拔上来的，然而不能望见陛下清明之光，就像五帝的辅佐之臣。陛下不亲自处理，而等待不望清明之光的臣子，臣私自以为神明之德就要被自己遗弃。日损失是一日，岁损失了是一岁，日月更加临近夜幕，盛德不普及到天下，来流传万世，愚臣不自量力，私下为陛下惋惜。冒死上狂惑草茅之愚见，我的说法仅供陛下裁择。

当时贾谊已死，对策者百余人，只有晁错是最高等级，由是升为中大夫。晁错又说宜削诸侯，还有法令应更改的，写出共三十篇。皇上虽然不尽采纳，然而惊奇他的才华。当时，太子对晁错的才能感到惊奇，爰盎等诸大功臣多不喜欢晁错。

景帝登位后，用晁错做内史。晁错多次请求单独谈论政事，景帝每每听从，宠爱超过了九卿，法令被修改的很多。丞相申屠嘉心里不满，但又无力加以伤害。内史府建在太上庙围墙外的空地上，门向东开，进出不方便，晁错便向南边开了两扇门出入，凿开了太上庙的围墙。丞相申屠嘉听说后，非常生气，打算借这个过失撰写奏章请求诛杀晁错。晁错听到这个消息，当夜请求单独进见皇上，原原本本地向皇上说了这件事。丞相上朝奏事，趁机说了晁错擅自凿开太上庙的墙做门，请求把他交给廷尉处死。皇上说："这不是庙墙，是庙外空地上的围墙，不牵涉法律。"丞相谢罪，退朝后，生气地对长史说："我应该先杀掉他再报告皇上，却先奏请，反被这小子出卖，因此失误。"丞相于是发病死了，晁错因此更加显贵。

【评点】

文帝十五年（前 165），文帝令大臣们推举贤良、方正、文学之士。晁错在太子家令任内被推举为贤良。文帝亲自出题，就"明于国家大体"等重要问题，提出征询（这叫"策问"）。当时贾谊已死，参加对策的一百多人中，以晁错的回答为最好。晁错的《举贤良对策》成了西汉一篇著名的政论文。

在回答"明于国家大体"的问题时，晁错以古时五帝的事迹来阐明。听说五帝十分贤明，臣子都比不上他，所以他们亲理政事，每天在正殿处理政务，在明堂颁布政令；各项措施上符天意，下顺地利，深得民众拥护。众生万物没有不受其好处的。因此，气候调和，四季分明，日月光明，风调雨顺，五谷丰登，无灾无疫，百姓安康。这就是符合天地之意，明了治理国家的要领所收到的功效。

在回答"通于人事终始"的问题时，晁错以历史上三王的处事原则来阐明自己的观点：三王时代，君主与臣子的关系很融洽，他们共同研究国家大事，决定天下安定的大计，都以人的本能为根据。人的本能都是想长寿、富裕、安定、闲逸，只有保护、扶持、爱惜民众的利益，做合乎民情的事，保障人的本能，天下才能安定。三王制定各种法令，并坚持要求别人像要求自己一样，宽恕别人像宽恕自己一样。人之本能所憎恶的，不要强加于人，人之本能所向往的，不要强令禁止。这样做的结果，是百姓和睦相亲，国家太平安宁，君王地位巩固。这是领导者都应效仿的！

在回答"直言极谏"的问题时，晁错以五伯的例子来阐明自己的观点。五伯坐天下时，深知自己才学浅薄，所以把国家大事托付给大臣去处理。辅佐五伯的大臣们，经常检点自己而不敢欺骗君主，制定法令，以"兴利除害、尊主安民"为目的，而不"苦民伤众"。一切按法令办事而不徇私情，克服困难不怕牺牲，见有才能的人而不压制，不让没有能力的人走上领导岗位。实行奖赏，表彰忠君孝亲的人，而不是把老百姓的财物随便给那些对国家没有贡献的人。施行刑罚，禁戒那些不忠不孝而危害国家的人，定罪量刑得当，犯了罪的人对自己受到的刑罚也会从内心里感到服气。如此法治，可以说是平正之吏了。法令不合理，提请君主更正，不使老百姓受到伤害；对君主的暴虐行为，不应顺从，而要帮助纠正，不使国家受到损害。纠正和补救君主的过失，弘扬君主的功德，使君主内无邪恶的行为，外无污浊的坏名声。这样来辅佐君主，就可以说是直言极谏之士。

在回答"吏之不平，政之不宣，民之不宁"的问题时，晁错以秦朝的教训来说明自己的观点："秦开始统一天下时，君主的贤明不及三王，他们的大臣才能也不及三王的助手，然而秦的统一事业完成得很迅速，这是什么原因呢？这是因为地形有利，山川富饶，财用充足，百姓善战，而六国的君臣大部分都是酒囊饭袋，意见不一致，百姓也不为他们卖力。本国富强而且安定，邻国贫弱而且混乱，正是统一天下的有利条件，因此秦始皇能完成统一大业。在那时，三王的功绩都不能超过秦始皇。"

"但是后来秦衰弱下来了，那是因为任用了奸臣和听信了不利于国家安定的谗言；大造宫殿，贪得无厌，民力疲尽，征收赋税没有节制；狂妄自大，自以为是，群臣恐惧，献媚求存，骄横放纵，不顾祸患；凭着高兴而随便赏赐，发泄怒气而胡乱杀人，法令繁多残酷，刑罚严厉残暴，草菅人命，秦二世这个刽子手甚至以亲自射杀百姓取乐；贪官污吏趁法令混乱之际，擅作威势，独断专行，各自为政。"

"秦末始乱，官吏首先侵害的是平民百姓。到了中期，富人官吏也受到了损害。最后，连皇族和朝廷大臣们也受到了侵害。因此，闹得人人都没有安全感了，很多人晚上总做噩梦。因此，陈胜带头一造反，天下很多人就都一哄而起，秦朝转眼之间就被灭亡。"

晁错的分析，在当时的历史条件下，还是比较中肯而切实的。汉文帝看完之后，一个劲地喊"精辟"，差点跟晁错拍肩膀论哥们了。

最后，晁错拐弯抹角地批评自己的主子：陛下您登基十六年了，可是老百姓还过着以前那样的穷日子，不到过年想吃顿饺子都挺费劲；拦路抢劫的，占山为王的，半夜偷盗的，也就是说社会治安综合治理工作还不到位；边境上也不消停，那些不服天朝管的少数民族抢咱们的美女和大米、白面什么的。之所以会这样，想来是陛下您没有亲自管理国家大事，只是一味地依靠臣下的缘故。那些大臣我还不了解呀，那两把刷子怎么能跟陛下您相提并论呢？还是陛下您英明啊，快让他们都靠边站吧，您还是亲自出来主持工作吧。

汉文帝看了以上的内容，心说，你小子这是夸我呢还是骂我呢？但是他转念一想，管他是夸还是骂呢，这小子说得还真对。虽然话有些不太中听，也比那些整天说我是"贤明君主"的人强多了。这样的人才是忠臣啊！得提拔提拔。文帝下令把晁错由太子家令提升为掌管议论政事的中大夫。

西汉的诸侯王问题由来已久了，汉高祖刘邦当皇帝时，对外姓人不放心，便封了一堆同姓王到各地去，齐国有七十余座城，吴国有八十余座城，楚国有四十余座城，差不多占了天下一半。而且这些诸侯王基本上自治，自己设置官署，自己建立军队，国内的租税也都归自己，就和当年周朝天子下面的诸侯国一样。当初的设想是假如遇到外敌或是朝中有奸臣作乱，这些诸侯王便可以带领自己的部队保卫中央。可是后来这些祸患都被摆平了，诸侯王的势力反倒对汉朝的中央政权构成了最大威胁。

汉文帝时，已经有诸侯王不服天朝管了，虽然汉文帝很快就摆平了。但汉文帝心里清楚：表面上是摆平了，有野心的人还是大有人在的。当时很有名气的大臣贾谊在一篇奏折中就提出过合理化建议，让汉文帝把大的诸侯国分成一个个小的诸侯国，分给诸侯王嫡子嫡孙以外的子孙，如果子孙没有这么多，就先把没封的国土空着，这样中央不侵夺各诸侯王的一寸土地，而诸侯王的势力却无形中被削弱了。

应该说贾谊这个点子还是不错的，可惜汉文帝这个人总是犹犹豫豫，下不了那么大的决心，不愿意因为削藩得罪他的那些亲戚，再加上有很多大臣也反对这样做，所以贾谊的合理化建议没被采纳。

晁错在诸侯王这个问题上的看法和贾谊差不多，也可能他是受了贾谊的启发。继贾谊之后，晁错再一次提出削藩，太子刘启是举双手赞成的，汉文帝的立场并没有改变，还是拉着官腔说："此事从长计议。"汉文帝死后，太子刘启接了班，即汉景帝。晁错因为过去就是太子党的人，这回当年的太子成了国家的主子，他当然要官运亨通了。先是被任命为内史，主管首都长安的行政管理工作。晁错多次请求景帝单独召见自己，和景帝商议国家大事，当然了，要是能在一起喝点小酒就更好了。景帝对他是非常信任的，几乎晁错说什么是什么，晁错因此将国家的法令制度该改的也都改了一遍。这自然引起了许多人的不满，有的人背后说晁错是出风头，但是这些人看到晁错现在是皇帝身边的大红人，暂时还没有谁敢当着他的面说什么。

我们知道，中国古代的政治，它有官场上一整套成文或者不成文的规矩，而汉代的政治在汉武帝以前是以道家的治国理念为国家意识形态的，主张清静无为，主张一动不如一静，主张以柔克刚。总而言之是不喜欢折腾，这是第一个特点。第二个特点，汉初的那些高级官员基本上是贵族，或者功臣，有的是当年跟着刘邦一起打天下的，虽然能力不一定强，但是熬熬年头也就慢慢地熬上来了，所以大家对于像晁错这样一个靠着能言善辩、夸夸其谈就青云直上的家伙，看不上眼。所以晁错这个时候应该怎么样呢？应该夹起尾巴做人。他不，今天改革，明天变法，像根"搅屎棍子"，搅得朝廷上下不得安宁，大家对他都忍无可忍。

第一个被惹毛的是当时的丞相申屠嘉，申屠嘉被惹毛了以后，找了个茬子就要杀晁错，找了个什么茬子呢？晁错不是当内史吗？那就是首都的市长，内史有一个办公机构叫内史府，内史府有一个门朝东边开，晁错觉得这个门朝东边开，出出进进不方便，他就南边开一个门，南边是什么？南边是太上皇的庙，南边开一个门就把太上皇的庙外面围墙打一个洞，申屠嘉想，好家伙，太上皇头上动土啊，大不敬。于是商量说，我们明天上朝的时候弹劾他。不知道这个消息怎么就走漏了，晁错得到消息之后连夜进宫去见汉景帝，就把情况都说了。汉景帝说，这个事情朕给你做主了。

第二天，一上朝，丞相申屠嘉把这个事提出来，汉景帝说，哎呀！这个事儿朕知道了，这个晁错他是在太上皇庙的墙上开了一个洞，不过那个墙不是内墙，那是外墙。那我们大家都是北京人，知道北京，看看就知道，故宫、太庙都是一圈一圈的好多墙，他扑的是最外面的那个，没戳到里面去，外面那个地方是干什么的呢？是安置闲散官员的，没什么了不起的。最后汉景帝说了一句关键的话，这个事是朕让他做的。申屠嘉没有话说了，回到家里吐血而死。就是晁错一上台就气死一个宰相，申屠嘉是什么人啊？申屠嘉是跟着高祖刘邦打天下的功臣啊，这样的人都搞不定晁错，谁还能摆平他？晁错，我们可以想象得出，他在朝中更加恃宠骄人，不把别人放在眼里。

　　这里顺便要说一下这个申屠嘉，他不是小人。我们去看《史书》对申屠嘉的评价，申屠嘉这个人是一个非常廉洁的清官，叫"门不受私谒"，什么叫"门不受私谒"？就是他在自己家里头是不接待客人的，其他的官员你不要到我家里来谈事，有事咱们上朝，到办公室去谈。爰盎曾经找过申屠嘉，申屠嘉说，爰公有什么事吗？公事明天到办公室找办事员谈，如果是私事，本丞相无私事，清官嘛，所以这件事情申屠嘉在这个朝廷当中威望是很高的。你得罪了申屠嘉，你就得罪了一批正人君子。比方说后来联名上书要杀晁错的廷尉张欧，什么人？大好人。廷尉我不是说了，是司法部长兼最高法院院长，他办案子有一个原则，就是他拿了这个判决来了以后，他要看，看了以后，他发现如果这个案子有疑点，比方说证据不足，程序不对，发回去重审，如果交上来的案卷左看右看都挑不出毛病，那确实是证据确凿，这个人也确实是罪大恶极，不杀不足以平民愤，不能赦免他，他会亲自到监狱里去宣读判决书，流着眼泪，一边哭，一边读，说你犯了什么滔天罪行，不杀不足以平民愤，然后弄点好酒好肉伺候你上路吧。是这么一个人，你想这样一个人都主张杀晁错，你说晁错得罪人得罪到什么程度了，我们可想而知了。

　　别人见好好的一个丞相就因为和晁错斗气死了，谁也不敢再给晁错小鞋穿了，有好酒都找晁错一起喝，晁错也就更得意了，不过他表面上还是挺谦虚的，做人也挺低调。

第五节　加强集权，力主削藩

【原文】

　　迁为御史大夫，请诸侯之罪过，削其支郡。奏上，上令公卿列侯宗室杂议，莫敢难，独窦婴争之，繇此与错有隙。错所更令三十章，诸侯喧哗。错父闻之，从颍川来，谓错曰："上初即位，公为政用事，侵削诸侯，疏人骨肉，口让多怨，公

387

何为也?"错曰:"固也。不如此,天子不尊,宗庙不安。"父曰:"刘氏安矣,而晁氏危,吾去公归矣!"遂饮药死,曰:"吾不忍见祸逮身。"

【译文】

晁错被提升为御史大夫,陈述诸侯的罪过,请求削减他们的土地,收回他们的旁郡。奏章送上去,皇上命令公卿、列侯和皇族集会讨论,没有谁敢非难,只有窦婴不同意,从此和晁错有了隔阂。晁错修改的法令有三十章,诸侯哗然,憎恨晁错。晁错的父亲听到这个消息,从颍川赶来,对晁错说:"皇上刚才即位,您执政掌权,侵害削弱诸侯,疏远人家的骨肉,人们都责怪怨恨您,为什么这样做呢?"晁错说:"当然嘛。不这样,天子不会尊贵,国家不得安宁。"晁错的父亲说:"刘家的天下安宁了,而晁家却危险了,我离开您回去了!"便服毒药死去,临死时说:"我不忍看到大祸连累自己。"

【评点】

丞相申屠嘉死了不久,晁错又升官了,当上了御史大夫,也就是副丞相。他就是在这时向景帝上了《削藩策》的,建议凡是有过错的诸侯王,削去他们的支郡,只保留一个郡的封地,其余郡县都收归朝廷直辖。晁错以为危险性最大的是那个吴王刘濞,先前因为吴王太子和文帝的皇太子(也就是现在的景帝)下棋时无端被打死,吴王就心怀怨恨,假说有病,不来朝见,按法律本应处死。文帝一想都是自家兄弟,不忍心治罪,只是轻描淡写地处分了他一下就拉倒了。

但吴王却不知道收敛,从那之后更不像话了,公然开铜山铸钱,煮海水熬盐,招募了一些地痞流氓,阴谋发动叛乱。晁错认为,对于吴王刘濞这样的野心家,削他的封地要反,不削他的封地也要反。削他的封地,反得快,祸害小,不削他的封地,反得迟,祸害大。晁错断定吴国必反没错,但他强行削藩,势必会引起其他诸侯王的不满和反抗,这就不是一个吴王的问题了。而且他把削去的郡县收归朝廷,而不是如贾谊所建议的那样分给诸侯王的子孙,朝廷是得到了利益,而诸侯王的最大利益就被剥夺了,这样他就把自己置于了风口浪尖上了。

这个《削藩策》一提出来,立即在朝廷内外引起极大震动。景帝下令,让公卿、列侯和宗室共同议论,大多数人知道景帝是晁错的总后台,有的人就一个劲儿地点头,因此大家在开会时都乱哄哄地伸大拇指,意思是"领导永远都是对的"。但是同样后台很硬的人站出来反对了,那就是窦太后的亲戚窦婴,他们同晁错当场就吵起来了，公说公有理，婆说婆有理，从此就结下了怨仇。最后，景帝拍板决定：削夺赵王的常山郡、胶西王的六个县、楚王的东海郡和薛郡、吴王的豫章郡和会稽郡。随后晁错又修改了关于诸侯王的法令三十条。这一下诸侯王都被惹火了，联合在一起准备用武力抗拒削藩。

晁错这个时候还没有感到自己的小命就要不保了，他父亲毕竟没白吃那么多年的咸盐，听到各地诸侯都在用各种各样恶毒的语言骂他的儿子，急急忙忙从颍川跑来，对晁错说："儿呀，别这么干下去了，危险！"

晁错说："父亲哪，我做的事情是对的，我是为了维护国家的长治久安，以后你就明白了。"

他父亲叹了一口气说"唉！不听老人言，吃亏在眼前哪。你就要大祸临头了，还这样执迷不悟，我还是走吧！"他父亲一到家就喝毒药自杀了。临死前说："死了吧，死了我就省心了。"其实，晁错本人何尝没有感到危险呢？不过，他已经把个人的生死安危置之度外了。

这就是晁错，一个一往无前的勇士。一往无前我们以前也认为是一个很高尚的品德，当然我们某些时候是需要一往无前，需要奋不顾身的，也需要执着，需要认死理，但要看什么人，什么事儿，什么情况。比方说你做学问，执着是好的，为什么呢？追求真理，一个学者、一个科学家，一定要执着、一定要认死理，我认准了这个，我就这条道走到黑了，不碰到南墙，我绝不回头，也许就在我探索过程中，我还没有碰到南墙的时候就找到真理了。但是政治家不行，政治家必须是既有原则性，又有灵活性，该坚持的时候坚持，该妥协的时候妥协，该让步的时候让步，该迂回的时候迂回。而且政治家要考虑的问题，一件事情不仅仅是该不该做，而且还要考虑能不能做，现在就做还是将来再做，这是一个政治家所需要的素质，他得看三步。而晁错是执着，坚持，认死理，只看一步，削藩就是对的，就是要做，能不能做，他不考虑，现在就做还是将来再做也不考虑。

而汉文帝是考虑的，所以晁错一再向汉文帝上书，汉文帝不采纳，后来晁错给汉文帝上书的时候写了这样一句话："狂夫之言，而明主择焉"，就是说我是一个很狂妄的人，我说了一些狂话，请英明的皇上来做出决策。汉文帝批示是什么呢？汉文帝批示说："言者不狂，而择者不明，国之大患，故在于此。"就是一个国家最糟糕的是什么？是提意见的人其实并不狂，但是做决策的人他糊涂，这就糟糕了。所以汉文帝是政治家，他是清楚的，他很清楚建议归建议，决策归决策，建议没有狂不狂的问题，什么建议你都可以提，但是决策有英明不英明的问题，决策不能不英明，这个道理文帝懂，景帝不懂，景帝不懂的结果是什么呢？采纳晁错的削藩策，而且让晁错自己来主持这项工作，这一下子麻烦就大了。

对于这件事情，宋代的苏轼，也就是苏东坡，有一篇文章叫《晁错论》,《晁错论》一开始，苏东坡就提出一个观点来，他说一个国家最困难的事情，最难做的事情是什么呢？是看起来天下太平，实际上埋藏着隐患，这个事情是最难办的。因为你不知道怎么办才好？那要怎么办呢？只有那些特别的、杰出的、优秀的那样一些人才可以担当这样一个重任，而晁错不是这样一个人。也就是说削藩其事是其事，晁错其人非其人，削藩这件事情做是该做的，让晁错来做是不对的。因为按照苏东坡的观点，做这件事情要有三个条件："前知其当然，事至不惧，而徐为之图"，第一个条件，知其当然，就是事先把这个事情想得清清楚楚，这个事情的来龙去脉，利害关系，我如果做的话可能会怎么样，我如果要做的话应该怎么样，全部都把它想清楚了。晁错想清楚了没有呢？没有想清楚。我们看到他提出的就是一个口号："削之亦反，不削亦反"。只有这八个字，没有看到他做什么可行性研究，有没有看见他提出可操作性方案，他只是觉得应该这样做，没有了，所以不具备第一个条件。

因此他也就不具备第三个条件："徐为之图"，"徐为之图"就是到了最后你有足够的智慧和办法慢慢地、不动声色地来处理问题，他也不具备这个条件。更重要的呢？他也不能做到"事至不惧"。"事至不惧"就是事情来了以后不害怕，因为你做的事情，讲清楚你做的事情是非常难做的，是大家都不能接受、都不能相信、都不能同意的事情，你硬着头皮硬要做，你这叫"冒天下之大不韪"，你应该预计到，你一旦发动以后会引起强烈的反弹。你会遇到很多的困难和麻烦，这个时候，你一定要做到临危不惧，指挥若定，神闲气定，然后"徐为之图"，没有。

第六节　替罪羔羊，腰斩东市

【原文】

后十余日，吴楚七国俱反，以诛错为名。上与错议出军事，错欲令上自将兵，而身居守。会窦婴言爰盎，诏召入见，上方与错调兵食。上问盎曰："君尝为吴相，知吴臣田禄伯为人乎？今吴楚反，于公意何如？"对曰："不足忧也，今破矣。"上曰："吴王即山铸钱，煮海为盐，诱天下豪杰，白头举事，此其计不百全，岂发乎？何以言其无能为也？"盎对曰："吴铜盐之利则有之，安得豪桀而诱之！诚令吴得豪桀，亦且辅而为谊，不反矣。吴所诱，皆亡赖子弟，亡命铸钱奸人，故相诱以乱。"错曰："盎策之善。"上问曰："计安出？"盎对曰："愿屏左右。"上屏人，独错在。盎曰："臣所言，人臣不得知。"乃屏错。错趋避东箱，甚恨。上卒问盎，对曰："吴楚相遗书，言高皇帝王子弟各有分地，今贼臣晁错擅适诸侯，削夺之地，以故反名为西共诛错，复故地而罢。方今计，独有斩错，发使赦吴楚七国，复其故地，则兵可毋血刃而俱罢。"于是上默然，良久曰："顾诚何如，吾不爱一人谢天下。"盎曰："愚计出此，唯上孰计之。"乃拜盎为泰常，密装治行。

后十余日，丞相青翟、中尉嘉、廷慰欧劾奏错曰："吴王反逆亡道，欲危宗庙，天下所当共诛。今御史大夫错议曰：'兵数百万，独属群臣，不可信，陛下不如自出临兵，使错居守。徐、僮之旁吴所未下者可以予吴。'错不称陛下德信，欲疏群臣百姓，又欲以城邑予吴，亡臣子礼，大逆无道。错当要斩，父母妻子同产无少长皆弃市。臣请论如法。"制曰："可。"错殊不知。乃使中尉召错，绐载行市。错衣朝衣斩东市。

【译文】

十几天之后，吴、楚七国皆反，以诛晁错为名。皇上与晁错商议出兵事，晁错想让皇上亲自率兵，由他据守后方。当时窦婴正推举爰盎，受诏入见，皇上正与晁错筹划军粮。皇上问爰盎说："你曾担任吴国相，知道吴臣田禄伯的为人吗？今吴、楚反，你怎么看？"回答说："不足忧，今天就可以打败。"皇上说："吴王就山铸钱，煮海为盐，引诱天下豪杰，头裹白巾为号起事，这个计划还没有完善，哪能放弃呢？为什么说他不足担忧哇？"爰盎回答说："吴国铜盐之利是有的，哪里去找豪杰来引诱！真是让吴国得到豪杰，也只是辅政为谊，不会反叛。吴国所引诱的人，都是一些无赖子弟，亡命铸钱奸人，所以招来后乱。"晁错说："爰盎你策划个好办法出来！"皇上说："平乱之计怎么定？"爰盎说："请左右人等退下。"左右人退下，晁错一人留下。爰盎说："我要说的，别人不能够知道。"于是让晁错退下。晁错忙避到东厢房，深恨爰盎。皇上急问爰盎，回答说："吴、楚相送来书信，说高帝封子弟为王各有分地，现在贼臣逆子晁错专门惩罚诸侯，削夺他们的土地，所以造反的名义是'西进共诛晁错'，恢复原有封地就罢兵。如今的计策，只有斩晁错，派使者赦免吴、楚七国，恢复故地，那么不会流血就可以全都罢兵。"于是皇上默不作声，很久才说："看看情况如何，为了对得起天下，我不会爱惜某一个人。"爰盎说："愚计拿出来，只能是皇上好好合计。"于是任爰盎为太常，秘密打点行装起程。

十几天后，丞相青翟、中尉嘉、廷尉张欧上奏弹劾晁错说："吴王反逆无道，想危害宗庙，天下应当共诛之。今御史大夫晁错建议说：'兵几百万，单独交给群臣不可靠，陛下不如亲自率兵，让晁错留守。徐、僮周围未攻占的地方可以给吴。'晁错不称颂陛下德义诚信，想疏远群臣百姓，又想用城邑给吴，没有尽臣子之礼，大逆不道。晁错应当受腰斩刑罚，父母妻子兄弟无论老少都应处死。臣请按法论处。"皇上批示说："可以。"晁错毫无所知。便派中尉召晁错，骗上车经过街市，晁错穿着朝服在东市被斩。

【评点】

朝廷讨论削吴国封地的消息传到吴国，刘濞就策划发动叛乱。他先派中大夫应高到胶西王刘卬那里去密谋，约好以声讨晁错为名，共同起兵，并夺天下，"两主分割"。刘濞听了应高的回报，怕刘卬反悔，自己又乔装打扮，秘密到胶西，亲自与刘卬订立了叛乱的盟约，刘卬又发使串联齐地诸国，刘濞发使串联楚、赵诸国，相约一起反叛。

景帝三年（前154）正月，吴王刘濞首先在都城广陵（今江苏扬州市）起兵叛乱，并向各诸侯王国发出了宣言书，以"清君侧"为名，攻击晁错"侵夺诸侯封地，专以劾治污辱诸侯为事，不以诸侯人君之礼对待刘氏骨肉，所以要举兵诛之"，等等。同月，胶西王刘卬带头杀了朝廷派到王国的官吏；接着胶东王刘雄渠、菑川王刘贤、济南王刘辟光、楚王刘戊、赵王刘遂，也都先后起兵，共同向西进攻。这就是历史上著名的"吴楚七国之乱"。

七国的部队来势汹汹，汉景帝有点心慌了，便找来晁错一起商议军事。晁错说："陛下，这些造反的人都是王爷，地位在那儿摆着呢，别人去恐怕镇不住他们，我看还是您御驾亲征才好。"景帝听了这话，想了想说："我还真没带兵打过仗，当一回兵马大元帅也挺好玩的。可是，我要是走了，后院起火怎么办哪？谁来镇守京城呢？"

晁错拍着胸脯说："有我呢，陛下您就放心地去吧，他们没什么了不得的，您去了很快就会摆平他们的。"景帝又想了想，觉得还是不能去，带兵打仗虽然挺好玩儿，但风险太大，还是在家里安全！这一次他没有听晁错的，而是任命周亚夫和窦婴为帅，带兵征伐七国。景帝立即在军事上做了部署：太尉条侯周亚夫率领三十六将军为主力，进攻吴楚军；曲周侯郦寄攻赵军；将军栾布攻齐诸军；拜窦婴为大将军，屯兵荥阳，监视齐赵方向，作为后援。景帝召见窦婴时，窦婴以有病为由加以推辞。景帝对他说："现在国家有危急，王孙（窦婴的字）难道可以推辞吗？"窦婴这才接受了任命。

吴楚等七国联兵反叛，以诛晁错为名，使晁错的处境十分危险。当此之时，晁错本人又有两件事处置失当，更增加了这种危险。

　　一件是他向景帝提出建议，让景帝御驾亲征，而自己留守京城长安，使景帝产生了对他的怀疑，也给其他大臣提供了攻击他的借口。谁都知道外出打仗是危险的，留下来看家是安全的，谁都知道的。你怎么能在这个紧急关头，你怎么能把最危险的事情派给皇帝，最安全的事情留给自己呢？这是没有任何人会同意的，所以苏东坡说，这才惹起朝中一批忠臣的不满。说你晁错这样做简直是奸臣嘛，你把皇帝推向第一线，你自己躲在家里，是不是等皇帝打败了以后，你当皇帝？任何人都不能容忍的。所以苏东坡说，这个时候，没有爰盎，晁错也是死路一条。相反，如果晁错这时候提出，削藩是我提出来的，这个祸是我闯的，我负责任，请皇上任命我为大将军，我带兵去打，然后我冲上前线，我身先士卒，让皇帝觉得很安全，他会杀你吗？他只会派军队，给钱，给粮，给草，支援你去打。你打败了，死掉了，你是烈士；打胜了，打赢了，你是功臣，你怎么会想出这个馊主意来？

　　当然了，晁错最大的错误就是太相信皇帝了，他认为他忠心耿耿，他认为他一心为公，他认为他一往无前，他认为他奋不顾身，他认为他给皇帝出了这个好主意，皇帝怎么着会保他。没想到，文帝、景帝虽然在历史上算是好皇帝了，同样是要杀人的。这就是晁错之错，他太急于成功了，他就想在自己有生之年，实现自己的政治理想和政治抱负，干成一件惊天动地、轰轰烈烈的大事，他也太个人英雄主义了，他不知道即使是一个英雄，也是需要有后援的，有后盾的。而他这种孤军奋战，是既无后援，就是朝廷的大臣不帮他，也无后盾，就是最后皇帝也不帮他，皇帝也舍弃他。这就是历史的教训。

　　另一件是追究爰盎预知吴王刘濞阴谋反叛之罪。本来，爰盎同晁错两人的成见就很深，每当晁错在座时，爰盎就走；爰盎在座，晁错也走：两人从来没有一起说过话。爰盎曾任过吴国相，接受过吴王刘濞的贿赂。晁错当了御史大夫以后，派人审查过爰盎受贿案件，要判他的罪，景帝从宽发落，削职为民。

　　吴楚七国反叛的消息传到长安后，晁错还要进一步治爰盎的罪，对他的属官说："爰盎受过吴王的贿赂，包庇吴王，说他不会反，现在吴王造反了，应该审问爰盎预知吴王反叛之罪。"御史府的一个属官说："现在这么办恐怕没有好处，而且估计爰盎还不至于会预先知道谋反。"由于证据不足，晁错犹豫不决。但是，却有人给爰盎通风报信，把晁错的话告诉爰盎。爰盎惊恐万分，连夜去见窦婴，商量对策。他们都是晁错的对头，决定以谋害晁错的办法，来保护爰盎。

　　于是窦婴入宫，请求景帝召见爰盎。当时，景帝正与晁错商议调拨军粮的事。景帝召见爰盎时，晁错也在座。景帝问爰盎："你曾经当过吴相，现在吴楚反叛了，你的看法如何？"爰盎说："不用担忧，一定可以破吴。"景帝说："吴王近山采铜铸钱，煮海水为盐，招引天下豪杰，头发都白了，还起兵反叛，如果不是策划得十分周密，他会这么做吗？你有什么根据说他无能为力呢？"爰盎说："吴王铸钱、煮盐取利是有的，但哪里有豪杰可引诱呢？假如吴王真的得到豪杰，那也只会帮助他做正当的事，而不会反叛了。吴王所招引的，都是些无赖子弟和私铸钱币的亡命之徒，所以他们互相勾结作乱。"这时，晁错插话了："爰盎你策划个好办法出来！"景帝也问爰盎："你有什么对策？"爰盎趁机说："请陛下命令左右的人退出。"景帝叫左右都退下，独留晁错在场。爰盎说："我所讲的话，臣下都不该知道。"景帝只好让晁错也退下。晁错退到东厢，心中十分愤恨。爰盎对景帝说："吴楚所发书信，说是晁错擅自抓住诸侯过错，削夺封地，因此以反为名，要杀晁错，恢复原来封地就罢兵。当今之计，只有斩晁错，派使者宣布赦免吴楚七国，恢复被削夺的封地，就可以不流血而统统罢兵。"爰盎这番话，完全重复了吴王刘濞叛乱宣言中的"清君侧"的策略。景帝没有识破它，同时也因为吴楚兵势大，心中害怕，就听信了爰盎的这番话。景帝沉默了好久，然后说："且看真实情况如何，假如真像你所说的那样，为了对得起天下，我不会爱惜某一个人。"这实际上是同意爰盎的主张，准备以牺牲晁错的性命来乞求吴楚等国退兵了。于是，景帝就封爰盎为太常，要他秘密整治行装，出使吴国。

过了十多天，丞相陶青、廷尉张欧、中尉（主管京城治安的武官）陈嘉联名上了一分弹劾晁错的奏章，指责晁错提出由景帝亲征、自己留守长安以及作战初期可以放弃一些地方的主张，是"无臣子之礼，大逆无道"，应该把晁错腰斩，并杀他全家。景帝为了求得一时苟安，不顾多年对晁错的宠信，昧着良心，批准了这道奏章。这时，晁错本人还完全蒙在鼓里呢！

诛杀晁错完全是一种突然袭击：景帝派中尉到晁错家，传达皇帝命令，骗晁错说让他上朝议事。晁错穿上朝服，跟着中尉上车走了。车马经过长安东市，中尉停车，忽然拿出诏书，向晁错宣读，这个忠心耿耿为汉家天下操劳的晁错，就这样被腰斩了。忠臣无罪，惨遭杀害，这真是一个悲剧啊！

然而，他的死与他的性格不无关系。那么晁错为什么不得人心呢？两个原因：第一个原因，政见不和，他主张削藩，其他人主张不动，"道不同，不相与谋"。第二个原因，性格不好，性情耿直，比较认死理。《史记》和《汉书》讲到晁错的时候都用了四个字：峭、直、刻、深。峭，什么意思呢？严厉；直，什么意思呢？刚直；刻，什么意思呢？苛刻；深，什么意思呢？心狠。一个人又严厉、又刚直、又苛刻、又心狠，讨人喜欢吗？不讨人喜欢。谁会喜欢这样的人呢？谁会跟这样的人成为好朋友呢？这样的人怎么会有一个好的人缘呢，而没有一个好的人缘，你怎么能在政府里面混呢？这就是晁错性格上的原因。

晁错的这个性格，我们在电视剧《汉武大帝》里面也看到表现。晁错推出削藩的政策以后，朝野哗然，晁错的父亲就千里迢迢从颍川赶到长安来找晁错，他是这样说的："必须这样做呀！不这样做，天子就没有尊严，国家就不得安宁。"那么这个情节表现了什么？表现了晁错的忠心耿耿，晁错是一个既忠心耿耿，又深谋远虑的人。按说这实在是国家的一个栋梁。但是晁错的忠心耿耿和他的深谋远虑都有一点问题，什么问题呢？他是为国深谋远虑，为自己一点都不深谋远虑，所以《汉书》对他的评价是："锐于为国远虑，而不见身害"，而自己要倒霉了，他都不知道。这样的人，按照我们一般说的道德标准，这是一个大好人啊，大公无私，一心为公，一往无前，奋不顾身，绝不蝇营狗苟，这不是很好吗？怎么不好呢？这里面有一个问题，就是不能为自己考虑的人，他往往也不能为别人考虑；不懂得民情的人，不懂得那些人之常情的人，也往往不懂国情。国家是什么？国家是具体的人民构成的，人民是一个个活生生的人，你不了解人，你就不能以人为本，所谓以人为本，你就是要了解人性、人情，包括人之常情，你不能够没有人之常情，一个不把自己生命放在眼里的人，往往也不把别人的生命放在眼里；一个不把自己的生命当回事儿的人，也不会把别人的生命当回事儿，你既然不能把别人的生命当回事儿的话，你怎么为民众谋福利呢？一个连自己都保卫不了的人，你能够保卫国家吗？所以对于这样一种奋不顾身，我们要一分为二地来看，承认他道德上高尚的一面，也看到他缺陷的一面。

忠心耿耿又有什么问题呢？忠心耿耿的人往往会有这么一个问题；我既然是一心为公的，谁反对我，就是一心为私；我既然是忠臣，谁反对我，那就肯定是奸臣，他就会以自己来画线了，他就听不进去别人的意见了。而一个人不能够听取别人不同的意见，他就不能做出正确的决策，兼听则明嘛。那么你要兼听的话，你就不能说我是一心为公的，你们是一心为私的。晁错就是这样，这是不是有问题呢？

景帝杀了晁错以后，就派爰盎以太常官职出使吴国，告知已杀晁错，并恢复被削封地，要求吴王退兵。这时刘濞已打了几个胜仗，夺得了不少地盘。和爰盎同去的宗正先见刘濞，要他拜受诏书。刘濞狂妄地大笑说："我已为东帝，还拜什么诏书？"于是不肯见爰盎，却把他留在军中，想让爰盎参加叛军，任命他为将领，爰盎不肯。吴王刘濞就派一名都尉带五百兵把爰盎围守在军中，还想把他杀了。爰盎得到消息后，连夜逃出吴军营地，最后回到长安。这样，吴王刘濞就自己揭穿了所谓"清君侧"是一个骗局。

这时，从前线回长安来汇报军情的校尉邓公来见景帝。景帝问他："你从前线回来，听说晁错已死，吴楚退兵了吗？"邓公说："吴王谋反，已经准备几十年了，为削他的封地而发怒，要求诛晁错，不过是个借口，本意并不在反对晁错一个人。现在杀了晁错，我恐怕天下之士从此闭口，再也不敢说话了。"景帝问："为什么呢？"邓公说："晁错担心诸侯王国越来越强大，朝廷不能控制，所以建议削夺他们的封地，目的是为了加强中央政府的地位，这是对万世都有利的打算啊。计划刚刚开始施行，竟全家被杀，这样对内堵塞了忠臣之口，对外却为诸侯王报了仇，我认为陛下这样做是不可取的。"听了邓公一番精辟的分析，杀了晁错吴楚仍不退兵的事实，使景帝如梦初醒，他叹了一口气，对邓公说："你说得很对，我也悔恨了。"但后悔已经晚了。邓公这番话，显示了他的见识高深，得到了景帝的赏识。于是，就拜邓公为城阳中尉。

用牺牲晁错和恢复被削封地的妥协办法不能使吴楚七国退兵，景帝就只有坚决使用军事手段，来平定叛乱。二月中，景帝下了一道诏书，号召将士奋力杀敌，同时下令严惩参加叛乱的官吏，从而鼓舞了汉军的士气。在周亚夫等路军队的攻击下，吴王刘濞兵败被杀，其他六个叛王有的畏罪自杀，有的被处死。刘濞经过长期准备发动的叛乱，不到三个月就被彻底粉碎了。

晁错虽然牺牲了，但晁错为之奋斗的事业还是被继续下去。景帝在平息吴楚七国叛乱之后，趁机在政治上做了一番改革。他下令诸侯王不得继续治理封国，由皇帝给他们派去官吏；他又改革诸侯国的官制，改丞相为相，裁去御史大夫等大部官吏；这就使诸侯王失去了政治权力，仅得租税而已。这样一来，中央政权的权力就大大加强，而诸侯王的力量就大大削弱了。晁错在历史上是一个争议颇多的人物。晁错当然不是完人，他的缺点很明显，但是，在那个时代，他确是一个进步的杰出的人物，是一个政治家。明代李贽曾说："晁错可以说他不善谋身，不可说他不善谋国"，热情赞扬了晁错为了国家利益而不顾个人安危的献身精神。应该说，这种精神是很可宝贵的。

第二十九章 《汉书》卷五十
张冯汲郑传 第二十

第一节 量刑依法，执法不阿

【原文】

（一）

从行，上登虎圈，问上林尉禽兽簿，十余问，尉左右视，尽不能对。虎圈啬夫从旁代尉对上所问禽兽簿甚悉，欲以观其能口对向应亡穷者。文帝曰："吏不当如此邪？尉亡赖！"诏释之拜啬夫为上林令。释之前曰："陛下以绛侯周勃何如人也？"上曰："长者。"又复问："东阳侯张相如何如人也？"上复曰："长者。"释之曰："夫绛侯、东阳侯称为长者，此两人言事曾不能出口，岂效此啬夫喋喋利口捷给哉！且秦以任刀笔之吏，争以亟疾苛察相高，其敝徒文具，亡恻隐之实。以故不闻其过，陵夷至于二世，天下土崩。今陛下以啬夫口辩而超迁之，臣恐天下随风靡，争口辩，亡其实。且下之化上，疾于景响，举错不可不察也。"文帝曰："善。"乃止，不拜啬夫。

（二）

顷之，上行出中渭桥，有一人从桥下走，乘舆马惊。于是使骑捕之，属廷尉。释之治问。曰："县人来，闻跸，匿桥下。久，以为行过，既出，见车骑，即走耳。"释之奏当：此人犯跸，当罚金。上怒曰："此人亲惊吾马，马赖和柔，令它马，固不败伤我乎？而廷尉乃当之罚金！"释之曰："法者天子所与天下公共也。今法如是，更重之，是法不信于民也。且方其时，上使使诛之则已。今已下廷尉，廷尉，天下之平也，壹倾，天下用法皆为之轻重，民安所错其手足？唯陛下察之。"上良久曰："廷尉当是也。"

（三）

其后人有盗高庙座前玉环，得，文帝怒，下廷尉治。案盗宗庙服御物者为奏，当弃市。上大怒曰："人亡道，乃盗先帝器！吾属廷尉者，欲致之族，而君以法奏之，非吾所以共承宗庙意也。"释之免冠顿首谢曰："法如是足也。且罪等，然以逆顺为基。今盗宗庙器而族之，有如万分一，假令愚民取长陵一抔土，陛下且何以加其法乎？"文帝与太后言之，乃许廷尉当。是时，中尉条侯周亚夫与梁相山都侯王恬启见释之持议平，乃结为亲友。张廷尉繇此天下称之。

【译文】

（一）

张释之跟随皇上出行，临观虎圈，皇上询问上林尉登记各种禽兽册子的情况，提了十几个问题，上林尉左瞧右看，都回答不出来。看管虎圈的啬夫从旁代替上林尉详细回答了皇上所问，想以此来显示自己对答如流犹如回响应舞一样无穷。文帝说："官吏不应该像这样吗？上林尉不行！"于是命张释之宣布啬夫为上林令。张释之上前说："陛下认为绛侯周勃是什么样的人物呢？"皇上答："忠厚长者。"又再问："东阳侯张相如是什么样的人物呢？"皇上仍答："忠厚长者。"张释之说："像那绛侯、东阳侯被称为忠厚长者，可这两个人谈论事情时竟连话也说不出。难道让人们去学这个啬夫如此喋喋不休的伶牙俐齿吗！况且秦朝因为任用那些舞文弄墨的书吏，书吏们争着拿办事急快和督过苛刻来互比高低，然而那样做的弊病只是照章行事罢了，一点也没有仁慈的实情。由于这个缘故皇上听不到自己的过失，日益衰败，传至二世，天下便土崩瓦解了。如今陛下因啬夫口齿伶俐就越级提拔他，我担心天下人会随风附和，争相浮夸而不讲求实际。况且下面仿效上面快于影子随形和回响之应声，陛下办什么不办什么，不能不谨慎啊！"文帝答应说："好！"于是不再提拔啬夫。

（二）

　　不久，皇上行经中渭桥，有一个人从桥下跑出来，使皇上驾车的马受了惊。于是令骑士把那人逮捕，交付给廷尉治罪。张释之审问那人。那人回答说："我是长安县乡下人，来这里，听到清道戒严，急忙躲到桥下。过了好久，以为皇上已经过去，便从桥下出来，见到皇上的车马和仪仗队就在眼前，立即转身跑了。"张释之据此上奏应得的刑罚，说："此人违反了清道戒严的号令，应处以罚金。"文帝大怒道："这个人惊了我的马，幸亏我的马脾性温和，假若是别的马，不早就摔伤我了吗？可廷尉仅处以罚金！"张释之说："法律是天子与天下人共同遵从的。如今法律是这样规定的却要加重处罚，这样法律就不能取信于民了。况且在当时，皇上令人就地杀掉他也就罢了。如今既然交付给廷尉，而廷尉是天下公平的象征，一旦有偏，天下使用法律时都会任意或轻或重，老百姓往哪儿安放他们的手脚？望陛下明察。"好久，皇上说："还是廷尉办得对。"

（三）

　　那以后，有人偷了高祖庙内神座前的玉环，被捕。文帝大怒，交给廷尉治罪。张释之依照法律中偷盗宗庙服饰器物的条文，奏请判处斩首。皇上勃然大怒道："那人胡作非为，居然偷盗先帝宗庙中的器物！我之所以交付给你廷尉审理，是想使他灭族，而你却按照通常的法律条文奏请，这不是我所用来恭敬承奉先人的本意。"张释之脱帽叩头解释说："按照法令这样判处已经到极限了。况且斩首与灭族同是死罪，但以逆顺轻重的程度为根据。今日偷盗宗庙的器物便诛灭他的全族，假设愚民偷挖了长陵上的一捧土，陛下又将怎样施加给他刑罚呢？"文帝和薄太后谈论了这件事后，便批准了廷尉的判决。当时，中尉条侯周亚夫和梁相山都侯王恬启看到张释之议论公正，就同他结为亲密朋友。张释之由此受到天下人的称颂。

【评点】

　　张释之是西汉文帝时南阳堵阳县（今河南方城东）人。官任廷尉，掌管全国司法工作。当张释之还在任谒者仆射（负责接待宾客，传达政令官的首领）时，曾跟随汉文帝出行。当他们巡游到皇家动物园时，汉文帝很有兴趣地看园中畜养的老虎和其他动物。

看完后，汉文帝就问上林尉（主管动物园的官吏），园中饲养的动物有多少种、每类有多少、牲畜繁殖、存活情况如何等，一连问了十几个有关的事项。愚笨而又失职的上林尉被问得张口结舌，一个问题也回答不了，只好左顾右盼地期待有人出来为他解围。

正在上林尉焦急万分之时，站在旁边的啬夫（管理虎圈的小吏），立即上前代替上林尉详细、准确地回答了汉文帝所提到的有关皇家动物园中所饲养的各类动物的种类、数量、繁殖情况等。他是想在皇帝面前表现自己，以便得到皇帝的奖赏。

汉文帝听了啬夫详尽而准确的回答后，就对身边的官员说："上林尉作为皇宫动物园的主管官员，最起码应当像啬夫这样，结果却什么都回答不出来，真是太不称职了。"于是命令张释之起草诏令，罢免原来的上林尉，并要提升啬夫担任上林尉的官职，掌管皇家动物园的全部工作。

张释之在皇帝问话时，一言未发，但对这个啬夫在皇帝面前夸夸其谈，多方表现自己的作风已经不太满意了。现在皇帝居然要他写诏书罢免原来的上林尉，而由这个官卑却伶牙俐齿的啬夫来接任，他认为不妥。

于是，张释之就在脑子里想主意，如何才能使皇帝改变这个决定。忠于朝廷，崇尚实干而反对邀功取宠的张释之立即上前问汉文帝："陛下认为前朝绛侯周勃（西汉功臣，文帝时著名丞相）是什么样的人呢？"汉文帝回答说："他是德高望重的功臣长者。"张释之又问："那么东阳侯张相如（西汉初功臣）又是什么样的人呢？"汉文帝又回答说："当然也是德才兼备的长者。"

张释之接着皇帝的话说："皇帝也认为绛侯周勃、东阳侯张相如都是有德有才的治国能臣，可是这两个人都曾在回答皇帝的提问时张口结舌，无言以对。尤其是周勃，皇上不久前还亲自问他全国一年判案多少？钱财收支多少？周勃也回答不出来，皇上并没有罢他的官，还认为他是德高望重的长者能臣。

"但是现在因为上林尉没回答出皇帝的提问，而具体负责饲养动物的啬夫回答出来了，皇上就要免去原上林尉而提拔啬夫。要是这样做的话，岂不是提倡人们都去向啬夫学习（啬夫尽心尽职做好本职工作的精神本应效法），都在皇上或上级面前伶牙俐齿、喋喋不休地显示自己，以便得到嘉奖和提升吗？皇上知道，秦朝重用的就是一批舞文弄法、耍嘴皮子的人，他们在任官期间不去体察民情，对百姓的痛苦毫无仁爱同情之心，挖空心思只是想在官场上攀比看谁有口舌之才、看谁办案和完成朝廷交办的事快捷、看谁监督下级官吏和百姓苛暴繁细。他们不顾百姓的死活，不管会对国家造成什么样的危害。结果，秦朝官吏不干实事，搞得朝廷各职能部门也是徒具空名而无其实。这样一来，秦朝从上到下的官吏都把国家安危、百姓的命运置之脑后。

"由于秦朝由这样一批只图虚名而不干实事之徒掌握了国家大权，所以他们对秦始皇的过失不仅不谏阻，反而向朝廷隐瞒百姓的困苦和秦朝危亡的真情，从而加重了秦始皇的过失。这样，才会在秦二世的时候发生陈胜、吴广起义，秦朝也就土崩瓦解了。

"现在，皇帝陛下因为看到啬夫口齿伶俐，善于对答就要破格提拔他。我担心从今以后天下的人都会争相仿效。我认为看人不能只重口辩之才，而不看重少说多干或只干不说的务实精神。再说，下面各地若知道这件事，仿效起来就会如影之随形，响之随声一样快的。所以朝廷办任何一件事都要考虑到后果，什么该办，什么不该办，必须慎重啊！"

汉文帝听了张释之的一番话后，改变了自己原来草率的决定，收回了罢免上林尉和任命啬夫的诏令，并真诚地说："还是卿家的话说得对。"张释之处处以朝廷的利益为重，以秦朝二世灭亡的教训，谏劝汉文帝对官吏的升贬不能根据一时一事做决定，要警惕哗众取宠之徒，朝廷应该提倡踏实苦干、讲求实效的作风。反对华而不实、哗众取宠，这也是我们今天所应该提倡的。

后来，张释之被提拔为廷尉。有一次又随汉文帝出行，正当皇帝的车驾人马走到中渭桥时，突然从桥下蹿出一个人，把皇帝坐车的御马吓得又叫又跳，汉文帝大怒，立即派侍从把那个人抓起来，交给廷尉张释之去治罪。

张释之不敢懈怠，回去后立刻对那个人进行审讯。经过详细地审问后了解到，这个人原来是长安的一个乡下百姓，今天进城走到中渭桥时，正赶上皇帝车驾出行，下了清道戒严的命令，所以就急急忙忙地躲到桥下。他在桥下等了好大一会儿，以为皇上的车驾人马已经过完了，就从桥下走了出来。刚出来就看到皇帝的御车和仪仗队伍正在桥上，吓得慌慌张张地赶紧跑开，没想到会惊吓了御马。

张释之查明案情后，认为这个人是偶然过失，只是违反了清道令，根据法律的规定，判处罚金后就把人放了，并将处理根据和结果禀报给汉文帝。

汉文帝因为自己坐车的御马受了惊吓，龙颜大怒，不太理智，原以为张释之为了替自己出气，一定会将惊马的人从重治罪。没想到张释之不仅没有顺从皇帝的心意，反而只判了罚金就放人了。

汉文帝火冒三丈地责问张释之："这个人胆大包天，竟敢惊吓我的御马。幸亏这匹马脾气柔顺，要是一匹烈马，岂不是要让我受伤害吗？你怎么只是判他罚金就了事呢？"皇帝不满意张释之对惊马人的依法判决，想要超越法律，按他一时的情绪来加重判罪。

刚正不阿的张释之不怕冒犯皇帝，义正词严地说："国家的法律是皇帝和老百姓都应该共同遵守的。惊马人的案子，依据现在的法律，只应当判处罚金，可是皇上想要超出法律加重处罚。若是按皇帝的意见办，以后法律就无法取信于民了。再说，如果当时皇帝下令立即处死惊马人，这案子也就算了。可现在陛下又把这个案子交给廷尉来审理，廷尉的职责就是要掌握量刑轻重，是主持天下公平的执法之人，一旦廷尉断案稍有差错疏忽，全国各地的执法官在量刑时就会忽轻忽重，甚至随意变更。这样一来，老百姓就会手足失措，无所适从了。这点还要请陛下三思。"

汉文帝听了张释之的这番话后，沉思良久，感到张释之所说的话句句在理，都是从维护国家法律来考虑的忠言，就接受了张释之的意见，并表示说："廷尉的处置是恰当的。"张释之坚持依法量刑，避免了轻罪重判的错误。

惊马人的案件处理后不久，西汉朝廷又发生了一起重大案件。有人胆大妄为，偷窃了汉高祖庙中神座前的玉环。汉文帝对窃贼敢于盗祖庙大为恼怒。全国上下一致行动，盗贼很快就被抓到了。汉文帝下令把盗庙贼交给廷尉严加惩治。张释之依据西汉法律中规定的偷窃宗庙的珍宝、服饰、器物的条款，判处盗贼斩首示众的"弃市"刑罚。

张释之把这个判决上奏汉文帝后，汉文帝勃然大怒，责问张释之："这个贼无法无天，为非作歹，竟敢盗窃皇家祖庙中的玉环器物。我之所以把此案交给廷尉去处治，就是要你严加惩处，判以灭族重刑。可是你却像办平时其他案子一样，只是按照法律条文的规定，上报判处的意见。你这样处置他，怎么能够维护先帝高祖的尊严呢？再说也违背了我尊奉祖先，恭敬、孝顺的心意。"

张释之看到汉文帝大发脾气，于是脱帽叩头谢罪，口里却依然据理力争地辩驳说："根据法律规定将窃贼判处'弃市'就是最重的了。到底是判斩首弃市罪还是判灭族罪，应该按照罪行情节的轻重来定。现在要是对盗窃了宗庙中的玉环器物的贼就判以灭族罪的话，那么有朝一日，再有个胆大妄为的亡命之徒，若公然去挖掘祖庙，到那时陛下又将用什么刑罚来加以惩治呢？"

开明的汉文帝听后沉思不语，下朝后与太后商量，并接受了张释之的正确意见。

由于张释之执法严明、依法办事并敢于坚持正确主张，不以个人好恶来论罪，对皇上也不阿谀奉承，所以在他任廷尉期间避免了许多冤案，得到了当时百姓的称颂。历史上有记载说："张释之为廷尉，天下无冤民。"

当然，张释之不阿谀权贵，依法办事，必然会招来许多封建贵族的忌恨。汉文帝死后，汉景帝即位。张释之知道有人会借机报复，故装病准备辞官。这时，有一个叫王生的道家老者来到张释之办公的衙门，当着众多的公卿大人，对张释之说："你替我把袜子脱下来。"过了一会儿又对张释之说："你给我把袜子穿上。"张释之当着众人，跪下来为王生老人穿好了袜子。过后，许多人责备王生老人在衙门当着众人侮辱廷尉张释之的行为太过分了！

王生意味深长地说："我又老又贫贱，自己这一生都没有对廷尉张释之做过什么好事，也不知怎么样来报答他。张廷尉是如今全国有名的德高望重的大臣。所以我故意要弄他，让他为我脱袜穿袜，是想借此提高他的声望。"

张释之没有责怪王生的无礼，反而恭恭敬敬地按照老人的要求去做，使当时在场的公卿大臣更加敬重张释之的为人。王生老人为了提高张释之在君臣中的声望，甘冒戏弄大臣之罪的危险，这说明张释之受到了当时广大臣民的敬慕。他依法治国的精神在我国历代一直受到称颂。

第二节　不畏权贵，耿直敢言

【原文】

（一）

武帝即位，黯为谒者。东粤相攻，上使黯往视之。至吴而还，报曰："粤人相攻，固其俗，不足以辱天子使者。"河内失火，烧千余家，上使黯往视之。还报曰："家人失火，屋比延烧，不足忧。臣过河内，河内贫人伤水旱万余家，或父子相食，臣谨以便宜，持节发河内仓粟以振贫民。请归节，伏矫制罪。"上贤而释之，迁为荥阳令。黯耻为令，称疾归田里。上闻，乃召为中大夫。以数切谏，不得久留内，迁为东海太守。

（二）

为人性倨，少礼，面折，不能容人之过。合己者善待之，不合者弗能忍见，士亦以此不附焉。然好游侠，任气节，行修洁。其谏，犯主之颜色。常慕傅伯、爰盎之为人。善灌夫、郑当时及宗正刘弃疾。亦以数直谏，不得久居位。

是时，太后弟武安侯蚡为丞相，中二千石来拜谒，蚡弗为礼。黯见蚡，未尝拜，揖之。上方招文学儒者，上曰吾欲云云，黯对曰："陛下内多欲而外施仁义，奈何欲效唐虞之治乎！"上怒，变色而罢朝。公卿皆为黯惧。上退，谓人曰："甚

403

矣，汲黯之戆也！"群臣或数黯，黯曰："天子置公卿辅弼之臣，宁令从谀承意，陷主于不义乎？且已在其位，纵爱身，奈辱朝廷何！"

（三）

大将军青侍中，上踞厕视之。丞相弘宴见，上或时不冠。至如见黯，不冠不见也。上尝坐武帐，黯前奏事，上不冠，望见黯，避帷中，使人可其奏。其见敬礼如此。

【译文】

（一）

武帝登上帝位，汲黯为谒者（谒者，官名。始置于春秋、战国时，秦汉因之。掌宾赞受事，即为天子传达）。东越部族内部互相攻战，皇上派汲黯前往视察。他没到东越，仅到会稽郡界就回来，汇报说："东越人相互攻战，他们的习俗本来是这样的，不值得烦劳天子的使者。"河内郡失火，烧了一千多家，皇上派汲黯前往视察。回来汇报说："平民家庭不慎起火，由于房屋毗连，以致火势蔓延燃烧，不值得发愁。我经过河内郡，河内郡的贫民受水灾旱灾的有一万多家，有的甚至父亲吃儿子或儿子吃父亲的尸体。我只是见机行事，凭着所持的符信把河内郡官仓储积的谷米发放出来，赈济了当地的贫民。我请求让我归还符节，接受假托皇上命令的处分。"皇上认为他贤良，免予处分，调他做荥阳县令。汲黯以做县令为耻辱，托病请假回归老家。皇帝听到了就召见他任命为中大夫。由于多次向皇帝直言极谏，不能久留在宫廷内做官，外调为东海郡的太守。

（二）

汲黯为人性情倨傲，缺少礼节，当面指责对方，不能容忍人家的过失。与自己合得来的，很好地对待他们；与自己合不来的，不能耐心接见，士人也因此不依附他。但他爱好学习游侠之士，信任有声气和节操的人，平日家居的操行高尚纯洁。喜欢直爽地规劝君主改正错误，多次冒犯了君主的威严。常常羡慕傅伯、爰盎的为人处世。跟灌夫、郑当时以及宗正刘弃交好。也因为多次直言进谏，不能长久在京居九卿之位。

当汲黯做京官时，太后的弟弟武安侯田蚡为丞相，中二千石的官员拜见他，田蚡却傲不答礼。但汲黯会见田蚡不曾行过拜礼，经常拱手行礼。天子正招选贤良文学和信奉孔子学说的儒者，皇上说我想要怎样怎样。汲黯对答说："陛下内心有很多欲望，外面却装作施行仁义的样子，能效法唐尧、虞舜的政治吗！"皇上发怒，改变脸色而宣布停止朝会。公卿们都替汲黯担惊受怕。皇上退朝，对近臣们说："太过分了，汲黯真蠢！"群臣中有人责怪汲黯，汲黯说："天子设置公卿等辅佐的臣子，难道能让他们阿谀奉承，迎合意旨，使君主陷入不合正道的地步吗？况且我已位居公卿，虽然爱惜自己的身体，但要是损害了国家利益该怎么办！"

（三）

大将军卫青入宫中侍候，皇上蹲在厕所里召见他。丞相公孙弘平常因事进见，皇上有时不戴帽子。至于汲黯进见，皇上不戴帽就不接见。皇上曾经坐在武帐中，汲黯走上前去面奏公事，皇上没有戴帽子，远远看到了汲黯，立即避入帷帐中，派近侍的人传言，批准了他所奏的事。他被皇上敬畏、礼遇到了这种地步。

【评点】

《明史·海瑞传》列举了中国古代的三大刚劲直谏之臣：汉代汲黯、宋代包拯、明代海瑞。后二人由于演义小说和戏曲影视的渲染而广为人知，汲黯在当今社会的知名度则"黯然失色"。如果细究他们在历史上的影响，应该说汲黯更为人所推重。

汲黯生活在汉武帝时代，是黄老思想的实践者，更是敢于直谏的名臣。汉武帝固然是位事功显赫的明君，但其刚愎自用的性格也是尽人皆知。在他面前敢于直谏的人为数不多，汲黯就是这样凤毛麟角的人物之一。我们只需要举一个例子，就可以看出汲黯进谏是如何不为皇帝"留面子"。当时，汉武帝正在大力征召儒师，为了标榜自己推行儒家"王道政治"的诚心，他时常在群臣面前声言准备做"仁义"之事。汲黯深知汉武帝的为人，就在朝堂之上嘲讽他："陛下内心充斥着欲望而表面上硬说要施行仁义，怎么可能真正仿效唐尧虞舜的治国之道！"搞得汉武帝勃然大怒，退朝之后，还余怒未消地对身边人说："太过分了，哪有像汲黯这般憨直的！"同僚中有人"开导"汲黯要懂得人情世故，说话要给皇帝预留台阶，汲黯却不肯"领情"，依然坚持自己的仕宦原则："天子设置公卿辅弼之类的大臣，难道是为了让我们阿谀逢迎君主的意旨，陷君主于不义吗？况且我已经身在官位，纵然我有爱惜身家性命的念头，也不能做出污辱朝廷的事情来！"

汲黯对以阿谀逢迎而得到汉武帝赏识的人嗤之以鼻。齐人公孙弘，由儒师而贵为丞相，成为尊崇儒术的标志性人物。他保官有术，在朝廷议事时从来不肯发表与皇帝不同的看法。有时，他对皇帝的某些决断本来也有异议，并且私下与汲黯等大臣约定要共同向皇帝诉说真实的想法，但是只要到了汉武帝面前，公孙弘就改变了态度，背离了事先的预约，改为完全顺从皇帝的意旨，与汲黯等人唱起了反调。汲黯为此大为恼恨，他当场批评公孙弘说："齐人多巧诈，令人无法理解他究竟在想什么！开始他与臣等共同商定的议事主见，现在说的话却是完全背离了当初的约定。这是为臣不忠。"与汲黯的直言快语相比较，其实汉武帝更欣赏公孙弘一心维护皇帝权威的事君之道，对后者越发礼遇。廷尉张汤也被汉武帝视为左右手，他修订和施行律令从来只知按照皇帝的意旨行事。汲黯时常与张汤争论律令的改变是否恰当，张汤能言善辩，把周纳苛刻的法律条文说得天衣无缝。汲黯一时无法驳倒他，盛怒之下大骂："天下人说刀笔吏不可担任公卿大臣，果然！让国家法律繁苛到令天下人重足而立、仄目而视的程度，也只有张汤这个家伙做得出！"后来，汲黯进一步揭露担任御史大夫的张汤"智足以距谏，诈足以饰非，非肯正为天下言，专阿主意。主意所不欲，因而毁之；主意所欲，因而誉之"。可见汲黯对张汤的不满，主要集中在其曲法以阿谀君主的事君之道上。

汲黯毫不顾忌地公开批评公孙弘、张汤之类炙手可热的重臣，自然招致他们的嫉恨，包括汉武帝也对汲黯心怀不满。丞相公孙弘等人多次寻找借口加害汲黯。汉朝出动大兵攻伐大宛，夺得千里马，汉武帝兴高采烈地作了一首《天马歌》，准备在宗庙活动中演奏。汲黯却兜头泼起了凉水："凡王者作乐，上以承祖宗，下以化兆民。今陛下得马，诗以为歌，协于宗庙，先帝百姓岂能知其音耶？"汉武帝默然不悦。公孙弘借机陷害："汲黯这是诽谤皇帝的御制文献，应该判处灭族重罪。"好在汉武帝还算大度，不愿因非议自己的一首诗歌而杀害大臣，否则汲黯就有生命之忧。其实，汉武帝对汲黯的态度比较矛盾。一方面，汉武帝敬重汲黯的正直和忠诚，曾经称赞汲黯有"社稷之臣"的风范。大将军卫青屡立战功，汉武帝在宫中却视其为奴仆一般，以至于"踞厕视之"，就是在蹲厕时召见卫青。丞相公孙弘在闲暇时进见，汉武帝往往衣冠不整就和他对谈，根本不顾忌如此对待大臣是否有失礼之处。唯独对待汲黯，汉武帝如果冠冕未曾齐备就不与他相见。有一天，汉武帝坐于武帐，恰遇汲黯前来奏事，武帝当时未曾戴冠，望见汲黯入内，立即避身于帷帐之中，令人传话同意汲黯的奏请。可见汉武帝对其敬重之情。另一方面，汉武帝又对汲黯的犯颜直谏很感不快，因此汲黯也就无法在汉武帝身边久居亲近官职，多次被外放到地方任职，还曾经因小小的过失而被免官，归隐田园多年。

汲黯不仅敢于直言进谏，而且遇到问题勇于负责，绝没有一般官员的犹豫和观望之态。河内郡失火，烧毁千余家，汉武帝派遣汲黯前往了解火灾情况。汲黯发现火灾的损失其实有限，倒是当地的水旱灾害涉及万余家，严重到"父子相食"的程度。敢作敢为的汲黯当即决定，以所持皇帝发给的"节"为凭据，代传皇帝旨意命令河内郡的官员打开官仓分发粮食以赈济贫民。汲黯的做法，救了一方百姓，却犯了"矫制"（假托皇帝的命令）的重罪。他一回到朝廷立即"自劾"，提出愿意为"矫制"行为负责。汉武帝鉴于他为国为民的一片诚心，下令免于究办。汲黯还是一位务实、能干而有个性的官员。他按照黄老学派的政治学说行事，"治官民好清静""责大指而已，不细苛"，在所任地方官职上都取得了很好的政绩。

　　名臣的政治品格与个人魅力，是可以被传诵、被升华、被神化的。汉代人甚至于相信，淮南王刘安图谋造反之时，对于满朝文武官员视若无物，唯独忌惮汲黯一人，据说刘安曾感叹："（汲）黯好直谏，守节死义；至说公孙弘等，如发蒙耳。"敢于正直进谏的大臣能否产生这样的威慑力量，后世的人们不妨见仁见智，而汉代人对此是津津乐道的。西汉后期的名臣李寻就有这样的一段议论："闻往者淮南王作谋之时，其所难者，独有汲黯，以为公孙弘等不足言也。"其余西汉名臣黄霸、谷永、贾捐之也把汲黯尊为官吏的楷模。当时舆论把他视为净谏之臣的代表，不再称呼他的本名，干脆爱称为"汲直"。后世许多敢于直谏的名臣都从汲黯身上找到了力量的源泉。这位"临大节而不可夺"的传奇人物、伟岸丈夫，也因此千古留名。

第三十章 《汉书》卷五十一 贾邹枚路传 第二十一

第一节 善辩邹阳，狱中上书

【原文】

是时，景帝少弟梁孝王贵盛，亦待士。于是邹阳、枚乘、严忌知吴不可说，皆去之梁，从孝王游。

阳为人有智略，慷慨不苟合，介于羊胜、公孙诡之间。胜等疾阳，恶之孝王。孝王怒，下阳吏，将杀之。阳客游以谗见禽，恐死而负垒，乃从狱中上书曰：

臣闻忠无不报，信不见疑，臣常以为然，徒虚语耳。昔荆轲慕燕丹之义，白虹贯日，太子畏之；卫先生为秦画长平之事，太白食昴，昭王疑之。夫精变天地而信不谕两主，岂不哀哉！今臣尽忠竭诚，毕议愿知，左右不明，卒从吏讯，为世所疑。是使荆轲、卫先生复起，而燕、秦不寤也。原大王孰察之。

……

【译文】

这个时候，景帝的小弟弟梁孝王尊贵得势，也招纳士人，于是邹阳、枚乘、严忌都知道吴王不能接受劝谏，就离开吴王而到梁国，与梁王交游。

邹阳很有谋略，又性情刚直，不苟合取容，特立独行于羊胜、公孙诡之间。羊胜等人忌恨他，就在梁王面前中伤他。梁王很生气，就把邹阳投入狱中，准备杀死他。邹阳在他乡交游，遭受谗言而被捕，恐怕死后留下恶名而被人唾骂，就从狱中向梁王上书说：

我听说忠诚无不得到善报，诚实的人不会被人怀疑，我一直认为是这样，现在看来，只不过是一句空话。过去荆轲敬仰燕太子丹的信义，精诚之心感动上天，以致白色长虹穿过太阳，太子丹却害怕荆轲不去刺杀秦王；卫先生为秦谋划长平之战的方略，太白星进入昴宿，掩盖了昴宿诸星的光辉，秦昭王却表示怀疑。精诚之心使天地发生变异，却不能使太子丹和秦昭王相信他们，这不是很可悲吗！现在我竭尽诚心，陈述计议，希望您能知晓，可是您的左右大臣不明，终于使我受到法官的审讯，受到世人的怀疑。这就好像荆轲、卫先生再生，而太子丹、秦昭王仍不觉悟一样。希望大王您详查。

……

【评点】

邹阳生活的时代是一个社会经济逐渐恢复发展、思想文化相对自由，同时也是各种社会矛盾潜滋暗长的时期。承秦之衰，为了迅速恢复被战争破坏的社会经济，刘汉皇朝在初期崇尚道家黄老学说，实行无为而治。到文帝、景帝时期，经济上，社会生产力有所发展，出现了封建史家所艳称的"文景之治"；政治上，刘汉皇朝日加巩固，但诸侯王的势力也在扩张，分裂因素不断增加；思想文化上，诸子之学复起，士人的活动有一定的自由度，虽然不比春秋战国时期任意驰骋，"合则留，不合则去"，但也可以讲议集论，著书立说。正是在这种背景下，大约于文帝中期，邹阳与著名赋家枚乘、严忌（即庄忌，为避汉明帝刘庄名讳改）等先后应聘至富庶的吴国。

吴王刘濞是汉高祖刘邦之侄，汉初封于吴地三郡五十三城，地理位置优越，擅渔、盐、铜山之利，经过几十年的发展，实力已经相当强大。国富起异心。吴王刘濞招致流亡，延揽贤士，谋夺帝位。邹阳至吴之后，吴太子赴长安朝见文帝，与皇太子博戏，无意中被皇太子用博局（棋盘）砸死。当时御吏大夫晁错又向汉景帝建议削弱诸侯王封地。这些使得吴王刘濞怨恨之余又添恐慌，遂暗地勾结其他诸侯王以及闽越、匈奴等，伺机叛乱。邹阳微有察觉，写下《谏吴王书》进行规劝。因他是吴王门客，其时叛乱尚未发动，所以只能隐晦曲折地加以劝说，文多隐语，常于言外见意。尽管如此，在文中他还是不无忧虑地指出，如若轻举妄动，"则我吴遗嗣，不可期于世矣"。从《谏吴王书》可以看出，邹阳既有维护诸侯王地位的动机，又见微知著地认识到中央集权的不可逆转，具有维护国家统一的思想。这从另一个方面也说明了，战国游士的风气已不能照旧存在下去。然而吴王刘濞刚愎自用，利令智昏，一意孤行，于景帝三年（前154）联合楚、赵、胶西、胶东、菑川、济南六国诸侯王，以"诛晁错、清君侧"为名，发动了"七国之乱"，但很快被汉兵打败，身死国破。

邹阳劝谏吴王后不久，即与枚乘、严忌离开吴国，来到待士甚厚的梁国。梁孝王刘武为汉景帝同母弟，原为代王，后改封淮阳王，于公元前168年又改封为梁王。因仁慈孝顺，被追谥为孝王，后人称之为梁孝王。在七国之乱时，梁孝王旗帜鲜明地支持中央，为维护西汉王朝的统一立下了大功。梁孝王因功劳显赫，再加之受窦太后的宠爱，被授予天子旌旗，权势"拟于天子"。因此故，他动了谋求帝嗣的野心，大力招贤纳士，天下文人名士也齐趋梁国，邹阳与公孙诡、羊胜、枚乘、司马相如等都成了座上客。在羊胜、公孙诡等人的怂恿、策划下，梁孝王在谋求帝嗣上采取了一系列实际行动。不过，这受到汉大臣爰盎等人的强烈反对，梁孝王盛怒之下，派人刺杀了爰盎及其他与议大臣十余人。

邹阳死后，归葬故里临淄。在清朝咸丰元年（1851）正月，临淄知县邹崇孟立汉邹阳故里碑。《临淄县志》有记载："邹阳故里，在辛店庄，有碑尚存。"碑文曰："大清咸丰元年正月，'汉邹阳故里'，临淄县知县邹崇孟。"后人有诗曰："招贤纳士汉梁王，善辩邹阳是智囊；总有小人羊胜妒，一腔血泪著华章。"

起初，梁孝王谋议杀爰盎等大臣时，邹阳持反对态度。羊胜、公孙诡本来嫉妒邹阳之才，于是就利用机会向梁王进谗言，导致邹阳下狱论死。邹阳"恐死而负累"，留下恶名，为后人所诟病，就从狱中上书梁孝王，即《狱中上梁孝王书》，以自我表白。这是一篇为自己辩护的作品，当是时，邹阳"情至窘迫"（《古文观止·邹阳狱中上梁孝王书》文后评语），处于一个非常尴尬的境地：一方面是梁孝王听信谗言将其下狱，若直说自己无罪，则等于直斥梁王昏聩，处境将更为不利。

另一方面，若不将梁孝王偏信谗言说明，则又无以自白无辜。为此，邹阳采用了高超的表达技巧，首先拈出"忠无不报，信不见疑"，从"忠、信"二字入手，避开正面指斥，广征史实，论"谗毁"之祸，表述自己"忠信"的心迹。接着，从知人与不知人处落墨，说明要知人就不能听信谗言，而应警惕党人横恣的道理。最后，用大量古代君臣遇合的事例为证，劝谏梁孝王真正信用贤才，"不牵乎卑乱之语，不夺乎众多之口"，如此天下士人才能真正为所用。该文比物连类，文采飞扬，词多偶俪，语意层见复出，情意恳恳；又铺张扬厉，意多慷慨，有足悲者，给人以战国纵横家的韵致。虽然文章所论忠信，观念陈旧，但仍不失为一篇千古名文，后被收入《古文观止》。

梁孝王看到邹阳的上书大受感动，马上释其出狱，并向他深词谢罪。当时，梁孝王派人刺杀爰盎等大臣的阴谋已经败露，招致汉朝大臣千夫所指，也引起景帝不满。羊胜、公孙诡被迫自杀，梁孝王也胆战心惊，深恐朝廷追究。在这危急关头，梁孝王觉得邹阳可用，就令其携带千金，设法不让朝廷追究自己的责任。邹阳受命后，首先找到以奇计见称的齐人王先生。受其指点，他赶赴长安，见到景帝王皇后之兄王长君。邹阳虽为梁孝王说项，却处处站在王长君的角度以利害出之，危言耸听，终于说服了他。然后王长君出面，说服景帝不再追究此事。

第二节　直书上言，尚德缓刑

【原文】

路温舒字长君，钜鹿东里人也。父为里监门。使温舒牧羊，温舒取泽中蒲，截以为牒，编用写书。稍习善，求为狱小吏，因学律令，转为狱史，县中疑事皆问焉。太守行县，见而异之，署决曹史。又受《春秋》，通大义。举孝廉，为山邑丞，坐法免，复为郡吏。

元凤中，廷尉光以治诏狱，请温舒署奏曹掾，守廷尉史。会昭帝崩，昌邑王贺废，宣帝初即位，温舒上书，言宜尚德缓刑。

【译文】

路温舒，字长君，是钜鹿县东里人。他的父亲做东里的监门，让路温舒去牧羊，路温舒就采集水中的蒲草，裁成简牍的形状，用绳子编缀起来，在上面写字。学得稍有长进，就请求做小狱吏，乘机学习律令，升转为狱史，县中每遇到疑难案件，都向他请教。太守巡察各县，见到他，觉得他不是凡夫俗子，就让他代行决曹史之职。他又拜师学习《春秋》，略知大意。被举为孝廉，做山邑县丞，因犯法而被免职，后来又做郡的属吏。

元凤年间，廷尉李光审理奉天子诏令而被押的犯人，请路温舒代理奏曹掾，兼行廷尉史的职位。正赶上昭帝去世，昌邑王刘贺立为天子又马上被废除，宣帝刚刚即位称帝，路温舒向宣帝上书，建议应该崇尚仁德、减轻刑罚。

【评点】

在谈论路温舒的政治主张之前，我们先介绍一下《汉书》中记载的这位少年用蒲草抄书、自学成才的故事。

汉武帝时，在钜鹿（今属河北）的原野上，有位名叫路温舒的放羊娃。路温舒很想念书，可是家里穷，上不起学，只能跟识字的人学几个字。几年后，路温舒日积月累，也认识了不少字，读了一些书。

路温舒越学习，求知欲望就越强。他想，要是能一边放羊，一边抓紧空余时间读书，那该多好啊！可是不行，因为那时的书是用竹片和木片书写、用绳子穿连起来的，称竹木简书，非常笨重，一篇文章就要抄好几捆。当然也有轻便的，那是用丝织品帛书写的，称帛书，但路温舒连帛做的衣服都穿不上，哪里有钱去买帛来抄书呢！他只能一边放羊，一边回忆背诵所读过的书。

有一天，路温舒赶着羊群，来到池塘边，看见池塘里长着一丛丛的蒲草，又宽又长。这种水生植物蒲草，人们一般用它来编席子。突然，路温舒灵机一动：如果将蒲草切成一段一段的，用它来抄书，不也同木简一样吗，而且还比竹木简轻便！这样我就可以用蒲草抄书，放牧时随身携带阅读了。

路温舒说干就干，当天就割了一大捆蒲草背回家，切成像竹木简一样长短的叶片。他又从邻居那里借来书，抄在蒲草片上，用绳子穿编成一册一册的书。几天后，他的蒲草书就做成了。

从此，路温舒每天放羊时，就带上自己抄写的蒲草书，一边牧羊一边诵读。读完一本，又抄写一本。从《论语》《孟子》到《春秋》《战国策》等，他家里堆满了蒲草书。

功夫不负有心人。路温舒利用放羊时间博览群书，获得不少知识。后来他被选拔到县里担任狱史，继续钻研法律，终于从一个放羊娃成长为西汉时期的著名法律学家。公元前73年汉宣帝即位，路温舒曾上疏宣帝，反对过重的刑罚，主张治理国家要"尚德缓刑"，对改革当时的刑法提出了合理的意见。

作为中国皇帝的"龙头大哥"，秦始皇被人们称为"千古一帝"，但他苦心经营的统一帝国十余年就灭亡了。秦速亡的原因是多方面的，残酷的刑法是秦速亡的一个原因。聪明绝顶的刘邦，针对秦的酷刑，提出"约法三章"，深得人心，是他成为大汉王朝创建者的原因之一。西汉吸取秦"用刑太极"而速亡的教训，采取了"无为而治"的"黄老政治"，社会稳定，经济发展，出现了"文景之治"的昌盛局面。汉武帝时，西汉国势日趋强大，汉武帝为加强中央集权，极力镇压农民起义，并推行打击和削弱封国，限制地主豪强势力，为实现以上目的，汉武帝宠幸和重用张汤、赵禹、宁成、周阳由、杜周、王温舒等酷吏，汉代酷吏是在社会的阶级矛盾和阶级斗争日益激化的情况下，适应封建王朝加强对农民起义残酷镇压和消除异己势力的需要而产生的。酷吏是巩固君主专制的御用工具。自从汉武帝重用酷吏以来，造成大量错案冤案，使成千上万无辜的人死于非命，在这样的历史背景下，中国最早提出人权的呼声出现了，就是今河北省巨鹿县人路温舒。

路温舒主要生活在汉宣帝时期，其父为里监门使，算不上官，只是当差而已。路温舒始举孝谦为山邑丞，丞是一县管文书、谷仓和监狱的小官，后迁为临淮太守。他一生的主要政绩是在廷尉（相当于今天的最高法院）当廷尉史，是廷尉的一般官员。因为他在最高法院工作，对汉武帝以来不少案件牵连千千万万无辜人死于非命的情况十分清楚。如刘安谋反案，死于狱中就有数万人，又如汉武帝亲信江充揭发的巫蛊案，被牵连致死的也有数万人，对此现象，路温舒呼吁政府，尊重人性，保障人权。他给朝廷上奏中指出："司法裁判，是国家之大事，处死人不能复生……《书经》上说：'与其杀一个无罪的人，宁可放掉一个有罪的人。'可是今天裁判，恰恰相反。""法官们上下勾结，刻薄的人，被称为公正。主持正义、昭雪冤狱的人，却被认为不忠贞。所以法官审讯案件，非置人于重刑不可，他对囚犯并没有私人恩怨，只是用别人自由的生命，来保卫自己的自由和生命而已，他必然把别人陷于重刑，他才可以获得安全。"路温舒又说："于是，死人所流的血，盈满街市。其他处刑的囚犯，更比肩相连。遇到行刑日，每次都杀万人以上，诚感可哀！"路温舒指出造成冤狱的原因在于口供主义，他说："人之情，安乐时愿意活下去，痛苦时则要求早死。严刑拷打之下，要什么口供就会有什么口供，囚犯不能忍受酷刑的痛苦，只好照着问案人员的暗示，捏造自己的罪状，问案人员利用这种心理，故意把囚犯的口供引导到犯罪的陷阱。罪状既定，唯恐还有挑剔之处，就利用种种方法，把口供修改增删，使之天衣无缝，每字每句恰恰嵌入法律条文之中。修改完成后，写成公文书，即使皇上看到，也会觉得这个囚犯死有余辜。因为陷害他的都是法律专家，显示出的罪状太明显了。"

他指出狱吏的残酷不是因为他们本人对嫌犯的憎恶，更不是因为他们是公正的化身（他们的公正是刻骨阴毒），而是一个体制的弊端，在这种体制下，狱吏们（掌管刑罚的人）以残酷冷血为职业道德，上司则以此判断此人是否应该升迁。路温舒又说，安乐求生，痛苦求死是人之常情，狱吏们利用这一点，酷刑逼供，这种情况下，要什么证词就可以有什么证词，每个犯人都显得死有余辜，复查也没用，因为狱吏们精于此道。路温舒在信的结尾说，严酷的刑罚和酷刑逼供都是不足取的，应该废止。

路温舒针对西汉重用酷吏造成大量冤案的状况，建议改革律令，取消酷刑，注重调查证据，减少冤案，以保障人权。路温舒的奏章，是中国最早争取人权的呼声！也许是中国有文字以来最早的一份关于争取人权的记录。

如果汉宣帝刘病已，即刘询（公元前91—前49，本名刘病已，字次卿，又字谋，即位后改名刘询，西汉第七位皇帝。公元前74年—前49年在位。他是汉武帝刘彻嫡曾孙、戾太子刘据孙、史皇孙刘进子。因汉昭帝无子，昌邑王刘贺又被废，所以在元平元年七月，十八岁的刘病已先被上官太后封为阳武侯，一个时辰后即被立为皇帝，改名刘询，宣帝改名"询"的理由是"病""已"两字太过常用，臣民避讳不易）有一点像他的曾祖父汉武帝刘彻，只怕路温舒的下场会和司马迁一样，身受宫刑。但是刘病已不一样，他登基以前从没想过自己会做皇帝，因此放浪江湖（史书上说他好结交游侠，知民间疾苦），所以他看了路温舒的奏章，非但没有生气，反而升了他的官，问题是这位皇帝不怎么喜欢干活，所以路温舒的主张并没有能改变当时的社会状况。

路温舒的这份奏章虽然是站在统治者的角度说话，但无论如何，在那一年，汉宣帝刘病已宣布大赦天下（虽然他没有去改变严刑峻法），路温舒的信救了成千上万国人的性命。

第三十一章 《汉书》卷五十二
窦田灌韩传 第二十二

稳重老成，汉之国器

【原文】

（一）

韩安国字长孺，梁成安人也，后徙睢阳。尝受《韩子》、杂说邹田生所。事梁孝王，为中大夫。吴楚反时，孝王使安国及张羽为将，扞吴兵于东界。张羽力战，安国持重，以故吴不能过梁。吴楚破、安国、张羽名由此显梁。

梁王以至亲故，得自置相、二千石，出入游戏，僭于天子。天子闻之，心不善。太后知帝弗善，乃怒梁使者，弗见，案责王所为。安国为梁使，见大长公主而泣曰："何梁王为人子之孝，为人臣之忠，而太后曾不省也？夫前日吴、楚、齐、赵七国反，自关以东皆合从而西向，唯梁最亲，为限难。梁王念太后、帝在中，而诸侯扰乱，壹言泣数行而下，跪送臣等六人将兵击却吴楚，吴楚以故兵不敢西，而卒破亡，梁之力也。今太后以小苛礼责望梁王。梁王父兄皆帝王，而所见者大，故出称𫟎，入言警，车旗皆帝所赐，即以娉鄙小县，驱驰国中，欲夸诸侯，令天下知太后、帝爱之也。今梁使来，辄案责之，梁王恐，日夜涕泣思慕，不知所为。何梁王之忠孝而太后不恤也？"长公主具以告太后，太后喜曰："为帝言之。"言之，帝心乃解，而免冠谢太后曰："兄弟不能相教，乃为太后遗忧。"悉见梁使，厚赐之。其后，梁王益亲欢。太后、长公主更赐安国直千余金。由此显，结于汉。

其后，安国坐法抵罪，蒙狱吏田甲辱安国。安国曰："死灰独不复然乎？"甲曰:"然即溺之。"居无几,梁内史缺,汉使使者拜安国为梁内史,起徒中为二千石。田甲亡。安国曰:"甲不就官,我灭而宗。"甲肉袒谢,安国笑曰:"公等足与治乎?"卒善遇之。

(二)

安国为人多大略,知足以当世取舍,而出于忠厚。贪者财利,然所推举皆廉士贤于己者。于梁举壶遂、臧固,至它,皆天下名士,士亦以此称慕之,唯天子以为国器。安国为御史大夫五年,丞相田蚡薨。安国行丞相事,引堕车,蹇。上欲用安国为丞相,使使视,蹇甚,乃更以平棘侯薛泽为丞相。安国病免,数月,愈,复为中尉。岁余,徙为卫尉。而将军卫青等击匈奴,破龙城。明年,匈奴大入边。语在《青传》。

【译文】

(一)

　　韩安国,字长孺,是梁国成安县人,后来移居睢阳。曾经在邹县田生那里学习《韩非子》和杂家的学说。侍奉梁孝王,做中大夫。吴楚叛乱的时候,孝王派遣安国及张羽为将军,在东境抵御吴军。因为张羽奋力作战,安国老成持重,所以吴军无法越过梁国的防线。吴楚叛乱被平息后,韩安国、张羽的名声也从此在梁国境内显赫起来。

　　梁王由于是皇家的至亲,因此获得了自行推举梁相及二千石官吏的人选的权力,他进出、游乐的排场,已经超越了人臣的位分而和天子一样了。当时天子汉景帝听了以后,心里很不高兴。窦太后知道皇帝不满,于是迁怒梁王派来的使者,不接见他们,而向他们责难梁王的所作所为。当时韩安国是梁使,便去谒见大长公主,哭泣着说:"为什么太后对于梁王做儿子的孝心及做臣子的忠心竟然不予明察呢?昔日吴、楚、齐、赵等七国造反的时候,自关以东的诸侯,都联合起来向西进军,只有梁国与皇上最亲,成为叛军的阻碍。梁王每次想到太后及皇上居于关中,而诸侯起来作乱,都泪下数行,跪着送臣等六人,带兵去击退吴楚叛军,因此吴楚的军队不敢西越雷池一步,并终告败亡,这都是梁王的功劳啊!现在太后却为了一些细的礼节责备梁王。梁王的父兄都是皇帝,平日见惯了盛大的排场,所以进出游乐,都像皇帝一样清道警戒,车子、旌旗都是皇帝所赐,他就是想在边邑向他的子

416

民炫耀，在国中来回驰骋以向诸侯炫耀，让全天下的人都知道太后和皇帝对他很宠爱。现在梁使到来，却遭到查问责难。梁王十分恐惧，日夜流泪思量，不知如何是好。为什么梁王做儿子很孝顺，做臣子最忠心，而太后竟不体谅呢？"长公主把这些全都告诉了太后。太后高兴地说："我要替他向皇上解说。"解释以后，皇上的心才开解，而且摘下帽子向太后谢罪说："我们兄弟间不能互相劝教，竟让太后您操心了。"于是接见了所有梁王派来的使者，并且重重地赏赐了他们。此后梁王更受宠爱。太后、长公主再赏赐韩安国价值约千余金的财物。韩安国的名声因此更加显赫，而且跟汉朝廷建立了关系。

后来韩安国犯法被判刑，蒙县的狱吏田甲羞辱他，他说："难道熄了火的灰就不会再燃烧起来吗？"田甲说："要是再烧起来，我就用尿来浇熄它。"过了不久，梁国内史的职位空缺，汉廷派使者任命韩安国为梁内史，从徒隶中提拔他出来做二千石的官。田甲弃官逃走。韩安国说："田甲你要是不回来就任，我就灭了你的宗族。"田甲于是袒衣谢罪。安国笑着说："像你这种人值得我惩治吗？"终于善待了田甲。

（二）

韩安国为人有大韬略，其智谋皆合于世俗取舍的标准，但都出于忠厚之心。虽贪嗜钱财，但他所推举的，都是比他自己贤能的廉洁之士。在梁时推举壶遂、臧固，其他的也都是天下的名士，士人因此对他很称赞和仰慕。即使天子也认为他是治国之才。韩安国当了五年御史大夫，丞相田蚡去世。韩安国兼代丞相的职务，替天子在前面引路的时候掉下车，跌跛了腿。天子想任用韩安国为丞相，派人去探望他，发现他跛得很厉害，于是改用平棘侯薛泽为丞相，韩安国因病免职数月，腿伤痊愈了，皇上再任他为中尉。过了一年多，改任为卫尉。这时将军卫青等攻击匈奴，大破龙城。第二年，匈奴又大举入侵边境。有关情况在《卫青传》中。

【评点】

韩安国稳重，被梁孝王发现，做了他的中大夫。

在吴国的刘濞造反的时候，吴军浩浩荡荡，打算从梁经过进入汉朝的中心地带，但是梁国外有张羽奋力作战、内有韩安国稳重老成，于是吴军的计划被挫败了。捍卫一隅而捍卫天下。等到太平重至，安国和张羽就名满天下了。

梁孝王是汉景帝同一个母亲的弟弟，自然深得天子和皇太后的喜爱。而皇太后对她的幼子更是宠爱有加。她请求皇帝同意让这个梁文王可以自行设置自己的国相。而汉朝在诸侯王那里设立国相的用意很明显，就是有监督的含义，而现在梁国的国相是自己设立的，那监督的价值还有几分呢？于是，这个梁孝王开始在自己的小圈子里当起皇帝来，仪仗、车马、宫室都和皇帝搞得一模一样。在过去，这可是僭越的大罪，但是谁也不敢说，就是天子也只是心中有些不快而已，他也不说什么。

然而老成持重的韩安国觉察了这其间的弊端，于是他在拜见梁王的姐姐时，大声哭泣着，对梁王的姐姐大长公主说道：

"梁王的确对自己的父母很孝顺，堪对一个梁孝王的孝字，但是为人臣者更要忠于自己的君主。现在，我们梁王处处把自己自比于皇帝，想不久前的七国之乱，他们还不是个个都想做皇帝呢，结果弄得国破家亡。现在，太后还在，梁王只要没有真的要做皇帝，谁都不好说什么。但是，万一将来太后有个山高水远、鞍长镫短的时候，臣为梁王感到危险啊。要是长公主依据姐姐的身份，对当今言明，当今及早对梁王加以惩戒，那么以后大叔段的事情和大隧之歌的典故就不会再发生了。臣恳求公主。"

韩安国说的这个大叔段是春秋早期郑庄公的弟弟，凭借母亲的宠爱、哥哥的放任，最后落得身败名裂。这件事还导致郑庄公和他母亲姜氏的破裂，郑庄公赌咒说："我们不到黄泉不相见。"这个郑庄公的言行引起了全天下包括天子的不满，于是他只好采取了挖隧道到黄泉，再扮演一个黄泉母子和好的闹剧才收场。而今，韩安国说起的这个事情，就是提醒公主，不要让郑庄公兄弟母子的悲剧在汉朝重现。这些事情，身为公主的大长公主自然明白，她马上入朝面见了太后，对太后述说了这一切。太后这才醒悟过来，她很高兴韩安国的老成持重，没有一下子把事情给鼓捣到皇帝那里去，这样自己就有回旋的余地。她向长公主大大地夸奖了这个韩安国。

太后在自己思考停当后，通知皇帝来太后的寝宫晋见。在皇帝向母后请安的时候，太后不经意地把这件事给皇帝说了一嘴。而早就心知肚明的皇帝很清楚太后的含义。他马上对太后说："梁王是您的小儿子，也是我这个做哥哥的亲弟弟，还是我唯一的亲弟弟，我不能让他吃亏。我会好好处置这件事的，请母后放心。"

窦太后自然觉得很满意，接下来，她马上下令重赏千金给了梁王手下的韩安国。梁王是受到了一些惩罚，但是相比家破国亡来说，真是九牛一毛了。简直就是毛毛雨对倾盆大雨。梁王在心中也终于明白了韩安国对他的好处。他很感谢和感激韩安国。在朝廷上，皇帝对这个韩安国也是非常器重和喜爱。一向低调和老成的韩安国在汉朝朝野成为名动一时的人物。

但是，历史总是很曲折的。韩安国这样老成的人也犯罪了。他被下到了大牢之中。一个狱卒很是不满权贵，对于像韩安国这样的高官，而且是落难的高官，他以百般折磨、侮辱他们为能事。韩安国虽然是一个很稳重的人，但是面对这样的羞辱，他还是很凛然地说：

"死灰也会复燃的，你不怕到时候烫着你自己吗？"

但是，那个狱卒也很是不开眼，他竟然说："死灰要是敢于复燃，我就用尿灭了它。看它可以烫到谁？"

然而，在朝有皇帝的器重，在外有梁王的信任，这样的人本来就不是死灰，起用是必然之事。皇帝的圣旨很快下来，说要任命韩安国为梁国的内史。这个内史仅次于国相，是一个王国第二号的官职。韩安国现在却不想出狱了，他把那个说要用尿浇灭他的狱卒找来，说你现在可以尿了，因为我已经死灰复燃了。那个狱卒说：

"你不是死灰复燃，而是上有太阳抬举，下有月亮保佑，这样的情况，就是没有火也会燃烧的，何况您原来自己也有一把火在内呢。"

韩安国听这个狱卒这样说，就哈哈一笑，依然让这个狱卒做他的狱卒而没有为难他。一笑泯恩怨，可谓"宰相肚里能撑船"啊，简直就是长者的作风。这点使得那些基层的人对韩安国又多了一点认识。

再说汉景帝，虽然是旧话，景帝的确给梁王说过他死后讨论这个弟弟继位的可能性。梁王的内心自然就波澜起伏了。而那些谋士就开始为梁王谋划如何可以登上大宝殿的计策。公孙诡、羊胜出主意行刺反对梁王做太子的大臣爰盎。行刺失败，天子大举搜捕这两个主谋，而最终没有任何结果。这个时候，韩安国得知，这两人就躲在梁王的后宫，难怪谁也搜查不到呢。韩安国就径直到梁王那里去了。

"大王认为兄弟与父子相比，谁更亲近呢？是当今陛下和大王亲近还是当今陛下和他的儿子更加亲近呢？您认为高祖皇帝和他的父亲更加亲近呢，还是和他的二哥更加亲近呢？"

"自然兄弟不如父子。这是自然之理啊。"

"臣冒昧，陛下一句戏言，说是要千秋万代传位于你，他说完一定会后悔的，他是想传给你这个弟弟还是传给他的儿子呢，谁对他更亲近呢？"

"这……哦，天子追查的两个犯人，已经被寡人擒拿，现在就麻烦先生您把他们带到长安去给陛下治罪。我有病，就不去了，你帮我打点一切。好了，我困了，失陪了。"

韩安国知道，这个梁王在内心还是不甘放弃他的皇帝梦的，但是他已经认识到了自己当皇帝也只是一场梦而已，不甘心的梁王心中极其失望，所以不想见到韩安国。韩安国带着两个钦犯，一路往长安不提。

韩安国这次进京后就没有再出来。他先是因为一点小事坐罪，被惩罚在家待罪。在汉朝，居官王国的内史、国相的人都要在长安安家，这样天子可以随时控制这些举足轻重的人物，也算是帝王的制衡之术吧。这个时候，梁王因为失掉了皇帝的迷梦最后去世了。韩安国在家哭得死去活来。最后，在家待了不到半年，他被汉朝任命为九卿之首的御史大夫。

刚一上任就遭遇到匈奴的入侵。这个时候，天下刚刚经历了动乱，国力薄弱。韩安国就提出用物资和公主来满足匈奴的胃口。这样，起码不会有更大的人民财产的损耗。比较起战争来说，比较起可能的失败来说，这样的结局算是好的。满朝的大臣几乎都附和了韩安国的奏请。

而这个时候，魏其侯和武安侯的斗争也日趋白热化。武安侯拉上韩安国打算一同对付魏其侯。而老成的韩安国认识到，这个武安侯虽然现在得势，不久必将失宠。他不想得罪这个武安侯，同时也不想开罪皇帝和魏其侯。他就对这件事来了一个首鼠两端，（首鼠：踌躇，犹豫不决。两端：两头。在两者之间犹豫不决左右动摇不定。出自西汉·司马迁《史记·魏其武安侯列传》："武安已罢朝，出止车门，召韩御史大夫载，怒曰：与长孺共一老秃翁，何为首鼠两端。"）谁也不说歹话，谁也不得罪。就算你说我懦弱，看以后的发展，我一定是胜算多多。最后，历史证明，韩安国的计较是对的，武安侯和魏其侯是谁也没有讨到好处，双双失掉了侯爵和权势。而韩安国还是在做他的御史大夫。到了武帝登基，韩安国还是御史大夫。

汉朝终于要对匈奴开刀了。韩安国当上了护军将军。但是，一点小小的情报疏漏，使得几十万汉军无功。将帅都有罪，唯独韩安国稳如泰山。他太老成了，太稳重了，把自己处理得干干净净、一点灰尘也没有。这样的人护军可就小多了，皇帝要他护国。而丞相为最大的护国。在故相田蚡获罪后，韩安国得到了担任汉朝国相的机会。在国相位置上，韩安国秉承了皇帝对丞相的最高要求，就是举荐人才，自己无事就是最大的事情的原则，把一个国相当得四平八稳、滴水不漏，堪称汉朝历任丞相的楷模。

综观他的战斗生涯，他几乎从未主动进攻，而一直以防守为业：七国之乱时，他在梁地防守；后来提升为北地都尉，对匈奴还是防守；进京当了御史大夫，仍然主张防守为主；到最后迁往上谷、渔阳，仍然是对匈奴防守。若要说到他对朝政的看法，一段史料可供佐证：魏其侯和武安侯在武帝面前争执，互相告发对方谋反。当武帝征求群臣的意见时，韩安国居然说，魏其侯说的是，武安侯说的也是，就看您怎么裁决了。这，几乎等于装聋作哑。

可以说，韩安国的这种"持重"的性格，决定了他不可能成为一个好的将领。为将需有锐气，需要当机立断的果敢，可像他这样三思而行，或者说首鼠两端，决定了他不可能打胜仗，只能最多不败。果不其然，在渔阳驻守时，卫青出关大破匈奴，他就捕获了一些散兵邀功，接着就松弛武备，放士兵回去屯田了。孰料，一个月后匈奴大举进犯，汉军匆忙迎战，不胜，就回去固守。匈奴抢走了1000多人和不计其数的牛羊。韩安国犯下大错，从此不被武帝信用，抑郁不乐，最终呕血而死。

韩安国的悲剧，就在于他的性格与将领应有的品质格格不入。他申请让边民屯田，是为了照顾他们的日常生活，殊不知这是边疆，稍有松懈就可能遭到打击；他长于坚城防守，是为了不轻易损耗士兵，却不知这正中了匈奴"打草谷"的下怀。他爱民、爱兵，却因此畏缩不前，这决定了他不可能成为名将，可他偏偏又是个武将。于是，他只能成为当时的名臣，却为卫、霍等人耻笑，永远在历史中籍籍无名。

这样老成持重的韩安国还是把皇帝给开罪了。他被调任到荒凉的北平，最后老死在那里，再也没有人提起过他了。

第三十二章 《汉书》卷五十三 景十三王传 第二十三

第一节 高举儒学，今古之争

【原文】

河间献王德以孝景前二年立，修学好古，实事求是。从民得善书，必为好写与之，留其真，加金帛赐以招之。繇是四方道术之人不远千里，或有先祖旧书，多奉以奏献王者，故得书多，与汉朝等。是时，淮南王安亦好书，所招致率多浮辩。献王所得书皆古文先秦旧书，《周官》《尚书》《礼》《礼记》《孟子》《老子》之属，皆经传说记，七十子之徒所论。其学举六艺，立《毛氏诗》《左氏春秋》博士。修礼乐，被服儒术，造次必于儒者。山东诸儒多从而游。

武帝时，献王来朝，献雅乐，对三雍宫及诏策所问三十余事。其对推道术而言，得事之中，文约指明。

立二十六年薨。中尉常丽以闻，曰：“王身端行治，温仁恭俭，笃敬爱下，明知深察，惠于鳏寡。”大行令奏：“谥法曰‘聪明睿知曰献’，宜谥曰献王。”子共王不害嗣，四年薨。子刚王堪嗣，十二年薨。子顷王授嗣，十七年薨。子孝王庆嗣，四十三年薨。子元嗣。

【译文】

河间献王刘德在景帝前元二年封王，研习学业喜好古事，从实际出发，求得正确的结论。从民间得到好书，一定要很好地抄录副本给书主，而留下书的正本，又加赐金帛以广泛招求好书。这样四方有道德学术的人不远千里而来，有的有祖先旧藏的书，大多也进献给献王，所以得到的书很多，与汉王朝相等。这时，淮南王刘安也爱好书，他所招来的书多半是不实用的。献王所得的书都是秦以前的古文旧书，如《周礼》《尚书》《仪礼》《礼记》《孟子》《老子》等书，都是经传说记，孔子的七十弟子所著论的书。献王学习举用六经，设立了《毛氏诗》《左氏春秋》博士。修习礼乐，亲自感受儒家的学术，所向所学必定以儒术为准。山东许多儒生多随从而游学。

武帝时期，献王来朝见，奉献雅乐，答对三雍宫以及诏令策问三十多件事。就他所谈的道德学术，正合事理之中，文辞简约明晰。

献王在位二十六年去世。中尉常丽上奏朝廷，说："王自身端正且行为清明，温和仁慈、恭敬俭朴，真诚敬爱下级，明知深察，恩惠及于孤寡老人。"大行令上奏："谥法说'聪明睿智叫作献'，谥号应该是献王。"儿子共王刘不害继位，在位四年薨。儿子刚王刘堪嗣位，在位十二年死去。儿子顷王刘授嗣位，在位十七年死去。儿子孝王刘庆继承爵位，在位四十三年死去。儿子刘元继位。

【评点】

河间献王刘德，景帝第二子，景帝前二年立，在王国中高举儒学，且身体力行，言行举止都遵循儒家的礼仪法度，并推行儒家的仁政，以民为本，"温仁恭俭，笃敬爱下，明知深察，惠于鳏寡"。

遭遇秦末战火之后，六艺经典已经残缺不全，逸散民间，他聘求幽隐，收拾余烬，以重金求购天下遗书，并抄写副本给原主，自己留下真本，"繇是四方道术之人不远千里，或有先祖旧书，多奉以奏献王者，故得书多，与汉朝等"。古文先秦旧书几乎都被网罗。

为表彰六艺之学，他特立毛公、贯公分别为《毛诗》《春秋左氏传》博士，《西京杂记》并记其"筑日华宫，置客馆二十余区，以待学士，自奉养不逾宾客"，由是"山东诸儒多从其游""天下俊雄众儒皆归之"，河间遂成了声名远播、鼎盛一时的儒学中心。这个中心对景武之世儒学的发展与变迁起到了极为重要的作用，是这一时期中国学术由子学时代向经学时代过渡的关键环节，对汉代学术的演变产生了深刻的影响。

传统上学术界对河间儒学的重视主要是在其搜求整理文献上。清代大儒戴震有《河间献王传经考》一文，其认为河间所传之经：《周礼》《毛诗》《左氏春秋》《仪礼》《礼记》《孟子》《老子》；而《仪礼》，大、小戴《礼记》，多采自献王之《古文礼》与《仪记》。如今天我们发现古籍简编一样，整理校刊是一个巨大精细的工程，没有献王和河间儒者的努力，儒学在汉代重新焕发光芒是很困难的。所以司马光在《传家集·河间献王赞》中说："噫！微献王六艺其遂殪乎！故其功烈至今赖之。"唐世隆在《修河间献王陵庙碑记》中说："天不丧斯文，乃有河间献王德者，修学好古，被服儒术，招集四方文学之士，购求遗书，献雅乐，补《周礼》，慨然以斯道为己任焉。"

不过，为多数学者所忽视的是，河间儒学在义理思想上的发明绍述之功，特别是围绕着"治道非礼乐不成"的政教思想的学术建构，对我国学术思想史产生的深远影响。班固说献王"修学好古，实事求是"，这既概括了以献王为首的河间儒者整理文献的态度，也精准地说明了他们的儒学思想。

"修学好古"，是指对儒学传统的努力继承，"实事求是"则是指根据客观现实进行发展重构。这仅从刘向《说苑·建本篇》保存的一条逸文中可见："河间献王曰：管子称仓廪实知礼节，衣食足知荣辱。夫谷者，国家所以炽，士女所以姣好，礼义所以行，而人心所以安也。《尚书》五福以富为始。子贡问为政，孔子曰：'富之'。既富乃教之，此治国之本也。一如四库馆臣所指出的："其议论醇正，不愧儒宗。"又《汉书·艺文志》："河间献王好儒，与毛生等共采《周官》及诸子言乐事者，以作《乐记》。……其内史丞王定传之，以授常山王禹。禹，成帝时为谒者，数言其义，献二十四卷记。刘向校书，得《乐记》二十三篇。与禹不同，其道浸以益微。"

由于对"与禹不同"的理解有分歧，学者对《礼记·乐记》是否为献王所作存在争论。实际上这是学者对河间文献的流传不明造成的误读，刘向校书所得《乐记》乃中秘所藏河间《乐记》正本，而王禹所传《乐记》为民间流传之本，在流传中出现了讹误和增衍是正常的。因此，"与禹不同"乃是指不同底本，这一点，亦为郭沫若先生肯定。又《经义考》卷一百六十七载："柳贯曰：《小戴礼记·乐记》，郑玄《目录》云：'汉武帝时，河间献王与诸生等共采《周官》及诸子言乐事者，以作《乐记》。'又云：'《乐记》，以其记乐之义，于《别录》属《乐记》，盖十一篇，篇虽合而略有分焉。'"从郑玄这条逸文来看，今存《乐记》为河间献王及诸生所用并无疑义。而对献王作《乐记》的发明绍述之功，宋儒黄震说："《乐记》第十九，孔氏疏谓此书有乐本、有乐论……盖十一篇合为一篇。且谓汉武帝时河间献王与诸生共采《周官》及诸子所作。愚按此书间多精语。如曰人生而静，天之性也，感于物而动性之欲也。如曰好恶无节于内，知诱于外，不能反躬，天理灭矣。皆近世理学所据，以为渊源，如曰天高地下，万物散殊，而礼制行矣。流而不息合同而化，而乐兴焉。又晦庵先生所深嘉而屡叹者也。"

由这段话可见河间在儒学思想史中的重要地位以及其对宋学的深远影响。所以在宋儒看来，献王的卓识和思想远远超过同时代的儒者。

叶适在《习学记言》卷二十三中说："河间献王得《周官》……先王孔子之道，赖以复传，于今其功大矣。贾谊、董仲舒之流不能望其十一也。……班固言王答诏策三十余事，推道术而对，得事之中，文约指明，此亦过谊、仲舒之流远矣。"明唐世隆则从道统的高度赞扬献王们发明绍述之功："夫以世远言湮，经残教驰之后，犹能有功于道统如此，其视关闽—濂洛诸儒，发明绍述之功，固不多让。"曾国藩指出："近世乾嘉之间，诸儒务为浩博。惠定宇、戴东原之流钩研诂训，本河间献工实事求是之旨，薄宋贤为空疏。夫所谓事者，非物乎？是者，非理乎？实事求是，非即朱子所称即物穷理者乎？名目自高，诋毁日月，亦变而蔽者也。"这里曾氏准确地指出了"实事求是"的两层内涵，如其所言清代之考据学、宋明理学都与河间的"实事求是"之学有密切的渊源。由此可见河间献王及河间众儒对我国学术思想史的重大贡献和影响。

然则河间献王与河间儒者一系列的学术举措却与中央朝发生了严重的冲突。《史记·五宗世家》裴骃《集解》引《汉名臣奏》杜业语，元光五年即公元前130年，献王来朝时，武帝"问五策，献王辄对无穷。武帝艴然难之，谓献王曰：汤七十里，文王百里，王其勉之。王知其意，归即纵酒听乐，因以终。"对于杜业的说法，清儒何焯提出了较大的质疑："王身端行治至宜谥曰献王。献王，策谥之辞，褒崇若此。五宗世家注中杜业之语，知其无稽。"可能正是受何焯等的影响，四库馆臣整理《史记》的时候，在《史记·汉兴以来诸侯王年表》献王"来朝"后妄加了一"薨"字。而考诸现存最早的刻本百衲本、中华书局点校本，和考校过日本所藏诸古本的《史记会注考证》只记献王"来朝"，并无"薨"字，因此应不是流传抄写脱漏。武英殿本系据明北监本，今考明北监本亦无"薨"字，故殿本当是馆臣妄加，此乃太史公笔法，暗示了献王不得其死。

又据《史记·汉兴以来诸侯王年表》，刘德受封为河间王后，"来朝"共四次。前三次均在景帝年间，分别是公元前154年、前148年、前143年。而此后的十三年间，其他诸侯纷纷来朝，刘德一直未进京行朝觐之礼。仅在武帝元光五年，即公元前130年朝觐了一次，时武帝已继位十一年。作为动静必以儒者的献王，不可能违背六艺经典中所强调的朝聘大礼。他之所以不来，应是另有隐情。因此，徐复观对何焯等进行了批评："何焯小儒，对政治全无了解，其言至鄙笑"，并指出："刘德非以罪死，系以猜嫌忧愤而死。"虽有些过激，但还是有道理的。

不过，相较之下，还是杜业的说法更为准确。"因以终"，透露出献王之死，不仅是忧愤而死，乃是被逼无奈，以一种隐藏的方式自杀而死，正是儒家所强调的

"不遗过于君"的方式。"汤七十里，文王百里，王其勉之"，武帝此言，等于诬指献王所为是出于夺取帝位和谋反的野心，他的作为和存在是朝廷的严重威胁，即将有诛灭的后果。"王其勉之"，言下之意，要献王自己决定怎么办。献王选择"纵酒听乐，因以终"，可谓用心良苦。据史汉献王本传皆记载："山东诸儒多从其游"；《汉名臣奏》杜业语："河间献王，经术通明，积德累行，天下俊雄众儒皆归之。"献王是天下士人之领袖，享有极高的声望，这样做既保住了献王的宗族和与之交游的儒者，又免于使武帝指责征讨手足、残杀贤良，使其免受舆论的压力，解除了武帝的顾虑。这正合武帝心意，因而武帝大悦，同意了"献"这样一个美谥。而所谓"聪明睿知"正是献王死因的一个最好注解。

当我们把献王的死放入一个更深的层面——河间儒学与中央朝学术关系的层面来审视，不但可以把握河间献王之死的必然性，也可看到二者之间的冲突与演变。如《剑桥中国秦汉史》所言，汉帝国最初是"在现实主义原则和试验的基础上建立起来"的。前代留下了两种建国模式：一为封建，一为郡县。二者都不太成功，前者导致了后来列国间频繁的战争，而后者如史家所说的"内亡骨肉本根之辅，外亡尺土藩翼之卫"，皇室孤弱，很难应对大的社会危机。因此，关于封建与郡县的争论一直持续不断，成为政治与学术争论的焦点，如钱穆所说："封建、郡县两政体之争论乃当时最要一大事。"

汉帝国最初吸取了秦亡教训，实行了封建与郡县并轨制的试验，但很快封建的弊政就暴露出来，先是异姓诸侯王叛乱不断，当异姓诸侯王叛乱被相继削平之后，同姓诸侯王对中央的威胁又加剧。中央和王国间关系日益紧张，最终导致了七国之乱。战争对帝国的重创，使帝国坚定了削藩的决心，政制已完全向郡县制倾斜。此后帝国加速了郡县制大一统的步伐。《汉书·诸侯王年表》曰："景遭七国之难，抑损诸侯，减黜其官。武有衡山、淮南之谋，作左官之律，设附益之法，诸侯惟得衣食税租，不与政事。"到武帝中期以后郡县制在汉帝国内基本确立。

但这并不意味着郡县制的潜在危机已经消除，推行封建周制的呼声，在儒者中仍然很强烈，尤其以献王为首的河间儒者为代表。深入分析就能发现：河间王无论是搜求整理经典、兴修礼乐，还是发明绍述，其所有的学术活动都是紧紧围绕周制和周代的礼乐文化展开的。河间经典众多，但班固仅列《周官》《尚书》《礼》《毛诗》《左氏春秋》等经传说记，以史家"辨章学术"之笔法，说明河间主要学术内容。这里班固首列《周官》，更意在说明这部经典在河间儒学中的中心位置。《经典释文·序录》云："河间献王开献书之路时，有李氏上《周官》五篇，失冬官一篇，乃购千金不得，取《考工记》，以补之。"如其说属实，说明献王不但亲自参与了《周官》面世之前整理校残的工作，还亲自着手进行了补缺的工作，可见献王对此经的特别重视和精习。这部系统反映周代官制和国家政制的大典，可以说正是河间主张推行周制的最有力武器，对既缺乏法理和实践基础，又没有严密体系的郡县制构成了直接威胁。因此，中央对这部经典反对也最为激烈，武帝骂之"末世渎乱不验之书"，并亲自"作《十论》《七难》以排弃之"。

进一步研究就会发现，《周官》作为一部周制大典在河间出现并非是孤立事件。据《礼乐志》，时河间言礼乐古事典籍有"五百余篇"之巨。遗憾的是，这些典籍除《河间献王传》所提及的外，在《艺文志》中未有明文。但据《艺文志》儒家类："《周史六弢》六篇。惠、襄之间，或曰显王时，或曰孔子问焉。《周政》六篇。周时法度政教，《周法》九篇。法天地，立百官。《河间周制》十八章，似河间献王述。"刘向、刘歆父子将这些典籍与《河间周制》放在一起，很有可能它们都同属于这批文献。如果把这些文献放在一起来考察，我们更有理由认为，在当时典籍残灭的时代，这些上古典籍在河间却批量地、集中地、有系统地出现，这其中虽少不了聘求幽隐、校残补缺的工作，但恐怕也少不了根据现实政治的需要，总结前代经验，发明绍述，试图系统化构建政治蓝图的工作。这也许就是为什么从《周礼》以外的文献、实物来考证它的名物制度，会显得博杂不一，而从其内在思想体系上则"广大周密"的原因。

总之，正如《汉书·礼乐志》中所说的河间强调"治道非礼不成"，其整个学术建构是紧紧围绕周礼、周制展开的，这与汉承秦制，强调大一统郡县的中央朝在制度文化上格格不入，因而在学术上也出现了严重的冲突。而献王来朝献雅乐和八佾之舞等周代礼制文化，无疑是对中央现行制度文化的挑战，因而激怒了武帝，出于维护新生郡县制帝国统治的需要，武帝不得不决定要除去这个不同政见的对手。

同时，为应付河间儒学鼓吹封建周制的压力，雄才大略的武帝一方面是政治上的打压；一方面也利用中央的有利条件，分化和培植一批愿意与中央合作的儒学精英，进行与郡县大一统相适应的新儒学的建构，于是以董仲舒为宗的新儒学在汉代便应运而生，其经典被立为学官，成为官方儒学，很快发展起来。这样儒学在景武之世逐渐形成了两大系统，一是以献王为宗的河间儒学，其核心是周制、周礼，被长期抑制于民间；一是以董仲舒为宗的中央儒学，其核心是大一统、强干弱枝，成为官方儒学。两大儒学系统在发展中相互冲突、交融、合流，对汉代及后世儒学产生了深刻的影响。由于它们所依据的经典文本有着今、古文的不同，又被后世称为"今、古文经学"，它们之间的争论被称为"今古文之争"。

第二节　乐酒好内，优于文辞

【原文】

建元三年，代王登、长沙王发、中山王胜、济川王明来朝，天子置酒，胜闻乐声而泣。问其故，胜对曰：

臣闻悲者不可为累欷，思者不可为叹息。故高渐离击筑易水之上，荆轲为之低不食；雍门子壹微吟，孟尝君为之於邑。今臣心结日久，每闻幼眇之声，不知涕泣之横集也。

夫众煦漂山，聚蟁成靁，朋党执虎，十夫桡椎。是以文王拘于牖里，孔子厄于陈、蔡。此乃众庶之成风，增积之生害也。臣身远与寡，莫为之先，众口铄金，积毁销骨，丛轻折轴，羽翮飞肉，纷惊逢罗，潸然出涕。

臣闻白日晒光，幽隐皆照；明月曜夜，蝱蚋宵见。然云蒸列布，杳冥昼昏；尘埃拚覆，昧不见泰山。何则？物有蔽之也。今臣雍阏不得闻，谗言之徒蠚懹生。道辽路远，曾莫为臣闻，臣窃自悲也。

臣闻社鼷不灌，屋鼠不熏。何则？所托者然也。臣虽薄也，得蒙肺附；位虽卑也，得为东藩，属又称兄。今群臣非有葭莩之亲，鸿毛之重，群居党议，朋友相为，使夫宗室摈却，骨肉冰释。斯伯奇所以流离，比干所以横分也。《诗》云"我心忧伤，怒焉如捣；假寐永叹，唯忧用老；心之忧矣，疢如疾首"，臣之谓也。

具以吏所侵闻。于是上乃厚诸侯之礼，省有司所奏诸侯事，加亲亲之恩焉。其后更用主父偃谋，令诸侯以私恩自裂地分其子弟，而汉为定制封号，辄别属汉郡。汉有厚恩，而诸侯地稍自分析弱小云。

胜为人乐酒好内，有子百二十余人。常与赵王彭祖相非曰："兄为王，专代吏治事。王者当日听音乐，御声色。"赵王亦曰："中山王但奢淫，不佐天子拊循百姓，何以称为藩臣！"

【译文】

建元三年，代王刘登、长沙王刘发、中山王刘胜、济川王刘明来朝见，天子备酒，刘胜闻乐声而哭泣，问他为什么，刘胜回答说：

428

臣听说悲痛的人不可以过度哭泣,悲思的人不可叹息。所以高渐离击筑易水之上,荆轲因此低头而不食;雍门子微吟,孟尝君为之悒悒不乐。如今臣心中的疙瘩已结了很久,每听到微妙曲折的声音,不自觉地涕泣交流。

众人吹气能将山移动,聚集而飞的蚊子声音犹如雷鸣,结成朋党可以抓住老虎,十个男子可以弄弯铁椎。所以文王被拘于羑里,孔子被围在陈、蔡。这就是众人成风,累积生害。臣远离京师又无亲友,莫能为之扬名,众口一词,积非成是,流言可畏,能颠倒是非,可以置人于死地,丛轻可以折轴,羽翮可以飞翔,受惊后又遇罗网,潸然流涕。

臣听说白日日光照射,阴暗处都能照到;明月照耀夜晚,蚊虫也能见到。但云气密布,白昼也昏暗;尘埃散布,昏暗不见泰山。为什么?因有物遮蔽。现在臣信息不通听不到什么,善于进谗言的人蜂拥而生,道途遥远,臣什么也听不到,暗自伤心。臣听说土地庙里的鼠不能用水灌,屋里的鼠不能用烟熏。这是为什么?是由于这种老鼠托身的地方的缘故。臣虽轻微,得蒙帝王的亲近;地位虽卑下,但能作为东面藩臣,又属称皇帝为兄。现在群臣没有葭莩(芦苇秆内的薄膜)这样的亲近,鸿毛这样的重量,他们在一起进行非议,使宗室被抛弃,骨肉消散。这就是伯奇所以流离失所,比干所以身首分离的原因。《诗经》上说:"我的心忧伤,犹如棒槌把心捣;和衣而卧长叹息,忧伤使我人衰老;心里苦闷说不完,好像头痛发高烧。"这是在说臣下。

他把官吏所侵犯的事全部上奏皇帝,于是皇帝就给诸侯以厚礼,减去有司所奏诸侯事情,增加亲近亲戚的恩情。后来改用主父偃的计谋,使诸侯以私恩自己分地给子弟,而汉为他们制定制度和封号,另属汉郡。汉有厚恩,而诸侯之地就渐渐分散削弱变小。

刘胜为人好酒色,有子一百二十余人。常与赵王彭祖相互指责说:"兄为王,专门代官吏治事。为王应当日听音乐,玩赏歌舞美女。"赵王也说:"中山王只管奢侈淫乐,不辅佐天子安抚百姓,怎能称为藩臣!"

【评点】

中山靖王刘胜,在《史记》和《汉书》中都有他的传记。他是汉景帝刘启的第九个儿子,武帝刘彻的庶兄,为景帝贾夫人所生,大约生于公元前164年,景帝前元三年(前154)被封为中山王,在位四十二年,卒于武帝元鼎四年(前113)二月,临终时五十多岁,死后谥号为"靖"。刘胜死后葬于今河北保定市满城县城西1.5千米处的陵山之上,1968年因修建国防工事时偶然发现,被命名为"满城汉墓"。他是一个"乐酒好内,而优于文辞"的诸侯王。

在《史记·五宗世家》中,司马迁对刘胜的评价是:"胜为人乐酒好内,有子枝属百二十余人。"在《汉书·景十三王传》中,班固对刘胜的评价与司马迁相同,可能是承袭司马迁的看法,而将"有子枝属百二十余人"改为"有子百二十余人"。《汉书》本传注引颜师古曰:"好内,耽于妻妾也。"《史记》所说的"有子枝属百二十余人",应该是包括儿子和孙子在内,其数目已是相当惊人了。《汉书》省去"枝属"二字,作"有子百二十余人",可能不是事实。

史书还记载了中山王刘胜同他的胞兄赵王彭祖的一段对话。刘胜对赵王彭祖说:"兄为王,专代吏治事。王者当日听音乐,御声色。"赵王彭祖听了很不以为然,反唇相讥:"中山王但奢淫,不佐天子拊循百姓,何以称为藩臣!"可见刘胜确是终日以音乐、声色自娱的诸侯王。

刘胜是一个"乐酒好内"的汉代皇室贵族,这从满城汉墓一号墓内埋藏的大量随葬品可以得到证实。随葬品中酒器的种类很多,有壶、钫、钟、链子壶、椭圆形杯等青铜酒器,有樽、卮、耳杯等漆酒器,还有琉璃耳杯以及许多陶制的大酒缸等。青铜酒器、漆酒器和琉璃酒器等都质地精良,造型优美,有些还有华丽的装饰。不少酒器刻有铭文,记载器物的名称、容量、重量、编号及其来源等。从这些铭文中,我们可以了解到有的器物可能是皇帝赐的,有的器物则是派专人不远千里从洛阳购买来的。

公元前141年,景帝崩于未央宫,刘彻即皇帝位。当武帝从父皇手中接过大汉江山时,裂土为王者已达到二十四个。经过"吴楚七国之乱"后,诸侯王的势力被大大削弱了,想当年吴王刘濞的气焰是何等嚣张:"敝国虽狭,地方三千里,人民虽少,精兵可具五十万。"然而,仅仅三个月,叛乱便告失败。实践证明,要推翻汉中央,是很难的。这前车之鉴,诸侯王们不会忘记。再加上平叛之后,景帝采取一系列措施,钳制了他们的手脚。

然而,公卿大臣仍然心有余悸。武帝即位后,他们鼓噪着要给在"吴楚七国之乱"时被腰斩的晁错平反,进一步削弱诸侯王的势力。从贾谊、晁错以来,大臣们形成了一种共识:要强化皇权,就得削弱王国。他们把打击诸侯王看作向皇上献忠心的一种表现。故此,武帝一即位,一些大臣为讨好新君,便对诸侯王"吹毛求疵"甚至严刑逼供王国官吏,要他们指证其主,官吏们往往受刑不过,乱说一通,诸侯王有口难辩。

王国有分割甚至危及皇权的一面,但也有屏藩皇室的另一面。当年汉高祖正是鉴于"亡秦孤立之败"而裂土封子弟的。诸侯王对片面地把他们视为危害皇权的力量十分不满,大声疾呼人们应注意他们"为磐石宗"的作用。然而,经历了"吴楚七国之乱"后，袞袞（袞袞：相继不绝。称众多的显宦。后专称居高位而无所作为的官僚）诸公再也不肯听信他们的话了。诸侯王，特别是那些安分守己的诸侯王感到十分委屈，决计向武帝申诉。

建元三年（前138）十月初一，是传统的"正旦"——此时尚沿用秦《颛顼历》，以十月为岁首。按礼，诸侯王要于此日朝贺皇上。典礼结束后，武帝留下代王刘登、长沙王刘发、中山王刘胜、济川王刘明吃酒。待佐助酒兴的乐声一响，刘胜按照事先与诸侯王们商定的计划，呜呜地哭起来，涕泪交流，很是伤心。正在兴头上的武帝十分奇怪，问是何故，刘胜即席发表了一篇言论，即所谓《闻乐对》。

刘胜在《闻乐对》中，用了许多典故，词意颇为悲壮。通篇文意主要认为，主张削弱诸侯王势力的"群臣"是"群居党议"的"谗言之徒"，吹毛求疵，对他进行诬告、陷害，他表示担忧和不安。从《闻乐对》可以看出，在西汉中期中央政权和地方割据势力的斗争中，刘胜是站在地方割据势力一边的。《闻乐对》虽然令武帝有些感动，对诸侯王的政策较前宽松了一些，但加强中央集权的力量毕竟是大势所趋，刘胜的《闻乐对》不可能阻止中央削弱诸侯割据势力的进程。刘胜死后，中山国也日趋衰落了，至王莽篡位时，西汉中山国共经历十代。

刘胜的《闻乐对》，虽然在政治上不能挽救中山国逐渐缩小、衰落的命运，但在文学方面的造诣得到了后人的高度赞赏。唐司马贞《史记索隐》记载，《闻乐对》"其言甚雄壮，词切而理文"，并因而认为刘胜是"汉之英藩"，即汉代杰出的诸侯王。也有论者认为，刘胜之所以"乐酒好内"，以声色自娱，是由于内心深处害怕"汉法严吏深刻"，因而韬光养晦的一种表现，是一种高超的政治智慧。这大概也是从《闻乐对》引发出来的一种论点。

刘胜优于文辞，在文学创作方面的成就，除《闻乐对》外，还有一篇《文木赋》。《西京杂记》（卷下）记载，景帝子鲁恭王余得材质致密的文木，用之做成器具，并十分喜爱它。刘胜为之作赋曰：

丽木离披，生彼高崖。拂天河而布叶，横日路而摧枝。幼雏羸鷇，单雄寡雌。纷纭翔集，嘈嗷鸣啼。载重雪而梢劲风，将等岁于二仪。巧匠不识，王子见知。乃命斑尔，载斧伐斯。隐若天崩，豁如地裂。华叶分披，条枝摧折。既剥既刊，见其文章。或如龙盘虎踞，复似鸾集凤翔。青绢紫绶，环璧圭璋。重山累嶂，连波迭浪。奔电屯云，薄雾浓雾。麏宗骥旅，鸡族雉群。蠋绣鸳锦，莲藻芰文。色比金而有裕，质参玉而无分。裁为用器，曲直舒卷。修竹映池，高松植巘。制为乐器，婉转蟠纡。凤将九子，龙导五驹。制为屏风，郁弟穹隆。制为杖几，极丽穷美。制为枕案，文章璀璨，彪炳焕汗。制为盘盂，采玩蜘蹰。猗欤君子，其乐只且！

鲁恭王看了这篇赋，非常高兴，"顾眄而笑"，并送给刘胜两匹骏马。有关这

431

篇赋的评价,《汉书·景十三王传》补注引沈钦韩曰:"则(刘)胜固优于文者。"

《闻乐对》和《文木赋》是现存的史料中仅能找到的刘胜的两篇作品,其文字量虽然不大,却言简意赅,充分展现了刘胜出众的文学才华。两篇文章文字优雅,语言华美,形象生动,多用四字,大量使用比喻、排比、对仗、比拟、引用等多种修辞方法,富有诗韵,读来上口,令人备感舒爽。葭莩之亲、聚蚊成雷、龙盘虎踞、鸾翔凤集等成语均出于此。《闻乐对》使用了六个典故,至少涉及八个人物,引用恰当,层次分明,论证充分,以理服人。《文木赋》是一篇非常优秀的汉赋,在汉赋中占有重要的地位。它文辞优美,想象丰富,境界极高,对文木的赞美和描写达到了无与伦比的地步,把一个静态的"木"写活了、写神了、写绝了,以至于后世的诸多文人对文木的描写,都很难超越刘胜的境界。刘胜的《文木赋》对木纹及其万千姿态的变化倾心描绘、大加歌颂,几乎将木纹之美丽神化为人类的理想境界。作为一种精神创造,刘胜的"木头文化"已然成为中国历史文化的神来之笔,它对于中华精神家园的营建所起的积极作用更应受到重视。

另外,《汉书·艺文志》载:"诏赐中山靖王吟及孺子妾冰未央材人歌诗四篇。"师古曰:"孺子,王妾之有品号者也。妾,王之众妾也,冰其名。材人,天子内官。"唐代诗人李白《中山孺子妾歌》中写道:"中山孺子妾,特以色见珍;虽然不如延年妹,亦是当时绝世人。"李白诗中所说的"中山孺子妾",应即《汉书·艺文志》所载的中山靖王孺子妾;所说的"延年妹",即汉武帝宠爱的李夫人。李夫人以"妙丽善舞"著称,李白认为刘胜的孺子妾虽然不及李夫人,但也是当时的"绝世人"。可见刘胜的孺子妾冰,应擅长歌舞,并具有一定的文学修养,因而获得诏赐歌诗的殊荣,甚至在数百年之后,李白还为之创作了《中山孺子妾歌》。

中山王刘胜的一生,是吃喝玩乐的一生,他风流潇洒,迷恋酒色;又文彩出众,妙手文章。政治上反对封建统一,主张分立,客观上起了维护封建诸侯国权力和削弱中央集权的作用。由于他和子孙不造反,所以中山国传了一百多年一直平平安安。

第三十三章 《汉书》卷五十四 李广苏建传 第二十四

勇于献身，持节不辱

【原文】

（一）

　　方欲发使送武等，会缑王与长水虞常等谋反匈奴中。缑王者，昆邪王姊子也，与昆邪王俱降汉，后随浞野侯没胡中。及卫律所将降者，阴相与谋劫单于母阏氏归汉。会武等至匈奴，虞常在汉时素与副张胜相知，私候胜曰："闻汉天子甚怨卫律，常能为汉伏弩射杀之。吾母与弟在汉，幸蒙其赏赐。"张胜许之，以货物与常。后月余，单于出猎，独阏氏子弟在。虞常等七十余人欲发，其一人夜亡，告之。单于子弟发兵与战。缑王等皆死，虞常生得。

　　单于使卫律治其事。张胜闻之，恐前语发，以状语武。武曰："事如此，此必及我。见犯乃死，重负国。"欲自杀，胜、惠共止之。虞常果引张胜。单于怒，召诸贵人议，欲杀汉使者。左伊秩訾曰："即谋单于，何以复加？宜皆降之。"单于使卫律召武受辞，武谓惠等："屈节辱命，虽生，何面目以归汉！"引佩刀自刺。卫律惊，自抱持武，驰召医。凿地为坎，置煴火，覆武其上，蹈其背以出血。武气绝，半日复息。惠等哭，舆归营。单于壮其节，朝夕遣人候问武，而收系张胜。

(二)

　　律知武终不可胁，白单于。单于愈益欲降之，乃幽武置大窖中，绝不饮食。天雨雪，武卧啮雪与旃毛并咽之，数日不死。匈奴以为神，乃徙武北海上无人处，使牧羝，羝乳乃得归。别其官属常惠等，各置他所。

　　武既至海上，廪食不至，掘野鼠去中实而食之。杖汉节牧羊，卧起操持，节旄尽落。积五六年，单于弟於靬王弋射海上。武能网纺缴，檠弓弩，於靬王爱之，给其衣食。三岁余，王病，赐武马畜服匿穹庐。王死后，人众徙去。其冬，丁令盗武牛羊，武复穷厄。

(三)

　　武以始元六年春至京师。诏武奉一太守谒武帝园庙，拜为典属国，秩中二千石，赐钱二百万，公田二顷，宅一区。常惠、徐圣、赵终根皆拜为中郎，赐帛各二百匹。其余六人老归家，赐钱人十万，复终身。常惠后至右将军，封列侯，自有传。武留匈奴凡十九岁，始以强壮出，及还，须发尽白。

【译文】

(一)

　　单于正要派使者护送苏武等人返回，正赶上缑王和长水虞常等在匈奴谋反。缑王是昆邪王姐姐的儿子，曾与昆邪王一起投降汉朝，后来随同汉浞野侯讨伐匈奴，兵败而降。他们与随从卫律投降的人暗中策划，要劫持单于的母亲阏氏返回汉朝，恰巧苏武等出使匈奴。虞常在汉朝时和副使张胜关系一直不错，就暗中拜访张胜，说："听说汉朝皇帝非常怨恨卫律，我能为汉暗设弓弩杀死他。我的母亲和弟弟在汉朝，希望他们能得到我为汉朝立功的赏赐。"张胜表示同意，并送给虞常财物。一个多月以后，单于出去打猎，只有阏氏及其侍从在家。虞常等七十多人准备下手，但其中一人晚上逃走，向单于告密，单于及其部下派兵与虞常等展开激战，缑王等都在战斗中被杀，虞常被活捉。

　　单于任用卫律审理这一事件。张胜听到这个消息，恐怕以前与虞常密谋之语被泄露，就把情况告诉给苏武。苏武说："事情已发展到这个地步，一定会牵涉到我。受到侮辱之后才死，将更加对不起国家。"于是便要自杀，张胜、常惠一起把他劝住。虞常果然供出张胜。单于大怒，召集匈奴贵族商议，要杀死汉朝使者。左伊秩訾说："如果有谋害单于的，该如何加重处罚？不如让他们全部投降。"单于便派卫律召来苏武审问。苏武对常惠等人说："使自己的节操和国家的使命受到屈辱，即使不死，还有什么脸面回到汉朝？"拔出佩刀自杀。卫律大吃一惊，亲自抱住苏武，派人骑马跑去找医生。医生在地上凿了一个坑，放进煴火，使苏武伏卧在火坑上，用手叩击他的背使瘀血从伤口中流出。苏武昏死过去，很久才苏醒。常惠等人哭着把他抬回营帐。单于非常佩服他的气节，派人早晚探问他的病情，并拘捕了张胜。

（二）

卫律知道最终不能威胁苏武投降，就把情况汇报给单于。单于越发想使苏武投降，便把他囚禁在大窖里，断绝向他供应饮食。天降大雪，苏武就卧在地上，吞食雪团与毡毛，好多天没饿死。匈奴以为他是神人，就把他迁徙到北海没有人烟的地方，让他放牧公羊，直到公羊生崽，才允许他回来，并把他与属吏常惠等分开，分别安置在不同的地方。

苏武被流放到北海以后，匈奴不供给他粮食，他只好挖掘野鼠所贮藏的草籽充饥。拄着汉朝使节牧羊，时时刻刻把汉朝使节带在身边，以致节上的旄都脱落了。过了五六年，单于的弟弟於靬王到北海打猎，因苏武会制作猎网和箭缴，校正弓弩，於靬王很喜欢他，送给他衣服和食物。又过了三年多，於靬王病了，就赠送苏武牲畜、酒酪器皿和毡帐。於靬王死后，他的部众也都走了。这年冬天，丁令人偷走了苏武的牛羊，苏武再一次陷入了困境。

（三）

苏武在昭帝始元六年春天回到都城长安。昭帝命令他供奉牛、羊、猪到武帝陵墓，又授予他典属国之职，官阶为中二千石，并赏赐二百万钱，公田二顷，宅地一处。常惠、徐圣、赵终根均被授予中郎之职，每人得赏赐绢帛二百匹。其余六人年老归家，每人得赏赐十万钱，免除终身徭役。常惠后来官至右将军，封为列侯，在《汉书》中有他的传记。苏武在匈奴被扣留十九年，出使时年富力强，等到返回时，已须发全白了。

【评点】

苏武是今西安市长安杜陵人，出身于官宦世家。其父苏建，以校卫之职跟随西汉名将卫青和霍去病北击匈奴，因军功封为平陵侯。苏嘉、苏武、苏贤三兄弟以父荫而担任皇帝的侍从官。苏武牧羊的故事是一曲精忠报国的苍凉壮歌，舞台上的苏武只不过是艺术形象。两千年前的汉苏武，其感动朝野、世代称颂的品质节操表现在哪里呢？

西汉初期，国力积弱，面对匈奴铁骑频繁南下骚扰，汉高祖刘邦也曾有"白登之围"，留下了"大风起兮云飞扬，威加海内兮归故乡，安得猛士兮守四方"的浩歌慨叹。无奈以"和亲"之策暂息战端，用屈辱换取汉匈边境的一时安定。汉初的休养生息政策及"文景之治"带来了转机。到汉武帝时，国势渐盛，对待匈奴的方略才从守势转为攻势。公元前127年和公元前119年，汉武帝两次命骁勇善战的青年将领卫青、霍去病率军北击匈奴千余里，匈奴损失惨重。有民谣云："失我祁连山，使我六畜不蕃息。失我焉支山，使我嫁妇无颜色。"此后，匈奴虽拥有劲旅但无力与西汉相抗衡。汉匈边界呈现出有战有和，局部地区烽火不息的态势。双方互派使节十余次。窥测情报，扣留使臣的事时有发生，双方展开了旷日持久的外交战。

公元前100年，匈奴且鞮侯单于即位，因畏惧汉朝的军事攻势，陆续礼送汉使路充国等人返回汉朝。"武帝嘉其义"，作为回报，派遣苏武以中郎将身份持旄节护送扣留在汉的匈奴使臣回国。正巧逢缑王与长水人虞常等在匈奴谋反。汉副使张胜被牵连进去。事败后张胜惶恐不安，不得已将此事告诉了苏武。苏武说："事如此，此必及我。见犯乃死，重负国。"他想自杀殉国，被张胜、常惠劝住了。单于派卫律招来苏武等人审问。苏武对常惠等人说："屈节辱命，虽生，何面目以归汉！"意思是说：使自己的节操和国家的使命受到屈辱，即使不死，还有什么脸面回到汉朝？说罢拔出佩剑自杀。卫律大吃一惊，抱住苏武，赶快派人请来医生抢救。苏武身负国命，在汉匈关系变化莫测的纷扰之际，远离父母之邦，传播和平福音，期冀消弭战端，并没有挟强汉之盛势，擅越君命惑乱匈奴内政，无罪受审蒙辱，以死报国，其磊落坦荡的使臣风范，使匈奴君臣庶民也十分钦敬。

且鞮侯单于敬慕苏武的人品和使臣风范，派卫津劝降苏武，以高官厚禄相诱。苏武责骂卫津"畔主背亲""不平心持正，反欲斗两主，观祸败"。既揭了卫津叛汉降匈、不守臣节的老底，又义正词严地指斥他以其昏昏，妄断事关汉匈关系的重大狱案，无端挑起两国争端，祸国殃民。言辞犀利，洞明见底。卫津内心羞愧，无计

436

可施。苏武被流放于北海（俄罗斯的贝加尔湖）后，匈奴单于又派李陵劝降苏武。

李陵在公元前99年奉汉武帝之命出征匈奴，陷入重围，后援不继，奋勇突围九昼夜，终因寡不敌众，被迫投降，匈奴封他为右校王。汉武帝误听谗言，一怒之下，诛杀了李陵全家。李陵投降匈奴十余年后，才敢来寻访苏武。他和苏武同在汉朝做过侍中，交情深厚。他在北海边上置办酒宴，陈设乐舞款待苏武。李陵告诉苏武："你的母亲已去世，哥哥与弟弟都因获罪身死，年轻的妻子已经改嫁；两个妹妹、两个女儿、一个儿子十多年来死活不知。皇上年岁大了，法令没有定准，无罪而被诛灭全家的有十几位大臣。你终究回不了汉朝，白白地在这荒无人烟的地方受苦，你所守的信义又有谁知道呢？"苏武说："我常常希望有机会为国家抛头颅洒热血，现在有了杀身报国的机会，即使遭受巨斧砍、汤锅烹的极刑，也甘心乐意这样献身。大王一定要我投降，请在今天尽情欢宴后，让我死在您的面前！"苏武的赤诚使李陵感慨万千，说道："唉，真是忠义志士啊！我和卫律罪恶滔天。"只好和苏武洒泪告别。李陵蒙受冤屈被迫投降匈奴，苏武是心知肚明的，司马迁也曾因替李陵鸣不平而惨遭宫刑。苏武被扣留匈奴期间，妻离子散，李陵之言不虚谬。但他甘愿与荒草、白羊为伴，忍受寒冷饥饿而无半点怨言，为国舍家，持汉节而不改，忠贞之心如金石。名士殉道，贪夫殉财，烈士殉节，忠臣殉国，苏武殉节报国的风操和不屈风骨，撼人心弦。

匈奴王因苏武决不屈服投降，有意折磨他以摧其心志。先将他囚禁于空地牢之中，断绝饮食。冬天，苏武咬着雪和毡毛一起吞咽，数日不死。匈奴以为有神灵保佑他，于是又把他流放于荒无人迹的北海，"使牧羝，羝乳乃得归"。直到公羊生仔才能回啊，无期徒刑啊！苏武到了北海后，匈奴不给粮食供应，他挖野鼠所藏的草籽充饥。他每天都拄着汉朝的旄节牧羊，因为早晚都握在手中，旄节上的旄尾都脱光了。李陵等人曾接济过他，但并没有使他脱离困厄之苦。直到汉昭帝即位后，匈奴与西汉再度和好结亲，才借口鸿雁传书之说，要求匈奴放回苏武。临行前，李陵备办酒宴与苏武贺喜，说道："从此你我就是两个国家的人了，今日一别就是永诀了！"言罢拔剑起舞，慷慨悲凉地唱道："跋涉万里啊渡过沙漠，为君王领兵啊奋战匈奴。被困峡谷啊刀折剑摧，众将士捐躯啊我失名节。老母已死，虽想报国啊哪里是归宿！"他泪洒襟袍，与苏武北海一别再无音信，据说公元前74年死于匈奴。

苏武被匈奴扣留十九年，出使时正当壮年，归汉时须眉皆白。千里出使，不屈节、不辱命、富贵不能淫、威武不能屈，悲苦困顿，忧患百经不坠青云之志，风骨铮铮，忠义节烈，为国立功，为世立德，高山仰止。唐朝诗人温庭筠凭吊苏武庙，写有七言律诗一首，塑造了一位历尽艰辛、完节归来的白发丹心的汉臣形象：

"苏武魂销汉使前，古祠高树两茫然。云边雁断胡天月，陇上羊归塞烟寒。回日楼台非甲帐，去时冠剑是丁年。茂陵不见封侯印，空向秋波哭逝川。"

汉朝对士大夫是相当刻薄的，唯独对苏武特别优宠，表彰他坚贞不屈的气节，用以勉励忠义之人。昭帝时，上官安、桑弘羊等人图谋反叛，苏武的儿子苏元参与谋叛。掌管刑狱的廷尉上奏朝廷，请求逮捕苏武。霍光扣下了奏章，将苏元处死，苏武免官。昭帝死后，昌邑王不堪重任，苏武以二千石的身份参与拥立汉宣帝谋划成功，被赐予关内侯的爵位。偏偏汉宣帝又是"故剑情深"之君王，怜悯苏武年老，儿子参与反叛被处死；听说苏武在匈奴时与一胡妇生有一子苏通国，就派使者将苏通国赎回来任为郎官，又任命苏武弟弟的儿子为右曹。苏武功高年迈，为了照顾他，就让他每月初一、十五上朝，称为祭酒，这是对他的特殊优待。皇亲国舅、丞相、御史、将军们也都非常敬重苏武。后来，朝廷在都城麒麟阁绘制辅佐汉朝中兴功臣的画像，苏武是其中之一。苏武最后的官职是负责管理境外少数民族事务的典属国。病卒，享年八十余岁。

人们提起苏武，往往喜欢用浓墨重彩去铺陈他的爱国主义精神，而对苏武的忠君思想却颇有微词。我觉得评价一个人应该依照他所处的那个时代的客观条件去分析，而不能拿现代社会的道德水准去衡量。苏武所处的时期是武帝时代，当时汉武帝采纳了董仲舒"罢黜百家，独尊儒术"的建议，使儒家思想战胜了其他一切思想体系，取得了正宗的统治地位，而董仲舒又对先秦那种带有浓厚原始民主人道主义精华，注重个体人格独立的儒学思想进行了发挥，提出了著名的"天人感应"说，从此，儒学披上了一层神秘的外衣，世界是天主宰着的，皇帝是天的儿子，代表天统治人民，人民对皇帝应该竭尽忠诚，对皇帝不忠是逆天意志，必然要受到天的惩罚。这种思想在生产力还很落后的汉代自然是有很大感召力的，这种思想的灌输使人民完全变成了皇帝的奴仆，毫无人格自由，先秦时代那种理性主义光芒从汉代开始暗淡下来。常侍皇帝左右的苏武不可能不受这种思想的影响，从他的言行中也深刻体现了这一点。当李陵以他家庭的不幸为由劝苏武投降时，苏武这样说："武父子无功德，皆为陛下所成就，位列将，爵通侯，兄弟亲近，常愿肝脑涂地。今得杀身自效，虽蒙斧钺汤镬，诚甘乐之。"面对"赐号称王，拥众数万，马畜弥山"的富贵嗤之以鼻视若浮云，怒斥叛徒"为人臣子，不顾恩义，叛主背亲，为降虏于蛮夷"；面对单于"置大窖中，绝不饮食"的刁难，"卧啮雪""嚼毡毛"，决不屈服，大义凛然，正气冲天；到北海，过着"廪食不至，掘野鼠去中实而食之"的困苦生活，但仍然"杖汉节牧羊，卧起操持"，以致日久天长"节旄尽落"。无论自己身体受多么大的痛苦，内心总是时时刻刻想着报答皇帝的恩德。

在他的心目中，国家是皇帝私人的，"溥天之下，莫非王土；率土之滨，莫非王臣。"维护了国家的尊严、民族的利益就是给皇帝增了光，相反，丢掉了民族气节，做变节不忠的小人那就是给皇帝丢了人，忠君思想使得他宁愿肝脑涂地，也要对得起皇帝，对得起大汉王朝。所以我觉得苏武的爱国主义是建立在他的忠君思想之上的，即主观上忠君，客观上爱国，在他报答圣上浩荡皇恩的同时，表现了民族气节，维护了国家尊严。如果单单强调他的爱国而否定他的"忠君"，表面上好像挺体面，实际上是本末倒置的一种假象。

一个国家一个民族需要一种精神信仰把其成员的思想统一起来，这样才能够达到总体上的和谐平衡，这个民族才能聚集起巨大的力量，才能实现经济腾飞，文化发达，越来越繁荣，越来越富强。在中国漫长的两千多年的封建社会中，自从汉武帝"罢黜百家，独尊儒术"以来，儒家思想一直处于正宗的统治地位，尤其是它的"忠君"思想更是凝聚中华民族力量的磁石，对中国人民的精神起了巨大而深远的影响，使中国人民有效地抵御了外侮内乱，大大巩固了各个时代的封建统治秩序。苏武正是儒家思想"富贵不能淫，贫贱不能移，威武不能屈"的理想人格的典型体现，是儒家思想哺育出来的中华民族的优秀子孙。

苏武精神主要是忠君思想，忠君思想的泛滥必然造就皇帝一人的专制，形成"家天下"的恶性循环。我想这也可能就是人们否定苏武忠君思想的主要原因。其实我们不能过分地要求古人，在苏武那个时代，苏武十九年饱尝辛酸而坚贞不屈，虽然是对皇帝个人的感恩戴德，但这种思想也正是中国封建社会中最高的道德标准，在某种意义上可以说"忠君"就是"爱国"。"忠君思想"使得全民都起来精忠报国，这种思想对于中华民族的强大在一定时期内是有其进步历史作用的，四大文明古国，唯中国文明绵延不绝，我想与此有很大关系。

总之，我觉得从国家和民族所做的贡献来看，苏武不能说是民族英雄，只能说是儒家理想人格的再现，但他那种饱经苦难而忠君不移的精神，那种勇于献身持节不辱的高风亮节，是永远值得我们肯定的。

第三十四章 《汉书》卷五十六 董仲舒传 第二十六

一代大儒，统一学术

【原文】

（一）

董仲舒，广川人也。少治《春秋》，孝景时为博士。下帷讲诵，弟子传以久次相授业，或莫见其面。盖三年不窥园，其精如此。进退容止，非礼不行，学士皆师尊之。

武帝即位，举贤良文学之士前后百数，而仲舒以贤良对策焉。

（二）

对既毕，天子以仲舒为江都相，事易王。易王，帝兄，素骄，好勇。仲舒以礼谊匡正，王敬重焉。久之，王问仲舒曰："粤王勾践与大夫泄庸、种、蠡谋伐吴，遂灭之。孔子称殷有三仁，寡人亦以为粤有三仁。桓公决疑于管仲，寡人决疑于君。"仲舒对曰："臣愚不足以奉大对。闻昔者鲁君问柳下惠：'吾欲伐齐，何如？'柳下惠曰：'不可。'归而有忧色，曰：'吾闻伐国不问仁人，此言何为至于我哉！'徒见问耳，且犹羞之，况设诈以伐吴乎？繇此言之，粤本无一仁。夫仁人者，正其谊不谋其利，明其道不计其功。是以仲尼之门，五尺之童羞称五伯，为其先诈力而后仁谊也。苟为诈而已，故不足称于大君子之门也。五伯比于他诸侯为贤，其比三王，犹武夫之与美玉也。”王曰：“善。”

仲舒治国，以《春秋》灾异之变推阴阳所以错行，故求雨，闭诸阳，纵诸阴，其止雨反是；行之一国，未尝不得所欲。中废为中大夫。先是辽东高庙、长陵高园殿灾，仲舒居家推说其意，中稾未上，主父偃候仲舒，私见，嫉之，窃其书而奏焉。上召视诸儒，仲舒弟子吕步舒不知其师书，以为大愚。于是下仲舒吏，当死，诏赦之，仲舒遂不敢复言灾异。

（三）

仲舒在家，朝廷如有大议，使使者及廷尉张汤就其家而问之，其对皆有明法。自武帝初立，魏其、武安侯为相而隆儒矣。及仲舒对册，推明孔氏，抑黜百家。立学校之官，州郡举茂材孝廉，皆自仲舒发之。年老，以寿终于家，家徙茂陵，子及孙皆以学至大官。

仲舒所著，皆明经术之意，及上疏条教，凡百二十三篇。而说《春秋》事得失，《闻举》《玉杯》《蕃露》《清明》《竹林》之属，复数十篇，十余万言，皆传于后世。掇其切当世施朝廷者著于篇。

【译文】

（一）

董仲舒，广川人。年轻时研究《春秋》，汉景帝时为博士。他在室内挂上帷幕，坐在帷幕后面讲学，弟子们先入学的对后入学的传授学业，有的学生竟然没有见过他。董仲舒三年不看园圃，精心钻研学问到如此的程度。他的进退仪容举止，不符合礼仪的不做，学士们都尊他为老师。

汉武帝继承帝位以后，下令荐举贤良文学之士先后一百多位，董仲舒作为贤良回答皇帝的策问。

（二）

对策结束后，汉武帝任命董仲舒为江都相，辅助易王。易王刘非，是汉武帝的哥哥，平素很骄横，喜欢勇武。董仲舒用礼义扶正易王，易王很敬重他。过了一段时间，易王问董仲舒说：“越王勾践和大夫泄庸、文种、范蠡密谋攻打吴国，后来终于灭了吴国。孔子说殷纣王有三位仁人，我认为越王勾践也有三位仁人。春秋时的齐桓公有疑难的事让管仲解答，我有疑问请您解说。"董仲舒回答说："臣愚昧不能解答您提出的问题。我听说春秋时鲁国国君鲁僖公问鲁国大夫柳下惠：'我想攻打齐国，怎么样？'柳下惠说：'不行。'他回家后面有忧色，说：'我听说攻伐别的国家不问有仁德的人，国君想攻打齐国为什么问我呢？柳下惠只不过被询问罢了，尚且感到羞愧，何况是设谋诈降来攻打吴国呢？由此说来，越国根本没有一位仁人。仁人端正他的义却不谋取私利，阐明他的道却不计较自己的功劳，所以在孔子的门徒里，即使是尚未成年的儿童也羞于谈论五霸，因为五霸推崇欺诈武力不注重仁义。越王君臣不过是实行不正当的诈术罢了，所以不值得孔子的门徒谈论。五霸比其他诸侯贤明，可是和三王相比，就好像似玉的石块和美玉相比一样啊。"易王说："讲得好。"

董仲舒治理国家，是用《春秋》记载的灾异变化来推究阴阳错行的原因，所以求雨时，闭阳纵阴，止雨时就闭阴纵阳。这种祈雨止涝的方法推行到江都全国，没有不随心所欲的。后来，董仲舒被降职为中大夫。在这之前，辽东郡祭祀汉高祖的高庙和汉朝皇帝祭祖的地方长陵高园殿先后发生火灾，董仲舒在家里推论天降火灾和人世的关系，奏章草稿写好了没有上呈。主父偃来探望董仲舒，私自看了奏章草稿，他平素就嫉妒董仲舒，便把奏章草稿偷走，上交给汉武帝。汉武帝召集了很多儒生，让他们看董仲舒的奏章草稿。董仲舒的学生吕步舒不知道这个奏章草稿是他老师写的，认为非常愚昧。于是汉武帝把董仲舒交官问罪，汉武帝下诏赦免了他。董仲舒从此便不敢再谈论灾异变化。

（三）

董仲舒养病在家，朝廷如果讨论重大问题，就派使者和廷尉张汤到他家征询他的意见，董仲舒的解答都有根有据。从汉武帝初即位，魏其侯窦婴和武安侯田蚡先后做丞相，开始推崇儒学，到董仲舒对策，推尊宣扬孔子，抑黜百家。设立管理学校的官吏，州郡举荐茂材孝廉，都是从董仲舒开始的。董仲舒老年在家里寿终。后来他家迁往茂陵县，他的儿子和孙子都凭学问做了大官。

董仲舒的著作，都是阐明儒家经学意旨的，加上奏疏教令，总共一百二十三篇。解说《春秋》记事的得失，及《闻举》《玉杯》《蕃露》《清明》《竹林》之类的文章，还有几十篇，十多万字，都流传到了后世。我挑选其中切合当今社会和朝廷的内容写在文章里。

【评点】

董仲舒"少治《春秋》",曾为景帝时博士,但他没有像贾谊等人那样在时机尚不成熟的条件下便公开反对"无动为大"的道家"黄老之学",而是以"三年不窥园"的精神潜心研究儒道等各家学说,以充分的理论准备,等待着儒学独尊时代的到来。汉景帝后元三年(前141)信奉"黄老之学"的汉景帝驾崩了,太子刘彻继承了皇位,是为汉武帝。

汉武帝是我国历史上的一位具有雄才大略的皇帝,他在汉初七十年积聚起来的雄厚物质实力的基础上,再也不愿像其父、祖两代那样"恭俭无为"了。他想干一番轰轰烈烈的事业,首先他要把大权独揽于自己手中,要树立作为皇帝的最高权威,同时他还试图消除郡国力量过于强大这个内患和匈奴侵边这个外患,以建立"大一统"的汉帝国。因此,汉初以来长盛不衰的道家"黄老无为"学说便成了武帝"有为"政治的障碍,而汉初以来以鼓吹君权至高无上为己任的儒家则开始受到武帝公开的支持。史载,武帝刚即位不久,便表示"乡儒术,招贤良",赵绾、王臧等以文学为公卿,"欲议古立明堂城南,以朝诸侯,草巡狩封禅改历服色事",但由于当时"窦太后治黄老言,不好儒术,使人征得赵绾等奸利事,召案绾、臧,绾、臧自杀,诸所兴为者皆废"。

建元六年(前135),道家"黄老"的最大支持者——窦太后终于命赴黄泉,武帝在政治上失去了掣肘的人,于是他便一改汉初以来"黄老"治国的传统,开始大批地起用文学儒者,并以行政干预的手段罢黜了"黄老刑名百家之名"。到这时,儒家在皇权的支持下,已取代道家而获得了政治上的优势。汉武帝虽然为了自己的"多欲、有为"政治的需要,极力扶植儒家而打击道家,但是他对于汉初以来的儒家人物并不满意,因为他们虽然鼓吹皇权至高无上,但并没有建构起一个可与道家相抗衡的、以维护专制主义中央集权为核心内容的博大精深的思想体系,并没有对君权神圣进行强有力的形而上的论证;而且尤其重要的是,汉武帝虽然想用儒家治国,但他对儒家没有足够的信心。相反,道家学说作为一种曾经为汉初政治稳定、经济繁荣做出过重大贡献的成熟的理论形态使得武帝无法摆脱它的影响,因此汉武帝在思想上产生了许多迷惑。汉武帝虽然倾向于儒家"有为",但又觉得道家的"无为"有可取之处;虽然赞同儒家的铺张扬厉,但又摆脱不了道家质朴恭俭的束缚;虽然景仰于成、康之刑措,但又觉得治国不能没有刑罚。也就是说,汉武帝虽然为了其专制主义中央集权政治的需要而尊儒黜道,但他又认为儒家现有的理论学说尚不太完备;汉武帝虽然想冲破传统的道家政治的束缚开创一个新的局面,但又认为道家"黄老之学"无论是其思想体系的建构还是具体的政治主张，皆有许多比儒家成功、高明的地方。因此，他迫切需要一种以儒家思想为中心而又全面吸收道家思想的长处并能超过道家的全新的儒学思想体系。

于是，在元光元年（前134），汉武帝"诏贤良"进行对策。这时，一代大儒董仲舒出场了。他以其滔滔不绝的口才和充足的理论准备，借助于可以自由阐发的"春秋公羊学"，投武帝之所好，公开援道入儒，终于在融合儒道、用道家和阴阳家的思想资料充实、发挥儒家义理的基础上，建构了一个让武帝心醉的既有儒家的"三纲五常"，又有道家的"天地、阴阳、四时"，既有儒家的"改正朔、易服色"的"有为"，又有道家的"以无为为道"，以"不私为宝"的"无为"的崭新的儒学思想体系。面对这样一种儒学，汉武帝满意了。既然道家"黄老之学"的精髓已变成了董氏儒学的血肉，那么"黄老之学"到这时便丧失了政治上的优势，其理论上的优势也不复存在，因此"黄老之学"只好走向衰落。而在道家思想基础上建构起来的儒学则凭借其政治、学术上的双重优势取代道家获得了"独尊"。陆贾的"天人感应"主要是为了限制君主胡作非为；《礼记》的"大一、天地、阴阳、四时"则主要是论证"礼"的；至于贾谊，其"道德说"也未与"君权"联系起来。

董仲舒在新的历史条件下复兴了被扼杀达百余年之久的儒家文化，而且一个新的历史时期融会贯通了中国古典文化中各家各派的思想，把它们整合为一个崭新的思想体系。他的著作后来大都汇集在《春秋繁露》一书中。

董仲舒的哲学基础是"天人感应"学说。他认为天是至高无上的人格神，不仅创造了万物，也创造了人。因此，他认为天是有意志的，和人一样"有喜怒之气，哀乐之心"。人与天是相合的。这种"天人合一"的思想，继承了孔孟学派和阴阳家邹衍的学说，而且将它发展得十分精致。

董仲舒认为，天生万物是有目的的。天意要大一统的，汉皇朝的皇帝是受命于天来进行统治的。各封国的王侯又受命于皇帝，大臣受命于国君。家庭关系上，儿子受命于父亲，妻子受命于丈夫，这一层层的统治关系，都是按照天的意志办的。董仲舒精心构筑的"天人感应"的神学目的论，正是把一切都秩序化、合理化，正是为汉皇朝统治者巩固其中央集权专制制度服务的。

董仲舒利用阴阳五行学说来体现天的意志，用阴阳的流转，与四时相配合，推论出东南西北中的方位和金木水火土五行的关系。而且突出土居中央，为五行之主的地位，认为五行是天道的表现，并进而把这种阳尊阴卑的理论用于社会，从而推论出"三纲五常"的道德哲学。这里所说的三纲是"君为臣纲，父为子纲，夫为妻纲"。三纲五常为董仲舒提倡之后，成为我国古代维护历代封建皇朝统治的工具。

他认为"道"是源出于天的，"天不变，道亦不变"。即是说"三纲五常""大一统"等维护统治秩序的"道"是永远不变的。那么，如何解释皇位的更换和改朝换代呢？为此，他提出了"谴告"与"改制"之说。他认为统治者为政有过失，天就出现灾害，以表示谴责与警告。如果还不知悔改，就会出现怪异现象，让人惊骇。若是还不知畏惧，那就大祸临头了。

他认为人的认识活动受命于天，而认识的目的是了解天意。通过内省的途径就能判断是非，达到"知天"的目的。另外还必须通过对阴阳五行的观察，才能达到对天意、天道的了解。正是按照"尽心""知性""知天"的模式，达到"天人合一"。他还认为通过祭祀能与神相沟通，使之看见一般人所看不见的东西，这样就能知道天命鬼神了。这种认识论达到了神秘的程度。

在人性论上，董仲舒异于孟子的性善论，也不同于荀子的性恶论，而是主张性三品说。他认为性是由天决定的，性是天生的质朴，虽可以为善，但并非就是善，只有"待外教然后能善"，即人性善是通过教育的结果。君王要顺天之意来完成对人民的教化。他着重教化，并提出"防欲"，比先秦思想家只讲"节欲""寡欲"更为深刻。

董仲舒的思想，是西汉皇朝总结历史经验，经历了几十年的选择而定下来的官方哲学，对巩固其统治秩序与维护大一统的局面起了积极的作用。董仲舒不仅是正宗神学的奠基者，又是著名的经学家。他是一位承前启后、继往开来的思想家，为以后的封建统治者提供了如何进行统治的理论基础。

董仲舒思想的主要特色，是以儒家学说为基础，引入阴阳五行理论，建成新的思想体系。董仲舒说："王道之三纲，可求于天""天不变，道亦不变"，董仲舒以"天人感应"的神学思想宣称：帝王受命于天，是秉承天意统治天下的，因此成为"天子"。按照这个说法，帝王自然就具有绝对的统治权威，这是汉武帝最需要的精神武器。董仲舒从天人关系出发，又根据"阳尊阴卑"的思想，建立一套"三纲""五常"的伦理学。董仲舒建议统一学术，统一思想，直截了当地提出了"大一统"的政治思想，为维护封建帝王的统治服务。

第三十五章 《汉书》卷五十七
司马相如传 第二十七

琴挑文君，爱情骗局

【原文】

司马相如，字长卿，蜀郡成都人也。少时好读书，学击剑，名犬子。相如既学，慕蔺相如之为人也，更名相如。以赀为郎，事孝景帝，为武骑常侍，非其好也。会景帝不好辞赋，是时梁孝王来朝，从游说之士齐人邹阳、淮阴枚乘、吴严忌夫子之徒，相如见而说之，因病免，客游梁，得与诸侯游士居，数岁，乃著《子虚之赋》。

会梁孝王薨，相如归，而家贫无以自业。索与临邛令王吉相善，吉曰："长卿久宦游，不遂而困，来过我。"于是相如往舍都亭，临邛令缪为恭敬，日往朝相如。相如初尚见之，后称病，使从者谢吉，吉愈益谨肃。

临邛多富人，卓王孙僮客八百人，程郑亦数百人，乃相谓曰："令有贵客，为具召之。并召令。"令既至，卓氏客以百数，至日中请司马长卿，长卿谢病不能临。临邛令不敢尝食，身自迎相如，相如为不得已而强往，一坐尽倾。酒酣，临邛令前奏琴曰："窃闻长卿好之，愿以自娱。"相如辞谢，为鼓一再行。是时，卓王孙有女文君新寡，好音，故相如缪与令相重而以琴心挑之。相如时从车骑，雍容闲雅，甚都。及饮卓氏弄琴，文君窃从户窥，心说而好之，恐不得当也。既罢，相如乃令侍人重赐文君侍者通殷勤。文君夜亡奔相如，相如与驰归成都。家徒四壁立。卓王孙大怒曰："女不材，我不忍杀，一钱不分也！"人或谓王孙，王孙终不听。文君久之不乐，谓长卿曰："弟俱如临邛，比昆弟假轮，犹足以为生，何至自苦如此！"相如与俱之临邛，尽卖车骑，买酒舍，乃令文君当户。相如身自著犊鼻裈，与庸保杂作，涤器于市中。卓王孙耻之，为杜门不出。昆弟诸公更谓王孙曰："有一男两女，所不足者非财也。今文君既失身于司马长卿，长卿故倦游，虽贫，其人材足依也。且又令客，奈何相辱如此！"卓王孙不得已，分与文君僮百人，钱百万，及其嫁时衣被财物。文君乃与相如归成都，买田宅，为富人。

【译文】

　　司马相如，字长卿，蜀郡成都人。少年时好读书，还练习击剑，取名犬子。相如学业完成，仰慕蔺相如的为人，改名相如。用家资买了个郎官，奉事汉景帝，任武骑常侍，但这并不是他的爱好。恰巧景帝不喜好辞赋，这时候梁孝王来京朝见皇上，齐郡人邹阳、淮阴人枚乘、吴县人严忌先生等游说之士随同来京，相如一见就喜欢他们，假借有病辞去了官职，旅居梁国，得到和儒生们住在一起的机会，相如与许多儒生和游说之士交往了几天，于是写下了《子虚之赋》。

　　遇上梁孝王去世，相如返回家中，家中贫穷，无事可干。他一向与临邛县县令王吉相好，王吉说："长卿多年在外求官不大称心，你可到我这儿来。"于是相如前往临邛，居住在城外的旅舍里。临邛县县令假献殷勤，每天去拜访相如。相如开头还接见他，后来声称有病，让随从辞谢王吉，王吉更加谨慎恭敬。

　　临邛城中富人多，卓王孙有家奴八百人，程郑也有几百人，两人便互相称说："县令有贵宾，我们得办酒食宴请他一下，一并邀请县令。"县令已经来到，卓氏宾客以百计算。到了中午，请司马长卿，长卿托言有病不能前往，临邛县县令不敢尝一尝饭食，亲自去迎接相如。相如不得已，勉强前往，满座的人都倾慕他的风采。酒兴正浓时，临邛县县令捧着琴上前说："我私下听说长卿喜爱这个，希望能弹弹使自己快乐快乐。"相如推谢了一下，给弹奏了一两支曲子。这时卓王孙有个女儿叫作文君，刚死了丈夫，喜爱音乐，因此相如假装与县令相敬重，而用琴声挑逗她。相如到临邛来，车马随行，举止大方甚为俊秀；等到在卓氏家中饮酒、玩琴，文君私自从门缝中偷看他，心中欢喜而仰慕他，担心不能配得上。弹琴结束，相如便使人重赏文君侍者以此向她转达私衷。文君夜间逃出家中私奔相如，相如于是与文君赶着车马急返成都。家中空空，唯有四面墙壁直立。卓王孙大发脾气说："女儿不成才到了极点，我不忍心杀死她，但绝不分给她一个钱！"有的人劝说王孙，王孙始终不听。文君过了很长时间心中不快，说道："长卿只管和我一同前往临邛，从弟兄中借贷也足以维持生活，何至于让自己困苦到这个样子！"相如与文君一同来到了临邛，把车马统统卖了，买了一个酒店做起酒生意来，他让文君坐在柜台前卖酒，自己亲自穿上牛鼻围裙和奴婢及雇工们共同操作，在市中洗涤酒器。卓王孙听说后认为是奇耻大辱，为此闭门不出。兄弟和长辈们轮流前去劝说王孙，说："你只有一儿两女，所缺的不是钱财啊。如今文君已经委身于司马长卿，长卿本为厌倦做官，虽然家贫，那个人的才能是可以依靠的，况且又是县令的客人，为什么偏偏如此相辱呢！"卓王孙不得已，分给文君家奴一百人，钱一百万，还有她出嫁时的衣裳、被褥和钱财、物品。文君便与相如回到成都，置买田地房屋，成为富人。

【评点】

在中国戏曲史上，"琴挑"是一出非常有名的折子戏，不少剧本都不约而同地以它命名。其实，戏曲中"琴挑"一词最早源自汉武帝时期一位大文豪的浪漫故事。这位文豪与史学家司马迁并称为西汉两司马。不过，此司马非彼司马，二者绝对不能够同日而语。他一生名利双收，可谓命运的宠儿。那么，这位司马先生又是谁？他的"琴挑"究竟隐藏着多少鲜为人知的故事呢？

这位与司马迁并称为"西汉两司马"的文学家就是武帝朝的司马相如。

司马相如，字长卿，幼年时，他的父母怕他有灾，所以给他取了个小名叫"犬子"，据说孩子取个贱名容易成活。长卿完成学业之后，知道了蔺相如的故事，为了表示自己对蔺相如的羡慕之意，便更名为司马相如。

司马相如凭着家庭的富有而当了"郎"（以訾为郎），"郎"是皇帝的侍从。汉承秦制，规定家中有钱的人可以为郎。汉初曾以"十算"（十万）为起点，到了景帝朝改为"四算"（四万）为起点。这样做有两个目的，一是认为衣食足而知礼仪，二是有一定资产可以备得起官服。

司马相如初出道时，担任汉景帝的武骑常侍（骑兵侍卫），但是，他本人并不喜欢这个职业。司马相如喜爱的是写赋，但是，汉景帝偏偏不喜爱赋。所以，景帝朝司马相如才华得不到施展，干得很郁闷。

后来，梁孝王进京，随同他一块来的有邹阳、枚乘、严忌等人，相如和这几位辞赋高手，志趣相投，非常谈得来。于是，他以有病为由辞去了景帝朝的"郎"，随梁孝王到了梁国。梁孝王让司马相如和邹阳、枚乘等人一同居住，享受同等待遇。在此期间，司马相如创作了著名的《子虚赋》，声名鹊起。

但是，不久（景帝中元六年，前144），梁孝王病逝，门客各奔东西。司马相如离开梁地，回到家乡成都。《史记·司马相如传》记载："梁孝王卒，相如归，而家贫无以自业。"《汉书·司马相如传》也有相同的记载。这两本重要史书记载的内容完全一致，都说司马相如从梁孝王游宦归来后，家贫无以自业，家中穷困，没有谋生的手段，只好回老家打工了。

这段记载非常可疑，如果司马相如真是"家贫无以自业"，那么，他当初怎么能够"以訾为郎"呢？但是，司马迁、班固两个人都这么写，我们今天已经无法知道事实的真相了。

正是在这种情况下，临邛县（今四川邛崃）县令王吉邀请司马相如到临邛。王县长与司马相如是莫逆之交，司马相如来到后，王吉将他安顿在县城的宾馆（都亭）里。一场"琴挑"的浪漫剧正式拉开序幕。

临邛县县令王吉安置好密友司马相如之后，故意装出一副谦恭的姿态，天天到宾馆来看望司马相如。司马相如开始每天还见见县令王吉，后来，县令来访，司马相如一律谢绝。司马相如越是谢绝，王吉越是恭敬，照样天天来访（临邛令缪为恭敬，日往朝相如。相如初尚见之，后称病，使从者谢吉，吉愈益谨肃）。

司马迁在司马相如传中写下的"缪为恭敬"四个字非常值得玩味，所谓"缪为恭敬"，就是故意装出一副毕恭毕敬的姿态。王县长为什么要装出这副毕恭毕敬的姿态？司马相如和王吉究竟在打什么主意呢？

原来，临邛县有两位钢铁大王，一位是卓王孙，一位是程郑，两家都以炼铁暴富，是临邛两位著名民营企业家。按照时下的说法，一位是卓总，一位是程总。卓总家中的奴仆有八百多人，程总家中的奴仆略逊一筹，但也有数百人。这两位老总听说王县长天天去宾馆看望一位贵客，还屡屡碰壁，非常好奇，很想见识一下。

到了宴请这一天，王县长先来到卓总家中。此时，上百位宾客已经入席，等到中午，卓总才派人去请司马相如前来赴宴；但是，司马长卿推说有病不能赴宴。本来，等陪客们都到了才去请主宾，这是对客人非常尊敬的一种做法。但是，主宾不来，卓总别提多难堪了。王县长一听司马相如不来，菜都不敢吃一口，立即登门去请。司马相如见王县长如此盛情，没有办法，只好勉强成行。司马相如一到，他的风采立刻震撼了酒宴中的整个临邛上流社会之人。

有趣的是，《汉书》和《史记》记载王县长亲请司马相如一事有一字之差：《史记》写的是"相如不得已强往"，《汉书》写的是"相如为不得已而强往"。比起《史记》，《汉书》多了一个"为"字，"为"者"伪"也，即司马相如故作清高，假装不愿去赴宴。班固写得比司马迁更透彻，他揭示了司马相如和密友王县长的确是策划了一个大阴谋。那么，司马相如和密友王县长究竟想从这个阴谋中得到什么呢？好戏接着看。

通过《汉书》这个"为"字，我们基本上可以知道，司马相如这次临邛之行，绝对不是一般的探亲访友，而是有备而来，要办成一件事，而且这件事一定和卓总有关。

王县长将司马相如安顿在宾馆里天天去朝拜，就是在造势，制造新闻热点，吸引卓总的眼球。果然，这出戏引得卓总上钩了：亲摆家宴宴请司马相如。赴宴之际，他又"千呼万唤始出来"，吊足了卓总的胃口，哄抬了自己的身价。

酒宴进行到高潮时，王县长把一张琴恭恭敬敬地送到司马相如面前，说："听说长卿的琴弹得极好，希望能弹一曲以助酒兴。"司马相如一再推辞，王县长一再相邀，最后，拗不过的司马相如便顺手弹了两支曲子。

《史记·司马相如传》记载"相如口吃而善著书"。司马相如有一个生理缺陷，就是口吃，但是，他的文章写得非常好。王县长之所以让司马相如赋琴，一是让司马相如回避了自己的弱项——口吃，二是发挥了自己的强项——弹琴。

做了这么多的铺垫，司马相如弹这两支曲子，到底为什么呢？

原来，这位卓总有一个宝贝女儿叫卓文君，这位文君小姐刚刚守寡，回到娘家暂住。她非常喜欢音乐，又特别精通琴瑟。所以，司马相如与其说是为王县长弹两支曲子，不如说是司马相如想用琴音挑动卓文君的芳心。《史记》载"是时卓王孙有女文君，新寡，好音。故相如缪与令相重而以琴心挑之"。大家特别注意司马迁"相如缪与令相重而以琴心挑之"这句话中的"缪"字，司马相如有意装出为王县长抚琴一曲的样子，但是，实际上此曲绝非为县长大人所奏，而是为了让一位小姐芳心暗许。

一个人有了爱好，就成为一个人的软肋。卓文君酷爱音乐，精通音乐，这恰恰成了卓文君的软肋。司马相如其实早就把卓文君给琢磨透了，卓文君酷爱音乐，精通琴瑟，这就是她的心理兴奋点。一曲表达自己爱慕之情的琴曲正是司马相如打开卓文君芳心的一把万能钥匙。原来司马相如故弄玄虚、排兵布阵多时，要谋的就是卓总的掌上明珠——卓文君啊！

司马相如应临邛县长王吉的邀请来临邛之时，跟随他来的车马非常多，来到之后处处表现得从容大方，举止文雅，至少在汉朝中央混过，加上他英俊帅气，整个临邛县无人不知。寡居在家的卓文君早就听闻，只是无缘相会。等到司马相如到自己家中饮酒、弹琴，文君从门缝里看见司马相如风流倜傥的样子，内心十二万分仰慕，还生恐自己配不上他。而两支求婚曲让文君小姐听得如醉如痴、心动不已。

这就是所谓司马相如的"琴挑"，即用琴声挑动文君的春心。

酒宴结束之后，司马相如派人用重金买通卓文君的侍女，直接表白。"两情相悦"的确令人幸福得直晕。卓文君于是决心奋不顾身，连夜从家中出逃，跑到司马相如下榻的宾馆。司马相如一见卓文君到来，按捺住心中的狂喜，当夜立即带她离开临邛，回到成都自己家中。司马相如情场得意，是因为他的浪漫。他不惧两家经济地位的巨大悬殊，不畏担当恶名；和王县长精心谋划，该出手时就出手，终于抱得文君归。

到了司马相如在成都的家中，卓文君才发现，司马相如的家中一贫如洗，只有四面墙（家居徒四壁立）。司马相如此时指着这间只有四面墙的小屋，对卓文君说：这就是我们爱的小屋。

当然，"家徒四壁立"这句话与此前的"以訾为郎"，后面盛大的车马随从颇不相符，我们真不知道司马相如家中的经济状况到底怎么样。

第二天，卓总听说自己的女儿与司马相如私奔，而且，两个人已经离开临邛回成都了，他气得嗷嗷直叫。但是，作为一个大汉帝国首富的卓总，自然有自己的撒手锏——经济制裁，一个子也不给！有人劝卓总，文君是自家亲骨肉，何必苦苦相逼呢？但是，卓总经济制裁的决心非常坚决：一分钱不投！

两个"恋爱大过天"的年轻人度过蜜月之后，立即感受到生活的艰辛与窘迫，卓总的经济制裁非常有效啊！第一个受不了的是卓文君！卓文君自幼长于豪门，富日子过惯了，哪能过得惯穷日子？她对司马相如说：假如你愿意和我一块儿回临邛，就是向我的兄弟们随便借点钱，也足以维持生活了，何苦天天在这儿受穷呢？

司马相如同意了爱妻的意见，变卖了自己的车马，在临邛买了一处房子，开了个酒吧。他让卓文君亲自站柜台卖酒（文君当垆），自己穿戴上大围裙，和伙计们一块儿洗碗。《西京杂记》（卷二）记载得更富有戏剧色彩：司马相如初与卓文君还成都，居贫，愁懑，以所著鹔鹴裘就市人阳昌贳酒，与文君为欢。既而，文君抱颈而泣曰：我平生富足，今乃以衣裘贳酒，遂相与谋于成都卖酒。相如亲着犊鼻裈涤器，以耻王孙。

卓总的富有不是一般的富有，司马迁《史记·货殖列传》专门记述了卓王孙在秦灭赵国之后，从赵地主动要求迁徙远方，最后迁到临邛投资炼铁致富的全过程。《史记·货殖列传》记述的都是国家级的大富翁，卓王孙排行第一："卓氏……富至僮千人，田池射猎之乐，拟于人君"。所以，卓王孙应当是当年上了福布斯中国排行榜的首富。

卓总的千金回临邛开酒吧，并亲自"当垆"卖酒；卓总的女婿司马相如身穿大围裙，和用人一样打杂干活，实在是太让卓总丢人了，卓总因此大门都不敢出。

卓总之所以不敢出门，原因大概有如下三点：

一是自己引狼入室。司马相如之所以能拐走自己的女儿，是因为自己让司马相如到家中赴宴，而此事又是王县长做的婚托儿，一位民营企业家总不能和县长翻脸吧？卓王孙有苦难言。

二是卓文君不顾礼仪。自己的女儿放着千金大小姐不做，竟然不知廉耻，私奔司马相如，让卓王孙脸面尽失。

三是丢人丢到家门口。女儿和司马相如的酒吧如果开在成都，至少舆论不至于这么大；可他们竟然把酒吧开到临邛，生意做到自己的家门口，在临邛这么个小县城里，自己是国中首富，这不是丢人现眼吗？

此时的卓王孙是又羞又气，还无处发泄，毕竟是自己的亲女儿所为。

文君的兄弟和长辈于是纷纷从中斡旋：卓总啊，你只有一个儿子两个女儿，家中又不缺钱；文君现在已经成了司马相如的妻子，司马相如又是个人才，并非无能之辈，完全可以依靠。再说他还是王县长的贵客，你又何必如此制裁他呢？

卓王孙实在是受不了这份窝囊气，只好花钱消灾，分给文君一百名奴仆，一百万钱，并给了她一大批出嫁的衣物。

有了这一百万，司马相如和卓文君立即关闭酒吧，打道回成都，买田买地，成为成都的大富翁。

自此，司马相如琴挑卓文君的故事成为中国古代才子佳人故事中一个美丽的典型。

但是，据我看来，这个美丽的爱情故事里还有一些问题需要探讨：

第一，司马相如为什么想不到与卓文君回临邛开酒吧宰卓总的计划呢？

司马相如是在无法维持生计的落魄之时应密友王吉之邀来到临邛的。他来临邛之前也许并没有一套完整的方案，但是，到了临邛之后，特别是在与密友王吉密谈之后，司马相如制订了一个周密的计划。只是这个计划司马迁没有将其挑明，而是暗中点出。

司马迁为什么不把司马相如这个阴谋揭示出来呢？道理很简单，司马迁对司马相如偏爱有加，特别是偏爱他的文章。司马迁在《史记·司马相如传》中全文引用了司相如的那么多大赋和文章，这在司马迁整个创作的《史记》一百一十二篇人物传记中是唯一的一个例外。既然司马迁如此偏爱司马相如，司马迁就不能用直笔来写司马相如当年这一段不大光彩的婚史。但是，司马迁作为一代良史，他又不能违背他作为一代史学家的道德底线，他还必须将他最喜爱的这位大作家的这件事揭示出来。因此，司马迁只能用曲笔来写，你看《史记·司马相如传》中"临邛令缪为恭敬"这七个字中的一个"缪"字，只要读《史记》时稍微细心一点，这个阴谋就昭然若揭了。

所以，司马相如到临邛之后，大肆摆谱，制造声势，实际上是文人与县长联手，钓卓总上钩。虽然最后一钓钓出了两位老总：卓总与程总。但是，司马相如锁定的目标非常明确——卓总。

如果司马相如能够制订出一个如此周密的"钓鱼"计划，让商场上精明老到的卓总上当受骗，至少说明司马相如确有老谋深算的一面。一个如此老谋深算的司马相如，岂能想不到主动提出来回临邛，开酒吧，让卓总丢人现眼，逼他出血，狠宰一把呢？肯定不可能。

但是，司马相如为什么不主动说回临邛呢？

一是丢人啊，一个男人要靠女人吃饭，在中国古代大男子主义盛行的社会中肯定让人轻视，即使在今天，恐怕也让人觉得这种"爱情"得加一个引号。

二是万一卓文君拒绝了怎么办？如果卓文君非常有志气，宁肯受穷，决不开口向老爸要钱，这件事此后就再难提起。

三是如果司马相如提出来要回临邛开酒吧，狠宰卓总一把，可能会让卓文君猜疑是否在当初上演"琴挑"这出戏之时已经有了这个计划。这将会带来一个更大的问题：你司马相如究竟爱的是我卓文君，还是爱我老爸的钱？你是为我而琴挑，还是为了宰我老爸而琴挑？

因此，司马相如自己绝对不能说出来要回临邛、开酒吧、宰卓总这个计划；最好的办法只有一个：苦熬！熬到卓文君自己受不了，卓文君主动提出来，自己再来个顺水推舟。

果然，在咬着牙度过了一段艰难的日子后，受不了穷困的卓文君终于主动提出来回临邛的主张。我想：司马相如此时一定是内心一阵狂喜啊——苦日子到头了！如果我们将此事向前再推一点，这里还有一个问题。

第二，司马相如琴挑卓文君究竟为的是什么？

我们之所以提出这一问题，是因为这一问题实在太重要了，它关乎我们对这个美丽的爱情故事的评价。

首先要谈的是卓文君美不美？

为什么要谈文君的美丑呢？如果卓文君是一位丑女，那么，一切都明明白白了：司马相如琴挑全国首富卓总的丑女，目的岂不是司马昭之心路人皆知了吗？《史记》《汉书》都没有记载卓文君是否为国色天香。只有《西京杂记》卷二记载：

文君姣好，眉色如望远山，脸际常若芙蓉，肌肤柔滑如脂。十七而寡，为人放诞风流，故悦长卿之才而越礼焉。长卿素有消渴疾，及还成都，悦文君之色，遂以发痼疾。乃作《美人赋》欲以自刺，而终不能改，卒以此疾至死，文君为诔，传于世。

如果《西京杂记》的这个记载可信，那么，卓文君一定长得非常漂亮，而且十七而寡。国色天香，十七妙龄，司马相如十分仰慕，才有了与王县长密谋琴挑文君一事。

当然，卓文君非常漂亮，只能说明琴挑文君的目的之一是抱得美人归；但是，并不能排除司马相如琴挑文君意在劫色之后还有其他目的；如果先劫色后劫财，比起只劫财而言是人财两得的双丰收啊。当然，就人品而言，也更为人不齿。

第三，司马相如回临邛是否为了劫卓总的财呢？

《史记》《汉书》的司马相如传都没有言之，但是，《西京杂记》写了非常值得玩味的四个字"以耻王孙"。如果我们相信《西京杂记》记载属实，就得承认司马相如在临邛开酒吧是为了宰卓总。此为其一。

其二，酒吧开在哪儿不行啊？非开在临邛，你说为了什么？不就是为了让卓总丢人呗！让卓总丢人干什么？目的还不是为了卓总的钱嘛。

其三，《史记》《汉书》都记载司马相如拿到一百万钱和一百个奴仆后，立即关闭酒吧，带着太太回成都了。

根据以上三条看，司马相如回临邛开酒吧，目的就是为了宰卓总。

第四，司马相如宰卓总的计划在琴挑之前还在琴挑之后？

我们先看看下面五个问题我们能否承认：

司马相如深知卓总是全国首富；司马相如深信自己可以用一个周密的计谋琴挑文君归己；司马相如深知自己这个"家徒四壁"的家根本不可能养得住万金小姐卓文君；司马相如深信卓文君受不了穷，一定会主动提出回临邛逼其父出血；司马相如深信卓总受不了丢人一定会极不情愿地出血。

如果上述五个问题我们都承认，那我们就不得不承认一个铁的事实，司马相如琴挑卓文君之前已经有了劫财的准备，因此，这个美丽的爱情故事是一个先劫色后劫财的骗局。

我非常希望"琴挑文君"是一个美丽的爱情故事，可是，我爱美丽，但我更爱真实；因为史实让人相信。

第三十六章 《汉书》卷五十八 公孙弘卜式 兒宽传 第二十八

第一节 慎厚封侯，外宽内深

【原文】

（一）

公孙弘，菑川薛人也。少时为狱吏，有罪，免。家贫，牧豕海上。年四十余，乃学《春秋》杂说。

武帝初即位，招贤良文学士，是时弘年六十，以贤良征为博士。使匈奴，还报，不合意，上怒，以为不能，弘乃移病免归。

元光五年，复征贤良文学，菑川国复推上弘。弘谢曰："前已尝西，用不能罢，愿更选。"国人固推弘，弘至太常。

（二）

时方通西南夷，巴蜀苦之，诏使弘视焉。还奏事，盛毁西南夷无所用，上不听。每朝会议，开陈其端，使人主自择，不肯面折庭争。于是上察其行慎厚，辩论有余，习文法吏事，缘饰以儒术，上说之，一岁中至左内史。

弘奏事，有所不可，不肯庭辩。常与主爵都尉汲黯请间，黯先发之，弘推其后，上常说，所言皆听，以此日益亲贵。尝与公卿约议，至上前，皆背其约以顺上指。汲黯庭诘弘曰："齐人多诈而无情，始为与臣等建此议，今皆背之，不忠。"上问弘，弘谢曰："夫知臣者以臣为忠，不知臣者以臣为不忠。"上然弘言。左右幸臣每毁弘，上益厚遇之。

弘为人谈笑多闻，常称以为人主病不广大，人臣病不俭节。养后母孝谨，后母卒，服丧三年。

为内史数年，迁御史大夫。时又东置苍海，北筑朔方之郡。弘数谏，以为罢弊中国以奉无用之地，愿罢之。于是上乃使朱买臣等难弘置朔方之便。发十策，弘不得一。弘乃谢曰："山东鄙人，不知其便若是，愿罢西南夷、苍海，专奉朔方。"上乃许之。

汲黯曰："弘位在三公，奉禄甚多，然为布被，此诈也。"上问弘，弘谢曰："有之。夫九卿与臣善者无过黯，然今日庭诘弘，诚中弘之病。夫以三公为布被，诚饰诈欲以钓名。且臣闻管仲相齐，有三归，侈拟于君，桓公以霸，亦上僭于君。晏婴相景公，食不重肉，妾不衣丝，齐国亦治，亦下比于民。今臣弘位为御史大夫，为布被，自九卿以下至于小吏无差，诚如黯言。且无黯，陛下安闻此言？"上以为有让，愈益贤之。

【译文】

（一）

公孙弘，菑川国薛县人。年轻时做过狱吏。因犯了罪而被免职。由于家中贫寒，在海边放猪为生。四十多岁时才开始研习《春秋》及各家的杂论。

汉武帝刚刚即位时，招选贤良文学之士，此时公孙弘六十岁，以贤良文学的身份做了博士。他出使匈奴，返朝汇报，不合皇帝的心意，武帝很生气，认为他无能，于是公孙弘上书称病，被免官回到故里。

元光五年，汉武帝再次征选贤良文学之士，菑川国又一次推荐公孙弘。公孙弘推辞说："过去我曾西去入京，因为无能被免职，希望另选他人。"但菑川国坚持荐举他，于是公孙弘来到太常处。

（二）

当时刚刚与西南少数民族交往，巴蜀两郡对供奉劳作感到困苦，皇上下诏派公孙弘去视察。回朝汇报时，他极力反对交通西南夷，认为没有用处，皇上没有听从他的意见。每当朝会议政的时候，公孙弘都将自己的意见陈述出来，让皇帝自己选择，而不肯在朝堂上当面反驳、争论。由此皇帝看出他行为谨慎忠厚，辩论时留有余地，熟悉文书法令及官吏公务，又以儒术加以文饰，所以非常喜欢他，一年之内就将其提拔为左内史。

公孙弘上朝奏事，有认为不对的事，也不当庭争辩。他常与主爵都尉汲黯先后去见皇上，汲黯先提出问题，公孙弘随后进行推究阐述，皇上常常很高兴，听从他所说的一切，公孙弘因此而越来越受到宠信。他曾与公卿相约提出某些建议，可是到了皇帝面前，又完全背弃约定，顺着皇帝的意图说。汲黯当庭责问公孙弘："齐人多伪诈而不老实，先与臣等提出以上建议，现在又完全背弃前约，这是对君不忠。"皇上询问公孙弘，公孙弘谢罪说："了解臣的人认为臣是忠君的，不了解臣的人认为臣是不忠的。"皇上认为他的话有道理。皇帝左右的宠臣诋毁公孙弘，但皇上却越来越厚待他。

公孙弘善于言谈，见多识广，常说君主怕的是不能宽宏大度，为臣子怕的是不能节俭。他奉养后母恭谨孝顺，后母去世，他服了三年丧。

做了几年内史后，公孙弘升为御史大夫。当时又在东方新设置了苍海郡，在北面筑起朔方郡城。公孙弘几次劝谏，认为这是劳民伤财去经营无用之地，不值得使中原地区为此疲敝不堪，希望停止。皇上于是命朱买臣等驳斥公孙弘，论证设置朔方郡的必要性。朱买臣等提出十个问题，公孙弘一条也驳不倒。于是他向皇上谢罪说："我是山东粗鄙之人，不了解设朔方郡如此有利，希望罢去西南夷、苍海郡，而专一经营朔方郡。"皇上这才应允了他的请求。

汲黯说："公孙弘位列三公，俸禄很多，但却用布做被子，这是伪诈。"皇上询问公孙弘，他谢罪说："有这样的事。九卿中与我交情好的没有比得过汲黯的，可是今天他当庭责问我，实在是说中了我的弱点。身为三公之一而用布被子，的确是伪饰欺诈，想要沽名钓誉。我听说管仲做齐国的相，娶了三位不同姓的女子为妻，其奢侈程度可与君主相比，齐桓公依靠他的辅佐而称霸，不过他是对上僭越国君。（裴学海《古书虚字集释》：'亦犹此也。'僭在封建社会中，地位低的人越礼冒用地位高的人的名分、礼仪、器物的行为称僭。）晏婴做齐景公的相，一餐不吃两份肉菜，他的小妾不穿丝织的衣服，齐国也治理得很好，他是向下比照着平民。现在我公孙弘做御史大夫，用布被子，是使九卿以下至小吏都没有了贵贱的差别。确如汲黯所言。再说没有汲黯，陛下如何能听到我这番话？"皇上认为他能礼让，越发尊敬他。

【评点】

"山重水复疑无路，柳暗花明又一村"，自汉武帝刘彻独具慧眼，听取董仲舒等人的意见，推行"更化"政治，"罢黜百家，独尊儒术"之后，儒生的遭遇宛然新旧两重天，"换了人间"，其身价地位就像当今股票市场的"牛市"似的，一个劲儿地往上猛蹿。

其中最具有说服力的例子，莫过于齐人公孙弘在"耳顺"（六十岁）之年，以白衣为博士、内史、御史大夫，直至丞相，封平津侯，风光无限，显赫一时，成为普通儒生用孔子这块敲门砖撞开利禄大门的一面旗帜，使天下读书人在经历了秦始皇"焚书坑儒"的苦难，无赖皇帝刘邦拿儒冠当作尿盆使的屈辱，窦太后逼着辕固生赤手空拳搏斗野猪的淫威之后，终于看到了隧道尽头的亮光。冬去春来的希望，扬眉吐气有期，弹冠相庆可待，于是乎个个精神抖擞，意气风发，准备到官场上一显身手，大展抱负。用东汉大历史学家班固的话来说，就是"公孙弘以治《春秋》为丞相封侯，天下学士靡然乡风矣……自此以来，公卿大夫士吏彬彬多文学之士矣"。（《汉书·儒林传》）

公孙弘仕途腾达，官运亨通，当然是机会所致。但是，不可否定的是，这也包括他自己有几把刷子的因素。

首先，处世谨慎，能摆正自己的位置。他从不做出头鸟，更不和汉武帝抢镜头，"其行慎厚，辩论有余""每朝会议，开陈其端，使人主自择，不肯面折庭争""弘奏事，有所不可，不肯庭辩"。总之，为人做事十分低调，收敛锋芒，宁可犯政治错误，也绝不犯组织错误，与汉武帝保持高度一致。史书上记载，公孙弘每次上朝议政，他总是把自己的意见陈述出来，让君王自己去选择定夺，即便他不同意别人的意见，也不在朝堂上同别人争辩，尤其是皇上不同意他的正确意见时，他从不面折廷争。慢慢地武帝发现公孙弘品行忠厚，并对天下大事法律文书为官之道了如指掌。更主要的是公孙弘谦让的品性让汉武帝大为赏识，这同大部分官员争权夺利，唯恐自己受了损失形成了鲜明的对比。公孙弘获得汉武帝的初步好感。

有一次，公孙弘同其他大臣商量好了，一齐向皇上建议。可是一看皇上不满意，公孙弘见风使舵，马上顺着皇上的意思说，违背了他们当初的约定。这样做当然让汲黯等大臣非常不满，气得汲黯在朝廷上就说："公孙弘太奸诈了，本来一同约定的建议，他却违背了。这是典型的对君王不忠呀。"皇上问公孙弘。公孙弘回答："夫知臣者以臣为忠，不知臣者以臣为不忠。"皇上听了大为感动，想着公孙弘把自己当作知己知音，就更加器重公孙弘了。

其次，生活比较俭朴，能比较高明地展示自己道德上的优点，符合朝廷"以孝治国"的基本原则。如对待自己的后母，奉养尽孝，胜于亲出，自是人子的典范，堪为社会的楷模："养后母孝谨，后母卒，服丧三年。"又如生活上清廉自律，乐于助人，将俸禄都用来安顿亲朋好友的生活，堂堂丞相居然毫无积蓄："身食一肉，脱粟饭，故人宾客仰衣食，俸禄皆以给之，家无所余"。积德行善，有口皆碑。尽管汲黯等人辛辣地指出公孙弘这么做动机不纯，是狡诈的表现："弘位在三公，俸禄甚多，然为布被，此诈也。"可在公孙弘太极推手式的表现面前，汲黯等人的指责根本不能动摇汉武帝对公孙弘的信任："上然弘言""上益厚遇之""上以为有让，愈益贤之"。能在风波险恶的官场上如此游刃有余，进退从容，公孙弘的能耐不可不谓极大，足以令人刮目相看。

再次，谈吐颇有幽默感，为人不乏亲和力，史称公孙弘"为人谈笑多闻"就是明证。这在复杂的官场环境中，是调节气氛、改善关系的有效润滑剂（就像今天的官场里，能信口便来"段子"的哥们儿，始终要比整天耷拉着一张苦瓜脸的家伙受到欢迎的情况一样）。公孙弘具备这方面的才能，无疑对其在官场上立足有着巨大的帮助作用。因此《汉书·循吏传》称他"通于世务，明习文法，以经术缘饰吏事"。正是他不同于一般"迂远而阔于事情"的陋儒的地方，为"天子器之"也就十分自然了。可见汉武帝将他树立为学者从政的典型绝非是无的放矢，心血来潮。

最后，表面宽厚能容他人。汲黯是公孙弘的好友，两人配合默契，向武帝献策时，经常是汲黯开个头，公孙弘把后面的意图详细地阐释给皇上。武帝非常高兴，以至于以后只要是公孙弘说的他都愿意听。这样汲黯等人慢慢对公孙弘不满起来。有一次，汲黯在皇上面前说："公孙弘位列三公，俸禄优厚，但他却盖布被，他肯定是在欺诈，掩人耳目。"武帝就问公孙弘。公孙弘回答道："诚如汲黯所言，我的确盖了布被。汲黯的确说中了我的缺点。作为三公我居然盖布被来欺世盗名，何况我这么做使卿相同小吏没有区别，臣实在是有罪呀！汲黯是文武百官中我最好的朋友，他不徇私情向皇上您报告我的缺点，实乃大大的忠臣呀。"汲黯说公孙弘的坏话，公孙弘不但没有争辩，反而在武帝面前承认自己的"过错"，尤为可贵的是他还替汲黯说好话，一点也不挟私报复。在武帝眼里，这样的胸怀宽广之人哪里去找？因此武帝非但不治公孙弘的罪，反而认为他谦让宽厚，对他更优厚了。以至于不久任命他为宰相，赐爵平津侯。

纵观公孙弘为官之始末，我们就会发现公孙弘的确深谙为官之道。上述四条虽然都是从正面赞颂公孙弘，但我们仔细分析就会发现，公孙弘其实是个老谋深算、老奸巨猾、阴险奸诈、善讨君王欢心的投机钻营之徒。

公孙弘虽然不乏才干，也有政绩，所谓"居官可纪"，可是存在着一个致命弱点，即心地十分狭窄，心理相当阴暗，患有无可救药的"红眼症""文人相轻""官场倾轧"等毛病。史称其"性意忌，外宽内深""多诈而无情"，这就是说，他小肚鸡肠，大奸似忠，大恶如善，表面上一副谦恭和顺、彬彬有礼的正人君子形象，实际上城府极深，自我中心欲膨胀。当面是人，背后是鬼。同僚当中凡与他有隙怨者，"无远近，虽阳与善，后竟报其过"（《汉书·公孙弘传》）。真可谓台上握手叙欢，脚下却猛使绊子，怀恨在心，睚眦必报，迟早让人家吃不了兜着走，稀里糊涂地撞个头破血流。

公孙弘能成为宰相，好友汲黯功不可没，但我们知道汲黯肯定不想让他公孙弘成为宰相。汲黯随着对公孙弘了解的加深，越来越发现他是一个欺世盗名之徒，于是在武帝面前多次言公孙弘之短。公孙弘的高明之处就在于他善于揣摩君王的心意，化不利为有利。汲黯说他不忠，他对皇上说"夫知臣者以臣为忠，不知臣者以臣为不忠"。汲黯说他盖布被是奸诈的表现，他说汲黯说得对，他就是以此来沽名钓誉。公孙弘承认过错比他辩解更能博取武帝的赏识，武帝更认为他谦让宽厚。更高明的是，公孙弘不但不责怪汲黯反而在武帝面前说汲黯的好话。他说，百官之中汲黯是他最好的朋友，汲黯对皇上忠心耿耿，不庇护朋友，向武帝揭发朋友的短处，这是大忠臣呀！这样一来，武帝更觉得公孙弘宽容大度，反而觉得汲黯小肚鸡肠，嫉贤妒能。公孙弘借汲黯告发他的机会，既获得了武帝的赏识，又使武帝对汲黯有了看法，真可谓一箭双雕。

主父偃也是朝廷重臣，同样颇得汉武帝的信任，"上从其计""岁中四迁"（《汉书·主父偃传》）。尤其是他提出"推恩"削弱诸侯王实力的建议，深得嗜权如命、专意独裁的汉武帝的欢心，成为武帝身边的大红人，恩宠有加，权倾朝野。主父偃的得势，让公孙弘在一旁瞧着十分的不爽，他遂与主父偃结下很深的梁子（"有隙"），时刻等待着报复的机会。

机会终于来了。主父偃由于惩治齐王、燕王等诸侯过于严酷，激起了王公贵族们的强烈反对，加上他自己手脚也不干净，曾"受诸侯舍金"，因此激怒了汉武帝。"大人豹变"，武帝遂下令将主父偃下狱惩办。不过，此时汉武帝还不想取主父偃的性命，"上欲勿诛"，可公孙弘不干了，他知道错过了这个村，就没有这个店了。只有发扬"痛打落水狗"的精神，对主父偃落井下石，才能永远除去这个自己在官场上的强劲对手，彻底释放长期憋在自己心中的怨气。于是他一改"不肯面折庭争"的做法，旗帜鲜明，振振有词，坚持要将主父偃处以极刑："齐王自杀无后，国除为郡，入汉，偃本首恶，非诛偃无以谢天下"（《汉书·主父偃传》）。在他的坚持之下，武帝最终改变了"欲勿诛"的初衷，下令将主父偃处死并夷其九族。可怜的主父偃，就因无意中得罪了这位"外宽内深"的公孙弘而招致惨痛的杀身灭族之祸！公孙弘的阴险和歹毒，由此可见一斑。

至于公孙弘整治一代大儒董仲舒，更是典型地体现了其大奸似忠、大恶如善的卑劣"小人"伎俩。

董仲舒是汉代首屈一指的儒学大师，治《公羊春秋》学独步天下，无人出其右者，对汉代儒学的复兴和发展曾发挥过不可替代的作用："仲舒遭汉承秦灭学之后，六经离析，下帷发愤，潜心大业，令后者有所统一，为群儒首"（《汉书·董仲舒传》）。有人把他比之为姜太公和伊尹，认为其功业卓绝，要远远胜过管仲和晏婴："董仲舒有王佐之才，虽伊、吕亡以加，管、晏之属，伯（霸）者之佐，殆不及也"（《汉书·董仲舒传》引刘向之语）。连王充这样的汉代正统思想异端者，对董仲舒也是敬仰有加，喻之为周文王、孔夫子的嫡裔传人："文王之文在仲尼，仲尼之文在仲舒。"

公孙弘与他相比，不仅学术经历要浅薄得多（他"年四十余，乃学《春秋》杂说"，出道晚得多），而且水平更是要略逊一筹，"不如仲舒"。本来这是事实，也无碍于公孙弘做自己的丞相大官，因为学者与政客，毕竟是"两股道上跑的车，走的不是一条道"。但是，他气量极其狭小之性格特征，决定了他根本无法容忍在某些方面有人比自己要强的现实，所以，他妒火中烧，愤恨满腹，《汉书》用"嫉之"简单两字，活灵活现地刻画出他对董仲舒的阴暗心理、仇视态度。

于是，公孙弘开始想方设法，处心积虑地与董仲舒作对为难，必欲置之死地而后快。当时，汉武帝有一位胞兄，爵为胶西王，其人骄横狂悖、凶蛮残忍，把杀人视作小菜一碟，双手沾满了无辜者的鲜血："尤纵恣，数害吏二千石（太守一级的高中层官员）。"于是公孙弘就郑重其事地向汉武帝举荐："独仲舒可使相胶西王。"就是让董仲舒离开中央朝廷，去当胶西王的国相，企图借胶西王的屠刀，取董仲舒颈上的人头。

汉武帝不知就里，还以为是公孙弘为朝廷举贤，尽做丞相的职责，自然是钦此恩准。董仲舒当然也不笨，完全洞悉公孙弘的险恶用心，可是圣意似天，皇命难违，只好强打精神，接旨前往赴任，落得个哑巴吃黄连，有苦说不出。所幸的是，"胶西王闻仲舒大儒，善待之"，还多少有点尊重知识、尊重人才的姿态，没有太为难董仲舒。而董仲舒本人又有自知之明，处处谨慎从事，三缄其口，终于保得首级，最后以"病免"告退，巧妙地挫败了公孙弘借刀杀人的图谋。

从公孙弘对待董仲舒的行为看，公孙弘的的确确是典型的"小人"。具体而言，他因学问逊于人而萌生杀机，足以见得其性格之狭窄残忍；欲借刀于暴戾纵恣的胶西王之手，又足以见其害人手段之阴险毒辣，防不胜防。真称得上是"内行整内行"的行家里手。更加令人叫绝的是，此人十分善于伪装，明明是要置人于死地，却偏偏能装出一副诚心诚意、和蔼热情的样子，"阳与善"，诱使你不经意中松懈警惕，门户洞开，以致深陷绝境，饱尝苦果，轻则下狱，重则丢命。

公孙弘最为高明的一手就是，二王叛乱之后勇于承认自己的错误。淮南王叛乱，最着急的是武帝，因为叛乱的目的很明确，就是取武帝而代之。这时候，宰相作为百官之首，切不可掉以轻心，稍有不慎就会引火上身，因为皇上这时最着急，如果你作为宰相表现不积极，或者说错一句话，就有可能被免职，甚至带来杀身之祸。这时候，公孙弘恰到好处地病了。也许公孙弘真病了，不过真病假病并不重要，关键是把病作为保全自己最好的借口。公孙弘果然了得，他的那番"肺腑之言"令皇上大为感动，非但不怪罪他，反而劝他好好养病，病好了宰相还得接着干。公孙弘这着棋走得太妙了，就因为这着走得好，才使他得以善终，死在宰相任上。

第二节　道德模范，不习文章

【原文】

（一）

卜式，河南人也。以田畜为事。有少弟，弟壮，式脱身出，独取畜羊百余，田宅财物尽与弟。式入山牧，十余年，羊致千余头，买田宅。而弟尽破其产，式辄复分与弟者数矣。

时汉方事匈奴，式上书，愿输家财半助边。上使使问式："欲为官乎？"式曰："自小牧羊，不习仕宦，不愿也。"使者曰："家岂有冤，欲言事乎？"式曰："臣生与人亡所争，邑人贫者贷之，不善者教之，所居，人皆从式，式何故见冤！"使者曰："苟，子何欲？"式曰："天子诛匈奴，愚以为贤者宜死节，有财者宜输之，如此而匈奴可灭也。"使者以闻。上以语丞相弘。弘曰："此非人情。不轨之臣不可以为化而乱法，愿陛下勿许。"上不报，数岁乃置式。式归，复田牧。

（二）

会吕嘉反，式上书曰："臣闻主愧臣死。群臣宜尽死节，其驽下者宜出财以佐军，如是则强国不犯之道也。臣愿与子男及临菑习弩博昌习船者请行之死，以尽臣节。"上贤之，下诏曰："朕闻报德以德，报怨以直。今天下不幸有事，郡县诸侯未有奋锸直道者也。齐相雅行躬耕，随牧畜悉，辄分昆弟，更造，不为利惑。日者北边有兴，上书助官。往年西河岁恶，率齐人入粟。今又首奋，虽未战，可谓义形于内矣。其赐式爵关内侯，黄金四十斤，田十顷，布告天下，使明知之。"

元鼎中，征式代石庆为御史大夫。式既在位，言郡国不便盐铁而船有算，可罢。上由是不说式。明年当封禅，式又不习文章，贬秩为太子太傅，以兒宽代之。式以寿终。

【译文】

（一）

卜式，河南人。以耕种畜牧为业。有小弟，弟长大后，卜式从家中分出居住，只取羊百余只，田宅财物尽给弟弟。卜式在山上牧羊十多年，羊多到千余头，于是便买下田宅。而其弟则倾家荡产，卜式立即又分给弟弟财产，如此有多次。

那时候汉朝正在对匈奴采取军事行动，卜式上书，愿意捐出一些家财帮助边疆。上级（皇帝）派人问卜式："你想做官吗？"卜式说："我自小牧羊，没有学习做官，不想做。"使者说："你家里有冤情，希望说出来吗？"卜式说："我生来跟人没有争斗，同乡的人贫穷，我救济他们；不善良的人，我教育他们，去到哪里，人们都顺从我，我又怎么会有冤情呢？"使者说："那么，你想要什么呢？"卜式说："皇上讨伐匈奴，我认为贤能的人应该以死明节，有钱的人应该捐出来，这样的话匈奴就可以灭掉了。"使者听见了，告诉了丞相弘。弘说："这不是人之常情，不守规矩的臣子不可以用他，使法令混乱，希望陛下不要允许。"皇上不判罪（领情），（囚禁了）几年后放了他。卜式回家，又到田里牧羊了。

（二）

适逢吕嘉造反，卜式上书说："我听说皇帝因为臣子羞愧而死。群臣应该尽力以死明节，才能低下的人应该出财以辅佐军队，这样就是强国都不能侵犯的规律（道理）。我愿意跟儿子到临菑学习弓箭、到博昌县学习开船，同他们请求前往前线，以死来表明臣子全部的气节。"皇帝认为贤能，下诏说："朕听说用德行来报答德行，用正直来回报仇怨。现在天下不幸出事了，郡县诸侯都没有奋力（发扬）正直之道的。齐相（卜式）向来对农事亲力亲为，尽心尽力进行畜牧，常常分给兄弟，再行创业，不为利益迷惑。从前北边有动乱，（他）上书帮助官府，以前西河收成

463

不好，带领齐地的人缴纳粮食。现在又带头参军，虽然未开战，可称得上是（高尚的）道德在内心啊！（内心有高尚的品德。）汉武帝为了表彰他，下诏拜卜式为中郎官，赐爵左庶长，赏田十顷，布告天下，用来使其尊贵显赫，用他的良好品德教育、激励天下人。

元鼎（公元前116—前111）中期，征召卜式代替石庆为御史大夫。卜式上任后，说国家不便盐铁而船有算赋，可以废除。皇上由此不喜欢卜式。元封元年应当封禅，卜式又不擅长写文章，便被贬秩为太子太傅，由儿宽代卜式的职位。卜式最终得享天年。

【评点】

《史记》《汉书》记载了一个忠君爱民的道德模范，名叫卜式。在当时，乃至现代，卜式的所作所为都堪称爱国的典范。史书记载了几个故事。

卜式是河南人（今洛阳附近），以种田、畜牧为业，算是个庄园主家庭。年轻时父母双亡，他含辛茹苦地把年幼的弟弟带大。弟弟长大成人，依法应自立门户。分家产时，卜式把住宅、田地、财物全都分给弟弟，自己只留了一百多只羊。十几年后，他的羊群已发展到上千只，还置办了田产，富甲一方。而他弟弟则败光了家业，沦为贫民。卜式只好用自家的家产，一次次地接济弟弟。

当时，汉王朝与匈奴正在开战，国库空虚，财政紧张。卜式便向朝廷上书，表示愿意捐出一半家产支援前线。那时的富人们为了逃税避税，都在想方设法隐匿财产，卜式的做法让人无法理解。于是，汉武帝便派使者去问卜式："你这样做，是想当官吗？"卜式回答："臣自小种田放牧，不懂得做官的学问，不想当官。"使者又问："难道是家里有什么冤屈，打算上告吗？"回答："臣平生不与人争。对同乡的穷人，我借给他钱粮，帮他渡过难关；对行为不端的人，我尽力教导、矫正他，让他走正道。我居住的乡里，人们都追随我、尊敬我，怎么会有冤屈呢？"使者更奇怪了："那你这样做，到底是为什么？"卜式回答："天子派兵出击匈奴，我认为贤能的人应效命沙场，有钱的人应捐资助战，这样匈奴就可以被消灭了。"汉武帝听了使者的回话以后，问丞相公孙弘此事该如何处理。公孙弘说："这不符合人之常情。朝廷不能因不守常理的人而乱了法度，请陛下不要答应。"此事便没了下文，卜式则继续在乡下放羊种地。（"上不报，数岁乃置式。式归，复田牧。"另一种说法是，皇上领情，因禁了几年后放了他。卜式回家，又到田里牧羊了。）

过了一年，匈奴浑邪王率众归顺汉朝。为了奖励和安置这些匈奴人，朝廷耗资巨大，府库为之一空。转年，赶上天灾，贫民流离失所，全靠政府救济生活。卜式主动拿出二十万钱（相当于一千户农民一年的租税）交给河南太守，用来赈济灾民。官府向朝廷上报富人资助贫民的名册，里面有卜式的名字。汉武帝看到名册，想起从前的事，说："这就是打算捐出一半家产给朝廷的那个人。"于是重赏了卜式。卜式又把皇帝的赏赐悉数捐献给官府。汉武帝认为卜式是忠厚长者，把他召至京师，赐给爵位田地，拜为中郎。并诏告天下，让天下百姓都来学习他。

开始，卜式不愿进京为官。汉武帝就说："我在上林苑里养了很多羊，请你去管理它们。"卜式这才答应进京。当了郎官的卜式，穿着布衣草鞋，整日在上林苑牧羊。一年过去，他饲养的羊不仅膘肥体壮，而且种群也繁衍增多了。武帝看了称赞不已，询问其中的窍门。卜式说："不仅是放羊，治理百姓也是这样。按照天然习性管理他们，清除不良之徒，不让他祸害种群。"汉武帝觉得有道理，对他的话很惊奇，就尝试着让他做地方官。卜式把地方治理得井井有条，得到百姓赞誉。武帝觉得卜式质朴、忠厚的品德很难得，就拜他为齐王太傅，后又提拔他做了齐国相。

不久，南粤吕嘉造反，朝廷准备发兵平叛。卜式主动上书请战，要求带领儿子和齐国训练的善射、习船的健儿到军前效力。武帝非常高兴，封他为关内侯，赐黄金田地，并布告天下，欲使天下之人效仿。元鼎五年（前112），任命卜式为御史大夫（副宰相）。

卜式在中央任职期间，发现朝廷施行的盐铁官营、（向商人）征收车船税、运输等财政措施存在种种弊端，损害了老百姓的利益，便大胆提出反对意见。因这些政策都是汉武帝首肯的，卜式公开提出不同意见，引起了汉武帝的不满。元封元年（前110），朝廷议封泰山，卜式不擅长文章典故，态度不积极，被贬为太子太傅，从此淡出了人们的视野。史料对卜式的记载就这么几件事，从中我们不难看出卜式的为人。

根据历史记载分析，卜式虽父母早亡，但家有田宅牲畜，羊至百数，是个小康之家。由此推断，他应该受过比较正规的教育，至少算得上半个读书人。从出身背景看，早期的卜姓大都出自卜人（卜筮官）世家，而卜人本身就是通晓历史典故的知识分子。卜式家居河南，地处三晋，或许他是孔子弟子卜商（子夏，曾居西河）之后，班固著《汉书》，将卜式与同期的大儒公孙弘、兒宽合传。公孙弘通《春秋》，兒宽治《尚书》，二人均以儒学知名。卜式的行事风格和价值取向应属儒家无疑。

汉武帝是把卜式作为忠君爱国的道德模范来树立的。所以，卜式的善举总是被"布告天下"，希望天下百姓乃至王侯将相、达官贵人都来效仿。但是，汉武帝的正面引导总是得不到他所期望的回应，因而他不得不使出一些阴损招数来聚敛财富，推行新政。如发行皮币向诸侯王圈钱，借酎金事件废黜106个诸侯，颁布告缗令打击偷税避税的商贾大户和中产阶级。卜式的想法其实很简单：国家有难，身为臣子理应有钱出钱，有力出力。但是，这种质朴、率真的品性在社会上是难得一见的。司马迁说："天下熙熙，皆为利来；天下攘攘，皆为利往。"（语出《史记·货殖列传》）用现在的说法是"无利不起早"。没有好处的事情，谁干？付出不图回报，谁信？这种建立在追名逐利基础之上的思维方式，从遥远的古代一直流传至今。所以，一心行善的陈光标总是被人们误解、质疑！

更为难能可贵的是，走入官场的卜式，并没有染上绝大多数官僚都无法避免的官场病：对上阿谀逢迎，处世明哲保身。他不仅在治理地方时，表现出一定的政治才干，更是在进入国家最高领导层后（位列三公），依然保持着质朴、率真的秉性。对盐铁官营、车船税、运输等财政措施存在的弊端，别的大臣未始不知。但是，这些措施是当朝炙手可热的宠臣张汤、桑弘羊等倡导实施的，汉武帝是他们最大的后台。卜式对这些措施公开异议（某些观点今天看来，仍不无道理），明摆着会引火上身。封禅泰山耗费巨资，导致天下骚动，本是好大喜功的汉武帝的旨意。多少人期望借泰山之力得到好处，太史令司马谈竟因不能参与封禅大典，忧愤而亡。卜式即使"不习文章"，以他位列三公的地位，随便找个"经学博士"代拟一份"锦绣文章"，说不定能带来偌大好处，卜式"不习文章"，其意自明。

第三节　体国恤民，功勋卓著

【原文】

宽为人温良，有廉知自将，善属文，然懦于武，口弗能发明也。时张汤为廷尉，廷尉府尽用文史法律之吏，而宽以儒生在其间，见谓不习事，不署曹，除为从史，之北地视畜数年。还至府，上畜簿，会廷尉时有疑奏，已再见却矣，掾史莫知所为。宽为言其意，掾史因使宽为奏。奏成，读之皆服，以白廷尉汤。汤大惊，召宽与语，乃奇其材，以为掾。上宽所作奏，即时得可。异日，汤见上。问曰："前奏非俗吏所及，谁为之者？"汤言兒宽。上曰："吾固闻之久矣。"汤由是乡学，以宽为奏谳掾，以古法义决疑狱，甚重之。及汤为御史大夫，以宽为掾，举侍御史。见上，语经学，上说之，从问《尚书》一篇。擢为中大夫，迁左内史。

宽既治民，劝农业，缓刑罚，理狱讼，卑体下士，务在于得人心；择用仁厚士，推情与下，不求名声，吏民大信爱之。宽表奏开六辅渠，定水令以广溉田。收租税，时裁阔狭，与民相假贷，以故租多不入。后有军发，左内史以负租课殿，当免。民闻当免，皆恐失之，大家牛车，小家担负，输租繈属不绝，课更以最。上由此愈奇宽。

【译文】

兒宽为人温良，有清廉智慧，能自卫，善于文章，武功柔弱，口不能开发陈述（不善言辞）。当时张汤任廷尉，廷尉府尽用文史法律之吏，而兒宽以儒生的身份处于其间，表现出不懂事理，不能做下等官吏，被任为从史，前往北地看守牲畜数年。回到府山，上报牲畜簿册。正遇廷尉碰到疑难奏章，已经多次退回，属吏不知如何是好。兒宽对他讲明写法，属吏便让兒宽写奏书。奏成，大家读了都十分佩服，告诉廷尉张汤。张汤大惊，召兒宽交谈，便赏识其才，任为掾（原为佐助的意思，后为副官佐或官署属员的通称）。上报兒宽所做奏书，即时许可。次日，张汤见皇上。问道："上次奏书非一般小吏所能做到的，是谁做的？"张汤说是兒宽。皇上说："我本来早就听说他了。"张汤从此向往学问，让兒宽任上奏案件的属官，用古法律之义判决疑难案件，很受重用。到张汤任御史大夫，任兒宽为属官，提拔任侍御史。见皇上，谈经学。皇上喜悦，又问《尚书》一篇。提升为中大夫，提拔为左内史。

兒宽任治民职务之后，劝导农耕，减缓刑罚，治理狱讼，谦恭下士，致力于取得人心；择用仁厚之士，推求人情对待下属，不求名声，吏民极为信爱。兒宽表奏开六辅渠，定治水条令以扩大灌溉田地。收租税，根据季节收成裁定，不急征收，借贷与民，因此租多不入库。后有军役征发，左内史以欠租课名列最后，当免官。百姓听说他将被免官，都怕失去兒宽，大家出牛车，小家担挑，运送租粮的接连不断，交租税居首。皇上由此更加惊奇兒宽的才干。

【评点】

兒宽小时候勤奋好学，又很聪敏，所以学识日渐增长。后来专门研究《尚书》，并拜欧阳生为师。欧阳生也是千乘县人，是西汉今文尚书学——"欧阳学"的开创者。由于兒宽在研读《尚书》方面有一定造诣，被西汉的郡国（郡和诸侯国，同为西汉地方高级行政区划）选拔为博士。"博士"是古代学官名，武帝以后专门传授经学。兒宽担任博士后，又曾投到西汉大经学家、对《尚书》很有研究的孔安国门下，进一步研究尚书学。

不过，兒宽的家庭很贫穷，没有多余的钱财供他研究学问，兒宽只好自力更生，外出打工，维持学业。他曾给孔安国的弟子们当厨工做饭，还曾经被雇佣去耕田种地。他带着经书到农田里，每当休息的时候，就坐在田地旁认真地研读经书。因此，他的经书越读越精，经考试他做了掌故（汉代官名，掌管礼乐制度等旧事惯例），后来又当了掌管刑狱部门的一个小官吏。

　　兒宽待人谦虚温和，从不骄横自傲，而且廉洁不贪，秉公办事。由于他性情柔弱，缺少勇猛无畏的气势，也不善言辞，别人认为他是个懦弱书生，干不成什么大事业。

　　兒宽当小官吏的时候，其上司叫张汤，身为廷尉（官名，掌刑狱，为九卿之一）。张汤所在的廷尉府，更多的是使用那些懂得法律、刑狱的官吏。兒宽以儒生的身份在其中供职，没有分配好，专业不对口，不是搞法律的，自然不熟悉刑狱的门道，不懂得在衙署应做些什么事。张汤只好派他到北地管理牛羊。这一去达数年之久，积累了不少实际经验。

　　后来，兒宽回到了廷尉府，根据实际感受写了自己如何管理牛羊的文章，报告给张汤。恰巧这时，张汤审理一个重大案件，向朝廷写了材料，报告情况。武帝看了奏文，认为有关这个案件的许多问题没有讲清楚，便把材料退了回来，要求重写。廷尉府的官吏不知怎么写为好，正为此事弄得愁眉不展。

　　兒宽详细了解了这个案件的情况，向廷尉府起草文件的官吏诉说了自己的看法，并提出应该如何写这个奏章。官吏们一听，觉得兒宽讲得很有道理，就委托他来起草这个奏章。

　　兒宽是个很有文才的儒生，又经过实际的锻炼，增长了才干，因此他很快便写出了这份奏章。官吏们读了，个个称赞不已，非常敬佩他。于是，他们把他的情况和奏章，报告给了张汤。

　　张汤看了兒宽的奏章，同样折服于他的才能，于是召见，询问他许多关于刑狱和写文章方面的问题，兒宽对答如流，处处讲得有道理。张汤很赏识他的文采和能力，便让他做廷尉府椽吏一类的官。可见，机会总是给有准备的人，苦读十年寒窗，没有白读。

　　张汤把兒宽所撰写的奏章，呈给汉武帝，武帝阅后准奏。

　　过了几天，武帝召见张汤，问道："你所递奏章，绝不是一般官吏所能撰写出来的，不知出自哪一位高手？"

　　张汤回答："是本府兒宽所写。"

　　武帝说："朕对兒宽的文采和名声早有所闻。"

　　由于兒宽的奏章写得好，受到武帝的赞许，张汤便委任他为专门草拟刑狱诉讼文件的刑法官吏，按春秋古法的标准判决案犯。从此，兒宽在廷尉府中很受张汤重用，办了不少刑案，伸张正义，惩处奸邪，令贪官污吏胆战心惊。

后来，张汤擢升御史大夫，兒宽被提拔为椽吏，又升为侍御史。

有一次，汉武帝召见兒宽，君臣之间谈论经学。兒宽主张应该以儒学治天下，他的高谈阔论，让汉武帝很喜悦。汉武帝还专门就《尚书》中的内容，与兒宽切磋学问，君臣之间谈得十分投机。这以后，兒宽晋升中大夫，调迁为左内史。

兒宽在任上，很有治国安民的办法。他规劝农民要勤奋耕作，大力发展农业。他认为有了粮食，就可避免因饥荒造成的社会动荡。在法制方面，他对诉讼案件认真审理，秉公断案，从来不乱用刑法，以避免冤案。他说："要体恤人们的疾苦和灾难，为官清明才能得到民心的支持。要选择善良宽厚之士做官，关心自己的下属。这样做，就会得到官吏与百姓的拥护。"

兒宽曾向武帝上奏章，建议在已有的郑国渠的上游南岸，开挖六道支渠，以灌溉周围的土地，发展农业。兒宽的建议被批准实施，后世还留下六渠的遗迹。他还主张，应该制定水利法，以保障农民依法灌溉土地。

兒宽的确是一位体国恤民的勤政官吏。他看到一些贫困百姓在青黄不接的季节，生活无法维持，难以从事农业生产。为了解决农民的困难，就借贷与民，并且还减少农民的田租赋税。不久，朝廷考核官吏，兒宽因把粮食借贷给老百姓，并且收入的田租又少，考核官认为他的政绩太差，为国家的贡献小，就要免去他的官职。

当地的老百姓知道了这一情况，甚怕他离去，于是争先恐后地为官府交租。当时，有的赶着牛车，有的肩挑重担，送粮的道上络绎不绝。结果，上交的粮食很快超过了收租的限额。由于兒宽很得民心，受到广大百姓的支持和保护，结果他的官职没有丢掉。

汉武帝知道了老百姓拥护兒宽的情况后，就对他更加宠信。

兒宽后任御史大夫，武帝又命他编写新历法。他接受任务后，感到这件事情意义大、责任重，就和史学家司马迁、天文学家落下闳等合作，共同编写《太初历》。《太初历》修成后，于武帝太初元年（前104）使用，用到汉章帝元和二年（85）。《太初历》是我国历史上第一部比较完整的历法，也是我国历法史上的第一次大改革，对社会发展有着巨大的作用。《太初历》以正月为岁首，首次把有利于农时的二十四节气编入历法，促进了农业的发展，直到今天仍可供参考。《太初历》的创制，有着兒宽的智慧和功绩。

第三十七章 《汉书》卷五十九 张汤传 第二十九

排除异己，被冤自杀

【原文】

汤为御史大夫七岁，败。

河东人李文，故尝与汤有隙，已而为御史中丞，荐数从中文事有可以伤汤者，不能为地。汤有所爱史鲁谒居，知汤弗平，使人上飞变告文奸事，事下汤，汤治论杀文，而汤心知谒居为之。上问："变事从迹安起？"汤阳惊曰："此殆文故人怨之。"谒居病卧间里主人，汤自往视病，为谒居摩足，赵国以冶铸为业，王数讼铁官事，汤常排赵王。赵王求汤阴事。谒居尝案赵王，赵王怨之，并上书告："汤大臣也，史谒居有病，汤至为摩足，疑与为大奸。"事下延尉。谒居病死，事连其弟，弟系导官。汤亦治它囚导官，见谒居弟，欲阴为之，而阳不省。谒居弟不知而怨汤，使人上书，告汤与谒居谋，共变李文。事下减宣。宣尝与汤有隙，及得此事，穷竟其事，未奏也。会人有盗发孝文园瘗钱，丞相青翟朝，与汤约俱谢，至前，汤念独丞相以四时行园，当谢，汤无与也，不谢。丞相谢，上使御史案其事。汤欲致其文丞相见知，丞相患之。三长史皆害汤，欲陷之。

始，长史朱买臣素怨汤，语在其传。王朝，齐人，以术至右内史。边通学短长，刚暴人也。官至济南相。故皆居汤右，已而失官，守长史，诎体于汤。汤数行丞相事，知此三长史素贵，常陵折之。故三长史合谋曰："始汤约与君谢，已而卖君；今欲劾君以宗庙事，此欲代君耳。吾知汤阴事。"使吏捕案汤左田信等，曰汤且欲为请奏，信辄先知之，居物致富，与汤分之。及它奸事。事辞颇闻。上问汤曰："吾所为，贾人辄知，益居其物，是类有以吾谋告之者。"汤不谢，又阳惊曰："固宜有。"减宣亦奏谒居事。上以汤怀诈面欺，使使八辈簿责汤。汤具自道无此，不服。于是上使赵禹责汤。禹至，让汤曰："君何不知分也！君所治，夷灭者几何人矣！今人言君皆有状，天子重致君狱，欲令君自为计，何多以对为？"汤乃为书谢曰："汤无尺寸之功，起刀笔吏，陛下幸致位三公，无以塞责。然谋陷汤者，三长史也。"遂自杀。

汤死，家产直不过五百金，皆所得奉赐，无它嬴。昆弟诸子欲厚葬汤，汤母曰："汤为天子大臣，被恶言而死，何厚葬为！"载以牛车，有棺而无椁。上闻之，曰："非此母不生此子。"乃尽按诛三长史。丞相青翟自杀。出田信。上惜汤，复稍进其子安世。

【译文】

张汤担任御史大夫七年，垮台了。

河东人李文曾经跟张汤有嫌隙，后来担任了御史中丞，多次从宫廷文书内容发现可以用来害张汤的问题，不给他留一点余地。张汤有个喜爱的属吏叫鲁谒居，知道张汤为此愤愤不平，指使一个人上紧急奏章告发李文的坏事。这事下交张汤处理，张汤审理判决杀掉了李文，而张汤内心知道这事是鲁谒居干的。皇上问道："上书告发紧急事件的线索是怎样发生的？"张汤假装惊奇地说："这大概是李文的熟人怨恨他。"后来鲁谒居患病躺在乡村的房东家里，张汤亲自前往探望病情，替谒居按摩腿脚。赵国人以冶炼铸造为职业，赵王多次为政府设置铁官的事打官司，张汤常常打击赵王。赵王寻求张汤不想让人知道的事。鲁谒居曾经检举赵王，赵王怨恨他，于是一并上书告发："张汤是大臣，小吏鲁谒居有病，张汤竟至于给他按摩腿脚，怀疑他和鲁谒居一起干了大坏事。"这事下交廷尉处理。鲁谒居病死了，问题牵连到他的弟弟，他的弟弟被关押在导官署。张汤也到导官署审理别的囚犯，看见了鲁谒居的弟弟，想暗地里帮他的忙，而假装不理睬他。鲁谒居的弟弟不懂事，怨恨张汤，派人上书告发张汤和鲁谒居密谋，共同告发李文。遣事下交减宣处理。减宣曾经和张汤有隔阂，等到他接受这件事，把这件事追查得水落石出，没有上奏。恰逢有人偷挖汉文帝陵墓埋的殉葬钱，丞相青翟上朝，跟张汤约定一起谢罪，到了皇上面前，张汤想到只有丞相按四季巡视陵园，应当谢罪，与我没有干系，就没有谢罪。丞相谢罪后，皇上派御史查办这件事。张汤要按知情故纵的条款处理丞相，丞相忧虑这件事。丞相手下三个长史都忌恨张汤，想要陷害他。

起初，长史朱买臣向来怨恨张汤，事见《朱买臣传》。王朝是齐地人，凭儒学做到右内史。边通学纵横捭阖术，是个刚强暴烈的粗汉子，官至济南国相。他们从前地位都在张汤之上，不久丢了官，代理长史，委屈服侍张汤。张汤多次兼理丞相职务，知道这三个长史一向骄贵，就时常欺侮压抑他们。因此三个长史一起谋划说："起初张汤相约跟丞相向皇上谢罪，接着又出卖丞相；如今想要拿祖宗的事来弹劾丞相，这是想取代丞相罢了。我们知道张汤的隐秘勾当。"于是派法官逮捕审查张汤的属下田信等人，说张汤将要奏请皇上，田信常常先知道那些事，因而囤积物资发了财，与张汤分赃，以及其他坏事。有关这些事情的供词很多都传播开来。皇上问张汤道："我所做的一些事，商人们常常预先知道，越发囤积那些物资，这好像有人把我的打算事先告诉了他们似的。"张汤不谢罪，又假装惊讶道："好像有。"这时减宣也上奏关于鲁谒居的事情。皇帝果真认为张汤心怀奸诈，当面撒谎，派八批使者按文书所列罪状逐一责问张汤。张汤都自称没有这回事，拒不交代。于是皇上派赵禹责问张荡。赵禹来到，斥责张汤说："您怎么不识身份！您办理案件灭门绝族的有多少人家了！现在人家说您的问题都有具体情状，天子很不愿意让您入狱，想让您自己想办法，何必多对证呢？"张汤于是写报告说："我没有些微的功劳，出身文书小吏，陛下宠幸让我担任三公，没有办法补救罪责。然而策划罪名陷害我的，是三个长史。"便自杀了。

张汤死后，家产价值不超过五百金，都是所得俸禄和赏赐，没有别的家业。兄弟们和儿子们想要隆重地安葬张汤，张汤的母亲说："张汤作为天子的大臣，遭受恶语污蔑而死，怎么能隆重地安葬呢！"于是用牛车装载尸体，有内棺而无外椁。皇帝听到这件事，说道："不是这样的母亲不能生出这样的儿子。"于是追究杀掉了三个长史。丞相青翟自杀了。从狱中放出田信。皇上怜惜张汤，又不断地提拔他的儿子张安世。

【评点】

赵王刘彭祖以精通法律，擅长商贸著称，在那个时代来说，是一个优秀的企业家；他又以阴险狡诈著称，他曾告过汉帝的两个大臣，一个是主父偃，一个是张汤，最终都导致了被告的死亡。但我们发现他每次告状都是一些小罪，是罪不至死的，比如告主父偃受贿，这不是死罪，告张汤与鲁谒居关系亲密，疑有大奸（大阴谋），这些都不是死罪。而且他的本意也不一定要置被告于死地，但是为什么这些被告偏偏就死了呢？

鲁谒居是张汤的心腹官吏。一次，鲁谒居生了病，当时身为御史大夫的张汤亲自去看他，甚至为他按摩（为谒居摩足）。这件事情被赵王刘彭祖知道了，赵王因为铁矿开采与冶铸的事情，经常产生纠纷诉讼，但总是受到张汤的排斥，所以心里一直郁闷，于是就逮住这个机会，上书告状。其实他告这个状，有点莫须有的味道，仅仅是怀疑，怎么能够确定张汤犯了什么罪呢？作为被告，鲁谒居病死后，他的弟弟被抓了起来，等候审讯，本来如果不能确定是什么"大奸"事，以张汤的地位和能耐，鲁弟弟会很快获释，一切会风平浪静，但没想到节外生枝，出了点意外。

赵王只是随意地撞了一下钟，但没想到居然撞响了。原来张汤与鲁谒居之间，果然埋藏着阴谋，张汤与鲁谒居曾经联手制造了冤案——李文冤案。李文是河东郡人，官拜御史中丞（仅次于御史大夫的官职）。李文和张汤两人关系极差，李文常常不按张汤的指示办事，且处处跟他作对，抓他的小辫子，总想扳倒他。于是张汤的心腹官吏鲁谒居就派人告李文的状，落到张汤手里，张汤就借故把他处死了。后来汉武帝问起，张汤实知是鲁谒居所为，却说那是因为李文的故人跟他有仇，告的这个状。这摆明了是个冤案，竟不了了之。再加上鲁谒居病死后，更是死无对证，但没想到的是鲁谒居的弟弟把整件事情供了出来。

原来鲁谒居的弟弟被抓起来后，本希望通过张汤的关系得到赦免，当时正遇到张汤因其他案子在监狱中露面，但对他看都不看一眼。于是心怀怨恨，就和盘托出了。而这件案子移交到了张汤的一个不友好的同事减宣的手中。减宣跟张汤本就有过节，所以就深入调查，只是暂时没有上奏。不过李文冤案只是张汤制造的众多冤案的一个而已。如果仅以此案，张汤未必就会被处死刑，接下来的一件事情，则是致命的。

就在减宣还在加紧办案的时候，又发生了另一件事，有人"盗发孝文园瘗钱"。皇帝爷爷的陵寝被盗，这在帝王时代可不是一件小事。对陵园建筑或其他部分有所损伤都是要被处死的，更何况盗墓。于是丞相庄青翟约张汤一起向皇帝请罪。这本是三公分内之事，但没想到了皇帝面前，张汤突然变卦，结果丞相请了罪，张汤却没有请罪。不仅如此，他还趁机落井下石，想借此机会扳倒丞相。本来现任丞相只是"充位而已"，天下事皆决于汤，但是张汤希望有一个正当的名分，如果庄青翟倒了，这个位置不是他的，还会是谁的呢？

丞相非常惊恐，丞相手下的三个长史（部长级高官）本来就看不惯张汤，于是纷纷为丞相出谋划策。

这三个长史，一个是会稽人朱买臣，曾经跟庄助都是汉武帝身边的红人，高级参谋。那时张汤还不过是个小官，对朱买臣等人是毕恭毕敬的。后来张汤做了廷尉后，治淮南狱时，强烈要求处死跟淮南案有牵连的庄助和伍被，本来这两人是汉武帝准备赦免的，但张汤强烈要求处死他们，于是庄助就被处死了。庄助是朱买臣的好朋友，对买臣有举荐之恩，所以从那以后朱买臣对张汤就怀恨在心。后来张汤做了御史大夫，朱买臣宦海沉浮，沦落为丞相府的长史，这一地位倒置后，张汤对朱买臣经常无礼，买臣对他更加怨恨，常常想找机会弄死张汤。另外两个长史王朝、边通都曾多次受张汤欺辱。于是丞相府的人结成了倒汤阵营，他们将怎样对付张汤呢？

他们抓住了张汤的一个心腹田信。告张汤私自泄露国家商业机密，囤积国家紧缺物资，参与分赃。还有其他一些坏事。皇帝听说后，当面质问张汤："我所制定的政策，商人们都先知道了，是有人预先告诉他们的吧？"张汤听后不请罪，后来又假装不知道，说"恐怕是有的吧"。这个时候，减宣也上奏了李文冤案等事，更加坐实了张汤的怀诈面欺。于是皇上派出很多使者去审讯他，但张汤总是抵赖。

最后，武帝派跟张汤齐名的酷吏赵禹去责备他。赵禹就把话挑明了："你怎么这么不知道天高地厚？你所制造的冤案还少吗？不知枉杀了多少人，现在别人都是有证据的，你罪状确凿，圣上多次派人审讯你，只是想让你自行了断，你又何必一再狡辩呢？"于是张汤就自杀了。自杀前张汤给皇帝上了一道谢罪书。他说："汤无尺寸之功，起刀笔吏，陛下幸致为三公，无以塞责。然谋陷汤者，三长史也。"

张汤之死，从赵禹的话看，是皇帝要他死，因为他罪行太多，罪大恶极，已经到了纸包不住火的时候。但皇帝在给他台阶下，让他自行了断，而不是像主父偃一样族诛，这可以看出汉武帝还是足够照顾他的。从张汤的上书看，他认为是三长史陷害他，要他死。其实他最大的死因，一方面在树敌太多，但最根本的，还是他跟汉武帝争利，并且当面欺骗汉武帝，引起了汉武帝的极端不满，在他之前丞相李蔡就是因为霸占良田被问罪而死的。所以汉武帝才下决心要治他的罪，一再派使者来审讯他。张汤之所以不自杀，其实抱了一线侥幸的心理，没想到被赵禹直接点破了。那他就不得不退而求其次，就是临死也要找个垫背的，他没有找减宣等人，而是把目标锁定在三长史的身上。因为三长史的证据对他来说才是最致命的，而且皇帝也能够答应他的请求。特别是张汤的母亲坚持薄葬来要挟朝廷，最终使得三长史伏诛，丞相庄青翟自杀。这是一场统治阶级内部互相倾轧的斗争，最终是鱼死网破的下场，但汉武帝总是赢家。张汤之死正如主父偃的死一样，是为了缓和中央与藩国的矛盾以及当时的主要经济矛盾而做出的牺牲。不诛张汤，无以谢天下。张汤的淮南大案，导致了淮南、衡山、江都等藩国的撤销。赵王的出手无疑代表着藩国对中央的一次反抗，当然他的力量也是比较微弱的，他的告状也并不具备致命的杀伤力。但他的反抗表达了当时藩国对中央政策的声音。这是一个信号，汉武帝敏锐地捕捉了这种信号，然后果断地做出了处理。

当然，对张汤最致命的一击，在于朱买臣等人的举报。这次举报使张汤的奸诈完全暴露出来，而朱买臣之所以这样做，跟汲黯的反对是完全不同的。汲黯是出于对朝廷的忠诚，而朱买臣是出于对朋友的情义。他的朋友庄助，死在张汤的代表作"淮南大案"中，所以，即使张汤是大忠臣大贤人，恐怕朱买臣也会对他痛下杀手。

第三十八章 《汉书》卷六十 杜周传 第三十

酷吏至酷，迎合帝意

【原文】

杜周，南阳杜衍人也。义纵为南阳太守，以周为爪牙，荐之张汤，为廷尉史。使案边失亡，所论杀甚多。奏事中意，任用，与减宣更为中丞者十余岁。

周少言重迟，而内深次骨。宣为左内史，周为廷尉，其治大抵放张汤，而善候司。上所欲挤者，因而陷之；上所欲释，久系待问而微见其冤状。客有谓周曰："君为天下决平，不循三尺法，专以人主意指为狱，狱者固如是乎？"周曰："三尺安出哉？前主所是著为律，后主所是疏为令；当时为是，何古之法乎？"

至周为廷尉，诏狱亦益多矣。二千石系者新故相因，不减百余人。郡吏大府举之廷尉，一岁至千余章。章大者连逮证案数百，小者数十人；远者数千里，近者数百里。会狱，吏因责如章告劾，不服，以掠笞定之。于是闻有逮证，皆亡匿。狱久者至更数赦十余岁而相告言，大氏尽诋以不道，以上延尉及中都官，诏狱逮至六七万人，吏所增加十有余万。

周中废，后为执金吾，逐捕桑弘羊、卫皇后昆弟子刻深，上以为尽力无私，迁为御史大夫。

始周为廷史，有一马，及久任事，列三公，而两子夹河为郡守，家訾累巨万矣。治皆酷暴，唯少子延年行宽厚云。

【译文】

杜周，南阳郡杜衍县人。义纵担任南阳郡太守时，把他当作得力助手，后来推荐给张汤，担任廷尉史。派遣他查办边境郡县的损失情况，判罪处决的人很多。上奏的事情合乎皇上的心意，受到信任，与减宣相互接替，先后担任中丞十几年。

杜周寡言少语，性情缓慢，但内心严酷。减宣担任左内史，杜周担任廷尉，他的治理大多仿效张汤而善于窥察皇上的意图。皇上想要排除的，就顺势陷害他；皇上想要宽恕的，让他长久在狱中待审，并暗中察访，显露他的冤情。门客中有人责备杜周说："您替天子判决案件，不遵循既定的法律，专门按照君主的意旨办理案件，司法官吏应该是这样吗？"杜周说："法令怎么产生的呢？从前君主认为正确的就制定成为法律，后来的君主认为正确的就写下来成为法令；适合当时情况就是正确的，何必运用过去的法律呢？"

到杜周担任廷尉，皇帝交办的案件也更加多了。二千石官吏被关押的新旧相连，不少于一百多人。郡太守、丞相和御史府的案件都送交廷尉，一年达到一千多个案件。一个大案件牵连逮捕证人数百，小案件数十；这些人远的有数千里，近的有数百里。会审时，法官便责成这些人按照起诉书来认罪，不服罪，则严刑拷打逼供定罪。当时人们一听到要逮捕人的消息，都逃跑或躲藏起来。案件拖得久的历经几次大赦，为时十多年还会被告发，大致都用"不道"以上的罪名加以诬陷。廷尉和京师各官府的监狱关押到的罪犯六七万人，一般官吏所增加的罪犯多达十万多人。

杜周中途被废黜，后来担任执金吾（执金吾，秦汉时率禁兵保卫京城和宫城的官员），追捕盗贼，逮捕审理桑弘羊和卫皇后兄弟的儿子苛刻阴狠，皇帝认为他办事尽力没有私心，升任御史大夫。

杜周起初担任廷尉史，（家中）只有一匹马。等到他自己做官日子久了，升到三公的位置，两个儿子一是河内郡守，一是河南郡守，家财累计上亿。办案都很酷暴，只有少子延年为人宽厚。

【评点】

在史籍记载上，凡是处事办案苛刻、尽力陷人重罪的都称为"酷吏"。但名列史籍《酷吏传》的实际上可以分为两大类：一类是敢于搏击豪强、一心维护法律的真正法官；还有一类则是和张汤一样，一贯依照皇帝意旨迫害良善的鹰犬。

张汤的继任者杜周，就是历史上有名的迎合皇帝意旨办案的法官。

酷吏培养出的酷吏

杜周是南阳人，先是在南阳地方官府里做小吏。后来南阳来了一位名叫义纵的著名酷吏当太守，挑选了杜周等几个本地的书吏做帮手，大力打击本地的土豪势力。

南阳当地有个著名的豪强甯氏家族，横行不法，在本地的号召力比太守还要强。原来这个家族的头目甯成，曾经在汉景帝时担任过主管京师地区警戒治安的中尉，与朝廷贵族集团有很大的恩怨。汉武帝即位后，甯成被贵族陷害，受到"髡钳城旦舂"（剃光头发胡须、在脖子上锁上六斤重的铁钳为政府服苦役）的刑罚。而习惯上九卿一级的官员有罪，要么直接处死，要么主动自杀，没有判处这样侮辱性的刑罚的。甯成为此大怒，自己解脱了铁钳，逃回南阳老家说："官职不至二千石（郡守、九卿的级别），资产不至几千万，还可以和人比吗？"他巧取豪夺了几千顷土地，役使几千家贫民为他耕种，很快发家致富。后来朝廷大赦，他原来的罪名和脱逃罪名都被赦免，汉武帝一度还想请他重新担任郡守，但在朝廷讨论时，他的一些老对头都反对，说让这个人做地方官就如同是让老狼放羊。于是汉武帝只好派甯成去当看守函谷关的关都尉。这是一个县级的官职，但是地位很重要，扼守关中地区通往山东各郡的路口。甯成到职后照样作威作福，欺凌过关的官员百姓，以至于过往的客商都传言："宁可看见母老虎发威，也不要见到甯成发火。"义纵出任南阳太守，过关的时候，甯成虽然也出来迎接，可是侧着身子，一副桀骜不驯的样子，为此义纵怀恨在心。

义纵在南阳布置了杜周等人百般调查，搞清了甯氏家族的种种罪恶，一举将甯氏家族的人全部逮捕问罪，全部加上死罪罪名处死。甯成被牵连，也被处死。当地另外两个大族孔氏和暴氏也一起被镇压。

杜周在义纵的这些镇压活动中起了很大的作用。义纵觉得杜周办事严密，没有漏洞，就把他当作人才推荐到朝廷的廷尉府为书吏，在当时廷尉张汤手下当了廷尉史。张汤派他去边疆处治逃亡案件，他判决了一大批死刑案件，上报给张汤，张汤很满意，觉得这个书吏不简单，于是又向汉武帝推荐，把杜周调到汉武帝直接指挥的御史部门办案。

成为皇帝的鹰犬

杜周这个人不爱多说话，看上去一副忠厚的样子，实际上他为人刻薄。他被汉武帝任命为御史中丞，长期办理皇帝交办的案件，在汉武帝身边工作了十多年，深得汉武帝的信任。

公元前119年，为了筹措军费，以及加强朝廷财政实力，汉武帝制定了"缗钱令"，向商人及"中产之家"征收特别税。凡是商人、子钱家（高利贷者）交易额超过缗钱两千的，都必须按照每两千钱缴纳一算（一百二十钱）的比例纳税；一辆载人轻型马车，或者是一条长度超过五丈的船只，也都要缴纳一算，而商人的马车都要缴纳二算。这个法令起先没有严格执行，过了两年，汉武帝派了一个叫杨可的专员来负责这项税收，并宣布鼓励告发偷税漏税，被告发者的财产全部没收归官，本人判处"戍边"一年刑罚，而告发者可以获得没收财产的一半作为赏金。这个法令称之为"告缗"，还特意从朝廷派出御史、廷尉府官吏到各地专门主持"告缗"，杜周就被指定专门办理此类案件。

这个"告缗"法令煽动民间互相揭发，利用了人类最黑暗的心理。广大中产者饱受打击，被告发的人到了杜周这里，几乎没有人能够平反。而朝廷获得了数以亿计的钱和数以千万计的奴婢，大的县得到了没收来的数百顷的土地和住宅，小的县也有百余顷。"商贾中家以上大率破"，社会经济受到重大打击，而朝廷官府的收入则大为改观。

张汤出事后，杜周转任廷尉。他按照张汤的传统办案，而且比张汤更善于窥测汉武帝的心思。汉武帝想要治罪的，他就千方百计地加以陷害；汉武帝想宽大处理的，他就把嫌疑人长期关押，然后逐渐说明那个人的冤枉。

杜周得到汉武帝的高度信任。他当了廷尉后，汉武帝改变了原来的惯例，凡是皇帝交办的案件——诏狱，都直接交给廷尉来承办，不再像过去那样，先交给侍御史、御史中丞之类的皇帝特使专案专办，最后才交给廷尉来判刑。诏狱案件的范围也越来越大。汉武帝为了加强集权，着力打击老臣旧贵，杜周管理的廷尉监狱里经常关押上百名"二千石"（地方郡守、朝廷九卿一级）以上的官员，这些人的生死全都凭杜周揣测汉武帝的心思来决定，杜周可谓权势通天。

有关律令的诡辩

由于杜周在廷尉任上老是逢迎皇帝，不按照法律办事，在当时高度重视法律的社会背景下，他的这种做法引起很多人不满。有人当面指责他说："你身为天下持平的廷尉，却不按照三尺法（秦汉时法律写在三尺长的竹木简上，因此号为三尺法），专门以皇帝的意旨来办案，办案难道应该是这样的吗？"杜周却说："三尺法是哪里来的？以前皇帝颁布的叫作'律'，当今皇帝颁布的叫作'令'；只要是皇帝的意思，就是法律，哪里有什么一成不变的法令？"杜周以为皇帝就是法律，一人说了算。

中国古代的法律称呼在春秋以前一般称为"刑"，到了春秋时期一般称为"法"，到了商鞅在秦国主持变法时，为了强调法律的神圣性质，"改法为律"，将朝廷制定的成文法典的名称从"法"改称为"律"。律字的右半部分"聿"原为右手持竖笛的象形，由于竖笛很可能是人类最早制造的乐器（目前年代最早的为湖北出土的约九千年前的骨笛），很早以前就用于为所有其他乐器确定音调，"聿"字的原意即表示定音。以后加上表示规范、遵循的部首"彳"，引申为"音律"（声音的规律）。由于确定音律以及乐器需要精准的度量，从而又引申出"恒定标准"的字义。以后又泛指不为人们意志为转移的规律性现象，比如天文星象、历法等。商鞅变法的"改法为律"，以"律"称呼国家颁布的正式的成文法典，就是表示法律的稳定性不以人的因素转变。以后历代朝廷的正式法典都以"律"为名。

在秦汉的时候，"令"是单行法规的意思。湖北云梦睡虎地秦墓出土的秦国法律文件《语书》中说："法律未足，民多诈巧，故后有关令下者。"意思是：因为法律不够完善，隔一段时间就要发布"令"来补充。秦汉时期皇帝发布的指示称为"诏"，其中皇帝认为需要制定为一条法律的，皇帝会特别提示将他的指示"具为令"，或者"著为令"。大臣也可以向皇帝提出立法的建议。大臣拟就的草案经皇帝批准"诏曰可"，就成为"令"。我们现在从湖北张家山汉墓所出土的西汉初年的《津关令》来看，当时的"令"一般都保留了原来立法的过程。谁建议的，谁起草的，以及皇帝最后是如何批准的，都记得很清楚。

从以上的背景介绍我们可以知道，杜周的这番说辞只是狡辩而已。秦汉时皇帝确实拥有立法权，但是并非皇帝的一切指示都是法律。皇帝指示的"诏"必须经过定为"令"的程序才有法律效力。而且习惯上，前朝皇帝的"令"在本朝要继续有效，就必须改编为"律"，才可以援引为处理其他案件的规范。

打破了任职纪录的法官

杜周这样赤裸裸地为君主的绝对专制辩护，当然讨得皇帝喜欢，所以他足足当了十一年廷尉，打破了西汉皇朝自成立以来廷尉任职时间的纪录：在他任廷尉（前109）以前，西汉皇朝曾经任命过三十任廷尉，平均任期为三年零两个月，即使是张释之这样的好法官，最长的廷尉任期也没有超过七年，而汉武帝喜爱的张汤也只当了五年的廷尉。

后来杜周又担任了长安的治安长官执金吾（就是原来的中尉）。有一次他巡逻时，发现卫皇后家族的子弟和主持财政的大司农桑弘羊家族的子弟有违法行为，立即将这两个人逮捕法办。这件事又使汉武帝很满意，认为杜周确实"无私"。尽管在这之前，杜周自己也曾犯事免职，汉武帝仍然在第二年把杜周提拔为御史大夫，位列三公。

杜周权势达到了顶峰。当年他刚到长安，家里只有一匹瘸腿马，等到他当上御史大夫的时候，两个儿子一个是河南太守，一个是河内太守，号称"夹河而治"，而他的财产"家訾累巨万"。

不过，也就是在他达到顶峰的时候，有个叫田仁的官员向汉武帝上书说："天下郡太守多为奸利，尤其是河南、河东、河内这三河太守，都仗着朝廷里有他们的后台而肆无忌惮。我请求派我去巡视三河，先正三河以警天下奸吏。"杜周听说了，很害怕，暗中派人去向田仁打招呼。可是田仁不为所动，接连上书。汉武帝果然派田仁前往巡视，发现了三河太守大量确切的犯罪问题，这三个太守都被下狱查处，最后都被处死。

杜周在御史大夫任上死去。他一共当了四年的御史大夫，也干了一件好事：他将汉朝的法律以及历任廷尉等司法机关对于法律条文的解释整理出一个文本，作为法律教学的课本。他的小儿子杜延年也精通法律，后来在汉宣帝时期当过三年的御史大夫，也整理过这样的法律文本。这两个法律文本在民间流传，成为人们学习法律的教科书，称为"大杜律"和"小杜律"。

第三十九章 《汉书》卷六十一 张骞 李广利传 第三十一

第一节 凿空西域，影响深远

【原文】

张骞，汉中人也，建元中为郎。时匈奴降者言匈奴破月氏王，以其头为饮器，月氏遁而怨匈奴，无与共击之。汉方欲事灭胡，闻此言，欲通使，道必更匈奴中，乃募能使者。骞以郎应募，使月氏，与堂邑氏奴甘父俱出陇西。径匈奴，匈奴得之，传诣单于。单于曰："月氏在吾北，汉何以得往使？吾欲使越，汉肯听我乎？"留骞十余岁，予妻，有子，然骞持汉节不失。

居匈奴西，骞因与其属亡乡月氏，西走数十日至大宛。大宛闻汉之饶财，欲通不得，见骞，喜，问欲何之。骞曰："为汉使月氏而为匈奴所闭道，今亡，唯王使人道送我。诚得至，反汉，汉之赂遗王财物不可胜言。"大宛以为然，遣骞，为发译道，抵康居。康居传致大月氏。大月氏王已为胡所杀，立其夫人为王。既臣大夏而君之，地肥饶，少寇，志安乐，又自以远远汉，殊无报胡之心。骞从月氏至大夏，竟不能得月氏要领。

留岁余，还，并南山，欲从羌中归，复为匈奴所得。留岁余，单于死，国内乱，骞与胡妻及堂邑父俱亡归汉。拜骞太中大夫，堂邑父为奉使君。

【译文】

张骞是汉中人。建元年间被任命为郎官。那时匈奴投降过来的人说匈奴攻破月氏王，并且用月氏王的头颅做酒器。月氏因此逃避而且怨恨匈奴，就是苦于没有人和他们一起打击匈奴。汉王朝正想从事消灭匈奴的战争，听说此言，就想派人出使月氏，可匈奴国又是必经之路，于是就招募能够出使的人。张骞以郎官的身份应募出使月氏。与堂邑氏的奴仆甘父一起离开陇西。途经匈奴，被匈奴人截获，用传车送到单于那里。单于说："月氏在我的北边，汉朝人怎么能往那儿出使呢？我如果想派人出使南越，汉朝肯任凭我们的人经过吗？"扣留张骞十多年。给他娶妻，并生了儿子，然而张骞仍持汉节不失使者身份。

因居住在匈奴西部，张骞趁机带领他的部属一起向月氏逃亡。往西跑了几十天，到了大宛。大宛听说汉朝财物丰富，想和汉朝交往可找不到机会。见到张骞非常高兴，问他要到哪里去。张骞说："替汉朝出使月氏，而被匈奴封锁道路，不让通行，现在逃亡到贵国，希望大王能派人带路，送我们去。假如能够到达月氏，我们返回汉朝后，汉朝送给大王的财物，一定多得不可尽言。"大宛认为可以，就送他们去，并为他们派遣了翻译和向导。送到康居，康居用传车将他们送到大月氏。这时，原来的大月氏王已被匈奴所杀，立了他的夫人为王。大月氏已经使大夏臣服并统治着它。他们那里土地肥沃，出产丰富，没有侵扰，心境悠闲安乐，又自认为距离汉朝遥远而不想亲近汉朝，全然没有向匈奴报仇的意思。张骞从月氏到大夏，始终得不得月氏王明确的表示。

逗留一年多后，只得返程。沿着南山，想从羌人居住的地方回到汉朝，又被匈奴截获。扣留一年多，碰巧单于死了，匈奴国内混乱，张骞便带着他匈奴籍的妻子以及堂邑甘父一起逃跑回到了汉朝。朝廷授予他太中太夫官职，堂邑甘父也当上了奉使君。

【评点】

武帝建元二年（前139），张骞奉命率领一百多人，从陇西（今甘肃临洮）出发。一个归顺的"胡人"、堂邑氏的家奴甘父，自愿充当张骞的向导和翻译。他们西行进入河西走廊。这一地区自月氏人西迁后，已完全为匈奴人所控制。正当张骞一行匆匆穿过河西走廊时，不幸碰上匈奴的骑兵队，全部被抓获。匈奴的右部诸王将立即把张骞等人押送到匈奴王廷（今内蒙古呼和浩特附近），见当时的军臣单于（老上单于之子）。

军臣单于得知张骞欲出使月氏后，对张骞说："月氏在吾北，汉何以得往使？吾欲使越，汉肯听我乎？"这就是说，站在匈奴人的立场，无论如何也不容许汉使通过匈奴人地区出使月氏，就像汉朝不会让匈奴使者穿过汉区，到南方的越国去一样。张骞一行被扣留和软禁起来。

匈奴单于为软化、拉拢张骞，打消其出使月氏的念头，进行了种种威逼利诱，还给张骞娶了匈奴的女子为妻，生了孩子，但均未达到目的。他"不辱君命""持汉节不失"（汉代使臣所持的节由皇帝授予，是国家的象征，保护它也体现出对国家忠贞的感情）。他始终没有忘记汉武帝交给自己的神圣使命，没有动摇为汉朝通使月氏的意志和决心。张骞等人在匈奴一直留居了十年之久。

至元光六年（前129），敌人的监视渐渐有所松弛。一天，张骞趁匈奴人不备，果断地离开妻儿，带领其随从，逃出了匈奴王庭。

这种逃亡是十分危险和艰难的。幸运的是，在匈奴的十年留居，使张骞等人详细地了解了通往西域的道路，并学会了匈奴人的语言，他们穿上胡服，很难被匈奴人查获，因而他们较顺利地穿过了匈奴人的控制区。

但在留居匈奴期间，西域的形势已发生了变化。月氏的敌国乌孙，在匈奴的支持和唆使下，西攻月氏。月氏人被迫又从伊犁河流域继续西迁，进入咸海附近的妫水地区，征服大夏，在新的土地上另建家园。张骞了解到这一情况，他们经车师后没有向西北伊犁河流域进发，而是折向西南，进入焉耆，再溯塔里木河西行，过库车、疏勒等地，翻越葱岭，直达大宛（今乌兹别克斯坦费尔干纳盆地）。路上经过了数十日的跋涉。

这是一次极为艰苦的行军。大戈壁滩上，飞沙走石，热浪滚滚；葱岭高如屋脊，冰雪皑皑，寒风刺骨。沿途人烟稀少，水源奇缺。加之匆匆出逃，物资准备又不足。张骞一行，风餐露宿，备尝艰辛。干粮吃尽了，就靠善射的甘父射杀禽兽聊以充饥。不少随从或因饥渴倒毙途中，或葬身黄沙、冰窟，献出了生命。

张骞到大宛后，向大宛国王说明了自己出使月氏的使命和沿途种种遭遇，希望大宛能派人相送，并表示今后如能返回汉朝，一定奏明汉皇，送他很多财物，重重酬谢。大宛王本来早就风闻东方汉朝的富庶，很想与汉朝通使往来，但苦于匈奴的中梗阻碍，未能实现。汉使的意外到来，使他非常高兴。张骞的一席话，更使他动心。于是满口答应了张骞的要求，热情款待后，派了向导和翻译员，将张骞等人送到康居（今乌兹别克斯坦和塔吉克斯坦境内）。康居王又遣人将他们送至大月氏。

不料，这时大月氏人，由于新的国国土十分肥沃，物产丰富，并且距匈奴和乌孙很远，外敌寇扰的危险已大大减少。当张骞向他们提出建议时，他们已无意向匈奴复仇了。加之，他们又以为汉朝离月氏太远，如果联合攻击匈奴，遇到危险恐难以相助。张骞等人在月氏逗留了一年多，但始终未能说服月氏人与汉朝联盟，夹击匈奴。在此期间，张骞曾越过妫水南下，抵达大夏的蓝氏城（今阿富汗的汗瓦齐拉巴德）。元朔元年（前128），动身返国。

归途中，张骞为避开匈奴控制区，改变了行军路线。计划通过青海羌人地区，以免匈奴人的阻留。于是重越葱岭后，他们不走来时沿塔里木盆地北部的"北道"，而改行沿塔里木盆地南部，循昆仑山北麓的"南道"。从莎车，经于阗（今和田）、鄯善（今若羌），进入羌人地区。但出乎意料，羌人也已沦为匈奴的附庸，张骞等人再次被匈奴骑兵所俘，又扣留了一年多。

元朔三年（前 126）初，军臣单于死了，其弟左谷蠡王伊稚斜自立为单于，进攻军臣单于的太子于单，于单失败逃汉。张骞便趁匈奴内乱之际，带着自己的匈奴族妻子和甘父，逃回长安。这是张骞第一次出使西域。从武帝建元二年（前 139）出发，至元朔三年（前 126）归汉，共历十三年。出发时是一百多人，回来时仅剩下张骞和甘父二人，所付出的代价是何等高昂！

张骞这次远征，仅就出使西域的任务而论，是没有完成。因为他未能达到同大月氏建立联盟，以夹攻匈奴的目的。如从其产生的实际影响和所起的历史作用而言，无疑是很大的成功。自春秋以来，戎狄杂居泾渭之北。至秦始皇北却戎狄，筑长城，以护中原，但其西界不过临洮，玉门之外的广阔的西域，尚为中国政治文化势力所未及。张骞第一次通使西域，使中国的影响直达葱岭东西。自此，不仅现今中国新疆一带同内地的联系日益加强，而且中国同中亚、西亚，以至南欧的直接交往也建立和密切起来。后人正是沿着张骞的足迹，走出了誉满全球的"丝绸之路"。司马迁称赞张骞出使西域为"凿空"，意思是"开通大道"。张骞的"凿空"之功，是应充分肯定的。

张骞第一次出使西域，既是一次极为艰险的外交旅行，同时也是一次卓有成效的科学考察。张骞第一次对广阔的西域进行了实地的调查研究工作，他不仅亲自访问了位处新疆的各小国和中亚的大宛、康居、大月氏和大夏诸国，而且从这些地方又初步了解到乌孙（巴尔喀什湖以南和伊犁河流域）、奄蔡（里海、咸海以北）、安息（即波斯，今伊朗）、条支（又称大食，今伊拉克一带）、身毒（又名天竺，即印度）等国的许多情况。回长安后，张骞将其见闻，向汉武帝做了详细报告，对葱岭东西、中亚、西亚以至安息、印度诸国的位置、特产、人口、城市、兵力等，都做了说明。这个报告的基本内容在《史记·大宛传》中保存下来。这是中国和世界上对于这些地区第一次最翔实可靠的记载，至今仍是世界上研究上述地区和国家的古地理和历史的最珍贵的资料。

汉武帝对张骞这次出使西域的成果，非常满意，特封张骞为太中大夫，授甘父为奉使君，以表彰他们的功绩。

由于张骞等人的沟通，此后汉朝和西域的经济文化交流频繁。西域的葡萄、核桃、苜蓿、石榴、胡萝卜和良马、地毯等传入内地，丰富了汉族的经济生活。汉族的铸铁、开渠、凿井等技术和丝织品、金属工具等，传到了西域，促进了西域的经济发展。

张骞出使西域，接触到西域各国的风土人情，使汉朝开始对西域各国有所了解；使汉朝与西域建立了友好关系，为后来西汉政府设置西域都护府，使西域正式归西汉政府管辖打下了基础。

公元前60年，西汉政府设置了西域都护府，总管西域事务，保护往来的商旅。从此，新疆地区正式归在中央政权的统治下。

张骞不畏艰险，两次出使西域，沟通了中国同西亚和欧洲的通商关系，中国的丝和丝织品，从长安往西，经河西走廊，经新疆境内，运到安息（今伊朗高原和两河流域），再从安息转运到西亚和欧洲的大秦（汉朝时中国史书对罗马帝国的称呼），开拓了历史上著名的"丝绸之路"。

汉武帝和张骞的成功谋略为中国赢得了贸易、建设和统一的保障。同时，张骞出使西域对中国和西方历史都具有深远的意义。公元前105年，使者沿着张骞的足迹，来到了今天的伊朗境内，并拜见了安息国国王。汉朝使臣在君主的脚下展开了华丽光洁的丝绸，国王非常高兴，以鸵鸟蛋和一个魔术表演团回赠汉武帝，这标志着连接东方的中国和西方的罗马帝国的丝绸之路正式建立。在之后的岁月中，不论在东方还是在西方，张骞的名字都被人们所牢记。这次出使使汉朝与西域各国建立了友好关系，天山南北第一次与内地联系成一体，促进了西域社会的进步，丰富了中原的物质生活。

第二节　探索新路，开发西南

【原文】

（一）

骞曰："臣在大夏时，见邛竹杖、蜀布，问安得此，大夏国人曰：'吾贾人往市之身毒国。身毒国在大夏东南可数千里。其俗土著，与大夏同，而卑湿暑热。其民乘象以战。其国临大水焉。'以骞度之，大夏去汉万二千里，居西南。今身毒又居大夏东南数千里，有蜀物，此其去蜀不远矣。今使大夏，从羌中，险，羌人恶之；少北，则为匈奴所得；从蜀，宜径，又无寇。"天子既闻大宛及大夏、安息之属皆大国，多奇物，土著，颇与中国同俗，而兵弱，贵汉财物；其北则大月氏、康居之属，兵强，可以赂遗设利朝也。诚得而以义属之，则广地万里，重九译，致殊俗，威德遍于四海。天子欣欣以骞言为然。乃令因蜀犍为发间使，四道并出：出駹，出冉，出徙、邛，出僰，皆各行一二千里。其北方闭氐、筰，南方闭嶲、昆明。昆明之属无君长，善寇盗，辄杀略汉使，终莫得通。然闻其西可千余里，有乘象国，名滇越，而蜀贾间出物者或至焉，于是汉以求大复道始通滇国。初，汉欲通西南夷，费多，罢之。及骞言可以通大夏，及复事西南夷。

（二）

天子数问骞大夏之属。骞既失侯，因曰："臣居匈奴中，闻乌孙王号昆莫。昆莫父难兜靡本与大月氏俱在祁连、敦煌间，小国也。大月氏攻杀难兜靡，夺其地，人民亡走匈奴。子昆莫新生，傅父布就翎侯抱亡置草中，为求食，还，见狼乳之，又乌衔肉翔其旁，以为神，遂持归匈奴，单于爱养之。及壮，以其父民众与昆莫，使将兵，数有功。时，月氏已为匈奴所破，西击塞王。塞王南走远徙，月氏居其地。昆莫既健，自请单于报父怨，遂西攻破大月氏。大月氏复西走，徙大夏地。昆莫略其众，因留居，兵稍强，会单于死，不肯复朝事匈奴。匈奴遣兵击之，不胜，益以为神而远之。今单于新困于汉，而昆莫地空。蛮夷恋故地，又贪汉物，诚以此时厚赂乌孙，招以东居故地，汉遣公主为夫人，结昆弟，其势宜听，则是断匈奴右臂也。既连乌孙，自其西大夏之属皆可招来而为外臣。"天子以为然，拜骞为中郎将，将三百人，马各二匹，牛羊以万数，赍金币帛直数千钜万，多持节副使，道可便遣之旁国。骞既至乌孙，致赐谕指，未能得其决。语在《西域传》。骞即分遣副使使大宛、康居、月氏、大夏。乌孙发道译送骞，与乌孙使数十人，马数十匹，报谢，因令窥汉，知其广大。

【译文】

（一）

张骞说："我在大夏时，见到邛崃山出产的竹杖和蜀地出产的布。我问他们是从哪里得到这些东西的，大夏人说：'我们的商人去身毒国买来的。身毒国在大夏东南几千里的地方。他们的习俗是定土而居，和大夏一样；但地势低湿暑热，他们的百姓骑着大象作战。他们的国土靠近恒河呢。'以我推测地理方位看，大夏离汉朝一万二千里，在西南边。现在身毒又在大夏东南几千里，有蜀地的东西，这就表明身毒大概离蜀地不远了。现在出使大夏，要经过羌人居住的地方，路不好走，羌人讨厌我们；稍微往北，就会被匈奴抓获；从蜀地去，该会是直路，又没有干扰。"皇帝知道了大宛及大夏、安息等国都是大国，有很多珍奇宝物，又是定土而居，差不多和汉朝的习俗相同，而且兵力弱小，又看重汉朝的财物；他们的北面就是大月氏、康居等国，兵力强大，可以用赠送财物、施之以利的办法让他们来朝拜汉朝。假如能够不用武力而施用恩谊使他们归附汉朝的话，那就可以扩展很多领土，一直到达要经过多次辗转翻译才能听懂话的远方，招来不同习俗的人，在四海之内遍布威望和恩德。皇帝非常高兴，认为张骞的话很对。于是命令由蜀郡、犍为郡派出秘密使者，四条路线一同出发：从冉駹，从莋都，从徙和邛都，从僰，各路都走了一二千里。往北路去的使者被氐、莋阻拦住了，南去的使者又被嶲、昆明阻拦住了。昆明的少数民族没有君王，喜欢抢劫偷盗，总是杀害和抢劫汉朝使者，始终没有人能够通过。但听说昆明的西边大约一千多里路有一个骑象的国家，名叫滇越，而蜀郡商贾私自贩运货物的有人到过那里。于是汉朝由于探求通往大夏的道路才和滇越国有了往来。当初，汉朝想和西南各民族往来，但麻烦很多，就停止了。直到张骞说可以由此通往大夏，才又开始从事和西南各民族建立关系。

（二）

　　皇帝多次问张骞有关大夏等国的情况。张骞已经失去爵位，就回答说："我居住在匈奴时，听说乌孙王叫昆莫。昆莫的父亲难兜靡本来与大月氏都在祁连和敦煌之间，是个小国。大月氏攻击并杀掉了难兜靡，夺取了他的土地，乌孙百姓逃亡到匈奴。当时他的儿子昆莫刚刚出生，傅父布就翎侯抱着昆莫逃跑，把他藏在草里面。傅父给昆莫去寻找食品，回来时看见狼在给他奶吃，还有乌鸦叼着肉在他旁边飞翔，以为他有神助。于是，带着他归附了匈奴。单于很喜爱他，就收养下来了。等他长大后，把他父亲原来的百姓交给了他，叫他带兵，结果屡建功劳。当时，月氏已被匈奴所攻破，月氏便往西攻打塞王，塞王向南逃跑迁徙到很远的地方去了，月氏就占据了塞王原来的地方。昆莫成人后，自己向单于请求报杀父之仇，使出兵西边攻破大月氏。大月氏再往西逃跑，迁徙到大夏的地方。昆莫夺得了大月氏的百姓，就留居在大月氏的领土上，兵力渐渐强大起来。这时正碰上单于死了，他不肯再朝拜侍奉于匈奴。匈奴派军队攻打他，不能取胜，更认为他有神助而远远地避开他。现在单于刚被我们所困，而且乌孙故地又是空着的。乌孙这个民族的人留恋故乡，又贪图汉朝的物产。如果在这时以大量的财物赠给乌孙，用他们在东边居住过的老地方来招引他们，汉朝还可派遣公主给昆莫做夫人，与他结为兄弟，根据现在的情势看，乌孙该会听从我们。那么这就好像截断了匈奴的右臂。联合了乌孙之后，那么在乌孙以西的大夏等国就都可以招引来成为我们境外的臣民。"皇帝认为他的话有道理，授予他中郎将的官职，率领三百人，每人两匹马，牛羊数以万计，带的金银、礼品价值几千亿，还带了许多持节副使，如果道路可以通行，就灵活派遣这些副使到附近的国家去。张骞到乌孙国以后，把汉帝的赏赐送给了乌孙王并传达了汉帝的旨意，但没能得到乌孙王确定的回复。这些话都记载在《西域传》中。张骞及时分遣副使出使大宛、康居、月氏、大夏等国。乌孙王派遣翻译和向导送张骞回汉朝，同时还派了乌孙使者几十人，马几十匹，来答谢汉帝，乘机让他们窥伺汉朝，了解到汉朝地域广大。

【评点】

张骞第一次出使西域所获得的关于中原外部世界的丰富知识，在以后西汉王朝的政治、军事、外交活动和对匈奴战争中，发挥了积极的作用，并产生了深远的影响。

在此以前，汉代的君臣还根本不知道，在中国的西南方有一个身毒国的存在。张骞在大夏时，忽然看到了四川的土产——邛竹杖和蜀布。他感到十分诧异，追问它们的来源。大夏人告诉他，是大夏的商人从身毒买来的。而身毒国位于大夏的东南方。回国后，张骞向汉武帝报告了这一情况，并推断，大夏位居中国的西南，距长安一万二千里，身毒在大夏东南数千里，从身毒到长安的距离不会比大夏到长安的距离远。而四川在长安西南，身毒有蜀的产物，这证明身毒离蜀不会太远。据此，张骞向汉武帝建议，遣使南下，从蜀往西南行，另辟一条直通身毒和中亚诸国的路线，以避开通过羌人和匈奴地区的危险。张骞的推断，从大的方位来看是正确的，但距离远近的估计则与实际情况不符。当然，在近两千年前张骞能达到这样的认识水平，是难能可贵的。汉武帝基于沟通同大宛、康居、月氏、印度和安息的直接交往，扩大自己的政治影响，彻底孤立匈奴的目的，欣然采纳了张骞的建议，并命张骞去犍为郡（今四川宜宾）亲自主持其事。

自远古以来，中国西南部，包括现在四川西南、青海南部、西藏东部、云南和贵州等地，为众多的少数民族所聚居，统称为"西南夷"。战国末年楚将军庄乔入滇立国，但不久即与汉家重新阻隔。汉武帝初年，曾先后遣唐蒙、司马相如"开发""西南夷"，置犍为郡，并使邛都（今西昌一带），榨（今汉源一带），冉、駹（今茂县）诸部内附。后因全力对付匈奴，停止了对西南的经营。中国西南各少数民族同中原王朝基本上仍处于隔绝状态，通道西南当时是十分艰难的。

元狩元年（前122），张骞派出四支探索队伍，分别从四川的成都和宜宾出发，向青海南部、西藏东部和云南境内前进。最后的目的地都是身毒。四路使者各行一二千里，分别受阻于氐、榨（四川西南）和禹、昆明（云南大理一带）少数民族地区，未能继续前进，先后返回。

张骞所领导的由西南探辟新路线的活动，虽没有取得预期的结果，但对西南的开发是有很大贡献的。张骞派出的使者，已深入到当年庄乔所建的滇国。滇国又名滇越，因遇将士们坐在大象上作战，故又叫"乘象国"。使臣们了解到，在此以前，蜀的商人常带着货物去滇越贸易。同时还知道住在昆明一带的少数民族"无君长""善寇盗"。正是由于昆明人的坚决阻挠，汉朝的使臣不得不停止前进。在此以前，西南各地的少数民族，对汉朝的情况几乎都不了解。难怪汉使者会见滇王时，滇王竟然好奇地问："汉朝同我们滇国比较，是哪一国大呢？"使者到夜郎时，夜郎侯同样也提出了这个问题。这就成为后世"夜郎自大"典故的由来。通过汉使者的解释和介绍，他们才了解到汉朝的强大。汉王朝从此也更注意加强同滇国、夜郎及其他部落的联系。至元鼎元年（前116），汉王朝正式设置牂柯、越巂、沈黎、文山、武都等五郡，以后又置益州、交趾等郡，基本上完成了对西南地区的开拓。

张骞两次出使西域，打开了中国与中亚、西亚、南亚及欧洲等国交往的大门，构建了汉与西方国家友好交往的桥梁，同时也促进了东西方文化、经济的交流和发展，对整个世界的文明与进步注入了新的活力，这在文献记载中可以得到证明。汉武帝在张骞出使西域后，才开始"复事西南夷"。

张骞第一次出使西域回汉后，向汉武帝报告了自己出使过程中所了解到的情况，"天子既闻大宛及大夏、安息之属皆大国，多奇物，土著，颇与中国同俗，而兵弱，贵汉财物；其北有大月氏、康居之属，兵强，可以赂遗设利朝也。诚得而以义属之，则广地万里，重九译，致殊俗，威德遍于四海。天子欣欣以骞言为然。乃令因蜀犍为发间使"。此载说明汉武帝是在张骞介绍了道可通大夏后才开始命张骞四道并出，向西南方向发展的。

张骞第二次出使西域后，汉开始与西域诸国友好往来。张骞二次出使西域回汉，带来了乌孙国的使者，"因令窥汉，知其广大"后，乌孙国使者归国后"其国乃益重汉"，两国才开始在平等的基础上友好交往。

在以后的一年时间内，张骞在乌孙国所遣持节副使也与西域诸国使者相继归汉，此时，汉才与西域诸国有了正式的国与国之间的平等友好的交往。

张骞死后，匈奴闻乌孙国通汉，欲击乌孙，乌孙国君恐惧，才希望与汉联合，于是才"使使献马，愿得尚汉翁主，为昆弟"。汉要求乌孙国纳聘后再与乌孙国联姻，从此，两国关系才开始日益密切。

为加强与西域诸国的联系，汉开始"筑令居以西，初置酒泉郡，以通西北国"，而"益发使抵安息、奄蔡、犛轩、条支（今伊拉克）、身毒国"。其后，诸使外国"一辈大者数百，少者百余人，所赍操，大放博望侯时"，汉代与西域诸国的外交活动的第一个高潮才开始到来。

张骞带着一种军人特有的敏锐，在进入匈奴人的控制范围之后，他就开始留心每一处水源、每一块草地，并详细记录下来。他还告诉汉武帝，在大宛国（今费尔干纳盆地），他曾经见过一种良马，这种马的耐力和速度都十分惊人，它们有一个富有传奇色彩的名字——汗血宝马。据说它们快速奔跑之后，流汗似血色，这后来被证实是寄生虫感染引起的一种症状。张骞称赏它们为汉王朝骑兵最好的坐骑。汉武帝本人非常喜欢马，听说有这样的宝马，自然想得到。汉武帝此时态度也发生了转变，他认为虽然结盟不成，但通商也不失为一个好选择，尽管此前武帝派出的许多使节商旅都被游牧部落洗劫一空。

不久，张骞加入大将军卫青的军队，官职为校尉。因为收集情报方面积累了很多经验，所以张骞主要负责刺探情报和沿途的给养。在北方，卫青率领军队与匈奴人展开激烈的厮杀，正是张骞先前收集的水源和牧草分布资料帮助了汉朝军队，他们赢得了一系列胜利，张骞也因此被封为博望侯。

汉武帝并不急于求成，他决定分别实施两步策略，以此来赢得这些国家的归附。首先，他又发动了一次对匈奴的战争，并取得了大胜，杀伤匈奴士兵九万人。然后，在公元前101年，他又攻占了中亚的大宛国，就是汗血宝马的故乡。但其实，夺取这些名马只是汉武帝的一个借口。汉武帝曾经数次派使者沿当年张骞的足迹来到大宛，不惜用重金交换汗血马，但大宛国王一次次地拒绝了他的请求。最后一次，汉武帝派遣使者韩不害带着一匹用黄金铸造的金马和许多贵重礼物交换汗血马，大宛国王虽然仍不想交出宝马，但又非常想要汉武帝送来的宝物，他杀死了使者，夺取了宝物。

汉武帝终于找到了出兵的借口，他派出的先遣部队全由国内的刑犯和恶少组成，他们没有携带充足的给养，沿途向别国索要，如果不交出粮食，就被视为大宛的同谋。毫不出人意料，这支部队失败了，但也麻痹了大宛国。汉武帝怎能接受这样的失败？他随后调集近二十万大军在敦煌集结。听说大宛国的饮水全取自城外，汉武帝特意派遣几位水利专家随军同行，汉军切断了大宛都城隐蔽的引水系统，很快征服了整个部落。

取得大胜的汉朝军队凯旋而归，沿途中亚各国听说汉军征服了大宛国，无不大受震动。各国王公贵族纷纷派遣子侄跟随汉军回到中原，他们为汉武帝呈上贡品，并留在汉朝作为人质，表示对汉武帝的效忠。至此，张骞定下的用外交手段和贸易来扩张汉王朝在中亚影响力的策略取得了成功。

这个外交策略最伟大的实施者无疑是汉武帝，但张骞作为提出者和实践者，更值得人们尊重。可惜的是，张骞没有等到他宏愿实现的那一天，从乌孙国返回第二年，他就去世了。

第四十章 《汉书》卷六十二　司马迁传　第三十二

史家绝唱，无韵离骚

【原文】

（一）

迁生龙门，耕牧河山之阳。年十岁则诵古文。二十而南游江淮，上会稽，探禹穴，窥九疑，浮沅湘。北涉汶泗，讲业齐鲁之都，观夫子遗风，乡射邹峄；阸困蕃、薛、彭城，过梁楚以归。于是迁仕为郎中，奉使西征巴蜀以南，略邛、筰、昆明，还报命。

（二）

于是论次其文。十年而遭李陵之祸，幽于累绁。乃喟然而叹曰："是余之罪夫！身亏不用矣。"退而深惟曰："夫《诗》《书》隐约者，欲遂其志之思也。"卒述陶唐以来，至于麟止，自黄帝始。

（三）

惟汉继五帝末流，接三代绝业。周道既废，秦拨去古文，焚灭《诗》《书》，故明堂石室金馈玉版图籍散乱。汉兴，萧何次律令，韩信申军法，张苍为章程，叔孙通定礼仪，则文学彬彬稍进，《诗》《书》往往间出。自曹参荐盖公言黄老，而贾谊、韩错明申韩，公孙弘以儒显，百年之间，天下遗文古事靡不毕集。太史公仍父子相继纂其职，曰："於戏！余维先人尝掌斯事，显于唐虞。至于周，复典之。故司马氏世主天官，至于余乎，钦念哉！"网罗天下放失旧闻，王迹所兴，原始察终，见盛观衰，论考之行事，略三代，录秦、汉，上记轩辕，下至于兹，著十二本纪，既科条之矣，并时异世，年差不明，作十表。礼乐损益，律历改易，兵权山川鬼神，天人之际，承敝通变，作八书。二十八宿环北辰，三十辐共一毂，运行无穷，辅弼股肱之臣配焉，忠信行道以奉主上，作三十世家。扶义俶傥，不令己失时，立功名于天下，作七十列传。凡百三十篇，五十二万六千五百字，为《太史公书》。序略，以拾遗补蓺，成一家言，协《六经》异传，齐百家杂语，臧之名山，副在京师，以俟后圣君子。第七十，迁之自叙云尔。而十篇缺，有录无书。

迁既被刑之后，为中书令，尊宠任职。……

【译文】

（一）

司马迁出生在龙门，在龙门山南麓过着农耕放牧生活。十岁时已能识读古文著作。二十岁南游江淮，他登上会稽山，探访禹居住的洞穴，到九疑山，考察舜的遗迹，泛舟沅、湘水间。北渡汶水、泗水，在齐、鲁之都研讨学业，观察孔子教化的遗风，还在邹峄学习乡射礼节；在游历蕃、薛、彭城等地的时候，一度遭受危困，经过梁、楚之地后回到长安。于是司马迁做了郎中，奉朝廷之命出使西征巴蜀以南的地区，略定了邛、笮、昆明之后，回到长安向朝廷复命。

（二）

于是按次序论述和编写其书。写作的第十年，遭受李陵之祸，被关进了监狱。在狱中长叹道："这是我的罪过啊！身体残废没有用了。"事后仔细思量道："《诗》《书》的文义之所以含蓄隐约，是作者借以更好地表现自己的深沉思想。"他终于着手记述从黄帝开始，直到武帝获麟为止的历史。（至于麟止：汉武帝元狩元年，猎获白麟一只，《史记》记事即止于此年。）

（三）

汉朝继承了五帝遗业，接续被中断了的三代事业。周朝王道衰微，秦朝毁弃了古代文化典籍，焚毁了《诗经》《尚书》，所以造成明堂石室金柜中的玉版图籍散乱了。汉朝建立，萧何颁布了律令，韩信整顿了军法，张苍制定了章程，叔孙通制定了礼仪。于是品学兼优的文人学者逐渐被起用，《诗经》《尚书》之类的典籍，在各地不断被发现。自从曹参荐用盖公，提倡黄老学说，贾谊、晁错通晓申不害、韩非的法家学说，公孙弘因儒学而显达，一百年来，天下的遗文旧事无不汇集于太史公处。太史公父子相继担任这一职务，太史公说："啊！我的祖先曾担任这一官职，扬名于唐尧虞舜之际，到了周朝再次主管这一工作。所以司马氏世世代代主管文史星历，直到我啊，这一传统我一定恭敬不忘啊！"于是搜集天下散佚的历史故事和传说，对帝王兴起的业绩，追本溯源，探究始终，观察朝代盛衰的原因，依据事实进行论述考订。略述三代，详录秦汉，从黄帝写起，直到当朝皇帝，共十二篇本纪，已经列出大纲了。同一时代或不同时代的纷繁历史事件，年代交叉难以明辨，因此做了十表。礼乐增减，律历改革，兵法权谋，山川形势，鬼神问题，天人之间的关系，经济的变通，做了八书。像二十八宿围绕着北斗、三十根辐条共聚一毂而运行无穷一样，辅佐得力的大臣和帝王相配合，忠诚行道，奉卫皇上，因此为他们做了三十世家。扶持正义，慷慨超群之士，他们不使自己失去时机，而立功名于天下，为他们做了七十列传。全书总共一百三十篇，五十二万六千五百字，这就是《太史公书》。本篇《自序》概括地阐明述作宗旨，就是拾取遗失的史事以补充六艺之缺，成为一家之言。它协调了有关《六经》的各种不同解释，整齐了百家杂说。把正本藏在名山，副本留在京师，以等待后世的圣人君子观览。列传的第七十篇，是司马迁的自叙。然而在一百三十篇中缺少了十篇，有目录而无内容。

司马迁受刑以后，做了中书令，职高位尊。……

【评点】

两千多年前，一位文人遭受了莫大的屈辱，却"不坠青云之志"，以血做墨，心灵为纸，完成了堪称"史家之绝唱，无韵之离骚"的历史巨作。这就是司马迁和他的《史记》。

《史记》记载了上起黄帝下至汉武帝约两千多年的历史，开创了中国史传文学的先河。在《史记》之前，中国的历史书只有两类，一类是编年体，按年代来记述历史，其中最有名的，像《春秋》《左传》；另一类是国别体，按国家来记载历史，比如《国语》《战国策》。所谓纪传体就是以人物为中心来记述历史，《史记》是中国第一部纪传体通史。从《史记》以后，中国所有的正史，也就是我们所说的"二十四史"都是纪传体。《史记》是纪传体通史，而其他诸史都是纪传体断代史，就是一个朝代一个朝代各自独立的历史。

《史记》是一部无与伦比的通史巨著。它为二十四史之首，它与其他各史相比明显高出一筹。重要差别有三点：

第一，《史记》饱含爱憎。

实录难，饱含爱憎的实录更难。本来，一个史学家面对历史，只需客观公正地记述，不要求抒发感情；但是《史记》往往饱含作者强烈的爱憎之情，特别对一些悲剧人物，像《项羽本纪》中的项羽，《李将军列传》中的李广，司马迁都写得悲歌慷慨，荡气回肠；而对他憎恶的人物，像《平津侯主父列传》里的公孙弘，则不惜笔墨，从不同的侧面给予揭露抨击。

值得一提的是，司马迁在《史记》中批判最尖锐的两个人：一个是大汉王朝的开国皇帝刘邦，一个是和他同时代的君主汉武帝。司马迁写刘邦广招贤才，最终成就大业；更写他心胸狭隘、杀戮功臣、语言粗俗等诸多不良行为。对汉武帝的揭露，更是毫不留情。批判开国皇帝，指斥当朝君王，如此书写，往还千年，也鲜有听闻。

第二，《史记》文采斐然。

《史记》片段之一《鸿门宴》，被选为我国高中语文课本的传统教材长达半个多世纪，大家津津乐道的就是它的文学魅力。文章一开始，写项羽"大怒"，表现了项羽在秦亡之后，看不清自己和刘邦的关系已由并肩作战的友军，转为互争天下的敌人，政治上的幼稚令人扼腕。全篇纤毫毕现、栩栩如生，俨然一部小说，竟令很多人怀疑它的历史真实性。其实，鸿门宴在历史上确有其事。纵观《史记》洋洋洒洒五十三万言，此类描述，比比皆是。对于人物的刻画、场景的描写、事件的记述，司马迁都显示出高超、多样的文学技艺。

第三，《史记》平民视角。

"刑不上大夫，礼不下庶民。"平头百姓不入史，这是《史记》之前的一定之规。但是，到了司马迁这里，"鸡鸣狗盗"之徒也有了一席之地。《刺客列传》《游侠列传》《滑稽列传》《货殖列传》写的都是社会底层的人物，或忠义，或智慧，五彩斑斓，妙趣横生，以至于有学者认为这些篇目就是中国通俗文学的鼻祖。

司马迁非常善于寻找一般史家忽略了的、而普通平民喜闻乐见的传主。正是《史记》的不拘一格，填补了我国古代人物史上的许多空白。随手举两个例子。《论语》记载孔子的言行，司马迁在《史记》里专门写了一个《孔子世家》，第一次完整地勾画了孔子的一生，这是迄今为止有关孔子第一篇、也是最权威的一篇人物传记。中国人历来讲究"知人论世"，所以，今天要读《论语》，首先要读《孔子世家》，了解孔子的生平，才能正确地解读《论语》。再比如屈原，他是中国历史上第一个伟大的浪漫主义诗人，但是，在《史记》之前，先秦的所有典籍中，都没有屈原的记载，有些人竟以此否认屈原的存在。幸而有《史记》的《屈原贾生列传》，才印证了中国历史确有一个忠直爱国、九死不悔的屈原。

司马迁自视甚高，自称写作的目的是"究天人之际，通古今之变，成一家之言"，是什么给了平凡文弱的司马迁如此强大的自信心，完成这样一部著作？

司马迁出生于一个普通史官家庭，父亲司马谈曾有志于撰写一部通史。司马迁继承父志，为写作《史记》做过充分准备：行万里路，师从名家，大量阅读宫廷藏书。不过，这些经历，在中国封建社会为数众多的史官之中并无特别之处。

一次突发事件改变了司马迁的一生，让他真正懂得了何为"死而后生"，并从此完成了由一位普通史官到伟大史家的根本性转变。

天汉二年（前99），汉武帝派李广利率兵三万出征匈奴，同时命李陵为李广利的军队担任后勤保障（将辎重）。但李陵提出，愿意率领五千步兵单独出征，以分匈奴之兵。汉武帝看到李陵不愿为李广利做后勤保障，就对李陵交代：我可没有那么多骑兵派给你！言外之意，你只能带你那五千步兵出征。李陵毫不犹豫：我就带下属五千步兵出征！

李陵出兵之初，非常顺利，没有遇到匈奴的主力，一路势如破竹；还派人回到朝中，画出战地图，向武帝汇报胜况。但是，后来的形势急转直下，李陵的五千步兵与匈奴单于的三万骑兵正面遭遇。面对三万强敌，李陵毫不胆怯，沉着应战，杀敌甚众。关键时刻，意外发生。李陵的一个部下，因为被上司羞辱，只身逃往匈奴，向大单于透露了绝密军情。最终，李陵投降，仅四百多人逃归。

满朝文武听说李陵投降，震惊无比。你李陵不是别人，是名将李广的孙子，是大汉的象征！战败就应"杀身成仁"！

此时，脸上已经挂不住的汉武帝强忍羞愤，询问身边的史官司马迁，该如何看待这件事。司马迁算不得大官，一个太史令，吏禄只有六百石，却直言以谏：

首先，李陵是一位国士！他一心想的就是报效国家。

其次，李陵率领五千步兵深入匈奴腹地，与数万匈奴军队奋战多日，虽然战败了，但是，他立下的战功足以告慰天下。

再次，李陵这次迫于形势"诈降"，他是留得一命，日后见机报答汉朝。

司马迁还未说完，逆耳之言已让汉武帝怒不可遏，立即将司马迁投入监狱，定为死罪。

本来这场朝议是商量李陵之事，为什么汉武帝要迁怒于司马迁呢？

原来，汉武帝任命李广利出征匈奴，本就怀有私心，想让李广利立功封侯，自己好向爱妃李夫人卖个人情。可是，李广利这次率三万军队出兵，杀敌一万多，损失近两万，这样的战果让汉武帝无从加封。司马迁此时盛赞李陵，在汉武帝看来，就是借李陵之功指责李广利无能，讽刺他误用李广利。

司马迁被捕入狱，定罪"诬上"。诬陷皇上，这是非常严重的罪名，当处死刑。司马迁秉性耿直，贸然为李陵开脱，招来劫难。

汉武帝时代，触犯死刑的犯人，有三种选择：一是"伏法受诛"；二是拿钱免死；三是自请"宫刑"（指阉割男子的生殖器）。拿钱免死需要五十万，司马迁"家贫，财赂不足以自赎"，拿不出五十万为自己赎罪免死。因此，只剩下两条路可供选择：一是死刑，二是"宫刑"。如果选择死刑，已经开始著述的《史记》必将夭折；如果接受"宫刑"，一个"刑余之人"，必将被天下人耻笑为贪生怕死。

司马迁却最终选择了"宫刑"。

西汉时期，很多人甘愿一死也不愿接受"宫刑"。司马迁也深知，屈辱的生比惨烈的死更加可怕。因为身份另类，终身受辱。接受"宫刑"之后，就成为不是太监的太监，再不能入士大夫之列，这对于一个血性男人、一位饱读诗书的文人，是奇耻大辱！

司马迁最为可敬的一点是，为了撰写《史记》，决然选择"宫刑"，去承受人生屈辱的极限。"自宫"（自请"宫刑"）不仅仅是身体的伤残，更是心灵深处永远的伤痛。从此之后，羞辱与难堪将伴司马迁一生。

司马迁自视甚高，抱负极大。但是，"自宫"之后，即使有珠玉般的才华，圣贤般的品行，也因为戴罪之身、刑余之人，再不能以此为荣耀了（虽材怀随和，行若由夷，终不可为荣）。司马迁的"才"和"命"形成了极大的反差，让他深感锥痛，以至于"动而见尤，欲益反损"。动不动就受到无端指责；不做事则已，做了事反而更糟糕。可以想见，司马迁后半生背负着"自宫"的重负，如何孤苦飘零，无所适从！

"自宫"之后，作为男人的司马迁死了，作为士大夫的司马迁也死了，而激扬文字的太史公新生了。"新生"的太史公突然具备了一种前所未有的认识，开始以饱受歧视的、社会最底层的眼光，去看待事物，看待人生，看待历史。对那些是非成败、灰飞烟灭、否泰强弱、日月盈亏，司马迁难免生出一种悲天悯人的感喟和智慧。从此，在他的笔下，不论是儿女情长的项羽，还是老谋深算的刘邦；不论是出使西域的张骞，还是抗匈建功的卫青；不论是工于心计的王美人，还是不露痕迹的汉景帝；都因融入了自己的理解而血肉丰满，这就是所谓"成一家之言"。

司马迁刻画历史人物，入木三分，原因在于，司马迁从自己的经历中读懂了许多历史人物，读懂了许多他过去认识不深刻的东西。

唐人刘知己说，写史要具备"三史"：史才、史学、史识。其中，最重要的是史识。史识是史书的灵魂，没有灵魂的史书只是材料的堆砌。《史记》固然离不开司马迁之父司马谈的开创之功，离不开司马迁读万卷书行万里路的博闻强识；但是，所有这一切都不足以铸就司马迁修史的伟大灵魂。真正让司马迁区别于其他所有史家，让《史记》有别于其他所有史书的关键，是司马迁的不幸遭遇。正是这种不幸遭遇，造就了司马迁的史识，铸就了司马迁的伟大。

遭受"宫刑"之前，司马迁一心要当一个皇帝的忠臣、宠儿（绝宾客之知，忘室家之业，日夜思竭其不肖之材力，务一心营职，以求亲媚于主上），但是，惨遭"宫刑"之后，他沦落到太监般的尴尬地步，被开除出社会正统之列。至此，他不再书生之见，不再人云亦云，而开始有所怀疑有所批判，拥有了充满个人意志的识见和胆略，千古不朽的《史记》横空出世。

汉武帝对司马迁的戕害，改变了司马迁一生的命运，也成就了一个伟大史学家和一部卓绝的史学著作。

第四十一章 《汉书》卷六十四上 严朱吾丘主父徐严终王贾传 第三十四

毛遂自荐，负众身死

【原文】

（一）

主父偃，齐国临菑人也。学长短从横术，晚乃学《易》《春秋》、百家之言。游齐诸子间，诸儒生相与排傧，不容于齐。家贫，假贷无所得，北游燕、赵、中山，皆莫能厚，客甚困。以诸侯莫足游者，元光元年，乃西入关见卫将军。卫将军数言上，上不省。资用乏，留久，诸侯宾客多厌之，乃上书阙下。朝奏，暮召入见。所言九事，其八事为律令，一事谏伐匈奴，曰：

臣闻明主不恶切谏以博观，忠臣不避重诛以直谏，是故事无遗策而功流万世。今臣不敢隐忠避死，以效愚计，愿陛下幸赦而少察之。

......

（二）

是时，徐乐、严安亦俱上书言世务。书奏，上召见三人，谓曰："公皆安在？何相见之晚也！"乃拜偃、乐、安皆为郎中。偃数上疏言事，迁谒事，中郎，中大夫。岁中四迁。

偃说上曰："古者诸侯地不过百里，强弱之形易制。今诸侯或连城数十，地方千里，缓则骄奢易为淫乱，急则阻其强而合从以逆京师。今以法割削，则逆节萌起，前日朝错是也。今诸侯子弟或十数，而適嗣代立，余虽骨肉，无尺地之封，则仁孝之道不宣。愿陛下令诸侯得推恩分子弟，以地侯之。彼人人喜得所愿，上以德施，实分其国。必稍自销弱矣。"于是上从其计。又说上曰："茂陵初立，天下豪桀兼并之家，乱众民，皆可徙茂陵，内实京师，外销奸猾，此所谓不诛而害除。"上又从之。

尊立卫皇后及发燕王定国阴事，偃有功焉。大臣皆畏其口，赂遗累千金。或说偃曰："大横！"偃曰："臣结发游学四十余年，身不得遂，亲不以为子，昆弟不收，宾客弃我，我阸日久矣。丈夫生不五鼎食，死则五鼎亨耳！吾日暮，故倒行逆施之。"

（三）

元朔中，偃言齐王内有淫失之行，上拜偃为齐相。至齐，遍召昆弟宾客，散五百金予之，数曰："始吾贫时，昆弟不我衣食，宾客不我内门，今吾相齐，诸君迎我或千里。吾与诸君绝矣，毋复入偃之门！"乃使人以王与姊奸事动王。王以为终不得脱，恐效燕王论死，乃自杀。

偃始为布衣时，尝游燕、赵，及其贵，发燕事。赵王恐其为国患，欲上书言其阴事，为居中，不敢发。及其为齐相，出关，即使人上书，告偃受诸侯金，以故诸侯子多以得封者。及齐王以自杀闻，上大怒，以为偃劫其王令自杀，乃征下吏治。偃服受诸侯之金，实不劫齐王令自杀。上欲勿诛，公孙弘争曰："齐王自杀无后，国除为郡，入汉，偃本首恶，非诛偃无以谢天下。"乃遂族偃。

【译文】

（一）

主父偃，齐国临淄人。他学的是长短纵横之术，晚年才学习《易》《春秋》及百家之说。游学于齐国读书人之间，儒生们一齐排斥摒弃他，他在齐不能容身。家里很穷，无处借贷，于是他北游燕、赵、中山，都没有人厚待他，客居异乡，非常困窘。他认为诸侯们没有值得游说的，元光元年，便西入关中，拜见将军卫青。卫将军多次对皇上说起他，皇上一直没召见。主父偃无钱可用，在京城逗留时间久了，诸侯家的门客大都讨厌他，于是他就向朝廷上书。奏书早晨送到皇帝那里，晚上他就被召进宫中拜见皇帝。奏书中讲了九件事，其中八项是律令方面的问题，一项是谏阻征伐匈奴，文中说：

我听说圣明的君主不讨厌恳切的规劝来增广见识，忠臣不逃避严厉的责罚用直言诤谏，因此事无遗策而功名流传万世。现在臣下不敢隐藏忠言、逃避死罪，以奉献愚计，希望陛下赦臣冒昧之罪，并稍微鉴察一下我的见解。

……

（二）

当时，徐乐、严安也都上书谈论国事。奏书送呈武帝，皇上召见三人，对他们说："诸位从前都在哪里呀？为什么我们相见这么晚啊！"于是任命主父偃、徐乐、严安都为郎中。主父偃多次上疏言事，皇上下令迁升主父偃为谒者，中郎，中大夫。一年当中提升了四次。

主父偃向皇上进言说："古时候，诸侯的土地不超过一百里，不论其强弱，局势都容易控制。现在，诸侯王有的连城数十座，土地方圆千里，平时骄纵奢侈，容易做出淫乱之事，危险时就会恃仗强大，联合起来反叛朝廷。现在如果用法令分割，削减他们的地盘，他们反叛的思想就会萌发，以前晁错就是主张削藩而引起吴、楚等七国之乱。现在诸侯王的子弟有的多达以十计算，只有嫡长子世代继承王位，其余的子弟虽然也是诸侯王的亲生骨肉，却没有尺寸之地的封国，这样仁孝之道就不能宣扬。希望陛下令诸侯王推恩分其土地给所有子弟，使他们都成为侯。他们人人喜得所愿，皇上用恩德布施，实际上却分割了诸侯王的封国，必然会渐渐自己衰弱下去。"于是皇上采纳他的谋议。主父偃又向皇上进言说："茂陵刚置县，天下豪杰兼并之家，扰乱庶民，可以把他们都迁徙到茂陵，内可充实京师力量，外可消除奸猾之徒，这就是所谓不用诛杀而祸害消除。"皇上又采纳了他的意见。

尊立卫子夫为皇后以及揭发燕王刘定国的暗中犯罪活动，主父偃都有功劳。大臣们都害怕主父偃的嘴，贿赂和馈赠给他的钱财累计达千金。有人劝告主父偃说："你太横行无忌了！"主父偃说："我结发游学四十多年，自己不得志，父母不把我当儿子，兄弟不收留我，朋友离弃我，我穷困潦倒的日子太久了。再说大丈夫在世，生不能享用五鼎食，死就受五鼎烹刑算了！我日暮途穷，所以倒行逆施，不按常理做事。"

（三）

元朔年间，主父偃向皇上汇报了齐王刘次景在王宫内淫乱放荡、行为邪僻的事，皇上任命主父偃为齐相。主父偃到了齐国，遍召兄弟朋友，散发五百金给他们，数落他们说："当初我贫贱的时候，兄弟不给我衣食，朋友不让我进门，现在我做了齐相，诸君当中有人到千里外来迎接我。我现在和诸位断交了，请不要再进我的门！"于是他派人用齐王与其姐姐通奸的事惊动齐王。齐王感到最终不能逃脱罪责，害怕像燕王刘定国那样被判处死刑，就自杀了。

主父偃当初没当官还是平民时，曾游学燕、赵，等到贵为高官，就揭发了燕王犯罪的事情。赵王刘彭祖恐怕他成为赵国的祸患，想上书揭发他的阴事，因主父偃身在朝中，不敢发难。等到主父偃被任命为齐相，出了函谷关，赵王立即派人上书，告发主父偃接受诸侯王的金钱贿赂，因此诸侯王子弟多因行贿得以封侯。及至齐王自杀的消息传到京城，皇上闻报大怒，认为是主父偃威胁齐王而使其自杀的，就把主父偃召回，交给法官治罪。主父偃招认了接受诸侯王金钱贿赂的事实，但他的确没有威逼齐王使其自杀。皇上想不杀主父偃，公孙弘争辩说："齐王自杀没有后代继承王位，齐国被废为郡，归入朝廷。这件事主父偃是首恶，不杀主父偃，就无法向天下人交代。"于是武帝下令族灭主父偃。

【评点】

战国出了毛遂，毛遂是赵国平原君的门客，因为他，有了"毛遂自荐"。

汉武帝时代出了个主父偃，他出道前不如毛遂，仅仅是个"读书人"。不过那时读书风气很浓，主父偃因此有一个良好的成长环境。

主父偃先是在齐国游学，但齐国读书人时时排斥他，尽管有许多的才学，主父偃在齐国还是待不下去了。在他看来，汉朝的诸侯都不值得投靠，只有汉朝的天子才是他可以为之报效才华的对象。而出身低微的大将军卫青就成为了主父偃登上龙门的马蹬石，主父偃进京见到了卫青。

以主父偃的才华和嘴巴，很快就说动了卫青。而心中只有汉朝的卫青很快就把主父偃推荐给了皇帝。皇帝是他主子又是他舅子，他能不向着皇帝和汉朝吗？

就算是有卫青推荐，这个主父偃也是好事多磨，一年以后才见到了皇帝。这是一个晚上，皇帝心血来潮，对陪在他身边的卫青说：

"卫兄弟，你不是有一个高人要推荐给朕吗？你叫他过来叙叙吧。"

不多时，主父偃就在宫门求见。原来卫青这一年来，大凡上朝都随身带着这个主父偃先生的。

主父偃一觐见，卫青就对皇帝说："陛下，臣避讳，请外出以谢猜忌。"

"你去吧，你啊，我们郎舅，还管他们闲话，就你小心多事。"皇帝说话自然可以放肆一些的，卫青就不会这样想了。郎舅是私人的关系，而君臣是天地至理。

在说了一些客套话后，这个准备已久的主父偃就拿出自己的《九奏闻天》的奏本出来。皇帝是不会看你那样的东西的，你得给他拣紧要的说。他的时间金贵，哪里有时间看你的什么文章哦。

主父偃明白这个，他只是把奏本拿出来，自己就开始叙说了。他的话有九点，而八个点子都是说现在汉朝的法律太过宽泛了，希望皇帝恢复一点过去秦朝的律法。还说高祖的时候和现在不一样了，应该时移法易。这样公开为秦朝的律法翻案的事情在汉朝不是没有，但是都遭到了否定。现在的皇帝不是文帝、景帝，他是武帝刘彻，他答应和听取了这个主父偃的说法，采纳了他的八点建议，汉朝的法律越发地严谨起来。

而这个奏本的第九点，就是主父偃主要想说的事情，那就是对匈奴用兵的事情。

主父偃依然是用秦朝对抗匈奴的事例来开头的。他说秦朝的时候也有攻打和不攻打匈奴的两种意见，丞相李斯认为匈奴没有根据地，一打就散，不能进攻，而秦始皇却没有采纳李斯的主张，他派遣将军蒙恬，深入大漠，驱逐匈奴于千里之外。但是，秦始皇的政策却在防守上吃了亏，以至于天下大乱，高祖才有机会登基做了皇帝的。而陛下不能再仿效秦始皇了，不过又不能不学习秦始皇。我们要先攻克匈奴的龙城，驱逐他们远离汉朝，然后用怀柔的策略以夷制夷。这样，汉朝就不需要像秦始皇那样耗费巨大而也可以攻守兼备了。

其实，在主父偃讲这些道理之前，也有人说过类似的道理了。但是，他们或是不集中，或是避讳秦始皇而语焉不详。于是，在已经有了思想准备的皇帝看来，他就有点可以接受这样的说法和设想了。其实，这也是运气使然，早说晚说不如说得及时，主父偃的说法就是很及时的说法。

不过，我们的刘彻皇帝并不是一个昏君，他还是记起了那两个给他几乎相似说法的人，他马上下旨宣召那两个人进宫。于是，包括主父偃的三个人都取得了不小的官职。而主父偃因为有皇帝的郎舅推荐，他的官位是最高的，他担任了谒者。谒者是什么品级呢？就是一个县长的等级，而其他两人就更低了。主父偃和那两人不一样，他对皇帝给他的官职表现得非常高兴，而另外两个就很是失意和灰心丧气了。其实，皇帝是很反感一言取官的事情，给他们官位就是给他们机会，而主父偃就成功地把握了他的机会。进了门，当了官，尽管小，也是官儿嘛，以后说话献策就方便了。卫青对主父偃还很抱歉，主父偃却在安慰卫青。

果然，主父偃在进了官门后，他的才华很快就脱颖而出。他的职位在一年之内被连升四级，在年末的时候已经是五品的官职了，是中大夫。主父偃看见形势对自己说事儿有利，他就开始劝说皇帝开始要对那些诸侯动手了。对诸侯动手早在文景的时候就策动过的，只是条件不允许，才被搁置。而现在，中央的力量显然远远凌驾于尚有诸侯王的合力了，于是皇帝要听取这个主父偃的削藩的说辞了。主父偃说道："古代诸侯的土地不超过百里，强弱的形势很容易控制。如今的诸侯有的竟然拥有相连的几十个城市，土地上千里，天下形势宽缓时，则容易骄傲奢侈，做出淫乱的事情，形势急迫时，则倚仗他们的强大，联合起来反叛朝廷。现在如果用法律强行削减他们的土地，那么他们反叛的事就会产生，前些时候晁错的做法就出现这种情况。如今，诸侯的子弟有的竟是十几个，而只有嫡长子世世代代相继承，其余的虽然也是诸侯王的亲骨肉，却无尺寸之地的封国，那么仁爱孝亲之道就得不到显示。希望陛下命令诸侯可以推广恩德，把他的土地分割给子弟，封他们为侯。这些子弟人人高兴地实现了他们的愿望，皇上用这种办法施以恩德，实际上却分割了诸侯王的国土，不必削减他们的封地，却削弱了他们的势力。"

皇帝一听，果然是好计策，他走下来对主父偃拍着肩膀说："真有你的，我的兄弟、叔伯可得埋怨你了。你太厉害啦。好，你献了计策，我就一事不劳二主，你就去办理吧。"

主父偃对皇上负了责，就难免触及其他人的利益。随着时间的推移，一些人开始害怕主父偃，怕他在皇上跟前进言。有些人开始巴结主父偃，送礼送钱的都有。主父偃穷惯了，见财富滚滚而来，自然不拒。

主父偃的迅速崛起，既让一些人嫉妒，更让自己飘飘然。他开始堕落，骄横不法，甚至对别人挟私报复。有的好友劝他说："你现在太骄横了，这对你的前途没好处。"主父偃回答说："从我把头发梳成知识分子的样子，开始游学到现在，已有四十余年，长期谋不到官职，遭世人白眼。父母不认我这个儿子，兄弟不认我这个手足，宾客抛弃我，困厄的时间太久了！况且，男子汉大丈夫，活在世上不能列五鼎而食，死时就要用五鼎来烹。我现在是日暮路远，只能倒行逆施，以实现自己的政治理想。"

元朔年间，齐王行为放荡，骄奢淫逸。皇上任命主父偃为齐国佐相，辅佐齐王。衣锦还乡的主父偃自恃皇上是自己的靠山，想给齐王一个下马威。他调查齐王的后宫宦官，要他们检举、证实齐王与姐姐通奸的事。齐王知道后，非常害怕，为了不被押解到长安受辱遭诛，竟然服药自杀了，主父偃一下子傻了眼。

主父偃同志有丰富的基层生活经验，对齐国、燕国、赵国的民风比较了解，曾上书告发过燕国的事儿。赵王也很害怕，怕什么时候被主父偃咬一口，但一直顾忌主父偃的地位，不敢有所行动。如今主父偃下基层了，赵王立即上书告发主父偃收受贿赂。恰在此时，齐王自杀的消息传到皇上耳朵里，皇上很生气，手心手背都是肉，主父偃伤着了他的肉。

主父偃一案进入司法程序后，他只承认收受诸侯重金之事，对于齐王自杀一事，自己没责任。皇上其实也不是非杀主父偃不可，但丞相公孙弘说："齐王年轻，没留下后代，现在等于绝了后，不杀主父偃无以给天下人交代。"

公孙弘给皇上那么堂皇的杀人理由，皇上一摆手，就按你的意见办吧。

第四十二章 《汉书》卷六十五
东方朔传 第三十五

第一节 晋身官场,长安索米

【原文】

东方朔字曼倩,平原厌次人也。武帝初即位,征天下举方正贤良文学材力之士,待以不次之位,四方士多上书言得失,自衒鬻者以千数,其不足采者辄报闻罢。朔初来,上书曰:"臣朔少失父母,长养兄嫂。年十三学书,三冬文史足用。十五学击剑。十六学《诗》《书》,诵二十二万言。十九学孙吴兵法,战阵之具,钲鼓之教,亦诵二十二万言。凡臣朔固已诵四十四万言。又常服子路之言。臣朔年二十二,长九尺三寸,目若悬珠,齿若编贝,勇若孟贲,捷若庆忌,廉若鲍叔,信若尾生。若此,可以为天子大臣矣。臣朔昧死再拜以闻。"

朔文辞不逊,高自称誉,上伟之,令待诏公车,奉禄薄,未得省见。

久之,朔绐驺朱儒,曰:"上以若曹无益于县官,耕田力作固不及人,临众处官不能治民,从军击虏不任兵事,无益于国用,徒索衣食,今欲尽杀若曹。"朱儒大恐,啼泣。朔教曰:"上即过,叩头请罪。"居有顷,闻上过,朱儒皆号泣顿首。上问:"何为?"对曰:"东方朔言上欲尽诛臣等。"上知朔多端,召问朔:"何恐朱儒为?"对曰:"臣朔生亦言,死亦言。朱儒长三尺余,奉一囊粟,钱二百四十。臣朔长九尺余,亦奉一囊粟,钱二百四十。朱儒饱欲死,臣朔饥欲死。臣言可用,幸异其礼;不可用,罢之,无令但索长安米。"上大笑,因使待诏金马门,稍得亲近。

　　东方朔，字曼倩，平原郡厌次县人。汉武帝即位不久，征告天下推荐方正、贤良、文学等有才能的士人，以破格授予职位任用他们，四方士人纷纷上书议论国家政事的得失，炫耀卖弄自己才能的人数以千计，其中不够录用条件的就通知他们：上书皇帝已经看了，让他们回家去。东方朔刚到长安，就上书说："臣东方朔从小失去父母，由哥哥嫂子养大。十三岁开始读书，三年学会了文书和记事。十五岁学击剑。十六岁学习《诗经》《尚书》，背诵了二十二万字。十九岁学习孙吴兵法，有关作战阵形的论说、打仗时队伍进退的节制等内容，也背诵了二十二万字。我总共背诵了四十四万字。还经常熟习子路的言论。我今年二十二岁，身高九尺三寸，眼睛像挂着的珍珠那样明亮，牙齿如同编成串的贝壳整齐洁白，勇猛像孟贲，敏捷如庆忌，廉洁似鲍叔，守信同尾生。像这样的人，可以做天子的大臣了，臣东方朔冒死再拜向皇上禀奏。"

　　东方朔上书的文辞不谦逊，赞美抬高自己，汉武帝却认为他是个奇伟的人，命令他在公车府待诏，但俸禄微薄，得不到汉武帝的省问接见。

　　过了很久，有一次东方朔哄骗看管御马圈的侏儒，说："皇上认为你们这些人对朝廷没有用处，耕田力作当然赶不上旁人，位居民众之上当官不能治理民事，参军杀敌不能胜任用兵作战，对国家没有丝毫用处，只会耗费衣食，现在皇上要把你们全都杀掉。"侏儒们听了非常害怕，哭哭啼啼。东方朔教唆他们说："皇上即将从这里经过，你们要叩头请罪。"过了一会儿，听说皇上路过，侏儒们都哭着跪在地上磕头。皇上问："你们为什么这样？"侏儒们回答说："东方朔说皇上要把我们全都杀掉。"皇上知道东方朔花花肠子多，就召见东方朔，责问他："你为什么恐吓那些侏儒呢？"东方朔回答说："臣东方朔活着也要说，死了也要说。侏儒高三尺多，俸禄是一袋粟，二百四十钱。臣东方朔高九尺多，俸禄也是一袋粟，二百四十钱。侏儒饱得要死，臣东方朔饿得要死。如果我的话可以采纳，希望改变礼节对待我；如果不能采纳，就让我回家，不要让我白吃长安的米。"武帝听了大笑，因此让东方朔待诏金马门，逐渐得到皇上的亲近。

　　武帝一朝人才济济：卫青开疆扩土，霍去病克敌制胜，汲黯心忧社稷，张汤严刑峻法。唯有一人，难以定义：他满腹经纶却没有几句治国安邦之言，他放浪形骸又疾恶如仇；皇上对他百依百顺，群臣眼中他又无足轻重。他就是东方朔。王立群先生称之为"另类"，对他可谓量体裁衣。

汉武继位之后，于建元元年（前140）下诏，要求各地广泛推举贤良方正之士。这次"海选"活动，四方士多上书言得失自衒鬻者以千数，盛况空前。而且一旦选中，待以不次之位，不拘辈分授予官职，待遇优厚。

果然，"海选"中汉武帝淘到两大宝贝。

第一个宝贝就是董仲舒。董仲舒是公羊派《春秋》的大师，他的《天人三策》以儒家学说为基础，引入阴阳五行理论，建成"天人合一"的"大一统"思想体系，才华横溢，思维缜密，并提出一系列治国方略。因此，董仲舒的入选是中规中矩，武帝对他是相见恨晚。

第二个宝贝就是东方朔。这次"海选"只比文章，不比才艺，还不是东方朔的最强项，但他依然能够在数以千计的谋位者中脱颖而出。

凭什么令当朝天子"一见倾心"？东方朔的办法是"海吹"。

草民东方朔，爹妈早逝，由哥嫂养大。十二岁读书，三个冬天读的文史已经够用。十五学击剑。十六学《诗经》《尚书》，读了二十二万字。十九岁学兵法，也读了二十二万字。如今我已二十二岁，身高九尺三（两米多）。眼睛亮得像珍珠，牙齿像贝壳一样整齐洁白，兼有孟贲（古代卫国勇士）之勇，庆忌（先秦以敏捷著称的人）之敏捷，鲍叔（齐国大夫，与管仲分财，自取其少者）之廉洁，尾生（先秦人名，与女友约于桥下，友人不至，河水上涨，尾生坚守不离，被淹死）之诚信。我是文武兼备，才貌双全，够得上做天子的大臣吧！

东方朔这番个人简历，《史记》评之为"文辞不逊，高自称誉"。不过，他出奇制胜，先声夺人，汉武帝一下记住"东方朔"这三个字，并且大加赞叹（上伟之）。

如果说董仲舒的《天人三策》是一剂大补丸，利胆养心，东方朔的这篇文章就是一瓶辣椒酱，开胃醒脑。东方先生的另类自不待言：一是不谈治国，二是自我标榜。从头到尾，没有一句经纬之论。

但是，汉武帝愣是被东方朔深深吸引，视为奇才。不过，汉武帝非常有分寸，毕竟这只是"高自称誉"的小打小闹，没有提出任何治国之道。比起董仲舒，东方朔当然不在同一个重量级别上。汉武帝对董仲舒是连发三策，而对东方朔只给了一个待诏公车署（就是在公车署这个衙门里等待皇上的诏令，实际上就是一个下级顾问）的待遇。比起同年级的董仲舒、公孙弘，东方朔地位低、待遇差，平常也难得一见汉武帝。

东方朔这是第一次亮相，的确让人大跌眼镜。武帝一朝，言辞放肆的不止东方朔一人，汲黯也常常令武帝哭笑不得。但汲黯因为不会说话，才出言不逊；而东方朔这番海吹，引经据典，铺陈比喻，还基本在理，如果不是"王婆卖瓜"，也称得上一篇美文。他这是有意给集中阅卷、审美疲劳的汉武帝制造一次感官冲击，东方朔的"另类"透着一股诡诈之气！

东方朔刚刚待诏公车时非常兴奋。可是，时间一长（久之），东方朔就犯嘀咕了。眼看董仲舒、公孙弘官居显赫，东方同学还是一个小小的公车待诏，无权无利，跟天庭里的弼马温一样，不过是个摆设，说晾就晾起来了。怎么办？难道也来一次"大闹天宫"？自找死路，不成。东方朔不管三七二十一，没有人提拔自己，就自己提拔自己！

东方朔思来想去，就从"弼马温"入手。他找来为皇帝喂马的侏儒，声色俱厉地对他们说：皇上说你们耕田没有力气，当官不能治理百姓，打仗又不勇敢，一点用处也没有，还白白消耗国家的粮食，准备把你们这些白吃白喝的人通通杀掉！

侏儒们吓得号啕大哭，求他出手相救。东方朔想了一想，说，假如皇上路过这里，你们就跪下来求饶，或许会有点作用。

过了一会儿，汉武帝从这儿路过，侏儒们齐刷刷、黑压压地跪了一大片，哭哭啼啼，高呼"皇上饶命"。汉武帝莫名其妙。侏儒们说，东方朔说皇上要把我们这些人全杀了！汉武帝一听，知道是东方朔捣鬼，便质问他：你把侏儒们吓得半死，到底为什么？

东方朔理直气壮地说，那些侏儒们不过三尺，俸禄却是一袋米和二百四十钱。我身高九尺三，俸禄也是一袋米和二百四十钱。他们吃得肚皮都要撑破了，我却饿得前心贴后背。如果陛下觉得我的口才还有用，就先让我吃饱饭；如果觉得我没用，请立即罢免，也好为长安节约点米。汉武帝一听，乐不可支，立即让东方朔从公车待诏转到金马门待诏，这样，东方朔收入提高了，和武帝接触的机会也明显多了。

这就是脍炙人口的"长安索米"的故事。

东方朔借侏儒和自己身高悬殊，却享受同等俸禄一事，恫吓侏儒，表达不满。这种对比极富喜剧性，东方朔一没要官，二没索地，只求填饱肚子；轻松诙谐，言语得当，因此惹得汉武帝哈哈大笑，在笑声中化解了对东方朔"恶搞"的不满。

自此以后，这个东方朔的胆子越来越大！前次自己一人"海吹"，这回更出位，找了一帮群众演员来讨米要待遇！

第二节　朝堂责己，奉旨顾问

【原文】

久之，伏日，诏赐从官肉。大官丞日晏不来，朔独拔剑割肉，谓其同官曰：
"伏日当蚤归，请受赐。"既怀肉去。大官奏之。朔入，上曰："昨赐肉，不待诏，
以剑割肉而去之，何也？"朔免冠谢。上曰："先生起，自责也！"朔再拜曰："朔
来！朔来！受赐不待诏，何无礼也！拔剑割肉，壹何壮也！割之不多，又何廉也！
归遗细君，又何仁也！"上笑曰："使先生自责，乃反自誉！"复赐酒一石，肉百
斤，归遗细君。

【译文】

过了很久，在一个三伏天，武帝诏令赏肉给侍从官员。大官丞到天晚还不来
分肉，东方朔独自拔剑割肉，对他的同僚们说："三伏天应当早回家，请允许我接
受皇上的赏赐。"随即把肉包好怀揣着离去。大官丞将此事上奏皇帝。东方朔入宫，
武帝说："昨天赐肉，你不等诏令下达，就用剑割肉走了，是为什么？"东方朔摘
下帽子下跪谢罪。皇上说："先生站起来自己责备自己吧。"东方朔再拜说："东方朔
呀！东方朔呀！接受赏赐不等诏令下达，多么无礼呀！拔剑割肉，多么豪壮啊！割
肉不多，又是多么廉洁呀！回家送肉给妻子吃，又是多么仁爱呀！"皇上笑着说：
"让先生自责，竟反过来称赞自己！"又赐给他一石酒、一百斤肉，让他回家送给
妻子。

【评点】

有一年伏日（三伏天的祭祀日），汉武帝下诏赏赐诸大臣鲜肉。大臣们早早来
到宫中，一直等到太阳偏西，主持分肉的官员也不来。大家伙都在苦等，东方朔可
没有那么好的涵养，拔出刀来就割肉。一边割一边说：不好意思了，今天热浪袭人，
我先走一步！说着，把一大块肉揣在怀里，大摇大摆地走了。在场大臣目瞪口呆，
眼睁睁看东方朔将肉席卷而去。

第二天上朝，主持分肉的官员将东方朔擅自割肉一事上奏给汉武帝。汉武帝便问，你为什么不等分肉官员来，就自己切下肉跑啦？东方朔立即脱下帽子请罪。汉武帝佯装生气，板着脸说，先生起来吧，当众做个自我批评，朕就不治罪了。东方朔一听，张口就来：东方朔啊！东方朔啊！不等皇上分赏，你擅自拿走赐物，真是无礼至极！拔剑割肉，多么壮观！只切了一小块，多么廉洁！一点不吃，全部带给老婆，真是爱妻模范！

东方朔话音未落，汉武帝已经笑弯了腰。

汉武帝又赏了东方朔一石酒和一百斤肉，让他回家送给太太。

这哪里是自我批评啊，完全在自我吹嘘嘛！但是，武帝就吃他这一套。朝堂肃穆，百官惶恐，为博龙颜一悦：公孙弘曲意逢迎，张汤机关用尽，只有东方朔敢于摇舌鼓唇，恶搞作秀，在所不惜。因为他明白，讨得皇帝欢心，一切尽在掌中。

东方朔的搞笑天分可谓登峰造极，但东方朔最为后世津津乐道的还是他"智圣"形象。这就是下一个故事。

东方朔奉旨顾问的故事首载于《史记·滑稽列传》中褚少孙的补传。原来，《史记》自流传以后，一直有人为其作补，其中，最有名的是褚少孙的补传。《史记》的《东方朔传》即为褚少孙所补。

据《史记》褚少孙补传记载：有一天，长安的建章宫跑出来一个怪物，外形很像麋鹿。消息传到宫中，惊动了汉武帝，也想见识一下这个不速之客，来自何方，缘何而来？武帝想起了东方朔，立即传旨叫东方先生来掌掌眼。

东方朔看过之后，胸有成竹地说：我知道它是什么东西，但是，您一定要赐我美酒、佳肴，让我饱餐一顿后才说。汉武帝立即同意。东方朔喝完酒，吃完饭，并没有马上回答，又对汉武帝说：有一块地方，有公田、鱼塘、蒲苇，加起来好几顷，请陛下把这块地方赏给我，我就回答您的问题。东方朔得寸进尺，汉武帝急火攻心。无可奈何，只好马上传旨：可以赏给你。东方朔酒足饭饱，又得了皇上赏赐，半生有靠，这才不紧不慢地说：这个东西叫"驺牙"。它满嘴的牙齿完全相同，排列得又像驺骑一样整齐，所以叫作"驺牙"。如果远方有人前来归降大汉，"驺牙"就会提前出现。

一年多后，匈奴浑邪王果然带领十万之众前来归降，汉武帝再次重赏东方朔。

本来，作为臣子，皇上有了旨意，应当立即奉旨，不得延误，否则就是抗旨。但东方朔恣意妄为，我行我素，要吃要喝，要田要地，心满意足之后，方才侃侃而谈。

东方朔的确聪明过人，他的智慧和博学就是无所顾忌向皇上要待遇的资本。"智圣"的称誉看来绝不是浪得虚名。当然，由此也可以看出东方朔的现实和另类。他真正懂得什么叫皇帝，什么叫价值。君君臣臣父父子子，哪有这么温情脉脉？要酬劳、分地产，就是皇帝一句话。只有你能为皇帝办事，皇帝才能赏赐你；只有具有使用价值，你才能获取价值。

东方朔心安理得，用知识换财富，表现了他不屑儒家"谦谦君子"的独特个性。

另外，从头至尾，我们发现，东方朔最大的另类就是敢要。遇到皇上请教，臣子一般都是毕恭毕敬，只有回答问题的份儿，谁敢在这个节骨眼上较劲、要大牌？东方朔就敢！

东方朔为什么如此胆大妄为？一是东方朔完全有把握回答皇上的疑问；二是东方朔完全有能力在皇上发怒时，瞬间让其转怒为笑。

把握皇上的心理，不失时机地投其所好，为我所用，使东方朔在汉武帝的诸多臣子中别具一格，才智机敏明显高出一筹。但是论地位，他又似乎专职逗乐帝王，好比一"优"，无足轻重。

第三节　另类遭嫉，大隐于朝

【原文】

（一）

上尝使诸数家射覆，置守宫盂下，射之，皆不能中。朔自赞曰："臣尝受《易》，请射之。"乃别蓍布卦而对曰："臣以为龙又无角，谓之为蛇又有足，跂跂脉脉善缘壁，是非守宫即蜥蜴。"上曰："善。"赐帛十匹。复使射他物，连中，辄赐帛。

（二）

久之，隆虑公主子昭平君尚帝女夷安公主，隆虑主病困，以金千斤钱千万为昭平君豫赎死罪，上许之。隆虑主卒，昭平君日骄，醉杀主傅，狱系内官。以公主子，廷尉上请请论。左右人人为言："前又入赎，陛下许之。"上曰："吾弟老有是一子，死以属我。"于是为之垂涕叹息，良久曰："法令者，先帝所造也，用弟故而诬先帝之法，吾何面目入高庙乎！又下负万民。"乃可其奏，哀不能自止，左右尽悲。

朔前上寿，曰："臣闻圣王为政，赏不避仇雠，诛不择骨肉。《书》曰：'不偏不党，王道荡荡。'此二者，五帝所重，三王所难也。陛下行之，是以四海之内元元之民各得其所，天下幸甚！臣朔奉觞，昧死再拜上万岁寿。"上乃起，入省中，夕时召让朔，曰："传曰'时然后言，人不厌其言'。今先生上寿，时乎？"朔免冠顿首曰："臣闻乐太盛则阳溢，哀太盛则阴损，阴阳变则心气动，心气动则精神散，精神散而邪气及。销忧者莫若酒，臣朔所以上寿者，明陛下正而不阿，因以止哀也。愚不知忌讳，当死。"先是，朔尝醉入殿中，小遗殿上，劾不敬。有诏免为庶人，待诏宦者署。因此对复为中郎，赐帛百匹。

【译文】

（一）

武帝曾经让一些擅长占卜的术士射覆，把壁虎盖在盆子下面，让他们猜是什么东西，都没有猜中。东方朔自我介绍说："臣曾学《周易》，请允许我猜猜是什么。"于是他将蓍草排成各种卦象，回答说："我认为是龙又没有角，说它是蛇又有足，肢肢而行脉脉而视，善于爬墙，这东西不是壁虎就是蜥蜴。"皇上说："猜得对。"赐给他十匹帛。又让他猜别的东西，连着都猜对了，每次都赐给他帛。

（二）

过了很久，隆虑公主的儿子昭平君娶了汉武帝的女儿夷安公主。隆虑公主病危时，拿黄金千斤、钱一千万替昭平君预先赎免死罪，武帝允准了她的要求。隆虑公主死后，昭平君日益骄纵，喝醉酒杀死了夷安公主的保姆，被捕入狱，囚禁在内宫。因为他是隆虑公主的儿子，廷尉向皇上请示，请求给昭平君定罪，左右大臣纷纷为昭平君说情："以前隆虑公主拿重金为他赎过死罪，陛下批准了隆虑公主的请求。"武帝说："我妹妹老年才有这么个儿子，临死把他托付给我。"于是为昭平君的事流泪叹息，过了好久，才说："法令，是先帝制定的，要是因为同情妹妹而违背先帝的法令，我还有什么脸面进高帝的祠庙呢！再说也对不起老百姓。"于是批准了廷尉给昭平君定罪的奏请，武帝哀痛不能自止，左右的人都非常悲伤。东方朔却上前给武帝祝寿说："臣听说圣明的君王执政，赏赐不避仇人，诛罚不选择是不是亲骨肉。《尚书》上说：'不要祖护不要偏私，王道坦荡无碍无阻，这两者为五帝所推崇，连三王也难以做到。陛下这样做了，因此四海之内广大人民各得其所，天

512

下大幸！臣东方朔举杯敬酒，冒死再拜，祝皇上万岁。"武帝竟然站起身，回皇宫去了，傍晚召见东方朔责备他说："古书上说'该说的时候才说别人不厌烦他的话，今天先生给我祝寿，是时候吗？"东方朔脱去帽子叩头说："臣听说快乐过分就会阳气过盛，悲伤过度就会阴气亏损，阴阳变异就会心气躁动，心气躁动就会精神散乱，精神散乱就会使邪气乘虚而入。消忧解愁没有什么能比得上酒，臣东方朔之所以给陛下祝寿，是显明陛下刚正不阿，因此才用酒为陛下止哀啊。臣愚昧不知忌讳，该死。"在此之前，东方朔曾因喝醉了酒进入殿中，在殿上小便，被弹劾犯下大不敬罪，武帝下诏把他贬为平民，在宦者署待诏，因为这次与皇上的对话，又被任命为中郎，赐帛一百匹。

【评点】

既然已经担着油滑不恭的虚名，东方朔更加无所顾忌，及时行乐。这位"爱妻模范"的婚姻观也惊世骇俗。

《史记》记载：取少妇于长安中，好女，率取妇一岁所者即弃去，更取妇。所赐钱财，尽索之于女子。

东方朔娶妻有三条铁律：一是专娶京城长安的女人，二是专娶小美女（好女、少妇），三是一年一换。皇上赏给他的钱财，他全都用来打发旧美女，迎娶新美女。

群臣看不惯他这一套，都说东方朔是"狂人"。汉武帝说：假如东方朔没有这些毛病，你们谁能赶上他？（人主左右诸郎半呼之狂人。人主闻之曰：令朔在事无为，是行者，若等安能及之哉？）

其实，封建社会的男人即使妻妾成群，旁人也不能说一句不是。厌倦了可以放在家里养着，没必要离婚。东方朔不同，他偏要放爱一条生路，看来这个"情场浪子"还是懂得怜香惜玉的。

东方朔获得皇上赏赐的方式和别人大不相同。

皇上赐饭，有的大臣即使晚年退休在家，也是弯着腰、低着头，细嚼慢咽，毕恭毕敬，诚惶诚恐。

东方朔没有那么多规矩！当着皇帝的面，狼吞虎咽，不顾吃相。吃完之后，剩饭菜扔了可惜，东方朔就脱下衣服，把油乎乎的肉兜起来，拎着就走。所以，多数时间东方朔的衣服都是醍醐不堪，别人冷眼相看，他也满不在乎。（时诏赐之食于前，饭已尽，怀其余肉，持去，衣尽污。）有人以为打包是中国人向外国人学的，其实，中国历史上第一个打包的人是东方朔。

皇上赏赐绢帛，东方朔如数照收，担揭而去，从不谦让，而皇上赏赐的这些绢帛，东方朔全都用来迎娶美女。

东方朔如此另类，却依然深得武帝喜爱，难免引来同僚们的嫉妒。对付嫉妒者，东方朔也有怪招。

一天，汉武帝在宫里玩，他把一只壁虎放在盆下让大臣们猜是何物，大臣们都猜不出来。东方朔说，说它是龙吧，它没有角；说它是蛇吧，却有脚；能在墙壁上爬，这不是壁虎，就是蜥蜴。皇上说，猜得好。赏了他十匹绢帛。接着让他再猜其他东西，结果东方朔是连连猜中，得了一大堆赏赐。

武帝另一个宠臣郭舍人不服气，大喊大叫：东方朔是蒙对的，不算猜中，我找个东西让他猜，他如果猜中了我情愿挨一百大板，他猜不中请皇上赏我绢帛。郭舍人在树上找了一个长有菌芝的树叶让东方朔猜，东方朔应声而答。汉武帝马上令人打郭舍人一百大板，郭舍人吃了哑巴亏。

东方朔见郭舍人挨打，只管袖手旁观，冷嘲热讽。

郭舍人还不服气，又出了个谜语，东方朔又猜了出来。众人慨叹，东方朔也不再张狂。

这次猜谜之后，众大臣对东方朔无不佩服得五体投地，汉武帝也十分高兴，提拔东方朔任常侍郎。

但是好景不长，一个另类得离谱的事，让东方朔丢官卸职。

一次，东方朔喝醉了酒，竟然在皇帝的朝堂上撒了一泡尿（先是，朔尝醉入殿中，小遗殿上）；这一次汉武帝真火了，下令把东方朔的官撤了，只留他待诏宦者署（劾不敬。有诏免为庶人，待诏宦者署）。

有人问东方朔：人们都认为你是个疯子，脑子有毛病，是这样吗？

东方朔说，我只是一个在朝廷中避世的人。古人到山中避世，我不同，我是避世在朝。（朔曰：如朔等，所谓避世于朝廷间者也。古之人，乃避世于深山中。）

据《史记》记载，在一次酒宴上，东方朔即席作了一首歌：陆沈于俗，避世金马门，宫殿中可以避世全身，何必深山之中，蒿庐之下。

意思是：

在世俗中随波逐流，

避世在皇宫之中，

宫中也能避世全身，

我何必非住深山草屋？

这首歌是东方朔"时坐席中，酒酣，据地歌曰"，所以，明清以后的古诗选本把这首歌称作"据地歌"。

东方朔的"避世于朝廷间"，到了晋代王康琚《反招隐诗》，演绎成"小隐隐陵薮，大隐隐朝市"；白居易在《中隐》诗中，又提出"中隐"的概念。这样，就有了"小隐隐于野，中隐隐于市，大隐隐于朝"的说法。

依赖周围环境忘却世事，这是小隐；藏身市井之中，是中隐；隐身朝野之中，才是大隐。

从进入仕途，到与汉武帝相处，东方朔始终另类，原因在于他从未把朝堂看得很神圣，他不是怀着敬畏之心在朝堂上供职，而是把朝堂当作隐居之地，用一种调侃的方式，和至高无上的汉武帝相处。

既然朝堂是隐居之所，东方朔唯求无拘无束地生活，快快乐乐地生活，随心所欲地生活，实实在在地生活！

可汉武帝不是慈善家，凭什么一次一次容忍他的另类？答案只有一个：快乐！

东方朔不是董仲舒，《天人三策》解答了那么多沉重问题；东方朔也不是汲黯，你不戴好帽子他都会挑你个不是；东方朔无论干什么都让汉武帝觉得开心！他写封求职信，汉武帝看了直乐；他自比侏儒，只为加薪；这样一个人，汉武帝干吗不要？汉武帝不仅需要建功立业的董仲舒、汲黯、卫青，也需要能让他整天快乐的东方朔。

虽然我们不能用已有的价值观去理解东方朔，但还是忍不住要问：东方朔真的"隐于朝"了吗？他的哪一句话不是把准了皇帝的脉才开口的？他一出场就挟带一股诡诈之气，岂是凭空而来？他那一泡便溺，何等蹊跷？如果说官场多"伪君子"，那么，东方朔更像一个"伪小人"。武帝是快乐了，可东方朔快乐吗？他满腹诗书，就甘心做一个跳梁小丑吗？他千辛万苦，入朝为官，难道只图衣食无忧？

第四十三章 《汉书》卷六十六 公孙刘田王杨蔡陈郑传 第三十六

第一节 数有军功，惧于拜相

【原文】

贺少为骑士，从军数有功。自武帝为太子时，贺为舍人，及武帝即位，迁至太仆。贺夫人君孺，卫皇后姊也，贺由是有宠。元光中为轻车将军。军马邑。后四岁，出云中。后五岁，以车骑将军从大将军青出，有功，封南窌侯。后再以左将军出定襄，无功，坐酎金，失侯。复以浮沮将军出五原二千余里，无功。后八岁，遂代石庆为丞相，封葛绎侯。时朝廷多事，督责大臣。自公孙弘后，丞相李蔡、严青翟、赵周三人比坐事死。石庆虽以谨得终，然数被谴。初贺引拜为丞相，不受印绶，顿首涕泣，曰："臣本边鄙，以鞍马骑射为官，材诚不任宰相。"上与左右见贺悲哀，感动下泣，曰："扶起丞相。"贺不肯起，上乃起去，贺不得已拜。出，左右问其故，贺曰："主上贤明，臣不足以称，恐负重责，从是殆矣。"

贺子敬声，代贺为太仆，父子并居公卿位。敬声以皇后姊子，骄奢不奉法，征和中擅用北军钱千九百万，发觉，下狱。是时诏捕阳陵朱安世不能得，上求之急，贺自请逐捕安世以赎敬声罪。上许之。后果得安世。安世者，京师大侠也，闻贺欲以赎子，笑曰："丞相祸及宗矣。南山之行不足受我辞，斜谷之木不足为我械。"安世遂从狱中上书，告敬声与阳石公主私通，及使人巫祭祠诅上，且上甘泉当驰道埋偶人，祝诅有恶言。下有司案验贺，穷治所犯，遂父子死狱中，家族。

【译文】

　　公孙贺年轻时当骑士，参军作战数立战功。汉武帝做太子时，公孙贺为太子舍人，到武帝即位，提拔公孙贺为太仆。公孙贺的夫人卫君孺，是卫皇后的姐姐，公孙贺因此而受宠幸。武帝元光年间，任轻车将军，驻军马邑。四年以后，率军出云中攻击匈奴。又过了五年，以车骑将军的身份跟随大将军卫青出击匈奴，有功，被封为南窌侯。后又以左将军身份从定襄郡出击匈奴，无功，因献酎金成色不足而获罪，失去侯爵。再以浮沮将军出五原郡二千余里攻击匈奴，无功。八年以后，终于代替石庆任丞相，被封为葛绎侯。当时朝廷多事，监督责罚大臣。从公孙弘以后，丞相李蔡、严青翟、赵周三人连着因事获罪而死。石庆虽然因为谨慎得享善终，但多次遭受谴责。当初公孙贺被任命为丞相时，不愿接受丞相印绶，叩头哭泣，说："我本来是边界上的人，靠鞍马骑射的本领当了官，才能实在不能胜任宰相。"皇上和左右大臣看见公孙贺悲哀，都触动感情流下泪来，武帝说："扶起丞相。"公孙贺不肯起来，皇上就起身走了，公孙贺不得已接受了任命。出宫后，左右大臣问公孙贺不愿当丞相的原因，公孙贺说："皇上贤明，我当丞相不称职，害怕受重责，从此就危险了。"

　　公孙贺的儿子公孙敬声，代替公孙贺做了太仆，父子同居公卿之位。公孙敬声仗恃自己是皇后姐姐的儿子，骄纵奢侈不守法令。武帝征和年间，擅自挪用北军的钱一千九百万，事情发现后，被逮入监狱。这时皇上下诏搜捕阳陵县人朱安世还没捕获，皇上急于将其逮捕归案，公孙贺自己请求追捕朱安世来赎公孙敬声的罪。皇上允许了公孙贺的请求。后来，公孙贺果然抓获朱安世。朱安世是京城的大侠客，听说公孙贺想用他为儿子赎罪，笑着说："丞相的灾祸牵连到他的宗族了。我正要告发丞相违法的事，诉讼的话很多，砍伐南山的竹子也写不完，用斜谷的木头做桎梏也不能束缚我，不让我告发。"朱安世于是从狱中上书，告发公孙敬声和阳石公主私通，以及指使巫师在祭祀时诅咒皇上，并且上甘泉宫在驰道上埋偶人，用很恶毒的语言诅咒。武帝下令有关的主管部门审讯查验公孙贺，彻底追查他所犯的罪行，竟致父子二人死在狱中，全家被族灭。

【评点】

　　公孙贺，字子叔，北地义渠（今甘肃宁县）人。在反击匈奴的长期斗争中，公孙贺跟随卫青、霍去病多次转战大沙漠，立下了很多战功，深得武帝赏识。武帝太初二年（前103），当朝丞相石庆病死，武帝左挑右选，决定任命公孙贺替代石庆当丞相。按常理来说，这是一件绝顶好事，然而，听了这个消息，公孙贺却一点也高兴不起来。

"出将入相"，本来是封建社会中许多读圣贤书、习孙吴策的士子们梦寐以求的愿望。但是，"少为骑士，从军数有功"的公孙贺，接到这一"喜从天降"的诏令后，却悲惧交集，伏地大哭，坚不受印。对此，班固在《汉书》中，生动细致地记叙了这一故事：

初贺引拜为丞相，不受印绶，顿首涕泣，曰："臣本边鄙，以鞍马骑射为官，材诚不任宰相"。上与左右见贺悲哀，感动下泣，曰："扶起丞相。"贺不肯起，上乃起去，贺不得已拜。出，左右问其故，贺曰："主上贤明，臣不足以称，恐负重责，从是殆矣！"公孙贺闻拜相而愁惧的神态，栩栩如生，跃然纸上。

这一切，只因为武帝用人，和其他皇帝不一样。

武帝用人随意性很强，往往出自个人想象，他的用人之道是，有功则赏，无功则罚，而且功过不能相抵。因此，石庆之前三任丞相，尽管呕心沥血，兢兢业业，仍以莫须有之罪被处死。石庆虽然处处小心，事事谨慎，也多次受到武帝谴责。公孙贺接到皇帝的任命，不喜则忧，也就完全可以理解了。

公孙贺为什么因拜相生惧、生悲，坚辞不受呢？这绝不是公孙贺自觉无功、无德、无能，不愿受，不敢受，其实他心里清楚：皇帝不是念起他的功劳，或看重他的德才，真正选他为相的原因是夫人君孺是卫皇后的姐姐，靠这层裙带关系，自己具备"亲近、可靠、顺从"这六个字。妻贵而夫荣，丞相的印绶就自然交给了公孙贺。不仅于此，"贺子敬声，代贺为太仆，父子并居公卿位"。

公孙贺不得已拜相后，吞吞吐吐，确有难言之苦："夫以色事人者，色衰而恩绝。"后来，事实印证了公孙贺这句话。

汉武帝后宫佳丽甚多，裙带关系随着君王的喜爱在不断地变化和转移。何况，统治集团中党派之争、权力之争错综复杂。而汉武帝"性严峻，群臣虽素所爱信者，或小有犯法，或欺罔，辄按诛之，无所宽假"。从汉武帝即位，到公孙贺拜相，这三十多年中，汉武帝先后任用了十一人为相，平均三年换掉一个。这些丞相，大多是功臣之后、皇亲国戚以及儒学之士，除伤残、病故者外，被汉武帝下狱诛杀或自杀者，有窦婴、李蔡、庄青翟、赵周四人，田蚡虽已病亡，但汉武帝后来还说："使武安侯（田蚡）在者，族矣！"特别是公孙贺以前四个丞相，除石庆外，均自杀于狱中，无一善终。石庆一生极为谨慎，一次武帝故意取笑他："御车上一共是几匹马？"答案一望可知，小心的石庆却用马鞭一匹一匹数过后，才举手说："是六匹马。"但石庆任相后，仍"数被遣"。面对中央政权中这些血淋淋的现实，公孙贺吓破了胆，不奉诏，恐杀头；若奉了，避免不了和前几任一样的下场，难怪他竟愁得脱口而出："这一下危险了！"

果然，正像公孙贺所料：不久，汉武帝又宠爱上了王夫人、李夫人，特别是生了一个男孩的钩弋夫人，并命其所生之门为"尧母门"。这预示着卫皇后和太子也从此危矣。当然，公孙贺所凭借卫皇后的"裙带关系"在汉武帝的心里发生着微妙变化。这时，年近古稀的汉武帝又非常迷信，四处拜天祀地搞封神，多方求神迎仙找"不死之药"。他最怕有人利用神鬼、"巫蛊"暗害自己，经常疑神疑鬼，重用江充为直指绣衣使者，随时督察举劾贵戚、近臣。太子见了江充等人，都惶恐不安。

太始元年（前96）正月，几次随卫青远征匈奴的公孙敖，坐妻巫蛊腰斩。公孙敖是卫皇后一派的人，宫廷中的争宠暗斗已明朗化。公孙贺难免被卷入到这个政治旋涡中去。

征和元年（前92），公孙贺那个"以皇后姊子，骄奢不奉法"的宝贝儿子敬声，因"擅用北军钱千九百万"而下狱。公孙贺为了替儿子赎罪，就向汉武帝请求由他来捕捉久捕未获的朱安世。朱安世是"京师大侠"，是一个神通广大的地头蛇，在各处都有关系庇护。现在丞相亲自出面，当然一捕即获。但是，善观政治气候的朱安世，却在狱中上书，告发："公孙敬声与卫皇后的女儿阳石公主私通，并在汉武帝经常去甘泉宫的驰道当中，派巫神埋上木头人，又用恶言诅咒武帝快些死去。"汉武帝见此"揭发材料"，于第二年（前91）正月，当即把公孙贺投入狱中，派江充案验，穷治所犯。江充摸透了汉武帝的心思，为了除去钩弋夫人的争宠对手卫皇后一派，又把公孙贺父子定为死罪，把其全家族诛灭。

对于武帝的用人，汲黯曾提出过批评。他说：陛下辛辛苦苦得到人才，还没有尽其所用，就被杀掉。天下人才有限，杀之无限。以无限对有限，恐怕以后就很难找到人才了。应该说，他的劝勉很哲学，也很有道理，但武帝有自己的理论：人才是源源不断的，有才的人不发挥才能，和无才没有区别，杀掉他们并不可惜。有此指导思想，杀人自然易如刀切菜了！估计那个以萧规曹随名扬千古的曹参在武帝手下当官，也早被其腰斩了。

俗话说，伴君如伴虎。当时，公孙贺不愿拜相是颇具卓识的。

第二节　一言悟主，直达天庭

（一）

车千秋，本姓田氏，其先齐诸田徙长陵。千秋为高寝郎。会卫太子为江充所谮败，久之，千秋上急变讼太子冤，曰："子弄父兵，罪当笞；天子之子过误杀人，当何罪哉！臣尝梦见一白头翁教臣言。"是时，上颇知太子惶恐无他意，乃大感寤，召见千秋。至前，千秋长八尺余，体貌甚丽，武帝见而说之，谓曰："父子之间，人所难言也，公独明其不然。此高庙神灵使公教我，公当遂为吾辅佐。"立拜千秋为大鸿胪。数月，遂代刘屈氂为丞相，封富民侯。千秋无他材能术学，又无伐阅功劳，特以一言寤意，旬月取宰相封侯，世未尝有也。反汉使者至匈奴，单于问曰："闻汉新拜丞相，何用得之？"使者曰："以上书言事故。"单于曰："苟如是，汉置丞相，非用贤也，妄一男子上书即得之矣。"使者还，道单于语。武帝以为辱命，欲下之吏。良久，乃贳之。

（二）

后岁余，武帝疾，立皇子钩弋夫人男为太子，拜大将军霍光、车骑将军金日䃅、御史大夫桑弘羊及丞相千秋，并受遗诏，辅道少主。武帝崩，昭帝初即位，未任听政，政事壹决大将军光。千秋居丞相位，谨厚有重德。每公卿朝会，光谓千秋曰："始与君侯俱受先帝遗诏，今光治内，君侯治外，宜有以教督，使光毋负天下。"千秋曰："唯将军留意，即天下幸甚。"终不肯有所言。光以此重之。每有吉祥嘉应，数襃赏丞相。讫昭帝世，国家少事，百姓稍益充实。始元六年，诏郡国举贤良文学士，问以民所疾苦，于是盐铁之议起焉。

千秋为相十二年，薨，谥曰定侯。初，千秋年老，上优之，朝见，得乘小车入宫殿中，故因号曰"车丞相"。……

【译文】

（一）

　　车千秋本来姓田，他的祖先是春秋时齐国的田氏，后来，田氏的一支迁居长陵县。车千秋担任护卫汉高祖陵寝的郎官。碰上卫太子受江充谗害而败亡，过了很久，车千秋上呈事关重大的紧急情况的奏书，为太子辩冤，说："儿子玩弄父亲的军队，按罪应当挨鞭子；皇上的儿子因过失而误杀了人，该判什么罪呢？我曾经在梦中看见一位白头发老人，告诉我该怎样定罪。"这时，武帝已经清楚地知道太子发兵是出于惶恐，并没有反叛的意图，看了车千秋的上书，就深有感触而醒悟过来，于是召见了车千秋。车千秋上前拜见武帝，武帝见车千秋身高八尺多，体貌俊美，很喜欢他，对他说："父子之间的事情，别人是很难说话的，只有您明白其实不是这样。这是高庙的神灵让您来开导我，您就应当成为我的辅佐。"立即下令封车千秋为大鸿胪。过了几个月，就接替刘屈氂担任了丞相，封为富民侯。车千秋没有别的才能经术学问，也没有什么功绩和资历，只不过凭一句话使武帝醒悟到太子死得冤枉，旬月之间就做宰相封侯，世上未曾有过。后来汉朝的使者出使匈奴，匈奴单于问他说："听说汉朝新任命一位丞相，他因为什么得到丞相的职位呢？"使者回答说："由于上书言事的缘故。"单于说："假如这样，汉朝设置丞相，就是不用贤才，随便一个男子上书就能得到了。"使者回来后，向武帝汇报了单于说的话。武帝认为这个使者有辱使命，想把他交给官吏处置。过了好久，才释放了他。

（二）

　　一年多以后，武帝病重，立钩弋夫人生的皇子为太子，命大将军霍光、车骑将军金日磾、御史大夫桑弘羊和丞相车千秋，一起接受遗诏，辅助教导幼主刘弗陵。汉武帝驾崩，昭帝刚即位时，不能处理政事，朝政全部由大将军霍光决断。车千秋位居丞相，忠谨敦厚而有德。每逢公卿大臣朝会，霍光就对车千秋说："当初和您一起接受先帝遗诏，现在霍光治理内政，您治理外事，应该有什么来开导督促我，使我不要辜负了天下人民的重托。"车千秋说："请将军多留心，就是天下极大的荣幸了。"始终不肯对霍光专权发表异议。霍光因此很看重车千秋。每次遇上吉祥嘉应出现，都褒奖赏赐丞相车千秋。直到昭帝去世，国家少事，百姓逐渐富裕充实。始元六年，昭帝诏令郡国举荐贤良、文学之士，询问他们百姓感到痛苦的事，在这时产生了盐铁之议。

车千秋做了十二年丞相，死后，谥号称为定侯。当初，车千秋年老，皇上优待他，朝见时准许他乘坐小车进入宫殿，所以就号称"车丞相"。……

【评点】

在中国历史上，有谁给皇帝上了一封书，与皇帝说了几句话，就一下子连升九级，接着当上一人之下、万人之上的丞相、封侯，后来享受坐车上朝的特殊待遇？只有田千秋。田千秋一直从事高祖陵墓管理，时刻注意朝廷动向，当太子遭巫蛊之祸后，他勇于站出来，向汉武帝上书，替太子鸣冤，被拜为大鸿胪（大鸿胪是古代官职位。中国古代朝廷掌管诸侯及少数民族事务）。数月后任为丞相，封为富民侯。

长陵，是汉高祖刘邦与皇后吕雉（吕后）的陵墓，位于西安市中心以北、咸阳市以东各约二十公里的窑店镇三义村北。田千秋究竟出生于哪一年，已无法弄得清楚，去世于公元前77年，即西汉元凤四年。可以说，田千秋的一生，大约在六十岁上书前，就在长陵工作，后来担任了护卫官。田千秋虽然做长陵的护卫官，但他并不满意于一直担任这项工作。长陵几乎与世隔绝，无风无浪，高祖刘邦永远安息在这里，护卫人员如同现今的环卫工人，按时打扫护卫。偶尔在重大节日时，皇室人员会前来祭奠，规定的仪式完成，又匆匆而去。田千秋每天都做着重复的工作，到长陵去查看一遍，与各种人聊上几句，一天的工作就完成了。

长陵与汉朝的都城长安并不很远，各种消息通过各种渠道很快就能传递到。田千秋十分关心国家的时事，很会动脑筋，遇事都要琢磨一番，从中找出一些奥妙来。长期以来，田千秋养成了这样一种习惯。转眼到了公元前91年，即汉武帝征和二年，汉室朝堂发生了巫蛊事件，这一事件，彻底改变了田千秋的命运。

汉武帝晚年，要考虑的事情很多，究竟由谁来接班，成了他重点考虑的问题。按道理说，这一问题已经不是问题，汉武帝已经立了卫子夫皇后生的长子刘据为太子，而且已立了三十多年，是个老太子了。可是，这太子和汉武帝的性格相去甚远，汉武帝性格暴戾，喜欢杀伐征战，而太子性格仁慈，喜欢无事省事。因此，汉武帝就不喜欢太子，脑子中老考虑这样一个问题，百年以后，究竟能不能让太子接班？与此事件相关联的，就是原来汉武帝十分宠幸卫子夫，后来卫子夫失宠，在汉武帝面前说不上话；卫青、霍去病等卫氏外戚曾风云一时，又都去世。太子没了依靠，势单力薄，如同股票一样，行情看跌。

汉武帝在晚年又宠幸钩弋夫人，钩弋夫人年轻美貌，把汉武帝搞得神魂颠倒。

汉武帝六十多岁了，又生下一个小儿子，取名刘弗陵。俗话说，老小老小，汉武帝经常夸耀刘弗陵，说他像自己。钩弋夫人再吹吹枕头风，汉武帝就想废掉太子，改立刘弗陵做太子。世上没有不透风的墙，没有一成不变的人。有不少朝廷大臣见风使舵，打起了歪主意，甚至有少数人别有用心，做起了竭尽陷害之能事。江充，就是其中典型的一个。

江充与太子有过节，心里盘算着：汉武帝已年迈，来日不多，自己又得罪了太子，如果太子当了皇帝，自己小命不保，索性恶人做到底，先把太子收拾了。汉武帝身体一直不好，江充找了个由头，说是由于巫蛊作怪，有人在日夜诅咒，埋木偶人。汉武帝越老越怕死，也越老越糊涂，就叫江充穷治此事。江充就带了一帮人，到处搜查巫蛊，株连无辜，前后杀了数万人。江充越来越胆大，把矛头对准太子，到太子宫挖掘木偶人，遍地开花，挖地三尺，太子的床都没地方放了。他一心想栽赃太子，还不简单？他们带了几个木偶人过来，谎说是在太子宫挖到的。

太子将面临着汉武帝的严厉惩罚，他这下慌了，就是浑身有嘴也说不清了。与其束手待毙，不如铤而走险。太子与师傅石德商量，决定先下手为强，矫诏发动兵马自卫。当即收捕了江充一伙人，斩了江充。汉武帝气得牙直咬，说："这不反了吗？这还了得！"汉武帝下令丞相发兵平乱。双方在长安城混战五日，死者数万人，血流成河。后来太子兵败逃亡，汉武帝下令追捕。

汉武帝见变起家庭，闹出一场大祸，牵连了很多人，气愤交加，时发暴怒。群臣各自忧惧，不知所为，深怕哪句话说得不好，被汉武帝一气之下拉出去"咔嚓"了。但是，太子毕竟是汉武帝的亲生骨肉，也曾得到汉武帝的宠爱。事情发生后，满朝文武大臣，都深为太子鸣不平，但是没有人敢向汉武帝进言。倒是壶关（县名，位于今山西省东南部）三老中一个叫令狐茂的，敢于仗义执言，在太子还没有自尽以前，就斗胆上书汉武帝，替太子喊冤。

令狐茂说道："皇上，江充出身低微，是您重用了他，给了他无比显要的地位。江充竟然倚仗皇上对他的宠信，胡作非为，离间亲情，使太子受制，见不到皇上。太子心中不平，有冤无处申，被逼无奈之下，才盗用父皇的兵马，杀死江充以求自保。太子不过是为了自救，并没有其他的目的。希望皇上消掉怒气，放宽心情，赶快罢兵，让太子回来，骨肉相聚。这是我的一片忠心，望皇上体察。"

汉武帝看到这篇上书后，内心颇有震动，意识到也许错怪了太子，但事情的来龙去脉还没有弄清楚，就没有公开表明要宽恕太子。谁知不久，忽然得到官吏报告，寻到太子踪迹，在湖县泉鸠里，太子投到一个穷人家藏匿。后来太子的行迹暴露，被围剿自杀。太子死了，一场血腥的宫廷斗争终于收场了。

过了一些时候，汉武帝追查江充所办的一切关于巫蛊的案件，查明大多属于冤假错案。汉武帝愈觉太子是被江充胁迫，并无他意，心中异常悔恨。错杀爱子，这是汉武帝晚年最痛苦的事情。看到壶关三老的上书，汉武帝就已经意识到自己可能错了，但那个时候他还缺乏勇气，转不过来弯来。六十多岁的汉武帝，当了几十年的皇帝，要认错，总得有个台阶下啊。

正在这个时候，有一个叫田千秋的人，正在把着汉武帝的脉呢！田千秋作为一个旁观者，看得很清楚。太子死了，汉武帝的心也伤透了。田千秋预测到事情不会就这样轻而易举地草草收场，必定还有一番大动作。他在静静地观察时势的发展和变化，不断地考虑着这样的问题：汉武帝对太子的看法改变到什么程度？巫蛊事件后朝廷人事安排的动向如何？汉武帝的治国方略会不会因此而改变？最重要的，汉武帝去世后，由谁来接班？

田千秋不断地思考，感到时机成熟了，就给汉武帝上书，为太子辩白，说："儿子擅自调拨父亲的军队，按照法律加以惩处的话，也不过受点笞杖而已。太子只不过是出于自卫而杀人，这又有什么罪过呢？"

田千秋还说："我替太子说话，不是我要来说的，是一个白头翁托梦要我来说的。"

汉高祖的陵墓护卫官梦到的白头翁那还能是谁呀！汉武帝何等聪明之人？一听就明白了：连汉高祖都这样托梦给我，我还有什么想不通的呢？

汉武帝彻底感悟，又召见了田千秋。田千秋身长八尺有余，容貌甚是俊伟，是个美男子，老帅哥。爱美之心，人皆有之，田千秋的英俊相貌一下子就把汉武帝给征服了。

汉武帝说："父子之间的情感关系，是说不清道不明的，一般人很难讲得清楚的，只有你，才能明明白白讲出其中的是非曲直。你是先皇高祖派来辅佐我的呀，将来能够担任朝廷重任的，就是你啦。"汉武帝认为田千秋一定能帮助自己改弦更张，振衰起败。我说你行，你就行，不行也行。于是，汉武帝立即越九级拜田千秋为大鸿胪，在史上留下了"千秋九迁"的佳话。

大鸿胪，是中国古代朝廷掌管诸侯及少数民族事务的官，九卿之一。相当于现在的外交部部长。凡诸侯王、列侯和各少数族的君长，以及外国君主或使臣，都被视为皇帝的宾客，与此有关的事务多由大鸿胪掌管。

一个人的运气来了，挡都挡不住。当时的丞相刘屈氂被人告发，说他的夫人用巫术诅咒皇帝，阴谋立昌邑王为帝。有司劾奏，刘屈氂大逆不道；武帝大怒，将刘屈氂腰斩于东市。这丞相缺位，就是田千秋来做了。并且，还封田千秋为富民侯。

汉武帝把当年帮他杀太子的人全都杀掉，并把江充全家灭族，替太子报仇。

他怀念儿子刘据，时时怜悯太子的无辜，于是派人在湖县修建了一座宫殿，叫作"思子宫"，又造了一座高台，叫作"归来望思台"，以表示父亲对儿子的真切哀思。

后来，汉朝的使者到匈奴去，匈奴单于问汉使："新丞相是凭什么升任丞相的？"汉使说："上书言事。"匈奴单于说："如果是这样，一个人上书言事就可以当丞相，可见汉朝无人啊！"当然，匈奴单于是从敌对的角度来讥讽汉朝的。可见，田千秋当上丞相这事是个特大新闻，传得很远。

武帝由此思考一个问题，就是为什么我做错啦？几十年来实行的政策有没有失误？汉武帝做了一系列的反思，觉得自己真是错了，下了《轮台罪己诏》，公开承认自己的错误。从此，汉武帝转变治国方略。

武帝封丞相田千秋为富民侯，就表示他从此要与民休息，大力发展生产，让人民尽快富裕起来。田千秋上任后，也真的不辜负汉武帝的希望，按照"富民"二字去做，辅佐汉武帝施恩惠，缓刑法，顺利实现了从开疆拓土到与民休息的国策的转变，为汉武帝后期的政治稳定起到了核心的作用。

汉武帝病重后，立最小的儿子刘弗陵为太子，大将军霍光、车骑将军金日磾、御史大夫桑弘羊及丞相田千秋并受遗诏，辅导少主。汉武帝去世后，刘弗陵即位，为汉昭帝。汉昭帝年幼，政事都由大将军霍光决定。田千秋居丞相位，谨厚有德，不争权，不争功。

一次，大臣上朝，霍光对田千秋说："我与君侯俱受先帝遗诏，今我治内，君侯治外，宜有以教督，使我毋负天下。"田千秋说："唯将军留意，即天下幸甚。"田千秋终不肯说三道四。霍光以此重之，经常褒赏丞相田千秋。

田千秋为相十二年，笃厚有智，谨慎自守，声望际遇均超过前后数任丞相。汉昭帝时，田千秋年老了，步行不太方便，汉昭帝便让田千秋乘小车出入宫殿，时人呼为"车丞相"。他的子孙认为这很荣耀，就改姓车了。班固撰《汉书》，评价田千秋是："为人敦厚有智，无他才能术学，又无伐阅功劳，特以一言悟意，旬月取宰相封侯，世未尝有也。"

田千秋在历史上没有留下太多的事迹，只是机缘凑巧，上书汉武帝，为太子鸣冤。他并无高深的学问和才能，也没有显赫的家世及军功，仅仅是一个微不足道的守陵郎官。但他竟然因一次上书而在旬月之内"取宰相封侯"，这不能不说是个官场奇迹。难怪《汉书》作者班固为此惊叹"世未尝有也"！

透过现象看本质，这一奇迹背后隐藏的内涵，很值得深思。

首先，田千秋能够把准汉武帝的脉搏，窥探到汉武帝的心意，上书正切合汉武帝的心事。汉武帝通过巫蛊这一事件，也在不断反思，他担任皇帝的这几十年，有哪些是值得肯定的，哪些是要纠正的。汉武帝要对国家和自己的子孙负责，做错的就要纠正，不能含糊其词。重用江充，杀了太子，这事肯定是错了。错了就要改正，谁来转这个弯呢？恰巧这时田千秋站出来了。田千秋真是及时啊！

其次，田千秋敢于站出来，这需要一定的勇气和胆略啊！汉武帝性格刚强，一般听不得别人的意见。那些朝廷大臣，虽然心中也有想法，而且是从汉武帝重用江充开始，就有想法。但是，这种想法只能烂在肚子里，怎么也不让它出世。他们深知，祸从口出，这样的事例还少吗？汉武帝要杀掉的是他的儿子，与我们这些外人有什么关系呢？因此，这些朝臣都做了缩头乌龟。而田千秋就不是这样，这件事本不关他什么事，他看他的坟墓，过他的生活。可是，忠厚的田千秋觉得不问不行啊，再这样胡闹下去，汉武帝就收不住了，汉朝江山就要玩完了。这对得起开国的汉高祖刘邦吗？刘邦在长陵中也睡不安稳啊！上书！田千秋豁出去了。至于有什么样的后果，他也考虑不了那么多了。而受到汉武帝的赏识，数月拜相封侯，这是意外的收获啊！

再次，要讲究策略和方法。不管办什么事情，成功了，自有他成功的诀窍。田千秋也是如此。田千秋的上书，是选准了时机，上到火候上来了。汉武帝正在懊悔杀了儿子，这时无论是谁上书，我想汉武帝都会听的。而田千秋的上书更有奇妙之处，举重若轻，说是一位白头翁叫他这样说的。田千秋是长陵守卫，这白头翁不是汉高祖刘邦还能有谁呢？这田千秋的话可以不听，这白头老翁的话不可不听啊！

也许，这是上祖托梦，要汉武帝这样做啊！田千秋做了一个梦，从梦中得到真经。而汉武帝也是做了一个梦，梦中把太子杀掉了，现在梦醒了。田千秋是汉武帝的醒梦之人啊！可见，不管田千秋是否真的做梦，一句"白头翁叫我"，把他送上了云端。田千秋一下子从平地到达天庭。别人的通天路是倾斜的、弯曲的、坎坷不平的；而田千秋的通天路是笔直的、朝天的，无须要他一步一步攀爬，如同做梦，一觉醒来，就到达终点。

难怪，田千秋终于千秋留名。

第四十四章 《汉书》卷六十八 霍光金日磾传 第三十八

辅佐幼帝，麒麟功臣

【原文】

（一）

征和二年，卫太子为江充所败，而燕王旦、广陵王胥皆多过失。是时上年老，宠姬钩弋赵婕伃有男，上心欲以为嗣，命大臣辅之。察群臣唯光任大重，可属社稷。上乃使黄门画者画周公负成王朝诸侯以赐光。后元二年春，上游五柞宫，病笃，光涕泣问曰："如有不讳，谁当嗣者？"上曰："君未谕前画意邪？立少子，君行周公之事。"……上以光为大司马大将军，日磾为车骑将军，及太仆上官桀为左将军，搜粟都尉桑弘羊为御史大，皆拜卧内床下，受遗诏辅少主。明日，武帝崩，太子袭尊号，是为孝昭皇帝。帝年八岁，政事壹决于光。

（二）

燕王旦自以昭帝兄，常怀怨望。及御史大夫桑弘羊建造酒榷盐铁，为国兴利，伐其功，欲为子弟得官，亦怨恨光。于是盖主、上官桀、安及弘羊皆与燕王旦通谋，诈令人为燕王上书，言"光出都肄郎羽林，道上称跸，太官先置。又引苏武前使匈奴，拘留二十年不降，还乃为典属国，而大将军长史敞亡功为搜粟都尉。又擅调益莫府校尉。光专权自恣，疑有非常，臣旦愿归符玺，入宿卫，察奸臣变。"候司光出沐日奏之。桀欲从中下其事，桑弘羊当与诸大臣共执退光。书奏，帝不肯下。

明旦，光闻之，止画室中不入。上问"大将军安在？"左将军桀对曰："以燕王告其罪，故不敢入。"有诏召大将军。光入，免冠顿首谢，上曰："将军冠。朕知是书诈也，将军亡罪。"光曰："陛下何以知之？"上曰："将军之广明，都郎属耳。调校尉以来未能十日，燕王何以得知之？且将军为非，不须校尉。"是时帝年十四，尚书左右皆惊，而上书者果亡，捕之甚急。桀等惧，白上小事不足遂，上不听。

后桀党与有谮光者，上辄怒曰："大将军忠臣，先帝所属以辅朕身，敢有毁者坐之。"自是桀等不敢复言，乃谋令长公主置酒请光，伏兵格杀之，因废帝，迎立燕王为天子。事发觉，光尽诛桀、安、弘羊、外人宗族。燕王、盖主皆自杀。光威震海内。昭帝既冠，遂委任光，迄十三年，百姓充实，四夷宾服。

（三）

光坐庭中，会丞相以下议定所立。广陵王已前不用，及燕剌王反诛，其子不在议中。近亲唯有卫太子孙号皇曾孙在民间，咸称述焉。光遂与丞相敞等上奏曰："《礼》曰：'人道亲亲故尊祖，尊祖故敬宗。'大宗亡嗣，择支子孙贤者为嗣。孝武皇帝曾孙病已，武帝时有诏掖庭养视，至今年十八，师受《诗》《论语》《孝经》，躬行节俭，慈仁爱人，可以嗣孝昭皇帝后，奉承祖宗庙，子万姓。臣昧死以闻。"皇太后诏曰："可。"光遣宗正刘德至曾孙家尚冠里，洗沐赐御衣，太仆以𫐐猎车迎曾孙就斋宗正府，入未央宫见皇太后，封为阳武侯。已而光奉上皇帝玺绶，谒于高庙，是为孝宣皇帝。

【译文】

（一）

征和二年，卫太子因受到江充的诬陷而自杀，而燕王旦、广陵王胥又都有很多过失。这时武帝已年老，他的宠妃钩弋夫人赵婕妤有个男孩，武帝心里想让他继承皇位，命大臣辅助他。仔细观察众大臣，只有霍光能负此重任，可以把国家大事托付给他。武帝就叫黄门画工画了一幅周公抱着成王接受诸侯朝见的图画赐给霍光。后元二年春天，武帝出游五柞宫，得了重病，霍光流泪抽泣问道："如果有了意外，该谁继承皇位？"武帝说："你不明白上次图画的意思吗？立小儿子，你担当周公的职务。"……武帝让霍光任大司马大将军，金日磾任车骑将军，加上太仆

528

上官桀任左将军，搜粟都尉桑弘羊任御史大夫，都拜伏在卧室内的床下，接受遗诏辅佐少主。第二天，武帝逝世，太子继承天子的尊号，就是孝昭皇帝。昭帝年方八岁，国家大事全由霍光决断。

（二）

燕王刘旦自以为是昭帝的哥哥，却没有继承帝位，就常抱有怨恨之心。还有御史大夫桑弘羊建议设立酒类专卖、盐铁官营的制度，为国家增加了财富，桑弘羊便居功自傲，打算为自己的子弟谋得官职，没有如愿，因此也怨恨霍光。于是鄂邑盖主、上官桀、上官安以及桑弘羊这些人就与燕王刘旦一同设谋，假装让人替燕王来上书，说："霍光出城演练郎官、羽林，行进在路上像皇帝出行那样设置威仪，而且还让太官提前准备饭菜。还有苏武以前出使匈奴，被拘留二十年没有投降，回来后只当了典属国，而大将军的长史杨敞没有功劳，却当了搜粟都尉。霍光又擅自调入来增加自己幕府的校尉。霍光专权放肆，恐怕他有不良的企图。臣刘旦愿交还燕王的符节玺印，入朝值宿守卫，审察奸臣的阴谋。"等霍光出宫休假的时候乘机上奏了此书。上官桀打算从宫内直接发下其事，桑弘羊就和其他大臣一起将霍光拘捕并解除他的职务。奏书交上去后，昭帝留住奏书不肯颁下。

第二天早晨，霍光听说了这件事，就留在殿前的画室中没有进去朝拜。皇上问道："大将军在哪里？"左将军上官桀回答说："因为燕王告发他的罪行，所以不敢进来。"皇上就下诏召见大将军。霍光进来后，取下官帽，叩头谢罪，皇上说："将军请戴上帽子，朕知道这封奏书是假的，将军没有罪过。"霍光问道："陛下凭什么知道我没有罪呢？"皇上说道："将军到广明，演习郎官是近来的事，调选校尉到现在也不过十天，燕王是怎么知道这些事的？况且将军要做非法的事，也不需要校尉的。"这时候昭帝年仅十四岁，尚书以及左右的大臣都很吃惊，而呈送书信的人果然逃走了，官府开始紧急搜捕。上官桀等人感到害怕了，就对皇上说这只是一件小事，不值得穷追究竟，皇上没有听从。

后来上官桀的党羽凡有说霍光坏话的，昭帝就发怒道："大将军是忠臣，先帝所托付来辅佐朕的，敢有诽谤他的人就判他的罪。"从这以后，上官桀等人就不敢再说坏话了，他们就密谋让长公主摆酒席请霍光赴宴，准备埋伏士兵击杀他，乘机再废除昭帝，迎立燕王为天子。事情被发觉，霍光就将上官桀、上官安、桑弘羊、丁外人等人及家族全都诛杀了。燕王、盖主也都自杀，霍光的威势震动全国。昭帝成年后，就正式委任霍光执政，到昭帝十三年，百姓生活充裕厚实，四方的各少数民族都称臣归服。

（三）

　　霍光坐在朝廷中，会同丞相以下大臣商议决定所立的人选。广陵王早在这之前就没有被选用，等到燕刺王谋反被诛，他的儿子也就不在议论中了。近亲中现只有卫太子的孙子号称皇曾的还在民间，受到普遍称赞。霍光便又同丞相杨敞等大臣一同上奏说：《礼》书中说'为人之道能够亲爱亲人就能尊崇祖先，能够尊崇祖先就能够敬重宗庙'。如今大宗没有继承人，就应选择旁支子孙中贤能的人作为继承人。孝武皇帝的曾孙病已，武帝时有诏令在掖庭中抚养照看，到现在年已十八，从师学习《诗经》《论语》《孝经》，身体力行节俭，仁慈爱人，可以继承孝昭皇帝的皇位，事奉祖先宗庙，统治万民。臣下冒死以告。"皇太后下诏说："准奏。"霍光就派遣宗正刘德到曾孙家尚冠里，帮他洗梳沐浴，赐给他皇帝的衣服，叫太仆用轻便小车把曾孙接到宗正府进行斋戒，入未央宫谒见皇太后，被封为阳武侯。不久霍光就捧上皇帝的印玺，然后到高庙去拜谒，这就是孝宣皇帝。

【评点】

　　霍光跟随汉武帝近三十年，是武帝时期的重要谋臣。汉武帝死后，他受命为汉昭帝的辅政大臣，执掌汉室最高权力近二十年，为汉室的安定和中兴建立了功勋，成为西汉历史发展中的重要政治人物，麒麟阁十一功臣第一。

　　汉昭帝刘弗陵即位后，霍光以大司马大将军领尚书事主持朝政，于公元前85年封博陆侯。他的女儿和上官桀的儿子上官安结婚。后来上官安的女儿通过盖长公主的关系，进宫做了婕妤，后来立为皇后，上官安得以加封桑乐侯。上官桀为感谢盖长公主，多次为公主亲信求官，都被霍光拒绝。霍光以皇后外祖父的身份把持朝政，致使双方矛盾日益紧张。桑弘羊在盐铁官营等事务方面和霍光意见相左。公元前80年，上官父子、桑弘羊、谋取帝位的燕王刘旦、盖长公主共同密谋，企图杀霍光，废昭帝，立燕王为天子。最后事情败露，上官父子、桑弘羊被族诛，燕王和盖长公主自杀。此后，不但霍光权倾朝野，其儿子、女婿、弟弟也纷纷担任要职，霍氏势力达到高峰。

　　在辅佐昭帝期间，霍光继续执行武帝末年的"与民休息"政策，经济继续发展，国内富足。同时也重新恢复了和匈奴的和亲关系。这些措施对于稳定武帝后期以来动荡不安的局势，恢复社会经济起了重要作用。

　　公元前74年，昭帝病逝，因为他没有儿子，霍光拥立武帝的孙子刘贺即位。

但刘贺因为荒淫无道被废，霍光又立武帝之曾孙刘询，这就是汉宣帝。宣帝即位后，霍光继续执掌朝政，并得到宣帝很多赏赐。在公元前68年，霍光病死。

霍光与上官桀、燕王旦等人的斗争，从性质上说，乃是封建官僚集团以及宗室内部争夺统治权的斗争，它是宗室内部争权夺利和官僚集团长期互相倾轧的总爆发。霍光等人在武帝时期虽长期出入宫禁，但仍属朝廷中默默无闻的官吏，他们本身没有多少权力，更没有多少财富，代表着当时社会上中小地主的利益，在一定程度上，他们也受到了大地主、大商人的压制，因而，这就不能不使他们与代表大地主、大商人利益者发生尖锐的冲突。从双方斗争的结果来看，上官桀、燕王旦的政变被粉碎，这也使汉朝中后期大地主、大商人阶层整体利益受到一次沉重打击，从而有利于抑制腐朽势力的发展，推动社会的前进。

众所周知，汉武帝的盐铁官营、酒榷、均输等经济政策，是在反击匈奴、财政空虚的情况下实行的。它的实行，使汉朝政府广开了财源，增加了赋税的收入，得以有了比较雄厚的物力基础来支持长期的战争，从而不断拓宽了疆土，安定了边疆。在当时的情况下，这一经济政策的实行无疑是正确的。但是，官营盐铁、酒榷、均输等政策的实行，逐步使一部分财富集中于大官僚、大地主及大商人手中，而剥夺了中小地主的利益。出现了官吏"行奸卖平"，而"农民重苦，女红再税"的状况，以及"豪吏富商积货储物以待其急，轻贾奸吏收贱以取贵"的局面，使得中小地主和一般百姓日趋贫困。因此，昭帝即位之初，霍光就围绕是否改变盐铁官营、酒榷、均输等经济政策，与桑弘羊等人展开了斗争。

昭帝始元元年（前86）闰十二月，霍光就派遣当时的廷尉王平等五人出行郡国，察举贤良，访问民间疾苦、冤难以及失去职业的人，为召开盐铁会议做准备。

昭帝始元六年（前81）二月，霍光将郡国所举的贤良、文学等人接入京城，由丞相田千秋、御史大夫桑弘羊主持，正式开始了盐铁会议。霍光虽然没有亲临会场，参与辩论，但他改变盐铁官营、酒榷、均输等经济政策的意图是很明确的。会议围绕坚持罢废盐铁官营、均输问题展开的辩论，涉及各个方面，包括对待匈奴、国内的治理等重大问题，实际上是对汉武帝时期政治、经济的总评价，也是昭帝实施新的政策前的一次大讨论。因为盐铁官营、酒榷、均输等政策的实施，直接损害了中小地主的利益，因而贤良、文学大声疾呼，要求改变这一政策；而代表当时大地主、大商人利益的御史大夫桑弘羊，以这一政策给汉朝带来强盛为理由，坚决反对改变这一政策。经过这场讨论，由汉昭帝下令，于是年七月，废除了盐铁官营、均输等政策。这就从根本上抑制了大地主、大商人的利益，在一定程度上缓和了社会矛盾，调整了阶级关系，从而使汉朝的经济走上了恢复发展的道路。

"武帝之末，海内虚耗，户口减半，霍光知时务之要，轻徭薄赋，与民休息。至是匈奴和亲，百姓充实，稍复文、景之业焉。"这是班固在《汉书》中对当时情况的评价，由此也可证明罢废盐铁官营的必要。

汉昭帝在位十三年，由于霍光的辅佐，为汉朝的巩固，为社会的安定和发展都奠定了一定基础。昭帝死后，汉朝的政局曾一度发生混乱，但由于它的政治基础比较稳固，政局在短暂的混乱之后很快就平静下来。

昭帝无嗣，他死后，由谁来继承帝位，这是霍光等公卿大臣面临的困难问题。当时，汉武帝的儿子，还有封广陵王的刘胥，但他行事不检点，有失皇家道统，汉武帝生前就很不喜欢他，他们便选择了汉武帝之孙，袭封昌邑王的刘贺，让他来继承帝位。但这个刘贺本是纨绔子弟，荒淫无度。汉武帝死时，他竟于服丧期间四处游猎，虽有属下苦谏不止，他仍放纵自若。昭帝死后，霍光等大臣以太后的名义派车迎接他入京登基，他喜不自胜。在进京途中，就派人掠取民间女子、财产，并让其属吏、家人都穿上刺史的官服，封官晋爵，任其胡作非为。看到这种情况，霍光等众大臣都感到事态严重，如果不及早处置，将会使汉家天下断送到刘贺的手里。于是在刘贺即位的第二十七日，霍光将所有在朝大臣、列侯、博士等召集到未央宫，举行会议，当众宣布了要废掉刘贺，另选贤明的意图。与会大臣、博士等人一听这个消息，都感到意外，因为废立之事，关系重大，谁也不敢发言。田延年看到这种情况，立刻站起来发言，假意斥责霍光，说汉武帝把汉家天下寄托给霍光，就因为霍光忠诚于汉室，能使汉朝长治久安。现在如果继续维持刘贺的帝位，那汉家天下就会断送，你霍光将来死了，又有何面目去见汉武帝呢！他手握剑柄，严词厉色，声称如有人敢反对废除刘贺他就将其就地斩杀。与会者见此情景，都同意由霍光主持，废除刘贺，另选贤明之主。于是，霍光联合杜延年、杨敞等人，十分慎重地写了一封奏章，列举了刘贺的种种劣迹，上奏当时主持汉室的十五岁的上官太后，并将刘贺召至未央宫承明殿，宣读了这封奏章，即日将刘贺废掉，并将其所属官吏统统收捕，随后又将刘贺发送回昌邑。而后，又将长期生活于民间的汉武帝与卫子夫的曾孙、戾太子之孙、十八岁的刘病已立为皇帝，这就是汉宣帝。

确立新主是当时安定全国的需要，然而要确立一个什么样的皇帝，则又是关系到汉朝能否长治久安的问题。霍光既考虑到前者，又考虑了后者。所以他宁愿担负所谓擅自废立的恶名，也不愿使汉家王朝倾覆。这表明他对汉室的忠诚，也是对国家的高度负责。事实证明，霍光选择了汉宣帝，才使得汉朝保持了兴旺的局面。汉宣帝即位后，霍光继续辅佐朝政，直到病死。

霍光秉持汉朝政权前后达二十年，他忠于汉室，老成持重，而又果敢善断，知人善任，实为具有深谋远略的政治家。他击败上官桀等人发动的政变，废刘贺，立汉宣帝，使汉室转危为安，其政治胆略颇可与萧何相比；他改变武帝末年急征暴敛、赋税无度的政策，不断调整阶级关系，与民休息，使汉代的经济出现了又一个发展时期，这也说明他以国家为重，以民生为重的治国思想。当然，不能否认，这些成就的取得，都与汉武帝所创立的业绩分不开，如果没有汉武帝时期奠定的基础，霍光在政治经济上都很难成功。但尽管如此，也不能否认他的才略和努力。

霍光善于用人，在他的周围形成了一个急于奉公的政治团体。他辅政之初，大臣议事的殿中曾发生怪异现象，众大臣都很惊疑，他为了防止意外变故，把掌管皇帝印玺的郎官召来，要郎官交出印玺，避免有人盗用它变乱朝政。但是这位执掌印玺的郎官却不愿把印玺交给他。当霍光想要夺取印玺时，这位郎官顿时愤怒，按着剑柄说，我的头可得，印玺不能交出去！这样忠于职守、舍生忘死的人，自然是国家需要的人才，因此，霍光很快给他增加了俸秩。他在平定上官桀等人政变后所用的丞相田千秋、太仆杜延年、右将军张安世等人，都是昭、宣之际颇有治略的人才，正是由于他能够知人善任，团结了一大批政治素质较高的人物，才使他的各项措施得以顺利推行。

霍光也十分注意自身的政治修养，注意以儒学经术约束自己。他的一举一动，都有一定规矩，都要合于礼法。这些从他废除刘贺的奏章中也可以看出。他在奏章中列举的刘贺的劣迹，多数属于不遵礼法，不守古训的事情。他重视贤良、文学的作用，从思想意识上来说，也是受到了儒家思想的影响。

同历史上任何有作为的政治家一样，霍光也受到时代和历史的局限，摆脱不了光宗耀祖思想的束缚，也摆脱不了身为将相，子弟封侯的腐朽传统。在他在位时，他的宗族、子弟都已是高官显贵，霍氏势力亦已"党亲连体，根据于朝廷"，而他的宗族又多不奉公守法，为霍氏家族留下了祸根。

第四十五章 《汉书》卷七十四 魏相丙吉传 第四十四

易学治国，千古一人

【原文】

　　元康中，匈奴遣兵击汉屯田车师者，不能下。上与后将军赵充国等议，欲因匈奴衰弱，出兵击其右地，使不敢复扰西域。相上书谏曰："臣闻之，救乱诛暴，谓之义兵，兵义者王；敌加于己，不得已而起者，谓之应兵，兵应者胜；争恨小故，不忍愤怒者，谓之忿兵，兵忿者败；利人土地货宝者，谓之贪兵，兵贪者破；恃国家之大，矜民人之众，欲见威于敌者，谓之骄兵，兵骄者灭：此五者，非但人事，乃天道也。间者匈奴尝有善意，所得汉民辄奉归之，未有犯于边境，虽争屯田车师，不足致意中。今闻诸将军欲兴兵入其地，臣愚不知此兵何名者也。今边郡困乏，父子共犬羊之裘，食草莱之实，常恐不能自存，难于动兵。'军旅之后，必有凶年'，言民以其愁苦之气，伤阴阳之和也。出兵虽胜，犹有后忧，恐灾害之变因此以生。今郡国守相多不实选，风俗尤薄，水旱不时。案今年计，子弟杀父兄、妻杀夫者，凡二百二十二人，臣愚以为此非小变也。今左右不忧此，乃欲发兵报纤介之忿于远夷，殆孔子所谓'吾恐季孙之忧不在颛臾而在萧墙之内'也。愿陛下与平昌侯、乐昌侯、平恩侯及有识者详议乃可。"上从相言而止。

　　相明《易经》，有师法，好观汉故事及便宜章奏，以为古今异制，方今务在奉行故事而已。数条汉兴已来国家便宜行事，及贤臣贾谊、晁错、董仲舒等所言，奏请施行之，曰："臣闻明主在上，贤辅在下，则君安虞而民和睦。臣相幸得备位，不能奉明法，广教化，理四方，以宣圣德。民多背本趋末，或有饥寒之色，为陛下之忧，臣相罪当万死。臣相知能浅薄，不明国家大体，时用之宜，惟民终始，未得所繇。窃伏观先帝圣德仁恩之厚，勤劳天下，垂意黎庶，忧水旱之灾，为民贫穷发仓廪，赈乏馁；遣谏大夫博士巡行天下，察风俗，举贤良，平冤狱，冠盖交道；省诸用，宽租赋，弛山泽波池，禁秣马酤酒贮积，所以周急继困，慰安元元，便利百姓之道甚备。臣相不能悉陈，昧死奏故事诏书凡二十三事。臣谨案王法必本于农而务积聚，量入制用以备凶灾，亡六年之畜，尚谓之急。元鼎三年，平原、勃海、太山、东郡溥被灾害，民饿死于道路。二千石不豫虑其难，使至于此，赖明诏振捄，乃得蒙更生。今岁不登，谷暴腾踊，临秋收敛犹有乏者，至春恐甚，亡以相恤。西羌未平，师旅在外，兵革相乘，臣窃寒心，宜蚤图其备。唯陛下留神元元，帅繇先帝盛德以抚海内。"上施行其策。

【译文】

宣帝元康年间，匈奴派兵攻击汉朝在车师屯田的军队，没有攻下来。宣帝和后将军赵充国等人商议，打算趁匈奴衰弱的时候，派兵攻打他们右边的地域，使匈奴不敢再骚扰西域。魏相向皇帝上谏书说："臣听说，拯救危乱，诛除凶暴，称之为义兵，仁义之师所向无敌；敌人来攻击你，不得已起来抗击，称之为应兵，抗击侵略的军队定能战胜；在小事上争胜斗恨，不能克制一时愤怒的，称之为愤兵，争气斗愤的军队会失败；认为别人的土地货宝有利可图的，称之为贪兵，贪婪的军队一定会被击败；凭借国家面积大，以人口众多相夸耀，因而想在敌人那里表现自己的威风的，称之为骄兵，骄傲的军队会被消灭：这五个方面，不仅是由人事决定的，也是天道决定的。不久前匈奴曾经向我们表示了善意，抓到汉人总是好好地送回来，没有侵犯我们的边境，虽然这次他们争夺我们屯田的车师城，也不必太放在心上。现在我听说各位将军想起兵攻入匈奴境内，愚臣不知道这样的军队该叫什么名称。现在边境上的州郡十分贫穷，父亲与儿子共同穿用一件羊皮袄，吃蓬草的果实，经常担心会活不下去，再也经不起战事的扰攘。'战事过后，一定会有灾年'说的就是人民会有愁苦怨气，会破坏阴阳之间的平和。即使出兵得胜，也还有后患，恐怕灾难变故会因此而产生。现在州郡的太守、封国的国相大多不得其人，风俗浅薄，风雨不调。考察今年的统计，子杀父、弟杀兄、妻杀夫的，共有二百二十二人，愚臣认为这绝不是小变故。现在您身边的大臣不以此为忧，却想派兵攻打边远的少数民族来报纤介小仇，这大概就是孔子说的'我恐怕季孙氏的忧患不在于颛臾而在宫墙内部'啊。希望陛下您和平昌侯、乐昌侯、平恩侯以及有远见的大臣仔细商议才行啊。"宣帝听从了魏相的建议，没有发兵。

魏相通晓《易经》，有正宗的师法，喜欢观看汉朝旧事和大臣对答机宜的奏章，认为现在与过去制度不同，现在只是要奉行过去的方法制度罢了。因此他多次条陈汉朝建国以来处理事情的妥善方法，以及贤臣贾谊、晁错、董仲舒等人的言论，奏请皇帝予以施行，说："臣听说上有圣明的君主，下有贤臣辅弼，那样君主才会安乐无忧而百姓和睦欢畅。臣有幸在朝中做了丞相，却不能遵从祖先圣明的制度，广泛地教化人民，治理好天下，来昭示皇帝的圣明与仁德。致使百姓中许多人背弃农耕之本，去从事商贾末事，有些百姓面有饥寒之色，使陛下担忧，臣魏相我罪该万死。臣我智慧能力不高，不能明察国家大政，提出当前适宜的方法，思考人们做事的动机与目的，没能完全想明白。我私下里怀着尊敬的心情观看以前的记载，了解到先皇帝是多么圣明仁义，恩德深厚。先皇帝为治理好天下辛勤劳苦，关心百姓，为水旱灾祸而忧虑，对贫穷、饥饿的百姓开仓发放赈济粮；派遣任谏职的大夫、博士巡行天下，观察风俗的好坏，选择举荐贤良人士，平反冤案，办这些事的官员来来往往，不绝于路途。节省诸项用度，减轻租赋，开放山林湖泽让百姓渔猎，禁止用粮食喂马、用粮食酿酒和私人囤积居奇：所有这些都是为了周济困乏的人，安抚百姓，便利百姓的方法十分完备。臣魏相不能一一表述出来，冒死罪把先帝处理旧事的诏书共二十三件事项上奏给您。臣我考察先王之法的结果是一定要以农业为本，重视积聚粮食，量入为出以备凶灾之年。国家没有六年的积聚，就叫作危急状况。武帝元鼎三年，平原郡、渤海郡、太山郡、东郡都遭了灾，老百姓饿死在逃荒的路途上。二千石等大臣不能提前考虑到会发生这样的灾难，才到了这种境地，幸亏皇帝发布诏书，命令予以救济，老百姓才得了活路。今年年景不好，谷价猛涨，到了秋天收获的季节还缺衣少食的人，到了春天的时候，恐怕更加厉害，没有多少可以用来做救济的粮食。西羌也还没有平定，军队还在外征伐，战乱频仍，臣我十分担心，希望皇帝早些考虑应急的措施。望陛下爱护百姓，遵从先帝仁德的故事，来安抚百姓。"皇帝听从了魏相的建议，并予以施行。

【评点】

中国几千年的封建社会，出现了很多宰相，作为这一优秀群体的一员，魏相并不是很有名的一个，但却是极有特色的一个。他明确地以易学思想辅佐西汉宣帝治国理政，并且取得了显著的政绩，从而得以青史留名。

魏相，字弱翁，济阴定陶（今山东定陶西北）人。他于地节三年（前67）为相，直至神爵三年（前59）去世为止，共"视事九岁"，是汉宣帝朝的第二任宰相，也是宣帝铲除霍氏家族之乱后开始亲政的第一位宰相。魏相为相期间，正处于宣帝一朝各项制度的创制、完善阶段，作为宰相，政事之艰巨、繁重可想而知，不过魏相很好地胜任了这一工作。史载："宣帝始亲万机，厉精为治，练群臣，核名实，而相（魏相）总领众职，甚称上意。"

魏相"少学《易》""明《易经》，有师法"，这为他以后以易学思想治国打下了良好的学术基础。他本人也以学《易》精明，"为郡卒史，举贤良"，从而走上政治道路，可谓与易学结下了不解之缘。魏相辅佐宣帝治理国家，主要是采用了《周易》中的"阴阳和谐，天人合一"的思想。《周易·系辞下》有"一阴一阳之谓道"语，"阴阳和谐、阴阳和合"是《周易》思想的本质和精神内核，而魏相正抓住了这一思想的精髓。魏相曾说："天地变化，必由阴阳。""阴阳者，王事之本，群生之命，自古圣贤未有不由之也。"把阴阳和谐提高到了至尊至高至圣的地位。

确实，他的一切政治理念的出发点和落脚点都本于阴阳。比如，元康年间（前65—前62），匈奴派兵攻打车师迟迟不能攻下，于是宣帝和群臣商议是否利用这个机会削弱匈奴。许多大臣都主张出兵，而魏相不赞成，他说："救乱诛暴谓之义兵，兵义者王；敌加于己，不得已而起者，谓之应兵，兵应者胜；争恨小故，不忍愤怒者，谓之忿兵，兵忿者败；利人土地货宝者，谓之贪兵，兵贪者破；恃国家之大，矜民人之众，欲见威于敌者谓之骄兵，兵骄者灭。"接着话题一转说，"此五者，非但人事，乃天道也。"把不同意出兵的理由最终归结于会"伤阴阳之和也"，而不是从战争本身的胜负和人力物力耗费的角度来立论。根据阴阳和合的思想，他进一步阐发说，"出兵虽胜，犹有后忧，恐灾害之变因此以生。今郡国守相多不实选，风俗尤薄，水旱不时。……今左右不忧此，乃欲发兵报纤介之忿于远夷，殆孔子所谓'吾恐季孙之忧不在颛臾而在萧墙之内'也。"把思考问题的重心放在国家内部的建设上，着重于政治、经济制度的建设和完善。应该说，这种分析是很有道理的。经过武帝多年对外战争的巨大消耗，国家疲弊，人民厌战。虽经昭帝朝的恢复，国家的经济基础仍很薄弱。宣帝初年，国家的主要任务还应是继续发展经济，恢复被战争破坏的生产力，安抚农民，而不是进行新的战争。所以，宣帝采纳了他的建议，"从相言而止"。

此外，魏相还"数表采《易阴阳》及《明堂月令》"来建言献策。比如他直接引用《周易·豫》卦象词说：臣闻《易》曰："天地以顺动，故日月不过，四时不忒；圣王以顺动，故刑罚清而民服。"以此来劝勉宣帝遵守自然界的规律，不要大兴功利，穷一己之欲。这个建议是符合当时社会应该休养生息、与民休息的社会现实的。

具体说来，魏相所理解的阴阳和谐、和合主要是指自然界的"日月光明，风雨时节，寒暑调和"。只有这三者具备、和序了，国家才会"灾害不生，五谷熟，丝麻遂，中木茂，鸟兽蕃，民不夭疾，衣食有余。……君尊民说，上下亡怨，政教不违，礼让可兴。"如若不然，"则伤农桑；农桑伤，则民饥寒；饥寒在身，则亡廉耻，寇贼奸宄所繇生也"。鉴于这种危害性和可怕的后果，他力劝宣帝要"动静以道，奉顺阴阳"。另外，他还建议宣帝"选明经通知阴阳者四人，各主一时……以和阴阳"。如此，则"天下幸甚"。

如果单从以上这些来看的话，我们不免会认为魏相迂阔，有点把《周易》思想教条化、绝对化的倾向。但是，在看到魏相往往借此把问题引到民生、引到国家迫切解决的问题上来，并进而提出切实可行的详细的方案与政策的时候，我们就会佩服他的务实、重民与亲民了。比如，他多次劝勉宣帝"垂意黎庶，忧水旱之灾，为民贫穷发仓廪，赈乏餧"。每当看到百姓"背本趋末，或有饥寒之色"的时候，他则认为自己"罪当万死"，深切地表达了他的爱民之心。为此，他曾"昧死奏故事诏书凡二十三事"。

魏相为相，非常尽职尽责，成为有汉一代的名相。宋人刘才邵评价道："才识卓然过人，必不泥于一偏盖以后王之法，其粲然见于施设之间者，后之人能率由之，因时制宜则易行而收功速者，所以为识治体也。又数表采《易阴阳》及《明堂月令》奏之，欲以奉顺天道师古之意，复见于此可谓两得之矣。"（《樵溪居士集》卷十）既赞美了魏相之才，又肯定了易学思想对他的积极影响，可谓确当之论。

正是由于宣帝、魏相君臣的共同努力，宣帝一朝才创出了中兴的局面。班固在《汉书·宣帝纪》中说："孝宣之治，信赏必罚，综核名实，政事文学法治之士咸精其能。至于技巧器械之资，后世鲜能及之，亦足以知吏称其职，民安其业。……功光祖宗，业垂后嗣，可谓中兴。"对宣帝的统治给予了极高的评价。应该看到的是，这种良好政治局面的形成离不开身居宰相之职的魏相的才识与努力。班固也认可这种说法，他在《魏相传赞》中说："君臣相配，古今常道，自然之势也。近观汉相，高祖开基，萧、曹为冠，孝宣中兴，丙、魏有声。是时黜陟有序，众职修理，公卿多称其位，海内兴于礼让。览其行事，岂虚乎哉！"把魏相的功绩比作西汉开国宰相萧何和曹参，也可谓是评价非常之高了。

最后，还有必要交代一下魏相为何能够明确地以易学思想治国，并且还能受到当时君臣的支持和信赖。其实，这与当时的时代风潮有关。自从汉武帝罢黜百家，表彰六经之后，以五经为代表的儒家经学开始占据官方的意识形态领域。到了宣帝、元帝之时，儒家经学的主导思想地位得以全面确立，政府出台的选官制度、经济政策、救灾措施、法律制度、民族政策等，都闪动着经学的影子。以经治国成为汉代的时代特色。皮锡瑞在《经学历史·经学极盛时代》中说"孔子道在六经，本以垂教万世，惟汉专崇经术"，并说"三代后政教之盛、风化之美，无有如两汉者”，就是指这种情况。正是基于这样的时代背景，魏相才能明确地、大张旗鼓地以易学思想治国。唐太宗时期的重臣虞世南曾说：不学《易》者无以为宰相。明朝万历年间的首辅（相当于宰相）张居正也非常喜爱《周易》，“座中置一帙常玩之……以为六经所载，无非格言，至圣人涉世妙用，全在此书。”（张居正《答胡剑西太史》）但他们最终都没有把易学思想落实到政策层面上，只有魏相做到了。从这个角度来说，魏相可谓是千古一人。

第四十六章 《汉书》卷七十八
萧望之传 第四十八

辅政大臣，不平身死

【原文】

（一）

　　萧望之字长倩，东海兰陵人也，徙杜陵。家世以田为业，至望之，好学，治《齐诗》，事同县后仓且十年。以令诣太常受业，复事同学博士白奇，又从夏侯胜问《论语》《礼服》。京师诸儒称述焉。

　　是时，大将军霍光秉政，长史丙吉荐儒生王仲翁与望之等数人，皆召见。先是左将军上官桀与盖主谋杀光，光既诛桀等，后出入自备。吏民当见者，露索去刀兵，两吏挟持。望之独不肯听，自引出阁曰："不愿见。"吏牵持匈匈。光闻之，告吏勿持。望之既至前，说光曰："将军以功德辅幼主，将以流大化，致于治平，是以天下之士延颈企踵，争愿自效，以辅高明。今士见者皆先露索挟持，恐非周公相成王躬吐握之礼，致白屋之意。"于是光独不除用望之，而仲翁等皆补大将军史。三岁间，仲翁至光禄大夫给事中，望之以射策甲科为郎，署小苑东门候。仲翁出入从仓头庐儿，下车趋门，传呼甚宠，顾谓望之曰："不肯录录，反抱关为。"望之曰："各从其志。"

（二）

　　后数月，制诏御史："国之将兴，尊师而重傅。故前将军望之傅朕八年，道以经术，厥功茂焉。其赐望之爵关内侯，食邑六百户，给事中，朝朔望，坐次将军"天子方倚欲以为丞相，会望之子散骑中郎伋上书讼望之前事，事下有司，复奏："望之前所坐明白，无谮诉者，而教子上书，称引亡辜之《诗》，失大臣体，不敬，请逮捕。"弘恭、石显等知望之素高节，不诎辱，建白："望之前为将军辅政，欲排退许、史，专权擅朝。幸得不坐，复赐爵邑，与闻政事，不悔过服罪，深怀怨望，教子上书，归非于上，自以托师傅，怀终不坐。非颇诎望之于牢狱，塞其怏怏心，则圣朝亡以施恩厚。"上曰："萧太傅素刚，安肯就吏？"显等曰："人命至重，望之所坐，语言薄罪，必亡所忧。"上乃可其奏。

显等封以付谒者，敕令召望之手付，因令太常急发执金吾车骑驰围其第。使者至，召望之。望之欲自杀，其夫人止之，以为非天子意。望之以问门下生朱云。云者好节士，劝望之自裁。于是望之仰天叹曰："吾尝备位将相，年逾六十矣，老入牢狱，苟求生活，不亦鄙乎！"字谓云曰："游，趣和药来，无久留我死！"竟饮鸩自杀。天子闻之惊，拊手曰："曩固疑其不就牢狱，果然杀吾贤傅！"是时太官方上昼食，上乃却食，为之涕泣，哀恸左右。于是召显等责问以议不详。皆免冠谢，良久然后已。

【译文】

（一）

萧望之字长倩，是东海郡兰陵县人，后来迁徙到杜陵。世代以种田为业，到了萧望之，爱好学问，研究《齐诗》，师从同县的后仓将近十年。根据制度到太常门下学习，又师从以前的同学博士白奇，还跟随夏侯胜学习《论语》《礼服》。京师的儒生们都称赞他。

当时大将军霍光执政，长史丙吉推荐儒生王仲翁和萧望之等几人，都被召见。这以前，左将军上官桀与盖主阴谋刺杀霍光，霍光就诛杀了上官桀等人，之后出入自加防备。必须接见的官吏百姓，都要脱衣搜身，去除兵器，由两个官吏挟持着。唯独萧望之不肯听从，自己从小门退出说："不愿意拜见。"官吏气势汹汹地拉他。霍光听说这个情况，就告诉官吏不要挟持他。萧望之来到霍光面前，规劝他说："将军凭仗功勋和德行辅佐年幼的皇帝，将要推行宏大的教化政策，以达到协调和平的统治，所以天下的士人都伸长脖颈，踮起脚尖，争相要亲身效力，来辅佐高明的您。现在要拜见您的士人都要先脱衣搜身受到挟持，这恐怕不合周公辅佐成王时一饭三吐哺，一沐三握发以招致寒士之礼吧？"当时霍光唯独不任用萧望之，而王仲翁等人都补任大将军史。三年之中，王仲翁升至光禄大夫给事中，萧望之因为考中甲科才做了郎官，代理小苑东门候。王仲翁出入有奴仆跟从，下车进门，前传后呼，很是受尊宠，他回头对萧望之说："你不肯遵循常规，反而只做了个守门官。"萧望之说："各行其志。"

（二）

几个月之后，皇帝下诏书给御史大夫："国家将要兴隆，应该尊重师傅，原前将军萧望之教导我八年，用经学来导引我，他的功劳很大。应赐萧望之关内侯的爵位，食邑六百户，任给事中的职位，每月初一、十五朝拜，座位次于将军。"天子正想依靠他做丞相，遇到萧望之的儿子散骑中郎萧伋上书申诉萧望之以前的冤屈，此事被交给有关部门，回报"萧望之从前的罪过明明白白，没有诬陷的事，而他却指使儿子上书申诉，引用表明自己无辜的《诗》，有失大臣的礼仪，对皇帝不敬，请予以逮捕"。弘恭、石显等人知道萧望之素有高尚的气节，不肯屈服受侮辱，建议说："萧望之从前任前将军辅佐国政，想排斥许、史两家，专权控制朝政。侥幸没被治罪，又被赐予爵位食邑，参与讨论国家政治，不悔改过错思服罪行，还心里怀着怨恨，指使儿子上书，把不是归于皇帝，自以为凭着师傅的身份，终究不会被治罪。如果不让萧望之在牢狱中受些侮辱，堵塞他不满的心情，那么圣朝就无法给他施以恩泽。"皇帝说："萧太傅为人素来刚直，怎么肯接受官吏的审问？"石显等人说："人的生命至关重要，萧望之所犯的罪，是说错了话的小罪，一定不会让您担心的。"皇帝就批准了他的报告。

石显等人将皇帝的批复封好交给谒者，下令亲手交给萧望之，于是命令太常火速带领执金吾骑兵飞驰去包围他的宅第。使者到，传萧望之。萧望之想自杀，他的夫人阻止了他，认为这不是皇帝的旨意。萧望之以此询问门生朱云。朱云是一个爱好名节的人，就劝萧望之自杀。当时萧望之仰天长叹说："我曾经担任过将相这一职务，年纪也已超过六十岁，年老而进监狱，苟且偷生，不也太鄙陋了吗？就叫着朱云的字说："游，取和药来，我宁可死也不久留人世！"终于喝毒酒自杀了。皇帝听说这件事十分震惊，拍手叹气说："先前我就怀疑他不肯进牢狱，结果真的杀了我的好老师！"当时太官刚刚端上午餐，皇帝就推开饭食，为萧望之哭泣，悲哀之情感动了左右侍从。立刻召来石显等人以计划不周详责问他们。他们都脱下帽子谢罪，很长时间才作罢。

【评点】

　　萧望之是西汉中期著名的儒学大师，也是元帝时期著名的辅政大臣。可历代的学者对其褒贬不一，不少人称他为明哲保身、善于弄权的小人。我们现在既然是评点《汉书》，就让我们通过《汉书》中关于萧望之一生经历的记载进行分析，对萧望之的一生简要对其做个评价。

　　首先考虑的是他的为学和为人方面。萧望之自幼好学，年少时就已名满京都，许多学者都称道他，后来还担任了太子太傅，即汉元帝的老师。萧望之的学识是一直为后人所称颂的，这一点恐怕无人可以否认。唐代的颜师古曾称赞萧望之"巨儒达学，名节并隆，博览古今，能言其祖"。至于为人方面则有不少相左的观点。

　　我们首先可以肯定的是，萧望之做事很讲原则，只要他认为是正确的，总是坚持自己的观点。《汉书》记载萧望之年轻的时候曾受到大将军霍光的召见，当时官吏百姓见霍光都要袒露搜身，除去兵器，并由两个官吏押着。唯独萧望之不肯听从，并劝说霍光要以德望和礼遇来招致平民大众的诚意。由是，他只被安排了一个守门官，但他仍坚持自己是对的，并认为这是"各从其志"。

　　萧望之为人也比较正直，对国家大事尤其关心。汉宣帝地节三年夏天，京城里降落冰雹，萧望之为此向皇帝上书，认为这是好的征兆还没有到来，阴阳不调和。主要是由于大臣揽政，一姓人专权逞势所引起的。实际上直接导致了霍家的被诛灭。萧望之平时的交往也处处体现出他的正直为人，性情如火，疾恶如仇而又敢作敢为。萧望之曾多次举荐著名学者、秀才充任谏官，郑朋想要依附他，便上书阿谀奉承，称萧望之践履周公、召公的德行，具备孟公绰的品质，具有卞庄的雄威。萧望之一开始还尽自己的心意接待他，到后来发现郑朋的行为转向邪恶，屡次说别人的坏话而不反省自己，萧望之就毅然地断绝了和他的来往。可见萧望之不是那种同流合污、近墨者黑的人。

　　最重要的评价在于政。萧望之是一位儒学大师，儒生从政获得这么成功的，萧望之是其中之一。他第一次运用儒家思想来处理政事并取得成功是和京兆尹张敞讨论以谷赎罪建议的问题。萧望之引经据典，并结合汉武帝旧事，尽陈以谷赎罪的弊病，得到了丞相魏相、御史大夫丙吉的支持，否定了张敞的建议。在处理与匈奴的关系问题上，萧望之更显示出了他的儒家思想运用于政治的原则。他根据儒学原则，主张以仁义道德对待处于困难中的匈奴，并借此感化四周的少数民族，从道义上征服他们的心灵，这样既充分显示出汉朝泱泱大国坚守仁义道德的风范，又可以不费一兵一卒收到四夷归附的理想效果。在对待来朝的呼韩邪单于的礼仪上，萧望之又一次独树己见，表现出对匈奴一贯的仁义主张。他说："单于非正朔所加，故称敌国，宜待以不臣之礼，位在诸王之上。"由于他的努力，边境保持了相当一段时间的稳定。

对于萧望之从政中的过错和失误，主要就是唐晏所说的"残霍氏，杀韩延寿，谗丙吉"。关于"残霍氏"，指的是萧望之上书宣帝，借夏天降冰雹之事阐述鲁国权臣季氏驱逐昭公的历史，以说明霍氏专政不得人心。就事论事，霍氏专横跋扈，也严重威胁到朝政，作为一个饱读儒家经书的学者，萧望之自然而然就想到了春秋故事。其实，当时许多人都对霍氏专权不满。御史大夫魏相、山阳太守张敞等都曾上书宣帝，要求抑制霍氏势力，以保皇权稳固。由此看来，萧望之的上书，是为国家社稷的长远利益着想，并不是考虑个人利害。

至于"杀韩延寿"，这并不能归咎于萧望之。萧望之作为御史大夫，对于知法犯法的事情一并查清，这是他的职责所在。韩延寿的违法逾制才是导致他被杀的根本原因。整件事中也不能看出萧望之是公报私仇，这种说法显然是欠妥的。

萧望之由于性情直率，疾恶如仇，因此在评人论事时无所顾忌，给人造成一种狂傲的感觉。况且他总是力排众议，坚持原则，难免让人觉得他喜欢标榜自己而自认为很聪明。但我们应该看到，萧望之所做的事大多是为了国家，为了统治阶级的稳固，这是由他的阶级立场决定的。就人而言，他对于国家大事敢于发表自己的见解，并用儒学思想来解决，是一位了不起的学者政治家。汉宣帝晚年把十一位中兴辅臣的图画镌名于麒麟阁中，萧望之就是其中之一，应该说这是对他比较公正的评价。他虽然有时候恃才傲物、弄权自保，但就其一生而言，仍是功劳远远大于过错，不愧为汉代中兴名臣。

对于萧望之的死，大都认为是他的老板汉元帝政治不成熟所致，死得太冤枉了。汉元帝二十四五的年纪，当个家长都当不顺当，当个乡长非常勉强，哪能当总揽社稷全局的一把手？但是，你可以说任何人错了，但你可以说领导也错了吗？

汉元帝据说是很喜欢萧望之的，对其寄予厚望，准备重用萧来革新政治，改变他老爹那时开始的外戚党与宦官党独霸政坛的状态，促使工作再上新台阶。汉元帝是刘邦的六世孙，萧望之是萧何的六世孙，当年，刘邦重用萧何，祖宗配，曾经开创了历史新纪元；现在，玄孙配，从理论上来看，最少也是可以弄个新局面吧。汉元帝他爹汉宣帝去阎王那里报到的前夕，发了话，叫汉元帝、史高、萧望之组成三人团，先是把一切权力拢到这团里来，再把一切权力归于团长。

汉宣帝把萧望之列入三人团，除了考虑到老萧是名相之后外，还考虑儿子元帝与老萧是师生关系，一直相处得不错，老萧教元帝帝王术多年，再继续教几年，太顺理成章了。问题是理论与实践常常是脱节的，谁如果把政治课运用到政治上

544

来，那谁就死得快。

萧望之正是这种情况。老萧懂理论，从理论上来讲，外戚专权的政治，宦官专权的政治，一定是糟透了的政治。如果他单碰上了其中之一，那还好说，问题是萧望之是外戚专权与宦官专权都碰上了。史高恰恰是外戚，而三人团之外的弘恭与石显，是太监，其时当的是中书令，也就是元帝办公室的秘书长。秘书长这角色，说小也小，说大也大，如果一把手权放得松，那么秘书长是可以代老板行使号令的，这时候的权力比二把手、三把手可能还大。即使老板权力抓得再紧，秘书长权力也相当了得，毕竟不是心腹，就不可能当秘书长。萧望之要搞政治改革，立志来碰硬，也就相当于找死。这里，我们就看出来了，萧望之此人死到临头了。因为，在这三人团加两秘书长的权力格局里，他只有一个可能的依靠，另外三人，他全都得罪，全是他的敌人。他说不用外戚，打击了史高；他说不用宦官，树敌于弘恭与石显。别说他提出的这个事情小，因为牵涉到用什么人的问题，就是说，不用阉党，不用亲党，而要用儒党，党派之权争，历来是大事，难度自然大。

萧望之的政改方案抛出来后，自然遭到了激烈的反对，在会议室之类的场所，引发群臣声讨；在领导家里或者按摩室之类的地方，有石显与弘恭时不时进谗言。汉元帝哪能把握这种复杂的斗争局面？不但复杂的政治一点都不太懂，连最基本的请示报告等材料都读不明白。史高先生向元帝打了一个小报告，说萧望之有两罪，一是污蔑与侮辱帝国的高级干部，二是挑拨离间元帝您老人家的亲戚关系，所谓是"潜诉大臣，毁离亲戚"。末尾提出了处理建议："谒者招致廷尉。"这里得来个词语解释，汉朝有专门替皇帝传话的人，叫作谒者，这个汉元帝肯定懂，就是中书省的那些太监们，也就是相当于我们现在办公室的秘书人员；廷尉，大家也都知道，就是主管刑狱的，搞审判的。汉元帝对这话是这么理解的，派一个秘书去，把法官喊来，来问一问萧望之是不是有这两罪，所以他二话不说，提笔就签了"同意"两字。这种处理公文的方式应该不算错，既然有人具实名写检举信，那么请人来把情况调查清楚再说，这是领导处理问题的基本思维。汉元帝当了几天领导，简单的组织程序略知一二了，可是，他根本就没弄明白的是，"谒者招致廷尉"是汉代官场的政治专用术语，意思是：把人给我抓起来，关牢里去。

萧望之关进了牢房，好久都没来上班了，元帝就很纳闷：怎么老萧假都不请一个，就随意旷工呢？旁边的人就告诉他，老萧坐牢了。元帝大吃一惊：谁批准的，这么一级大领导说关了也就关啦？旁边有人就说，这是您批准的！元帝被弄了个大红脸，作声不得。连政治术语都不懂就来弄政治，那不叫人笑话吗？这时候的元帝首先考虑的是自己的领导尊严，领导错了怎么要得？那就关吧，把萧望之继续关在牢里，就可以证明领导没错，所以，老萧就一直关着。

大概关了几个月，元帝觉得把老萧放出来，也不影响他批示的正确性了，于是打发人把他放出来，不但放出来，而且还准备继续委以重任。可是，不知道老萧哪根神经犯了混，他觉得这么冤枉坐了牢，不说得到份儿国家赔偿，最少也应该得个说法吧，他心里萌发了打官司的企望。他儿子代父鸣冤，要求给他爹恢复名誉。他爹坐牢，是谁签的字？领导嘛。这不是明摆着跟领导叫板吗？从这里，我们也就知道了，不是黄口小儿汉元帝不懂政治，而是天天吃政治饭的萧望之一点政治也不懂，政治上太不成熟：你可以说任何人错了，但你可以说领导也错了吗？领导是一贯正确的，无比正确的，永远正确的。现在，你要挑战这个原则，这不是自寻死路吗？

　　这下轮到史高他们活动了。史高又打了一个报告，最后建议与前次一样："谒者招致廷尉"。这下，元帝当然知道啥意思了，上次是糊糊涂涂地批示，这次呢，是明明白白地签字了。在签的时候，元帝据说心思有点软，他的意思是，把老萧再关一阵，反省反省，但不要把他命给结果了，所以他说，老萧这人，性格犟，上次坐牢，他觉得冤，这次如果再要他去，他不肯怎么办？显等曰："人命至重，望之所坐，语言薄罪，必无所忧。"放心吧，狗命都值钱，何况人命，老萧一定把命看得比狗命重的，况且他的问题小，不过是说了错话嘛，没什么大罪。元帝于是叫了一声：上墨。一下给签了。

　　拿了圣旨，石显、史高他们跑得飞快，立刻调来了众多狱卒，把老萧家全围起来，鸟都飞不过去。看那阵势，那是皇上下死令了吧？老萧老泪往下掉，刀架在脖子上，准备抹，其老妻提醒说，也许皇帝没想杀你呢，旁边却跳出来一个人，说"人贵有气节，不如自裁"。老萧想想也是：我六十多岁的老骨头了，一而再再而三地进牢房，活着还有什么意思？"老入牢狱，苟求生活，不亦鄙乎！"横下心来，一死了之。

　　据说，老萧死时，汉元帝正在吃饭，听到消息，饭怎么也下不了喉了，哭得很伤心，好多人在旁看着他哭，都可以做证：皇上为官员枉死流眼泪了。皇上多么慈祥，多么仁爱啊。

第四十七章 《汉书》卷八十一 匡张孔马传 第五十一

凿壁偷光，终成名相

【原文】

匡衡字稚圭，东海承人也。父世农夫，至衡好学，家贫，庸作以供资用，尤精力过绝人。诸儒为之语曰："无说《诗》，匡鼎来；匡语《诗》，解人颐。"

衡射策甲科，以不应令除为太常掌故，调补平原文学。学者多上书荐衡经明，当世少双，令为文学就官京师；后进皆欲从衡平原，衡不宜在远方。事下太子太傅萧望之、少府梁丘贺问，衡对《诗》诸大义，其对深美。望之奏衡经学精习，说有师道，可观览。宣帝不甚用儒，遣衡归官。而皇太子见衡对，私善之。

会宣帝崩，元帝初即位，乐陵侯史高以外属为大司马车骑将军，领尚书事，前将军萧望之为副。望之名儒，有师傅旧恩，天子任之，多所贡荐。高充位而已，与望之有隙。长安令杨兴说高曰："将军以亲戚辅政，贵重于天下无二，然众庶论议令问休誉不专在将军者何也？彼诚有所闻也。以将军之莫府，海内莫不卬望，而所举不过私门宾客，乳母子弟，人情忽不自知，然一夫窃议，语流天下。夫富贵在身而列士不誉，是有狐白之裘而反衣之也。古人病其若此，故卑体劳心，以求贤为务。传曰：以贤难得之故因曰事不待贤，以食难得之故而曰饱不待食，或之甚者也。平原文学匡衡材智有馀，经学绝伦，但以无阶朝廷，故随牒在远方。将军诚召置莫府，学士歙然归仁，与参事议，观其所有，贡之朝廷，必为国器，以此显示众庶，名流于世。"高然其言，辟衡为议曹史，荐衡于上，上以为郎中，迁博士，给事中。

【译文】

　　匡衡字稚圭，是东海承县人。祖父世代务农，到匡衡时喜好读书，因为家庭贫困，匡衡当雇工获取报酬支付费用。匡衡的精力超过常人，许多儒者赞美说："不要讲《诗》，匡衡就要来；匡衡来讲《诗》，使人开心大笑不已。"

　　匡衡得中甲科，因为不中甲科条令，只被任命为太常掌故，后选任为平原郡文学。很多学者都上书推举匡衡精通经典，当世无双，应任命为文学，去京师做官；后学之辈都愿跟从匡衡到平原郡学习，匡衡不应该在远离京师的地方做官。皇上把这件事交太子太傅萧望之、少府梁丘贺前往询问，匡衡用《诗经》大义回答，回答得十分深刻、精彩。萧望之上奏匡衡精通经学，讲说有师道传承，可供观览。宣帝不大任用儒者，便遣匡衡回原地。但是，皇太子看到匡衡的问对后，私下里很赏识他。

　　宣帝驾崩，元帝即位，乐陵侯史高以外戚身份被任命为大司马车骑将军，兼任尚书，前将军萧望之为副手。萧望之是名儒，是皇帝的恩师，皇帝重用他，在推荐人才方面颇多贡献。而史高则不问政事，徒有名位，和萧望之产生隔阂。长安县令杨兴劝说史高说："将军以亲戚关系辅助政事，名位高贵，举世无比，然而在众人的议论中，好的名声、荣誉不全在将军身上，是什么原因呢？在于他们听说将军不能推荐贤士及有才能的人。作为将军的幕府，世人没有不仰望羡慕的，而将军所推举的人不过是私家宾客，乳母的子弟。将军由于人情的缘故忽视了众人的议论，而不知道有自己不对的地方，但是只要有一个人在私下议论，就会流传天下。您虽然富贵在身，但士人却不称赞，好比反穿着纯白的狐皮大衣一样，华而不实。古人很忌讳这样的事情，所以他们屈尊费心，以寻求贤能的人作为己任。经传上说：因为贤人难得，所以说办事不能坐等贤人到来；因为食物难得，所以饱食就不能坐等食物送来。还有比这种等待更严重的情况。平原文学匡衡的才能智慧都绰绰有余，经学造诣超群绝伦，因为在朝廷没有机会升迁，只得随着选补的文牒转到远离京师的地方做官。将军如果召匡衡到幕府任职，天下学士一定纷纷跟从他，让他参与议论政事，根据他的特长，推荐给朝廷，一定会成为国家的栋梁之材。您将这件事做给众人看，您的美名也就会在世上流传。"史高认为杨兴讲得有理，就任命匡衡为议曹史，将他推荐给皇上，皇上让他做郎中，后升为博士，兼任给事中。

【评点】

　　匡衡（生卒年不详），字稚圭，汉代著名经学家和政治家。祖籍东海丞邑（今苍山兰陵镇），到匡衡时，才迁居在邹县羊下村（今属邹城市城关）。汉建昭三年（前36）官拜丞相，历元帝、成帝两朝，封安乐侯，被后人尊称为"刻苦治学的经学大师"。

匡衡自幼家境贫寒，但他勤奋好学，不为家贫所误。为挣钱糊口，他白天必须多干活，只有晚上才能安心读书。不过，他又买不起灯，天一黑，就无法看书了，匡衡非常惋惜这浪费的时间。而他的邻居家里很富有，一到晚上好几间屋子都点起灯，把屋子照得通亮。一天，匡衡鼓起勇气对邻居说："我晚上想读书，可买不起灯，能否借用你们家的一寸之地呢？"邻居恶毒地挖苦他说："既然穷得买不起灯，还读什么书呢？"匡衡听后非常气愤，但并没有因为邻居家嘲讽而丧失读书的信心，反而更坚定了决心，发誓一定要把书读好，学有所成。匡衡回到家中，万般无奈，就悄悄地在墙上凿了个小洞，让邻居家的灯光从洞中透过来，借着"偷"来的邻居家微弱的光线，如饥似渴地读起书来，就这样渐渐地读完了家中所有的书，从此，"凿壁偷光"的故事成为千古佳话。

匡衡读完这些书，深感自己所掌握的知识远远不够，他迫切地希望能够读到更多的书，学更多的知识。匡衡打听到附近有个大户人家，家里有很多藏书。为了满足自己读书的愿望，他就卷着铺盖守候在大户人家门前，等主人出现时，便跑上前去，对主人说："听说你家有许多藏书，我因为家穷买不起书，就想着给您家干活，不要任何报酬，只要能让我读您家里的书就可以了。"主人听后，被匡衡刻苦学习、追求上进的精神深深感动，便答应了他的要求。匡衡孜孜不倦地苦读，终于成为西汉时期著名的经学大师。

匡衡聪颖好学，精力旺盛，对《诗经》颇有研究。他非常喜欢探讨诗句的含义，说诗论诗见解独到，使人深受教益，一些儒生在读论诗歌时都盼望他出席。当时流传着众儒生编出的顺口溜："无说《诗》，匡鼎来，匡说《诗》，解人颐（意：不要谈论《诗经》了，匡衡就要来了；匡衡解释《诗经》，见解高明，令人愉快）。"当时大文人萧望之、梁丘贺曾与匡衡对诗，匡衡谈吐有据，论理深邃，言语俊美，深得萧、梁二人的赞赏。

数年后，匡衡进京赴试，投考甲科，因对答的文章不切题意，而被录取为乙科之士，补太常掌故，选调为平原郡（今山东平原县西南）的文学史。京城里一些官员知道后都为之可惜，很多人上书推荐匡衡，说他精通经学，当今的世上没有人能超过他，不应遣往远方，而应留在京师任文学史一职；也有一些后辈学生要跟随匡衡去平原郡。这件事情下交给太子的师傅兰陵人萧望之、少府梁丘贺处理。他们亲自召见匡衡，试其学问，匡衡解答了《诗经》各篇的主旨，生动、深刻而全面。萧望之上奏说，匡衡的经学水平精深、纯熟，有儒学的师法。但汉宣帝对儒学不甚喜欢，仍令匡衡去平原郡赴任，而皇太子（后来的汉元帝）见到了匡衡的对答文章，暗自欣赏他的才能，希望他耐心等待。毕竟，二把手说了，匡衡就心中有谱了。

公元前48年，元帝即位，大司马车骑将军史高任尚书，前将军萧望之为副。史高向元帝推荐匡衡，称他"才智有余，经学绝伦"，如果能"贡之朝廷，必为国器"。由于元帝早已对匡衡有好感，就把他调回京城担任郎中，之后又迁任博士、给事中，掌管经学教授，兼殿中顾问，参与议论政事。不久，匡衡先后出任光禄大夫、太子少傅、光禄勋、御史大夫等职，掌管议论政事兼辅导太子刘骜。汉元帝还曾让匡衡居于殿中为师，为朝内官员讲授诗赋，不少县官也前往旁听。建昭三年（前36），丞相韦玄成病死，匡衡代之为相，赐封安乐侯，食邑六百户，为百官之长，辅佐皇帝，统理全国政务。

竟宁元年（前33），太子刘骜即位，是为汉成帝。成帝性情放荡，荒淫无度，作为三朝元老的丞相匡衡又向成帝上疏，奉劝他只有慎重看待过去得失盛衰的教训，才能巩固自己的统治地位。要遵守经学的倡导，做一个有道之君，不要沉湎于后宫荒淫无度的生活中。刘骜非常敬重匡衡，毕竟以前面熟啊，便批准匡衡上奏他的建议，但没有付诸行动。

在以后的几年里，匡衡与同僚渐有隔阂，有人向成帝上疏，弹劾匡衡犯有不忠之罪。后他的儿子匡昌为越骑校尉，醉酒杀人，"匡衡曾免冠徒跣待罪"，天子均未加追究。不久有司又弹劾匡衡以权谋利，违背法制，侵占公家土地，匡衡于是被贬为庶人。之后，匡衡返回故里，做了普通百姓，不几年病死在家中。

在治国安民问题上，匡衡主张"礼让为国"，首先从君臣做起，整肃吏治，使"公卿大夫相与循礼恭让"，从而做到"民不争""下不暴""众相爱"。他的这些政治主张，对医治当时百孔千疮的腐败政治起到了一定的进步作用。匡衡通古博今，经学绝伦，直言进谏，刚直不阿，受人敬重，被《汉书》列为一代名相而世代相传。

匡衡勇于战胜艰苦条件、刻苦求学的精神一直受到后人的赞扬和钦佩，他身前的一缕光线，两千多年来，点亮了莘莘学子心灵的明灯，开启了东方一种坚韧不拔的治学精神。

第四十八章 《汉书》卷八十二 王商史丹傅喜传 第五十二

贤子另类，不群傅氏

【原文】

　　傅喜字稚游，河内温人也，哀帝祖母定陶傅太后从父弟。少好学问，有志行。哀帝立为太子，成帝选喜为太子庶子。哀帝初即位，以喜为卫尉，迁右将军。是时，王莽为大司马，乞骸骨，避帝外家。上既听莽退，众庶归望于喜。喜从弟孔乡侯晏亲与喜等，而女为皇后。又帝舅阳安侯丁明，皆亲以外属封。喜执谦称疾。傅太后始与政事，喜数谏之，由是傅太后不欲令喜辅政。上于是用左将军师丹代王莽为大司马，赐喜黄金百斤，上将军印绶，以光禄大夫养病。

　　大司空何武、尚书令唐林皆上书言："喜行义修絜，忠诚忧国，内辅之臣也，今以寝病，一旦遣归，众庶失望，皆曰傅氏贤子，以论议不合于定陶太后故退，百寮莫不为国恨之。忠臣，社稷之卫，鲁以季友治乱，楚以子玉轻重，魏以无忌折冲，项以范增存亡。故楚跨有南土，带甲百万，邻国不以为难，子玉为将，则文公侧席而坐，及其死也，君臣相庆。百万之众，不如一贤，故秦行千金以间廉颇，汉散万金以疏亚父。喜立于朝，陛下之光辉，傅氏之废兴也。"上亦自重之。明年正月，乃徙师丹为大司空，而拜喜为大司马，封高武侯。

　　丁、傅骄奢，皆嫉喜之恭俭。又傅太后欲求称尊号，与成帝母齐尊，喜与丞相孔光、大司空师丹共执正议。傅太后大怒，上不得已，先免师丹以感动喜，喜终不顺。后数月，遂策免喜曰："君辅政出入三年，未有昭然匡朕不逮，而本朝大臣遂其奸心，咎由君焉。其上大司马印绶，就第。"傅太后又自诏丞相御史曰："高武侯喜无功而封，内怀不忠，附下罔上，与故大司空丹同心背畔，放命圮族，亏损德化，罪恶虽在赦前，不宜奉朝请，其遣就国。"后又欲夺喜侯，上亦不听。

【译文】

　　傅喜字稚游，河内温县人，是哀帝的祖母定陶傅太后的堂弟。年轻时喜欢学习和询问，有志向与操守。哀帝被立为太子，成帝挑选傅喜任太子庶子。哀帝刚刚登上帝位，就让傅喜任卫尉，升为右将军。当时，王莽任大司马，请求告老辞职，避居在皇帝的舅舅家。皇上已经听凭王莽退职，众人都把厚望寄托在傅喜身上。傅喜的堂弟孔乡侯傅晏跟皇帝的亲属关系与傅喜一样，而且女儿是皇后。还有皇帝的舅舅阳安侯丁明，也是由于亲密的外家亲属而受封。傅喜固守谦逊而声称有病。傅太后开始参与政治事务，傅喜屡次规劝她，因此傅太后不想让傅喜辅佐朝政。皇上于是任用左将军师丹替代王莽当大司马，赐给傅喜一百斤黄铜，交上将军的印信，以光禄大夫的名义休养病体。

　　大司空何武、尚书令唐林都献上奏书说："傅喜品质高洁，忠于国事，是辅佐朝政的大臣，现在由于有病在身，忽然谪贬归家，必使百姓失望，都说傅氏贤人，由于议论不符合定陶太后的缘故而退职，百官没有不替国家感到遗憾的。忠臣，是国家的屏障，鲁国的治乱在于季友，楚国的强弱在于子玉，魏国仅以无忌即可退敌，项羽的存亡在于范增。所以楚国虽然拥有南方的疆土，披甲的将士有上百万，相邻的国家不认为可怕，子玉当了将领，于是晋文公坐不安稳，等到子玉死去时，晋国的君臣相互庆贺。所以说百万个普通人也比不上一位贤人，因此秦国花费千金来离间廉颇，汉王散发万金来疏远亚父。傅喜留在朝廷上，是陛下您的荣耀，也是傅氏兴盛的标志。"皇上自己也很器重傅喜。第二年正月，就调师丹任大司空，而任命傅喜当大司马，封为高武侯。

　　丁氏、傅氏骄横奢侈，都嫉妒傅喜的谦恭节俭。又加上傅太后想要求取皇太后的称号，与成帝的母亲同等尊贵，傅喜与丞相孔光、大司空师丹一齐坚持正当的主张。傅太后勃然大怒，皇上不得不先罢免师丹来触动傅喜，傅喜终归没有顺从。过了几个月以后，就下令罢免傅喜说："你辅佐朝政供职三年，没有明显地纠正过我没做到的地方，而朝中的大臣却成就了奸诈之心，过错在你身上。交上大司马的印信，归于府第。"傅太后又自己诏令丞相御史说："高武侯傅喜没有功劳而受封，内心怀有不忠诚的想法，依附下级，欺骗主上，和原来的大司空师丹齐心背离叛变，放弃教令，毁坏族类，损害道德教化，罪行虽然是在赦免之前，但不适合以奉朝请的名义参加朝会，遣发他回到封地去。"后来又想要剥夺傅喜的侯爵，皇上也不听从。

【评点】

傅喜和傅晏是傅氏外戚集团在朝中最活跃的两个人物，但二人的立场与品行却相去甚远。傅晏和傅太后如出一辙，因此成为她最得力的干将。但傅喜却与他们格格不入，在傅太后看来简直就是一个吃里爬外的叛逆者。

傅喜自幼好学，品行过人，在哀帝即位时便被任命为卫尉（负责皇宫警卫），稍后即升迁为右将军，正式进入朝廷重臣的行列。但也正在此时，姑母傅太后参与朝政的欲望令傅喜忧心忡忡。他以为自己和这位姑母关起门来是一家人，没有什么不好说的话，于是便数次向她进言，建议她不要再来搅和本来就已经一团乱麻的朝局。

刚开始的时候，傅太后只是觉得他很扫兴，接下来便对他非常失望，到最后进而发展成为对他的仇视。

哀帝即位不久，王太后便指使大司马王莽辞官回家，以避开傅太后的锋芒。王莽是当时众望所归的首辅大臣，他的离去让朝臣们感觉一下子没有了主心骨，于是便纷纷地把希望寄托在傅喜身上。

但是，此时已经非常失望的傅太后，无论如何也是不会让傅喜来当这个首辅的。她非常清楚，如果他当上了首辅，以他从政的理念、立场和在朝廷的威望，自己今后指不定会有多么难过。既然身为右将军的傅喜不可能出任大司马，于是左将军师丹便顺理成章地坐上了首辅的位置。更加出乎朝臣们意料的是，傅喜竟然被免了右将军的职务，改任光禄大夫，回家养病。

大司空何武和尚书令唐林看到这种局面，便再也坐不住了。他们二人同时上书，称傅喜为"傅氏贤子"，众望所归，让他立于朝堂之上，实乃"陛下之光辉，傅氏之废兴也"。哀帝本人也对傅喜颇为倚重，对何、唐二人的观点深有同感。不过这时候他还有另外一番心思，担心成帝朝的重臣们过于强势，影响自己的政令畅通。他非但没把傅太后的干政当成自己的绊脚石，反而想借她的手来对朝中关键人事进行重新洗牌。

这是历代头头脑脑们都惯用的伎俩——某些大家都公认的品行不端之人翻手为云，覆手为雨，颐指气使，为所欲为，人们便误以为是一把手昏了头、瞎了眼，竟然看不到这种"奸臣当道"的局面。殊不知这正是一把手自己布的局，他要借这些所谓"奸臣"之手，来达到自己并非很光明的目的，于是便对他们的行径装聋作哑，视而不见。

于是便有了一个耐人寻味的结局：两个月后，哀帝居然找了一个借口，撤免了何武的大司空官职，保留其侯爵，遣返他回到自己的封邑，同时将大司马师丹改任大司空，把首辅的位置腾了出来。策免何武的借口简单而牵强：他派人去四川郫县老家接后母来长安奉养，但正好遇到成帝驾崩；他担心政局动荡，沿途不安全，便暂时让后母留在老家。于是便有人上书说他用心不诚，这正好为哀帝提供了策免他的理由。

又过了三个月，到建平元年（前6）正月，哀帝再次起用傅喜，任命他为大司马，封高武侯。虽然经过这么一次起落，傅喜还是禀性不移，依旧与傅氏家风格格不入。人家都骄奢淫逸，他却恭俭严谨，俨然是一个傅氏外戚集团里的另类分子。

此时傅太后还被称为"恭皇太后"，名号上稍逊后者一小筹，是她的一块心病。这年秋天，傅太后又指使别人上书为自己加尊号。哀帝让朝臣们充分发表意见，绝大多数人都不敢得罪傅太后，唯有傅喜和孔光、师丹三人持反对意见。傅太后的反应可想而知，她再一次勃然大怒——在哀帝朝，傅太后最多的情绪表现便是发怒。

一边是专横刚暴的祖母；另一边却是德高望重的"三公"（大司马、丞相、大司空），势均力敌的两股力量互不相让，把哀帝夹在中间左右为难。傅太后自然是惹不起的，他希望傅喜能够退一步，减轻一下自己的压力，于是便采取了"舍卒保车"的策略，先撤免了师丹，想以此来打动傅喜。

正好师丹这一段时间的表现也很让哀帝恼火。当时不知是谁给哀帝上书说：远古的先民都是以龟甲和贝壳做货币，如今却用金属铸币。这东西造价太高，所以才把老百姓都给拖穷了，建议朝廷再改回去，重新以龟甲和贝壳为货币。哀帝便问师丹，师丹说可以改。于是哀帝又指示群臣公议，大家都认为现行的钱币已经通行了很久，老百姓都习惯了，一下子改回去是不可能的。这时的师丹年事已经很高，他忘了自己曾经对哀帝说过的观点，竟然又反过头来赞同群臣的意见。

还有一次，师丹让一个下属替他写奏书。这家伙也不知道是怎么想的，帮师丹写好后自己又抄录了一份拿在手中。这事儿很快便传到了丁、傅外戚子弟们的耳朵里，他们便指使同党上书告发师丹，说他把上报天子的密奏到处乱传，弄得满世界的人都知道了。

在如何处置师丹的问题上，朝臣们展开了激烈的辩论，最后还是丁、傅外戚势力占了上风，哀帝便顺水推舟把他给免了。但令哀帝没有想到的是，罢免了师丹竟也打不动傅喜，他依然是一根筋，非要坚持自己的观点。哀帝实在没有办法，数月之后便连他也一并免了。

再一次取胜的傅太后决定乘胜追击。

杜业当初在攻击王根的同时，便向哀帝举荐了赋闲在家的后将军朱博。哀帝便于一年前重新起用他继师丹为大司空。朱博不久便建议再把"大司空"一职重新改为"御史大夫",他自己便被重新任命为御史大夫。

东山再起之后的朱博大概是老糊涂了,他居然和傅太后联合起来,共同打击丞相孔光。孔光被免为庶人,身为副丞相(御史大夫)的朱博便递补为丞相,少府赵玄则被擢升为御史大夫。

这时,黄门侍郎扬雄提醒哀帝说,朱博比较强势,多权谋,是个将军的好材料,但却不适合做丞相,但哀帝根本听不进去。

孔光被拿下后,傅太后仍然不放心傅喜,于是便让傅晏游说朱博站出来,提议把傅喜的爵位也一并免了。朱博感觉到自己一个人的力量实在有限,便去串通御史大夫赵玄一并上书。赵玄感到很为难,便对朱博说:傅喜的事情已经有了定论,如果再提出来是不是不合适啊?朱博生气地说:可我已经答应了人家傅晏,匹夫之间相约,尚且要以死报之,何况人家还贵为皇后之父?你不想帮我,那我就只好去死了。赵玄无可奈何,只得应允。

哀帝非常清楚傅太后对傅喜的仇视,接到朱、赵二人的奏书后便怀疑是她在幕后指使,于是派尚书去把赵玄召来询问。赵玄心虚,很快便把事情的原委和盘托出,对自己与朱博的阴谋供认不讳。哀帝大怒,下令左将军彭宣牵头,由其他部门参与,对此事立案调查。调查结果属实,哀帝便派人逮捕朱博。朱博自杀。

傅太后最终没有踩倒自己的侄子。

第四十九章 《汉书》卷八十四
翟方进传 第五十四

束己公约，通明宰相

【原文】

（一）

　　河平中，方进转为博士。数年，迁朔方刺史，居官不烦苛，所察应条辄举，甚有威名。再三奏事，迁为丞相司直。从上甘泉，行驰道中，司隶校尉陈庆劾奏方进，没入车马。既至甘泉宫，会殿中，庆与廷尉范延寿语，时庆有章劾，自道："行事以赎论，今尚书持我事来，当于此决。前我为尚书时，尝有所奏事，忽忘之，留月余。"方进于是举劾庆曰："案庆奉使刺举大臣，故为尚书，知机事周密壹统，明主躬亲不解。庆有罪未伏诛，无恐惧心，豫自设不坐之比。又暴扬尚书事，言迟疾无所在，亏损圣德之聪明，奉诏不谨，皆不敬，臣谨以劾。"庆坐免官。

（二）

　　方进知能有余，兼通文法吏事，以儒雅缘饬法律，号为通明相，天子甚器重之，奏事亡不当意，内求人主微指以固其位。初，定陵侯淳于长虽外戚，然以能谋议为九卿，新用事，方进独与长交，称荐之。及长坐大逆诛，诸所厚善皆坐长免，上以方进大臣，又素重之，为隐讳。方进内惭，上疏谢罪乞骸骨。上报曰："定陵侯长已伏其辜，君虽交通，传不云乎，朝过夕改，君子与之，君何疑焉？其专心壹

556

意毋怠，近医药以自持。"方进乃起视事，条奏长所厚善京兆尹孙宝、右扶风萧育，刺史二千石以上免二十余人，其见任如此。

【译文】

（一）

河平年间，方进转为博士。几年后，迁任朔方刺史。做官时不烦琐苛刻，所察有条辄举，很有威名。多次向朝廷奏事，迁为丞相司直。他跟随成帝去甘泉，在驰道中行车，司隶校尉陈庆劾奏他，方进因此被没收了车马。到了甘泉宫后，在殿内集会，陈庆和廷尉范延寿交谈。当时陈庆正被奏章弹劾，陈庆便自己说："既往之事当以罪论处，现在尚书拿着劾奏我的奏章来，应该在这里判决。以前我做尚书的时候，曾经有所奏之事，我忽然忘了，搁置了一个多月。"方进因为这件事弹劾陈庆说："陈庆奉命侦视揭发大臣，因此做尚书，了解机密要事都是周密安排统一筹划的，明主亲自处理毫不懈怠。陈庆有罪却没有伏诛，没有恐惧之心，事先自己预设不判罪的例子。而且他泄露宣扬尚书的事情，说快慢没有什么关系，亏损了圣德的明智聪察，奉行诏命不谨严，这些都是不恭敬的表现，我谨以这件事举劾。"陈庆因此被免去了官职。

（二）

方进富于知识才能，兼通法令吏事，以儒雅文饰法律，称为通明相，皇上非常器重他，方进上奏事情皇上没有不适合他心意下令的，在内又探求皇上的隐微的旨意来巩固他的职位。先前，定陵侯淳于长虽然是外戚，然而因擅长谋略列为九卿，刚任职时，方进独独与淳于长交往，称赞举荐他。等到淳于长因为大逆罪被杀，所有和淳于长亲善的人都因他被免职，皇上因为方进是大臣，又向来看重他，替他隐瞒避讳。方进内心惭愧，上奏请罪要求退职归家。皇上答复说："定陵侯淳于长已伏罪，你虽然和他相交往，经传上不是这样说嘛，早晨知道错误晚上就改正，君子赞许他，你还有什么疑虑呢？请你专心一意不要懈怠，看医用药来保重身体。"方进才起来办事，逐条陈奏淳于长所亲善的京兆尹孙宝、右扶风萧育，刺史二千石以上被免职的有二十余人，方进被皇上信任到如此地步。

坏陂谁？翟子威。饭我豆食羹芋魁。反乎覆，陂当复，谁云者，两黄鹄。

——汉·上蔡童谣

公元前 208 年秋，被称为千古一相的上蔡人李斯在大秦王朝的一场宫廷争斗中败下阵来，被腰斩于咸阳。一百九十年后，古老的蔡国又有一位天中之子登上了中国历史舞台的最高处，此人便是西汉成帝年间的丞相翟方进。

不足二百年的时间里，上蔡一地两朝便出了两个位极人臣的丞相，这不能不说是上蔡县的骄傲。然而令人痛惜的是，虽然二人朝代不一、各事其主，命运也迥然不同，但有一点却让他们殊途同归，最终的结局都是死于非命、诛灭三族。

或许是因为李斯的名声太大，一提丞相便自然想到他，以致许多人对另一位丞相翟方进知之甚少，这是不公平的。

翟方进，字子威，西汉汝南郡上蔡人。翟家在翟方进为官之前也像他的同乡李斯一样，家世微贱，祖上没有任何通显之处。到了他父亲翟公时，因其父好学上进，挣得一个小小的汝南郡文学，但好景不长。幼年就失去母亲的翟方进，在 12 岁时又失去了父亲，只能同自己的继母相依为命。后来年纪稍大，便托人到太守府做一名干杂事的小吏。但他的顶头上司太守府中的掾吏认为翟方进生性愚钝，办事不力，经常辱骂他，让翟方进苦闷不已，心中遂生离去之意。有一次，他遇见一位叫蔡父的有学问的人，就问他自己将来应该干些什么。蔡父看到翟方进后非常惊奇他的相貌，对他说，你不是凡人，长有封侯骨，今后应该在经术这方面进取，努力去研究诸子的学问，必有大成。蔡父的一番话让翟方进大喜过望，本来他就厌倦小吏生活，此次便下定决心，托病辞去工作。回家后，他把自己的想法跟继母说了，要辞家到京师学习。翟方进的继母是个非常善良的妇人，虽然翟方进并不是自己的亲生儿子，但她向来视翟方进为己出。听说儿子要远行，她非常担心，决定和儿子一同赴京。母子俩来到京师，翟方进入学进读，而继母则以织布纳鞋来补贴家用，供翟方进读书。就这样，一晃过了十多年，翟方进苦学上进，成了京师有名的经学老师，身边的学生也越来越多，二十三岁时被任用为议郎。

当时京师有一个老儒生清河人胡常，和翟方进一样研究经术。虽然此人出道要比翟方进早得多，但名声却比不上这个后起之秀。胡常便心存妒嫉，常在私下对翟方进说长道短，恶意中伤。翟方进知道后，并不以为然，反而在胡常讲经授课时，让其弟子去听课，认真记录，问辩难疑。如是者久之，胡常才知翟方进这样做是出于对自己的尊重和谦让，心中十分羞愧。从此之后，凡与士大夫来往常常情不自禁地称颂翟方进。最后，他们成了亲密无间的好友。

从河平年初到永始二年（前28—前15），这十多年对于翟方进是一个政治生涯突飞猛进的时期。他从一个微不足道的议郎晋升为博士，几年后升任朔方刺史，后迁丞相司直。在刺史任上，翟方进显出自己的从政能力，干事情不怕烦琐，处理政务均按条令执行，在当地甚有威名。与此同时，他又不甘寂寞，遇到自认为有违朝纲之事之人便挺身而出，上书皇上。有一次，他得知身为司隶校尉的陈庆为朝廷办事时没有尽到自己的责任，非但没有受到惩罚，心里还没有惧怕的念头。像他这样奉诏不谨、有辱圣命的行为应该受到惩处，于是上书皇上弹劾陈庆，陈庆当即被免去官职。

还有一次，他又弹劾另一位司隶校尉涓勋。当时，涓勋刚刚提拔到这个位置。按以往的惯例，他应该先去拜会丞相、御史，但涓勋却我行我素，不拘于此，朝会相见，又显得十分傲慢。然而，有一回翟方进看到涓勋路遇外戚成都侯王商（当朝皇帝刘骜的舅舅），却显得格外谦恭，看到对方的马车过来，立刻下车肃立，等到对方走远才上车赶路。于是，翟方进上奏皇上，说涓勋不遵礼仪，轻宰相和上卿，而又诎节失度，邪讇无常，属于堕国体、乱朝序的行为，所以不应该让他处在这个位置上，请皇上免去涓勋的职务。

当时，有朝中大臣也上书，说翟方进因过去犯错曾被陈庆举劾，所以他反过来举劾陈庆，今又弹劾涓勋，是不思自责内挟私恨之行为。但皇帝却认为翟方进奏书符合律制，涓勋确触逆礼仪，因而下令贬涓勋为昌陵令。翟方进在一年之内连劾两位司隶校尉，均致当事者丢官。朝廷百官看到他都十分害怕，只有丞相薛宣对他十分器重。薛宣经常告诫下属，小心侍奉翟司直，此人不久必在相位。

薛宣此话说过不久，皇上下令在昌陵营建皇家陵园，这事他让贵戚近臣操办。然而，这些人的子弟以权谋私，从中取利。翟方进部署手下人立案审查，反复验问，不徇私情，结果追缴赃款数千万。皇帝认为此人堪当重任，便任用他为京兆尹。在此期间，他搏击豪强，大胆办案，一时间名震京城。这时，他的好友胡常在青州当刺史，听说他的事情后，写信给翟方进："我听说你在任上为政严明，为人称颂，但做事千万不可太过，否则易受中伤。"翟方进接受了老友的劝说，以后办事略讲尺寸。

翟方进在京兆尹的位置上坐了三年，便又被皇上提拔为御史大夫。但刚到任不久，因他在当京兆尹期间为当朝太皇太后发丧烦扰百姓而被人举报，被皇帝降职使用任执金吾。这件事同时被牵连的还有当朝丞相薛宣，薛宣也因此被革职查处，贬为庶人。本来，这应看作是翟方进政治命运的一次大挫败。但不过二十天，他竟然因祸得福，政治前途柳暗花明、峰回路转。薛宣被贬后，丞相缺位，群臣在议谁能出任新一届丞相时，竟有多人同时举荐翟方进，而皇帝也一直器重他。因此，翟方进没有经过太多周折便顺利当上了丞相，并封高陵侯，食邑千户。至此，当年从上蔡小城走出的寒门小史，经过不懈的奋斗，再一次如他的先辈李斯一样登上了权力的高位。当然，翟方进为相，最高兴的莫过于他的继母，几十年的含辛茹苦，最终换来了母子无上的荣贵。翟方进更是将继母的养育之恩牢记心头，为丞相后的头一件事就是将自家的府邸重新整修一遍，让老母亲在非常舒适的环境中颐养天年。他每天对母亲的寝食起居总是亲自打理，不敢稍有怠慢，直到老母亲无疾而终。

翟方进为相，一任就是十年。这十年当中他辅佐成帝治理国家，实实在在地说，既无大功，也无大过。在为相期间，束己公约，崇尚清明，加上他本人知能有余，兼通文法吏事，因此，被时人称为"通明相"，这是他一生中得到的最好的评语。

第五十章 《汉书》卷八十七下 扬雄传 第五十七

扬雄美新，情系大同

【原文】

赞曰：雄之自序云尔。初，雄年四十余，自蜀来至游京师，大司马车骑将军王音奇其文雅，召以为门下史，荐雄待诏，岁余，奏《羽猎赋》，除为郎，给事黄门，与王莽、刘歆并。哀帝之初，又与董贤同官。当成、哀、平间，莽、贤皆为三公，权倾人主，所荐莫不拔擢，而雄三世不徙官。及莽篡位，谈说之士用符命称功德获封爵者甚众，雄复不侯，以耆老久次转为大夫，恬于势利乃如是。实好古而乐道，其意欲求文章成名于后世，以为经莫大于《易》，故作《太玄》；传莫大于《论语》，作《法言》；史篇莫善于《仓颉》，作《训纂》；箴莫善于《虞箴》，作《州箴》；赋莫深于《离骚》，反而广之；辞莫丽于相如，作四赋；皆斟酌其本，相与放依而驰骋云。用心于内，不求于外，于时人皆曶之；惟刘歆及范逡敬焉，而桓谭以为绝伦。

王莽时，刘歆、甄丰皆为上公，莽既以符命自立，即位之后欲绝其原以神前事，而丰子寻、歆子棻复献之。莽诛丰父子，投棻四裔，辞所连及，便收不请。时雄校书天禄阁上，治狱使者来，欲收雄，雄恐不能自免，乃从阁上自投下，几死。莽闻之曰："雄素不与事，何故在此？"间请问其故，乃刘棻尝从雄学作奇字，雄不知情。有诏勿问。然京师为之语曰："惟寂寞，自投阁；爱清静，作符命。"

雄以病免，复召为大夫。家素贫，耆酒，人希至其门。时有好事者载酒肴从游学，而钜鹿侯芭常从雄居，受其《太玄》《法言》焉。刘歆亦尝观之，谓雄曰："空自苦！今学者有禄利，然尚不能明《易》，又如《玄》何？吾恐后人用覆酱瓿也。"

雄笑而不应。年七十一，天凤五年卒，侯芭为起坟，丧之三年。

时大司空王邑、纳言严尤闻雄死，谓桓谭曰："子尝称扬雄书，岂能传于后世乎？"谭曰："必传。顾君与谭不及见也。凡人贱近而贵远，亲见扬子云禄位容貌不能动人，故轻其书。昔老聃著虚无之言两篇，薄仁义，非礼学，然后世好之者尚以为过于《五经》，自汉文景之君及司马迁皆有是言。今扬子之书文义至深，而论不诡于圣人，若使遭遇时君，更阅贤知，为所称善，则必度越诸子矣。"诸儒或讥以为雄非圣人而作经，犹春秋吴楚之君僭号称王，盖诛绝之罪也。自雄之没至今四十余年，其《法言》大行，而《玄》终不显，然篇籍具存。

【译文】

班固说，这是扬雄的自序。起初，扬雄四十多岁时，从蜀来游京师，大司马车骑将军王音欣赏其文才，召作门下史，推荐扬雄待诏，一年多后，上奏《羽猎赋》，除官为郎，给事黄门，和王莽、刘歆并列。哀帝初，又和董贤同官。成、哀、平年间，王莽、董贤都做了三公，权过人君，推荐的人没有不提拔的，但扬雄三代不升官。到王莽篡位，论谈者用符命赞美其功德而被封爵的人很多，扬雄仍不被封侯，因年纪大而渐升为大夫，他就是如此淡泊名利。确实好古爱道，想以文章在后世扬名，认为经最大的是《周易》，所以作《太玄》；传最好的是《论语》，所以作《法言》；史篇最好的是《仓颉》，所以作《训纂》，箴诫最好的是《虞箴》，所以作《州箴》；赋最深奥的是《离骚》，所以相背而推广它；辞最华丽的是相如，所以作四赋：都探索本源，模仿发挥。用心在内，不求于外，当时人都轻视它；只有刘歆和范逡敬重他，而桓谭认为他无与伦比。

王莽时，刘歆、甄丰都做了上公，王莽既是假借符命自立，即位之后想禁绝这种做法来使前事得到神化，而甄丰的儿子甄寻、刘歆的儿子刘棻又奏献符瑞之事。王莽杀了甄丰父子，流放刘棻到四裔，供词所牵连到的，立即收系不必奏请。当时扬雄在天禄阁上校书，办案的使者来了，要抓扬雄，扬雄怕不能逃脱，便从阁上跳下，差点死了。王莽听到后说："扬雄一向不参与其事，为什么在此案中？"暗中查问其原因，原来刘棻曾跟扬雄学写过奇字，扬雄不知情，下诏不追究他。然而京师为此评道："因寂寞，自投阁；因清静，做符命。"

扬雄因病免职，又召为大夫。家境一向贫寒，爱喝酒，人很少到其家。当时有多事的人带着酒菜跟他学习，钜鹿侯芭常跟扬雄一起居住，学了《太玄》《法言》。刘歆也曾看到，对扬雄说："白白使自己受苦！现在学者有利禄，还不能通晓《易》，何况《玄》？我怕后人用它来盖酱瓶了。"扬雄笑而不答。活到七十一岁，在天凤五年死去，侯芭为他建坟，守丧三年。

当时大司空王邑、纳言严尤听说扬雄死了，对桓谭说："您曾称赞扬雄的书，难道能流传后世吗？"桓谭说："一定能够流传。但您和桓谭看不到。凡人轻视近的重视远的，亲眼见扬子云地位容貌不能动人，便轻视其书。从前老聃做虚无之论两篇，轻仁义，驳礼学，但后世喜欢它的还认为超过《五经》，从汉文帝、景帝及司马迁都有这话。现在扬子的书文义最深，论述不违背圣人，如果遇到当时君主，再经贤知阅读，被他们称道，便必定超过诸子了。"诸儒有的嘲笑扬雄不是圣人却作经，好比春秋吴楚君主僭越称王，应该是灭族绝后之罪。从扬雄死后到现在四十多年，他的《法言》大行于世，但《玄》到底未得彰显，但篇籍都在。

【评点】

翻开《汉书》扬雄的传记，再看扬雄的文集，扬雄特异的形象从烟尘仆仆的史卷里由模糊渐至清晰。

扬雄，字子云，约活动在公元前 53—公元 18 年，西汉学者、辞赋家。蜀郡成都人。少时好学，博览多识，口吃，好思。四十岁后，游京师，大司马车骑将军王音召为门下史，荐雄为待诏。后经蜀人杨庄的引荐，被喜爱辞赋的成帝召入宫廷，任给事黄门郎。王莽称帝后，扬雄校书于天禄阁。他受他人牵累，即将被捕，于是跳阁，未死，后召为大夫。扬雄在古代为人诟病的是附莽美新，洪迈很同情他，在《容斋随笔》中为其辩护说："扬雄仕汉，亲蹈王莽之变，退托其身于列大夫中，抱道没齿。世儒或以'剧秦美新'贬之，是不然，此雄不得已而作也。夫诵述新莽之德，止能美于暴秦，其深意固可知矣。序所言配五帝冠三王，开辟以来未之闻，直以戏莽尔。"洪迈同情是可以的，但这个说法是没有多少道理的。扬雄在新朝以前，官职一直很低微，历成帝、哀帝、平帝"三世不徙官"。在贫穷中，除写一些赋外，就仿《论语》作《法言》，仿《周易》作《太玄》，时人取笑他，他就写了一篇《解嘲》。嘲不是那样容易解的，除非做了大官，禄丰权重，人见人畏，进而受人尊敬。大概是嘲笑他的人越来越多的缘故，比起从前更是郁闷，为了宽慰自己，又写了一篇《逐贫赋》，此赋很有深意，从这篇赋可以知道扬雄的痛苦。他早期很不逢时，他不安于末汉，对武帝、宣帝以来的阳儒阴法和其他的杂学，他也有不少腹诽。《法言》与《太玄》大体可以代表他的思想。

扬雄在《法言》里认为，民众玩愚，聪明不开，当训诸理。而理只有通过学之、行之，才能彻底觉悟。人学则正，不学则误入邪门。然而学什么呢？当然是学圣人和圣人的道。只有圣人的道才是本，本是一定要崇的；与圣人的道相对的惑乱人之耳目的辞赋、引人误入歧途的辩说是末，末是一定要抑的。道要崇要学，道还可以通过弃绝小辩、求之于己而进入，很显然，这必须在学了之后才能如此。与儒家一样，他极力提倡"仁义礼智信"，提倡"道德仁义礼"，他说：仁，宅也。义，路也。礼，服也。智，烛也。信，符也。处宅，由路，正服，明烛，执符，君子不动，动斯得矣。道、德、仁、义、礼，譬诸身乎？夫道以导之，德以得之，仁以人之，义以宜之，礼以体之，天也（五者为人之天性）。

他主张君子以礼动，以义止。他尊崇孔子，尊崇孔子所述说的经。他说孔子之道"犹四渎也，经营中国，终入大海"；认为说天、说事、说体、说志、说理不能舍弃五经，认为立言当以经作为标准，所以他仿《周易》仿《论语》而著述。他也推崇孟子，并"窃自比于孟子"。孟子之时，礼乐崩坏，百家争鸣而塞路，儒道近乎默默，孟子出，负好辩之名，不辞辛苦地各处宣传儒学、抵排异端。孟子以儒学的捍卫者自居。扬雄的时代，各种学说为统治者所用，而儒家学说却只是在表面形式上存其皮毛，这是他不忍见的，也是他很痛心的。他如此排斥儒家以外之学：庄杨荡而不法，墨晏俭而废礼，申韩险而无化，邹衍迂而不信。

他厌恶纵横家，因为纵横家最乱人耳目，是最背离大道的；他反对谶纬；他视阴阳家之学为"巫鼓"之说。他早年、中年皆写过赋，但他瞧不起辞赋家，他将赋斥为"童子雕虫篆刻"，说"壮夫不为也"，说"诗人之赋丽以则，辞人之赋丽以淫。如孔门之用赋也，则贾谊升堂，相如入室矣。如其不用何？"

他对道家是有取舍的，他欣赏老子所言之道德，反对老子的捶提仁义，绝灭礼学。他的《太玄经》就有《老子》思想的影子。此书如果我们剥掉表面上老子的思想成分，剥掉阴阳家的象数成分，可以说，这是一部非常了不起的具有数学的严密性的书，它发展了儒家的礼易思想。若将《太玄经》与《易经》相比，它实在超过了《易经》。《易经》以太极为一，分阴阳则为二，二再分为四，四则变为八，八与八相乘得六十四。这个六十四，以二作为基数，叠六次即是，按今天的数学说法，就是二的六次方。一、二、四、八都有叫法，六十四自然要命名，好有一个称谓，但命名总不能随随便便，总得有其道理。道理在哪里？道理就在天地人之中，那个"人"自然还包括人的品行性格及人的事、事的态等，将天地人中的道理析出，按乾一坤二至六十三既济、六十四未济排列而名。《太玄经》得到《易经》启示，以道一起，一以三生，极为九营，方州部家有四，将三作为基数，叠四次，也就是三的四次方，得八十一家。《太玄经》与《易经》都有动态数学观念，在时空方面，《太玄经》将境域引入，就显得比《易经》完美。

《太玄经》设方州部家之四重，扬雄自己说："方州部家，八十一所。一辟，三公九卿，二十七大夫，八十一员士，少则制众，无则制有。"这所说的，不多不少，

564

正好对应儒家所说的四重官职。官职、境域、时空、历法等的齐备，体现了扬雄心灵中的社会。这个社会不同于陶渊明的世外桃源，不同于老子的小国寡民的社会，也不同于以往儒家的大同社会，而是一个动态的有秩序的礼易式的大同社会。

由此知道，扬雄的全身都流淌着儒家的血液。所以韩愈称扬雄为"圣人之徒"。入了圣人之门，得了圣人之道，在圣人的基础上重新规划了大同社会。这个大同社会就是扬雄的最高理想。理想已定，余下来的就是付之于现实，然扬雄区区一书生又怎能办到？只要谁能够办到，他还怕什么俗儒、曲儒、腐儒的指东道西？他一个劲儿地走着自己的路。

与此同时，另外三个人也走到这一条路上，这三个人是刘向、刘歆、王莽。刘向、刘歆是父子关系，有人以为刘歆于父不孝，其实刘歆也并非不孝。刘向以刘氏天下计，暗中抑制王莽，但他又丢不了把王莽和他拴在同一道路上的儒家学说，进退维艰，应该说刘向内心总是被这两种情感撕扯着的；而刘歆则不同，刘歆更富于理想。刘歆于《周礼》情有独钟，究其原因，当是《周礼》的思想与他的理想最为吻合。

《周礼》现在一般认为是东周时所作。钱穆说《周礼》"为中国先秦时代人之乌托邦，纯系一种理想政府的组织之描写。亦可谓是一部理想的宪法。其最堪重视者，乃为政治理想之全部制度化，而没有丝毫理论的痕迹，只见为是具体而严密的客观记载"。这部书，洪迈指为刘歆伪作，说王莽时代，刘歆为国师，开始建立《周官经》以为《周礼》，并且设立博士，一时许许多多的人跟从刘歆学习，于是《周礼》流行天下。又说刘歆处心积虑，用以济王莽之恶，而王莽据以荼毒四海。新室短命，遭写历史的人歪曲和后代一些人的唾骂，这是必然的，历史上每一个短命朝代都是这样的。考王莽之史实，王莽想做一个好皇帝，可以说，他的动机比历史上许多皇帝都纯正，他有爱民之慈祥心，他解放女奴、男奴，他重新划分土地，按照《周礼》设置官职、市场，他想创建一个大同社会，而这正是扬雄、刘歆的理想社会。两位淳儒看到自己的理想为人所实践，哪有袖手旁观之理？他们投入王莽新室的创建之中这是我们可以推想到的，扬雄的美新也自然在情理之中。不过，王莽当时还遇到更可怕的天灾，又有豪强猾吏作梗，小民不明是非受到他们的蛊惑，非但不支持，反而站在地主豪强一边一起颠覆了这个新生的社会。于是，王莽被斥为篡逆，刘歆被控为助纣，扬雄被指为美新。

第五十一章 《汉书》卷九十九中 王莽传 第六十九

第一节 动欲慕古，不切实际

【原文】

莽曰："古者，设庐井八家，一夫一妇田百亩，什一而税，则国给民富而颂声作。此唐虞之道，三代所遵行也。秦为无道，厚赋税以自供奉，罢民力以极欲，坏圣制，废井田，是以兼并起，贪鄙生，强者规田以千数，弱者曾无立锥之居。又置奴婢之市，与牛马同兰，制于民臣，颛断其命。奸虐之人因缘为利，至略卖人妻子，逆天心，悖人伦，缪于'天地之性人为贵'之义。《书》曰'予则奴戮女'，唯不用命者，然后被此罪矣。汉氏减轻田租，三十而税一，常有更赋，罢癃咸出，而豪民侵陵，分田劫假。厥名三十税一，实什税五也。父子夫妇终年耕芸，所得不足以自存。故富者犬马余菽粟，骄而为邪；贫者不厌糟糠，穷而为奸。俱陷于辜，刑用不错。予前在大麓，始令天下公田口井，时则有嘉禾之祥，遭以虏逆贼且止。今更名天下田曰'王田'，奴婢曰'私属'，皆不得卖买。其男口不盈八，而田过一井者，分余田予九族邻里乡党。故无田，今当受田者，如制度。敢有非井田圣制，无法惑众者，投诸四裔，以御魑魅，如皇始祖考虞帝故事。"

【译文】

王莽说："古代八家同作一井田，耕作时同住一个棚子，一夫一妇分田一百亩，按十分之一交租税，就能够国家丰裕，百姓富足，于是歌颂的舆论兴起来了。这是唐虞时代的政策，夏、商、周三代所遵行的。秦朝凶暴无道，增加赋税来供自己享受，竭尽民力来满足自己的无穷欲望，毁坏圣人的制度，废除井田，因此富贵人家并吞贫苦人民的财产的现象出现了，贪婪卑鄙的行为发生了，强者占田要用千来计算，弱者竟没有立锥之地。又设置买卖奴婢的市场，跟牛马同栏，控制平民和奴隶，专横地操纵他们的命运。奸诈残暴之徒凭借这些办法来牟利，甚至强抢强卖人家的妻子儿女，违抗了上天的心意，违反了人与人之间的关系准则，违背了'天地间的生命人类最尊贵'的原则。《尚书》说'我就要奴役和侮辱你，只有不遵行命令的人，才会遭受这样的罪殃。汉朝减轻土地税，按三十分一征税，但是经常有代役税，病残而丧失劳力的都要出，而且恶霸侵犯欺压，利用租佃关系掠夺财物。他们名义上按三十分之一征税，实际上征收了十分之五的税。父子夫妇一年到头在田间劳动，所得的收入不足以维持自己的生存。所以富人的家畜有吃不完的粮食，因骄奢而做邪恶的事；穷人却吃不到酒糟糠皮，因贫困而做邪恶的事。他们都陷于犯罪，刑罚因此不能搁置不用。我从前在担任要职的时候，开始命令把全国的公田按人口规划井田，那时就出现了嘉禾的祥瑞，因为遭到反贼和叛乱头目的干扰而暂时停止。现在把全国的田改名叫'王田'，奴婢叫'私属'，都不准买卖。那些家庭人口男性不满八人，而占有田亩超过一井的，把多余的田亩分给亲属和乡邻。原来没有田，现在应当分得田的，按照规定办。敢有反对井田这种圣人首创的制度，无视法律惑乱民众的，把他们流放到四方极远的地方去，从而杜绝坏家伙，依照伟大的皇始祖考虞舜惩罚四凶的成例。"

【评点】

王莽早年生活贫寒，使他养成了勤奋好学的品格，年轻时，拜名儒陈参为师而习《礼经》，"勤身博学，被服如儒生"，虔诚地信仰儒学，成为一名地地道道的儒家盲从者。在改制中，王莽食古不化，竭力复古，最终导致改制的失败。王莽一向认为，"承天当古，制礼以治民"。是以做了大司马成为宰辅后，"议论决断，靡不据经"。新朝建立后，他言必称三代，事必据《周礼》，"每有所兴造，必欲依古得经文"，把一切政令、设施都弄得古色古香，一部《周礼》几乎是王莽新政的蓝本。王莽是一位儒家理想主义者，所以他对历史上的大儒们所描绘的理想境界羡慕不已。为了解决日益严重的土地兼并问题，在始建国元年，即9年，王莽下诏实行"王田制"。

王田制的名称取法于《诗经》中的"溥天之下，莫非王土"。王莽诏书称："古者，设庐井八家，一夫一妇田百亩，什一而税，则国给民富而颂声作。此唐虞之

567

道，三代所遵行也。……今更名天下田曰'王田'……其男口不盈八，而田过一井者，分余田予九族邻里乡党。故无田，今当受田者，如制度。"这就是王莽的"王田制"，其核心是变地主阶级土地私有制为封建土地国有制，企图以此来遏止土地兼并。在封建土地私有制已经出现六七百年的汉末，要废除土地私有，实行土地国有，实在是不切实际的空想。他的一位叫区博的大臣就直接面谏他说："井田虽圣王法，其废久矣。……虽尧舜复起，而无百年之渐，弗能行也。天下初定，万民新附，诚未可实行。"因此不几年，就因为遭到豪强大地主们的反对而废止了。正如一位史家所说的，井田制"乃书生之论，所以不可行也"。

王莽还根据《诗经》《尚书》等儒家经典，制定出一套分封的办法："州从《禹贡》为九，爵从周氏有五。诸侯之员千有八百，附城之数亦如之，以俟有功。诸公一国，有众万户，土方百里。侯伯一国，众户五千，土方七十里。子男一测，众户二千有五百，土方五十里。"在体现中央集权的郡县制度已确立二百多年后的时候，王莽全面恢复分封制，用世袭的办法代替选任制，其实是一种历史的后退，无论如何都是行不通的。王莽代汉后，为了抑制富商大贾的过分盘剥，又颁布了五均六管法，"《周礼》有赊贷，《乐语》有五均，传记各有管焉。今开赊贷，张五均，设诸管者，所以齐众庶，抑并兼也"。可以看出，五均六管也是根据《周礼》等旧典损益而成的。这套五均六管法实质上是官营一部分工商业，将民营的盐、铁、酒等大宗商业收由官家来做。这明显是与富商大贾争利，当然要遭到他们的反对。而税山泽，又使在虫蝗旱灾之中指望山泽求生的百姓，没有了活命之路。因此不论是富人还是穷人，一致反对。六管之令行，"天下愈愁，盗贼起"。纳言冯常上谏除六管法，"莽大怒，免常官"。五均六管法阻碍了工商业的发展，又触犯了富人与穷人的利益，这就使得改制没有了社会基础，失败成了必然的结局。

在改制中，王莽认为"周公践天子位，六年朝诸侯，制礼作乐，而天下大服"，因而他认为"制度定则天下自平，故锐思于地理、制礼、作乐、讲合《六经》之说"，纠合一帮公卿大夫、文人学士，根据《周礼》所载的奴隶制国家的典则，增益出一套新朝的礼乐制度。然而王莽对《周礼》的看法非常简单，以为只要新朝形式上具备了三代的条文命令，就可实现三代的兴盛局面，这只能是不切实际的幻想。王莽事事尊从儒家礼教，"动欲慕古，不度时宜"，而且拘泥于形式上的完善，因此对于日益严重的社会危机，不仅未能有所遏止，反而促其进一步发展，甚至当农民起义的烈火快要烧到都城所在的关中时，他还在根据《周礼》"国有大灾，则哭以厌之"，率群臣来到长安南郊，设坛向天哭诉，责问老天既让他代汉而立，为什么不助他灭贼。

王莽的哭泣未能感动天地，终于在农民起义的浪潮中被砍下脑袋，传以示众。

"以复古为解放"是中国历史的一个特点，但像王莽这样一味迷古信古，竭尽全力复古者少之又少，他的一言一行都要从历史典籍中找到根据，这就是泥古不化、发思古之幽情，而不是改革家所应有的态度。因此从某种意义上讲，王莽正是复古主义的牺牲品。

第二节　性情躁扰，轻于改作

【原文】

是时百姓便安汉五铢钱，以莽钱大小两行难知，又数变改不信，皆私以五铢钱市买。讹言大钱当罢，莫肯挟。莽患之。复下书："诸挟五铢钱，言大钱当罢者，比非井田制，投四裔。"于是农商失业，食货俱废，民人至涕泣于市道。及坐卖买田宅奴婢，铸钱，自诸侯卿大夫至于庶民，抵罪者不可胜数。

【译文】

这时候，百姓习惯于使用汉朝的五铢钱，认为王莽的钱大小两种同时流通难以认识，又多次改变不守信用，都暗地里用五铢钱买卖。谣传说大钱会要废除，没有人肯携带。王莽担心这件事，再下文告："所有私藏五铢钱，说大钱会要废除的，比照反对井田制惩办，流放到四方极远的地方去。"于是这样农民和商人失业，财政经济陷于瘫痪状态，人民甚至在市场上、大路上伤心流泪。以及由于买卖田宅、奴婢和私自铸钱，从诸侯、卿大夫直到平民，犯罪受罚的数也数不清。

【评点】

王莽"性躁扰，不能无为"，好逞威风，博求虚名，轻于改作，但又对改制中遇到的困难估计不足，致使许多措施半途而废，或者仅限于法令条文的颁布。在这方面，币制改革与地名变更尤为突出。从居摄二年到地皇元年十余年间，王莽先后四次下诏改币，五次重申改革货币的法令，平均不到三年就改币一次。王莽改币的主要目的是用货币贬值的方法，聚敛财富。结果是币制改革一次，王莽就实现一次对人民财富的大掠夺，社会经济就会出现一次大混乱，以致"农商失业，食货俱废，民人至涕泣于市道"。如此频繁、混乱、荒唐的币制改革，在中国币制史上是绝无仅有的。

王莽还频繁地更改官名、官制、地名及行政区划。新朝建立伊始，王莽就改汉时诸侯王号曰"公"，据《周礼》设置了许多新官，并将汉时的中央到地方官吏名称全数改变，如改郡太守称大尹，都尉曰太尉，县令长曰宰，御史曰执法，公车司马曰王路四门，如此之类不胜枚举。至于地名，也是从中央改到地方，如改长安曰常安，长乐宫曰常乐宫，未央宫曰寿成宫，前殿曰王路堂。地方郡县名称改变更多，几乎是年年都有改作，以致"一郡至五易名，而还复其故。吏民不能纪，每下诏书，辄系其故名，曰制诏陈留大尹、太尉:其以益岁以南付新平。新平，故淮阳;以雍丘以东付陈定。陈定，故梁郡……其号令变改皆此类也"。

这种改革除了增加记忆的麻烦以外和带来社会的不稳定，则无任何益处。这也是王莽失败的重要因素。在位期间，王莽还屡次挑起对东北、西北、西南诸少数民族的战争。对匈奴曾几度发兵，虽不曾出击，屯边吏卒数十万，持续时间许多年，"吏士放纵，而内郡愁于征发，民弃城郭流亡为盗贼，并州、平州尤甚"。扰攘天下，破坏边境和好局面，改革在这种环境中进行，其结果可想而知。王莽在位期间经常颁布一些改革措施，但往往只注重形式，对具体执行则不甚了了，更多的精力用在讨论修改条令的文辞优美与否、是否符合经典规范上。不断修改条令实际上是不停地扰动民众，给社会带来不稳定。

第三节　刚愎自用，所用非人

【原文】

以大司马司允费兴为荆州牧，见，问到部方略，兴对曰:"荆、扬之民率依阻山泽，以渔采为业。间者，国张六筦，税山泽，妨夺民之利，连年久旱，百姓饥穷，故为盗贼。兴到部，欲令明晓告盗贼归田里，假贷犁牛种食，阔其租赋，几可以解释安集。"莽怒，免兴官。

【译文】

任命大司马司允费兴做荆州牧，王莽接见他，询问他到达任所以后的计划方案，费兴回答说："荆州、扬州的人民大都依靠山林湖沼，以捕鱼、伐木作为职业。前一段时间，国家推行六管制度，征收山林湖沼税，损害、剥夺了人民的利益，加上连年久旱，百姓饥饿穷困，所以流落为盗贼。我到达任所以后，想要下令明白晓谕盗贼返回家园，贷放农具、耕牛、种子、粮食，减免他们的赋税，希望可以解散、安抚他们。"王莽发怒，免掉了费兴的官职。

【评点】

王莽代汉前，其声名已十分显赫，连皇帝、太后都对他恩宠有加，百姓、士大夫上书称赞王莽的更是络绎不绝。这样的声望使王莽在改制中过于自信，过于迷信儒家经典条文，以至于达到固执己见、刚愎自用、拒谏饰非的地步。王莽经常自以为他的法令条文都是完美无缺的，因此对忠言直谏者，常不能正确处理。如大司马严尤上书，陈述对匈奴作战的困难及不利条件，建议停止对匈奴的战争，集中力量镇压农民起义，结果被王莽贬去大司马之职。

当有使者如实报告农民起义的缘由是法令苛酷、剥削沉重时，王莽根本不信，认为是造谣，立即罢免了使者的官职。他叫大司马司允费兴去做荆州牧，问他到任上如何治理，费兴对曰："荆、扬之民率依阻山泽，以渔采为业。间者，国张六筦，税山泽，妨夺民之利，连年久旱，百姓饥穷，故为盗贼。兴到部，欲令明晓告盗贼归田里，假贷犁牛种食，阔其租赋，几可以解释安集。"意思是说：荆州、扬州的人民大都依靠山林湖沼，以捕鱼、伐木作为职业。前一段时间，国家推行六管制度，征收山林湖沼税，损害、剥夺了人民的利益，加上连年久旱，百姓饥饿穷困，所以流为盗贼。我到达任所以后，想要下令明白晓谕盗贼返回家园，贷放农具、耕牛、种子、粮食，减免他们的赋税，希望可以解散、安抚他们。王莽听了大怒，又免去了他的荆州牧。去除苛政以纾民困，这本是解民倒悬之举，能干的官吏才可以做到的，王莽竟然因此而免其官。为政者不知用人才，难怪王莽成了真正的"孤家寡人""群下愈恐莫敢言贼情者"。王莽后期所用之人大多是拍马奉承、刻薄寡恩的小人。

地皇三年，进入关中的流民有几十万人，王莽"乃置养膳官禀食之"，而办事的官吏乘机将赈济的粮米据为己有，致使"饥死者十七八"。王莽听说城中饥馑，问负责此事的王业，业"乃市所买粱饭、肉羹持入视莽，曰：'居民食，咸如此。'"王莽居然就信了他的话。王莽派到各郡督察铸钱的官吏，大都是富商大贾出身，他们"乘传求利，交错天下，因与郡县通奸，多张空簿，府藏不实，百姓愈病"。满朝这种阿谀奉承、颠倒黑白的官吏，新莽政权的倒台不是必然的吗？搞改革必须高

571

度重视用人之道。事在人为，各项改革措施，最终都要通过人去贯彻实施才能收到效果，而效果好坏，又与用人是否得当直接相关。王莽的刚愎自用与用非其人造成改制的彻底失败，教训是深刻的。

王莽改制的失败，固然有其历史的必然性，但他性情狂躁、轻于改作，一味慕古、不切实际，刚愎自用、所用非人，这些性格特征使他在改制中既不能根据实际情况调整政策，又不能建立一个高效率、有威信的推行新政的领导班子，因此改革注定要失败。